# GOEBBELS

BIOGRAPHIE VON CURT RIESS

# GOEBBELS

## DÄMON DER MACHT

BIOGRAPHIE
VON CURT RIESS

UNIVERSITAS

Erstmals 1949 im Europa-Verlag, Zürich

Schutzumschlag: Wolfgang Heinzel, München
Satz: Fotosatz Völkl, Germering
Druck: Jos. C. Huber KG, Dießen
Binden: R. Oldenbourg, Heimstetten
Printed in Germany
ISBN 3-8004-1211-X

# INHALT

## EINFÜHRUNG

Zur Neuauflage von Frau Dr. Elke Fröhlich, Institut für Zeitgeschichte, München, Herausgeberin und Bearbeiterin der Goebbels-Tagebücher

Curt Riess, Jahrgang 1902, hat ein Leben lang geschrieben, zuerst als Sportreporter, Theater- und Filmkritiker in Deutschland, Frankreich und Amerika, dann als freier Schriftsteller in diesen Ländern und auch in der Schweiz, sein Name wurde bald ein Synonym für thematische Brisanz und stilistische Eleganz. Von staunenswerter Schaffenskraft getrieben, nahm er in den letzten dreißig Jahren wohl so ziemlich alle Themen von größerem Interesse in Angriff. Neben Abenteuer- und Spionageromanen, Drehbüchern und Illustriertenserien verfaßte er vor allem alert aufgemachte Sachbücher. Sie handelten von Film, Mode oder Medizin ebenso kenntnisreich wie von Musik, Theater oder Sport. Darüber hinaus beschrieb er das Leben so unterschiedlicher Personen wie Wilhelm Furtwängler, Jacqueline Kennedy oder seines Freundes Gustaf Gründgens, um nur einige zu nennen. Seine enorme Produktivität ließ unter seinen Kollegen zuzeiten das Gerücht kursieren, er unterhalte eine Schreibfabrik. Viele Leser werden ihn durch manche seiner Bücher aus dieser Zeit kennen, wenigen dürfte aber der politische Journalist und Schriftsteller Curt Riess der dreißiger und vierziger Jahre bekannt sein.

Der gebürtige Würzburger führte damals ein bewegtes Leben. Nach seiner Tätigkeit als Sportjournalist und Redakteur am „12-Uhr-Blatt“ in Berlin und ungezählten Reisen, die ihn durch ganz Europa geführt hatten, emigrierte er im Februar 1933 nach Frankreich und nahm ein Angebot des „Paris Soir“ an, dessen Amerikakorrespondent er schließlich wurde. Zwischen Paris, London und New York pendelnd, schrieb er für nicht weniger als fünfundzwanzig europäische und noch einige amerikanische Zeitungen von

Rang. Während des Zweiten Weltkriegs arbeitete er zunächst als Europaspezialist in Washington, später als Kriegesberichterstatter an den verschiedensten Fronten. In dieser Zeit entstanden seine politisch hochaktuellen Bücher wie z. B. „Underground Europe“ (Kampf der Partisanen in den besetzten Ländern, 1942), „The Self-Betrayed“ (Kampf der deutschen Generale gegen Hitler, 1943), „The Invasion of Germany“ (Warum der Krieg so lange dauerte, 1943) oder „The Nazis Go Underground“ (Die Pläne Himmlers für die Welt nach dem Krieg, 1943).

Das deutlich erkennbare politische Engagement der früheren Publikationen, das sich in keiner der späteren wiederfindet, veranlaßte ihn, beizeiten Material über Joseph Goebbels zu sammeln, woraus im Jahre 1948 eine auch in historischen Fachkreisen geschätzte und häufig benützte Biographie entstand. Sie bedeutete in der damaligen entweder lobhudelnden oder haßerfüllten Literatur über den Propagandaminister in ihrer angestrebten Objektivität eine Zäsur. Es gelang Riess – ähnlich wie im Fall Gründgens –, die erste größere und bis dahin umfassendste Biographie über Goebbels vorzulegen, was sie auch lange Zeit – bis zum Jahre 1960 – blieb. Irrtümer und Legenden, von denen es in der vorangegangenen Literatur wimmelte, übernahm Curt Riess nur noch zu einem geringen Prozentsatz, denn er war der erste, der Recherchen anstellte und dadurch nicht nur so manches Detail korrigieren, sondern auch etliche Legenden zerstören half. Von historiographischem Interesse ist auch, daß Curt Riess als erster die Chance, noch lebende Personen, die mit Goebbels in Beziehung gestanden hatten, zu befragen, gründlich nutzte. Die zum Teil tagelang währenden Interviews würden bei heutigen Goebbels-Biographen Neid erregen, hätten sie nicht inzwischen neue Dokumente zur Auswertung, darunter nicht zuletzt die Tagebücher von Goebbels selbst für die Jahre von 1924 bis 1945, die reichlich Ersatz für die allmählich versiegenden mündlichen Quellen schaffen. Das Goebbels-Bild hat sich durch die Zugänglichkeit neuer Dokumentenserien zwangsläufig modifiziert und differenziert. Es bleibt aber erstaunlich, in welchem Maße Curt Riess trotz erbärmlich schlechter Quellenlage den Lebenslauf von Hitlers Propagandisten zu erhellen verstand. In der zeitgeschichtlichen Goebbels-Forschung hat heute noch vieles Gültigkeit, was Riess damals recherchiert und dargestellt hat. Dadurch ist die vorliegende

Biographie selbst ein wertvolles Zeugnis ihrer Entstehungszeit. Sie sicherte Meinung und Haltung von Zeugen in einer Phase, als diese noch unter dem frischen Eindruck der Ereignisse standen und psychische Verdrängung oder Verblassen der Erinnerung noch nicht ihre Spuren hinterlassen hatten. Allein dieser Dokumentationswert läßt eine Neuauflage des vorliegenden Werkes nicht nur als berechtigt, sondern auch als notwendig erscheinen.

## AUF DISTANZ EINES HALBEN JAHRHUNDERTS
## VORWORT ZUR NEUAUFLAGE 1989

Anfang/Mitte Dezember 1944 – also gegen Ende des letzten Weltkrieges – befand ich mich wieder einmal in London. Als Mitglied der amerikanischen Armed Forces und als Kriegskorrespondent pendelte ich immer wieder zwischen Washington und London hin und her. Der Krieg gegen Hitler schien schon gewonnen, Paris war längst befreit, und die alliierten Armeen machten sich daran, Deutschland zu „erobern". Am 14. Dezember kabelte ich an das „World-Telegram", einer großen New Yorker Abendzeitung und an die „New York Times", es spreche viel dafür, daß der allgemeine Glaube, der Krieg sei gelaufen, nicht zutreffend sei, jedenfalls nicht, was das Dritte Reich angehe. Es wäre nicht verwunderlich, wenn die Deutschen in Kürze wieder zu einer Offensive antreten würden. Diese Meldung erschien in den beiden erwähnten Zeitungen und in vielen Zeitungen, die den „New York Times"-Dienst abonniert hatten, am 15. Und am 16. begann die Ardennen-Offensive, die ja, nach deutschen Anfangserfolgen, eine Wende möglich zu machen schien.

(Sensation: Ich hatte einen Scoop gelandet!)

Im Nu drang eine Anzahl von mir bekannten, aber auch mir unbekannten Kollegen, Offiziere der Intelligence, auch der britischen, aber auch Korrespondenten in mein Büro ein. Die allgemeine Frage: „Woher wußten Sie?"

Viele glaubten, ich hätte irgendwelche Kontakte in Deutschland. Das wäre durchaus im Rahmen meiner damaligen Tätigkeit möglich gewesen, doch das hätten ja wohl auch andere, zumindest meine Vorgesetzten, gewußt.

Aber ich hatte keine Kontakte in Deutschland.

Meine Antwort: „Ich habe die Rede von Goebbels gelesen. Die Rede, die er am 14. hielt, also vorgestern!"

„Goebbels?" fragte man mich. „Was hat denn der damit zu tun?"

Der hatte eben alles damit zu tun. Ich, der ich ihm nie in meinem

Leben begegnet war und nie begegnen würde, hatte aus seiner Rede herausgelesen (oder herausgehört?), was ich an die Zeitungen weitergegeben hatte. Er hatte zwar – in diesem Buch wird es beschrieben – alles getan, um Hitler daran zu hindern, kurz vor der Ardennen-Offensive eine Rede zu halten, weil er befürchtete, Hitler, der damals ja nicht mehr im Vollbesitz seiner geistigen Kräfte war, würde vielleicht eine Anspielung auf die kommende Offensive machen. Er selbst aber hatte geredet. Und obwohl er sicher glaubte, jede Andeutung des Kommenden zu vermeiden, er wußte ja, daß alles von dem Überraschungseffekt abhing, hatte er sich eben doch verraten.

Vielleicht ahnte er es nicht einmal. Sicher merkten es seine Mitarbeiter nicht. Und sicher merkte es unsere Intelligence nicht, sonst wären ja wohl entsprechende Vorkehrungen unsererseits getroffen worden.

Ich aber spürte es. Denn ich kannte den mir persönlich unbekannten Goebbels um diese Zeit sehr, sehr genau.

Dieses Buch, das Anfang 1948 in New York erschien, wenige Monate später in der Schweiz und in den folgenden Monaten und Jahren in einem Dutzend Ländern in neun Sprachen, wurde gewissermaßen vor 1938–1939 geboren. Als ich eben in den letzten Tagen des Jahres 1947 die New Yorker Einleitung schrieb, sagte ich darin, daß es vielleicht ein halbes Jahrhundert dauern würde, bis wir die ganze Wahrheit über die Nazis wüßten. Und dieses halbe Jahrhundert ist jetzt vorüber. Aber wissen wir sie schon? Tausende von Bücher sind in der Zwischenzeit über Hitler und Konsorten geschrieben worden.

1938. Damals begann mir aufzufallen, in des Wortes wahrster Bedeutung, wie „unglaublich“ es war, daß Hitler trotz der Untaten, die in Deutschland geschahen, immer noch gesellschaftsfähig war, daß die Deutschen an ihn glaubten, obwohl sie schon von vielen Verbrechen der Nazis wissen mußten und von Vertragsbrüchen, obwohl der Vertrag von Locarno durch die Militarisierung des Rheinlandes gebrochen worden war und das Völkerrecht durch die Besetzung von Österreich, obwohl geschrieben stand, daß sehr bald Besetzungen weiterer Länder folgen würden. Dies schien auch die Regierungen anderer Staaten wenig zu beeindrucken.

Wie war es möglich? Und ich kam immer wieder darauf, daß das nur möglich war infolge des Funktionierens einer einmaligen Propagandamaschine. Und für die war nicht Hitler zuständig, obwohl er in seinem Buch sehr Gescheites über Propaganda geschrieben hatte – das betreffende siebente Kapitel ist das einzig Intelligente in dem Schmöker „Mein Kampf“.

Ich begann, Goebbels' Reden aufmerksamer zu lesen, sie schließlich zu sammeln, Mitarbeiter zu bitten, alles, was sie über Goebbels irgendwo lasen, mir zu senden. Ich lernte ihn besser und besser kennen. Und er wurde mir immer unheimlicher.

Als Hitler dann den Vereinigten Staaten den Krieg erklärte, begann ich, was zu meinen Pflichten gehörte, Kriegsgefangene zu befragen, vor allem solche, die wir aus untergegangenen U-Booten errettet hatten, später auch deutsche Zivilisten. Während von der Intelligence gewünschten, nicht unriskanten Besuche im Dritten Reich, wo ich mit allen möglichen Leuten sprach, mit dem sogenannten „Mann auf der Straße“, mußte ich immer wieder feststellen, daß trotz zerbombter Städte, trotz verlorener Schlachten, obwohl die entsetzliche Niederlage der Nazis sich abzeichnete, fast alle davon überzeugt waren, daß Hitler den Krieg gewinnen würde. Die Moral der Deutschen war ungebrochen. Daß die wenigen, die klarer sahen, es nicht auszusprechen wagten, war vermutlich das Verdienst Himmlers, der Gestapo und der SS. Daß die weitaus meisten eben nicht klarer sahen, war das Verdienst von Goebbels.

Damals beschloß ich, dieses Buch zu schreiben. Ich wollte einen Menschen darstellen, der das Unglaubliche geleistet hatte und, der Krieg war ja noch im Gange, Tag für Tag leistete.

Dann kamen wir, die Amerikaner, nach Berlin – das war am 2. Juli 1945. Und abgesehen von den Berichterstattungen, die ich zu leisten hatte, und meinen Pflichten als Mitarbeiter von General Clay, hatte ich nur ein Interesse: Goebbels, der bereits zur Hölle gefahren war. Ich fuhr immer wieder in die Ruinen des Propagandaministeriums, das im sowjetischen Sektor der Stadt lag. Damals keine Schwierigkeit für einen amerikanischen Offizier, es gab, zumindest in den ersten Wochen, überhaupt noch keine Schwierigkeiten zwischen uns und den Russen, es gab keinerlei Kontrollen zwischen den Sektoren, von der Mauer, die fast zwanzig Jahre später errichtet werden sollte, gar nicht zu reden.

Ich fand frühere Mitarbeiter von Goebbels, soweit sie nicht geflohen waren, das taten vor allem diejenigen, die Dreck am Stecken hatten und die versuchten, sich nach Argentinien oder Ägypten abzusetzen, wo sie von Sympathisanten aufgenommen und durchgefüttert wurden. Am wichtigsten für mich war natürlich eine von den Sekretärinnen von Goebbels und einem seiner Pressesprecher, von dem ausführlich die Rede sein wird und dem ich unzählige Auskünfte verdankte, vor allem auch den Fund von Goebbels' Manuskripten – von alledem wird im Buch gesprochen werden.

Was mir auffiel, war, daß der Mann, der Millionen und Abermillionen überzeugt hatte, seine Mitarbeiter keineswegs überzeugt hatte. Jedenfalls nicht in den letzten Jahren.

Die einzige Frau, die er zuletzt überzeugte, war die Mutter seiner Frau Magda, eine damals natürlich schon ältere Dame, die Arbeit suchte und sie auch schließlich als Haushälterin eines englischen Offiziers fand. Diese Frau Behrendt hatte zwar Goebbels ein Leben lang gehaßt – und der Haß war erwidert worden –, aber sie hielt doch seine letzten Aktivitäten, seine unmenschlichsten, die auch sie selbst betrafen, für richtig.

Ich fragte sie einmal, warum Goebbels seine Kinder habe umbringen lassen. Man hätte diese sechs Kinder – das älteste war ein zwölfjähriges Mädchen, das jüngste noch ein Kleinkind – doch in die Schweiz oder nach Schweden bringen können, kein Mensch hätte ihnen was zuleide getan. Die alte Frau sah mich ungläubig an.

Ich: „Mir ist unvorstellbar, daß ich meine Kinder oder auch nur eines von ihnen hätte umbringen lassen!"

Sie: „Ihre Kinder heißen auch nicht Goebbels!"

Die Großmutter hatte den Tod ihrer sechs unschuldigen Enkelkinder nicht nur als notwendig verstanden, sondern auch verwunden.

Unmenschlich? Vielleicht. Aber vor allem doch wohl die völlig falsche Einschätzung der gesitteten Welt. Und das war – natürlich – das Werk von Goebbels.

Später sprach ich auch, wie im Buch berichtet, mit der Mutter von Goebbels und mit seiner Schwester. Und diese beiden Frauen waren niemals durch die Propaganda des Sohnes respektive des Bruders zu überzeugen gewesen.

Eine andere Frage, die mich immer wieder beschäftigte und mit der ich mich im Buch vielleicht nicht genügend beschäftigt habe, war der rabiate Antisemitismus von Goebbels.

Dabei hätte er mich von Anfang an verwundern müssen. Denn ich wußte, daß Goebbels als Student in Heidelberg ein glühender Verehrer von Professor Friedrich Gundolf war, der eigentlich Gundolfinger hieß, der zwei oder drei Jahre später mein Lehrer wurde. Gundolf sprach mir von ihm und daß er ihn nicht mochte. Der Name Goebbels fiel, aber damals bedeutete er mir noch nichts. Gundolf war Jude.

Etwa ein halbes Jahr nach der Machtergreifung, also noch im Jahr 1933, sprach ich mit Theodor Wolff, dem damaligen Chefredakteur des „Berliner Tageblatts", der als der bedeutendste deutsche Journalist galt und aus dem „Berliner Tageblatt" eine Zeitung mit Weltgeltung gemacht hatte. Bei dieser Unterhaltung – in Seefeld, Tirol, also in der Emigration – fiel der Name Goebbels. Und Wolff erzählte mir zu meinem größten Erstaunen, daß der junge Goebbels zahlreiche – wenn ich mich recht erinnere fünfzehn – Artikel an ihn gesandt habe, mit der Bitte, diese im „Berliner Tageblatt" zu veröffentlichen. Das war jüdischer Besitz, und Theodor Wolff, den er in den Begleitbriefen als den bedeutendsten Zeitungsmann unserer Zeit pries, war ja auch Jude.

Erst nach dem Krieg erfuhr ich durch Berliner Schauspieler, daß Goebbels ihnen immer wieder – und ohne Scham – gesagt habe, er habe den Regisseur Max Reinhardt sehr geschätzt. Der war ja nun der große Theatermann unserer Zeit und eben auch Jude. Und ebenfalls nach dem Krieg erzählten mir Filmleute in Berlin und München, er habe sich immer wieder in Frankreich oder Belgien erbeutete Filme von Ernst Lubitsch vorführen lassen, habe sie auch deutschen Filmleuten gezeigt, mit der Aufforderung, doch auch „so etwas" zu machen, oder mit der spöttischen Bemerkung: „Das könnt ihr ja alle nicht!" Was allerdings stimmen mochte. Und Lubitsch war eben auch Jude.

Und wie stand es mit Magda, die als Frau des Propagandaministers sich als so glühende Judenhasserin ausgab? Ich hatte sie früher kennengelernt, was ich erst viel, viel später wieder rekonstruieren konnte.

Ich war damals noch ein Schüler, etwa siebzehn Jahre alt. Sie war neunzehn oder zwanzig, jedenfalls auch noch sehr jung, aber schon verheiratet mit dem Industriellen Quandt, der viel älter war als sie und den sie häufig mit jungen Burschen betrog. Einer war ein Schulkamerad von mir. Das heißt, er war etwa zwei Jahre älter, aber wir waren von der Schule her befreundet. Viktor Arlossoroff war ein glühender Zionist und ging später, ich würde schätzen so zwischen 1925 und 1928, nach Palästina. Und kam dort Mitte der dreißiger Jahre um, das Opfer einer extremen Gruppe, die Stern-Gang genannt wurde. Er hatte so viel getan, daß heute eine Straße in Tel Aviv nach ihm benannt ist.

Den traf ich also irgendwann mal, ich ging noch zur Schule, er war aber schon auf der Universität, in einem Café, und plötzlich tauchte eine bildschöne, sehr junge Dame auf, und er stellte sie als Frau Quandt vor. Und es war ganz deutlich, daß die beiden etwas miteinander hatten.

Ihr Judenhaß, wie eben auch der von Goebbels, war also nicht echt, will sagen, er war nicht immer vorhanden gewesen.

Ich sprach mit der Mutter von Goebbels, auch das ist im Buch vermerkt, als sie noch glaubte sich verstecken zu müssen, aber ich sprach ein zweites Mal mit ihr, als sie in die Heimatstadt zurückgekehrt war und in ärmlichsten Verhältnissen lebte. Eben auch über das Thema Juden. Sie hatte nie verstanden, warum ihr Sohn so „plötzlich" gegen die Juden gewesen war. Sie lehnte das, wie vieles andere, was die Nazis angestellt hatten, schon aus Gründen ihres Glaubens ab. Sie war ja streng katholisch.

Andere, die ich zum gleichen Thema befragte, meinten fast einstimmig und völlig unabhängig voneinander, der Judenhaß sei durch „Zurückweisung" entstanden. „Hätte doch Theodor Wolff seine Artikel gedruckt!" lamentierte einer.

Daran mag etwas sein.

Da ich damals nicht darüber geschrieben habe, sei es hier erwähnt.

Vielleicht sollte ich auch dartun, daß der kaltblütige Goebbels den Schauspieler Joachim Gottschalk ermordete, der die Todsünde beging, sich von seiner jüdischen Frau nicht scheiden zu lassen, und es Goebbels so ermöglicht hätte, sie umbringen zu lassen. Sie und ihr halbjüdisches Kind. Er tat den letzten Schritt allein, das heißt, er vergiftete Frau und Kind und sich selbst, weil er glaubte, keine Wahl mehr zu haben.

Fast die gesamte Schauspielerschaft begriff, daß Goebbels der Alleinschuldige war und für viele, die bis dahin doch ganz gerne von

Goebbels eingeladen worden waren, war er nicht mehr existent. Zur Beerdigung der kleinen Familie Gottschalk zu gehen hatte Goebbels zwar ausdrücklich ... nun, nicht gerade verboten, aber doch als nicht wünschenswert proklamiert. Und Gestapo-Beamte warteten auf dem Friedhof. Trotzdem fanden sich einige Mutige, die kamen. Vor allem Gustav Knuth, René Deltgen, Werner Hinz, Hans Brausewetter und Brigitte Horney. Und Knuth sagte am Grabe, allerdings nicht sehr laut, so daß nur diese Freunde es hören konnten: „Das Ende von Goebbels wird schlimmer sein, viel, viel schlimmer sein!"

Goebbels war ein paar Tage sichtlich nervös, er litt unter dem Haß der Schauspieler, die er immer gemocht hatte, aber schließlich kamen doch einige wieder zu seinen Einladungen, Kreaturen wie etwa Veit Harlan, Eugen Klöpfer und natürlich die jungen Schauspielerinnen, die sich Förderung davon versprachen.

Darüber schwieg sich Goebbels natürlich aus. Er sagte und schrieb auch nichts, nicht einmal in seinen Tagebüchern, über den Hitler-Stalin-Pakt, der ihm natürlich nach jahrelanger Propaganda gegen die Sowjets nicht passen konnte. Daß er auch nichts über den Reichstagsbrand schrieb, den Zeitungen konnte er ja noch nicht verbieten zu berichten, er war noch nicht Minister, ist verständlich, wenn man die von mir geäußerte Vermutung teilt, daß er selbst der geistige Urheber dieses Brandes war, der ja einen ungeheuren propagandistischen Wert für die Nazis besaß. Eine Vermutung, die nie anderswo veröffentlicht wurde, aber von Dr. Robert Kempner, US-Ankläger von Nürnberg, als durchaus möglich bestätigt wurde.

Daß Goebbels natürlich weder etwas schrieb noch sagte oder veröffentlichen ließ über das einzige, was wahrscheinlich von den Nazis in Erinnerung bleiben wird, nämlich die Massenmorde von Auschwitz, von Belsen-Bergen und anderen Hinrichtungslagern, ist selbstverständlich. Er wußte, daß keine noch so gekonnte Propaganda gegen die Juden die Deutschen, mochten sie nun antisemitisch sein oder nicht, dazu bringen könnte, solche Morde zu billigen.

Da wären wir auch bei den Tagebüchern. Wie ich schon kurz nach dem Krieg schrieb, konnte ich herausfinden, daß Goebbels zumindest zwei Tagebücher führte, eines für sich selbst oder vielleicht auch für seine nächste Umgebung, das andere für die Nachwelt. Vielleicht schrieb er sogar mehrere. Das mit den mehreren Tagebüchern ist ja in der Zwischenzeit herausgekommen, und spät im Jahre 1987 sind wieder einmal Goebbels-Tagebücher veröffentlicht worden, ohne Zweifel die echten oder Teile der echten.

Ich darf sagen, daß vieles oder eigentlich fast alles, was ich vermutete, durch diese Tagebücher bestätigt wird. Und vieles, was ehemalige Mitarbeiter in den letzten Jahren über ihn schrieben, als lügenhaft entpuppt wird. Ich will hier nicht in Einzelheiten gehen.

In einem Punkt scheine ich mich in meinem Buch, das genauso abgedruckt wird, wie es damals erschien, geirrt zu haben: Ich vermutete zwar richtig, daß Goebbels seine letzten Handlungen und auch Äußerungen als eine Art Zeitbombenpropaganda ansah. Das heißt etwa, daß sie zum Wiederaufleben des Nationalsozialismus in Deutschland und vielleicht nicht nur in Deutschland verhelfen würde. Ich verwarf damals seine Vermutung (oder vielleicht war es auch nur eine Hoffnung) als falsch.

Das Wiederaufleben des Nazismus, des Neonazismus, wie wir es heute haben, beweist, daß ich mich in diesem Punkt geirrt habe. Man soll die Dummheit der Menschen und wohl auch die Schlechtigkeit vieler nicht unterschätzen.

Curt Riess

## VORWORT ZUR NEUAUFLAGE 1975

Der Gedanke an dieses Buch entstand während des Zweiten Weltkrieges, als der Verfasser, ursprünglich deutscher Schriftsteller, in den Vereinigten Staaten lebte.

Der eigentliche Grund für den Versuch einer Goebbels-Biographie lag in der Überzeugung des Verfassers, daß zwar ohne Himmler, ohne Göring, möglicherweise sogar ohne Hitler der Zweite Weltkrieg hätte fortgesetzt werden können, nie aber, zumindest von einem bestimmten Punkt an – seit 1943, seit Stalingrad, seit dem Beginn der Bombardierung deutscher Städte – ohne das Propaganda-Genie Goebbels.

Er ist noch heute dieser Überzeugung.

Damals war es schwierig, fast unmöglich, Material über Goebbels über das neutrale Ausland zu erhalten. Als der Verfasser dann, Anfang 1945, nach Deutschland und schließlich nach Berlin kam, erwies es sich, daß auch hier das Material über Goebbels teils unauffindbar, teils lückenhaft war. Grund: Der Wunsch der Machthaber des Dritten Reichs, sich nicht in die Karten sehen zu lassen.

Es war dem Verfasser schließlich möglich, dank einiger Glücksfälle die Sekretärin von Goebbels, die unter falschem Namen lebte, aufzufinden und zu interviewen; desgleichen zahlreiche seiner Mitarbeiter sowie einige seiner Familienmitglieder.

Sie alle versahen ihn mit Material, das bis dahin der Öffentlichkeit unbekannt geblieben war, und das inzwischen in vielen Büchern über Goebbels oder über das Dritte Reich im allgemeinen verwandt wurde, nicht immer unter Angabe der Quelle.

Der Verfasser hat schon in dem Vorwort zur ersten Auflage, die in den Vereinigten Staaten erschien, und auch im Vorwort zur ersten deutschen Auflage festgestellt, daß sein Versuch, das Phänomen Goebbels darzustellen, nicht etwa seiner Sympathie für Goebbels oder gar für die von ihm propagierten Ideen zuzuschreiben ist, wie etwa die Darstellung einer Atombombe nicht bedeuten kann, daß der Autor über die Existenz der Atombombe glücklich sei.

Trotzdem ist sein Buch immer wieder, vor allem in Deutschland, in diesem Sinne mißverstanden worden.

Daher sei noch einmal unterstrichen: Der Verfasser ist und war von jeher ein Gegner des nationalsozialistischen Regimes und natürlich in ganz besonderem Maße des Krieges, den dieses Regime verschuldet hat, und mußte daher auch prinzipielle Bedenken gegen Goebbels haben. Was aber nicht bedeutet, daß seine Leistung an sich – in welche moralischen Bezirke man sie immer verweist – nicht beachtlich war.

Das Gegenteil haben auch keine Tatsachen, die inzwischen ans Licht gekommen sind, bewiesen.

Apropos neue Tatsachen: Natürlich hat rund ein Vierteljahrhundert, in dem endlich gesprochen werden durfte, in dem geheime Dokumente ausgegraben wurden, in dem Personen aus Angst, sie könnten zur Rechenschaft gezogen werden, den Mund hielten, schließlich doch redeten – natürlich brachten diese fünfundzwanzig Jahre eine Menge neues Material ans Tageslicht. Es kann sich in diesem Buch nicht finden und es soll sich in diesem Buch auch nicht finden. Denn dieses Buch wurde in den letzten Jahren des Krieges und im ersten Jahr danach geschrieben und soll als solches bestehen. Ein Buch über eine Zeit, die der jüngsten Vergangenheit angehörte, als es begonnen wurde. Also ein Zeitdokument in jedem, auch im problematischsten Sinne des Wortes.

Curt Riess
Berlin, im Februar 1975

# EINLEITUNG 1947

Sinn und Zweck aller Geschichtsschreibung ist, festzulegen, was war. Je früher – nachdem eine bestimmte Epoche vorüber ist – der Geschichtsschreiber an die Arbeit geht, um so größer die Wahrscheinlichkeit, daß nichts weggelassen und nichts vergessen wird, vorausgesetzt, daß der Geschichtsschreiber ein ehrlicher Mann ist und nicht ein Propagandist in Verkleidung.

Der Geschichtsschreiber wird auf diese Weise die Wahrheit und nichts als die Wahrheit festlegen können, freilich die *ganze* Wahrheit nicht. Auch die getreueste Darstellung aller Ereignisse und Erfahrungen, aller Taten und Worte, die Menschen in einer bestimmten Epoche ausgesprochen haben, der Ideen, die sie „Geschichte" machen ließen (und die so Geschichte wurden) – auch dies alles ist noch nicht die ganze Wahrheit. Die ganze Wahrheit ist niemals eine Summe von Fakten; eher schon die Beziehung der einzelnen Fakten zueinander. Erst aus der verkürzten Perspektive, also erst nach einer gewissen Zeit, kann eine Epoche in ihrer Gesamtheit gesehen und beurteilt werden, kann die ganze Wahrheit ans Licht kommen. Ihre wirkliche Bedeutung kann erst verstanden werden aus den direkten und indirekten Folgen, die sie für spätere Epochen und ihre Geschlechter hat.

Daher mögen Jahrzehnte, vielleicht ein halbes Jahrhundert vergehen, bevor die ganze Wahrheit über das, was wir das Nazi-Zwischenspiel nennen wollen, herausgefunden worden ist. Viele unter uns werden diesen Tag nicht mehr erleben. Und kaum einer von uns wird das Unerklärliche, was in den Jahren dieses Zwischenspiels geschah, späteren Geschlechtern erklären können: die Gaskammern und den organisierten Mord an Millionen von Menschen; die Versklavung ganzer Völker, die versuchte Ausrottung einer Rasse (man glaubte damals ja noch, daß es so etwas wie Rassen gäbe); die totale Zerstörung von Städten und Dörfern.

Spätere Geschlechter werden fragen, wie es möglich war, daß

Millionen Menschen, auf künstliche Art berauscht und in Begeisterung versetzt, zu Handlungen getrieben werden konnten, die notwendigerweise ihren eigenen Ruin nach sich ziehen mußten. Die Antwort kann in Millionen Worten gegeben werden oder in einem einzigen Wort: Goebbels.

Goebbels muß in seiner dreifachen Rolle verstanden werden: als der prominenteste Vertreter des amoralischen Nihilismus in unserer Zeit; als der Propagandist der Bewegung, die eine Kristallisation des amoralischen Nihilismus ist – des Nationalsozialismus; und als Propagandist schlechthin, jenseits einer bestimmten Idee oder Lehre, als Hohepriester des magischen Kults, der erfunden wurde, um das Gehirn der Menschen zu vernebeln, ihre Seelen zu verhärten, eine Wirklichkeit, die es nicht gibt, wirklich werden zu lassen, gleichgültig für welche Idee – Propaganda um der Propaganda willen.

Oder, um es anders zu fassen: ohne das Anwachsen eines amoralischen Nihilismus, wie ihn die Welt seit Hunderten von Jahren nicht mehr gesehen hat und dessen Hauptvertreter Goebbels war, hätte Hitler nie solche Bedeutung erlangen können. Ohne die Propagandakünste von Goebbels wäre Hitler kaum je an die Macht gelangt, wäre sicher niemals zur Weltbedrohung geworden. Ohne die ungeheuren Machtmittel, die Hitler ihm gab, hätte Goebbels niemals seine im tiefsten Sinne verderbten Propaganda-Experimente unternehmen können, Experimente, weit über Partei- oder patriotische Propaganda hinausgehend, nur zu vergleichen mit Vivisektionen oder jenen schauerlichen Versuchen, die Nazidoktoren in Konzentrationslagern vornahmen, Experimente an lebenden Menschen. Goebbels schuf neue Wirklichkeit, indem er sie erlog.

Es ist mehr als zehn Jahre her, daß ich mich ernsthaft mit Dr. Joseph Goebbels zu beschäftigen begann, zuerst halb widerstrebend, denn vieles an dem Manne selbst, alles an seiner Tätigkeit stieß ab. Aber es konnte niemals ein Zweifel darüber herrschen, daß dieser Mann nicht in die Kategorie der leicht übergeschnappten chauvinistischen Spießbürger gehörte wie die meisten Nazis, ja, in gewissem Sinne sogar Hitler und Himmler, nicht in die der großen Gangster, wie Göring, oder der kleinen Gangster, wie Sauckel; daß er kein Verbrecher war wie Streicher, kein Verrückter wie Heß, nicht pervers wie Röhm oder Heines. Goebbels war eine Klasse für sich.

Der ehemalige Botschafter in Berlin, André François-Poncet, meinte, und nicht zu Unrecht, daß Goebbels der gefährlichste Mann des Hitlerregimes wäre, daß er einen besseren Stil schrieb als irgendein anderer Nazi. „Er war vermutlich zu intelligent, um sich Illusionen über den Wert der meisten seiner Parteigenossen hinzugeben", schrieb er.

Dies allein schon wäre faszinierend: ein Propagandachef, der nichts hält von denen, die er propagiert, ja, der es sich anmerken läßt, daß er nichts von ihnen hält – und der trotzdem seine Arbeit aufs glänzendste verrichtet. Ein Krüppel als Hauptverfechter der These von der rassischen Überlegenheit eines Volkes. Ein Mann, der am laufenden Band Schlagwörter erfand und ein ganzes Volk daran gewöhnte, nach diesen Schlagwörtern zu leben. Ein Mann, der darauf verzichtete, Kriegspropaganda zu machen, als der Krieg für Deutschland gut stand, ja, der in dieser Zeit nicht einmal Kriegsbegeisterung empfand, und der sie zu entfachen imstande war, als der Krieg schlecht stand, und zwar dadurch, daß er den Menschen sagte, daß er schlecht stand. Ein Mann, der seine Aufgabe vollständig erfüllte. Er sollte die Moral des Volkes aufrechterhalten, und das tat er. Es wurde gekämpft, bis es in Deutschland keinen Fußbreit Boden mehr gab, auf dem hätte gekämpft werden können. In diesem Sinne kann Goebbels als der einzige General des Zweiten Weltkrieges bezeichnet werden, der niemals geschlagen wurde.

Dann, als nichts mehr zu tun war, trat er ab. Er hatte kein Interesse daran, sich mit den Siegern in Nürnberg zu unterhalten.

Eine Biographie von Goebbels zu schreiben schien – anfangs – einfach genug. Goebbels selbst hatte ja so viel geschrieben und geredet, man brauchte bloß das Material aus alten Zeitungsbänden zusammenzustellen. Aber als ich dann mit Menschen sprach, die mit Goebbels gelebt und gearbeitet hatten, wurde mir bald klar, daß er über sich selbst genausoviel gelogen hatte wie über andere und anderes. Ich beschloß daher, das bereits gesammelte Material – dem Papierkorb anzuvertrauen und von nun an nur mit Material zu arbeiten, das ich aus erster Hand hatte. Das vorliegende Buch ist daher im wesentlichen aufgebaut auf Unterhaltungen mit Menschen, die zu Goebbels in engen, zum Teil engsten Beziehungen standen. Die wichtigsten dieser meiner „Zeugen" sind:

Goebbels' Mutter *Maria Katharina*

Goebbels' Schwester *Maria Kimmich*
Goebbels' Schwager *Axel Kimmich*
Goebbels' Schwiegermutter *Auguste Behrendt*
*Dr. Hans Fritzsche* vom Propagandaministerium
Frau *Ilse Freybe,* Magda Goebbels' Privatsekretärin
Fräulein *Elli Günther,* Magdas Krankenschwester, die jahrelang im Goebbelsschen Haushalt lebte
*Karl Mehlis,* Hausmeister im Propagandaministerium
*Willi Wernitz,* Chef der Geheimdruckerei im Propagandaministerium
Frau *Inge Haberzettel,* Vertreterin des Deutschen Nachrichtenbüros im Propagandaministerium (die mehrere Monate für mich arbeitete)
*Lyda Baarova,* Filmstar
*Wilhelm Rohrsen,* Goebbels' Diener
*Gustav Fröhlich,* Filmstar
*Dr. Eberhard Taubert,* Chef der Antikomintern
Frau *Hauser,* Frau des Portiers von Goebbels' Villa in Schwanenwerder
Fräulein *Inge Hildebrand,* Bürokraft im Propagandaministerium
*Otto Jacobs,* Goebbels' persönlicher Stenograph

Außerdem interviewte ich eine Reihe von Schauspielern und Schauspielerinnen, mit denen Goebbels bekannt war. Damen, die zu Goebbels in näherer Verbindung standen und nicht namentlich genannt werden wollten, rund zwanzig Angestellte des Propagandaministeriums, Ärzte, die ihn untersuchten, Photographen, die ihn photographierten, Schneider, die für ihn arbeiteten, Maniküdamen, die seine Nägel pflegten ...

Nicht alles, was ich so erfuhr, konnte für bare Münze genommen werden. Es war von vornherein klar, daß die Familie ihn zu entlasten, die Mitarbeiterschaft ihn zu belasten versuchen würde. Daten, namentlich die der letzten Wochen und Monate, waren in vielen Köpfen durcheinandergeraten. Es war daher nötig, immer neue Nachforschungen anzustellen und die einzelnen Aussagen gegeneinander abzustimmen. Im allgemeinen wurden solche, die offensichtlich zur eigenen Entlastung gemacht wurden, nicht verwendet, oder es wurde zumindest darauf hingewiesen, daß sie „mit Vorsicht zu genießen" seien.

Goebbels' Mutter war, zusammen mit ihrer Tochter und deren Mann, kurz vor Kriegsende aus Berlin geflohen. Die Familie verbarg sich unter falschem Namen in einem Dorf unweit Münchens. Ich suchte die alte Dame auf und unterhielt mich lange Zeit mit ihr über ihren Sohn. Sie war eine gute Quelle über Goebbels' Jugend, seine Einstellung zu religiösen Fragen und sein Fußleiden.

Goebbels' Schwester, die wie ihre Mutter niemals der Partei angehörte, blieb mißtrauisch und vorsichtig und wollte nichts sagen, was dem Andenken ihres toten Bruders hätte schaden können.

Das Material über Magda Goebbels, ihr Leben, bevor sie Goebbels traf, ihre Ehe, bis in die letzten Tage hinein, stammt im wesentlichen von ihrer Mutter, Frau Auguste Behrendt, ihrer Sekretärin und Jugendfreundin Frau Ilse Freybe, sowie der in den letzten Jahren ständig im Hause anwesenden Krankenschwester Elli Günther.

Frau Behrendt, die ich in größtem Elend in Berlin lebend vorfand und deren Aussagen stenographisch festgehalten wurden, versuchte alles, was gegen ihre Tochter sprach, zu vertuschen; ihre Aussagen strömten einen geradezu leidenschaftlichen Haß gegen ihren Schwiegersohn aus. Die Sekretärin war gerechter, die Krankenschwester erwies sich als eine ausgezeichnete Beobachterin mit vorzüglichem Gedächtnis.

Für Goebbels' Arbeit im Propagandaministerium, seine Ideen und Methoden war mein Hauptzeuge seine rechte Hand, Dr. Hans Fritzsche. Ich trat mit ihm während des Nürnberger Prozesses in Verbindung, und noch aus seiner Zelle heraus schrieb er den ersten Bericht für mich. Ich traf ihn dann am Tage seines Freispruches. Die folgenden Tage waren mit langen Unterhaltungen ausgefüllt, in denen er über seine – und Goebbels' Tätigkeit im Propagandaministerium erzählte. Eine Stenographin nahm das Wichtigste auf. Das Material belief sich auf zirka 20000 Worte. Ich möchte betonen, daß ich den Eindruck hatte, als sagte Fritzsche im wesentlichen die Wahrheit, und eine Überprüfung des Materials bestätigte diesen Eindruck.

Meine beiden anderen Hauptzeugen für die Propagandaarbeit von Goebbels waren Otto Jacobs und Inge Haberzettel.

Jacobs war einer der beiden Stenographen, von denen einer Goebbels ständig begleitete, seine Reden und Memos aufnahm, und vor allem das Tagebuch, das er jeden Morgen diktierte. Er stellte sich mir bereitwilligst zur Verfügung und schrieb für mich, teils aus dem Gedächtnis, teils aus alten Stenogrammblocks kopierend, rund 40000 Worte nieder, darunter vieles, was Goebbels für sein Tagebuch diktierte.

Inge Haberzettel, eine Angestellte des Deutschen Nachrichtenbüros, die bis zuletzt in nächster Nähe von Goebbels arbeitete, wurde von mir im August 1945 engagiert und blieb bis Ende März 1946 in meinen Diensten. In dieser Zeit verfaßte sie rund 20000 Worte über ihre Erfahrungen; außerdem stöberte sie, teils allein, teils zusammen mit mir, in den Ruinen des Propagandaministeriums herum und fand wichtige Akten, die in dem Buch Verwendung fanden.

Über das Liebesleben von Goebbels war Material in Hülle und Fülle zu finden. Es hatte sich ja jeweils in breitester Öffentlichkeit abgespielt. Am wichtigsten war natürlich der Fall Baarova, der schon, allerdings in recht entstellter Form, 1938 durch die Weltpresse ging. Ich sprach in den ersten Tagen des Mai 1945 mit Frau Baarova selbst in dem kleinen Ort Tutzing am Starnberger See. Ich erhielt das Hauptmaterial über den „Fall" von Baarovas bester Freundin, der Schauspielerin Hilde Körber, sowie von dem Mann, der sie an Goebbels verlor, dem Schauspieler Gustav Fröhlich. Auch Frau Freybe und Frau Behrendt hatten einiges zu der Angelegenheit zu sagen. Dies sei erwähnt, weil Frau Baarova, die nichts mehr von ihrem Vorleben wissen möchte, mich mit einem Beleidigungsprozeß bedrohte, den sie freilich dann doch nicht anstrengte.

Es mag schließlich noch erwähnt werden, daß, wo immer im vorliegenden Buch eine Szene beschrieben ist oder Goebbels und andere in ihrer Konversation direkt zitiert werden, das wörtliche Zitat von einer Person stammt (oder mehreren Personen), die anwesend war. Unterhaltungen, die zwischen Hitler und Goebbels oder zwischen Magda und Goebbels stattgefunden haben, sind nur geschildert, wenn Goebbels sich darüber zu Dritten äußerte, und genau so, wie er sie schilderte.

Über die Bücher und Zeitungen, die gelesen und zum Teil zitiert wurden, erübrigt es sich, hier zu sprechen. Hingegen noch ein Wort über die Tagebücher von Goebbels.

Goebbels führte sein ganzes Leben lang Tagebücher. Die der ersten Jugend sind nicht erhalten, und die der Studentenzeit nur insoweit, als sie im autobiographischen Roman *Michael* Verwendung fanden (der aus diesem Grunde öfters zitiert wird). Das Tagebuch aus den Jahren 1925/26 wurde nach Kriegsende von amerikanischen Nachrichtentruppen gefunden. Ich erhielt Erlaubnis, es zu lesen und zu zitieren. Das Tagebuch des Jahres 1932, des letzten Jahres, bevor Hitler an die Macht kam, wurde von Goebbels selbst veröffentlicht unter dem Titel *Vom Kaiserhof zur Reichskanzlei.* Da viele Indizien darauf hindeuten, daß das ursprüngliche Tagebuch vor Veröffentlichung noch einmal „bearbeitet wurde", wurde nur wenig aus dem Buch zitiert.

Vom Rest ist nur erhalten, was sich auf die Jahre 1942 und 1943 bezieht. Diese Tagebücher sind ja inzwischen veröffentlicht worden. Es handelt sich hier aber nicht um geheime Tagebücher, sondern um solche, die Goebbels für spätere Veröffentlichungen bestimmt hatte. Die wirklich geheimen und handgeschriebenen Tagebücher sollen sich in den Händen der Russen befinden, wo Fritzsche sie gesehen hat. Der Inhalt der nichtgeheimen Tagebücher der letzten Jahre, die nicht veröffentlicht werden konnten, weil Goebbels sie rechtzeitig verbrennen ließ (also diejenigen der Jahre 1933 bis 1942 und 1944 bis 1945) konnten wenigstens zum Teil aus den Aussagen von Jacobs rekonstruiert werden.

Ich habe versucht, das Leben von Goebbels zu schreiben, ohne mit warnendem Zeigefinger darauf hinzuweisen, was gut, was schlecht, was falsch, was richtig war. Ich habe versucht, die Leistung dieses Mannes darzustellen, gemessen mit dem einzig erlaubten Maßstab: gemessen an dem, was er vollbringen wollte. Es mag sein, daß der eine oder der andere Leser findet, ich hätte mich allzusehr für meinen „Helden" erwärmt, stünde zu sehr unter seinem Banne oder betrachtete ihn gar mit Sympathie. Nichts wäre absurder. Immerhin sei schon in Antizipierung solcher Kritik vermerkt:

Man kann über Goebbels oder über einen der anderen großen Nazis überhaupt nicht schreiben, wenn man irgendeinen moralischen Maßstab zugrunde legt. Moralisch sind sie alle nicht existent. Kein Galgen ist hoch genug, um der Schwere ihrer Verbrechen zu entsprechen. Es ist sinnlos, bei Goebbels anzumerken, was schlecht an ihm war, denn alles war schlecht an ihm. Man muß sein Leben betrachten ohne moralische Bedenken oder Maßstäbe, so etwa, wie man einen Läufer, einen Springer, einen Boxer betrachtet, nur im

Hinblick darauf, ob er erreicht, was er erreichen will, oder ob er versagt.

Dies festzustellen, ist um so notwendiger, als es der Gefährlichkeit seiner Person durchaus nicht Rechnung tragen würde, wenn man Goebbels als böse und schlecht abfertigte. Goebbels war nicht nur Nazi und Nazipropagandist. Er war, und dies macht seine Biographie vielleicht wichtiger als diejenige irgendeines anderen Nazi, der Schöpfer von etwas, was ich als „Propaganda an sich" bezeichnen möchte. Bis zu dem Tag, an dem er die Bühne betrat, war Propaganda: Hervorhebung gewisser Teile der Wirklichkeit, Verschweigen von gewissen Fakten. Goebbels, das werden wir sehen, ging einen entscheidenden Schritt weiter. Er machte Propaganda nicht für (oder gegen) etwas, das war, sondern für etwas, das werden sollte. Er stellte eine Wirklichkeit so lange dar, bis sie Wirklichkeit wurde. Goebbels machte, im Grunde genommen, gar nicht für die nationalsozialistische Partei Propaganda, sondern für das einzige, was ihn interessierte. Er machte Propaganda – für Propaganda.

Dahinter war das Nichts. Goebbels kam zum Nationalsozialismus, um dem Nihilismus zu entgehen. Aber er blieb immer Nihilist.

Was er schuf, was er in seinen teuflischen Retorten zusammenbraute, ist nicht mit dem Dritten Reich untergegangen. Niemand wußte das besser als Goebbels, niemand wollte das leidenschaftlicher als Goebbels. Es wird in diesem Buch ausführlich die Rede davon sein, daß seine Propaganda während der letzten Monate als Zeitbombenpropaganda verstanden werden muß: als etwas, das nicht um seiner sofortigen Wirkung willen gesagt oder geschrieben wurde, sondern, auf daß es in zehn oder fünfzehn Jahren wieder in die Erinnerung komme.

Aber auch das heißt noch nicht alles sagen, das Problem in seiner Gesamtheit erfassen. Goebbels hat nicht nur propagandistische Zeitbomben gelegt, damit die Welt Hitler in zehn oder zwanzig Jahren zurückrufe. Seine ganze Neuschöpfung der Propaganda kann zur Zeitbombe werden. In der Tat, wenn Goebbels Schule machte, wenn Propaganda Wirklichkeit vortäuschte und sie so erzeugte, wenn alle Scheidewände fielen zwischen dem, was ist, und dem, was einige wenige wollen, wenn die Menschen zu Robotern würden, die aufbauen und niederreißen nach dem Willen einiger weniger, tanzend nach der Pfeife einer Propaganda, die für sie als solche nicht erkennbar ist – dann wäre die Zeitbombe von Goebbels explodiert.

Dann wäre es höchste Zeit, daß die Atombomben ein fürchterliches, aber immerhin reinliches Ende mit uns machten.

New York City
C. R.

ERSTER TEIL

# DER KAMPF

## ERSTES KAPITEL

# DER WEG ZU HITLER

### 1

Während eines der großen Luftangriffe auf Berlin im Frühjahr 1945, ein paar Wochen vor dem Ende des Dritten Reichs, öffnet der Propagandaminister den Safe, der in dem Privatbunker unter seinem Haus steht, nimmt eine vergilbte Photographie heraus und zeigt sie denen, die gerade bei ihm sind: Paul Joseph Goebbels, im Alter von fünf Jahren, in einem dunklen Samtanzug mit weißem Spitzenkragen. Ein recht dünner, kleiner Knabe mit einem Kopf, der viel zu schwer für den Körper zu sein scheint, mit ernst blickenden Augen; der Knabe sieht gar nicht glücklich aus, man könnte fast Mitleid mit ihm haben.

Dabei war Goebbels, als die Aufnahme gemacht wurde, ein recht gesundes und normales Kind. Erst als er sieben Jahre alt war, geschah etwas, was sein ganzes Leben beeinflussen sollte. Er bekam Knochenmarkentzündung. Eine Operation des linken Oberschenkels erwies sich als notwendig. Die Folge: das linke Bein blieb um rund acht Zentimeter kürzer, dünn und kraftlos. Der Arzt sagte den Eltern, der Junge würde sein ganzes Leben lang hinken, müßte orthopädische Schuhe tragen, das Bein müßte geschient werden.

Später hieß es, Goebbels sei mit einem Klumpfuß geboren. Diese Theorie nahm einen beinahe offiziellen Charakter an. Es ist Grund zur Annahme vorhanden, daß nicht einmal die prominentesten Parteigenossen den wahren Sachverhalt kannten, denn viele unter ihnen griffen Goebbels wegen seines Klumpfußes an – als es noch nicht zu gefährlich war, Goebbels anzugreifen.

Gregor Strasser, während vieler Jahre der zweitwichtigste Mann in der Partei, verstieg sich einmal sogar zur Behauptung, Goebbels habe „jüdisches Blut“ in den Adern, der „Beweis“ sei der Klumpfuß. Erich Koch, ein anderer wichtiger Nazi, verglich Goebbels einmal mit Talleyrand, der ja auch hinkte und der im Laufe seines Lebens alle seine Herren hinterging; er wollte damit indirekt andeuten, daß auch Goebbels die Partei einmal verraten werde, wer weiß, sie schon verraten hatte.

Max Amann, Inhaber des Parteiverlages, sprach von Goebbels nur als Mephistopheles, dem Teufel, der bekanntlich einen Pferdefuß hat.

Als er Propagandaminister wurde, hätte Goebbels die Zeitungen dazu zwingen können, den wahren Sachverhalt zu publizieren. Damit hätte er aufgehört, in den Augen des Volkes ein „von Gott gezeichneter Mann“ zu sein. Wer weiß, wenn er die Sache richtig aufgezogen hätte, so hätte er das allgemeine Mitleid, ja weitgehende Sympathien erringen können. Indessen tat er nichts in dieser Richtung. Es schien ihm durchaus gleichgültig zu sein, ob er selbst populär war oder nicht. Denn letzten Endes hatte er nur Verachtung für die Masse.

Nicht einmal mit den engsten Mitarbeitern sprach er über die Krankheit seiner Jugend – oder über seine Jugend überhaupt. Sie waren erstaunt und betroffen, als Goebbels die vergilbte Photographie zeigte.

## 2

Dabei gab es in dieser Jugend nichts, was Goebbels hätte verbergen müssen. Er war niemals zum Bettler herabgesunken, wie Hitler. Er war nicht morphiumsüchtig geworden, wie Göring. Er war niemals im Gefängnis gewesen, wie die meisten Naziführer. Seine Jugend war geruhsam und kleinbürgerlich-langweilig.

Goebbels wurde am 29. Oktober 1897 in Rheydt, einer rheinischen Industriestadt mit damals rund 30000 Einwohnern, geboren. Sein Vater, Fritz Goebbels, war Werkmeister in einer kleinen Textilfabrik. Seine Mutter, Maria Katharina, brachte drei Söhne zur Welt, und mehr als zehn Jahre nach Josephs Geburt eine Tochter, Maria. Die Familie war nicht wohlhabend, obwohl dem Vater das schmale zweistöckige Haus, in dem man lebte, gehörte. Es stand in der Prinz-Eugen-Straße, die später in Paul-Joseph-Goebbels-Straße umbenannt wurde. Beide Eltern waren fromme Katholiken.

Der Knabe Joseph war einsam. Er machte sich nichts aus den Brüdern, er mied die gleichaltrigen Kinder der Nachbarn, die Schulkameraden, an deren Spielen er nicht teilhaben konnte. Da er wesentlich langsamer war und schwächer als sie, mußte er ihnen wie sich selbst beweisen, daß er geistig schneller und stärker war; er versäumte keine Gelegenheit, sie zu necken und zu verspotten. Seine stets gehässigen Bemerkungen über sie trugen ihm den Ruf ein, arrogant, streitsüchtig und schwierig zu sein.

Auch bei Erwachsenen war er wenig beliebt. Ihr Geflüster, wenn er vorbeikam, ihre Bemerkungen wie „Armer Junge" oder „Ist es nicht schrecklich?" waren ihm unerträglich. Er litt unter ihren bedauernden Blicken, unter ihren Versuchen, ihm gesucht jovial die Hand um die Schulter zu legen. Er wollte kein Mitleid. Er lief fort, um nicht gesehen zu werden. Am liebsten wäre er aus der Stadt weggelaufen; er haßte jede Straße, jedes Haus. Diese Welt war ihm zu klein, zu bedrückend, jeder wußte von jedem. Er sehnte sich nach dem Land mit seinen weiten, unendlichen Feldern, mit den Hügeln und Bergen, dort konnte man stundenlang mit sich allein sein.

Die meisten seiner Vorfahren kamen aus Industriestädten. (Sein Großvater Conrad Goebbels war Handwerker; seine Frau Gertrud Margarete, geborene Roßkamp, die Tochter eines Bauern aus Bekkrath bei Düsseldorf. Sein Großvater mütterlicherseits, Michael Odenhausen, war ein Schmied und die Großmutter Johanna Maria Coevers die Tochter eines Arbeiters.) Aber später, während der Universitätsjahre, erzählte er den Freunden stolz, er stamme von Bauern ab. Der Held seines autobiographischen Romans „Michael" ruft aus: *Ich sehe den Vater durch Feld und Hof gehen. Bauernblut steigt langsam und gesund hoch in mir* ... Später, als er Minister war, mußten die offiziellen Biographen ausdrücklich auf sein „Bauernblut" hinweisen.

Der einzige Mensch, zu dem sich der einsame Knabe hingezogen fühlt (die Schwester Maria ist noch viel zu jung), ist die Mutter. Er liebt und vergöttert sie. Ihr starker und unerschütterlicher Glaube rührt und fasziniert ihn. Noch oft, bis in seine letzten Wochen hinein, wird er eine Geschichte erzählen, die einen tiefen Eindruck auf ihn gemacht hat, als er noch ganz jung war: Der Vater hatte Lungenentzündung, die Ärzte hatten ihn aufgegeben. Die Mutter rief die Kinder herein, sie faßten einander bei den Händen und sangen und beteten, und siehe da, der Vater gesundete, genau wie die Mutter es vorhergesagt hatte.

Selbst wenn die Geschichte nicht ganz wahr ist, ist doch die Erfindung recht charakteristisch für Goebbels. Er bewunderte und beneidete grenzenlos alle diejenigen, die glauben konnten.

Die Mutter beobachtet ihn mit Sorge, sie betet für ihn, sie nimmt ihn mit in die Kirche und betet mit ihm, sie meint, er müsse nur ein wenig guten Willen aufbringen, dann würde er schon zu glauben beginnen. Wäre er wie die anderen Kinder, dann würde er wohl eine Anstellung in der Fabrik, wo ja der Vater arbeitet, finden. Wie die Dinge stehen, ist dies ausgeschlossen. Frau Goebbels ist fest davon durchdrungen, daß Gott es so gewollt habe; ihr Sohn ist viel zu intelligent, um ein gewöhnlicher Arbeiter zu werden; jede freie Minute verbringt er in seiner Kammer beim Studium der griechischen und lateinischen Klassiker, heißhungrig verschlingt er Cicero und Virgil, glücklich, in die seltsame Schönheit fremder Sprachen zu entkommen, in das grandiose Abenteuer der Helden, die ungeheuere Taten vollbrachten, Taten, die er, der Krüppel, niemals würde vollbringen können. Der Mutter bedeutet die Vorliebe für Bücher, daß Joseph Theologie studieren wird. Und da er so gescheit ist, warum soll er nicht eines Tages Bischof werden?

Durch Bekannte setzt sie sich mit einem der leitenden Männer der Albertus-Magnus-Gesellschaft in Verbindung. Zwei Jahre bevor Goebbels das Gymnasium verläßt, hat er eine Unterhaltung, die über sein ganzes zukünftiges Leben entscheiden wird. Der Priester, mit dem er spricht, spürt bald, daß er es hier mit einem der intelligentesten Knaben zu tun hat, die ihm untergekommen sind. Goebbels, der verzweifelt versucht, einen guten Eindruck zu machen, gewinnt die Sympathie des gutmütigen alten Mannes. Aber schon nach kurzer Zeit weiß er mehr von Goebbels als dieser selbst.

*Mein junger Freund,* sagt der Priester, vielleicht ein wenig traurig, *du glaubst nicht an Gott.* Goebbels sieht eine glänzende Zukunft ins Nichts entschwinden. Aber der Priester will helfen. Die Albertus-Magnus-Gesellschaft findet sich schließlich bereit, Goebbels ein Stipendium zu stiften, das ihm zwei Jahre Studium ermöglicht. Es steht ihm frei zu studieren, was er will.

## 3

Die Gehbehinderung, die nach Meinung der Mutter den Knaben zu Gott geführt haben sollte, machte ihn skeptisch und zynisch. Wenn es solche Ungerechtigkeiten gab, konnte man nicht gut an die Existenz einer höheren Gerechtigkeit glauben. Der Krieg bringt ihm die „Ungerechtigkeit“ von neuem mit aller Schärfe zum Bewußtsein.

Der Krieg war am 1. August 1914 ausgebrochen. Viele Tage lang vorher und viele Wochen lang nachher fuhren Truppentransporte durchs Rheinland und Rheydt. Sie fuhren zur belgischen Grenze. Die Soldaten waren guten Mutes. Weihnachten würde man den Sieg in Paris feiern.

Bald standen die deutschen Armeen allerorts tief im Land der Feinde. Siege folgten einander mit atemberaubender Schnelligkeit. Diejenigen, die glaubten, der Krieg gegen zahlenmäßig so überlegene Gegner könnte nicht gewonnen werden, waren in der Minderheit; und sie waren unpopulär. Die Schullehrer übertrafen einander geradezu in Ausbrüchen von „Patriotismus“. Der Kaiser und seine Generale wurden den Schülern als Helden von antikem Format vorgestellt. Es war, so erfuhren sie täglich, eine Ehre, in so „großer Zeit“ zu leben, und es war eine noch größere Ehre, in ihr zu sterben – fürs Vaterland, natürlich.

Knaben von sechzehn und siebzehn meldeten sich freiwillig an die Front. Auch die Primaner der Schule, auf der Goebbels war: Und er humpelte mit. Der Arzt tat so, als ob er ihn untersuchte, vielleicht tat ihm der Junge, der so gerne Soldat werden wollte, leid. Das Unausbleibliche geschah: Goebbels wurde kriegsuntauglich befunden.

Er schlich sich nach Hause zurück, schloß sich in seiner Kammer ein und weinte. Seine Mutter redete ihm zu, bat ihn, die Tür zu öffnen, vergebens. Er weinte die ganze Nacht hindurch, so als hätte er die grausamste Enttäuschung seines Lebens erfahren. Und doch wußte er die ganze Zeit, mußte es gewußt haben, daß er nicht kriegstauglich war. Hatte er sich es nicht eingestehen wollen? Wollte er sich selbst eine große Tragödie vorspielen? Später spielte er sie anderen vor. Wenn Universitätsprofessoren und Studenten sein Hinken bemerkten, deutete er oft an, er hätte eine Kriegsverletzung davongetragen.

Die fünf Universitätsjahre waren nicht glücklicher als die Kindheit. Er verbrachte sie an acht verschiedenen Universitäten, und zwar in Bonn, dann Freiburg, Heidelberg, Würzburg, Köln, Frankfurt, Berlin, wieder Heidelberg, München und noch einmal Heidelberg.

Das waren, selbst für deutsche Verhältnisse, ein bißchen viele Universitäten. Das ständige Bedürfnis nach Ortswechsel deutete auf Selbstflucht und innere Unsicherheit hin. Er begann, Philosophie, Geschichte, Literatur und Kunstgeschichte zu studieren; ein großes Programm – oder, wenn man will, überhaupt kein Programm. *Was studiere ich eigentlich?* schrieb er. *Alles und nichts. Ich bin zu träge und glaube, ich bin zu dumm für die Fachwissenschaft. Ein Mann will ich werden? Umrisse bekommen! Persönlichkeit!*[1]

Draußen im Felde waren die gleichaltrigen Kameraden Männer geworden und Persönlichkeiten und vor allem Helden. Und dann plötzlich war der Krieg zu Ende. Noch im Herbst 1918 hatte der einundzwanzigjährige Student seiner Mutter geschrieben, der *große deutsche Sieg* werde sicher *vor Weihnachten* errungen werden. Jetzt stand er fassungslos der Niederlage gegenüber – und mit ihm Millionen enttäuschter, getäuschter Deutscher. Der Kaiser, noch vor kurzem der große Held der deutschen Jugend, floh in das neutrale Holland, in Deutschland brach Revolution aus. „Die große Zeit" war vorbei. Man riß den heimkehrenden Offizieren ihre Rangabzeichen von den Uniformen; auch sie hatten, sozusagen über Nacht, aufgehört, Helden zu sein, sie waren Imperialisten, Reaktionäre, Kriegsschuldige.

Bleiche junge Männer überschwemmten die Universitäten, sie schleppten sich an Krücken dahin, ihre Ärmel hingen lose, ihre Gesichter waren zerschossen und schlecht zusammengeflickt. Die Niederlage wurde eine immer stärkere und lastendere Wirklichkeit. Millionen junger Deutscher verfielen der Hoffnungslosigkeit. Die Universitäten wurden Brutstätten der Politik, die Studenten spalteten sich. Die Nationalisten und Reaktionäre träumten davon, die Monarchie wiederherzustellen, den Krieg von neuem zu beginnen, Deutschlands „Ehre" zu retten oder zur rächen.

Eine Minderheit von Linksradikalen sah erregt und hoffnungsvoll nach Rußland, wo das kommunistische Experiment gerade begonnen hatte. Nur wenige waren an der jungen deutschen Republik interessiert. Sie konnte nichts bieten. Ihre leitenden Männer hatten wenig Talent, noch weniger Leidenschaft, überhaupt keine Ideen. Viele glaubten, die Sozialdemokratie verrate die Arbeiterschaft. Die Lebensbedingungen verschlechterten sich überall im Lande. Man hungerte. Die furchtbaren Opfer der vier Kriegsjahre waren also vergebens gewesen! Es gab keine Hoffnung ... die Regierung jedenfalls konnte keine einflößen.

Die Inflation begann. Aus unerklärlichen Gründen verlor die Mark ihre Kaufkraft. Bisher reiche Familien verarmten über Nacht, mußten ihre Wertsachen verkaufen, um nicht zu verhungern. Ausländer überfluteten Deutschland, kauften für wenige Dollars, Pfunde oder Franken Häuser, Fabriken, Hotels. Goebbels, der immer arm gewesen war, war jetzt völlig mittellos. Er besaß einen einzigen Anzug, er konnte einmal pro Tag essen, obwohl die Mutter ihm jeden Pfennig, den sie sich vom Munde absparte, sandte.

## 4

*Er sah irgendwie fanatisch aus ... Ein bißchen wie Savonarola!* sagte eine Studentin, die ihn in Heidelberg kennenlernte. Er war schmal, und sein Gesicht mit den großen, dunklen Augen wirkte asketisch. Sein dunkelbraunes Haar war aus der Stirn gekämmt. Der junge Mann hatte gute Manieren, war immer höflich und zuvorkommend. Studentinnen fanden, er besäße einen gewissen Charme. Sie hörten ihn gerne erzählen, der rheinische Dialekt war ihren Ohren angenehm.

Im Unterschied zu den meisten Studenten erklärte Goebbels offen, er sei an Politik nicht interessiert. Er pflegte bei solcher Gelegenheit Goethes Worte zu zitieren: *Ich selbst und mein engerer Kreis befaßten uns nicht mit Zeitungen und Neuigkeiten; uns war darum zu tun, den Menschen kennenzulernen; die Menschen überhaupt ließen wir gern gewähren.*

Wieder einmal war er auf der Flucht. Diesmal war es Flucht in die Literatur. *Was studiere ich eigentlich?* Er studierte Deutsche Romantik. Sein großer Lehrer war Friedrich Gundolf, Professor der Literatur an der Universität Heidelberg. Gundolf hatte Bücher über Goethe und Shakespeare geschrieben. Er war ein schlanker, gutaussehender Mann, der ganz zurückgezogen lebte. Nur wenige Studenten lernten ihn kennen, nur mit einer Handvoll befreundete er sich. Um jene Zeit war Gundolf die wichtigste Persönlichkeit im sogenannten George-Kreis, der sich um den Dichter Stefan George gebildet hatte; eine Gruppe junger Literaten und Ästheten, denen ein schöner Vers wichtiger war als die brennendste Tagesfrage.

Goebbels wollte Mitglied dieses Kreises werden. Gundolf war zwar bis zu einem gewissen Grade von Goebbels beeindruckt (wie er mir später einmal sagte), aber irgend etwas an ihm stieß ihn ab; jedenfalls wurde Goebbels zurückgewiesen.

Der junge Student, der Gundolfs Kolleg und Seminar über die Romantiker eifrig besuchte, war bald von dem eigenartigen Zauber der Schlegel, Tieck, Novalis, Schelling gefangen. Er lebte ganz in der Welt der Romantiker, er versank geradezu in ihr. 1922 schrieb er seine Doktorarbeit: *Wilhelm von Schütz. ein Beitrag zur Geschichte des Dramas der Romantischen Schule.* Professor von Waldberg, bei dem er promovierte, erhielt einen begeisterten Brief, in dem Goebbels aufzählte, wieviel er dem Lehrer verdanke. Von Waldberg war Halbjude, Gundolf Jude.

Später begriff Goebbels, daß die intensive Beschäftigung mit der Romantik eine Selbstflucht gewesen war. Als er Propagandaminister wurde, ließ er nicht, wie beabsichtigt, seine Doktorarbeit aus der Heidelberger Bibliothek verschwinden, ließ aber ihr Thema in den offiziellen Biographien ändern. Das Thema war nun: *Die geistig-politischen Strömungen der Frühromantik;* so wurde den literarischen Studien noch nachträglich eine gewisse politische Note verliehen.

## 5

Lange bevor seine Doktorarbeit geschrieben war, hatte Goebbels sein erstes großes Liebeserlebnis hinter sich. Bis dahin war er unberührt geblieben. Rheydt war viel zu klein (und zu katholisch) für erotische Abenteuer. In Freiburg verliebte er sich dann.

*... Gerade auf dem Platz vor mir sitzt eine junge Studentin; eine herrliche Frau! Blondbraunes Haar, weich wie Seide, das im schweren Knoten auf diesem wunderbaren Nacken liegt. Der ist wie aus weißgelbem Marmor gehauen. Sie schaut verträumt zum Fenster hin-*

*aus, durch das sich leise, fast schüchtern ein spielender Sonnenstrahl stiehlt ... ich höre, wie ihr Atem schneller geht, ich fühle die Wärme ihres Körpers und atme den frischen Duft ihres Haares. Lässig ruht ihre Hand fast neben mir ... Lang, schmal und weiß wie frischgefallener Schnee ...*

Und: *Ich streife noch stundenlang durch die sternklare Nacht. In mir klingen Töne und Harmonie nach. Wie ein neues Leben erwacht alles um mich.*[2]

Es war eine der drei großen Lieben seines Lebens. Ihr Name war Anka Hellhorn. Sie war groß – größer als Goebbels – und hübsch.

Das Idyll dauerte rund vier Monate. Eines Abends, als er zu ihr kam, fand er sie in den Armen eines anderen Studenten. Wortlos verließ er den Raum.

Trotzdem konnte er sie nicht vergessen. Als er Propagandaminister wurde, erzählte er einer Freundin von dieser ersten Liebe. In seinem Gemisch von Zynismus und Eitelkeit war der Bericht typisch für Goebbels. *Sie betrog mich, weil der andere mehr Geld hatte und sie ausführen konnte,* sagte er. *Wie dumm sie war! Selbstverständlich wäre ich früher oder später mit ihr fertig gewesen, aber da ich der erste war, hätte ich sie wohl geheiratet. Und heute wäre sie die Frau des Propagandaministers. Wie sie sich ärgern muß ...!*

Ob sie sich nun ärgerte oder nicht, jedenfalls wendete sich Anka 1934 wieder an Goebbels. In der Zwischenzeit hatte sie geheiratet und war wieder geschieden worden. Sie suchte eine Stellung. Goebbels besorgte ihr einen Posten in der Redaktion der *Dame,* und als diese Zeitschrift ihr Erscheinen einstellte, eine andere Stellung.

Anka, die aus ihren früheren Beziehungen zu Goebbels kein Geheimnis machte, zeigte ihren Bekannten oft ein Buch, das er ihr geschenkt und mit eigenhändiger Widmung versehen hatte. Es war Heinrich Heines *Buch der Lieder.*

## 6

Der unglückliche Ausgang seiner großen Liebe sollte einen entscheidenden Einfluß auf Goebbels' ganzes Leben haben. Während der nächsten zwanzig Jahre gingen zahllose Frauen durch seine Hände; aber niemals war er ihrer sicher. Immer zweifelte er an ihren

Motiven, an der Echtheit ihrer Gefühle. Immer war er enttäuscht, um sich immer wieder in ein neues Abenteuer zu stürzen, um endlich, endlich die Frau zu finden, die ihn um seiner selbst willen lieben würde.

Als Anka ihn verließ, schloß er sich eine Zeitlang von Frauen ab. Er konzentrierte sich ganz auf den einen Freund seiner Studentenzeit, Richard Flisges, den er in Freiburg kennengelernt hatte. Flisges war schwerverletzt aus dem Krieg zurückgekommen, hatte zahlreiche Orden für tapferes Verhalten vor dem Feinde erhalten. Sehr intelligent war er nicht. Er konnte nicht einmal die Aufnahmeprüfung an der Universität bestehen, die doch für Soldaten besonders leicht war.

Aber er wußte wenigstens, was er wollte. Er wollte in die Politik. Politik, erklärte er Goebbels, sei etwas ganz Selbstverständliches: *Jeder Vater, der Kinder in die Welt setzt, treibt damit Politik.*[3] Flisges war gegen den Krieg. Alle Kriege seien imperialistisch, sagte er. Flisges verabscheute den Kaiser, dem Deutschland den Krieg verdanke. Flisges verachtete die Sozialisten und bürgerlichen Demokraten, die das Land verhungern ließen, Flisges war Kommunist.

Er lieh Goebbels die Werke von Marx und Engels, darunter *Der Bürgerkrieg in Frankreich* und *Der achtzehnte Brumaire des Louis Bonaparte.* Flisges führte Goebbels in die Werke Walther Rathenaus ein, jenes Industriellen, Philosophen und Staatsmannes, der in seiner Verachtung der führenden deutschen Militärs die Worte geschrieben hatte: *Nie wird der Augenblick kommen, wo der Kaiser, als Sieger der Welt, mit seinen Paladinen auf weißen Rossen durchs Brandenburger Tor zieht. An diesem Tage hätte die Weltgeschichte ihren Sinn verloren. Nein! Nicht einer der Großen, die in diesen Krieg ziehen, wird diesen Krieg überdauern.*[4]

Goebbels, neugierig geworden, verschlang die Bücher Rathenaus. Er wurde ein begeisterter Leser des *Berliner Tageblatts,* das bis zu einem gewissen Grade gegen den Krieg gewesen war und jetzt die Weimarer Republik unterstützte. Goebbels sandte ungefähr fünfzig Artikel an die Redaktion ein, darunter einen *Zur Sozialisierung,* einen anderen, *Der Christliche Gedanke und der Sozialismus,* einen dritten *Soziologie und Psychologie.* Chefredakteur Theodor Wolff schickte sie alle zurück.

Flisges, der für alles Russische viel übrig hatte, führte Goebbels in das Werk Dostojeswkis ein. Der große Russe faszinierte und verstörte ihn. In vielen Figuren Dostojewskis erkannte er die jungen Intellektuellen seiner Umgebung, erkannte Flisges, erkannte sich selbst. Er fand heraus, daß er wenig von den Intellektuellen hielt, daß er nicht glaubte, das Heil sei durch Lesen und Denken zu erreichen. *Du mußt glauben können,* forderte er.[5] Glauben ... an was? An wen? Reaktionäre und linksradikale Studenten beschimpften sich gegenseitig als Verräter und Wahnsinnige. Wenn Goebbels sie unter die Lupe nahm, waren sie nichts als unwissende Jünglinge, schwankende Rohre im Winde. Vor der Schärfe seines analytischen Verstandes wurden ihre Worte zu leeren Phrasen; sie versprachen viel, aber es gab keine Sicherheit, nichts, woran man sich festhalten konnte. Um ihn herum war Leere, war das Nichts. O, auch er wollte sich für etwas begeistern, auch er wollte sein wie die anderen, auch er wollte glauben. Er wollte positiv sein.

Flisges, soviel einfacher, klarer, ruhiger als Goebbels, war positiv, oder Goebbels war davon überzeugt. Flisges glaubte wenigstens an etwas. Und so folgte Goebbels ihm – Flisges wurde sein erster Führer. Vielleicht wäre es besser zu sagen, daß Goebbels fürchtete, allein auf sich gestellt, nur auf seine Intelligenz angewiesen, an allen und an allem etwas bemängeln zu müssen; daß er schließlich dahinter kommen würde, daß das Leben nicht lebenswert sei, daß er in den Abgründen des Nihilismus versinken würde. Es war das gleiche Problem, das Peter Stepanovitch Verchovensky in Dostojewskis *Dämonen* verzweiflungsvoll ausrufen ließ: *Ich bin ein Nihilist, aber ich liebe die Schönheit! Lieben denn Nihilisten die Schönheit nicht? Die lieben doch bloß Götzen nicht, ich aber liebe Götzen! Und Sie, Sie sind mein Götze ...! Ich brauche gerade solch einen Menschen wie Sie. Sie sind der Anführer, Sie sind die Sonne, aber ich bin Ihr Wurm ... Ich brauche Sie. Ohne Sie bin ich nichts. Ohne Sie bin ich eine Fliege, eine Idee im Fläschchen, ein Kolumbus ohne Amerika ...*

## 7

Aber Goebbels vertraute sich nicht lange bedingungslos der Führung von Flisges an. Schon das zweite Jahr ihrer Freundschaft war nichts als ein ununterbrochener intellektueller Zweikampf. Goebbels begann zu begreifen, daß Flisges, der ihm so positiv erschienen war, im Grunde ebensosehr in Gefahr war, in den nihilistischen Strudel gezogen zu werden, wie er selbst. – Flisges war bitter und demoralisiert; er verabscheute alles, was mit Deutschland zu tun hatte. Manchmal erschien es Goebbels, daß Flisges' Kommunismus nichts anderes war als der Ausdruck seines ungeheuren Hasses gegen alles Deutsche.

Waren die Deutschen wirklich so dumm, instinktlos und unzivilisiert, wie Flisges behauptete? Hatte nicht Dostojewski die Deutschen *eine große, stolze und besondere Nation* genannt? Wenn man ihm glauben konnte, durfte man auf Deutschland vertrauen. Dostojewski sagte ja auch, England sei eine *Nation von Krämern,* Frankreich eine *lauwarme Demokratie.*

Wie dem auch sei: Dostojewski war in erster Linie Russe. Warum sollte er, Goebbels, nicht vor allem erst einmal Deutscher sein? Deutschland, das bedeutete: nicht nur ein Mann, auf den er sich stützen konnte, sondern Millionen, in die er sich einreihen konnte.

Dieser Nationalismus entsprang nicht etwa einer Kenntnis von Deutschlands wirklichen Interessen; davon wußte Goebbels nichts. Er basierte nicht auf wirklicher Liebe zum deutschen Volk; Goebbels hatte nichts für das „Volk" übrig, jeder enge körperliche Kontakt mit der Masse verursachte ihm Übelkeit. Was er suchte, war etwas, mit dem er sich identifizieren konnte. Was er brauchte, war ein großes, ruhmreiches Deutschland.

Dieser Nationalismus hatte auch nichts mit Liebe für Heimat, Familie, Freunde zu tun: Es war nicht die Zuneigung zur großen Familie des ganzen Volkes. Im Gegenteil: er war das Ergebnis einer Flucht aus seiner bisherigen Umgebung. Flucht aus dem Schoß der Familie, aus der Geburtsstadt, die ihn nicht vergessen ließ, daß er ein Krüppel war; Flucht von den linksradikalen Intellektuellen; von Professor Gundolf, von den Redakteuren des *Berliner Tageblatts,* die ihn abgewiesen hatten, von Flisges, der ihn zum Kommunismus bekehren wollte; von der ästhetischen Lebensbetrachtung, von der Romantik, von den Weisheiten der Philosophen, von Goethe, den er verehrte (und späterhin verspottete), der gesagt hatte, man solle Politik den Soldaten und Diplomaten überlassen.

Als Goebbels Nationalist wurde, verriet er, in gewissem Sinne, alles, was er bis dahin erstrebt hatte.

Sein Chauvinismus war voller Mystik. Dostojewski hatte geglaubt, Rußland habe eine bestimmte Mission. Goebbels glaubte nun, daß Deutschland eine bestimmte Mission habe ... und zwar sogleich, im zwanzigsten Jahrhundert. Besser gesagt, er zwang sich dazu, es zu glauben. Von da ab ergab sich der Rest von selbst. Die Deutschen waren also etwas Besseres, das heißt, alle Nicht-Deutschen waren a priori minderwertig. *Ich sitze viel in den Cafés,* schrieb er in *Michael, da lerne ich Menschen aus aller Herren Länder kennen. Man liebt dann um so mehr alles, was deutsch ist. Das ist leider im eigenen Vaterlande so rar geworden.*

Als Krüppel fühlte er sich unterlegen. Da er klüger war als die meisten, hatte er diese Minderwertigkeitsgefühle überwunden. Aber seit er die Schule verlassen hatte, war er von einer Reihe von Menschen, die ihm intellektuell überlegen waren, zurückgewiesen worden; von Professor Gundolf, vom Chefredakteur des *Berliner Tageblatts,* Theodor Wolff. Beide waren Juden. Auch Walther Rathenau, dessen Bücher er verschlungen hatte, war Jude, auch Karl Marx.

Bisher war Goebbels kein Antisemit gewesen, obwohl an den deutschen Universitäten der Antisemitismus in stetigem Wachsen begriffen und es Mode war, den Juden an allem Schuld zu geben, selbst an der deutschen Niederlage. Goebbels kannte viele Juden, manche waren ihm befreundet. Jetzt brach er alle diese Beziehungen ab. Er hatte ja entschieden, daß Deutsche „besser" seien als Nicht-Deutsche. Und Juden waren Nicht-Deutsche. Nun konnte er sich allen Juden überlegen fühlen, wie sehr er sie auch einmal bewundert haben mochte, wie heiß er um ihre Freundschaft geworben hatte, wie brennend gern er Artikel hatte für sie schreiben wollen.

Goebbels blieb nicht auf halbem Wege stehen. *Der Jude ist für mich direkt ein körperlicher Ekel,* schrieb er. *Ich bekomme Übelkeitsanfälle bei seinem Anblick.*[6]

Solcher Nationalismus barg die Begeisterung für den Krieg in sich. Wenn eine Nation, eine Rasse besser war als die übrigen, mußten diese anderen in ihre Schranken verwiesen, möglicherweise sogar ausgerottet werden. Krieg um des Krieges willen; nur im Krieg konnten sich die heldischen Eigenschaften der Deutschen ganz auswirken. Der Pazifismus vieler Juden (zum Beispiel des Chefredakteurs des *Berliner Tageblatt*) machte ihm die Juden nur um so verhaßter.

Als ihm jemand vorhielt, man hätte doch nun vier Jahre nutzlos Krieg geführt, erwiderte er: *Nutzlos? O nein, das scheint nur so. Der Krieg war die große Manifestation unseres Lebenswillens. Und wenn wir unser Ziel auch nicht erreichten, die Aufgabe liegt ja heute wieder in ihrer ganzen Schicksalhaftigkeit vor uns ..., wenn einmal aus Millionen Kehlen der Ruf erschallt: Zu Ende die Schmach, das Vaterland gehört dem, der es frei macht! Wo sind unsere Gewehre?*

Er, der niemals ein Gewehr in der Hand gehabt hatte und niemals eines in der Hand haben würde, wurde nun Militarist durch und durch. Ein Hochstapler, der die tollsten Geschichten erzählte und sich mit Erlebnissen brüstete, die er niemals gehabt hatte, der sich mit der „großen Zeit" identifizierte, die er nur vom Hörensagen kannte, und ein Kriegsheld wurde. Er sprach so viel davon, daß er es am Ende selbst glaubte. Er stritt mit Flisges, der wirklich ein Kriegsheld gewesen war und nun gegen den Krieg sprach. Die beiden Freunde verstanden sich nicht mehr. Flisges wurde schließlich Arbeiter und kam bei einem Bergwerksunglück im Juli 1923 um.

Zehn Monate vor seinem Ende entdeckte Goebbels den Mann, der ihm das wurde, was Flisges ihm nicht hatte sein können: sein Führer.

## 8

In jenen Tagen war München unbestritten die Hauptstadt aller nationalen Bewegungen und Verschwörungen. Zahllose deutschvölkische Splitterparteien hatten hier ihr Hauptquartier. Manche Gruppen und Grüppchen, die sich hinter harmlosen Vereinsnamen verbargen, hielten hier ihre Versammlungen ab. Die sogenannten Freikorps, Bünde von jungen Soldaten und Offizieren, denen der Krieg nicht lange genug gedauert hatte und die bereit waren weiterzukämpfen, wurden hier mit Geheimfonds der Reichswehr ausgemustert und einexerziert. Hier saßen die Schlüsseloffiziere der „Schwarzen Reichswehr". Hier bildeten sich die Femeorganisationen, die die Republik über den Haufen rennen wollten.

Goebbels hatte ein Semester in München studiert. Er war entzückt von der alten schönen Stadt. Er liebte ihre grandiosen Bauten, ihre kleinen Cafés und Nachtlokale in Schwabing, wo die Künstler und Literaten sich trafen, ihre Theater und Konzerte. Aber als er im Jahre 1922 nach München zurückkehrte, tat er es nicht um der Cafés und Theater willen. Er wollte die Verschwörer kennenlernen, er wollte einer der Ihren werden.

Die jungen Kerle der Freikorps gefielen ihm ausnehmend. Sie waren stark und tollkühn, sie hatten vor nichts Angst, mit Ausnahme einer normalen, friedlichen Existenz. Sie haßten die Kapitalisten genauso wie die Arbeiter. Sie waren ziemlich üble Burschen; viele unter ihnen waren homosexuell, alle tranken. Sie rühmten sich ihrer Heldentaten (die sie allerdings, zum Unterschied von Goebbels, wirklich vollbracht hatten). Sie schimpften dauernd auf die Republik. Sie waren Rohlinge, unzivilisiert und ohne viel Gefühl. Und trotzdem, in gewissem Sinn, repräsentierten sie eine ganze Generation von Deutschen, desillusioniert vom Krieg und von der Revolution, im Begriffe, in Zynismus und Verbrechen zu versinken. Goebbels fühlte sich ihnen überlegen, und doch beneidete er sie. Sie kannten keine Hemmungen. Sie taten etwas, während Goebbels sich in Zweifel und Untätigkeit verzehrte. Er sah durch ihre Pose, ihr Geschrei, ihr falsches Pathos hindurch – und war doch von ihnen fasziniert.

Im Juni 1922 wurde Walther Rathenau, der inzwischen deutscher Außenminister geworden war, ermordet, und zwar von engen Freunden der Burschen, deren Gesellschaft Goebbels suchte. Die sprachen von dem Meuchelmord als einer heldenhaften, patriotischen Tat. Was Goebbels in seinem Inneren fühlte, als er von dem Morde an dem Mann, den er so geschätzt hatte, hörte, wird man wohl nie erfahren. Ein paar Jahre später ließ er in seiner Zeitung eine Artikelserie drucken, die die Mörder verherrlichte. Aber da war er schon einer der ihren geworden.

Noch in der gleichen Woche ging Goebbels zu einer Versammlung, die von einer der vielen nationalistischen Parteien einberufen worden war. Riesengroße Plakate an den Litfaßsäulen hatten seine Aufmerksamkeit erregt. Er war erstaunt, daß Münchens größter Versammlungsraum, der Zirkus Krone, bis zur letzten Reihe gefüllt war: 8000 Menschen – das war eine Menge für eine Stadt, die nur 500000 Einwohner zählte.

Ein Mann stand am Rednerpult. Goebbels konnte sein Gesicht nicht deutlich erkennen, die Beleuchtung war absichtlich so arrangiert, daß gerade dieses in mysteriösem Halbdunkel blieb. Er hätte nicht einmal sagen können, ob der Mann dort oben blond oder dunkel war, einen Bart trug oder glattrasiert war. Dem Programm zufolge war der Redner ein „Herr Adolf Hitler". Goebbels hatte gehört, er sei ein begabter Politiker. Jetzt wollte er ihn anhören und herausfinden, was an ihm war.

*Ich merke kaum, wie plötzlich einer oben steht und zu sprechen beginnt. Stockend und schüchtern zuerst, als suchte er Worte für Dinge, die zu groß sind, als daß man sie in enge Form presse. Da, mit einemmal, beginnt der Fluß der Rede sich zu entfesseln. Ich werde gefangen, ich horche auf ... Die Menschen beginnen zu glühen. Auf den zerfetzten grauen Gesichtern leuchten Hoffnungsstrahlen. Da steht einer auf und hebt die geballte Faust hoch. Dem daneben wird der graue Kragen zu eng. Schweiß steht ihm auf der Stirn. Er wischt ihn mit dem Rockärmel ab. Am zweiten Platz links von mir sitzt ein alter Offizier und weint wie ein Kind. Mir wird heiß und kalt. Ich weiß nicht, was mit mir vorgeht. Mir ist mit einemmal, als hörte ich Kanonen donnern ...*

*Ich weiß nicht mehr, was ich tue. Ich bin wie von Sinnen. Ich schreie Hurra! Und keiner verwundert sich darüber. Der da oben schaut mich einen Augenblick an. Diese blauen Augensterne treffen mich wie Flammenstrahlen. Das ist Befehl. Von diesem Augenblick an bin ich neu geboren ... Ich weiß, wohin mein Weg geht ...*

Hitler hat gesprochen – und Goebbels hat seine Worte als Kommando genommen. Hitler hat gesprochen – und Goebbels ist alle Zweifel los.

Ein Befehl. Goebbels, seit Jahren unfähig, sich zu entscheiden, weiß jetzt, wohin sein Weg führt. Hitler läßt keinen Raum für Skepsis oder gar Opposition. Er spricht, und die Menge brüllt Beifall. Selbst eine Frage zu stellen, eine Diskussion zu eröffnen, ist ganz undenkbar. SA, die über die ganze Halle verteilt ist, bringt jeden zum Schweigen, der dem Führer zu widersprechen versucht. Dem Führer; denn schon hat Hitler sich diesen Titel zugelegt. Und das bedeutet, daß er allein Entscheidungen zu treffen hat. Seine Anhänger dürfen klatschen und gehorchen. Sie haben keinerlei Verantwortung.

Keinerlei Verantwortung, keine Fragen, keine Diskussionen. Ist es denn möglich, daß erwachsene Menschen sich führen lassen wie

Kinder? Kann ein Mann wie Goebbels, dessen analytischer Verstand mit Messerschärfe alles zerlegt und zerlegend erkennt, sich bedingungslos dem Kommando Hitlers fügen? Kann er seinen Verstand einfach ausschalten?

Der erste Abend gibt die Antwort. In der Person Hitlers hat Goebbels endlich gefunden, was er alle die Jahre, vielleicht sich selbst unbewußt, gesucht hat: Freiheit von jeder Art von Verantwortlichkeit sich selbst gegenüber. Nun muß er keine Entscheidungen mehr treffen. Sie werden für ihn getroffen. Goebbels ist sich selbst entschlüpft.

Aber warum gerade Hitler? Welche Eigenschaften hatte Hitler, die ihn dazu prädestinierten, der Herr und Meister von Goebbels zu werden?

Dies war es: Hitler hatte keine Zweifel. Hitler glaubte ... an sich selbst und an das, was er predigte. Seit er das Haus seiner Mutter verlassen hatte, war Goebbels keinem Menschen begegnet, der so bedingungslos glaubte.

*Der Mann ist gefährlich, er glaubt, was er sagt,* hatte einst Robespierre von Marat gesagt, und die gleichen Worte wird Goebbels später über Hitler schreiben. *Das ist das Geheimnis seiner Kraft: sein fanatischer Glaube an die Bewegung und damit an Deutschland.*[7]

Man spürt geradezu, wie erstaunt Goebbels ist. Erstaunt darüber, daß einer an alles glaubt, was er sagt. Goebbels hatte niemals an alles geglaubt, was er so erzählte, und würde es auch in Zukunft nicht. Hier liegt der große Unterschied zwischen Goebbels und Hitler. Daher war es gleichgültig, daß Goebbels der geistig Überlegene war; gleichgültig auch, um wieviel er überlegen war. Immer, immer würde Hitler derjenige sein, der Goebbels vor sich selbst erretten konnte: vor der Gefahr des Nihilismus. Über alle kritischen Bedenken und Zweifel hinaus erkennt Goebbels seinen Meister in der ersten Nacht. Er weiß, er wird immer an ihn gebunden sein, mit der gleichen Fessel, die den Nihilisten Verchovansky an sein Ideal, den Prinzen Stavrogin, fesselte: *Ich brauche Sie. Ohne Sie bin ich nichts. Ohne Sie bin ich eine Fliege, eine Idee im Fläschchen, ein Kolumbus ohne Amerika ...*

Darum geschieht es, daß Goebbels nach Schluß der Versammlung an den Tisch tritt, der nahe dem Ausgang aufgestellt ist mit einem Schild, auf dem zu lesen steht: *Anträge auf Mitgliedschaft in der*

*Nationalsozialistischen Deutschen Arbeiter-Partei werden hier entgegengenommen.* Er füllt ein Formular aus, zahlt ein paar Mark und erhält die Mitgliedsnummer 8762.

Einen Augenblick später tritt er aus dem Gebäude, gerade noch zur rechten Zeit, um Hitler in ein Auto steigen und entschwinden zu sehen.

## Anmerkungen

1 *Michael* von Goebbels.
2 *Michael* von Goebbels.
3 Goebbels benutzt diese Worte späterhin in *Michael.*
4 Walther Rathenau, *Der Kaiser.*
5 Notizen zu *Die Dämonen* von Dostojewski.
6 *Michael* von Goebbels.
7 *Wenn Hitler spricht,* 19. November 1928.

ZWEITES KAPITEL

# ZAUBERLEHRLING

## 1

Am 11. Januar 1923 besetzen französische und belgische Truppen die Ruhr; denn, so wenigstens erklärt Ministerpräsident Poincaré, *Deutschland hat nicht einmal versucht, die Bedingungen des Versailler Vertrages zu erfüllen, geschweige denn sie erfüllt.* Eine Welle der Empörung geht durch Deutschland. Der sozialdemokratische Reichspräsident Friedrich Ebert proklamiert den unblutigen „passiven" Widerstand. Die Bewohner der Ruhr führen ihn durch. Züge bleiben stehen, Post wird nicht mehr ausgetragen, Kohlengruben und Fabriken sind stillgelegt. Das alles kostet Geld, denn wo nichts produziert wird, wird ja auch nichts verdient. Berlin druckt Geld. Während der ersten vier Wochen der Ruhrbesetzung steigt der Dollar auf 50000 Mark.

Es kommt in der überhitzten Atmosphäre zu Zwischenfällen. Eine gewissenlose Propaganda übertreibt alles ins Maßlose, hetzt, schürt den Haß.

Denn die Ruhrbesetzung ist eine (nicht wiederkehrende) Gelegenheit für die nationalistischen und antirepublikanischen Kreise in Deutschland. Sie gehen vom passiven zum aktiven Widerstand über. Viele von denen, die Goebbels in München kennengelernt hat, unter anderem die Freikorpsführer Heinz Hauenstein und Hans Hayn, kommen nach Elberfeld, das gerade noch außerhalb des besetzten Gebiets liegt, und beginnen, Sabotage in großem Stil zu organisieren. Sie arbeiten aufs engste mit zwei Männern zusammen, die aus dem Rheinland stammen und die später prominente Mitglieder der nationalsozialistischen Partei werden sollen: Karl Kaufmann und Erich Koch.

Goebbels war nach Rheydt zurückgekehrt und bezog die kleine Kammer, in der er seine Kindheit verbracht hatte; dem Zwang gehorchend, denn er hatte keine Mittel.

Meist war er mißmutig, in sich gekehrt, sprach nur hie und da ein Wort mit den Brüdern, der jungen Schwester Maria, den Nachbarn. Die Brüder waren schlecht auf ihn zu sprechen und machten kein Hehl daraus. Die Familie hatte sich Pfennig für Pfennig vom Munde abgespart, um ihn studieren zu lassen. Und nun dachte Goebbels offenbar nicht einmal daran, einen Studierten-Beruf zu ergreifen, geschweige denn das vorgeschossene Geld zurückzuzahlen. Er tat überhaupt nichts. Er war faul.

Er war faul – während des Tages. Nachts saß er in seiner Kammer und schrieb stundenlang, oft bis zum Morgengrauen. Dann warf er sich aufs Bett, erschöpft und ausgegeben, und schlief bis in den Vormittag hinein.

Als er von den turbulenten Vorgängen in der Ruhr erfuhr, konnte ihn nichts mehr in Rheydt zurückhalten. Er sprach sich lange mit der Mutter aus, die ihm das bißchen Geld, das sie noch hatte, mit Freuden gab. Er nahm den Zug bis Elberfeld, das nur ein paar Kilometer entfernt war, und meldete sich freiwillig, bereit, alles zu tun, was man von ihm verlangte, gleichgültig wie groß die Gefahr. Die Münchener Freunde lächelten. Er war doch ein Krüppel; er konnte ja nicht einmal davonlaufen, wenn Gefahr drohte ...

## 2

In Elberfeld planten die Konspiratoren den Untergrundfeldzug, den sie in dem besetzten Gebiet unternehmen wollten. Sie meinten es sehr ernst. Das sollte kein sportlicher Kampf werden, jeder Schlag war erlaubt. Man würde Brücken und Züge in die Luft sprengen, französische Offiziere töten und Kollaborateure und deutsche Mädchen, die sich mit dem „Feinde“ einließen.

Einer der aktivsten Saboteure war Albert Leo Schlageter, ein junger Mann, der eine Gruppe in Essen befehligte. Am 14. März 1923 sprengte er die Gleise zwischen Düsseldorf und Duisburg in die Luft und legte auf diese Weise den Verkehr dort still. Die Franzosen spürten ihn auf und verhafteten ihn. Am 26. Mai wurde er standrechtlich erschossen.

Im Verlauf der Untersuchung ergab sich, daß die Industriellen Gustav Krupp und Fritz Thyssen an der Verschwörung teilgenommen hatten. Sie zahlten große Summen aus, die in die Taschen solcher „Idealisten" wie Hauenstein, Hayn, Kaufmann, Koch – und Goebbels flossen. Auch die Regierung in Berlin war nun aufs stärkste kompromittiert. Sie mußte zurücktreten. Die neue Regierung sagte den passiven Widerstand ab.

Aus nächster Nähe erlebte Goebbels mit, wie der Kampf um die Ruhr verloren wurde; freilich nicht als Mitkämpfer, sondern nur als Zuschauer. Alles, was er wirklich tun konnte, war, Zellen der nationalsozialistischen Partei im unbesetzten Rheinland zu gründen. Namentlich unter den Studenten schuf er eine ganze Reihe solcher Zellen. In Vereinszimmern von kleinen Bierlokalen, vor einer Zuhörerschaft von zwanzig, manchmal auch nur zehn jungen Leuten, hielt er seine ersten Reden. Die Zuhörer waren interessiert, manchmal begeistert; sie fanden ihn „fabelhaft".

Hier war Goebbels in einer Situation, die sich in seinem Leben noch oft wiederholen sollte, die geradezu symptomatisch für ihn wurde: Er konnte nichts tun, aber er konnte gut reden über das, was andere taten. Jetzt, da der Kampf zu Ende war, konnte er, der Krüppel, an die Rampe treten; jetzt, da es keine Gefahr mehr gab, konnte er – reden. Da es ihm nicht gegeben war, ein Held zu sein, mußte er ein Propagandist werden.

Er spricht über Schlageter. Während er spricht, verwandelt er die Wirklichkeit, schiebt die Legende an ihre Stelle, macht aus Schlageter einen Helden, einen selbstlosen Patrioten, einen Märtyrer, der lieber in den Tod ging, als seine Idee zu verraten.

Goebbels spricht. Jeden Abend spricht er zu neuen Zuhörern. Es ist Gefühl in seiner Rede, und Pathos, er spricht, als hänge sein Leben davon ab, daß er seine Zuhörer überzeugt, er spricht, als müsse er sich selbst überzeugen, immer wieder von neuem. Vielleicht ist er darum so erregt, so voll von Überzeugungskraft, vielleicht ist er darum schon in diesen Anfangszeiten ein so guter Propagandist.

Schlageter ist also ein Held. Und er selbst, Goebbels, was ist er? Er spricht ... und plötzlich ist auch er ein Held geworden. Er weiß seinen Zuhörern seltsame und aufregende Geschichten über sich selbst zu berichten. Er erzählt, wie er unter falschen Namen im besetzten Gebiet gearbeitet hat; daß er dort eine ganze Anzahl von

Zweigstellen der Partei gegründet hat, unter neutralen Decknamen harmloser Clubs; daß er sie lange Zeit leitete, bis er, natürlich, von einem Juden verraten wurde; er beschreibt mit allen Einzelheiten eine Unterhaltung mit einem französischen General – manchmal ist es auch ein belgischer – und wie der ihn brutal zusammenschlagen ließ. Schließlich sei er ausgewiesen worden – aber die Nazizellen, die er gegründet habe, seien nicht entdeckt worden. (Prominente Mitglieder der Partei glaubten niemals an diese Märchen und forderten späterhin Goebbels oft heraus, den Wahrheitsbeweis anzutreten, den er freilich schuldig blieb.)

Auf diese Weise wird aus dem Kriegshelden, der eine Beinverletzung davongetragen hat, ein Untergrundkämpfer, der von den Franzosen lahmgeprügelt worden ist.

## 3

Der Kampf ist aus, aber Goebbels kann nicht nach Hause gehen. Er ist unfähig, die fragenden und anklagenden Blicke der Familie zu ertragen. Statt dessen bleibt er bei Freunden in Düsseldorf. Bei dem ersten schläft er auf dem Sofa im Wohnzimmer; als man ihm andeutet, er habe lange genug Gastfreundschaft genossen, zieht er zu einem zweiten, zu einem dritten. Lädt man ihn ein, ißt er. An manchen Tagen ißt er überhaupt nicht. Er hat keine Mark in der Tasche.

Das Jahr 1923 bringt Hunger, Elend, Arbeitslosigkeit über Deutschland. Das steigert zwar die Begeisterung der jungen Nazis, die Goebbels anwirbt, und den Applaus nach seinen Reden, aber vom Applaus allein kann er nicht leben. So entschließt er sich, die Politik aufzugeben. Es wird wieder schreiben. Er wird „freier Schriftsteller" werden.

Er schreibt ein Stück, *Der Wanderer,* und beginnt einen autobiographischen Roman, *Michael,* der eng an die Tagebücher seiner Studentenzeit angelehnt ist. Das Stück besteht aus Versen und handelt vom Leben Jesu Christi. Zwei Jahre später schreibt er ein zweites Stück, *Der einsame Gast,* ebenfalls in Versen. Keines der Stücke wird gedruckt oder von irgendeiner Bühne zur Aufführung angenommen.[1]

*Michael* wird 1929 veröffentlicht und erlebt späterhin, als Goebbels Minister geworden ist, einen ausgesprochenen Erfolg. Goebbels selbst bedeutet *Michael* mehr als ein Roman. Er sieht in dem Buch ein Epos, ein Gedicht in Prosa. Später wird er sagen, daß er viele solcher Bücher hätte schreiben können, wenn die Politik nicht seine ganze Zeit in Anspruch genommen hätte. Objektive Kritiker freilich finden, daß *Michael* ein ausgesprochen drittklassiger Roman ist, voll von halbverdauten Ideen, in geradezu erbärmlichem Deutsch geschrieben. Große Teile des Buches bestehen aus Aphorismen von schwer überbietbarer Banalität.

Zum Beispiel:

*Man braucht nichts zu haben, nur eine Mutter* ... Oder: *Ich suche den Lehrer, der einfach genug ist, um groß zu sein und groß genug, um einfach zu sein* ... Oder: *Das Geld geht mir aus. Geld ist Dreck, aber Dreck ist kein Geld.*

Neben solchen Perlen der Weisheit enthält das Buch eine große Menge freier Verse im expressionistischen Stil, wie sie Anfang der zwanziger Jahre gerade Mode sind. Das Ganze hat wenig Sinn, und die Synthese des Buches dürfte nicht einmal Goebbels selbst geholfen haben. Er kommt nämlich zu dem Schluß, daß ein junger Mensch sein Heil nicht in geistiger, sondern in körperlicher Arbeit suchen soll; Goebbels konnte nach diesem Rezept nicht gut leben. Er hatte es aufgegeben, die Lösung seiner Probleme auf intellektuellem Wege zu finden. Aber wie konnte er sie finden? Er mußte es sich selbst zugeben: er hatte innerlich bankrott gemacht.

Auch Hitler hatte in seiner Jugend versagt, aber er war wieder heraufgekommen, und zwar in geradezu sensationeller Weise. Der erfolglose Maler war das Haupt einer politischen Partei geworden. Und am 9. November 1923 unternahm Hitler einen weiteren Schritt vorwärts. Er machte einen Putsch. Der war zum Scheitern verurteilt – die Mittel, die er zur Verfügung hatte, waren nicht ausreichend, die Zeit war noch nicht reif. Nach aufregendem Beginn brach der Putsch in sich zusammen, Hitler floh, wurde verfolgt, verhaftet und vor Gericht gestellt.

Mit fieberhafter Erregung verfolgte Goebbels diese Ereignisse, die sich in München abspielten – in den Zeitungen. Er war verzweifelt. Würde er denn niemals mit dabeisein, wenn sich Entscheidungen abspielten? Alle waren in München: Himmler, Streicher, Heß, Röhm, Göring, nur Goebbels war wieder einmal ausgeschlossen.

Das schmähliche Ende des Putsches erschütterte ihn tief. Erst als Hitler vor Gericht stand, begann Goebbels wieder aufzuatmen. Der Führer war kein Schlageter: Er versuchte nicht, seine Lage zu verbessern, indem er andere beschuldigte. Ja, er versuchte nicht einmal, sich zu verteidigen. Er demonstrierte die Gültigkeit des Satzes, daß Angriff die beste Verteidigung ist und, was noch wichtiger war, daß eine gute Verteidigung gute Propaganda ist. Das Gericht wurde zur Bühne, auf der nur Hitler stand, und Millionen Menschen, die nie von ihm gehört hatten, sahen und hörten ihn nun.

*Die Armee, die wir herangebildet haben, die wächst von Tag zu Tag, von Stunde zu Stunde schneller,* erklärte Hitler in seiner Schlußrede. *Gerade in diesen Tagen habe ich die stolze Hoffnung, daß diese wilden Scharen zu Bataillonen, die Bataillone zu Regimentern, die Regimenter zu Divisionen werden, daß die alte Kokarde aus dem Schmutz herausgeholt wird, daß die alten Fahnen wieder voranflattern ... Dann wird aus unseren Knochen und aus unseren Gräbern die Stimme des Gerichtshofes sprechen, der allein berufen ist, über uns zu Gericht zu sitzen. Denn nicht Sie, meine Herren Richter, sprechen das Urteil über uns, das Urteil spricht das ewige Gericht der Geschichte. Mögen Sie uns tausendmal schuldig sprechen, die Göttin des ewigen Gerichtes der Geschichte wird lächelnd den Antrag des Staatsanwaltes und das Urteil des Gerichts zerreißen, denn sie spricht uns frei.*

Goebbels steht erst am Anfang seiner Karriere als Propagandist, aber er begreift sofort, daß Hitler hier eine propagandistische Meisterleistung vollbracht hat. In der Hitze der ersten Begeisterung setzt er sich hin und schreibt an Hitler folgenden Brief: *Wie ein Meteor stiegen Sie vor unseren staunenden Blicken auf und taten Wunder der Klärung und des Glaubens in einer Welt der Skepsis und Verzweiflung. Über den Massen standen Sie, gläubig und zukunftsgewiß, mit dem Willen zur Freiheit dieser Masse, mit einer unermeßlichen Liebe zu den tiefsten Inbrünsten derer, die an das neue Reich glauben. Zum ersten Male sahen wir mit glänzenden Augen einen Mann, der den mittelmäßigen Kreaturen parlamentarischer Geschäftigkeit rücksichtslos die Maske von der in Gier nach Geld entstellten Fratze riß; einen Mann, der uns lehrte, wie schamlos verdorben und niederträchtig das System ist, in dem man Führer nach Partei und Mundwerk wählt. Vor dem Gericht in München wuchsen Sie vor uns in das letzte Format des Führers hinein. Was Sie da sagten, ist das Größte, das nach Bismarck in Deutschland gesprochen wurde. Da brachten Sie mehr zum Ausdruck als eigene Qual und eigenen Kampf. Da nannten Sie die Not einer ganzen Generation, die in zerfahrener Sehnsucht nach Männern und Aufgaben sucht. Da predigten Sie den Kampf statt feigen Erschlaffens, da forderten Sie Fanatismus statt pazifistischer Feigheit, da lehrten Sie die Liebe zu Volk, Freiheit und Vaterland mit heißer, verzehrender Glut. Was Sie da sagten, das ist der Katechismus neuen politischen Glaubens in der Verzweiflung einer zusammenbrechenden, entgötterten Welt ...*

*Sie verstummten nicht. Ihnen gab ein Gott zu sagen, was wir leiden. Sie faßten unsere Qual in erlösende Worte, formten Sätze der Zuversicht auf das kommende Wunder. Das danken wir Ihnen. Das wird Ihnen einst Deutschland danken ...*

Dies war die ehrlichste Begeisterung, deren Goebbels fähig war. Es war nicht die Begeisterung des Jüngers für den Führer, nicht die Begeisterung des Jünglings für sein Ideal, sondern die Begeisterung des angehenden Propagandisten für den Meisterpropagandisten. Aber da Goebbels nun eben schon Propagandist war, genügte es ihm nicht, den Brief abzuschicken; er behielt eine Kopie davon zurück, und zwei Jahre später publizierte er ihn bei passender Gelegenheit. Das war gute Propaganda sowohl für Hitler als auch für ihn selbst.

## 4

Die Lage in Deutschland hatte sich gebessert. Die Mark war in der Höhe von 4200000000 zum Dollar stabilisiert. Der Mann, der dieses Wunder vollbracht hatte, war Hjalmar Schacht, der neue Reichsbankpräsident, augenscheinlich ein Mann mit modernen, demokratischen Ideen.

Die Mehrheit des Volkes war bereit, der Republik eine Chance zu geben. Die Parteien der äußersten Rechten und Linken büßten einen großen Teil ihrer Wählerschaft ein. Den Nazis wurde viel Wind aus den Segeln genommen durch die Wahl des ehemaligen Feldmarschalls Paul von Hindenburg zum Reichspräsidenten. Hindenburg war schließlich ein Nationalist, wenn auch ein „altmodischer". Bei den Reichstagswahlen des Jahres 1924 bekamen die Nazis ganze neun Abgeordnete.

Goebbels mußte sich nach einer Stellung umsehen. Die Partei, die seit Hitlers Verhaftung sich zu zersplittern begonnen hatte, löste sich mehr und mehr in ihre Bestandteile auf. Von ihr hatte er nichts zu erwarten. Schließlich wurde er von einem Franz Wiegershaus aus Elberfeld mit hundert Mark pro Monat als Privatsekretär engagiert. Wiegershaus war Reichstagsabgeordneter für die Völkische Freiheitspartei, eine der vielen Splittergruppen der Rechten. Er gab ein unbedeutendes Wochenblatt, *Die Völkische Freiheit,* heraus. Goebbels übernahm nun die Redaktion. Außerdem mußte er für die Völkische Freiheitspartei Reden halten. Leben oder Tod dieser Partei hing davon ab, ob die anderen nationalistischen Splittergrüppchen aufgesaugt werden könnten. Goebbels mußte also seinen Zuhörern klarmachen, daß alle anderen Rechtsparteien nichts taugten und keine Zukunft hatten. Unter diesen Parteien „ohne Zukunft" waren auch die Nazis.

Hundert Mark war nicht viel Geld. Und die Arbeit war schwer und unbefriedigend. Die Zeitung war ohne jeden Einfluß und ihr Niveau erbärmlich. Goebbels' Publikum war einerseits recht begriffsstutzig, andererseits konnte es mit ein paar Schlagworten in lärmende Begeisterung versetzt werden. Goebbels war sich im klaren darüber, daß dies auch Redner anderer Parteien mit anderen Schlagworten vermochten. Er war angewidert und fand, daß er an falscher Stelle stehe; *wie ein guter Schauspieler auf einer Schmiere komme ich mir vor,* schrieb er nach Hause. Wieder einmal träumte er davon, sich ganz dem Schreiben von Büchern zu widmen.

Eines Abends erscheint unter seinen Zuhörern ein großer, ein wenig dicklicher Mann: Gregor Strasser aus Landshut in Bayern. Goebbels weiß, wer das ist, weiß, daß Strasser, nachdem Hitler hinter den Festungsmauern verschwand, die politische Leitung der Partei übernommen hat. Übrigens täuscht sein bürgerlich-provinzielles Äußeres. Der Mann, der so ruhig und gemütlich wirkt, verfügt über ungeheuere Energien und ist gewillt, sie für die Partei einzusetzen. Außerdem ist er ein ausgezeichneter Organisator und in manchen Punkten viel besser als Hitler. Er hat mehr Geduld mit den kleinen Parteiangestellten, er erleidet keine nervösen Zusammenbrüche, er sagt selten ein lautes Wort. Dabei ist er im Grunde viel revolutionärer als Hitler.

Goebbels ist nicht gerade glücklich, daß Strasser ihn unter so ungünstigen Bedingungen kennenlernt; daß er mit anhört, wie er, Goebbels, die nationalsozialistische Partei angreift. Aber Strasser hat Humor genug, um die Situation zu begreifen. Er regt sich nicht weiter auf. Nach der Versammlung sucht er Goebbels auf, stellt sich vor und sagt: *Sie sind ein guter Redner. Vielleicht können wir eines Tages zusammenarbeiten.*

Das können sie früher, als sie es in diesem Augenblick ahnen. Schon eine Woche nach dem ersten Treffen, kurz vor Weihnachten 1924, wird Hitler amnestiert und aus der Festungshaft entlassen. Er beginnt sofort mit dem Wiederaufbau der Partei oder der Teile, die ihm verblieben sind. Schon im Februar 1925 wird er wieder zum Führer ernannt. Auch Strasser ist bereit, ihm Gefolgschaft zu leisten, freilich unter der Bedingung, daß Hitler ihm freie Hand beim Aufbau der Partei im Westen und Norden Deutschlands läßt. Strasser verkauft seine Apotheke in Landshut und gründet mit seinem jüngeren Bruder Otto den *Kampfverlag* in Berlin. Er braucht einen neuen Privatsekretär, da Heinrich Himmler, der den Posten bisher innehatte, nicht mehr recht an die Zukunft der Partei glaubt und sein bißchen Geld in einer Hühnerfarm angelegt hat.

Strasser denkt gleich an Goebbels. Später wird er einmal sagen, es sei nicht schwer gewesen, *Goebbels zu bestechen.* Jedenfalls bietet er ihm die Stelle eines Privatsekretärs in Verbindung mit der des Geschäftsführers des Gaues Rheinland-Norden an und schlägt ein Anfangsgehalt von 200 Mark vor. Goebbels nimmt sofort an und legt seine Stellung bei Wiegershaus nieder, ohne ein Wort der Erklärung. Später beklagt er sich über die Mitglieder der Völkischen Freiheitspartei, *mit denen er ein Stück Weges zusammen gegangen ist und die ihn jetzt kaum wiederzuerkennen scheinen ... kein Wort, kein Blick, kein Händedruck ... wir kannten uns einmal, wir kennen uns nicht mehr.* Er ist verletzt, daß die anderen die Konsequenz aus seinem Verrat ziehen.

Bald ist er nur noch dem Namen nach Strassers Privatsekretär. Beinahe jeden Abend organisiert er Versammlungen und hält Reden. Rheinland-Westfalen ist dicht bevölkert. Eine Industriestadt reiht sich an die andere, die Straßen der einen laufen in die der nächsten über, man reist mit der Straßenbahn. Goebbels ist beständig unterwegs. Essen, Köln, Düsseldorf, Elberfeld, Duisburg, Krefeld, Dortmund ... Er schläft selten in zwei aufeinanderfolgenden Nächten im gleichen Bett.

Er lernt viel. Die bittere Notwendigkeit macht ihn zum starken und überzeugenden Agitator. Er macht sich alle Tricks zu eigen. Sein angeborenes Talent für schlagfertige Antworten wird durch die enorme Routine noch verstärkt. Wenn er jemals Lampenfieber gehabt hat, jetzt hat er keines mehr. Wenn er jemals scheu war, jetzt könnte man keine Spur mehr davon entdecken. Dabei ist sein Publikum – meist Arbeiter – mißtrauisch und feindlich gesinnt. Aber selbst auf diejenigen, die gekommen sind, um ihn auszupfeifen, macht er einen gewissen Eindruck, und immer gewinnt er ein paar neue Anhänger. Dabei ist er viel zu beschäftigt und zu müde, um neue Schlagworte zu erfinden oder neue Argumente. Und bald findet er heraus, daß dies auch gar nicht notwendig ist, daß die gleichen Worte und Phrasen, immer und immer wieder herausgeschleudert, den Zuhörern eingehen, als sei ihre Wahrheit unter Beweis gestellt worden (eine Tatsache, die Hitler schon einige Jahre vorher entdeckte). Wenn er zynisch ist – und das ist er oft –, gibt er sich selbst zu, daß die Wirkung um so größer ist, je dümmer seine Argumente sind.

Auch stellt er fest, daß der persönliche Kontakt entscheidend ist. *Revolutionäre Bewegungen werden nicht von großen Schriftstellern, sondern von großen Rednern gemacht,* kommentiert er später.[2] *Es ist ein Irrtum, wenn man annimmt, das geschriebene Wort habe deshalb größere Wirkungen, weil es durch die Tagespresse an ein größeres Publikum herankommt. Wenn auch der Redner meistenfalls, und wenn es hoch geht, nur einige tausend mit seinem Wort erreichen kann – wogegen der politische Schriftsteller manchmal und oft zehn- und hunderttausend Leser findet –, das gesprochene Wort beeinflußt in der Tat nicht nur den, der es unmittelbar hört, es wird von ihm hundert- und tausendfach weitergegeben und fortgetragen. Und die Suggestion einer wirkungsvollen Rede steht immer noch turmhoch über der papierenen Suggestion eines Leitartikels.*

*Wir waren deshalb auch im ersten Verlauf des Kampfes an Rhein und Ruhr in der Hauptsache und fast ausschließlich Agitatoren. Wir besaßen in der Massenpropaganda unsere einzige Hauptwaffe und waren um so mehr zu ihrem Gebrauch gezwungen, als uns ja vorderhand jede publizistische Waffe fehlte.*

Zusammen mit den Brüdern Strasser machte sich Goebbels nun daran, eine publizistische Waffe zu schmieden. Sie gaben eine Zweiwochenzeitschrift heraus, die das offizielle Organ verschiedener westlicher und nördlicher Gaue wurde. Darüber hinaus hofften sie, daß die Zeitschrift das Sprachrohr der neuen Ideologie der Partei werden würde.

Am 1. Oktober 1925 erschien sie, von Goebbels redigiert. Sie hieß *Nationalsozialistische Briefe.*

## 5

Schon die ersten Nummern überzeugten die meisten Leser, daß Goebbels im Grunde nichts sei als ein vermummter Kommunist. Die Bürger von Rheydt hatten das übrigens schon lange vermutet. Es gab in der Tat kaum einen Unterschied zwischen der Sprache der Kommunisten und der Sprache, die Goebbels führte. Die Münchner Parteigrößen wurden nervös. Das war die Clique um Max Amann, den Verleger des *Völkischen Beobachter,* Alfred Rosenberg, seinen Chefredakteur, Gottfried Feder, Hitlers volkswirtschaftlichen Berater: Die Clique schöpfte Verdacht. Die „revolutionären" Nazis aus Nord- und Westdeutschland hingegen sympathisierten offen mit Goebbels' Thesen.

In den *Nationalsozialistischen Briefen* verlegte Goebbels das Hauptgewicht vom Nationalismus auf den Sozialismus und ging so weit, ein Bündnis zwischen Deutschland und Sowjetrußland vorzuschlagen; auch flirtete er mit der Idee einer ideologischen Zusammenarbeit mit anderen revolutionären „armen" Ländern wie Indien und China.

*Wir erreichen nichts,* schrieb er, vielleicht in Erinnerung an Unterhaltungen mit Flisges, *wenn wir uns auf die Interessen von Besitz und Bildung stützen. Wir erreichen alles, wenn wir Hunger, Verzweiflung und Opfer für unsere Ziele in Marsch setzen.*

Er spezialisierte sich auf Artikel über den Bolschewismus, die in prorussischen Tönen gehalten waren. Er arbeitete an einer Rede, *Lenin oder Hitler?,* in der er zwar zum Schluß kam, Hitlers Ideen seien die besseren, sich aber doch in für Lenin recht schmeichelhaften Vergleichen erging.

In einer Reihe von Beiträgen zum *Völkischen Beobachter* feierte er Lenin als den *nationalen Befreier* seines Landes. *Rußland, der russische Bolschewismus stehen nicht vor dem Zusammenbruch,* schrieb er an einen „Freund von der Linken". *Aber nicht deshalb hält sich das russische Rätesystem, weil es bolschewistisch, weil es marxistisch, weil es international ist, sondern weil es national, weil es russisch ist. Kein Zar hat je das russische Volk so in seiner Tiefe, in seiner Leidenschaft, in seinen nationalen Instinkten erfaßt wie Lenin.*

Ein andermal schrieb er: *Wenn Rußland erwacht, dann wird die Welt ein nationales Wunder sehen.* Auch erklärte er mit Schärfe, *Deutschland darf niemals für den Kapitalismus kämpfen. Eine grauenhafte Aussicht: Deutschlands Söhne werden alle auf den Schlachtfeldern Europas im Dienste dieses Kapitalismus als Landsknechte verbluten. Höchstwahrscheinlich im heiligen Krieg gegen Moskau. Wäre eine größere Gemeinheit denkbar?*

Goebbels' Sympathien wurden in gewissem Maße von Moskau aus erwidert. Am 20. Juni 1923 hatte Karl Radek im Exekutiv-Komitee eine Rede gehalten, in der er zur allgemeinen Verwunderung ausgerechnet Schlageter pries, und zwar als einen *mutigen Soldaten der Gegenrevolution.* Zwischen den Zeilen war zu verstehen, daß Schlageter als Opfer des westlichen Kapitalismus gefallen sei.

Indessen war Goebbels (was immer man in Rheydt von ihm denken mochte) durchaus kein Kommunist. Das machte er auch hinreichend klar. *Der Kommunismus ist nichts anderes als die groteske Verzerrung des wahren sozialistischen Gedankens,* schrieb er an den Grafen Reventlow, einen Politiker der Rechten. *Die einzigen wirklichen Sozialisten in Deutschland, ja in ganz Europa, das – könnten wir sein.* Seine sozialistischen Ideen waren, milde ausgedrückt, reichlich verworren. *Ich glaube an den Opferwillen, an die Berserkerhaftigkeit der Freiheit, die im Proletariat schlummert und einst erwachen wird … Ich glaube an den Rhythmus der Massen, ich glaube an die Zukunft der Geschichte …* Das war leeres Gerede.

*Wir leben im Zeitalter der Masse,* schrieb er an Albrecht von Graefe, einen nationalistischen Politiker und Reichstagsabgeordneten. *Aber nicht der Masse gehört die Zukunft, sondern dem, der die Masse mit organischem Leben füllt. Dem Treiber, dem Former, dem Kö-*

*nig der Masse gehört das neue Jahrhundert. Auch am Ende der Massenbewegungen unserer Zeit steht die Diktatur.*

## 6

Joseph Goebbels, so sagt seine Familie, führte seit seinem zwölften Geburtstag Tagebuch. Dort legte er dar, was er von der Welt im allgemeinen und von seiner kleinen Welt hielt; dort sagte er Dinge, die er vielleicht einem guten Freund anvertraut hätte. Die Eintragungen aus den Jahren 1925 und 1926[3] beweisen besser als das Zeugnis irgendwelcher Menschen, die Goebbels kannten, wie verwirrt und innerlich zerrissen er damals war, obwohl er in seinen Artikeln und Reden so überlegen und weise tat. Er war noch ganz unsicher; er war nicht einmal seiner selbst sicher. Immer wieder versuchte er, sich darüber klarzuwerden, was er nun eigentlich aus seinem Leben machen sollte. Aber er hatte gar keine Zeit, darüber nachzudenken. Er hatte viel zuviel Arbeit. *Ich habe vom 1. Oktober 1924 bis 1. Oktober 1925 189mal gesprochen,* schreibt er. *Dabei kann man aber draufgehen.*

Am 29. Oktober 1925: *Geburtstag: 28 Jahre alt ... Ich werde alt. Ich merke das heute mit Schaudern. Das Haar fällt mir aus. Auf dem Wege zur Glatze.*

Am 8. März 1926: *Ich wiege noch ganze 100 Pfund. Ein Schneider! Man mißbraucht mich für die schwersten Arbeiten. Das nennt man Raubbau! Die Welt ist ekelhaft gemein.*

Am 19. Juni 1926: *Ich möchte am liebsten den ganzen Schwindel in die Ecke werfen. Es ist zum Kotzen! ... Quatsch! Intrige! Bockmist ...*

Am 30. August 1926: *Viel Rückenschmerzen. Doch wohl nicht krank werden? Tbc? Das wäre grauenvoll.*

Immer wieder fragt er sich, ob der enorme Aufwand an Energie sich überhaupt lohne. Er arbeitet sich krank – und für was? Hatte die Partei eine Zukunft? Waren seine Mitarbeiter nicht kleine Schwindler und Intriganten, unfähig, eine große Idee zu verwirklichen?

Am 23. Oktober 1925: *Manchmal möchte man wohl glauben, daß unser Kampf aussichtslos sei ...*

Am 21. November 1925: *Ich bin in einer furchtbar pessimistischen Stimmung. Der Glaube an die innere Kraft des deutschen Volkes gerät bei mir manchmal ins Wanken.*

Am 20. Januar 1926: *Die Organisation hängt mir zum Halse heraus.*

Am 12. Juni 1926 (mit Bezug auf seine engsten Mitarbeiter): *Mit den Leuten wollen wir Deutschland frei machen!*

Obwohl er überarbeitet und nervös ist, von Zweifeln geplagt wird, fast jeden Tag in einer anderen Stadt spricht, findet er doch noch Muße zu einem bewegten und ausführlichen Liebesleben. Am 15. August 1925: *Elslein, wann sehe ich Dich wieder? Alma, Du leichte, liebe Pflanze! Anke, nie werde ich Dich vergessen! Und doch bin ich jetzt mutterseelenallein.*

Er ist ständig auf der Suche nach der Frau, die ihn liebt und ihn „versteht", und der er vertrauen kann. Am 27. August 1925: *Eine süße Nacht. Sie ist so lieb und gut zu mir. Ich tue ihr so manchmal bitter weh ... Ich werde geliebt! Warum klage ich?*

Am 21. Dezember 1925: *Else kommt. Voll Tränen und Trauer ... Qualvollste Stunden. Bis wir uns wiederfinden ... Sie ist restlos glücklich. Und ich? Ich will nicht von mir sprechen. Es muß wohl so sein. An mir und den Frauen hängt ein Fluch.*

Am 12. Juni 1926: *Dann schreibt Else mir einen kurzen, sachlichen Abschiedsbrief. Was soll ich machen? Sie hat in allem recht. Wir können uns nicht einmal mehr Kameraden sein. Zwischen uns steht eine Welt. Wir haben uns zu lange dagegen gesträubt, das einzusehen ... Liebe dennoch dieses arme, liebesbedürftige Geschöpf.*

Aber es gibt ja so viele andere Frauen ...

## 7

Letzten Endes kommt es nicht darauf an, ob Goebbels überarbeitet ist oder sich krank fühlt, ob er seine Mitarbeiter verachtet, ob er glücklich oder unglücklich verliebt ist. Sein seelisches Gleichgewicht hängt nur von Hitler ab. Alles ist gut, solange er an Hitler glauben kann.

Am 14. Oktober 1925: *Ich lese Hitlers Buch zu Ende. Mit reißender Spannung. Wer ist dieser Mann? Halb Plebejer, halb Gott! Christus oder nur Johannes?*

Am 2. November 1925: *Mittwoch spreche ich in einer Parallelversammlung vor Hitler in Braunschweig. Darauf freue ich mich. Vielleicht gelingt es mir, Hitler einmal länger zu sprechen.*

Am 6. November 1925: *Wir fahren mit dem Auto zu Hitler ... Alles hat dieser Mann, um König zu sein. Der große Volkstribun. Der kommende Diktator.*

Aber schon kommen die ersten Zweifel. Obwohl er entschlossen ist, keine kritischen Maßstäbe anzulegen, wo Hitler im Spiele ist, arbeitet sein analytischer Verstand, gewissermaßen automatisch. Eine Zeitlang versucht Goebbels sich einzureden, daß Hitler selbst fehlerlos sei, daß hingegen seine Umgebung unfähig und unehrlich sei und von „echtem Sozialismus" keine Ahnung habe.

Am 21. August 1925: *Strasser erzählt viel Trauriges von München. Von dieser Sau- und Luderwirtschaft ... Hitler ist von falschen Leuten umgeben.*

Am 26. November 1925: *In München Stunk in der Bewegung. Die Münchener hängen mir zum Halse heraus.*

Am 11. Februar 1926: *Kein Mensch glaubt mehr an München. Elberfeld soll das Mekka des deutschen Sozialismus werden.*

Am 22. Februar hat Goebbels' Verstand gesiegt: *Ich glaube nicht mehr restlos an Hitler.*

Es mußte eine Menge geschehen, bis Goebbels sich zu einem solchen Geständnis bringen kann. Anfang 1926 haben die Sozialdemokraten und Kommunisten ein Volksbegehren verlangt, daß man den ehemaligen deutschen Fürsten und ihren Familien die enormen Vermögen und Güter abnehme, die sie auch nach der Revolution von 1918 behalten haben. Die Strassers und Goebbels sind dafür, daß die Partei sich dem Verlangen der Linksparteien anschließe.

Das geht Hitler ein bißchen zu weit. Er kann sich gar nicht gegen die Exfürsten stellen, von denen einige ihm laufend größere Beträge zukommen lassen. Auch seine Geldgeber aus der Industrie würden sich von ihm lossagen, fänden sie ihn in der Gesellschaft von Sozialisten und Kommunisten, die zu bekämpfen sie ihn ja bezahlen. Wenige Monate vorher hat Goebbels eigens davor gewarnt, daß die Partei sich auf den „Besitz" stütze; jetzt tut Hitler gerade das.

Das muß verhindert werden. Zu diesem Zweck arbeiten die Strassers und Goebbels einen Plan aus, die Verfassung der Partei zu ändern. Das politische Schwergewicht soll nach Norden verlegt werden, wo die reaktionäre Clique der Rosenberg, Feder und Amann nichts dreinreden kann. Wenn Hitler nicht mitmachen will, muß er eben abdanken (!) und eine Art Ehrenvorsitzender werden, und Gregor Strasser wird die aktive Leitung der Partei übernehmen. Goebbels malt sich schon aus, wie Hitler in seinem Haus oberhalb Berchtesgaden leben wird, und zwar von einer Pension, die ihm die Partei aussetzt. *Einmal pro Jahr fahren wir dann zu ihm hinauf und sind nett zu ihm,* verspricht er großzügig.

Um den Plan durchzusprechen, lädt Strasser die Gauleiter aus West- und Norddeutschland zu einer Besprechung für den 22. November 1925 ein.[4]

Die Männer, die da um den langen Tisch im Hannoverschen Hof herum sitzen – alles mehr oder weniger Kreaturen von Strasser –, sind nicht gerade feine Herren; Abenteurer ohne Einkünfte, unfähig oder unwillig, einem Broterwerb nachzugehen. Sie hatten sich von Strasser ins Schlepptau nehmen lassen, weil sie nichts Besseres zu tun hatten. Sie konnten sich ja auch mal in der Politik versuchen. Geldsorgen waren ihr Hauptproblem. Sie scheuten vor nichts zurück, um sich Geld zu beschaffen. Sie erpreßten; sie ließen sich von älteren Frauen aushalten. Ein gut Teil des Geldes, das für die Parteikasse bestimmt war, floß in ihre eigenen Taschen.

Als pünktlich um zehn Uhr die Sitzung eröffnet wird, sind 24 Gauleiter und andere wichtige Parteigrößen versammelt. Nur einer ist gegen die Verfassungsänderung: Robert Ley, Gauleiter des Rheinland-Süd-Gaues. Hitler selbst war nicht gekommen, hatte aber als Vertreter Gottfried Feder gesandt. Ley verlangt, daß Feder zugelassen werde. Goebbels ist vor Empörung außer sich. *Wir brauchen keine Spione,* schreit er.

Strasser hält es für sinnlos, Hitler unnötig zu verärgern, und es wird daher – mit einer Stimme Mehrheit – beschlossen, Feder zuzulassen. Er hat Gelegenheit, eine Reihe seltsamer Reden mitanzuhören.

Die meisten von Goebbels gehalten. Er ist es, der die neue Verfassung empfiehlt, die dann auch von allen gegen die Stimme Leys angenommen wird. Der meint, daß ja doch alles, was ohne Zustimmung des Führers geschehe, ungültig sei. Darauf erklären einige Gauleiter, man könne sehr wohl ohne „Papst“ auskommen, und insbesondere Goebbels ist wieder sehr erbittert. *Ich beantrage, den*

*Kleinbürger Adolf Hitler aus der Nationalsozialistischen Arbeiterpartei auszuschließen,* brüllt er wörtlich.

Jemanden Kleinbürger zu nennen – das ist die größte Beleidigung, die es für Goebbels überhaupt gibt. Offensichtlich ist er völlig fertig mit Hitler. Ungeheurer Tumult bricht los.

Was Goebbels da gesagt hat, hat noch niemand in der Partei zu sagen gewagt. Das ist offene Revolte, Majestätsbeleidigung, Gotteslästerung. Und obwohl über den Antrag nicht abgestimmt wird, klatschen einige der Zuhörer spontan in die Hände.

Ja, es ist Tatsache geworden: Goebbels kann nicht mehr bedingungslos an Hitler glauben: Er kann seinen kritischen Verstand nicht mehr zur Ruhe bringen; er kann nicht mehr leeres Geschwätz für reine Wahrheit nehmen. Und, entscheidender als alles andere, er kann sich nicht damit abfinden, daß Hitler den ganzen „Sozialismus" über Bord wirft. Goebbels, der vier Jahre vorher Hitler zu seinem Führer, ja zu seinem Gott erkoren hat, ist jetzt drauf und dran, ihn zu verlassen.

## 8

Am 22. Januar 1926 erscheint ein leidenschaftlicher Aufruf, abgefaßt von den Strassers und Goebbels, in dem es heißt, daß die Nationalsozialisten, zumindest die in Nord- und Westdeutschland, für die Enteignung der Fürsten stimmen würden. Um diese „Revolutionäre" zurückzupfeifen, beruft Hitler eine Sitzung in der kleinen bayrischen Stadt Bamberg für den 14. Februar ein.

Goebbels weiß, ein Kampf steht bevor. Am 6. Februar schreibt er ins Tagebuch: *Nächsten Sonntag Bamberg. Hitler lädt ein. Steh auf und ficht! Es kommt da die Entscheidung.*

Am 12. Februar: *Morgen nach Bamberg. Hitler spricht vor den Gauführern ... da wird der Operationsplan festgelegt ... Wir wollen ja hetzen und putschen!*

Goebbels kommt am folgenden Morgen in Bamberg an, Heinrich Himmler, der wieder aktiv in der Partei ist, holt ihn vom Bahnhof ab und fährt ihn in einer großen, eleganten, schwarzen Limousine ins Hotel. Goebbels ist beeindruckt. Viele große, elegante, schwarze Limousinen haben vor dem Hotel geparkt. Sie gehören den Männern, die aus München gekommen sind, den bayrischen Gauleitern, den ihnen unterstellten Kreisleitern.

Es war klar, daß die süddeutschen Parteigrößen einen ganz anderen Lebensstandard hatten als die Männer um Strasser. Für sie gab es keine Geldsorgen, sie hatten die besten Zimmer im Hotel reserviert, sie saßen in der Halle und im Restaurant und rauchten dicke Zigarren, sie sahen wohlgenährt und wohlhabend aus, es ging ihnen gut.

Goebbels hatte nicht sehr nett über sie geschrieben und war darauf vorbereitet, von ihnen geschnitten zu werden. Seltsamerweise kamen die Rosenberg, Feder, Amann spontan auf ihn zu, schüttelten seine Hand mit Wärme, taten ganz so, als betrachteten sie ihn als einen der Ihren. Blitzschnell erkannte er, daß er für sie „jemand" geworden war.

Die Sitzung begann mit einer langen Rede Hitlers, der auseinandersetzte, warum die Nationalsozialisten nicht für die Fürstenenteignung stimmen konnten. Seine Argumente waren alt und abgebraucht; ein Nationalsozialist dürfe sich nie an einer Sache beteiligen, die von Kommunisten begonnen worden sei; überdies werde die Enteignung nicht bei den Fürsten haltmachen.

Goebbels notierte in sein Tagebuch: *Hitler redet zwei Stunden. Ich bin wie geschlagen. Welch ein Hitler? Ein Reaktionär? Nebelhaft, ungeschickt und unsicher. Russische Frage: vollkommen daneben. Italien und England naturgegebene Bundesgenossen. Grauenhaft. Unsere Aufgabe ist die Zertrümmerung des Bolschewismus. Bolschewismus ist jüdische Mache! Wir müssen Rußland brechen; 280 Millionen!!!*

*Fürstenabfindung! Recht muß Recht bleiben. Auch die Fürstenfrage darf Privateigentum nicht erschüttern! Grauenvoll! Programm genügt. Zufrieden damit. Feder nicht. Ley nickt. Streicher nickt. Esser nickt! Es tut mir in der Seele weh, wenn ich dich in der Gesellschaft seh!!!*

*Kurze Diskussion. Strasser spricht. Stockend, zitternd, ungeschickt, der gute ehrliche Strasser ... Ich kann kein Wort sagen. Ich bin wie vor den Kopf geschlagen. Mit dem Auto zur Bahn. Strasser ist ganz aus dem Häuschen. Zanken und Streit. Mir tut das Herz so weh. Abschied von Strasser. In Berlin übermorgen sehen wir uns wieder.*[5]

Am 23. Februar 1926 notiert Goebbels: *Alles da. Lange Beratung* (mit Strasser). *Resultat: stark werden, den Münchnern den Pyrrhussieg gönnen. Arbeiten, stark werden, dann für den Sozialismus kämpfen.*

Hitler selbst muß gespürt haben, daß es kein Sieg war. Er muß ebenfalls gespürt haben – und dies beweist sein ausgezeichnetes Einfühlungsvermögen in andere – daß er Goebbels auf seine Seite bekommen konnte und daß ein solcher Versuch sich lohnen würde.

Der Kampf um Goebbels' Seele begann Ende März. *Heute morgen Brief von Hitler. Ich soll am 8. April in München sprechen.* Die Aussicht, nach München zu fahren, erregte ihn sichtlich.

Er fuhr am 7. April. *Hitlers Auto da. Zum Hotel. Welch ein nobler Empfang. Noch eine Stunde durch die Stadt ... An den Litfaßsäulen riesengroße Plakate. Ich spreche im historischen Bürgerbräu.*

*Hitler hat angerufen. Will uns begrüßen. In einer Viertelstunde ist er da. Groß, gesund, voll Leben. Ich hab' ihn gern. Er ist beschämend gut zu uns. Trotz Bamberg. Er stellt uns für den Nachmittag sein Auto ... Abends acht Uhr im Auto zum Bürgerbräu. Hitler ist schon da. Mir klopft das Herz zum Zerspringen. In den Saal ... Tobende Begrüßung ... Und dann rede ich 2½ Stunden. Ich gebe alles. Man tobt, man lärmt. Am Schluß umarmt mich Hitler. Die Tränen stehen ihm in den Augen. Ich bin so etwas wie glücklich. Durch die gestauten Massen zum Auto. Hitler ist immer bei mir.*

Es war noch gar nicht so lange her, daß Strasser gesagt hatte, es sei leicht, Goebbels zu bestechen. Hitler fand das jetzt heraus. Er zeigte Goebbels, was Erfolg bedeuten konnte: erstklassige Autos, Fluchten in den besten Hotels, Tausende von vor Begeisterung fast verrückten Enthusiasten. Aber Hitlers Haupttrumpf war – Hitler selbst. *Er spricht drei Stunden,* schrieb Goebbels ins Tagebuch. *Glänzend, könnte einen irre machen ... Ich beuge mich dem Größeren, dem politischen Genie!*

Er beugte sich vor allem dem Propagandagenie. Goebbels begriff, daß der Erfolg der Nazis Hitlers Begabung für Propaganda zu verdanken war. In *Mein Kampf* hatte Hitler seine grundlegenden Gedanken über Propaganda niedergelegt. Goebbels hatte das Buch sechs Monate vorher verschlungen. Jetzt zeigte Hitler ihm die Bürstenabzüge für den zweiten Band, der ein Kapitel über *Propaganda und Organisation* enthalten werde. Goebbels war hingerissen. Das meiste, was Hitler über Propaganda sagte, über Plakate, über die

Notwendigkeit, die große Masse zu beeinflussen, war schon vor Hitler gesagt worden, von Männern, die wissenschaftliche Vorbildung dazu mitbrachten. Hitler hatte die psychologischen Grundgesetze der Propaganda gewissermaßen durch Intuition wiederentdeckt.

Goebbels las mit steigendem Interesse, daß Hitler den Propagandaleiter für den wichtigsten Mann in einer aufzubauenden politischen Partei hielt. Noch war er ja sein eigener Propagandachef, aber, so vertraute er Goebbels an, bald müsse er einen anderen damit betrauen, da er mit anderen Dingen alle Hände voll zu tun habe.

Auch über Rußland wurde des längeren gesprochen, und Hitler machte es ein für allemal klar, daß Goebbels damit aufhören müsse, Lenin als nationalen Befreier zu preisen und Parallelen zwischen den Nazis und den Bolschewisten zu ziehen. Goebbels notierte: *Seine Beweisführung ist zwingend. Aber ich glaube, er hat das Problem Rußland noch nicht ganz erkannt. Auch ich muß manches nun überdenken.*

Am 17. April verließ er München. Hitler hatte ihn völlig bezwungen. Goebbels glaubte wieder an den Führer und beeilte sich, Hitler dies in einem Geburtstagsbrief mitzuteilen. Er schrieb:

*Lieber und verehrter Adolf Hitler!*

*Ich habe so viel von Ihnen gelernt. Auf kameradschaftliche Art haben Sie mir so völlig neue Wege gewiesen, daß ich erst jetzt das Licht sehe. Ich weiß nun, daß die Partei einen neuen Generalstab braucht. Die Männer für diesen Stab sind vorhanden. Rufen sie die Männer nur auf, einen nach dem anderen, genau so, wie Sie glauben, daß jeder den Ruf verdient …* Der Brief schloß mit einer Prophezeiung, die zwei Jahrzehnte später Wirklichkeit werden sollte. *Ein Tag kann kommen, an dem alles zusammenbricht, an dem der Mob sich um Sie schart und schäumt und anklagt und schreit „Kreuzige ihn!" Dann werden wir dastehen, eisern und unbezwingbar, und unser Hosianna herausschreien und heraussingen.*

Am gleichen Tag schrieb Goebbels in sein Tagebuch: *Wir feiern Hitlers Geburtstag. 37 Jahre ist er alt … Adolf Hitler, ich liebe Dich, weil Du groß und einfach zugleich bist. Das, was man Genie nennt.*

Am 16. Juni, als Hitler in Köln sprach, wußte Goebbels sich wieder einmal vor Begeisterung nicht zu fassen. *Er fand die letzte Form des deutschen Sozialismus. So ein Kerl kann eine Welt umkrempeln.* Im Juli fuhr er nach Berchtesgaden, Hitler hatte ihn eingeladen, freilich nicht in sein Haus Wachenfeld, sondern hatte ihn in einer Pension einquartiert. Wie üblich redete Hitler wieder ununterbrochen: *Gedanken, die er damals in München entwickelt hatte. Aber immer wieder neu und zwingend, mit schlagenden Beispielen belegt. Ja, diesem Mann kann man dienen. So sieht der Schöpfer des Dritten Reiches aus ... Der Chef spricht über Rassefragen. Man kann das nicht so wiedergeben. Man muß dabeigewesen sein. Er ist ein Genie.*

Goebbels war immer von allen guten Geistern verlassen, wenn er lyrisch wurde. Nun wurde er es in einem Maße, wie er es seit *Michael* nicht gewesen war. *Droben im Himmel formt sich eine weiße Wolke zum Hakenkreuz. Ein flimmerndes Licht steht am Himmel, das kein Stern sein kann. – Ein Zeichen des Schicksals?* Und in der Nacht vom 25. Juli: *Die Tage waren mir Richtung und Weg ... Aus tiefster Bedrängnis leuchtet ein Stern. Ihm fühle ich mich innerlich verbunden. Nun ist mir der letzte Zweifel geschwunden. Deutschland wird leben. Heil Hitler!* Es war das erste Mal, daß er diese Formel anwandte. Und ausgerechnet in seinem Tagebuch.

Der Kampf um Goebbels' Seele war zu Ende. Hitler hatte ihn gewonnen. Freilich, es war letzten Endes nicht einmal so sehr Hitler, der Goebbels überzeugte; Goebbels überzeugte sich selbst. Er wollte an Hitler glauben, und nun glaubte er wirklich an ihn.

## 9

Der Goebbels, der Hitler in seinem Tagebuch anschwärmt und anbetet, zögert nicht, der Welt seine Wandlung bekanntzugeben. Das bedeutet notwendigerweise eine Änderung in der Beziehung zu den Strassers und den anderen Verschwörern von Hannover. In einem Artikel, der im August 1926 im *Völkischen Beobachter* erscheint, zieht er den Trennungsstrich zwischen sich und den Freunden von gestern. Er tut ganz so, als habe er niemals zu ihnen gehört. *Jetzt erst erkenne ich Euch als das, was Ihr wirklich seid, Revolutionäre der Rede, nicht Revolutionäre der Tat. So habe ich das niemals mir gedacht. Redet doch nicht so viel von Idealen, und glaubt doch nicht, daß Ihr alleine die Erfinder und die Hüter der Ideale seid. Lernt! Vertraut! Glaubt an den Sieg unserer Ideale! Was ich gesagt habe, wiederhole ich hier: Es ist kein Damaskus, wenn wir geschlos-*

*sen hinter dem Führer stehen. Wir beugen uns ja nicht vor ihm, als wären wir Byzantiner vor einem asiatischen Kaiserthron, sondern mit männlichem, altem nordischem Männerstolz stehen wir vor ihm wie vor einem germanischen Lehnsherrn. Wir sehen eben, daß er mehr ist als wir alle, als Du und als ich; er ist ein Instrument göttlichen Willens, der die Geschichte formt in neuer Schöpferlust.*

Von nun an zeigt das Tagebuch eine sich steigernde Abkühlung den Strassers gegenüber. Am 4. August 1926: *Brief von Strasser und Brief an ihn. Erste Auseinandersetzungen über unser beiderseitiges Verhalten. Wir werden schon ins Reine kommen.*

Am 20. September: *Strasser ist maßlos neidisch auf mich. Daraus erkläre ich sein plumpes, unbesonnenes Handeln gegen mich. Ich werde bis zuletzt anständig bleiben, und wenn ich daran verrecken soll.*

Das Ergebnis des Volksentscheids in Sachen Fürstenenteignung überraschte eigentlich niemanden. Gemäß der Weimarer Verfassung mußte, um einen Volksentscheid durchzubringen, mindestens die Hälfte aller Wähler, also rund 20 Millionen, ihre Stimme abgeben. Hätten 20 Millionen gewählt und nur 10 Millionen und einige Wähler, das heißt die einfache Majorität, sich für Enteignung ausgesprochen, dann wäre die Sache der Fürsten verloren gewesen. Am 20. Juli 1926 stimmten zwar viel mehr Wähler für Enteignung – rund 15,5 Millionen –, aber fast niemand dagegen. Nicht alle, die der Wahlurne fernblieben, wollten auf diese Weise gegen Enteignung stimmen; viele waren an der ganzen Frage uninteressiert. Nur eine Minorität versuchte auf diese Weise den Volksentscheid zu sabotieren. Die Nazis waren in dieser Minorität.

Die Geschäftswelt atmete auf. Überall auf der Welt begann man wieder Vertrauen in Deutschland zu setzen. Ausländisches Kapital kam ins Land. Während die Regierung des Präsidenten Coolidge sich standhaft weigerte, britische oder französische Kriegsschulden zu streichen, bekam Deutschland soviel Anleihen, wie es wollte. Industrielle und Bankiers, die befürchteten, daß die Kommunisten eines Tages den Versuch einer Expropriation wiederholen würden, begannen sich für Hitler zu interessieren. Das heißt, sie begannen Hitler zu finanzieren.

# 10

Mitte Oktober 1926 erlebte Goebbels eine grausame Enttäuschung. Hitler ernannte Gregor Strasser zum Propagandachef der Partei. Goebbels hatte gehofft und erwartet, daß er diesen Posten bekommen würde. Darüber hinaus war er erstaunt, daß Hitler einen Mann beförderte, der ihm gerade in letzter Zeit so häufig Opposition gemacht hatte.

Er wußte nicht, daß Hitler nicht die geringste Absicht hatte, sich von einem so talentierten Mann, wie Gregor Strasser es war, zu trennen, Außerdem hatte Hitler es gar nicht ungern, wenn seine Unterführer sich untereinander ein wenig zankten. Wenn Spannung zwischen ihnen war, konnten sie wenigstens nicht gemeinsam gegen den Führer konspirieren. Kurz darauf sollte Goebbels erfahren, daß Hitler ihn keineswegs vergessen hatte. Am 26. Oktober erhielt er einen freundschaftlichen und herzlichen Brief, in dem er zum Gauleiter von Berlin ernannt wurde. Außerordentliche Machtvollkommenheiten wurden ihm gegeben, sogar die Berliner SA würde ihm unterstellt sein. Er hatte nur dem Führer Rechenschaft abzulegen.

Gauleiter von Berlin! Der junge Mann, der sich seines Bauernblutes rühmte, für den das Städtchen Rheydt zu sehr Stadt war, der Einsame, der Naturliebhaber, sollte nach Berlin, der größten Stadt des europäischen Kontinents!

Auf den ersten Blick schien es, als ob Hitler unter allen seinen Unterführern keinen ungeeigneteren hätte finden können. Goebbels' Tagebücher sind voll von Schmähungen gegen Berlin. Die Hauptstadt war für ihn ein „Sünden-Babylon“, ein anderes Mal ein „Sündenpfuhl“. Die Idee, nach Berlin zu ziehen, erschreckte ihn über alle Maßen. Aber Hitler kannte Goebbels besser als er sich selbst. Hitler wußte, daß der junge Journalist und Agitator vor Langeweile gestorben wäre, hätte er wirklich in der Einsamkeit der Natur leben müssen, für die er so schwärmte. Er wußte, daß Goebbels auf den Asphalt der Großstadt gehörte, dorthin, wo es am lautesten, am tollsten zuging: nach Berlin.

Goebbels hatte viele gute Gründe, Angst vor Berlin zu haben. Die Mitglieder der Partei dort waren korrupt, in sich zerfallen. Die leitenden Männer der SA benützten ihre Stellung, um andere Mitglieder zu terrorisieren und Gelder von ihnen zu erpressen. Der schlimmste dieser Gangster war der ehemalige Freikorpsführer Heinz Hauenstein, Freund des Leo Schlageter, und einstmals maßlos verehrt von dem Studenten Joseph Goebbels. Der Gauleiter von Berlin, Goebbels' Vorgänger, hatte Hauenstein aus der Partei ausgeschlossen, aber sowohl Hauenstein wie der Chef der Berliner SA, Kurt Daluege, hatten das einfach ignoriert. Das war typisch für die Zustände im Berliner Gau. Das Schlimmste: es gab überhaupt nur eine geringe Anzahl von Nazis in Berlin. Die übergroße Majorität der Berliner waren Sozialdemokraten und Kommunisten, und niemand, der bei Verstand war, gab den Nazis eine Chance im „roten Berlin“.

Das alles wußte Goebbels sehr wohl. Das alles ging ihm durch den Kopf, als er in einem Abteil dritter Klasse seinem neuen Bestimmungsort zustrebte. Er hatte nur einen kleinen Koffer bei sich, der ein paar Hemden, zwei Anzüge, ein paar Bücher und Manuskripte enthielt. Er trug ein schwarzes Lüsterjackett, graue Flanellhosen und darüber einen hellen, fast weißlichen Regenmantel, in dem er in den nächsten Jahren Hunderte von Malen photographiert werden sollte.

*Was erwartet mich in Berlin?* fragte er sich.[6] *Drei Jahre sind es her, da knatterten an der Feldherrnhalle in München die Maschinengewehre und wurden die anmarschierenden Kolonnen eines jungen Deutschlands von der Reaktion zusammenkartätscht. Soll das das Ende sein? Oder liegt nicht vielmehr in unserer eigenen Kraft und in unserem Willen Hoffnung und Gewähr, daß Deutschland doch noch einmal und trotz allem wieder aufersteht und durch uns ein anderes politisches Gesicht bekommt?*

*Schon lastet schwer und grau der Novemberabend über Berlin, als der D-Zug in den Potsdamer Bahnhof hineinkeucht …*

Er stieg aus und drängte sich durch die Menge aus dem Bahnhof heraus. Passanten eilten an ihm vorbei. Autos jagten durch die Straßen. Elektrische Straßenbahnen, fortwährend Signale gebend, schoben sich vorbei. Hunderte von Lichtreklamen machten die Nacht zum Tag. Betrieb und Lärm. Niemand schenkte dem jungen Reisenden aus der Provinz die geringste Beachtung.

Dies war also Berlin.

## Anmerkungen

1 Als die Nazis zur Macht kamen, wurde *Der Wanderer* schließlich aufgeführt. Der Mißerfolg war so eindeutig, daß Goebbels das Stück schnell zurückzog.

2 *Kampf um Berlin* von Goebbels.

3 Zum ersten Male hier veröffentlicht.

4 Die folgende Darstellung stützt sich im wesentlichen auf Konrad Heiden, Rudolf Olden und Otto Strasser als Quellen.

5 Nach Konrad Heiden, Rudolf Olden und anderen Quellen soll Goebbels sofort zu Hitler übergegangen sein und von seinen eigenen Freunden (des „linken Flügels") des Verrates bezichtigt worden sein. Es scheint mehr als unwahrscheinlich, daß er einen solchen Frontwechsel im eigenen Tagebuch nicht geschildert und begründet hätte.

6 *Kampf um Berlin* von Goebbels.

## DRITTES KAPITEL

# BERLIN

### 1

K*aum sind zwei Stunden vergangen, da stehe ich zum ersten Male auf jenem Podium, das oft noch in der Folgezeit Ausgangspunkt unserer weiteren politischen Entwicklung war. Ich spreche von der Berliner Partei,* schrieb Goebbels über den ersten Abend in Berlin. *Eine Judengazette, die mich in späteren Jahren so oft noch tadelnd erwähnen mußte, nimmt als einziges Organ in der Reichshauptstadt von dieser Jungfernrede überhaupt Notiz. Ein gewisser Herr Goebbels, man sagt er käme aus dem Ruhrgebiet, produzierte sich und verzapfte die altgewohnten Phrasen.*[1]

Später berichtete Goebbels einer Freundin von den ersten zwei Stunden. *Ich hatte noch knapp zwei Stunden vor mir, bis die Versammlung begann. Ich erklomm das offene Verdeck eines Autobusses; ich wußte nicht einmal, wohin er fuhr. Es war auch ganz gleichgültig. Da saß ich nun, zwischen fremden Menschen, meinen kleinen Koffer krampfhaft festhaltend. So ging es durch Berlin. Niemals war mir die Stadt so groß, so unendlich vorgekommen. Berlin war wie ein riesenhaftes Tier. Und ich wurde das Gefühl nicht los: Dieses Ungetüm wird dich verschlingen.*

Dies war also Berlin: eine ungeheure Zementwüste, ein Meer von häßlichen obzwar modernen Häusern, vier Millionen Menschen, die unausgesetzt in rasender Eile schienen, besessen von der Leidenschaft, noch schneller, noch praktischer zu sein, getrieben von dem Ehrgeiz, Berlin zur amerikanischsten Stadt des Kontinents zu machen. Dies war also Berlin; die Stadt der besten Theater der Welt; die Stadt der verschiedensten und verderbtesten Vergnügungsstätten, die es in Europa gab; die Stadt, in der alles möglich war, das „Sünden-Babylon“, der „Sündenpfuhl“, die „Judenstadt“.

Das alles hatte Goebbels in seinem Tagebuch gesagt; er hatte ebenfalls gestanden, daß er Angst hatte vor Berlin. Und nun war er mitten hinein geschleudert worden, ein junger, ängstlich dreinschauender Mann, den man wohl für einen Geschäftsreisenden aus der Provinz halten konnte. Ja, er hatte Angst, aber stärker als alle Angst war in ihm das Gefühl, daß er im Begriff stand, ein großes Abenteuer zu bestehen. Denn Berlin war das große Abenteuer. Berlin war von allen deutschen Städten das schwerste Pflaster für einen Nazi.

Eigentlich fand Goebbels überhaupt nichts vor, worauf er hätte aufbauen können. *Die Berliner „Bewegung“ bewohnte eine Art verdrecktes Kellergewölbe in einem Hinterhaus in der Potsdamer Straße. Dort domilizierte ein sogenannter Geschäftsführer mit einem Kassenheft, in dem er die täglichen Ein- und Ausgänge nach bestem Wissen zu buchen pflegte. Stapel von Papier und Zeitungen lagen in den Ecken herum. Im Vorzimmer standen debattierende Gruppen von arbeitslosen Parteigenossen, die sich die Zeit mit Rauchen und mit Fabrizieren von Latrinenparolen vertrieben.*

*Wir nannten die Geschäftsstelle die Opiumhöhle. Und diese Bezeichnung schien in der Tat absolut zutreffend zu sein. Sie war nur mit künstlichem Licht zu erhellen. Sobald man die Tür aufmachte, schlug einem der Schwaden von schlechter Luft, Zigarren-, Zigaretten- und Pfeifenqualm entgegen. An ein solides und systematisches Arbeiten war hier selbstverständlich gar nicht zu denken ... Es herrschte hier ein heilloses Durcheinander ... Die Finanzen befanden sich in trostlosem Zustand. Der damalige Gau Berlin besaß nicht viel anderes als Schulden.*

Es gab rund tausend Mitglieder. Den meisten hing die Partei zum Halse heraus, und sie waren bereit, einer anderen Gruppe oder Partei beizutreten. Niemand bezahlte seinen Mitgliedsbeitrag.

Goebbels begann sogleich, die Mitgliederliste durchzukämmen und rund vierhundert Mitglieder herauszuwerfen. Seine Helfer waren entsetzt. Schon tausend Mitglieder waren entschieden zuwenig gewesen für eine Viermillionenstadt wie Berlin. Aber Goebbels blieb allem Zureden gegenüber taub. Es war ihm lieber, weniger und dafür verläßliche Mitglieder zu haben. Unter denen, die gehen mußten, war der einst so verehrte Heinz Hauenstein und seine Clique. Der Leiter der Berliner SA, Kurt Daluege, war zwar auch nicht viel besser, aber Goebbels fand sich bereit, ihm eine Bewährungsfrist zuzubilligen. Er brauchte ja einen *Saalschutz* für die turbulenten Versammlungen, die er im Auge hatte – und Daluege war gerade der Mann, der ihm einen solchen Saalschutz aufbauen konnte.

Am 1. Januar 1927 konnte sich Goebbels sein erstes Monatsgehalt als Gauleiter auszahlen lassen. Es betrug, sage und schreibe, 150 Reichsmark. *Wir müssen heraus aus der Anonymität,* erklärte er bei dieser Gelegenheit seinen Parteigenossen. *Sie sollen uns beschimpfen, verleumden, bekämpfen, erschlagen, aber sie sollen von uns sprechen. Wir sind sechshundert in Berlin. Wir müssen in sechs Jahren 600000 sein.*

Dies Versprechen hat er gehalten.

## 2

Als er vierhundert Mitglieder aus den Listen strich, führte er nur eine Weisung aus, die Hitler im zweiten Band von *Mein Kampf* gegeben hatte: *Aufgabe der Propaganda ist es, Anhänger zu werben, Aufgabe der Organisation, Mitglieder zu gewinnen. Anhänger einer Bewegung ist, wer sich mit ihren Zielen einverstanden erklärt, Mitglied ist, wer für sie kämpft … Die Propaganda wird demgemäß unermüdlich dafür zu sorgen haben, daß eine Idee Anhänger gewinnt, während die Organisation schärfstens darauf bedacht sein muß, aus der Anhängerschaft selbst nur das Wertvollste zum Mitglied zu machen … Wenn die Propaganda ein ganzes Volk mit einer Idee erfüllt hat, kann die Organisation mit einer Handvoll Menschen die Konsequenzen ziehen …*

Nur das Wertvollste … mit einer Handvoll Menschen … Aber Hitler hatte auch geschrieben, daß Propaganda der Organisation vorangehen müsse, um das Menschenmaterial zu gewinnen …

Propaganda, Reklame. Wie konnte Goebbels für sich und die Partei Reklame machen? Berlin hatte hunderttausend Interessen, hatte ein Dutzend Tageszeitungen mit gerade genug Papier, um die allerwichtigsten Nachrichten zu drucken. Sie würden sich nicht um eine Partei mit sechshundert Mitgliedern kümmern.

Hunderttausend verschiedene Interessen. Im Sportpalast lief ein internationales Sechstagerennen. Italienische Faschisten demonstrierten irgendwo gegen Frankreich. In England ging der Kohlenstreik, der nunmehr schon sieben Monate gedauert und Deutschland enorme Kohlenexporte ermöglicht hatte, langsam seinem Ende entgegen. Ein etwas beschränkter Politiker hatte im Reichstag eine Art literarische Zensur – das *Gesetz gegen Schund und Schmutz* – durchgepeitscht. In Rumänien kämpften Carol und Michael um ihre Rechte, den Thron zu besteigen. Frankreich trauerte um den großen Maler Claude Monet. Gustav Stresemann, Aristide Briand und Austen Chamberlain, die Außenminister der europäischen Großmächte, sowie Charles G. Dawes, der Vizepräsident der Vereinigten Staaten, hatten den Friedensnobelpreis bekommen. Die größte deutsche Filmgesellschaft, die Ufa, stand vor dem finanziellen Zusammenbruch. Ein gewisser Harry Domela, der sich als Hohenzollernprinz ausgab, hatte Hotel- und Ladenbesitzer um beträchtliche Summen beschwindelt und war nun endlich verhaftet worden. So vieles ging vor in der Welt, Berlin war an so vielem interessiert, wie konnte es dem kleinen Goebbels gelingen, das Interesse der Hauptstadt auf sich zu lenken?

Er hatte einen Plan. Für den 11. Februar 1927 hatte er die Pharussäle im Wedding gemietet; dort hielten gewöhnlich die Kommunisten ihre Versammlungen ab. Er ließ Plakate auf dunkelrotem Grund drucken. *Der Zusammenbruch des bürgerlichen Klassenstaates* hieß das Thema des Abends. *Arbeiter der Stirne und der Faust, in Deine Hände ist das Schicksal des deutschen Volkes gelegt!* Die Plakate sahen ganz so aus, als ob die Kommunisten sie gemacht hätten.

Goebbels hätte leicht einen anderen Saal für seine erste Massenversammlung finden können als gerade die Pharussäle inmitten des sozialistisch-kommunistischen Wohnviertels. Aber er wollte ja die Berliner Arbeiterschaft provozieren. Um nur ja in dieser Richtung nichts zu versäumen, ordnete er eine Parade durch den Wedding an, die der Versammlung vorausgehen sollte. Sechshundert Nazis, jedes einzelne Mitglied, das fähig war, sich auf den Beinen zu halten, wurden gezwungen, mitzumarschieren. Ihre Hakenkreuzfahnen wehten im Wind.

Sechshundert Nazis mit Totschlägern in der Tasche.

*Und die Pharussäle? – Das war die unbestrittene Domäne der*

*KPD. Das war eine offene Kampfansage,* gab Goebbels später offen zu, *so von uns gemeint, und so vom Gegner verstanden ... Die kommunistische Presse überschlug sich in blutigen Drohungen. Man werde uns einen warmen Empfang bereiten, man wolle uns das Wiederkommen verleiden ... Wir sind uns damals gar nicht der Gefahr bewußt gewesen, in die wir uns begaben ...*[2]

Obwohl Daluege seine besten Männer zur Stelle hatte (und Verstärkung von außerhalb eingetroffen war), war die Lage keineswegs behaglich für die Nazis. Eine ganze Menge Sozialdemokraten und Kommunisten war in den Saal gelangt, und die Straßen des Viertels waren voll von ihnen. Daluege, der Versammlungsleiter, hatte sich kaum zur Eröffnungsansprache erhoben, als ein Mann im Hintergrund aufsprang und rief, *Ich verlange das Wort zur Geschäftsordnung!* Daluege tat, als habe er nicht gehört. Der Mann brachte noch einmal sein Anliegen vor. Im nächsten Augenblick war er von sechs SA-Männern umringt und aus dem Saale hinausbefördert. Einige seiner Kameraden eilten ihm zu Hilfe. Daluege ergriff ein Bierseidel und schleuderte es in Richtung der Ruhestörer. Ein Arbeiter, am Kopf getroffen, brach blutend zusammen.

Innerhalb von wenigen Sekunden war alles auf den Beinen, schrien alle wild durcheinander, der Lärm machte jede Verständigung unmöglich, Hunderte von Biergläsern flogen in allen Richtungen. Erst jetzt begann es einigen der Arbeiter zu dämmern, daß der ganze Krawall vielleicht von den Nazis so geplant war. Schon öffneten sich die Seitentüren, und einige hundert SA-Männer, sämtliche in und um Berlin herum verfügbaren, strömten in den Saal. Die „Saalschlacht" war im Gange. Als die Polizei schließlich eintraf, gab es zwölf Verwundete bei den Nazis, auf der Gegenseite fünfundsiebzig. Während des ganzen Zwischenfalls hatte Goebbels sich nicht gerührt, er stand auf dem Podium, ohne eine Miene zu verziehen, die Arme über der Brust verschränkt. Die SA-Männer, die ihn aus nächster Nähe beobachten konnten, mußten zugeben, daß er nicht versucht hatte, sich gegen die heranfliegenden Biergläser zu decken, daß er nicht weich in den Knien geworden war, daß er nicht einmal bleich geworden war. Sie waren beeindruckt. Der kleine, unscheinbare Krüppel hatte Mut bewiesen. Er hatte sich ihre Hochachtung verdient. Von diesem Tage an nannten sie ihn nur noch „unseren Doktor". *Unser Doktor ist in Ordnung,* pflegten sie zu sagen.

Inzwischen war die Ordnung wieder hergestellt. Auf Goebbels Wunsch wurden die Tragbahren, auf die man die verwundeten SA-Männer gelegt hatte, auf das Podium gestellt, so daß jeder sie sehen und ihr Stöhnen hören konnte. Goebbels drehte sich nun um, schüttelte jedem der Verwundeten die Hand, und wieder zu den Zuhörern gewandt, sagte er: *Ich mußte diesen mutigen Männern die Hand schütteln.* Seine Stimme zitterte von verhaltener Erregung, als er nun fortfuhr: *Ich kann natürlich nicht zum Thema des Abends sprechen. Ich werde sprechen über – den unbekannten SA-Mann.* Und er sprach. Nach einigen Minuten wurden die ersten der verwundeten SA-Männer aus dem Saale getragen. Zehn Minuten später wurden wieder einige auf diese Weise entfernt. Und so ging es weiter. Alle zehn Minuten wurde die Zuhörerschaft auf diese Weise in Empörung versetzt und zu Mitleid bewegt ... je nachdem, wie Goebbels es gerade wollte.

Goebbels sprach. Er sprach in kurzen, abgehackten Sätzen oder Satzteilen, staccato. Er hatte viel gelernt seit jenen ersten Versammlungen im Rheinland. Er hatte in den Jahren, in denen er fast allabendlich hatte sprechen müssen, viel Routine erworben; er war ein erstklassiger Versammlungsredner geworden. Er hatte sich viele Tricks angeeignet. Seine Stimme, früher kalt und spröde, gab jetzt alles her, konnte alles ausdrücken, was er ausdrücken wollte: Verachtung, Wut, Empörung, Schmerz, Trauer.

Und Goebbels sprach. Seine Art zu reden war verschieden von der Hitlers oder der anderen großen Nazis. Seine Satzkonstruktionen waren einfacher, seine Sätze kürzer, alles hatte mehr Schärfe und Tempo. Goebbels konnte in zehn Worten sagen, wozu Hitler hundert benötigte. Am stärksten war er, wenn er ironisch oder verächtlich wurde. Dann wurden die Worte wie Peitschenschläge, vor denen die Zuhörer sich unwillkürlich duckten. Es war wohl so, daß er die Menschen nicht ins Delirium versetzen konnte, wie Hitler, es blieb wohl immer eine Spur Zurückhaltung in ihrer Begeisterung für Goebbels, ihr Mitgehen kam mehr aus dem Verstand als aus dem Gefühl, aber überzeugen – das konnte er.

Hatte Goebbels die Rede in den Pharussälen improvisiert, oder hatte er sie vorher gründlichst vorbereitet? Viele Jahre später, als er eine Art Handbuch für Parteiredner ausarbeitete, forderte er ausdrücklich, daß jede Rede vorher niedergeschrieben werde, freilich den Eindruck der Unmittelbarkeit geben müsse. *Sonst kommt das Vertrauen der Zuhörerschaft ins Wanken.*

Die Presse des folgenden Tages war für Goebbels nicht gerade schmeichelhaft. Aber der Bericht über die „Saalschlacht“ war auf jeder ersten Seite – und das und nichts anderes hatte Goebbels ja gewollt. Drei Tage später waren in der Geschäftsstelle der Partei 2600 Mitgliedschaftsanmeldungen und 500 Beitrittserklärungen zur SA eingelaufen. Da wußte Goebbels, daß seine Taktik die richtige war. Und er fuhr fort, sich dieser Taktik zu bedienen.

3

Er organisierte mehr Massenversammlungen in Arbeitervierteln. Da war zum Beispiel die vom 4. Mai 1927, auf die blutrote Plakate wie folgt hinwiesen: *Volk in Not! Wer rettet uns? Jacob Goldschmidt?*

Jacob Goldschmidt war Geschäftsinhaber der Darmstädter und Nationalbank, einer der führenden deutschen Bankiers und jüdischer Abstammung. Als er die Plakate sah, beschloß er, sich die Rede selbst anzuhören. Sein Aufsichtsrat hingegen war erschreckt und fand, daß Goldschmidt unnötige Risiken auf sich nehme. Es wurde daher beschlossen, Goldschmidts Privatsekretärin in die Versammlung zu schicken. Sie konnte ja die wichtigsten Passagen mitstenographieren.

Goebbels, augenscheinlich in glänzender Stimmung, begrüßte seine Zuhörer wie folgt: *Willkommen, Arbeiter von Berlin! Willkommen auch der reizenden jungen Dame, der Privatsekretärin von Herrn Jacob Goldschmidt. Und bitte, machen Sie sich doch nicht die Mühe, mitzustenographieren. Ihr Chef kann morgen alles in der Zeitung lesen.*

In dieser ironischen Tonart ging es weiter. Goebbels wollte offensichtlich einen neuen Zwischenfall vermeiden. Aber ein älterer Mann unterbrach ihn so oft und mit solcher Hartnäckigkeit, daß er schließlich seinen SA-Männern einen Wink gab, den Störenfried zu entfernen. Dies geschah auf so unsanfte Weise, daß der Mann in ein Krankenhaus gebracht werden mußte. Dort stellte sich heraus, daß der arg zugerichtete Mann ein Pastor namens Fritz Stucke war.

Wieder war Goebbels auf den Titelseiten der Zeitungen. Aber diesmal, so schien es wenigstens, war er ein wenig zu weit gegangen. 48 Stunden nach dem Zwischenfall verbot der Polizeipräsident die Nationalsozialistische Arbeiterpartei und alle ihre Organisationen für Groß-Berlin.

Mehr Zeitungsüberschriften. Am nächsten Morgen öffnete, plötzlich und unangemeldet, ein Mann mittleren Alters die Tür des Büros des Polizeipräsidenten, ging zu seinem Schreibtisch und schleuderte ihm das Verbot mit den Worten entgegen: *Trotz Verbot nicht tot!* Dann verschwand er.

Mehr Zeitungsüberschriften. Und ein paar Tage später wurde herausgefunden, daß Pastor Stucke gar nicht mehr amtierte. Er war gezwungen worden, von seinem Amt zurückzutreten, da er – ein Quartalssäufer war. Ganz Berlin lachte. Mehr Zeitungsüberschriften.

Und was geschah mit dem überzeugten Antinazi Stucke später, als Hitler an die Macht gekommen war? Er wurde Amtsleiter der nationalsozialistischen Partei in Köslin und Haupt des Arbeitsamtes daselbst.

## 4

Goebbels wußte sehr wohl, warum die Partei verboten worden war; seit seiner Ankunft in Berlin hatte es kaum eine einzige Nacht ohne Zwischenfälle gegeben, ohne daß die SA unschuldige Passanten verprügelt hätte. Jede Versammlung der Nazis hatte mit Saal- oder Straßenkämpfen geendet, ganz zu schweigen von der ständig steigenden Zahl der politischen Morde, die von der Polizei zwar untersucht wurden, ohne freilich zu irgendeinem praktischen Ergebnis zu gelangen.

Es gab also Gründe genug, die Partei zu verbieten. Aber Goebbels' Leser lasen es anders. Er erzählte ihnen, der wahre Grund des Verbotes sei das dauernde Anwachsen der Partei und die Furcht vor ihr. In einem Artikel *Wir kapitulieren nicht!* gab er seine Version der letzten Entwicklungen: *Und gar bald hörte das Lachen auf. Man begann, uns zu verleumden und zu beschimpfen ... Als Verfolgung und Verleumdung nichts ausrichteten, da schickte man uns den roten Ter-*

*ror auf den Hals. Er fand uns aufrecht und stehend als Kämpfer ... Jetzt schäumte der Gegner vor Wut ... Er schlug seinem eigenen (demokratischen) Glauben ins Gesicht und sprach das Verbot aus.*

*Nun existieren wir nicht mehr. Wir sind nicht mehr da. Ein Federstrich hat uns ausgeschieden aus der Liste der Tatsachen. Wir sind anonym geworden. Schon unser Name und Zeichen bringen die Republik ins Wanken. Wer von Euch hätte je geglaubt, daß wir so stark seien?*

In den Kreisen der deutschen Industrie wurde das Verbot der Berliner Polizei nicht allzu ernst genommen. Industrielle wie Exfürsten fuhren fort, Hitler zu finanzieren. Unter den letzteren stand an erster Stelle der Prinz August Wilhelm von Hohenzollern, der jüngere Bruder des Exkronprinzen; der konnte es sich erlauben, da ja der Kaiser rund 1800 Millionen Goldmark Abfindung erhalten hatte. Andere Geldgeber waren der Prinz Christian von Schaumburg-Lippe, die Großherzöge von Oldenburg, Mecklenburg und Hessen, der Herzog Ernst von Braunschweig und ein Dutzend anderer noch unbedeutenderer Expotentaten. Sie alle glaubten an die Zukunft der Nazi-Partei.

Im Mai 1927, gerade als die kleine Partei von Goebbels verboten worden war, erlebte die Berliner Börse einen schwarzen Freitag. Die Aktien und Wertpapiere stürzten ins Bodenlose. Goebbels' Kenntnis volkswirtschaftlicher Zusammenhänge war geringfügig. Hitler wußte zwar auch nicht viel mehr, ließ sich aber Privatstunden geben, um sein Wissen aufzufrischen. Goebbels machte sich nicht einmal diese Mühe. Aber er wußte, daß eine radikale Partei wie die der Nazis nur gewinnen konnte, wenn die allgemeine Unsicherheit wuchs. Daher verlor er keine Zeit, den Deutschen mitzuteilen, daß die Lage verzweifelt sei. Er sprach immer häufiger von dem unmittelbar bevorstehenden Zusammenbruch.

Die Partei hörte nicht auf zu existieren. Sie ging „untergrund". Goebbels schuf eine Reihe von Hilfsorganisationen, die die Namen harmloser Clubs trugen, wie *Zum ruhigen See* oder *Zur schönen Eichel* oder *Wandervogel 1927.* Diese Clubs sollten ihm Gelegenheit geben, sich mit seinen Parteigenossen auszusprechen. Da sprach das Polizeipräsidium das Redeverbot gegen ihn aus. Das Redeverbot bezog sich auf das gesamte Gebiet von Preußen. Es bedeutete einen schweren Schlag für Goebbels. Es beraubte ihn seiner stärksten, vielleicht seiner einzigen Waffe. Es stellte überdies einen wirklichen Versuch der preußischen Regierung dar, sich der Nazis ernsthaft zu erwehren.

Aber schon war es zu spät.

## 5

In einer der Nummern des *Völkischen Beobachter* erscheint ein Bild von Goebbels in Handfesseln. Die empörte Erklärung lautet: *Unser Doktor in Handfesseln!*

Obwohl Goebbels zahllose Male bei der Polizei erscheinen muß und dort verhört wird, hat noch niemand daran gedacht, ihn zu fesseln. Das – gefälschte – Bild ist der Auftakt zu einem neuen Kapitel in Goebbels' Karriere: Er hat beschlossen, ein Held und Märtyrer zu werden.

Die Leser erfahren bald, daß Goebbels in Berlin „gefährlich lebt". Goebbels beschreibt das, und zwar in Artikeln, in denen er von sich selbst in der dritten Person spricht. Zum Beispiel:

*Auf einmal richtet sich Dr. Goebbels von seinem Sitz auf. „Halt, Kamerad Chauffeur, halt!" Der Wagen stoppt. „Was ist denn los, Doktor?" „Weiß nicht, aber wir sind in Gefahr!" Da greifen wir in die Taschen und springen heraus. Nichts zu sehen, nichts zu hören. Wir gehen um den Wagen herum, alle vier Reifen sitzen fest und prall. Aber holla, was ist denn das? In der Tat, am linken Hinterreifen fehlen vier Schrauben! (Von fünf Schrauben – vier Schrauben!) So kämpfen das Judentum und seine Knechte …*

Auch erfahren Goebbels' Leser, daß Berlin eine „kommunistische" Stadt sei, die „Zentrale" revolutionärer Aktionen. Er besuchte einen kranken Freund in der Klinik, und plötzlich ist die Klinik von Kommunisten umringt, die ihn, Goebbels, steinigen wollen, am hellichten Tag, mitten in Berlin?

Es führt eine gerade Linie vom jungen Goebbels, der sich als Kriegsverletzter ausgab, über den Goebbels, der während der Ruhrbesetzung angeblich unter Lebensgefahr Sabotage verübte, zum Nazipropagandisten, der in dauernder Lebensgefahr im bösen, bösen Berlin schwebt. Goebbels als Held und Märtyrer mochte allenfalls seine eigenen SA-Männer begeistern, die Berliner ließ dergleichen kalt. Solches pathetische Getue war für sie ein Grund mehr, Witze über ihn zu machen. Sie waren zu sehr Realisten, um auf dergleichen hereinzufallen – und Goebbels wußte es.

*Berlin ist eine Stadt, in der man härter und mitleidloser denkt als in jeder anderen des Reichs. Das atemberaubende Tempo dieses Asphaltungeheuers hat den Menschen herz- und gemütlos gemacht. Die Jagd nach dem Glück und der Kampf um das tägliche Brot nehmen in Berlin grausamere Formen an als in der Provinz.*[3]

In solchen Worten zeigt sich – immer wieder – das provinzlerische Herkommen von Goebbels und seine Angst vor der Großstadt. Aber er hat nicht nur Angst vor Berlin, er ist auch fasziniert von Berlin. *Man lernt Berlin erst kennen, wenn man einige Jahre dort gelebt hat. Denn geht einem plötzlich das dunkle, geheimnisvolle Etwas dieser sphinxhaften Stadt auf. Berlin und die Berliner genießen im Lande einen schlechteren Ruf, als sie verdienen ... Die Stadt Berlin ist von einer geistigen Beweglichkeit ohnegleichen. Sie ist lebendig und tatkräftig, fleißig und mutig, sie hat weniger Gemüt als Verstand und mehr Witz als Humor. Der Berliner ist betriebsam-vital. Er liebt die Arbeit und er liebt das Vergnügen ... Berlin ist von hundert geheimnisvollen Mächten hin und her gezerrt, und es ist schwer, in dieser Stadt einen festen Halt zu gewinnen und eine sichere geistige Position zu behaupten ... Berlin beurteilt die Politik mit dem Verstand, nicht mit dem Herzen ... Der Verstand aber ist tausend Versuchungen ausgesetzt, während das Herz immer seinen gleichen Takt schlägt.*

## 6

Eines Abends – Goebbels' Freund Dr. Julius Lippert hat die Geschichte erzählt – weilt man im engen Kreis in des Gauleiters Wohnung. Goebbels setzt sich ans Klavier, spielt ein paar Nazi-Kampflieder, die in Berlin noch unbekannt sind, bricht plötzlich ab, springt auf und ruft: *Ich habe eine Idee! Wir werden eine Wochenzeitschrift machen. In der können wir sagen, was man uns von der Plattform herunter nicht mehr sagen läßt.*

Alle Anwesenden wissen, daß alle Voraussetzungen zum erfolgreichen Start einer Zeitung fehlen. Wie kann man den Kampf gegen die Berliner Presse ohne große Gelder für Reklame aufnehmen? Wie soll die Zeitung ohne Annoncen finanziert werden? Wer soll sie vertreiben? Vor allem: es ist gar kein Bedürfnis vorhanden für eine nationalsozialistische Zeitung in Berlin. Der *Völkische Beobachter* kommt jeden Morgen in München heraus und ist schon abends in Berlin zu haben. Hinzu kommt die *Berliner Abendzeitung*, die von den Strassers herausgegeben wird. Aber Goebbels will nun einmal seine eigene Zeitung – er will sagen können, was er will, er will – von München wie von den Strassers – unabhängig sein.

Noch am gleichen Abend wird Lippert zum Chefredakteur „ernannt".

*Noch heute ist mir lebhaft in Erinnerung,* schreibt Goebbels später, *wie wir ... über den Titel der Zeitung nachdachten. Da schoß es mir plötzlich wie eine Erleuchtung durch den Kopf: unsere Zeitung kann nur einen Titel tragen: „Der Angriff!" Dieser Name war propagandistisch wirksam und er umschloß in der Tat alles, was wir wollen und wonach wir zielten ...* Wie der Name, so war auch das Motto der Zeitung ein Programm. Neben ihrem Titel stand es groß und fordernd zu lesen: *Für die Unterdrückten! Gegen die Ausbeuter!*

Außer Goebbels selbst gibt es in seiner engeren Umgebung nur noch Lippert, der irgend etwas vom Zeitungsmachen versteht. Dieser überredet einen kleinen Drucker, das Blatt auf Kredit zu drukken. Er findet einen Papierlieferanten, der sich auf Wechsel und Versprechungen einläßt. Er beginnt, aus blutigen Laien eine Redaktion zusammenzustellen – und dann wird er verhaftet und muß wegen eines Überfalles, an dem er teilgehabt hat, auf vier Wochen ins Gefängnis.

Die Vorreklame machte Goebbels selbst. Am ersten Juli 1927 kleben Tausende von Plakaten an Berliner Litfaßsäulen, die nur zwei Worte enthalten: *Der Angriff!* Am nächsten Morgen neue Plakate: *Der Angriff erfolgt am 4. Juli!* Während sich Berlin noch fragt, was dieser Schlachtruf wohl zu bedeuten habe, wieder neue Plakate.

Am nächsten Tag erschien *Der Angriff* – das deutsche Montagsblatt – in einer Gesamtauflage von 2000 Exemplaren. Man fand ihn nur an wenigen Kiosken. Die Nazis hatten ihre eigenen Verkäufer engagieren müssen, aber die konnten nicht einmal die wenigen Exemplare absetzen, die man ihnen ausgehändigt hatte. *Der Angriff* war ein Durchfall.

Selbst Goebbels war entsetzt, als er die Zeitung sah. *Scham, Trostlosigkeit und Verzweiflung beschlichen mich, als ich dieses Surrogat mit dem verglich, was ich eigentlich gewollt hatte. Eine kümmerliche Winkelzeitung, ein gedruckter Käse! So kam mir diese erste Nummer vor. Viel guter Wille, aber nur wenig Können ...*

Mit Dr. Lipperts Unterstützung, der inzwischen aus dem Gefängnis entlassen worden war, begann Goebbels, den *Angriff* in ein zeitungsähnliches Gebilde zu verwandeln. Umbruch und Aufmachung stahl er von der kommunistischen *Welt am Abend,* auch inhaltsmäßig wurde *Der Angriff* mehr und mehr eine Arbeiterzeitung. Sätze wie: *Wir fordern Wohnungen für deutsche Soldaten und Arbeiter!* oder: *Wir sagen den Kampf den kapitalistischen Peinigern an!* nahmen von der vierten Nummer ab überhand. Alles für die Arbeiter und Kampf bis aufs Messer den „Ausbeutern".

Die Industriellen und die Exfürsten, die Hitler finanzierten, waren nicht gerade entzückt, wenn sie dergleichen lasen. Wenn sie sich bei Hitler beschwerten, zuckte der die Achseln, sagte, der *Angriff* sei Goebbels' Privatangelegenheit, in die er sich nicht mischen könne. Ähnliches bekam Gregor Strasser zu hören, als er dem Führer auseinandersetzte, es gäbe nicht genug Nazis in Berlin, um zwei Zeitungen zu erhalten.

Zwischen Goebbels' und Strassers Zeitungsverkäufern brach eine Art Bandenkrieg aus. Goebbels' Männer waren im Angriff. SA-Männer, die zu diesem Zweck Zivil angelegt hatten, verfolgten ihre Konkurrenten und verprügelten sie in schlecht beleuchteten Seitenstraßen. In mehreren Fällen interpellierte Strasser bei Goebbels persönlich. Der Gauleiter meinte, die Angreifer seien sicher Kommunisten gewesen, und da könne er leider gar nichts tun ...

Trotz solcher handgreiflichen Methoden war *Der Angriff* alles andere als ein Erfolg. Goebbels beklagte sich oft darüber, daß seine ganze Zeit draufginge, die notwendigen Geldmittel zu beschaffen. Er konnte den Drucker nicht bezahlen und auf die außerordentlich geringen Gehälter nur Teilzahlungen leisten. Mit Miete und Telefonrechnungen war er Monate in Rückstand. Immer wieder sah es so aus, als ob die Zeitung ihr Erscheinen einstellen müsse. Aber am 29. Oktober 1927 – Goebbels' dreißigstem Geburtstag – war doch das Schlimmste vorüber. Die Polizei hatte das Redeverbot gegen ihn wieder aufgehoben – die Regierung konnte sich eben nun einmal nicht dazu entschließen, die Nazis hart anzufassen –, und die Parteimitglieder schenkten Goebbels einen Scheck über 2000 Mark, um wenigstens die dringendsten Schulden bezahlen zu können. Das schönste Geburtstagsgeschenk aber bestand in 2550 neuen Abonnements auf den *Angriff,* die Frucht einer Kampagne von mehreren Wochen. Man bedenke: 2500 Abonnements ... Es gab damals keine verläßlichen Statistiken über die Höhe von Zeitungsauflagen. 100000 pro Tag war in Berlin eine respektable Auflage. Immerhin gab es die *Morgenpost* mit rund 500000, und mehrere Zeitungen druckten zwischen 200000 und 300000. Fünf Jahre später, als Goebbels Propagandaminister wurde, verfügte er, daß alle Zeitungen ihre Auflagenhöhe bekanntgeben müßten. Eine kleine Ironie der Zeitungsgeschichte, daß *Der Angriff* damals, im Mai 1933, zugeben mußte, daß er knapp 60000 Exemplare verkaufte, und das, obwohl doch gerade in diesem ersten Jahr des Naziregimes alle Naziblätter weit höhere Auflagen erzielten als je zuvor.

Welchen Einfluß immer *Der Angriff* in der ersten Zeit hatte, er verdankte ihn einzig und allein dem Leitartikel, der in jeder Nummer oben in der vierten (rechten) Spalte zu finden war. Er war ein geschriebenes Plakat oder, besser noch gesagt, eine zu Papier gebrachte Straßenansprache. Er war kurz, prägnant, propagandistisch gedacht und agitatorisch wirksam. Er war in einem Stil geschrieben, daß der Leser ihn gar nicht übersehen konnte ...

Er war „Dr. G." signiert.

## 7

Seit Jahren hatte Goebbels sich über die Schandtaten der Juden erregt, hatte unaufhörlich auf den Schaden hingewiesen, den sie der deutschen Nation zufügten, auf die Katastrophe, der man entgegenging, wenn man sie nicht zuvor aus dem öffentlichen Leben eliminierte. Das alles war reichlich allgemein gehalten. Denn seit 1922 gab es keinen einzigen jüdischen Minister mehr. Kein Jude hatte eine wichtige Stellung bei der staatlichen Eisenbahn oder bei der Post oder in der Reichsbank. Es gab überhaupt nur einen wichtigen jüdischen Beamten in Berlin: den Vizepolizeipräsidenten Bernhard Weiß.

Das war ein typisch preußischer Beamter, der die typische Beamtenlaufbahn hinter sich hatte, und so hoch gekommen war, weil er besonders gewissenhaft war, hart arbeitete und über mehr als durchschnittliche Intelligenz verfügte. Während des Krieges war er Offizier gewesen und hatte wegen besonderer Tapferkeit vor dem Feind das Eiserne Kreuz erster Klasse erhalten. Zu den Obliegenheiten seines Amtes gehörte es unter anderem, dafür zu sorgen, daß die Naziversammlungen nicht in „Saalschlachten" ausarteten. Einer der Briefe, in denen das Berliner Polizeipräsidium Goebbels von der Schließung einer Versammlung in Kenntnis setzte, war von ihm unterzeichnet.

Goebbels fand, der Name Weiß klinge jüdisch. Er forschte nach, Weiß war in der Tat Jude. Außerdem war er von kleiner Gestalt und hatte eine lange Nase – das heißt, er sah genauso aus, wie sich der Durchschnittsantisemit einen Juden vorstellt.

Goebbels schritt unverzüglich zum Angriff. Das erste, was er, der doch niemals an der Front gewesen war, Weiß vorwarf, war, daß er feige zu Hause geblieben sei, als die anderen fürs Vaterland starben. Das nächste, was Goebbels, der Krüppel, Weiß vorwarf, war seine kleine Gestalt und seine lange Nase. Ohne jede Veranlassung und einzig um der damit verbundenen antisemitischen Assoziationen willen, änderte er Weiß' Vornamen in Isidor um.

*Sie treffen den Falschen,* sagte einer von Goebbels' Bekannten, der auch Weiß kannte. *Weiß ist ein anständiger Kerl und war ein sehr tapferer Offizier.* Goebbels hierauf: *Der Mann interessiert mich gar nicht. Aber wir wollen uns in drei Monaten wieder sprechen. Dann sollen Sie einmal sehen, was ich aus Weiß gemacht habe.*

Hans Fritzsche gegenüber sprach er sich noch unverblümter aus, als er rund zehn Jahre später seinen Kampf gegen Weiß Revue passieren ließ. *Die Gelegenheit war zu günstig, als daß man sie hätte vorübergehen lassen dürfen. Stellen Sie sich vor: ein Jude, klein, mit großer Nase in einer solchen Stellung. Unsere Karikaturisten konnten sich immer wieder mit ihm beschäftigen.*

*Dr. Weiß! Das war nun bald ein zündendes Schlagwort. Jeder Nationalsozialist kannte ihn, jeder Anhänger hatte sich seine Physiognomie aus Tausenden von Witzblättern, Photographien und Karikaturen auf das lebhafteste und deutlichste eingeprägt. Er wurde für alles verantwortlich gemacht …*[4]

Er *wurde* verantwortlich gemacht … schon mit diesen Worten allein gibt Goebbels zu, daß Weiß ja gar nicht verantwortlich war; schon diese zynische Erklärung allein (die er allerdings erst Jahre später abgab) beweist, daß nicht der jüdische Vizepolizeipräsident an seiner wachsenden Unpopularität schuld war, sondern einzig und allein eben Goebbels' Propaganda. Als Goebbels eine von Weiß angestrengte Beleidigungsklage verlor und es ihm von Gerichts wegen verboten wurde, Weiß mit dem Vornamen Isidor zu belegen, setzte er sich hin und schrieb einen Artikel: *Isidor.*

Darin wurde die Geschichte eines Deutschen namens Hase erzählt, der nach China ausgewandert war und es nicht gerne hatte, wenn die Chinesen ihn als Deutschen erkannten. Daher ließ er sich einen Zopf wachsen, nannte sich Wukiutschu und tat so, als hätte er immer in Schanghai gelebt. Schließlich wurde er Polizeipräsident und gab eine Reihe von Dekreten heraus, z. B.: *Es ist verboten, unzufrieden zu sein,* oder: *Wer mir noch einmal „Hase" nachruft, der hetzt zum Klassenkampf auf. Ich verbiete das, und wer mein Gesetz übertritt, den sperre ich ein.* Der Artikel endet: *Aber wie gesagt, das ist ja alles nur angenommen. Denn da wären die Chinesen schön dumm, wenn sie mir das mit dem Wukiutschu glaubten und mich zum Polizeipräsidenten machten. Nein, so dumme Menschen gibt es nicht. Das ist ja alles nur ein Märchen.*

Und warum war diese Geschichte *Isidor* betitelt? Weil um diese Zeit Isidor bereits ein Begriff, ein Symbol geworden war. Isidor, ganz einfach Isidor und ohne jede Verbindung mit dem Namen Weiß. Oder, um Goebbels zu zitieren: *Isidor bleibt Isidor! Nase ist Nase … Man könnte ein Buch über Nasen schreiben … Diese Nase kennt jeder, ohne daß man sie nennt …* Ein andermal: *Isidor: das ist kein Einzelmensch, keine Person im Sinne des Gesetzbuches, Isidor: das ist kein Einzelmensch, keine Person im Sinne der Visage. Isidor ist das von Feigheit und Heuchelei entstellte Ponim der sogenannten Demokratie …*

Auf die Dauer gelang es Goebbels, mit solchen „Argumenten" eine ganze Menge Leute zu überzeugen. Auf einer Inspektionstour wurde Weiß plötzlich von seinen eigenen Polizisten ergriffen und verprügelt. Später behaupteten sie, sie hätten ihn nicht erkannt. Aber das ist wohl weniger wahrscheinlich, als daß die Nazis, die es ja auch unter den Polizisten gab, schon seit langem auf eine solche Gelegenheit gewartet hatten.

Überglücklich schrieb Goebbels einen offenen Brief an Weiß: *Ich bin kein Aristophanes, die Satire dieser Karambolage zu schreiben. Aber vor solch überwältigender Macht des Schicksals, da wird der Blinde sehend, da stimmt der Stumme ein Tedeum an, da wird der Amusos zum Homer und der Theaterportier zum Komödienschreiber ...*

Doch im Grunde lachte er schon längst nicht mehr über Dr. Weiß, wenn er je über ihn gelacht hatte. Er haßte ihn, und mit der Zeit wurde sein Haß immer stärker und fanatischer. Und mehr als ein Jahr später endet er einen seiner Artikel mit den Worten (den er freilich einem Kameraden in den Mund legt): *Nun habe ich nur noch einen Wunsch, daß ich noch den Tag erlebe, an dem wir ins Polizeipräsidium gehen, an eine Tür klopfen, und einer sagt: Herr Weiß, es ist soweit!*

## 8

Eigentlich war *Der Angriff* gar keine Zeitung. Er war ein Pamphlet, ein Plakat. Er brachte Nachrichten nur in dem Maße, wie sie Goebbels Gelegenheit boten, sein polemisches Talent zu entfalten. In China hätte ein Krieg ausbrechen können, und Goebbels hätte das mit keinem Wort erwähnt.[5]

*Der Angriff* bestand im wesentlichen aus Lügen und Verleumdungen. Es wäre ein leichtes gewesen, gegen sie Front zu machen: Schließlich besaß Berlin viele mächtige liberale und demokratische Zeitungen; es war kein Mangel an guten Journalisten. Aber es fand sich niemand, den Kampf gegen Goebbels aufzunehmen. Vielleicht hatte niemand den Mut ... Vielleicht wollte niemand auf dieses Niveau heruntersteigen.

Denn das Niveau war wirklich unbeschreiblich niedrig. Niemals war der deutsche Journalismus tiefer gesunken. Und doch war Goebbels oft genug überzeugend. Er schlug tief, aber er schlug hart zu. Er verschmähte es, seine Behauptungen zu beweisen. Es genügte, daß er sagte, schrie, heulte, daß es so und nicht anders sei. Er war ja nicht an einer Leserschaft von Geschmack und Kultur interessiert – er wollte den Mob aufstacheln.

In den paar Jahren, die Goebbels nun in Berlin verbracht hatte, war mancherlei Veränderung mit ihm vorgegangen. Er hatte alles Provinzielle abgestreift, er war hart, kalt, stählern geworden, er hatte sein Tempo verschärft, er war Großstädter geworden, der sich nichts vormachen ließ, der sich mit halbgeschlossenen Augen seine Leute genau ansah, immer spöttisch, immer ironisch. Er hatte sich in jenen typisch Berliner Humor eingelebt, er hatte Berliner Jargon übernommen, seine Reden und Artikel waren voll davon.

Er versuchte nicht mehr, sich als Held und Märtyrer zu geben. Als einer seiner Gegner ihn „Oberbandit" nannte, dachte Goebbels gar nicht daran, ihn wegen Beleidigung zu verklagen (was Dr. Weiß sicher getan hätte), sondern legte sich sogleich den neuen Namen offiziell zu. Nun konnten die erstaunten Berliner sogar auf Plakaten lesen: *Heute abend spricht Oberbandit Dr. Goebbels …*

## 9

Oberbandit …

Aber hat er denn nicht Philosophie und Literatur studiert? Hat er nicht seinen Doktor gemacht? Hat er nicht die *Nationalsozialistischen Briefe* herausgegeben, das Durchdachteste, was es unter Naziliteratur überhaupt gab? Und nun war er der Oberbandit, der Berlins Straßen unsicher machte. Nein, er will nicht nur das sein; er will beweisen, daß er genauso „tief" denken und schreiben kann wie Alfred Rosenberg im *Mythos des zwanzigsten Jahrhunderts.* Er kann sich mit Rowdies verstehen, und die Bewunderung der SA-Männer schmeichelt ihm. Aber er will zumindest sich selbst beweisen, daß er doch ein anderes Niveau hat als sie. Er kann diese starken, dummen Jungens jeden Abend durch ein paar geschickt hingeworfene Schlagworte in Raserei versetzen. Aber er kann auch Reden halten, von denen sie nicht eine Silbe begreifen würden.

Und das tut er nun. Die erste dieser „schweren" Reden, die ohne jede propagandistische Wirkung sind und sein müssen, hält er am 5. Oktober 1927. Ihr Titel: *Was ist Politik?*

*Das Individuum entwickelt sich zum Volk,* heißt es darin. *Das Volk bildet einen Bestandteil der Menschheit. Die Menschheit ist kein Ding an sich, und auch das Einzelwesen ist kein Ding an sich. Ding an sich ist das Volk. Das Einzelwesen ist nur wertvoll, insofern es die-*

*ses Volk fordert und vervollkommnet ... Das Volk ist schöpferisch, das Volk verbringt Kulturtaten. Politik hat sich (also) zu befassen mit dem Raum, mit der Freiheit, mit dem Brot. Zum Raum gehört Volk, und zum Volk gehört Raum ... Ohne Freiheit ist der Raum eines Volkes wertlos ...*

Für einen Mann von Goebbels' Talent ist das alles erstaunlich banal und gleichzeitig verwirrt und unklar. Und es wird nichts erklärt, auch nicht, warum das Einzelwesen kein Ding an sich, das Volk hinwiederum doch das Ding an sich sein soll. Fürwahr, Immanuel Kant, von dem Goebbels sich seine Terminologie ausborgt, dürfte sich ob solcher „Philosophie" im Grabe umgedreht haben.

Goebbels' Grenzen werden besonders deutlich, wenn er sich philosophisch mit den Grundlagen des nationalsozialistischen Glaubens auseinandersetzen, das heißt diesen Glauben philosophisch beweisen will. Er tut gebildet und tief, aber nicht ein vernünftiger Satz kommt bei alledem heraus. Da er gescheiter ist als die anderen Nazis, weiß er zumindest, was den meisten unter ihnen noch gar nicht aufgefallen sein dürfte, daß es eigentlich hinter dem ganzen Nationalsozialismus nicht eine wirklich grundlegende, zentrale Idee gibt, daß es, genaugenommen, eine Naziphilosophie nicht gibt und auch keine Naziweltanschauung. Und dies versucht er nach außen hin möglichst zu verschleiern.

Die „Weltanschauung", die er braucht, für seine Reden und Artikel nämlich, borgt er sich aus. Ideen stehlen ist den Nazis nichts Neues. Der Begriff Nationalsozialismus ist ja selbst ein Plagiat. Der Begriff ist zuerst von dem Volkswirtschaftler Max Weber geprägt worden, einem Demokraten mit fortschrittlichen Ideen, der in der Vorhitlerzeit in Heidelberg und München lehrte. Für Weber war Nationalsozialismus ein Sozialismus, der in verschiedenen Ländern verschiedene Färbungen annimmt, je nach den nationalen Bedingtheiten. Weber erlebte den Mißbrauch seines Begriffes nicht mehr. Als die Nazis zur Macht kamen, wurden seine Werke verboten. Goebbels selbst hat eine Menge von Rosenberg gestohlen, obwohl er ihn ja nie leiden konnte, von dem Lehrer aller Antisemiten Houston Stewart Chamberlain, von Hitlers Freund Dietrich Eckart und von den Philosophen Arthur Möller van den Bruck und Oswald Spengler.

Aus einem der früheren Gedichte Eckarts nahm er die Worte

„Deutschland, erwache!“ und machte sie zum Schlachtruf der Bewegung. Von Möller van den Bruck übernahm er den Titel seines wichtigsten Buches *Das Dritte Reich.*

Möller war in mancher Beziehung eine ungewöhnliche Persönlichkeit. Lange vor Hitler und Konsorten hatte er über die Möglichkeit einer Wiedergeburt Deutschlands und von der Mission Deutschlands geschrieben. Er meinte, der Krieg dürfe verloren, aber die Revolution müsse gewonnen werden. Er glaubte daran, daß Deutschland genug innere Stärke besitze, um sich von der Niederlage von 1918 zu erholen und ein stärkeres Reich zu werden, als es unter den Kaisern des Mittelalters (Erstes Reich) oder unter den Hohenzollern (Zweites Reich) gewesen war. Das neue, starke Reich, das einstmals die Welt beherrschen würde, taufte er das Dritte Reich.

Im Unterschied zu den Naziphilosophen konnte er klar denken und klar schreiben. Auch übersetzte er das gesamte Werk von Dostojewski ins Deutsche. Am 30. Mai 1925 verübte er Selbstmord; er glaubte nicht mehr an die innere Stärke Deutschlands ...

Goebbels hatte Möller van den Bruck gelesen. Am 18. Dezember 1925 schrieb er ins Tagebuch: *Er schreibt wie in prophetischer Schau. So klar und so ruhig und dabei von inneren Leidenschaften ergriffen, schreibt er all das, was wir Jungen längst mit Gefühl und Instinkt wußten.* Dabei wußte er, daß Möllers Konzeption der Zukunft Deutschlands von der Hitlers verschieden war. *Warum zog Möller van den Bruck nicht die letzten Konsequenzen und proklamierte mit uns den Kampf? Geistige Erlösung? Nein, Kampf bis aufs Messer.*

Und trotzdem am 30. Dezember noch einmal: *Warum stand er nicht in unseren Reihen?*

Er weiß, die große Majorität der Parteigenossen kann Möller van den Bruck nicht einmal lesen, geschweige denn verstehen. Also bestiehlt er ihn nach Herzenslust. Der Name Möllers wird freilich nie erwähnt, auch nicht im Zusammenhang mit dem „Dritten Reich“. Als die Nazis zur Macht kommen, weiß nur noch eine Handvoll gebildeter Deutscher, daß es einen Möller van den Bruck gegeben hat.

Ein anderer deutscher Philosoph, der, ohne es zu beabsichtigen, Goebbels mit Material versieht, ist Oswald Spengler. Sein Werk *Der Untergang des Abendlandes* hat ihm internationalen Ruf verschafft. Hitler hat es gelesen. Es gibt da gewisse Parallelen zwischen Spenglers Philosophie und Hitlers Denken. Aber Spengler ist ja vor allem Pessimist und, wie Nietzsche, ein Philosoph der *Decadence.* Die eigentliche Basis aber der Hitlerbewegung ist Optimismus, der billige, seichte Optimismus eines Quacksalbers. Daher mag er Spenglers Buch nicht.

Spengler, obwohl Nationalist von reinstem Wasser, scheidet sich bereits früh von der extremen Rechten und den Nazis. In einem Essayband *Neubau des Reiches* schreibt er (1924): *Anfang 1795 rechnete man in Paris täglich mit der Ausrufung des Königtums ... Es erscheint die Jeunesse dorée, entschlossene junge Leute, die von den Jakobinern genug hatten und mit Fäusten und Stöcken, unbekümmert um die schweren Fragen der Politik, Verwaltung und Wirtschaft, die neue Epoche einleiten wollten. Nun, die Völkischen sind die Jeunesse dorée von heute ... Aus derselben Ursache hervorgegangen, von demselben Geist getragen. Sie haben die gleiche leichtentzündliche Begeisterung, den gleichen Tatendrang, dieselbe Ehrlichkeit und dieselbe Beschränktheit. Weder die einen noch die anderen ahnten etwas von der Schwere staatsmännischer Aufgaben in einem durch und durch verwüsteten Lande ... Jede Staatskunst und jeder gesunde Volksinstinkt nimmt Begabung, wo er sie findet. Die Franzosen in Napoleon, einem Italiener, die englischen Konservativen in Disraeli, einem Juden, der russische Adel und Klerus in Katharina II., einer Deutschen ... Wie klein, falsch, beschränkt und unwürdig steht neben dem englischen Satz: Right or wrong, my country, der deutsche: Juden hinaus! ... Angehörige der eigenen Rasse sind immer gefährlicher als die einer fremden, die schon als Minderheit die Anpassung vorziehen müssen, wenn man sie ernsthaft vor die Wahl stellt.*

Goebbels liest alles, was Spengler geschrieben hat, und soweit es ihm in den Kram paßt, stiehlt er, in der richtigen Annahme, daß sein Publikum Spengler weder kennt noch versteht. In keinem Fall – und man kann in mehr als fünfzig Artikeln und Reden von Goebbels geistigen Diebstahl an Spengler nachweisen – wird die Quelle genannt. Erst spät, als Goebbels schon so prominent ist, daß seine Reden in der gesamten deutschen Presse nachgedruckt werden, wird er ein wenig vorsichtiger.

Übrigens könnte Goebbels zumindest eine Entschuldigung für

seine geistigen Diebstähle gehabt haben: Er hatte einfach keine Zeit mehr, seine eigenen Ideen zu entwickeln. Er war viel zu beschäftigt. Als Gauleiter hatte er eine Menge administrativer Pflichten. Neben Hitler war er der gesuchteste Redner der Partei. Er war der Herausgeber des *Angriff* und sein Leitartikler. Zwischendurch hatte er noch zahllose Pamphlete zu schreiben wie *Das kleine ABC der Nationalsozialisten, Die verfluchten Hakenkreuzler, Der Nazi-Sozi, Wege ins Dritte Reich,* usw. Weiterhin publizierte er seine gesammelten Artikel in verschiedenen Bänden: *Die zweite Revolution, Das Buch Isidor, Knorke.*

Er arbeitete 18 Stunden pro Tag. Er war unermüdlich. Er war wie im Fieber.

## 10

Am 9. Januar 1928 hält Goebbels eine wichtige Rede zum Thema *Erkenntnis und Propaganda,* in der er einige interessante Sachen über die Kunst sagt, die er ausübt.

*Man kann nicht auf theoretischem Wege erforschen, welche Propaganda etwa die bessere oder welche die schlechtere sei, sondern* d i e *Propaganda ist gut, die zum Erfolge führt, und die ist schlecht, die am gewünschten Erfolg vorbeigeht, selbst dann, wenn sie noch so geistreich ist, denn es ist nicht die Aufgabe einer Propaganda, geistreich zu sein, ihre Aufgabe ist, zum Erfolge zu führen ... Es kann also keiner sagen, eure Propaganda ist zu roh, zu gemein oder zu brutal oder sie ist nicht anständig genug ...*

*Worauf also kommt es an? Ideen liegen, so sagt man, in der Luft. Und wenn einer kommt und das, was alle im Herzen tragen, in Worte faßt, dann fühlt jeder: Ja, das habe ich immer schon gewollt und gehofft ... In dem Augenblick, wo ich etwas als richtig erkannt habe und in der Straßenbahn davon zu reden beginne, treibe ich schon Propaganda. In demselben Augenblick suche ich andere Menschen, die mit mir das als richtig erkennen ... Die Propaganda ist nichts anderes als die Vorläuferin einer Organisation. Hat sich diese geschaffen, dann ist sie die Vorläuferin des Staates. Sie ist immer nur Mittel zum Zweck.*

Goebbels unterstreicht etliche Male, daß Propaganda nur Mittel zum Zweck sein darf. Freilich, es kommt immer auf den Zweck an. *Sie können nicht sagen, unsere Propaganda war falsch, denn sie hat ja zum Verbot geführt. Das ist nicht richtig. Denn solange unsere Propaganda unter einer jüdischen Polizeiführung nicht zum Verbot führt, wäre sie falsch, denn sie wäre dann ungefährlich.*

Mittel zum Zweck, gewiß. Aber durch die ganze Rede zieht sich wie ein roter Faden Goebbels' Besorgnis, seine Zuhörer könnten Propaganda für etwas Zweitrangiges halten. Darum stellt er fest, daß Propaganda – eine Kunst ist. *Propaganda kann man oder kann sie nicht. Propaganda ist eine Kunst, wie man das Geigenspielen gewiß jedem halbwegs normalen Menschen bis zu einer gewissen Stufe beibringen kann, aber dann erklären muß: Hier geht's nicht weiter. Was jetzt noch zu lernen ist, das kann nur ein Genie.*

Und dann macht er eine letzte Anstrengung: *Wenn die Herren sagen: „Ihr seid nur Propagandisten", so soll man ihnen zur Antwort geben: „War Christus vielleicht etwas anderes? Hat er nicht Propaganda gemacht? Hat er Bücher geschrieben oder hat er gepredigt? War Mohammed etwas anderes? Hat er geistreiche Feuilletons geschrieben, oder ist er nicht zu den Menschen gegangen und hat gesagt, was er wollte? Waren Buddha und Zarathustra nicht auch Propagandisten … Schauen Sie sich in unserer Zeit um. Ist Mussolini vielleicht ein Schreibtischfuchser gewesen oder nicht vielmehr ein großer Redner? Als Lenin von Zürich nach Petersburg kam, ist er da vom Bahnhof in die Studierstube gefahren und hat ein Buch geschrieben, oder hat er nicht vielmehr vor den Tausenden geredet? Nichts anderes hat den Faschismus und den Bolschewismus geformt als der große Redner, der große Gestalter des Wortes. Es besteht kein Unterschied zwischen dem Redner und dem Politiker …*

Goebbels will also eben nicht als Mittel zum Zweck genommen werden, er will nicht nur der Trommler sein, sondern auch der Politiker.

## 11

Ein paar Wochen später hebt die preußische Regierung das Verbot, das noch immer über der Partei schwebt, auf. Wir schreiben den 31. März 1928. Für den 20. Mai sind neue Reichstagswahlen ausgeschrieben. Der sogenannte radikale Flügel der Partei, unter Führung von Goebbels, ist dagegen, an den Wahlen teilzunehmen. In zahlreichen Artikeln hat Goebbels sich über den Reichstag und die Reichstagsabgeordneten lustig gemacht. *Durch ein großes Portal geht's hinein in die heiligen Hallen. Über dem Portal steht der Witz: „Dem deutschen Volke!" Spaß muß sein ... Über dicke rote Teppiche treppauf, treppab, an Sälen und Konferenzzimmern vorbei. Darin treibt der sogenannte Abgeordnete sein Unwesen. Eine große Wandelhalle dient zur Förderung der Verdauung. Daneben liegen Gänge mit langen Reihen von Klubsesseln. Eine der vielen Gelegenheiten, ein Viertelstündchen zu nicken. Nicken ist übrigens sehr delikat gesagt. Kommst du um die Nachmittagsstunde durch diese Gänge, dann hörst du das wohltuend beruhigende, überparteiliche Geschnarche von deutschen Volksvertretern, die hier vom schweren Dienst am Vaterland ausruhen ...*

Aber nun ändert Goebbels seinen Standpunkt bezüglich der Wahlbeteiligung. Er ist dafür, Kandidaten für die kommenden Wahlen aufzustellen. Das mag wie Opportunismus aussehen. Aber es wäre wohl unfair – wenn man ein solches Wort im Zusammenhang mit Goebbels überhaupt gebrauchen kann –, seinen Wandel mit Aussicht auf das erhöhte Einkommen eines Abgeordneten oder dessen Immunität in Verbindung zu bringen. Goebbels sieht weiter.

*Wir gehen in den Reichstag hinein, um uns im Waffenarsenal der Demokratie mit deren eigenen Waffen zu versorgen. Wir werden Reichstagsabgeordnete, um die Weimarer Gesinnung mit ihrer eigenen Unterstützung lahmzulegen ... Wenn es uns gelingt, bei diesen Wahlen sechzig bis siebzig Agitatoren und Organisatoren unserer Partei in die verschiedenen Parlamente hineinzustecken, so wird der Staat selbst in Zukunft unseren Kampfapparat ausstatten und besolden ...*

*Wer ins Parlament geht, kommt darin um! Jawohl, wenn er ins Parlament geht, um auch einer zu werden. Geht er jedoch hinein, mit dem zähen und verbissenen Willen, auch hier seinen bedingungslosen Kampf gegen die zunehmende Verlumpung unseres öffentlichen Lebens mit der ihm angeborenen Rücksichtslosigkeit fortzuführen, dann wird er nicht verparlamentisieren, sondern er bleibt das, was er ist: ein Revolutionär. Auch Mussolini ging ins Parlament.*

*Trotzdem marschierte er nicht lange darauf mit seinen Schwarzhemden nach Rom …*

*Das sei der Anfang vom Kompromiß? Glaubt ihr, daß wir, die hundert- und tausendmal vor euch standen und euch den Glauben an ein neues Deutschland predigten … vor einem Freifahrschein die Waffen strecken? … Wir betteln nicht um Stimmen. Wir fordern Überzeugung, Hingabe, Leidenschaft. Die Stimme ist nur ein Hilfsmittel für uns wie für euch. Wir werden mit hartem Schritt den marmornen Boden der Parlamente betreten … Wir kommen nicht als Freunde, auch nicht als Neutrale. Wir kommen als Feinde.*

Goebbels führt einen äußerst zynischen Wahlfeldzug für sich selbst. In einem Artikel *Mich willst Du wählen?* zählt er noch einmal alle die Beleidigungsprozesse auf, in die er in den letzten Jahren verwickelt war. Er führt noch einmal aus, warum er zu Geldstrafen verurteilt wurde oder zu Gefängnisstrafen (die er freilich nie absaß). Mit einem Wort, er hat nochmals Gelegenheit, alle die Infamien zu wiederholen. Und dann fragt er *Und mich willst Du wählen?*

Dabei will er unbedingt gewählt werden. Er ist dauernd unterwegs, um Wahlreden zu halten. Zuletzt ist er nahe am Zusammenbruch. *Man kann kaum noch klar sehen und überlegen. Seit acht Wochen ist man nun durch Deutschland herumgeflogen, den Tag über manchmal 500 bis 800 Kilometer gefahren, abends vor 1000 und 2000 Menschen gestanden, bejubelt und niedergebrüllt worden; man hat sich nach der Versammlung meist mitten in der Nacht zu ein paar Stunden Schlaf hingelegt, dann wieder um sechs, sieben Uhr heraus, bis nachmittags um fünf Uhr gefahren. Berlin! Haufen von Post, Zeitungen, Beschwerden, Anfragen, Telefonanrufe, kein Geld, Sorgen über Sorgen, Konferenzen, dazwischen ein Plakat, ein Flugblatt hingehauen; hier einem Mutlosen ein gutes Wort gesagt, dort einem Tapferen gedankt: nach Hause, umziehen; schon rappelt der Fernsprecher, es wird Zeit, der Saal ist überfüllt …*

Die Linke gewinnt die Wahl. Die Nationalsozialisten bekommen von rund 30 Millionen Stimmen nur 800000. Sie kommen mit zwölf Abgeordneten in einen Reichstag von 500 Abgeordneten. Das ist immerhin eine Verbesserung gegen das letzte Mal, wo sie nur neun Abgeordnete durchbringen konnten.

In Berlin haben 50000 nationalsozialistisch gewählt. Das ist zwar auch nicht überwältigend, aber immerhin ein schöner Schritt vorwärts von den 600 Mitgliedern, die Goebbels vor eineinhalb Jahren um sich scharen konnte. Gregor Strasser, Hermann Göring (der gerade erst aus dem Ausland, wohin er nach dem mißglückten Hitlerputsch geflohen war, zurückgekehrt ist), Gottfried Feder, Wilhelm Frick, General Ritter von Epp und, natürlich, Goebbels selbst sind unter denen, die die Partei im neuen Reichstag repräsentieren werden.

Goebbels schreibt über den Erfolg mit nicht geringerem Zynismus als über die Wahlkampagne. *Mögen die Abgeordneten der parlamentarischen Parteien sich als solche fühlen,* verkündet er. *Ich bin kein Mitglied des Reichstages. Ich bin ein IdI., ein IdF. ein Inhaber der Immunität, ein Inhaber der Freifahrkarte …*

*Ein IdI. ist ein Mensch, der zuweilen selbst in einer demokratischen Republik die Wahrheit sagen kann. Er unterscheidet sich vom gewöhnlichen Sterblichen dadurch, daß er laut denken darf. Er hat die Erlaubnis, einen Misthaufen einen Misthaufen zu nennen, und braucht sich nicht mit der Umschreibung Staat herauszureden.* Der Artikel endet: *Das ist nur die Ouvertüre … Ihr werdet noch manchen Spaß mit uns haben. Laßt das Theater nur mal anfangen!*

## 12

Dies ist das Jahr 1928. Calvin Coolidge ist noch immer Präsident der Vereinigten Staaten. Die Geschäfte gehen, es gibt Geld im Überfluß, die Kurse steigen. In Wallstreet ist man guter Dinge. Der amerikanische Außenminister Frank Billings Kellogg ist dabei, ein neues internationales Abkommen zu komponieren, das den Krieg ein für allemal unmöglich machen wird. Repräsentanten aller Großmächte zeichnen den Briand-Kellogg-Pakt, wie er schließlich genannt wird. Aber jeder weiß, daß, falls nun doch ein Land sich nicht an den Pakt halten sollte, nicht sehr viel dagegen getan werden kann. Immerhin erhält Kellogg den Friedensnobelpreis.

Der Reichstag in Berlin beschäftigt sich sogleich damit, Gelder für ein neues Schlachtschiff bereitzustellen. Auch die Sozialdemokraten, die sonst immer von internationaler Abrüstung reden, stimmen für den Bau des Schiffes.

Der amerikanische Bankier Gilbert kommt nach Berlin, um sich über die Frage der Reparationen ein Bild zu machen. Er schreibt einige Reporte, in denen er der Ansicht Ausdruck verleiht, die offiziellen deutschen Statistiken stimmten vielleicht doch nicht ganz, die deutsche Geschäftswelt stelle sich ärmer, als sie sei. Auch werde viel Kapital ins Ausland verschoben, um der Besteuerung zu entgehen. Kurz, mit der einmal so berühmten deutschen Ehrlichkeit sei es wohl nicht mehr ganz so weit her.

Mussolini hatte inzwischen „Ordnung" in Italien geschaffen und wurde von maßgebenden Kreisen in anderen Ländern mit wohlwollendem Respekt behandelt. Allerorten begann man sich zu fragen, ob es nicht vielleicht das beste sei, wenn auch woanders ein Mussolini nach dem Rechten sähe.

In Rußland erlebte man recht bewegte Tage. Stalin hatte Trotzki des Landes verwiesen und Kamenew, Sinoview, Rakovsky, Radek und andere nach Sibirien geschickt. Manche glaubten, die Sowjetunion müsse in allerkürzester Frist zusammenbrechen.

Am Abend des 20. Mai, an dem der Reichstag gewählt worden ist, geschieht etwas Seltsames in Deutschlands zweitgrößter Stadt, Hamburg. Grünliche Dämpfe wehen durch die Straßen, dringen in die Häuser ein. Hunderte von Einwohnern brechen bewußtlos zusammen, werden in Hospitäler eingeliefert, viele sterben.

Es stellt sich heraus, daß diese grünlichen Dämpfe aus gewissen Fabrikgebäuden entwichen sind, wo Experimente mit Giftgas angestellt werden. Ist nicht die Fabrikation von Giftgas durch internationale Verträge verboten, vom Vertrag von Versailles gar nicht zu reden? Merkwürdigerweise kommt es zu keiner wirklich durchgreifenden Untersuchung. Auch die Zeitungen hören bald auf, sich damit zu beschäftigen, was sich am 20. Mai in Hamburg abgespielt hat, am Abend jenes Tages, da die Nationalsozialisten ihre Stimmen von neun auf zwölf erhöhen ...

So sieht es also auf der Welt aus, als Goebbels einen weiteren Schritt vorwärts tut. Am 9. Januar 1929 macht Hitler ihn zum Reichspropagandaleiter. Nun gehört er also zu der kleinen Gruppe von Männern, von denen die Geschicke der Partei geleitet werden. Noch ist es eine kleine Partei. Goebbels wird dafür sorgen, daß sie blüht und gedeiht.

## Anmerkungen

[1] *Kampf um Berlin* von Goebbels.
[2] *Kampf um Berlin* von Goebbels.
[3] *Kampf um Berlin* von Goebbels.
[4] *Kampf um Berlin* von Goebbels.
[5] Wörtlich von Fritzsche dem Autor berichtet.

VIERTES KAPITEL

# DIE LAWINE

## 1

Goebbels' erste Aufgabe als Propagandachef der Partei ist, die Massen dazu zu überreden, daß Hitler Gott ist.

Hitler hatte sich zum „Führer" der Partei gemacht, hauptsächlich um dadurch allemal den Intrigen seiner Unterführer zu entgehen. Die meisten akzeptierten ihn in dieser Rolle, weil sie keine Wahl hatten. Mit Goebbels ist das anders. Für ihn sind solche rein praktischen Erwägungen weniger wichtig als der leicht mystische „Glaube" an Hitler, den er sich selbst abgetrotzt hat. Nun will er ihn den andern aufschwätzen. Als erstes schlägt er vor, Hitlers Reden und Taten für „unfehlbar" zu erklären; nichts, was Hitler gesagt oder getan hat, darf angezweifelt oder auch nur diskutiert werden. Goebbels will durch Propaganda den Aberglauben befestigen, daß ohne Hitler alle seine Anhänger verloren wären.

Da alles „von Hitler abhängt", ist es nur logisch, daß Goebbels seine gesamte neue Propagandamaschine um den Führer herum als Zentralfigur aufbaut. Diese Maschine ist stärker, moderner, schneller, arbeitet auf höheren Touren als die Organisation, die er von Gregor Strasser übernommen hat. Goebbels führt moderne Methoden ein, die diese Maschine geschmeidiger machen, die es ihm gestatten, den Kurs innerhalb weniger Stunden völlig zu ändern, gleichsam mit einem Druck aus dem Handgelenk.

Auf die Amanns, Rosenbergs, Feders bleibt Temperament und Persönlichkeit von Goebbels nicht ohne Wirkung, sie bewundern ihn ob der Schnelligkeit, mit der er immer wieder neue Ideen hat und durchführt, aber sie haben trotzdem keine echte Sympathie für ihn. Irgendwie fühlen sie, er ist nicht einer der Ihren. Für sie ist er eben doch nicht ein ganz echter, wie Goebbels selbst es ausdrücken würde, „ein in der Wolle gefärbter“ Nazi. Als einen solchen erkennen sie ihn auch bis zuletzt nie an.

Während der nun folgenden Jahre konzentriert sich Goebbels ganz auf Massenversammlungen als seine stärkste propagandistische Waffe. Bis dahin hatten solche Versammlungen vor allem einen informatorischen Charakter. Man besuchte sie, um Argumente für oder gegen das Programm der einen oder anderen Partei kennenzulernen. Goebbels meint, solche Handhabung der Dinge bedeute Zeitverlust. *Wir reden nicht, um eine Rede zu halten, sondern um einen Eindruck zu erzielen,* erklärt er.

Da er die Masse verachtet, verschwendet er auch nicht einen Augenblick darauf, sich zu überlegen, was die Menschen denken oder ob sie überhaupt denken. Er ist überzeugt davon, daß nichts leichter sei, als sie „zu bekehren“. Dazu bedarf es nur einer gewissen „Vorbereitung“. Jeder einzelne Versammlungsteilnehmer muß, bevor der Redner seinen Mund öffnet, schon zu seinen respektive der Nazipartei Gunsten voreingenommen sein. Deshalb zieht Goebbels seine Massenversammlungen wie festliche Aufzüge auf. Er entwikkelt neue Formeln. Er „erfindet“ die „Garde des Sprechers“ – große, gutaussehende junge Männer, die den Sprecher in den Saal hineingeleiten und dann gewissermaßen als menschliche Mauer auf dem Podium stehenbleiben. Er erfindet den „feierlichen Einzug der Fahnenträger“. Er legt genau fest, mit welchen Worten die Begrüßung der Zuhörer durch den Sprecher vor sich zu gehen hat. Die ganze Versammlung wird zum vorher festgelegten Ritual, in dem Fahnen, Musik, gewisse Schlagworte, Gruppenbildungen und Paraden eine entscheidende Rolle spielen. Kurz, anstatt daß der Zuhörer aufgeklärt wird, wird er noch mehr verwirrt, als er schon war, und vor allem berauscht. Beim Verlassen der Versammlung weiß er nicht mehr als bei seinem Kommen, ist aber außerordentlich beeindruckt.

Die Hauptattraktion ist natürlich der Sprecher selbst. Da Goebbels mehr Versammlungen vorbereitet, als Deutschland je gesehen hat, braucht er eine Unmenge neuer Redner. Innerhalb seiner Propagandaabteilung schafft er eine besondere Abteilung für Redner, die er wieder in Gruppen einteilt. Nur die besten unter ihnen (die sogenannten Reichsredner) dürfen in Berlin, München, Hamburg usw. „auftreten". Versammlungen in kleineren Städten müssen sich mit zweiten Besetzungen begnügen.

Die Redner dürfen nun keineswegs sagen, was ihnen so gerade in den Kopf kommt. Goebbels kontrolliert das genau. Er stellt ihnen Material zur Verfügung und schafft Stellen, die darauf aufpassen müssen, daß das Material verwendet wird.

Goebbels' Star ist Hitler. Der darf bis zum Herbst 1928 in Preußen nicht öffentlich sprechen. Dann hebt die preußische Regierung das Verbot auf. Am 16. September mietet Goebbels Berlins größte Halle, den Sportpalast. Es gelingt seiner Reklame immerhin, rund 10000 Personen in den Sportpalast zu locken. Er selbst führt den Führer ein, der sodann zwei Stunden und fünfundvierzig Minuten redet, will sagen auf die Republik, den Vertrag von Versailles und vieles andere schimpft. Es gibt Flaggen, Gesinge, Auf- und Umzüge, und die Zuhörer sind vor Begeisterung ganz aus dem Häuschen.

Diese Formel wird in zahlreichen Versammlungen der kommenden Jahre beibehalten.

Hitler hält die Hauptrede, Goebbels führt ihn ein, inszeniert das ganze Spektakel, bleibt aber dann mehr oder weniger im Hintergrund. Gegen diese Art von Im-Schatten-Stehen hat er nichts. Im Gegenteil, das behagt ihm. Vielleicht hat auch das etwas mit der Verachtung zu tun, die er für die Masse verspürt. Vielleicht macht er sich wirklich nichts aus ihrem Beifall (und ein bestimmter Ausspruch, den er viele Jahre später tut, scheint dies zu beweisen). Er mag seinen Triumph um so stärker empfinden, je mehr er ihn aus der Kulisse heraus kostet, weil er, bis zu einem gewissen Grade, sein Geheimnis bleibt. Tausende sind von dem Taumel erfaßt, aber keiner von ihnen weiß, daß Goebbels es so geplant hat, daß er sie mit allen ihm zu Gebote stehenden Raffinessen in diesen Rausch versetzt hat. Wo immer er Massenversammlungen inszeniert, reagieren die Menschen so, wie er es erwartet; sie glauben das, was er wünscht, daß sie glauben. Es ist, wie Goebbels zuerst erstaunt, später wegwerfend feststellt, unglaublich einfach.

Es ist so einfach, daß Goebbels sich manchmal die Frage stellt, ob es überhaupt der Mühe wert sei, das Publikum zu beeindrucken. Es gibt ja primitivere Wege, die Menschen zu beeinflussen, zum Beispiel, indem man ein paar Schädel einschlägt. Als Student hat Goebbels die Rowdys der Freikorps bewundert und beneidet. Jetzt kann er Rowdys befehlen, und das Gefühl des Neides schwindet vor dem Gefühl der Macht. Vielleicht ist das der Grund, warum der Propagandist Goebbels so oft seine magische Überredungskunst durch brutale Gewalt ersetzen läßt. Während er die Deutschen davon überzeugt, daß sie Nazis werden müssen, erlaubt er seinen Sturmtruppen, diejenigen, die sich nicht so schnell bekehren lassen wollen, zu verprügeln oder zu ermorden.

## 2

Die SA setzt sich aus der Hefe des Volkes zusammen. Schlageter war nicht besser als die Jünglinge in Braunhemden, und trotzdem ist es Goebbels gelungen, ihn zum Helden der Bewegung zu machen. Der Durchschnittsdeutsche, emotionell und sentimental, wird meist stärker von außergewöhnlichen Taten „heroischer" Persönlichkeiten gepackt als durch die vernünftig-sachliche Lösung eines Problems. Was Goebbels also braucht, sind mehr junge Männer, die er wie Schlageter zu „Helden" machen kann. In der Tat, mit seiner ersten Rede in Berlin, seit seinem ersten Artikel im *Angriff* versucht er nichts anderes, als seinem Publikum einzureden, daß alle Nazis Helden und ständig von Gefahren bedroht seien, besonders in Berlin.

*Manchmal an einem Sonnabend- oder Sonntagnachmittag stiehlt man sich ein paar Stunden ab und fährt in die Krankenhäuser,* schreibt er im Artikel *Helden* (Oktober 1929). *Im Norbert-Krankenhaus liegt einer mit schwerem Kopfschuß ... jetzt gilt er unter seinen Kameraden als Vollbürger. Um sein Bett herum stehen seine junge Frau und ein halbes Dutzend SA-Leute. Sie haben ihm Blumen gebracht und Obst ... In Schöneberg besuche ich einen, dem die rote Meute den Arm dreimal durchstochen hat ... Die ganze Familie ist nationalsozialistisch, die Mutter, drei Söhne; einer Arbeiter, einer Lehrling und einer Straßenbahnschaffner. Söldlinge des Kapitals sagen die dicken Juden der Roten Fahne ... Dort liegt einer mit schwerem Bauchschuß. Sechs Tage liegt er in Lebensgefahr ... Kameraden ... haben ihm von ihren kargen Groschen Blumen gekauft. Essen darf er noch nicht ... So sind sie! Nicht alle! Aber viele, viele! Hunderte und Tausende! Helden des Mutes und der Hingabe. Sie ha-*

*ben nichts mehr zu verlieren als das bißchen Leben. Aber sie setzen es verbissen und trotzig ein ...*

Ach, dies alles sind nur Allgemeinheiten. Was Goebbels braucht, ist nicht ein Dutzend anonymer SA-Männer, sondern einen Mann, den er beim Namen nennen kann, den er bis ins letzte Detail beschreiben kann, dessen Name er in die Köpfe des Publikums einhämmern kann, Tag für Tag, Woche für Woche. Verzweifelt sucht er nach einem solchen potentiellen Märtyrer. Seine Augen fallen auf Hans Georg Kütemeyer.

Kütemeyer ist im Krieg verwundet worden. Seitdem er ins Zivilleben zurückgekehrt ist, hat er nur Gelegenheitsarbeit finden können. Meist ist er arbeitslos. Er ist Nationalsozialist geworden. Er lebt schlecht und recht von der Arbeitslosenunterstützung. In seiner Freizeit arbeitet er ehrenamtlich für die Partei. Eines Abends, nachdem Hitler im Sportpalast gesprochen hat, hat er mit Parteigenossen gefeiert und sich dabei betrunken. Am nächsten Morgen wird seine Leiche im Landwehrkanal gefunden. Ein Brief, den er zurückgelassen hat, sagt, er sei des Lebens in Armut überdrüssig gewesen und längst daran verzweifelt, eine Stellung zu finden. Die Polizei hält Selbstmord für erwiesen.

Goebbels sieht eine Chance. Er schreibt einen Artikel *Kütemeyer,* dem er eine Reihe anderer Artikel über den Mann folgen läßt. Es macht Goebbels gar nichts, daß Freunde Kütemeyers bezeugen, er habe in der letzten Zeit häufig bekundet, daß er in die Nazis auch kein Vertrauen mehr setze. Goebbels stellte fest, daß Kütemeyer, im Gegenteil, ein begeisterter Nazi gewesen sei. Er lebte nur für die Partei. Er verehrte Hitler. Am Abend vor seinem Tod hatte er noch das Glück, Hitlers Rede zu hören, *mit klopfendem Herzen ... und am Ende erhebt er sich mit den sechzehntausend anderen und singt mit Tränen in den Augen: Deutschland, Deutschland über alles, und im Unglück nun erst recht.*

Behauptet irgendein Verleumder, Kütemeyer habe sich betrunken? Goebbels hat die Antwort: *Wer wollte es ihm verargen, daß er in dieser Hochspannung der ergriffenen Gefühle noch nicht in die Dürftigkeit seines kargen Lebens zurück kann? Zwei Stunden sitzt er mit den Kameraden in freudig erregten Debatten zusammen.*

Dann also geht er nach Hause, wo er freilich nicht ankommt, weil die bösen Kommunisten auf der Szene erscheinen. Goebbels ist zwar nicht anwesend, kann also nicht wissen, was wirklich geschehen ist, es gibt überhaupt niemanden, der Kütemeyer nach Verlassen des Lokals gesehen hat, und die Polizei findet nicht den Schatten eines Beweises für den Straßenkampf, der nun stattgefunden haben soll. Aber das hindert Goebbels nicht daran, diesen Straßenkampf bis ins letzte Detail zu beschreiben. Also: *Ein Taxi, vollgestopft mit Kommunisten, naht. Sie stürzen sich auf Kütemeyer, schlagen ihn (mit Eisenstangen) zusammen, bis er bewußtlos wird, werfen ihn in den Kanal. Man hört laute Hilferufe, während die Autotaxe davonrast ...*

Wer ist „man"? Niemand meldet sich mit solchem Bericht bei der Polizei. Aber Goebbels, der nun einmal beim Hellsehen ist, weiß auch etwas über die ganze Zeit des Mordes. *Um vier Uhr nachts wacht seine Frau auf. Es ist ihr, als hörte sie ihren Mann „Mama, Mama" rufen. Das war die Stunde, in der er starb.*

Goebbels tut alles Menschenmögliche, um Kütemeyer aufzubauen. Er proklamiert, Kütemeyers Name werde auf die Ehrenliste derjenigen, die für die Partei gestorben seien, gesetzt werden. Man würde sich seiner zusammen mit den Opfern von Hitlers Putsch und mit Schlageter erinnern. Aber das alles ist umsonst. Das Märchen findet keinen Anklang. Der Name Kütemeyer ist bald vergessen.

Nach einer Reihe von anderen Versuchen am untauglichen Objekt findet Goebbels schließlich seinen Mann. Sein Name ist Horst Wessel.

## 3

Goebbels hört den Namen zum ersten Male im November oder Dezember 1926, als Wessel Mitglied der Partei wird. Damals ist die Partei ja noch so klein, daß der Gauleiter jedes einzelne Mitglied beim Namen kennt. Und Horst Wessel, ein starker und, obwohl gewöhnlich, doch gutaussehender junger Mann, ist eine Persönlichkeit. 1907 als Sohn eines Pastors geboren, ist er zwar zu jung gewesen, um am Krieg teilzunehmen, wird aber späterhin Mitglied eines Freikorps.

Goebbels übergibt ihm die Leitung des „Sturm 5". Der wird bald berüchtigt durch die dauernden Straßenkämpfe mit Sozialdemokraten und Kommunisten. Goebbels verliert den vielversprechenden jungen Mann nicht aus den Augen. Er schickt ihn nach Wien, um die Organisation und den Aufbau der dortigen Hitlerjugend zu studieren. Er setzt ihn als Redner in Berlin ein, wo er bald außerordentlich populär wird. Dann, von einem zum andern Tag, scheint Wessel alles Interesse zu verlieren. Er vernachlässigt seinen Sturm, und eines Tages erscheint er überhaupt nicht mehr.

Nachforschungen ergeben, daß Horst Wessel mit und bei einer Prostituierten namens Erna Jaenicke lebt, und zwar in einem möblierten Zimmer, Frankfurter Straße 62. Goebbels schickt einige von Wessels SA-Kameraden hin. Die kommen mit der betrüblichen Nachricht zurück, der junge Mann interessiere sich nicht mehr für den Sturm oder die Partei, er interessiere sich nur noch für Fräulein Jaenicke.

Geld hat er keines, und so muß Fräulein Jaenicke ihren Beruf weiterhin ausüben, was sie auch tut; die Erträgnisse werden dem Liebhaber abgeliefert. Das empört einen gewissen Ali Hoehler, der die Talente Fräulein Jaenickes entwickelt hat und bisher ihr Zuhälter war. Am 14. Januar 1930 wird er von Frau Salm, der Zimmervermieterin der Jaenicke, der die Sache mit Wessel aus irgendeinem Grunde nicht paßt, in seinem Stammlokal aufgesucht; sie regt an, er solle nun endlich was unternehmen. Hoehler geht mit Frau Salm zurück, öffnet die Tür zu Jaenickes Zimmer mit einem Nachschlüssel. Wessel sieht ihn kommen und greift zum Revolver, der auf dem Nachttisch liegt. Hoehler ist schneller. Er schießt, packt das Mädchen und macht sich davon. Die Kugel ist quer durch Wessels Mund gedrungen. Er wird in kritischem Zustand ins Hospital eingeliefert.

Jetzt schaltet sich Goebbels ein. Schon am folgenden Tag wird der erste Artikel über Wessel veröffentlicht. Goebbels berichtet, wie er von Wessels Verwundung erfuhr: *Zitternd vor innerem Grauen die bange Frage: Tot? Nein, aber wohl hoffnungslos. Nun werden die Wände eng, und die Decke droht niederzustürzen. Aber dann bäumt sich alles auf gegen das Unfaßbare. Das kann nicht sein!*

Goebbels erscheint im Hospital; jedes Detail über seinen Besuch an Wessels Krankenlager wird im *Angriff* veröffentlicht; natürlich kein Wort über Fräulein Jaenicke oder Hoehler. Für Goebbels gehört Wessel einzig und allein der Partei und der SA.

Wochenlang wird der junge Zuhälter idealisiert. Am 23. Februar endlich stirbt er unter beträchtlichen Qualen, der Tod ist eine Erlösung. Eine Woche später wird er beerdigt. Das Begräbnis entwikkelt sich zu einer Nazidemonstration von ungewöhnlichen Ausmaßen; was weiter nicht verwunderlich ist, da Goebbels die Regie führt. Goebbels hält die Trauerrede. Und dann singen sie alle das Horst-Wessel-Lied.

Das ist ein kleines Gedicht von sechzehn Zeilen, das Wessel fünf Monate vorher geschrieben hatte. Goebbels hatte es im *Angriff* publiziert; ein geschicktes und wirksames Gemisch von Nazischlagworten und Phrasen, die andere geschaffen hatten und die den Nazis schon im Ohr lagen. Irgend jemand entdeckte, daß man diese Zeilen nach einer alten Volksweise singen könne, und dies war bei privaten Zusammenkünften auch schon geschehen, ohne besonderes Aufsehen zu erregen. Bei Wessels Beerdigung wird das Lied nun zum ersten Male in der breiten Öffentlichkeit gesungen. Von diesem Tag an ist es die offizielle Hymne der Partei.

Nach dem Gesang Stille. Dann ruft Goebbels: *Horst Wessel?* Und von allen Seiten rufen die SA-Männer, als meldeten sie sich beim Appell: *Hier!* Dieses symbolische Ritual wird von nun an Bestandteil vieler Nazidemonstrationen sein.

Kurze Zeit darauf wird Ali Hoehler wegen Totschlags zu sechs Jahren Gefängnis verurteilt.[1] Während des Prozesses füllt Goebbels die Zeitungen der Partei mit wilden Hetzartikeln. Die angebliche Empörung verdeckt die wirkliche Verlegenheit. Wieviel, so fragt sich Goebbels, wird von dem wahren Sachverhalt beim Prozeß herauskommen? Natürlich kommt alles heraus, und ein großer Teil der deutschen Presse tritt die unappetitlichen Details der schmutzigen Geschichte breit. Eine schwierige Lage für Goebbels. Wie kann er die Legende von dem reinen Märtyrer Horst Wessel aufbauen, wenn die halbe deutsche Presse veröffentlicht, daß er ein Zuhälter war? Er scheint vor einer unlösbaren Aufgabe zu stehen. Und doch, er löst sie; und es spielt dabei keine Rolle, daß er selbst nicht die geringsten Illusionen über Horst Wessel hat.

*Das störte ihn nicht im geringsten,* war Hans Fritzsches Kommentar zur Angelegenheit Horst Wessel.

4

So ersetzt Goebbels Wirklichkeit durch Propaganda: *Horst Wessel ist umgebracht worden, weil er Nationalsozialist war. Alle Nazis sind daher in ständiger Gefahr, umgebracht oder mißhandelt zu werden.*

*Die Republik läßt sie durch ihre Schergen verfolgen und unterdrücken; aber der mächtigste Feind ist das internationale jüdische Kapital.*

*Der Isidor des Jahres 1929 heißt John Pierpont Morgan,* schreibt Goebbels, nicht immer von Sachkenntnis getrübt.

Die Sieger des Weltkrieges, die Reparationen verlangen, sind – nach Goebbels – darauf aus, Deutschland „zu versklaven". 1924 ist der Dawes-Plan (der seinen Namen dem amerikanischen Vizepräsidenten Dawes verdankt) angenommen worden. Er bedeutete eine schwere Belastung für Deutschlands Wirtschaft, aber die enormen ausländischen Kredite, die um die gleiche Zeit gewährt wurden, übertrafen bei weitem, was an Reparationen aus dem Land ging. Goebbels war kaum Propagandachef geworden, da ließ er ein Plakat entwerfen, das in Riesenbuchstaben den Namen DAWES zeigte und unter jedem einzelnen Buchstaben ein Wort, so daß sich der Satz ergab: *Deutschlands Armut Wird Ewig Sein.* Als einer seiner Mitarbeiter fragte, was man täte, falls eine Erleichterung der Reparationszahlungen durch die Regierung herbeigeführt würde, antwortete Goebbels unbestimmt: *Wir werden jeden Vorschlag als unausführbar hinstellen.*

Dazu bietet sich die Gelegenheit, als im Mai 1929 der amerikanische Bankier Owen D. Young einen neuen Plan ausarbeitet, der die Bürde der Reparationszahlungen für Deutschland außerordentlich erleichtert. Ja, es sieht ganz so aus, als ob nach einigen Zahlungen die ganze Frage der Reparationen ein für allemal unter den Tisch fallen würde. Die Deutschen haben allen Grund, mit diesem neuen Arrangement zufrieden zu sein.

Eine deutsche Kommission unter Führung des Reichsbankpräsidenten Hjalmar Schacht hat mit den Verhandlungen in Paris begonnen. Alles verläuft fahrplanmäßig, und Schacht hat sich bereits im Prinzip damit einverstanden erklärt, die Vorschläge Youngs zu akzeptieren.

Die Annahme des Young-Planes wäre so etwas wie ein außenpolitischer Sieg für die damals von den Sozialdemokraten kontrollierte deutsche Regierung. Dies allein macht den Young-Plan unannehmbar für die Nationalisten und, natürlich, für die Nazis. Es geschieht aus diesem Grunde, daß einer der Verhandelnden, der Industrielle Albert Voegler, scharf zu protestieren beginnt und bald darauf die Konferenz verläßt. Aus diesem Grunde erscheint ein anderer Industrieller, Alfred Hugenberg, plötzlich an der Rampe der politischen Bühne.

Hugenberg, ein kleiner, dünner, weißhaariger Mann von fünfundsechzig Jahren, war Generaldirektor der Kruppwerke gewesen und spielte eine führende Rolle in der deutschen Schwerindustrie. Vor allem war er das wirkliche Haupt der Deutschnationalen Volkspartei, der bedeutendsten Rechtspartei in den ersten Jahren der Revolution. Er hatte einige Berliner Zeitungen aufgekauft, sie reorganisiert, ein Nachrichtenbüro dazugekauft, erwarb dauernd Anteile an Zeitungsunternehmen in der Provinz und war im Begriff, eine mächtige Maschine zur Beeinflussung der öffentlichen Meinung aufzubauen. Schließlich erwarb er auch noch die größte Filmgesellschaft, die Ufa.

Jetzt hielt Hugenberg den Augenblick für gekommen, sich und seine Partei vor der Öffentlichkeit Gehör zu verschaffen und so seinen Einfluß noch zu erhöhen. Er schrieb 3000 Briefe an angesehene Industrielle in Deutschland und im Ausland, in denen er ausführte, daß der Young-Plan Deutschland ruinieren würde, daß diejenigen, die ihn unterzeichneten, sehr wohl wußten, daß er niemals durchgeführt werden konnte, usw. Obwohl diese Briefe aufs schärfste dem Ansehen der deutschen Regierung im Ausland Abbruch taten, ja sogar andeuteten, daß die Regierung unehrlich sei, wurde amtlicherseits gegen Hugenberg nichts unternommen.

Aber Hugenberg war nicht der Mann, die Massen hinzureißen. Die Männer um ihn waren Industrielle, Junker, Aristokraten, Offiziere; sie hatten nichts für die Arbeiter übrig, und diese nichts für sie. Hugenberg wußte sehr wohl, daß er weder den Young-Plan zu Fall bringen konnte noch gar die Republik selbst, wenn er nicht eine größere Gefolgschaft gewann. Er brauchte einen Bundesgenossen; vielleicht war Hitler der rechte Mann für ihn?

Die Nazis hatten den Young-Plan noch schärfer angegriffen, als

Hugenberg es tat: *Für uns ist das nicht bindend, was ihr unterschreibt,* schrieb Goebbels am 1. Juli 1929. *Feierlich erheben wir vor der Geschichte unsere Hände, rein und makellos, und schwören, daß wir nicht ruhen und rasten wollen … bis diese Hände einmal in zitternder Vergeltung die Schmach … diese Verträge zerreißen können.*

Das bedeutete nicht, daß Goebbels sich mit Hugenberg identifizierte. Im Gegenteil, er verabscheute Hugenberg und seine Freunde und nannte sie stets *Reaktionäre.* Hitler indessen sah, daß es ihm zumindest finanziell zum Vorteil gereichen würde, einen Teil des Weges mit Hugenberg zu marschieren. Ohne Goebbels zu benachrichtigen, kam er nach Berlin und hielt vor Hugenberg und anderen Industriellen und Bankiers eine Rede. Nur durch Zufall erfuhr Goebbels von dieser Versammlung im engsten Kreis, und Hitler war gerade bei seinen Schlußworten angelangt, als Goebbels eintrat. Noch am gleichen Abend beschlossen Hitler und Hugenberg, daß sie gemeinsam versuchen würden, einen Volksentscheid gegen den Young-Plan durchzubringen.

Goebbels war nicht gerade glücklich über dieses Bündnis und gab sich keine Mühe, seine Gefühle zu verbergen. *Wenn wir uns in diesem Kampf des Volksbegehrens bedienen, so ist das nur eines der taktischen Mittel, mit denen wir versuchen, zu unserem Ziel zu kommen. Die Mittel, mit denen man einem Ziel zustrebt, sind veränderlich, das Ziel bleibt dasselbe. Daß sich bei der Anwendung dieses Mittels Gruppen beteiligen, die weltanschaulich von uns durch eine tiefe Kluft getrennt sind, … so ist das noch kein Beweis gegen die Richtigkeit dieses Mittels,* schrieb er ein bißchen pikiert.

Aber das Bündnis hatte auch seine angenehmen Seiten. Hitler hatte zur Bedingung gemacht, daß Goebbels während der nun folgenden Wahlkampagne die Leitung der gesamten Propaganda haben müsse. Das war das erste Mal, daß Goebbels sich ausleben konnte; große und mächtige Zeitungen standen ihm zur Verfügung; Nachrichtendienste, die bis in die kleinsten Provinznester drangen; die Wochenschauen der größten Filmgesellschaft und die größten Kinos. Vor allem: er hatte unbeschränkte Geldmittel. Er brauchte nicht mehr in dunklen, verrauchten Büros zu arbeiten, mußte nicht mehr Pfennige einsparen, brauchte nicht mehr vor Gerichtsvollziehern Angst zu haben.

Er war außerordentlich freigebig mit Hugenbergs Geld, obwohl er schon lange vor dem Wahltag wußte, daß der Volksentscheid ein Mißerfolg werden mußte.[2] Aber er rechnete sich aus, daß auf diese Weise die Partei Reklame im Wert von Millionen umsonst erhielt.

5

Im Oktober 1929 gibt es einen ungeheuren Einsturz an der New Yorker Börse. Millionen und Milliarden Dollars werden in den nächsten Wochen und Monaten verloren. Die guten Zeiten im Land der unbegrenzten Möglichkeiten sind vorbei. Millionen Menschen, die glauben durften, für sich und ihre Familie ausgesorgt zu haben, standen dem Nichts gegenüber. Geschäfte und Fabriken schlossen ihre Tore, Angestellte und Arbeiter wurden von einem Tag zum andern auf die Straße geworfen. Nicht nur in Amerika, auf der ganzen Welt wuchs die Armee der Arbeitslosen ins Unermeßliche.

Es ist nicht wahrscheinlich, daß die Leiter der Nazipartei, die so wenig von der komplizierten Maschine des Wirtschaftslebens wußten, sich eine Vorstellung von den möglichen Folgen der Zusammenbrüche der Weltmärkte machten. Hjalmar Schacht wußte Bescheid. Noch am 23. Juni hatte er dem Reichskanzler Hermann Müller telegraphiert, daß er bereit sei, die Verantwortung für die Ausführung des Young-Planes zu übernehmen. Im November fand eine Zusammenkunft zwischen Schacht und Göring statt, und der Bankier erklärte, daß er bereit sei, sich mit den Nazis zu verbünden. (Einige Minuten später trat Schacht zurück und gab als Grund an, der Young-Plan sei unausführbar ...)

Der Mann, der davon überzeugt war, daß der Young-Plan durchgeführt werden konnte und mußte, war Gustav Stresemann, deutscher Außenminister und der „Bösewicht" in der „Verschwörung", von der Goebbels immer faselte. Stresemann war einer der wenigen, der klar erkannte, daß Deutschland nur auf die Beine kommen konnte, wenn es Hand in Hand mit den Westmächten arbeitete.

Es war eine Regierung unter der Leitung Stresemanns gewesen, die im September 1923 die passive Resistenz im Ruhrkampf abgebrochen hatte. Er war es gewesen, der 1925 den Pakt von Locarno unterzeichnet hatte, der im Grunde genommen nichts war als ein Versprechen, den Vertrag von Versailles einzuhalten. (Und selbst in Locarno hatte Stresemann es bereits klargemacht, daß er sich in bezug auf den Osten, das heißt die deutsch-polnische Grenze, nicht gebunden fühle.) Stresemann war es, der es zuwege brachte, daß Deutschland 1926 zum Völkerbund zugelassen wurde – eine Folge seiner engen Zusammenarbeit und Freundschaft mit dem französischen Außenminister Aristide Briand.[3]

Für Goebbels war jede Kollaboration, ja jeder Versuch einer Kollaboration, jede Politik der Erfüllung ein Verbrechen. *Stresemann ist ein umgekehrter Staatsmann,* schrieb er. *Er kann alles und nichts. Er versteht sich auf Menschen und nicht auf Dinge. Er redet von ihrer Technik, aber er hat keinen Schimmer einer Ahnung von ihrer Wesenheit ... Seine gesamte Außenpolitik ist ein einziges Ruinenfeld von zwar angeschnittenen, aber zuletzt doch ungelösten Fragen.*

In den Berliner Stadtwahlen vom 17. November 1929 errangen die Nationalsozialisten mehr als 20 Prozent aller Stadtverordnetensitze. Das war ein ganz persönlicher Erfolg des Berliner Gauleiters, der die Wahlkampagne geführt, Abend für Abend gesprochen, zahllose Artikel, Pamphlete und Plakate geschrieben hatte. Ein entscheidender Schritt vorwärts zur Eroberung von Berlin war getan worden. *Der Angriff* erschien nun zweimal pro Woche.

Noch einen anderen großen Sieg sollte Goebbels im Jahre 1930 erleben. Das Verlagshaus der Brüder Strasser schloß seine Pforten. Die Brüder hatten seit einiger Zeit gewisse Differenzen, und Hitler war der Ansicht, daß Otto viel zu radikal geworden sei. Nach einer dramatischen Aussprache mit Otto, der ihm alles sagte, was er an ihm auszusetzen hatte – und das war eine Menge –, kaufte der Führer die Geschäftsanteile Gregors, erwarb so die Majorität des Verlagsunternehmens und löste die Firma auf. Die Strasser-Zeitungen hörten auf zu erscheinen.

Hitler befahl Goebbels, dem Gauleiter von Berlin, Otto Strasser und seine Freunde aus der Partei zu entfernen. Otto und seine Freunde waren einst intime Freunde von Goebbels gewesen. Trotzdem zauderte er nicht einen Augenblick. Er führte die Befehle Hitlers aus. Eine Weile später, als der neue Leiter der Berliner SA, Hauptmann Stennes, ebenfalls ein guter Freund des Gauleiters, einen Streik der SA organisierte, um für seine Leute bessere Bezahlung und mehr Einfluß auf die Gestaltung der Parteipolitik zu bekommen, ließ Goebbels ihn ebenfalls fallen.

Der Stennes-Zwischenfall trug sich übrigens während eines neuen Wahlkampfes zu. Der Reichstag war wieder einmal aufgelöst worden, Neuwahlen sollten am 14. September stattfinden. Goebbels, optimistisch, erklärte öffentlich, die Partei werde anstelle der bisherigen zwölf vierzig Sitze im neuen Reichstag erobern. Die Zeitungen kommentierten solche Großsprechereien mit ausgesprochener Ironie; Goebbels werde sich wohl selbst dementieren müssen, denn noch nie sei es vorgekommen, daß eine Partei ihre Stimmen von einer zur nächsten Wahl verdreifacht habe. Aber Goebbels hatte keineswegs ins Blaue hinein geredet. Diejenigen, die ihn belächelten, vergaßen, die ungeheure Propagandamaschine in Rechnung zu stellen, die er in den letzten achtzehn Monaten aufgebaut hatte.

Jetzt wird sie angekurbelt. Die Redner, die er angelernt hat, schwärmen über das ganze Land. Sie dringen bis ins letzte Dörfchen vor. Alle Nazis, von Hitler bis zum letzten Gauredner, müssen reden, reden, reden, bis sie vollständig heiser sind. So etwas hat man noch nicht erlebt. Goebbels hat einen regelrechten Aufmarschplan für seine Redner ausgearbeitet, so daß keiner auch nur einen einzigen Abend pausieren kann. Goebbels organisiert mehr als 6000 Massenversammlungen. Er läßt Zelte errichten, in denen Tausende Platz finden, er arrangiert Versammlungen unter freiem Himmel mit Fackeln und anderen romantischen Zutaten. Die Häuserwände sämtlicher Städte werden mit Plakaten geradezu zugedeckt. Und alles dies kommandiert Goebbels. Auch paßt er darauf auf, daß seine Zeitungen über die Versammlungen aufs genaueste berichten. Alle Nazizeitungen bringen den gleichen Bericht. Zeitungen, die sonst etwa 50000 Stück verkaufen, erscheinen jetzt in einer Auflage von einer halben Million. Was sich nicht verkauft, wird verschenkt.

Am 14. September ist die Wahlbeteiligung größer als je zuvor. Die Menschen stehen stundenlang Schlange vor den Wahllokalen. Viele von denen, die gekommen sind, wählen zum ersten Male in ihrem Leben.

Am Abend werden die ersten Teilresultate bekannt. Sie lassen noch keine endgültigen Schlüsse zu, aber sie zeigen schon, daß die Nazis einen Stimmenzuwachs erfahren haben. Das erstaunt niemanden. Aber die Regierung ist noch immer davon überzeugt, daß Goebbels' Voraussage von 40 Sitzen sich nicht bewahrheiten wird.

Jede Minute bringt neue Teilresultate. Während es Nacht wird, beginnen die Bürger an ihren Radioapparaten, die Regierungsstellen in der Wilhelmstraße, die Naziführer, die sich um Goebbels geschart haben, langsam zu begreifen, daß der Nazisieg etwas ganz Einmaliges ist: Er wirkt wie ein Erdbeben, wie eine Lawine.

1928 haben die Nazis in Ostpreußen 8000 Stimmen bekommen; jetzt erhalten sie 253000. In Frankfurt an der Oder kommen sie von 8200 auf 204000. In Pommern von 13500 auf 236000. In Breslau von 9300 auf 259000. In Thüringen von 20700 auf 243000. In Köln von 10600 auf 169000. In Leipzig von 14600 auf 160000. In Hamburg von 17800 auf 144000. Und in Groß-Berlin von 50000 auf 550000

Man ist sprachlos, wie vor den Kopf geschlagen. Die Wahlvorsteher zählen immer wieder nach, vielleicht daß sich doch irgendwo, irgendwie ein Fehler eingeschlichen hat. Im Regierungsviertel ist man so deprimiert, daß einige Minister sich betrinken und in diesem Zustand etwas kindische Interviews gewähren. Alles das ändert nichts an dem Faktum, daß die Nazis 6400000 – oder 18 Prozent – aller Stimmen bekommen haben. Sie sind damit über Nacht zur zweitstärksten Partei (nach den Sozialdemokraten) geworden. Sie werden mit 107 Abgeordneten in den neuen Reichstag einziehen. Dies ist ein Erfolg, wie er in der Geschichte der Parlamente einzig dasteht. Niemals vorher hat eine politische Partei die Zahl ihrer Wähler innerhalb von zwei Jahren verzehnfacht.

Am nächsten Morgen eilen Reporter aller Zeitungen ins Gauhauptquartier, um den Propagandachef, den sie mit Recht für diesen Erfolg verantwortlich machen, zu interviewen. Es ist das erste Mal, daß die nicht-nationalsozialistische Presse sich dafür interessiert, was Goebbels zu sagen hat. Er gibt ein paar kurze Erklärungen ab und sagt, er habe jetzt wenig Zeit. *Der Kampf hat ja gerade erst angefangen,* erklärt er in seiner typischen Staccato-Manier. *Das heißt, eigentlich hat er noch nicht einmal angefangen. Ich gebe soeben die nötigen Anweisungen für den kommenden Kampf.*

Er geht ins Nebenzimmer und diktiert einen triumphalen Artikel, betitelt *107*.

# 6

An diesem Tage sind viele in Deutschland überzeugt, daß Hitler einen neuen Putsch versuchen wird. Die Regierung ist so völlig vor den Kopf geschlagen, daß ein solches Unternehmen wohl gelingen könnte. Aber Hitler hatte andere Pläne. Und zehn Tage später, während eines Hochverratsprozesses gegen drei Offiziere vor dem Reichsgericht in Leipzig, sagte er unter Eid aus, daß er die Absicht habe, legal zu bleiben und so die Macht zu erringen.

Goebbels interpretierte das auf seine eigene Weise. *Die Verfassung schreibt bekanntlich nicht das Ziel, sondern nur den Weg einer politischen Entwicklung vor,* schrieb er. *Im Rahmen der damit gezogenen Grenzen ist die Aufstellung jeden politischen Ziels möglich ... Das Revolutionäre besteht bekanntlich nicht in der Methode, sondern im Ziel. Es kann einer auf den Barrikaden stehen und ein Reaktionär sein. Und es ist möglich, daß einer durchaus in der von der Verfassung gezogenen Gesetzmäßigkeit ficht und trotzdem ausgesprochen revolutionär ist.*

Der große Erfolg hatte viele Folgen für Goebbels. Er mietete größere Büroräume für den Gau, und zwar im Haus Hedemannstraße 10. Besucher wurden von ihm ausdrücklich darauf hingewiesen, daß sein Privatbüro während des letzten Krieges von keinem geringeren als Walther Rathenau benutzt wurde. Von jenem Rathenau, dessen Schriften er einst so bewundert hatte, dessen Mörder er nun glorifizierte; von einem der großen Staatsmänner seiner Epoche. In gewisser Beziehung war also dies Büro „historisch" – und Goebbels genoß die Ironie des Zufalls – wenn es ein Zufall war –, daß er in diesem Raum saß.

Der große Erfolg war überall spürbar. *Mein Kampf* begann sich zu verkaufen. Bekannte Auslandskorrespondenten suchten um ein Interview mit Hitler nach. *Der Angriff* wurde Tageszeitung. Wenn Goebbels jetzt Geld brauchte, mußte er nur den Kassenwart der Partei anrufen – am folgenden Tag hatte er einen Scheck in jeder gewünschten Höhe. Es gab so viele Industrielle, die sich in die Partei einkaufen wollten, bevor es zu spät war.

Goebbels' Büro im Münchener Braunen Haus waren noch luxuriöser als sein Berliner Hauptquartier. Trotzdem wurde er auch jetzt nicht ein echtes Mitglied der Münchener Clique. Er wollte keine dicken Zigarren rauchen, keine schweren Weine trinken. Er schauderte bei dem Gedanken, ein satter, fetter Bürger zu werden. Als ein Provinzjournalist ihn als einen wohlbestallten Bürger beschrieb, geriet er ganz außer sich. *Sie lügen, Sie lügen,* betitelte er eine Antwort, in der er den Artikel des Reporters nahezu vollständig nachdruckte und seine Antworten in Klammern beifügte. Etwa so: *Goebbels privatim. Er bewohnt eine elegante Wohnung in Charlottenburg (diese Wohnung ist nicht elegant und liegt auch nicht in Charlottenburg, sondern in Steglitz). Vorläufig noch unbeweibt (das ist das einzige an diesem Artikel, das der Wahrheit entspricht), obwohl viele hartnäckige Gerüchte ihn immer wieder als Schwiegersohn von Knüppelkunze festnageln wollen (Oho! Außerdem ist Parteigenosse Kunze kinderlos). Der große kleine Doktor unterhält mehr platonische Beziehungen zum schönen Geschlecht (Hört, Hört). In den stillen Frieden seiner vornehmen Sechseinhalbzimmerwohnung dringt auch sonst kein Lärm der tobenden Außenwelt (sie ist weder vornehm, noch hat sie sechseinhalb Zimmer, sondern leider nur zwei).* Und so weiter. Wie seltsam, daß Goebbels, der täglich viel ernsthafterer Dinge angeklagt wurde, gerade über solche Sticheleien in Wut geriet …

Am 13. Oktober trat der neue Reichstag zusammen. Goebbels hielt einen solchen Tag, an dem die Augen des ganzen Landes auf Berlin gerichtet waren, für besonders geeignet, um einen großen Reklametrick zu landen. Zusammen mit dem neuen Kommandeur der Berliner SA, dem Grafen Helldorf, einem Hochstapler und Erpresser, arbeitete er einen Plan aus. In diesem Augenblick, da die 107 neuen Nazi-Reichstagsabgeordneten den Reichstag betraten, zogen Tausende von SA-Männern in Zivil durch die Straßen und zerschmetterten die Schaufenster der jüdischen Läden. Als Goebbels gefragt wurde, ob er mit diesem Vandalismus irgend etwas zu tun habe, leugnete er das mit allen Anzeichen der Empörung ab.[4]

Eine neue Gelegenheit, Reklame zu machen, bot sich, als ein Kino im Westen Berlins den in Hollywood gedrehten Film *Im Westen nichts Neues* aufführte. Diesem Film lag das bekannte Buch von Erich Maria Remarque zugrunde. Goebbels hatte Remarque seit geraumer Zeit angegriffen: weil er ein Pazifist war, weil sein Buch vom größten jüdischen Verlag (Ullstein) veröffentlicht worden war, vor allem aber, weil es eines der erfolgreichsten Bücher auf der ganzen Welt war, und weil so jeder Angriff automatisch auch dem Angreifer einen guten Teil Reklame eintrug.

Folgendes geschah, Goebbels' Freund und Biographen Willi Krause zufolge:[5]

*Die Uraufführung dieses Films hat stattgefunden. Am nächsten Tag sitzen wir in der Hedemannstraße 10 im vierten Stock, im Zimmer des Berliner Gauleiters ... Dr. Goebbels spricht, erteilt Anweisungen. In wenigen Minuten ist ein Plan fertiggestellt, dessen Durchführung in Berlin und über Berlin hinaus Sensation erregen wird.*

*Wo kriegen wir aber für heute abend so viele Eintrittskarten her? Der Doktor steht auf, läuft durch das Zimmer, schnippt mit den Fingern. Einige Telefonanrufe, schon sind die Karten gesichert ... Und bei der ersten Aufführung des Films an diesem Abend ist das gesamte Filmtheater fachgemäß mit getarnten Nationalsozialisten besetzt.*

Kaum ist es dunkel, da erregen einige weiße Mäuse unangenehmes Aufsehen. Stinkbomben verbreiten ebenso unangenehme Gerüche, irgendwie war plötzlich ein Chaos im Zuschauerraum ausgebrochen, das man sich kaum erklären konnte. Schupo ist schnell zur Stelle. Sie blicken etwas ratlos in das wirre Getriebe. Ruhestörer sind eigentlich gar nicht vorhanden, denn alles verlangt gebieterisch nach Ruhe und Fortsetzung der Vorführung.

Aber sobald es wieder dunkel wurde, liefen wiederum weiße Mäuse im Zuschauerraum spazieren, platzten wiederum Stinkbomben ... Schließlich muß die Vorstellung abgebrochen werden. Der Bericht, der am nächsten Tag im *Angriff* erschien, war von Goebbels selbst diktiert. Da er im Theater gewesen und der eigentliche Regisseur des Ganzen war, konnte er sich wohl am besten aller Details erinnern ... Nicht lange danach wurde der Film abgesetzt.

Berlin lachte. Aber wer zuletzt lacht, lacht am besten. Ein paar Monate später, im März 1931, wurde eine Kurzgeschichte im *Angriff* abgedruckt; sie handelte vom letzten Krieg. Ein Vorwort der Redaktion prophezeite, daß der noch unbekannte Autor eines Tages berühmt werden würde.

Am folgenden Tag konnte eine Reihe von Antinazi-Zeitungen berichten, wer der „unbekannte Autor“ war. Es handelte sich bei der Kurzgeschichte um ein Kapitel aus dem berühmten Buch von Erich Maria Remarque. Dies war eines der wenigen Male, da Goebbels vor Wut sprachlos wurde.

Sonst wußte er immer eine Antwort. Und in diesen Tagen brauchte er auch seine Schlagfertigkeit mehr denn je. Am 10. Februar 1931 hatten die Naziabgeordneten demonstrativ den Reichstag verlassen. Folge: Goebbels verlor seine Immunität und war sofort in ein Dutzend Beleidigungsprozesse verwickelt. Unter anderem stand er auch wegen der antisemitischen Ausschreitungen vom 13. Oktober vor Gericht. Er mußte unter Eid aussagen.

*Ich war in einer schwierigen Situation,* berichtete er später über diesen Prozeß. *Einen Meineid konnte ich nicht gut schwören. Dazu gab es zu viele Zeugen, die den wahren Sachverhalt kannten. Ich konnte auch nicht zugeben, welche Rolle ich gespielt hatte. Das hätte Gefängnis bedeutet. Es gab nur einen Ausweg.*

Der Ausweg für Goebbels war, sich wie ein Wahnsinniger zu gebärden. Er brüllte den Richter und den Staatsanwalt an, warf mit beleidigenden Äußerungen nur so um sich, kurz, legte eine große Szene hin, die allen Anwesenden den Atem verschlug. Schließlich verurteilte ihn der Richter zu 200 Mark Geldstrafe wegen ungebührlichen Benehmens vor Gericht. Aber Goebbels hatte erreicht, was er wollte: Er hatte nicht unter Eid aussagen müssen. Und außerdem brachten alle Zeitungen den Vorfall auf der ersten Seite.

## 7

Im März 1930 war Heinrich Brüning, dem Sozialdemokraten Hermann Müller folgend, Reichskanzler geworden. Ein stiller Mann, der aber die Neigung hatte, seine patriotischen Gefühle zu betonen, der gern die Welt daran erinnerte, daß er den Krieg als Hauptmann mitgemacht hatte, und der nicht ohne Stolz betonte, daß er die Revolution von 1918 aktiv bekämpft hatte. Ein Ehrenmann durch und durch, der freilich nicht „den Schimmer einer Ahnung“ (um mit Goebbels zu reden) hatte, wie die ökonomische Krise und die daraus resultierende politische Radikalisierung der Massen zu bekämpfen war. Er hatte überhaupt nur eine Idee: Die Ausgaben mußten den Einnahmen gleichgebracht werden. Also beschnitt er die Ausgaben; das bedeutete die Massenentlassung von Beamten, die Einstellung von Subsidien, und das bedeutete wiederum Entlassungen in der Industrie, Vermehrung der Arbeitslosigkeit, Verminderung der Steuereinnahmen, mehr Entlassungen, Verelendung der Massen, die sich in steigender Verzweiflung den Kommunisten oder den Nazis in die Arme warfen. Kapitalisten wurden nervös, brachten ihr Geld ins Ausland; neue Entlassungen ... eine Schraube ohne Ende.

Überall in der Welt nahm die Wirtschaftskrise immer beängstigendere Ausmaße an. Im Mai 1931 schloß die österreichische Kreditanstalt, eine der größten Banken Europas, die von den Wiener Rothschilds kontrolliert wurde, ihre Schalter. Die Panik, die Österreich erfaßte, teilte sich auch Deutschland mit. Im Ausland begann man, Kredite, die man Deutschland gewährt hatte, abzurufen. Viele Depositoren holten ihr Geld von der Bank ab. Präsident Hindenburg appellierte an Präsident Hoover, der wiederum der englischen und der französischen Regierung vorschlug, Deutschland ein einjähriges Moratorium zu gewähren. Das konnte die Krise nicht mehr aufhalten. Am 13. Juli mußte Jacob Goldschmidts Darmstädter und Nationalbank die Schalter schließen, am folgenden Tage waren alle deutschen Banken geschlossen. Auch die Berliner Börse stellte ihren Betrieb ein. Die Wirtschaftsführer wußten nicht mehr weiter.

Verzweiflung erfüllte das ganze Land. Man fürchtete, daß eine neue Inflation die geringen Ersparnisse des Durchschnittsbürgers vernichten würde. Wieder fiel Brüning nichts anderes ein, als neue Sparmaßnahmen zu dekretieren. Er machte sich große Sorgen. Der kommende Winter, so gab er öffentlich zu, würde der schlimmste Winter der letzten hundert Jahre werden. Schon Mitte September schien es unabwendbar, daß zumindest 6 Millionen Deutsche arbeitslos werden würden. In den Vereinigten Staaten, so hörte man, würde die Zahl der Arbeitslosen bald 10 Millionen übersteigen. Die Bank von England entwertete das Pfund.

Die Menschheit zitterte. Goebbels war optimistisch. Er sah die große Chance. Während des Sommers hatte er erklärt, er werde die Mitgliederzahl der Partei verdoppeln. Er hielt sein Versprechen. Die Partei zählte jetzt eine Million Mitglieder, Aufnahmegesuche liefen stündlich ein. Je weniger die Regierung Brüning mit den Dingen zu Rande kam, um so mehr Stimmen würde Hitler erhalten. Je düsterer die Zukunft aussah, um so hemmungsloser würden die Massen eine radikale Lösung fordern.

Eine liberale Berliner Zeitung[6] las Goebbels' Gedanken. *Man verkennt Goebbels durchaus, wenn man ihm den Grundsatz unterstellt: nach uns die Sintflut. Er kehrt den Satz vielmehr um: Après le deluge – nous! Nach der Sintflut – wir!*

Goebbels hämmerte seinen Leuten immer wieder ein, daß nichts zu hoffen war, solange Brüning an der Regierung blieb. Er warf Brüning vor, den Hungernden *Steine statt Brot* zu geben, er prophezeite 7 Millionen Arbeitslose für den Winter und die *schwärzeste Verzweiflung.*

Alles, was er, was seine Propaganda zu tun hatte, war, Versprechungen zu machen. Er machte Versprechungen – allen Berufsgattungen, allen Bevölkerungsschichten. Viele dieser Versprechungen widersprachen einander. Den Hausbesitzern verkündete er, die Mieten würden steigen, den Arbeitslosen, die Mieten würden abgebaut werden. Den Bauern sagte er höhere Getreidepreise zu, den Arbeitern eine Senkung des Brotpreises. Niemand kümmerte sich um diese offensichtlichen Widersprüche. Die Menschen waren zu glücklich darüber, daß es irgendwo wieder eine Hoffnung gab.

War es soweit? War Deutschland reif dazu, in die Hände der Nazis zu fallen? Im Oktober empfängt Hindenburg Adolf Hitler. Er ist nicht angenehm berührt. Er findet, der Herr rede ein wenig zuviel. Seiner Umgebung sagt der Präsident, er würde Hitler eventuell zum Postminister machen ...

Man atmet wieder auf. Man lebt wieder weiter. Viele hoffen mit Bestimmtheit, daß Hitler nun doch nicht zum Zuge kommen würde. Hjalmar Schacht hingegen trifft sich mit Goebbels und Göring und sagt ihnen, es sei kein Anlaß zum Pessimismus. Er meint, die Zeit arbeite für Hitler. Und so ist es auch. Die Gesamtlage wird ja immer schlimmer. Die hungernden Massen verfallen immer stärker der Verzweiflung. Und in diesen Tagen, die voll sind von unerhörten Möglichkeiten, heiratet Goebbels.

## 8

Magda, groß, schlank, blond und ungewöhnlich schön, entstammte einer unglücklichen Heirat. Ihr Vater, ein Herr Rietschel, Kaufmann und sehr gebildet, war besonders am Buddhismus und an orientalischen Sprachen interessiert. Er sandte seine Tochter in ein belgisches Kloster, wo sie fließend Französisch und Englisch lernte. Magdas Mutter, eine gutaussehende Frau, kam aus dem Mittelstand und forderte nur eins vom Leben: finanzielle Sicherheit. Sie ließ sich von Rietschel scheiden und heiratete einen Berliner Kaufmann namens Friedländer, einen Juden, mit dem die junge Magda sich ausgezeichnet stand. Aber auch diese zweite Ehe war nicht glücklich. Neue Scheidung; neue Heirat, diesmal mit einem Mann namens Behrendt; dritte Scheidung.

Im Jahre 1917, wir sind noch mitten im Krieg, ist Magdas Mutter die Besitzerin eines kleinen Parfümerieladens, den Friedländer für sie eingerichtet hat. Auf einer Ferienreise machen Mutter und Tochter die Bekanntschaft von Günther Quandt, einem reichen Industriellen, der Mitte Vierzig ist, aber jünger aussieht. Gelegentlich lädt er die beiden Damen zu einer Spazierfahrt in seinem Auto ein. Er verliebt sich in die achtzehnjährige Magda und macht schließlich einen Heiratsantrag. Die Mutter hat Bedenken wegen des Altersunterschieds. Aber Magda ist entschlossen, die Frau Quandts zu werden. Sie will eine gesellschaftliche Stellung. Sie will reich sein. Sie ist neunzehn, als sie heiratet.

Sie zieht in die Babelsberger Villa Quandts, die zweiundzwanzig Räume hat.

Man lebt dort in großem Stil. Man verkehrt nur in „Gesellschaft", man reist an die Riviera, nach Paris, nach Amerika. Magda wird durch ihren Mann in die Politik eingeführt. Er ist reaktionär und, in gewissen Grenzen, Antisemit. Er hat nichts gegen Juden, die genug Geld haben.

Quandt hat zwei Söhne aus erster Ehe. Herbert und Helmuth. Magda liebt beide. Am 1. November 1921 gebiert sie selbst einen Sohn: Harald. Bald danach macht Quandts älterer Sohn Herbert, der gerade 20 Jahre alt geworden ist, eine Reise nach New York. Auf der Rückreise wird er in Paris von einer Blinddarmentzündung niedergeworfen. Magda eilt nach Paris. Er stirbt in ihren Armen. Späterhin werden Gerüchte laut, daß die Beziehungen der beiden nicht die einer Stiefmutter und eines Sohnes gewesen seien.

Wie das auch immer gewesen sein mag: Magdas Ehe ist nicht glücklich. Wie ihre Mutter befürchtet hat, ist der Altersunterschied zu groß. Sie betrügt ihren Mann mehrere Male, unter anderem mit einem Medizinstudenten, dessen Vorname Fritz ist und der als Privatlehrer des kleinen Harald im Hause wohnt. Quandt findet seine Frau in eindeutiger Situation mit Fritz. Er erklärt ihr ohne Umschweife, daß er sich von ihr scheiden lassen werde und daß sie nicht einen Pfennig von ihm zu erwarten habe.

Magda verliert ihren Kopf nicht. Sie erinnert sich bestimmter Dokumente, die Quandt zu Hause aufbewahrt. Sie kehrt ins Haus zurück, durchsucht es und findet die Dokumente, die beweisen, daß Quandt einen Teil seines Einkommens nicht versteuert hat. Nach einer kurzen Unterredung erklärt sich Quandt bereit, ihr 50000 Mark zu zahlen, außerdem 4000 Mark pro Monat bis zu ihrer Wiederverheiratung, und daß er ihr, schließlich und endlich, eine Wohnung einrichten werde.[7]

Die Scheidung erfolgt im Jahre 1929. Magda mietet eine Wohnung in der Nähe des Reichskanzlerplatzes und führt das Leben einer schönen, eleganten, reichen, geschiedenen Frau. Aber bald wird ihr das langweilig. Sie fühlt sich nicht ausgefüllt. Sie will irgend etwas tun. Unter denen, die sie durch ihren Gatten kennengelernt hat, befinden sich einige, die die nationalsozialistische Partei finanzieren. Die Partei kommt jetzt bei der Gesellschaft in Mode. Die reaktionären Damen finden, daß diese Nazis wirklich „recht interessant" seien. Sie sind so „stark". Und was diesen Dr. Goebbels angeht ... das ist doch ein hochinteressanter Mann ...!

Ein Freund meint, es würde Magda vielleicht ein wenig zerstreuen, für die Nazis zu arbeiten. Nichts Ernsthaftes, versteht sich, vielleicht ein paar Stunden pro Woche, und ehrenamtlich selbstverständlich. Magda ist kaum interessiert, geht aber doch zur Gauleitung, und dort kann man immer Freiwillige brauchen. Schon am ersten Tag lernt sie Goebbels kennen.

Er interessiert sie. Sie hat noch nie einen Mann wie ihn gekannt. Sie will mehr über ihn wissen. Sie geht in den Sportpalast, um ihn reden zu hören. Das ist ein faszinierendes Erlebnis. Hier ist ein Mann von ungeheurem Temperament, voller Mut, ja geradezu tollkühn, hart und gleichzeitig ironisch. Er ist jedenfalls unvergleichlich interessanter als die reichen Industriellen und die dekadenten Aristokraten, die sie durch Quandt kennengelernt hat. Goebbels ist noch jung, manchmal hat er einen jungenhaften Charme, und doch ist er geistig unendlich überlegen. Seine schillernde, dämonische Persönlichkeit beschäftigt ihre Phantasie, läßt sie nicht mehr los.

Wie viele Frauen nach ihr, ahnt auch sie, daß er sie beherrschen wird.

Obwohl man Goebbels ja im allgemeinen für häßlich hält, ist er ein *homme à femmes*. Er ist ja wirklich nicht hübsch im Bilderbuchsinn. Aber Frauen fallen ihm zu, sie werden von seinem scharfen, asketischen Gesicht angezogen, von seinen ausdrucksvollen Augen, von seinem weichen braunen Haar, vor allem von seinen schmalen, nervösen Händen. Und dann hat er eine Stimme – sie ist wie ein kostbares Musikinstrument, er kann auf ihr hundert Melodien spielen. Sie kann unendlich weich sein und schmeicheln, sie kann scharf sein wie eine Peitsche. Das leichte Nachziehen seines Fußes – das ist kaum zu bemerken. Frauen finden das geradezu interessant und durchaus nicht störend.

Zuerst kümmert sich Goebbels gar nicht um Magda. Aber alle anderen Männer in der Gauleitung, die sie einmal gesehen haben, sprechen unaufhörlich von ihr. Sie ist jung, schön und reich – Eigenschaften, die andere Frauen, die bei der Gauleitung arbeiten, nicht besitzen.

Einer der unteren Beamten will mit ihr flirten und bekommt eine Ohrfeige. Magda will die Konsequenzen ziehen und ihr Gastspiel bei der Partei beenden.

Goebbels hört von dem Zwischenfall. Er bittet Magda, in sein Büro zu kommen. Er läßt sie die ganze Geschichte haarbreit erzählen und weidet sich ganz offensichtlich an ihrer Verlegenheit. Schließlich überredet er sie, zu bleiben; er läßt sie ins Archiv versetzen, wo die Arbeit interessanter ist.

Er erscheint gelegentlich im Zimmer, in dem sie arbeitet. Sie kommen ins Gespräch, zuerst über die Partei, später über mehr persönliche Dinge. Sie spürt, daß er sich für sie zu interessieren beginnt und Eindruck auf sie zu machen versucht. Später sagt sie, daß sie sofort seine Geliebte geworden wäre, wenn er es von ihr verlangt hätte. Aber er verlangt nichts. Im Gegenteil, oft bricht er einen kleinen Streit mit ihr vom Zaun, stürmt fort und läßt sich ein paar Tage nicht mehr sehen. Dann beginnt das alte Spiel von neuem. Aber immer, wenn sie glaubt, daß sie ihn soweit hat, läuft er davon.

Die Wahrheit ist: Er hat Angst vor Magda. Sie stellt etwas dar, was er bisher aus nächster Nähe nicht gekannt hat: Gesellschaft, Reichtum, Glanz, Sicherheit. Er, dem es nichts ausmacht, vor Tausenden zu reden, hat Angst, mit ihr essen zu gehen, weil er nicht weiß, wie man sich für bestimmte Restaurants anziehen muß und wie man sich dort zu verhalten hat. Er fühlt sich so unsicher wie seit seiner Kindheit nicht mehr. Einmal sitzen sie in einem Restaurant, und sie bestellt Hummer, er ein Wiener Schnitzel. Viele Jahre später gibt er es zu, daß er nicht wußte, wie man Hummer ißt, und keinen Fehler machen wollte …

Schließlich erkennt er, daß ihm die Sache über den Kopf wächst. Seit Freiburg und Heidelberg war er nicht mehr mit einer Frau zusammen, die ihn mit derartigen Minderwertigkeitsgefühlen erfüllt. Alles in ihm lehnt sich dagegen auf. Er ist immer in Verteidigung. Er kann seiner Minderwertigkeitsgefühle nur Herr werden, indem er sie mit Schärfe, ja manchmal mit Unverschämtheit behandelt. Sie mißversteht das. Sie ist verletzt. Im Sommer 1931 nimmt sie ihren kleinen Sohn und fährt mit ihm an die Ostsee, um von Goebbels loszukommen und von seinen Versuchen, sie zu demütigen, oder was sie dafür hält.

Zehn Tage später reist Goebbels ihr nach. Er will versuchen, ihr zu erklären, daß er viel zu sehr mit Politik beschäftigt ist, um für ein Privatleben Zeit zu haben. Bevor er es selbst weiß, hat er ihr gesagt, daß er ohne sie nicht mehr leben kann.

Das ist das erste Mal seit der unglücklichen Episode mit Anka Hellhorn, daß er einer Frau ganz sicher ist. Sie, die so reich ist und eine solche Stellung in der Gesellschaft hat, könnte eine viel bessere Partie machen. In ihrer Liebe zu ihm gibt es keine Berechnung. Schließlich macht er ihr einen Heiratsantrag – und einen sehr merkwürdigen: Er sagt, daß er sie liebt und heiraten will, daß sie die Mutter seiner Kinder sein soll, „die Königin seines Lebens" – aber daß er nicht versprechen kann, ihr treu zu sein. Kann sie seine Ehrlichkeit verstehen und schätzen?

Magda versteht das wohl nicht ganz, vor allem glaubt sie nicht, daß sie seine Worte ernst nehmen muß. Aber es gibt nichts, das sie jetzt zurückhalten könnte. Denn schon ist sie Goebbels verfallen.

Die Mutter ist außer sich. Wenn Magda Goebbels heiratet, wird sie die monatliche Rente von 4000 Mark verlieren; Goebbels verdient nur 500 Mark als Reichstagsabgeordneter und 400 Mark als Gauleiter. Magdas Miete allein beträgt 500 Mark im Monat. Da sie hartnäckig bleibt, ruft die Mutter Herrn Rietschel zu Hilfe. Er spricht frei von der Leber weg. In seinen Augen ist Goebbels ein kleiner Agitator, eine gescheiterte Existenz.

Magda weist dem Vater die Tür und sagt ihm, daß er niemals wiederkommen soll. Viele Jahre später, als er seine Enkelkinder sehen will, läßt sie ihn abweisen. Ihrer Mutter erklärt sie: *Ich weiß, was ich tue. Entweder wir kommen an die Macht, und dann habe ich keine Sorgen mehr. Oder die Kommunisten kommen an die Macht, und dann würde Quandt doch sein Geld verlieren.*

Kurz vor ihrer Hochzeit läßt sich Magda operieren, was die Ärzte für notwendig halten, da sie viele Kinder haben will. Sie wird denn auch in den nächsten neun Jahren sechs Kinder bekommen. Einmal sagt sie zu der Krankenschwester, die in den letzten Jahren fast immer um sie ist: *Mein Mann braucht bloß in mein Schlafzimmer zu kommen, und schon habe ich ein Kind.*

Ende 1931 heiraten sie. Die Zeremonie wird auf einem mecklenburgischen Gut von Günther Quandt vollzogen. Hitler ist Trauzeuge. Goebbels' Mutter hat den Sohn gebeten, sich kirchlich trauen zu lassen. Das hat seine Schwierigkeiten, da Magda ja eine geschiedene Frau ist. Goebbels schreibt dem Bischof von Berlin und ersucht um Dispens. Sein Schreiben ist jedoch in so anmaßendem Ton gehalten, daß es dem Bischof unmöglich ist zu antworten. Als Goebbels nach drei Tagen keinen Bescheid erhält, läßt er den Bischof wissen, daß er ohne den Segen der Kirche heiraten wird – wie er ja auch bisher ohne den Segen der Kirche gelebt hat.

## Anmerkungen

1 Als die Nazis zur Macht kamen, hatte Hoehler drei Jahre abgesessen. Die Gestapo brachte dann ihn sowohl wie die Salm um, auch noch andere Zeugen des wahren Sachverhaltes, die unter Umständen die Horst-Wessel-Legende hätten gefährden können.

2 20 Millionen Stimmen waren notwendig, um den Young-Plan zu Fall zu bringen, aber nur 5,8 Millionen stimmten gegen den Young-Plan am 22. Dezember 1929.

3 Eine Zusammenarbeit, die, wie er in seinen Memoiren zugab, von ihm selbst nicht ganz ehrlich geführt war.

4 Drei Jahre später rühmte er sich zynisch in aller Öffentlichkeit, daß er den Plan ausgeheckt hatte.

5 *Goebbels* Biographie v. W. Krause.

[6] Der Börsenkurier.

[7] Es gibt eine Legende, daß Goebbels Magda kennenlernte, als er Hauslehrer von Helmuth und Herbert Quandt war. Der Autor versuchte, den Ursprung dieser Legende zu ergründen. Sowohl Magdas Mutter wie auch Magdas Freundin und spätere Privatsekretärin bestritten, daß ein wahres Wort an der Geschichte sei. Eine der früheren Köchinnen von Quandt schwor zwar das Gegenteil, es stellte sich aber heraus, daß zu der fraglichen Zeit sie selbst nicht mehr in Quandts Diensten war. Magdas Mutter konnte schließlich eine Art Erklärung des Rätsels geben. Ein Hauslehrer von Herbert Quandt, ein gewisser Dr. Picht, erlitt während einer Skitour im Riesengebirge einen Unfall und hinkte in der Folge. Daher die Verwechslung mit Goebbels. Es mag auch gesagt werden, daß, wenn Goebbels Magda früher getroffen hätte, er das sicher in seinem Tagebuch vermerkt hätte, da er doch des längeren über Frauen schrieb, die in seinem Leben eine viel weniger gewichtige Rolle spielten.

## FÜNFTES KAPITEL

# DIE LETZTE RUNDE

### 1

Das Jahr 1931 endet, und nichts ist geschehen; der große Nazisieg an den Wahlurnen ist nicht in politische Realitäten umgewandelt worden. Goebbels wird ungeduldig; er fragt sich, wie lange die Seinen wohl noch zu warten hätten. Dabei ist die Partei wieder einmal in Geldschwierigkeiten. Und jetzt handelt es sich nicht mehr um ein paar tausend Mark. Goebbels' ungeheure Propagandamaschine verschlingt Hunderttausende, die SA-Armee Millionen.

*Der Angriff* wird immer und immer wieder verboten. Bis jetzt hat das Goebbels nicht weiter gestört, denn ein Verbot bedeutete Reklame. Jetzt wird er nervös. *Das Berliner Polizeipräsidium verbietet in wenig mehr als Jahresfrist den „Angriff" zehnmal, und sieben von diesen Verboten werden ... ganz oder doch teilweise als unberechtigt aufgehoben ... Kurz und gut, es ist heute in Preußen möglich, eine Tageszeitung durch ungerechtfertigte Verbote an den Rand des Bankrotts zu bringen.*

Und dann plötzlich sieht Goebbels eine Chance – oder er glaubt zumindest, daß es eine Chance ist. Gemäß der Verfassung wird der Reichspräsident alle acht Jahre gewählt. Hindenburgs Zeit ist beinahe um. Reichskanzler Brüning hofft, die Wiederwahl Hindenburgs mit ungeheurer Stimmenmehrheit von vornherein sicherzustellen. Aus diesem Grunde verhandelt er mit verschiedenen Parteien, auch mit den Nazis. Hitler und die Münchner Clique glauben, daß niemand gegen Hindenburg aufkommen könne. Wenn man sich von vornherein auf seine Seite stellt, darf man zumindest gewisse Rücksichten für späterhin erwarten. Schon ist man mit Brüning handelseinig, als Goebbels dazwischenfährt. Er sieht keinen Grund dafür, daß Hitler sich für einen anderen Kandidaten einsetzen soll. *Die Partei darf keine Gelegenheit vorübergehen lassen, um ihre ständig wachsende Stärke zu demonstrieren.* So Goebbels. Auf sich allein gestellt, überredet er Hitler, gegen Hindenburg zu kandidieren. Ganz allein überzeugt er die Münchner Clique, daß ein Sieg Hitlers über den alten Feldmarschall durchaus möglich sei.

Es dauert Wochen, bis Hitler sich zu einer Entscheidung durchringen kann. Erst am 19. Februar kann Goebbels in seinem Tagebuch notieren: *Beim Führer im Kaiserhof. Ich sprach mit ihm lange unter vier Augen. Die Entscheidung ist gefallen.*

Hitler erteilt Goebbels die Erlaubnis, seine Kandidatur gelegentlich einer Massenversammlung im Sportpalast am 22. Februar bekanntzumachen. *Als ich nach einer Stunde vorbereitender Rede die Kandidatur des Führers öffentlich proklamiere, tobt fast zehn Minuten lang der Begeisterungssturm. Wilde Kundgebungen für den Führer. Die Menschen stehen auf und rufen. Das Gewölbe droht zu brechen.*

Am nächsten Tag rast er über die Berliner Zeitungen. *Die Presse macht gegen mich die schamlosesten Ausfälle. Es wird behauptet, ich hätte den Führer „ernannt" oder ihn „gezwungen" zu kandidieren. Wie schlecht doch die Journaille informiert ist.*

Dabei sind die Zeitungen keineswegs schlecht informiert. Denn Goebbels allein ist es, der Hitler in diesen Wahlkampf hineinstößt. Und Hitler weiß es. Und vielleicht hat Goebbels ein bißchen Angst davor, wie der Führer sich benehmen wird, wenn die Sache schiefgeht.

## 2

Hals über Kopf stürzt sich Goebbels in die Vorbereitungen für den Wahlkampf. Wenn man nachliest, was er in den folgenden Wochen in sein Tagebuch eintrug, kann man sich des Eindrucks nicht erwehren, daß er nicht so sehr um den Wahlsieg kämpfte, als vielmehr daß er zeigen wollte, wessen seine Propagandamaschine fähig war. Am 20. Februar: *Ich habe den Ehrgeiz, die Wahlkämpfe dieses Jahres zu Meisterstücken der Propaganda zu gestalten.* Zwei Tage später: *Unsere Plakate sind wunderbar geworden. Die Propaganda wird auf das beste durchgeführt. Das ganze Land muß aufhorchen.*

Plakate waren im Augenblick das Wichtigste. *Mittags beim Führer Vortrag gehalten,* notiert Goebbels am 29. Februar. *Der Wahlkrieg wird in der Hauptsache mit Plakaten und Reden geführt. Wir haben keine großen Geldmittel.* Er widmet sich mit großem Eifer dem Entwurf dieser Plakate. Dem amerikanischen Korrespondenten Edgar Ansel Mowrer teilt er mit, es habe ihn drei Tage gekostet, ein paar schlagkräftige Worte für ein Plakat zu finden.

Es gibt vier Kandidaten, aber der Vorsitzende der Kommunisten-Partei und ein Mann der Rechten haben sich eigentlich nur aufstellen lassen, um auf diese Weise zu dokumentieren, daß sie weder mit Hitler noch mit Hindenburg einverstanden sind. Gemäß der Verfassung muß der Sieger die absolute Majorität der abgegebenen Stimmen haben, sonst muß die Wahl wiederholt werden.

Wie so oft schon, verläßt sich Goebbels auch diesmal auf die von ihm großgezogenen Parteiredner. In den letzten zwei Wochen spricht er selbst allabendlich in drei verschiedenen Sälen. Sein Hauptgegner ist Brüning, den eine Art religiöser Wahnsinn im Zusammenhang mit Hindenburg erfaßt hat. Er meint, es käme nur alle hundert Jahre einmal vor, daß ein Volk das Glück habe, einen von Gott gesandten Mann wie Hindenburg zu besitzen. Und dabei weiß er genau – er wird es fünfzehn Jahre später öffentlich zugeben –, daß Hindenburg schon nicht mehr ganz bei Sinnen ist.

Am 13. März, dem Wahltag, schreibt Goebbels: *Überall herrscht Siegesstimmung. Ich bin etwas skeptisch.* Das dürfte wohl kaum stimmen, denn sonst hätte er ja nicht eine Menge Freunde zur Siegesfeier bei sich eingeladen. Um zehn Uhr abends ist kein Zweifel mehr möglich: *Wir sind geschlagen; furchtbare Aussichten. Wir haben uns nicht so sehr getäuscht in der Einschätzung unserer Stimmen als in der Einschätzung der Chancen für die Gegenseite. Es fehlen ihr nur hunderttausend Stimmen an der absoluten Mehrheit. Wir haben seit September 1930 86 Prozent zugenommen; aber was hilft das alles: Unsere Parteigenossenschaft ist aufs tiefste deprimiert und mutlos.*

In Wahrheit war Goebbels es am meisten. Er war einer Panik nahe. Er hatte ja an allem Schuld. Und wenn Hitler ihn für den Prestigeverlust verantwortlich machte, was war dann? Zuerst wagte er nicht einmal, nach München zu telefonieren, um zu hören, wie Hitler die Niederlage aufgenommen hätte. Statt dessen setzte er sich mit gewissen politischen Mittelsmännern in Verbindung, um möglicherweise noch jetzt jenes Bündnis mit Brüning unter Dach und Fach zu bringen, das den Nazis acht Wochen vorher angeboten worden war.

Nun war es Mitternacht. Hindenburg hatte 18661000 Stimmen erhalten, Hitler 11338000; die Kommunisten hatten es auf 5000000 gebracht, die äußerste Rechte auf 2500000. Schließlich entschloß sich Goebbels doch noch, in München anzurufen. Er wollte dem Führer vorschlagen, sich aus dem Rennen zurückzuziehen; es würde ja noch einmal gewählt werden, da Hindenburg beim erstenmal nicht die absolute Mehrheit gewonnen hatte.

Dies war eine der Gelegenheiten, bei denen sich Hitler als der wahre Führer der Partei bewährte. Er verlor die Nerven nicht einen Augenblick lang, und er dachte gar nicht daran, das Rennen aufzugeben. Als Goebbels seine Stimme hörte, hatte er sich schon wieder in der Gewalt.

Während er den zweiten Wahlkampf vorbereitete, stellte er mit eiserner Sachlichkeit fest, welche Fehler seine Propagandisten gemacht hatten. Besonders ärgerlich war er über die Unfähigkeit seiner Journalisten. Er kontrollierte ja nur 120 der 976 deutschen Tageszeitungen, und niemand wußte besser als er, wie schlecht seine Zeitungen waren. *(Ich schreibe eine Denkschrift über die Reorganisation unserer Presse. Die ist so nötig wie das tägliche Brot,* hatte er am 13. Januar geschrieben.)

Er trommelte seine Mitarbeiter zusammen und sagte ihnen unverblümt seine Meinung. *Wir haben ... viele Fehler gemacht ... Wir müssen den Mut haben, daraus zu lernen,* schrieb er am 19. März. *Die Herren wollen zwar nicht mehr recht heran. Keiner will Versäumtes zugeben, aber es hilft ihnen nichts, ob sie wollen oder nicht, ich nehme sie an die Kandare; sie müssen.*

Wieder ein paar Wochen später. *Unsere ganze Technik muß bis zum letzten verfeinert werden. Die neuesten und präzisesten Methoden allein werden zum Siege führen ... Nur wenige verstehen, worum es eigentlich geht ...*

Die beste neue Idee, die Goebbels selbst hatte, war, Hitler ein Flugzeug zu mieten, das es ihm möglich machte, drei- oder viermal pro Tag in den Stadien der großen Städte zu sprechen. *Dann kann er trotz der Kürze der noch zur Verfügung stehenden Zeit etwa ein- bis eineinhalb Millionen Menschen erfassen.* Goebbels selbst arbeitete den Fahrplan aus, sandte die besten Nazijournalisten mit und instruierte sie dahin, über die Tournee im Stile von Kriegskorrespondenten zu berichten.

Er kämpfte bis zur letzten Minute. Und obwohl Hindenburg wieder siegte, und diesmal mit mehr als 19 Millionen Stimmen, gelang es Hitler doch, die erstaunliche Anzahl von 13417000 Stimmen auf sich zu vereinigen. Goebbels hatte also bewiesen, daß Hitlers Popularität noch immer im Wachsen war.

Schon am nächsten Morgen stürzt sich Goebbels in neue Wahlkampagnen. Diesmal handelt es sich um Landtage von Preußen, Bayern und anderen Staaten. Wieder spricht Goebbels selbst dreimal pro Abend, während er Hunderte von anderen Rednern über das ganze Land sendet. Um der Reklame willen fordert er Brüning zu einem öffentlichen Rededuell heraus. Als der Reichskanzler sich weigert, mit Goebbels zusammen zu erscheinen, läßt dieser eine Platte spielen, die eine von Brüning gehaltene Rede wiedergibt. Von Zeit zu Zeit hält er die Platte an und antwortet seinem abwesenden Gegner. *Das Publikum rast vor Begeisterung. Das war ein Bombenerfolg.*

Am nächsten Tag: *Die Presse ist voll vom gestrigen Rededuell im Sportpalast. Die Juden sind ja so dumm, daß man sie eigentlich in Polizeihaft nehmen sollte. Anstatt schön stillzuschweigen, erklären sie, ich hätte mich an Brünings geistigem Eigentum vergriffen …*

Rein technisch gesehen sind diese Propagandakampagnen brillant. Sie fangen relativ leise an, sie werden immer lauter, immer drohender. Retrospektiv gesehen wirken sie wie Teile einer einzigen riesenhaften Kampagne. Goebbels hat tausend neue Ideen, die sich freilich alle auf die Ausführung propagandistischer Themen beziehen. Sie haben alle nur den Zweck, Menschen einzuschüchtern oder zu verblüffen oder sie in Begeisterung zu versetzen. Goebbels macht einen Riesenlärm – aber zu sagen hat er eigentlich nichts. Seine Maschinerie dröhnt so mächtig, daß man die anderen gar nicht mehr hört.

Gerechterweise muß man zugeben, daß Goebbels sein Publikum kannte. Das unbeschreiblich niedrige Niveau seiner Kampagnen beweist, was er von der Intelligenz seiner Zuhörer hielt.

Und was sagte er in diesen Monaten? Er sagte, die Regierung tauge nichts; er sagte, sie könne nicht einmal Ordnung schaffen, geschweige denn Wohlstand. Damit hatte er zwar nicht ganz unrecht, aber um sicherzugehen, sorgten die SA-Stürme dafür, daß wirklich niemand mehr in Deutschland Ordnung schaffen konnte.

Neue Reden; immer neue Reden. In der letzten Woche vor der Wahl sprach Goebbels viermal pro Abend. Zuletzt erkrankte er an Influenza, konnte kaum noch krächzen, ließ sich aber doch in die Versammlungen tragen, sprach trotz hohen Fiebers.

Neue Siege, immer neue Nazisiege. Im bayrischen Landtag kamen sie von neun Sitzen auf dreiundvierzig; in Württemberg von einem auf dreiundzwanzig; in Preußen von neun auf hundertzweiundsechzig. Mehr Wähler hatten für die Nazis gestimmt als im September 1930, da die große Lawine niederging.

## 3

Und immer noch konnte Goebbels sich keine Ruhe gönnen. Der Kampf ging ohne Pause weiter. Naziabgeordnete begannen ein Handgemenge im Reichstag, und Vizepolizeipräsident Bernhard Weiß erschien an der Spitze einer Abteilung Polizisten, um die Ordnung wiederherzustellen. Sein Anblick genügte, um Goebbels in Hysterie zu versetzen.

*Raus, Isidor, raus,* schrie er mit einer Stimme, die sich überschlug.

Im preußischen Landtag schlugen sich 160 Naziabgeordnete mit 80 Kommunisten herum. Als Waffen wurden Bänke, Schreibtische und Tintenfässer benützt. *Unsere Fraktion singt das Horst-Wessel-Lied. Acht Schwerverletzte aus verschiedenen Parteien ... So allein kann man sich Respekt verschaffen. Das Plenum bietet den Anblick einer grandiosen Verwüstung. Wir stehen als Sieger auf den Trümmern,* kommentierte Goebbels triumphierend.

Er war so stolz auf den „Sieg“, daß er ihn Hitler telefonisch übermittelte. *Hitler ... ist ganz begeistert davon.* Hitler war es tatsächlich, und zwar in solchem Maße, daß er späterhin alles noch einmal hören wollte. *Ich muß ihm alles in epischer Breite erzählen, und er reibt sich vor Vergnügen die Hände.*

Seit kurzem war die SA in Berlin wieder verboten; Goebbels hoffte, es würde zu Zwischenfällen kommen. Er tat alles, um sie zu provozieren. *Abends gehe ich mit 40, 50 SA-Führern, die in voller Uniform trotz Verbots aufkreuzen, in ein großes Café am Potsdamer Platz, um zu provozieren. Wir haben nur den einen sehnlichen Wunsch, daß die Polizei uns verhaftet ... Leider tut uns der Alexanderplatz, der uns doch sonst so manchen Dienst erwies, diesen Gefallen nicht. Die Wachtmeister schauen uns ganz verdutzt an und wenden dann den Blick ganz verschämt zur Seite.*

Goebbels hatte mehr Glück in der Berliner Universität. Die Studenten machten Krawall, verlangten, daß jüdische Studenten hinausgeworfen würden. Die Berliner Bürger waren entsetzt. Dergleichen war bisher nie möglich gewesen.

Auch der Kampf gegen Brüning wurde mit unveränderter Stärke weitergeführt. *Er muß fallen, koste es, was wolle.* Und Brüning fiel. Aber nicht Goebbels war dafür verantwortlich, sondern jener Mann, für den Brüning sich so selbstlos aufgeopfert hatte – Feldmarschall von Hindenburg. Der alte Mann deckte nämlich gewisse ihm und seinem Sohn befreundete Junker, die zum Teil unter Vorspiegelung falscher Tatsachen öffentliche Gelder aufgenommen und die großen Beträge, die notleidenden Bauern hatten zukommen sollen, zum Ausbau ihrer Schlösser und Liegenschaften benutzt hatten. Brüning äußerte die Absicht, den Skandal aufzudekken. Da ließ ihn der alte Feldmarschall kommen und erklärte ihm, daß er sein Vertrauen nicht mehr besitze. Brüning trat zurück.

Vier Stunden später wurden Hitler und Göring von Hindenburg empfangen und sogleich davon benachrichtigt, daß Brüning nicht mehr Reichskanzler sei. Das wußte Hitler schon. Was er nicht wußte, war, daß Brünings Nachfolger bereits gewählt war: Franz von Papen. Hindenburg verlangte von Hitler, daß er mit Papen loyal zusammenarbeite. Hitler murmelte etwas, was Hindenburg nicht recht verstand; jedenfalls glaubte der alte Mann, daß Hitler mit allem einverstanden sei.

Franz von Papen, damals in weiten Kreisen völlig unbekannt, war zwar Reichstagsabgeordneter der katholischen Zentrumspartei, spielte aber keinerlei Rolle in ihr. Er gehörte zu dem rechtesten Flügel. Als schwerreicher Industrieller hatte er ausgezeichnete Beziehungen zu den Ruhrmagnaten und einen gewissen Einfluß auf das Stahlkartell. Als ehemaliger Offizier stand er der Clique von Hindenburgs Sohn nahe. Der alte Hindenburg faßte eine warme Zuneigung zu ihm.

Die Öffentlichkeit hatte nur einmal von Papen erfahren. Das war während des Ersten Weltkrieges, als er Attaché an der deutschen Botschaft in Washington war und Saboteure engagierte, um die Kriegsproduktion der Vereinigten Staaten lahmzulegen.

Damals ließ er seine Aktentasche in der New Yorker Untergrundbahn liegen; amerikanische Beamte kamen auf diese Weise in den Besitz vollständiger Listen von deutschen Agenten und Unteragenten und von genügend Material, um von Papens Abberufung zu verlangen. Dies allein hätte genügt, um seine politische Karriere zu beenden – in jedem anderen Land, nur in Deutschland nicht.

Goebbels raste. Wieder einmal waren sie betrogen worden. Wieder einmal waren sie dazu verdammt zu warten. Und es blieb nur noch wenig Zeit. Die wirtschaftliche Krise, die der Partei so sehr geholfen hatte, wirkte sich nun auch für sie schädlich aus. Firmen, die Hitler größere Summen zur Verfügung gestellt hatten, gingen in Bankrott. Die IG-Farben und andere große Unternehmen mußten die Dividende halbieren.

## 4

Am 4. Juni wird der Reichstag wieder einmal aufgelöst. Neuwahlen sind für den 31. Juli ausgeschrieben. Goebbels muß von neuem seine Propagandamaschine ankurbeln; keine Minute ist zu verlieren. *Die Arbeit muß im Stehen, Gehen, Fahren und Fliegen erledigt werden,* notiert er am 1. Juli. *Die wichtigsten Unterredungen hält man auf der Treppe, in Hausfluren, an der Türe, auf der Fahrt zum Bahnhof. Man kommt kaum zur Besinnung. Man wird von Eisenbahn, Auto und Flugzeug kreuz und quer durch Deutschland getragen. Eine halbe Stunde vor Beginn kommt man in einer Stadt an, manchmal auch später, dann steigt man auf die Rednertribüne und spricht.*

*Das Publikum hat meistens keine Ahnung davon, was der einzelne Redner am Tage schon alles durchgemacht hat, bevor er abends zum Reden kommt … Sie werden ungerecht gegen ihn, wenn er müde oder nicht ganz in Form ist. Sie bedauern, daß er nicht ganz auf der Höhe des Witzes und der Prägnanz des Wortes steht. Unterdes aber müht er sich ab mit der Hitze, mit dem Wort, mit der Logik des Gedankens, mit einer Stimme, die heiser und heiserer wird, mit der Tücke einer schlechten Akustik, mit der schweren Luft, die von zehntausend aufeinandergepferchten Menschen auf ihn dringt; und am anderen Tag stellt dann ein gelehrter Schreiber … fest, daß der Redner leider die sonst gewohnte Frische habe vermissen lassen …*

*Wenn die Rede zu Ende ist, befindet man sich in einem Zustande, als ob man in vollen Kleidern eben aus einem heißen Bade herausgezogen würde. Dann steigt man ins Auto, fährt wieder zwei Stunden über holprige Umleitungen … kommt um zwei Uhr nachts an, bespricht noch bis vier Uhr morgens dringende Parteiangelegenheiten, und um sechs Uhr fährt man dann wieder nach Berlin zurück. Eine besondere Freude wird einem bereitet, wenn irgendein Mitreisender das Bedürfnis verspürt, in freundlicher Unterhaltung die lange Fahrt auf das angenehmste zu verkürzen.*

Manchmal geht ihm die Volksbegeisterung ein wenig auf die Nerven. *Sonntag: Wir hatten uns das so schön ausgedacht, daß wir heute einmal bis mittags ausschlafen wollen. Statt dessen aber postiert sich morgens um acht Uhr ein Mädchenchor vor dem Hotel, der mit großer Begeisterung seine Volks- und Wanderlieder erklingen läßt. Nicht alle sind sehr begeistert davon. In Gottes Namen also heraus aus den Federn.*

Die Nazis werden nicht überall mit gleicher Begeisterung begrüßt. Eines Abends fährt Goebbels durch Rheydt. *Wieder hält der Mob die Straßen besetzt. Aber es ist schon dunkel, und deshalb kommen wir so durch. Die Kommune hat auf illegalen Flugzetteln plakatiert, daß wir nicht lebend davonkommen würden.*

Am nächsten Morgen: *Unten vor dem Hotel grölt der Pöbel. Die Polizei weigert sich einzugreifen. Es sei doch nicht ihre Aufgabe, oppositionellen Politikern Schutz zu gewähren. So sieht es jetzt in Deutschland aus! … Meine eigene Vaterstadt muß ich verlassen wie ein Schwerverbrecher. Verfolgt von Flüchen, Verhöhnungen und Beschimpfungen, mit Steinen beworfen und angespuckt.*

Am 9. Juli greift Goebbels in einer Rede, die er vor 100000 Zuhörern im Berliner Lustgarten hält, zum ersten Male Herrn von Papen an. *Deutsches Volk von Berlin. Du sollst dein Urteil abgeben über die vergangenen vierzehn Jahre der Schmach, der Schande, des Verfalls und der nationalen politischen Demütigung ... Was hat sich am alten Zustand geändert? Nichts, als daß die regierenden Männer neue Gesichter tragen. Die Wirtschaft läuft weiter leer. Kein Großarbeitsbeschaffungsprogramm ist von dieser Regierung in Angriff genommen und durchgeführt worden. Das Elend in den breiten Massen grassiert weiter, und die Hungernden wissen nicht mehr, wie sie von einem Teil in den anderen kommen sollen ...*

Am 27. Juli bricht Goebbels alle seine eigenen Rekorde. Im Grunewaldstadion veranstaltet er eine Massenkundgebung, an der 150000 Menschen teilnehmen. Vier Tage später wird gewählt. Die Nationalsozialisten erringen ihren größten Sieg, verdoppeln ihre Stimmenzahl von vor zwei Jahren. In den neuen Reichstag werden 230 ihrer Abgeordneten einziehen. So viel hatte noch keine Partei. Die Sozialdemokraten stehen mit 133 Abgeordneten an zweiter Stelle. Die Kommunisten mit 89 an dritter.

Selbst Goebbels glaubt, daß die Grenze des Möglichen erreicht sei. *Wir müssen jetzt an die Macht,* schreibt er am 1. August in sein Tagebuch. *Eine kurze Atempause zum Ausbau unserer Stellung, aber dann Parole: regieren und zeigen, was wir können!* Und ein paar Tage später fügt er warnend hinzu: *Haben wir die Macht, dann werden wir sie nie wieder aufgeben, es sei denn, man trägt uns als Leichen aus unseren Ämtern heraus.*

## 5

Nach seiner Heirat zieht Goebbels in die Wohnung Magdas im Westen von Berlin. Während des ganzen Jahres 1932 ist diese Wohnung das inoffizielle Hauptquartier der Partei. Hitler, der, wann immer er in Berlin ist, im Hotel Kaiserhof absteigt, pflegt seine Abende bei der Familie Goebbels zu verbringen, und Magda muß seine spezielle Diät für ihn bereiten. Meist sind auch Hitlers Freund Putzi Hanfstängl und seine Adjutanten Brückner und Schaub mit von der Partie. Göring kommt fast jeden Abend mit vorbei, auch der Graf Helldorf. Ihre Chauffeure sitzen mit den Dienstboten in der Küche und müssen gefüttert werden; desgleichen die Leibwache von sechs SA-Männern, die Tag und Nacht im Treppenhaus herumlungern.

Einen solchen Haushalt zu führen kostet Geld, Goebbels gibt seiner Frau 700 Mark pro Monat. Als sie ihm sagt, daß sie mehr braucht, beginnt er zu toben. Immer wieder erzählt er ihr, daß er als Student mit 90 Mark im Monat auskommen mußte. Also muß sie doch mit 700 auskommen! Natürlich weiß er sehr wohl, daß die Rechnung nicht stimmt. Er sagt diese Dinge nur, weil er ihr weh tun will. Er will ihr weh tun, weil es ihr besser gegangen ist als ihm.

Magda versucht nicht, mit ihm zu rechten. Statt dessen greift sie ihr Kapital an. Und von jetzt ab bis in die letzten Tage hinein wird sie von einem geradezu krankhaften Geiz besessen sein. Alle ihre Dienstboten müssen darunter leiden; für Essen gibt sie nicht mehr aus als unumgänglich notwendig.

Selbst noch nach dem großen Wahlsieg ist es gar nicht so sicher, daß Magda richtig spekuliert hat. Ja man könnte beinahe sagen, daß die Partei sich in einer schwierigeren Situation befindet als je zuvor. Alles hängt nun davon ab, während der nächsten Monate jeden Fehler zu vermeiden. Goebbels wiederholte immer wieder diese Mahnung, und die intelligenteren Naziführer begriffen auch, um was es ging. Die SA begriff nichts. Sie war nicht mehr zu halten. Sie wollte Blut sehen.

Dies ist so unverständlich nicht: Viele Jahre lang hatte Goebbels, hatten die anderen Naziführer die SA durch wilde Reden aufgepeitscht. Die SA sollte ja über die Stränge schlagen – das war notwendig, um die jeweilige Regierung zu diskreditieren. Die SA sollte Mauern bemalen mit *Nieder mit den Juden!* – sie sollte die Plakate der anderen Parteien von den Litfaßsäußen reißen, sie sollte durch die Straßen marschieren und brüllen: *Nieder mit den Juden!* Es kam wohl auch vor, daß sie Plakatsäulen mit einer gewissen geheimnisvollen Lösung bespritzte, worauf diese dann ein paar Stunden später in Flammen aufgingen. Solches Feuerwerk zog eine Menge Passanten an, gab der Polizei Rätsel auf, die sie nicht lösen konnte, und demonstrierte dem Publikum, daß diese Polizei tatsächlich nicht in der Lage war, die allgemeine Ordnung aufrechtzuerhalten.

Hätte die SA es bei solchen kleinen Späßen bewenden lassen, dann hätte Goebbels sich nicht weiter aufzuregen brauchen. Aber die Dinge gingen weiter, als er geplant hatte. Unschuldige und harmlose Personen, die jüdisch „aussahen“, wurden belästigt oder verprügelt. Mordtaten wurden begangen, die sich nicht verschleiern ließen, brachten die Polizei in Harnisch und empörten die Öffentlichkeit.

Goebbels begriff sehr wohl, daß er diesem dynamischen Verbrechertum nicht mehr Einhalt gebieten konnte; er selbst hatte ja alles getan, um die SA-Leute in eine Stimmung zu versetzen, in der sie nicht mehr wußten, was sie taten. Wie der Zauberlehrling konnte er die Geister, die er rief, nicht mehr loswerden. Und es war ganz unabsehbar, wie das weitergehen würde.

Wenn die Regierung nicht bald nachgab, konnte es wohl sein, daß die Partei ein für allemal ihre große Chance verlor. *Die Wilhelmstraße steht vor ihrer historischen Stunde,* notierte Goebbels am 12. August. *Wird sie verpaßt, dann kann ein unabsehbares Unglück daraus entstehen.*

Noch am gleichen Tag erschien ein ungemein aufgeregter Hitler in Berlin. *Der Führer steht … vor schweren Entschlüssen. Ohne große Vollmacht kann er die Lage nicht meistern; bekommt er diese Vollmacht nicht, so muß er ablehnen; lehnt er ab, dann wird eine gewaltige Depression in der Bewegung und Wählerschaft die Folge sein.*

Papen bot Hitler den Posten eines Vizekanzlers an. Hitler wies das mit Entrüstung zurück. Er konnte ja gar nicht anders. Wußten denn die Herren in der Wilhelmstraße nicht, daß ein Mann, der als Halbgott und Heiland aufgezogen worden war, unmöglich der Stellvertreter des Herrn von Papen werden konnte? Am Nachmittag wurde Hitler zu Hindenburg beordert. Der Feldmarschall bot ihm nicht einmal einen Stuhl an. Er bellte ihn in militärischer Weise an, er, Hitler, habe sein Wort gebrochen, das Kabinett Papen zu unterstützen. Er beschuldigte ihn, die ganze Macht für sich allein zu beanspruchen. Er gab Hitler keine Gelegenheit zur Antwort. Er fertigte ihn ab, wie man einen unehrlichen Dienstboten abfertigt.

Was Goebbels noch mehr ärgerte als diese ungeheure Blamage, war, daß er auf seinem eigensten Gebiet, dem der Reklame, geschlagen worden war. Alle großen Zeitungen veröffentlichten die offizielle Version über das Zusammentreffen, die die Regierung ausgab. Hitler machte in dieser Darstellung eine ausgesprochen schlechte Figur. Er wirkte wie einer, der eine Ohrfeige bekommen hat. Goebbels' Dementis kamen zu spät. Der Schaden war geschehen.

Am 30. August trat der neue Reichstag zum ersten Male zusammen. Traditionsgemäß stellten die Nazis als größte Partei den Präsidenten des Reichstags. Die Wahl fiel auf Hermann Göring.

Als Reichstagspräsident bezog Göring einen kleinen Palast, der auf der anderen Straßenseite, genau gegenüber dem Reichstag, lag. Um in den Reichstag zu gelangen, brauchte er freilich die Straße nicht zu überqueren. Es gab nämlich einen Tunnel, der die beiden Häuser verband.

## 6

Goebbels setzte seine Attacken auf Papen und sein Kabinett mit unverminderter Stärke fort. *Ich mache in einem Leitartikel scharfe Ausfälle gegen die „vornehmen Leute". Wollen wir die Partei intakt halten, dann müssen wir jetzt wieder an die primitivsten Masseninstinkte appellieren.* So schrieb er am 4. September. Drei Tage später hielt er eine Rede. *Überfüllt und rechte Kampfstimmung. Das Schlagwort lautet: „Gegen die Barone".*

Aber das war vielleicht nicht unbedingt richtig. Denn überall begannen sich die Leute zu fragen, ob die Nazis nicht etwa doch zu radikal seien. Auf der anderen Seite wiederum fanden die Führer der SA, die Partei sei keineswegs radikal genug. Es war nicht mehr möglich, ihre Leute im Zaum zu halten. Die meisten waren ja arbeitslos oder hatten ihre Stellungen aufgegeben, im festen Vertrauen darauf, daß, wenn die Partei demnächst an die Macht käme, sie besser bezahlte Stellungen bekommen würden und weniger für ihren Lohn tun müßten. Sie wurden ungeduldig ... Viele von ihnen traten aus der SA aus, darunter auch führende Persönlichkeiten, die sich zu neuen Verbänden zusammenschlossen und öffentliche Erklärungen abgaben, Hitler habe sie „betrogen".

Dabei war Papens Stellung alles andere als beneidenswert. Der inkompetenteste Kanzler, den Deutschland je gehabt hatte, besaß überhaupt keinen Massenanhang. Seine Gefolgschaft setzte sich im wesentlichen aus Junkern und Hugenbergschen Industriellen zusammen. Wie unhaltbar die Situation war, wurde gelegentlich eines kommunistischen Mißtrauensantrags im Reichstag offenbar, den Göring, die ohnmächtigen Versuche Papens, den Reichstag noch vor der Abstimmung aufzulösen, ignorierend, zur Durchführung brachte: 512 Stimmen wurden gegen Papen abgegeben, nur 42 für ihn. *Das ist die furchtbarste parlamentarische Niederlage, die es je ge-*

*geben hat,* stellte Goebbels fest. *Der Führer ... ist ganz außer sich vor Freude.*

Goebbels war es keineswegs. Wieder einmal wurde der Reichstag aufgelöst, wieder einmal war eine Wahlkampagne zu starten und durchzuführen, und dabei wurde es immer klarer, daß das Schwierigkeiten über Schwierigkeiten geben würde, *weil die Parteikassen leer sind. Die vergangenen Wahlkämpfe haben alles verfügbare Geld verschlungen,* gab Goebbels am 16. September zu. Und: *Durch das Übermaß an Reden ist man vollkommen abgestumpft ... unsere Gegner rechnen auch damit, daß wir in diesem Kampf die Nerven verlieren und mürbe werden.*

Die Partei brauchte damals siebzig bis neunzig Millionen Mark pro Jahr. Nach konservativen Schätzungen würde sie in einer Höhe von rund 15 Millionen Mark am Wahltag verschuldet sein.

Hinzu kamen immer wieder die Zeitungsorgane. *Die gegenwärtigen Leistungen reichen für die erweiterten Aufgaben nicht aus. Vielfach auch verstehen unsere Journalisten nicht, daß es in der Wahlzeit in der Hauptsache auf die propagandistische Wirkung der Zeitungen ankommt,* jammerte Goebbels am 1. September 1932.

Drei Tage später: *Es fällt schwer, die Redaktionen unserer Zeitungen in die große Wahlbewegung richtig mit einzuschalten. Sie sind zu genau und arbeiten zu schwerfällig.*

Was immer er vom Übermaß an Reden hielt, er konnte sich doch nur auf seine Redner verlassen. *Sie stehen Tag für Tag und Abend für Abend in unmittelbarer Tuchfühlung mit den breiten Massen. Sie beherrschen souverän ihr Handwerk. Sie sind eine Elitetruppe der Partei.*

Er selbst forderte die Führer anderer Parteien zur öffentlichen Diskussion heraus. Die meisten wußten sehr wohl, daß sie sich mit Goebbels nicht messen konnten, und blieben ihm die Antwort schuldig. Nur Hugenbergs Deutschnationale Volkspartei nahm die Herausforderung an und lud Goebbels zu einer ihrer Versammlungen ein. Am 19. Oktober sollten er und zwei deutschnationale Redner vom gleichen Podium herab sprechen, und dann sollte eine Diskussion stattfinden. Goebbels sah eine gute Gelegenheit und nutzte sie weidlich aus.

*Nachmittags arbeite ich noch eine Weile und warte dann voll Spannung auf die große Redeschlacht ... Um 6.30 Uhr klingelt zum ersten*

*Male das Telefon. Draußen herrscht vor dem Versammlungslokal eine nie gesehene Desorganisation. Die Deutschnationalen zeigen sich der Situation nicht im mindesten gewachsen. Sie sind gar nicht in der Lage, die Massen irgendwie zu dirigieren. Unsere Leute sind zu Zehntausenden herbeigeströmt.*

*Unsere Leute sind zu Hunderten in den Saal hineingelangt, auf welche Weise, mag der liebe Gott wissen. Die deutschnationalen Anhänger stehen mit ihren garantiert unverfälschten Eintrittskarten und finden keinen Einlaß mehr ... Die Leitung der Versammlung ist schon vollkommen kopflos ... Sie glaubten vielleicht, es würden genau auf den Kopf so viele Nazis kommen, wie sie großzügigerweise an uns Eintrittskarten überlassen hatten. Sie haben sich bitter getäuscht ... Schon vor der Versammlung werde ich von den sich wie wild gebärdenden SA-Leuten auf die Schultern gehoben und im Triumph in den Saal hineingetragen. Dort brechen unsere Parteigenossen in einen rasenden Jubel aus. Damit ist die Versammlung schon gewonnen.*

Der Vorsitzende hatte viel zu sehr Angst, daß man ihn totschlagen würde, als daß er ernstlich gegen die Nazi-Eindringlinge oder Goebbels vorgegangen wäre. Die beiden Redner, die mit Goebbels diskutieren sollten, konnten sich im allgemeinen Tohuwabohu kein Gehör verschaffen. Schließlich kam es so weit, daß der Vorsitzende Goebbels bitten mußte, die Zuhörer zur Ruhe zu ermahnen. *Zum Schluß mußte ich mich neben den deutschnationalen Redner stellen, um ihm überhaupt einigermaßen die Möglichkeit zu verschaffen, weiterzusprechen.*

Sofort nach Schluß der Versammlung fuhr er in die Redaktion des *Angriff. Wir werfen eine Million Sondernummern auf die Straße, weil wir mit Recht vermuten, daß die Deutschnationalen unter Zuhilfenahme ihrer pressemäßigen Übermacht die Niederlage in einen Sieg umpfuschen werden ... Um drei Uhr nachts sind wir mit der journalistischen Bearbeitung fertig. Um sechs Uhr werden unsere Zeitungen schon an den Untergrundbahnhöfen verteilt.*

Mehr Massenversammlungen. *Man redet, redet, redet und kann im einzelnen gar nicht mehr aufzählen, wann und wo und wie,* und doch wußte er, daß die Partei bei den nächsten Wahlen Boden verlieren würde – ja vielleicht Millionen Stimmen. *Die nationalsozialistische Bewegung befindet sich in einer taktisch sehr ungünstigen Situation,* schrieb er später über diese Periode. *Bei der Wahl am 31.*

*Juni hat sie eine Unmenge von Wählern aufgefangen, die annahmen, daß sie in kürzester Frist zur Macht kommen werde und damit bei ihr Erfolg und Lohn zu ernten seien. Das ist nun offenbar nicht der Fall. Im Gegenteil, sie scheint weiter von der Macht entfernt zu sein als jemals zuvor. Die Mitläufer schwenken ab.*

## 7

Er sollte recht behalten. Die Partei verlor mehr als zwei Millionen Stimmen, und damit 34 Sitze im Reichstag. Sie war noch immer die größte Partei, aber das Prestige der Unbesiegbarkeit war dahin. Goebbels beschönigte nichts. *Wir haben eine Schlappe erlitten,* notierte er am 6. November in sein Tagebuch. Der finanzielle Zusammenbruch stand unmittelbar bevor. *Ich nehme einen Bericht über die Kassenlage ... entgegen. Dieser ist ganz trostlos. Nur Ebbe, Schulden und Verpflichtungen, dazu die vollkommene Unmöglichkeit, nach dieser Niederlage irgendwo Geld in größerem Umfange aufzutreiben.*

Mehr als sechs Millionen hatten kommunistisch gewählt. Um wenigstens einige davon zu sich herüberzuziehen, setzte Goebbels seine Angriffe auf die „vornehmen Leute" um Papen fort. Gleichzeitig machte seine Propaganda viel Wesens von der kommunistischen Gefahr. Und jeden Tag konnten es die Herren, die Hitler finanzierten, hören, daß Deutschland dem Kommunismus verfallen würde, wenn die Nationalsozialisten nicht bald zur Macht kämen.

Solche Prophezeiungen versäumten ihre Wirkung auf die Clique um Hindenburg nicht. Papen wurde ziemlich brutal ausgebootet. Aber wiederum konnte sich der alte Feldmarschall nicht dazu entschließen, den Gefreiten des Ersten Weltkrieges an die Macht zu lassen. Der Mann, der Papens Nachfolger wurde, war vielmehr Kurt von Schleicher, ein sehr intelligenter General aus dem Reichswehrministerium, seit langem ein mächtiger Intrigant hinter den Kulissen, der zuerst mit Hitler gegen Brüning, dann mit Hitler gegen Papen und schließlich mit Brüning und Papen gegen Hitler konspiriert hatte, je nachdem, wie es ihm gerade notwendig erschien. Jetzt trat er zum ersten Male ins Scheinwerferlicht der großen politischen Tribüne.

Goebbels zog es ja selbst vor, aus der Kulisse heraus zu arbeiten, war also in mancher Beziehung Schleicher recht ähnlich und konnte verstehen, daß der General sich nun in gewissen Schwierigkeiten befand. *Eins nur ist erreicht worden,* schrieb er im *Angriff. Daß der General von Schleicher, der bisher immer nur im Hintergrunde stand und auf die Dinge des Tages lediglich seinen Schatten warf, nun nach vorne gerückt ist und somit vom hellen Scheinwerferlicht der Öffentlichkeit ganz und gar bestrahlt wird. Wir glauben nicht, daß das für ihn von Vorteil sein wird; denn bekanntlich ist der Schatten eines Menschen immer größer als er selbst.*

Das war freilich ein schwacher Trost für die Partei. Die Strömung war nun gegen sie. In den Thüringer Wahlen, die 24 Stunden nach der Ernennung Schleichers stattgefunden hatten, dürfte die Partei fast 40 Prozent der Stimmen verloren haben. *Die Lage im Reich ist katastrophal,* bemerkte Goebbels.

Der Organisationsleiter der Partei, Gregor Strasser, der noch immer der wichtigste Mann nach Hitler war, gab der Überzeugung Ausdruck, daß die Partei ihren Höhepunkt überschritten habe. Jetzt mußte man mit anderen Parteien verhandeln, jetzt mußte man Kompromisse schließen, meinte er. *Wir müssen mehr arbeiten und weniger verhandeln,* meinte Goebbels. So mußte es zum Bruch zwischen den beiden kommen.

Vor neun Jahren hatte Strasser Goebbels gewissermaßen entdeckt. Er hatte ihm die Möglichkeit gegeben, etwas in der Partei zu werden. Späterhin kam es zu einer gewissen Rivalität zwischen den beiden Männern, doch eigentlich erst, als Goebbels Gauleiter von Berlin wurde. Und diese Rivalität verstärkte sich, als *Der Angriff* mit Strassers *Berliner Zeitung* zu konkurrieren begann. Aber noch gab es keine offene Feindschaft.[1]

Strasser hielt es für richtig, Hitler davon zu benachrichtigen und wiederholt auf die Notwendigkeit einer Kompromißlösung hinzuweisen. Was dann geschah, wurde niemals klar. Hitler fuhr im Schlafwagen nach Berlin, Strasser wartete am Anhalter Bahnhof, um mit ihm zu konferieren. Er wartete vergebens, da Goebbels und Göring dem Führer entgegengefahren waren, ihn aus seinem Schlafwagen herausholten und mit ihm irgendwo zwischen München und Berlin eine lange Unterredung hatten. Denn Goebbels – und bis zu einem gewissen Grade auch Göring – begriff, daß trotz der Gegenströmungen die Partei noch immer die Möglichkeit hatte, an die Macht zu kommen – hauptsächlich deshalb, weil keine andere Partei da war, in welche die breite Masse noch Vertrauen setzte.

Und dann ging alles sehr schnell. Hitler erklärte, er wünsche keine Verhandlungen mit Schleicher, er würde jeden Kompromiß ablehnen. Strasser legte kurzerhand alle seine Parteiämter nieder, packte seine Koffer, bezahlte sein Berliner Hotelzimmer und verschwand; niemand wußte wohin. Hitler war der Verzweiflung nahe; er hatte nicht damit gerechnet, daß Strasser so weit gehen würde. Es war durchaus möglich, daß Strassers Anhänger die Partei verlassen würden. *Wenn die Partei zerfällt, mache ich in drei Minuten Schluß,* erklärte Hitler damals.

Die nächsten drei Tage waren entscheidend. Hätte Strasser seine Freunde in der Partei mobilisiert, dann wäre es vielleicht wirklich zu einem Massenexitus gekommen, und das wäre das Ende von Hitler und damit auch von Goebbels gewesen. Aber Strasser schmollte nur und unternahm überhaupt nichts. So gewann Hitler kostbare Zeit, die er ausnutzen konnte, um sich der Loyalität seiner Mitarbeiter zu versichern, während Goebbels jedem, der es hören wollte, von Strassers „jahrelanger Sabotagearbeit an der Partei" erzählte. Die Krise dauerte nur ein paar Tage. Schon dann war es offenbar, daß die Partei ohne ihren zweitwichtigsten Mann auskommen konnte. Strassers Büros wurden geschlossen, seine Machtvollkommenheiten von anderen übernommen. *Die Konkursmasse wird verteilt,* bemerkte Goebbels zynisch.

Weihnachten kam heran. Die Wirtschaftskrise hatte ihren Höhepunkt erreicht. Sieben Millionen Menschen waren arbeitslos. Frauen, die elend bezahlt wurden, konnten vielleicht noch Arbeit finden – viele Männer waren nun schon zwei, drei und vier Jahre lang ohne Arbeit. Bettler säumten die Straßen deutscher Städte.

Magda Goebbels wurde krank und mußte in die Klinik gebracht werden. Ihr Mann verlebte einen deprimierenden Weihnachtsabend an ihrem Bett. Am ersten Feiertag fuhr er nach Berchtesgaden. Magda sollte zu Silvester nachkommen. Sie kam nicht. Statt dessen wurde von der Klinik aus Berchtesgaden angerufen, daß ihr Zustand zu Besorgnis Anlaß gäbe. Goebbels wollte einige Stunden später zurücktelefonieren, aber die Verbindung zwischen Berchtesgaden und Berlin war infolge eines Schneesturmes unterbrochen. In steigender Nervosität versuchte Goebbels ein Flugzeug zu mieten, auch das war nicht möglich. Erst sechsunddreißig Stunden später kam Goebbels in Berlin an. Er fuhr sofort ins Krankenhaus. Magdas Zustand war noch immer äußerst ernst.

Aber in jenen sechsunddreißig Stunden hatte er eine Idee konzipiert, die die Partei retten sollte.

## 8

Die Tage, die nun folgen, sind vielleicht die erregendsten und verwirrtesten in Goebbels' Leben. Kaum wagt er die Klinik auf ein paar Stunden zu verlassen. Und doch muß er Tag und Nacht an seinem neuen Plan arbeiten, wenn er Erfolg haben will. Der neue Plan ist das Ei des Kolumbus: Goebbels will die Wahlen zum Landtag von Lippe-Detmold gewinnen.

Lippe ist das kleinste der deutschen Länder und hat nicht einmal 150000 Einwohner. Es besteht nur aus Dörfern und einigen wenigen Kleinstädten. Im Grunde ist nichts gleichgültiger, als wer die Mehrheit im Parlament von Lippe hat oder wer dort in der Regierung sitzt.

Goebbels' Idee ist folgende: Keine Partei ist ernstlich an den Wahlen in Lippe-Detmold interessiert, kein Parteiführer denkt auch nur daran, dort eine Wahlrede zu halten. Daher dürfte es relativ leicht für die Nazis sein, dort einen Sieg zu erringen, einen sensationellen Sieg sogar; und so könnte bewiesen werden, daß die Nazis wieder im Kommen sind, daß die Antinazi-Strömung vorbei ist. *Wir werden alle Kraft auf dieses kleine Land konzentrieren, um einen Prestigeerfolg herbeizuführen. Jetzt muß die Partei wieder zeigen, daß sie noch siegen kann,* gibt Goebbels am 3. Januar 1933 offen zu.

Eine Idee, die auf der Hand liegt, und doch, oder gerade deshalb, eine geniale Idee. Aber im Augenblick ist es sogar schwierig, auch nur diese kleine Kampagne zu finanzieren. *Ein Pump von ganzen 20000 Mark gibt wenigstens die Möglichkeit zum Start.* Ein paar Wochen vorher hatte er Millionen für Propaganda ausgegeben.

Die großen Berliner Zeitungen verspotten die Nazis. Das macht Goebbels nichts aus. *Am ersten Abend rede ich dreimal, zum Teil in ganz kleinen Bauerndörfern. Die Versammlungen sind immer alle überfüllt ... Aber das ist alles so schön und befriedigend, daß man gar nichts Besseres wünschen kann. Man hat wieder unmittelbaren Kontakt mit dem Volk an der Urquelle ... Man redet wieder primitiv und einfach, und, vor allem, man überzeugt.*

Auch die anderen großen Nazis müssen mithelfen. Göring, Frick, sogar Hitler selbst sprechen zu Bauern und Kleinstädtern. Sie, die vor Hunderttausenden gesprochen haben, mühen sich jetzt von einem Podium eines Vereinssaales in einer kleinen Wirtschaft ab, ein paar Dutzend Zuhörer zu überzeugen.

Während der zwei Wochen, die der Wahlkampf dauert, kommt Goebbels fast nie nach Berlin. Er ruft zwei-, dreimal täglich die Klinik an. Man sagt ihm, Magdas Befinden sei nach wie vor besorgniserregend, aber man sagt ihm nicht, daß die Ärzte sie schon aufgegeben haben. Nur Hitler weiß es. Aber dann tritt doch eine beinahe wunderbare Besserung ein, und kurz vor dem Wahltag ist Magda aus jeder Gefahr. Erst jetzt sagt Hitler Goebbels, wie schlimm es stand. Goebbels notiert das in seinem Tagebuch, freilich ohne jeden Kommentar. Der nächste Satz lautet: *Politisch ist noch alles in der Schwebe.*

Und dann haben die Nazis einen neuen überwältigenden Sieg errungen. *Die Partei ist wieder auf dem Marsch. Uns allen fällt ein Stein vom Herzen,* notiert Goebbels. Aber wichtiger als das Resultat an sich ist es, dem deutschen Volk klarzumachen, daß die Partei „wieder auf dem Marsche" ist. *Das Lipper Volksurteil ist keine lokale Angelegenheit,* stellt Goebbels sofort im *Angriff* vom 20. Januar fest. *Es entspricht durchaus der augenblicklichen Stimmung im Lande. Es beginnt wieder das große Wandern unter den Massen, und zwar in Richtung auf uns hin.*

Inzwischen hat eine sehr wichtige Zusammenkunft stattgefunden. Im Haus des Kölner Bankiers Kurt von Schröder hat Hitler jenen von Papen kennengelernt, den er noch bis vor kurzem verabscheute, auch eine Reihe Industrieller, darunter Fritz Thyssen. Die Herren gaben ihm genug Geld, um die drückendsten Schulden der Partei zu bezahlen, und versprechen ihm ihre Unterstützung im Kampf gegen die Regierung Schleicher. Die „Barone", die „vornehmen" Leute, die Goebbels so mitleidlos angegriffen hatte, stellen sich nun dem Führer zur Verfügung. Wissen sie denn nicht, daß sein Stern im Verbleichen ist, daß der Wind gegen ihn weht? Sie wissen es, und gerade darum kommen sie ihm zu Hilfe. Wer weiß, in sechs oder neun Monaten kann die Partei auseinanderfallen, und dann haben die Industriellen und die Junker keine Volksbewegung mehr, die ihre Kämpfe ficht. Jetzt oder nie! Die Herren in Köln beschließen, daß es jetzt sein soll.

*Die Regierung ... hat im Lande bereits allen Kredit verloren,* stellt Goebbels triumphierend fest. *Es genügte eine parlamentarische Anfrage etwa in der Art: „Existiert die Regierung Schleicher noch, und wenn ja, was gedenkt sie dagegen zu tun?“*

Am 30. Januar 1933 empfängt Hindenburg Hitler zum drittenmal. Goebbels bleibt bis zuletzt skeptisch. Er fürchtet, daß in letzter Minute doch noch irgend etwas passieren könne, um ihnen den Erfolg abspenstig zu machen. Eine Stunde später weiß er, daß ihnen nichts mehr passieren kann. *Es ist fast wie ein Traum,* schreibt er nieder. *Die Wilhelmstraße gehört uns.* Der Abend dämmert herein, und Hunderttausende marschieren an der Reichskanzlei vorbei, singen das Horst-Wessel-Lied und grüßen den Führer mit ausgestrecktem Arm. *Das neue Reich ist erstanden,* stellt Goebbels fest. *Eine vierzehnjährige Arbeit wurde vom Sieg gekrönt. Wir sind am Ziel. Die deutsche Revolution beginnt.*

Der Vorbeimarsch dauert bis nach Mitternacht. Die Fackeln, die von den Teilnehmern getragen werden, erleuchten die Dunkelheit weithin. Man hört die singenden Stimmen noch lange.

Hitler ist überglücklich, auch die anderen Nazigrößen freuen sich wie die Kinder, klopfen sich gegenseitig auf die Schultern, lachen. Nur Goebbels, der hinter Hitler steht, scheint gelassen. Er sieht sich den Fackelzug mit Gleichmut an. Er hat so viele Paraden in seinem Leben inszeniert, es kommt ihm wohl auf eine mehr oder weniger nicht an. Er hat keinen Grund, vor Freude außer sich zu geraten. Es ist typisch für ihn, daß er nicht einmal in dieser Stunde versucht, sich etwas vorzumachen. Er denkt, während er auf die freudig erregten Massen hinunterblickt:

*Und nun ist mit einem Male alles anders. Keiner will mehr am Siege gezweifelt haben. Mit der Laterne kann man die zwei Millionen Mäuler suchen, die uns am 7. November 1932 im Stich gelassen haben.* Selbst in der Stunde des größten Triumphes kann Goebbels nicht vergessen, selbst jetzt hat er nur Verachtung für die Masse der Mitläufer.

Stunde um Stunde marschieren sie vorbei. Hitler steht am Fenster, lächelt und salutiert. Hinter ihm, im Schatten und kaum zu sehen, steht Goebbels …

## Anmerkungen

[1] Es ist richtig, daß das veröffentlichte Tagebuch dieser Zeit viele Angriffe gegen Strasser enthält. Aber es darf nicht vergessen werden, daß das Buch erst erschien, als Strasser bereits aus der Führung der Partei ausgeschieden war und von seinen früheren Freunden geschnitten wurde. Es ist wahrscheinlich, daß die Angriffe also erst später in das Tagebuch hineingeschrieben worden sind.

[2] Am 30. Januar 1943 legte er diese Gedanken in einem Artikel nieder.

ZWEITER TEIL

# DIE MACHT

SECHSTES KAPITEL

# DER DIKTATOR

## 1

*Ich habe schon lange selber diese Idee, Feuer anzulegen, in mir herumgetragen. Das ist so populär, so volklich … Aber ich habe sie immer für die kritische Zeit aufbewahrt, für den großen Augenblick, wenn wir uns alle erheben.*

Dies sind die Worte des Nihilisten Peter Stepanovitsch Wercovenski aus Dostojewskis Roman *Die Dämonen,* der ja einen starken Einfluß auf den jungen Goebbels ausgeübt hatte; jenes Wercovenski, der in mancherlei Beziehung Goebbels ähnlich war, daß es manchmal so aussah, als imitiere Goebbels die Worte und die Taten des Russen.

*Um neun Uhr kommt der Führer zum Abendessen,* schreibt Goebbels am 27. Februar 1933 in sein Tagebuch. *Wir machen Musik und erzählen. Plötzlich ein Anruf: Der Reichstag brennt! Ich halte das für eine tolle Phantasiemeldung und weigere mich, dem Führer davon Mitteilung zu machen. Ich orientiere mich nach allen Seiten und erhalte dann die furchtbare Bestätigung: Es stimmt. Lichterloh schlagen die Flammen aus der großen Kuppel. Brandstiftung.*

*Ich benachrichtige gleich den Führer, und dann rasen wir im 100-Kilometer-Tempo die Charlottenburger Chaussee herunter zum Reichstag. Das ganze Gebäude steht in Flammen … Auf dem Wege … kommt Göring uns entgegen, und bald danach ist auch von Papen da. Es besteht kein Zweifel, daß die Kommune hier einen letzten Versuch unternimmt, durch Brand und Terror Verwirrung zu stiften und so in der allgemeinen Panik die Macht an sich zu reißen.*

*Sofort verbietet Göring die gesamte kommunistische und sozialdemokratische Presse. Die kommunistischen Funktionäre werden in der Nacht dingfest gemacht. ·Die SA wird alarmiert, um für jeden Eventualfall bereitzustehen ... Ich fahre mit dem Führer zur Redaktion des Völkischen Beobachters. Wir gehen dort beide gleich an die Arbeit, schreiben Leitartikel und Aufrufe.*

Nicht nur die Kommunisten, nein, Tausende, Zehntausende von Gegnern des Regimes werden in dieser Nacht verhaftet. Es ist also offensichtlich, daß die Partei diesen Coup von langer Hand vorbereitet hat. Denn in zahlreichen Fällen ziehen die verhaftenden Polizisten und SA-Männer lange Listen aus den Taschen, um das soeben erhaschte Opfer ordnungsgemäß „abzuhaken“. Es ist wohl kaum ein Zufall, daß, während die ganzen vorhergehenden und die darauffolgenden Tage kaum einen der Großen des Regimes in Berlin sehen – sie reisen von einer Massenversammlung zur anderen durch die ganze Provinz, der Wahltag war ja in allernächste Nähe gerückt –, gerade an diesem Abend Hitler, Göring, Goebbels, Frick und alle anderen in der Hauptstadt anwesend sind.

Zahllose Gerüchte breiten sich über ganz Deutschland aus. Wo immer vom Reichstagsbrand gesprochen wird, fällt der Name Hermann Göring. Dabei ist es gar nicht Göring, sondern Goebbels, der hinter dem ganzen Plan steckt. Beamte der Berliner Polizei lernen die Wahrheit schon ein paar Monate später kennen. Und die sieht wie folgt aus: Mitte Februar befiehlt Brigadeführer Karl Ernst, der wichtigste Mitarbeiter des Berliner SA-Führers Graf Helldorf, einige seiner Getreuen zu einer geheimen Besprechung zu sich nach Hause; er sagt ihnen, daß sie ein „Ding drehen“ müßten, das für allemal die Marxisten erledigen würde; sie sollten den Reichstag in Brand setzen, den Ernst nur als „Quasselbude“ bezeichnete. Später würde man die Schuld den Kommunisten in die Schuhe schieben, sagt Ernst und verspricht gleichzeitig, dafür Sorge zu tragen, daß die Polizei sich nicht einmische.[1]

*Ich habe schon lange Zeit selber diese Idee, Feuer anzulegen, in mir herumgetragen ...* Goebbels ist der Mann, der die Idee hatte, den Reichstag anzuzünden; Goebbels ist der Mann, der die erste Unterhaltung mit Karl Ernst über diese Frage hat, und zwar am 18. Februar; Goebbels überwacht persönlich die Auswahl der Männer, die den Plan ausführen sollen; Goebbels bezeichnet besonders diejenigen Räume des Reichstags, die infolge ihrer Holztäfelung am schnellsten brennen würden; und das allerwichtigste: Goebbels versichert Ernst, daß die Polizei keine ernsthafte Untersuchung anstellen würde – insbesondere nicht im Tunnel zwischen Görings Palast und dem Reichstag.

*Das ist so populär, so volklich …* Goebbels hat intuitiv begriffen, welche außerordentlichen Folgen so ein Reichstagsbrand haben kann. Er hat es fertiggebracht, Hitler davon zu überzeugen, daß nun etwas „passieren" muß; er dürfte sogar mit Hitler zusammen dessen Wutausbruch geprobt haben – den „historischen" Wutausbruch vor dem brennenden Reichstag.

Drinnen im brennenden Gebäude wird der holländische Kommunist Marinus van der Lubbe verhaftet und gibt alsbald zu, den Reichstag angesteckt zu haben. Das ist alles, was Goebbels braucht, um die Brandstiftung mit der deutschen kommunistischen Partei in Zusammenhang zu bringen. Denn es liegt ja auf der Hand, daß ein einzelner Mensch nicht den ganzen Reichstag angesteckt haben kann. Van der Lubbe hatte also Helfershelfer, und es ist nur logisch, daß diese unter seinen kommunistischen Kameraden zu suchen sind.

*Nun aber Schluß! Jetzt aber ein radikales Ende gemacht!* rast Goebbels am nächsten Tag im *Angriff. Was muß noch mehr geschehen, als daß ein vierundzwanzigjähriger ausländischer Kommunist im Auftrage russischer und deutscher Parteistellen dieser Weltpest den Reichstag in Flammen aufgehen läßt. Wie weit sind wir jetzt noch davon entfernt, daß brave Bürger als Geiseln an die Wand gestellt werden, daß das Gesindel aus seinen Löchern hervorkriecht, um mit den Plünderungen zu beginnen, daß der Mob die Gefängnisse öffnet …*

*Und kann man eine solche Organisation des Terrors, deren politische Mittel Dynamit und Brandfackeln sind, überhaupt noch politisch, muß man sie nicht vielmehr und ausschließlich kriminell werten und auch danach behandeln? Und verdienen der Staatsmann und die Regierung, die Deutschland von dieser furchtbaren Geißel befreien, nicht Gottes Lohn?*

Goebbels wartet die Antwort Gottes, ob er diesen Lohn verdiene, nicht ab. Er handelt vielmehr „blitzartig", um eines seiner geliebten Worte zu gebrauchen. Er beschwört Hitler, van der Lubbe sofort vor dem Reichstag aufhängen zu lassen. Er ist so überzeugt, daß dies die einzige richtige Strafe sei, daß er späterhin öffentlich zugeben wird, daß er diese Absicht gehabt hat.[2]

Indessen, der wahre Grund für Goebbels' brennenden Wunsch, van der Lubbe loszuwerden, ist wohl ein anderer: Goebbels selbst war es nämlich, der es van der Lubbe ermöglichte, in den Reichstag einzudringen, dort ein kleines, gewissermaßen privates Feuerwerk zu machen, während die SA-Männer die wirkliche Brandstiftung unternahmen.[3]

Aber es gelingt Goebbels nicht, seinen Wunsch durchzusetzen. Der alte Hindenburg ist gegen solche radikalen Maßnahmen. Van der Lubbe soll vor Gericht gestellt werden, zusammen mit anderen mutmaßlichen Missetätern, die man in der Zwischenzeit verhaftet hat: Ernst Torgler, den Vorsitzenden der kommunistischen Reichstagsfraktion, den Bulgaren Georgi Dimitroff, den Vorsitzenden der Abteilung Mitteleuropa der kommunistischen Internationale, sowie seine zwei Landsleute, die Kommunisten Popoff und Taneff.

## 2

Goebbels muß trübe Vorahnungen haben, denn er will nichts dem Zufall überlassen. Er setzt sich mit einem gewissen Dr. Eberhard Taubert in Verbindung, einem schmächtigen jungen Mann mit lebendigen Augen und nervösen Händen, der die antikommunistische Propaganda innerhalb des Parteipropagandaapparates leitet. Taubert soll Beweise herbeischaffen, daß das Verbrechen von den deutschen Kommunisten geplant worden ist. Er begibt sich zu diesem Zwecke zum Untersuchungsrichter des Reichsgerichts in Leipzig. Der meint, man könne erst dann von einem „kommunistischen Verbrechen" sprechen, wenn die Mitverantwortung Torglers oder Dimitroffs feststehe; er, der Untersuchungsrichter, halte einen solchen Beweis für schwierig, wenn nicht unmöglich. Nun hat Goebbels eine Idee. Man soll ihn selbst und Göring als Zeugen vorladen, um aussagen zu können, daß die Kommunistische Partei Deutschlands schon seit langer Zeit einen bewaffneten Aufstand geplant habe.[4]

Um das Kreuzverhör der Angeklagten vorzubereiten, stellt dieser Untersuchungsrichter nun eine größere Liste von geeigneten Fragen zusammen, die sowohl dem Gerichtspräsidenten und dem Staatsanwalt wie auch Goebbels und Göring zur Verfügung gestellt wird. Goebbels beabsichtigt eine spezielle Sensation: Der Staatsanwalt soll Torgler fragen, ob dieser je in seiner politischen Karriere die Anwendung von Gewalt empfohlen habe. Goebbels nimmt von vornherein an, daß Torgler verneinen wird. Dann, so stellt er sich das vor, wird er unter Eid aussagen, daß Torgler die Anwendung von Gewalt anempfohlen habe. Er wird mit genauer Angabe von Daten aussagen, daß Torgler wiederholte Male ausgerufen hat: *Schlagt die Faschisten, wo ihr sie trefft!*

Die Sache geht schief, und zwar hauptsächlich, weil der Staatsanwalt in dem Augenblick, auf den alles ankommt, die ganze Konspiration vergißt. Kochend vor Wut muß Goebbels vom Zeugenstand abtreten, ohne daß die betreffende Frage an ihn gestellt worden ist. Erst Stunden später erinnert sich der Staatsanwalt und stellt die Frage an Torgler selbst – und das Ganze ist verpufft.

Aber eigentlich haben diese Nazis den Prozeß schon verloren, bevor Goebbels als Zeuge erscheint. Drei Tage vorher ist Göring als Zeuge vernommen worden und hat völlig die Nerven verloren; er hat gebrüllt und getobt, die Angeklagten bedroht und sich in jeder Weise unmöglich benommen. Schlimmer, er hat Dimitroff die Gelegenheit gegeben, den Prozeß in einen Antinazi-Prozeß zu verwandeln.

Dimitroff hat dabei, wie überhaupt während des Prozesses, außerordentlichen Mut bewiesen. Aber es muß wohl doch hinzugefügt werden, daß er bereits wußte (die kommunistische Partei war in ununterbrochener Verbindung mit ihm, selbst während er mit Ketten an den Erdboden gefesselt in Einzelhaft lag), daß Stalin selbst sich dafür einsetzen werde, ihn zu retten.

Dimitroffs aggressive Aussagen vor dem Leipziger Gerichtshof sind für Goebbels eine merkwürdige und peinliche Erfahrung. Er weiß ja wie wenige um den Reklamewert eines großen Prozesses. Es ist gerade zehn Jahre her, daß Hitler seinen Münchner Prozeß in eine ungeheure Reklamekampagne für den Nationalsozialismus verwandelte – und Goebbels lauschte ihm atemlos. Während der zehn Jahre, die folgten, stand Goebbels selbst unzählige Male vor Gericht wegen Verleumdung, Beleidigung, Ruhestörung, und immer, immer gelang es ihm, aus diesen Gerichtsverfahren Reklame zu schlagen. Und jetzt zeigt Dimitroff, daß er die Nazis mit ihren eigenen Waffen schlagen kann. Die ausländischen Zeitungen öffnen ihm die Spalten ihrer ersten Seiten. Ja, schon bevor der Prozeß überhaupt anfängt, ist die Weltöffentlichkeit davon überzeugt, daß die Nationalsozialisten, und nur sie, am Reichstagsbrand schuldig sind.

## 3

*Die Partei hat einen großen Sieg erfochten,* hatte Goebbels drei Tage, nachdem Hitler Reichskanzler geworden war, geschrieben. *Dieser Sieg genügt uns nicht! Wir haben eine Regierung, wir haben ein Programm, wir haben den Willen zum Aufbau; woran es uns noch fehlt, das ist jenes ganz große und überwältigende Vertrauen des deutschen Volkes ...!*

Was Goebbels sagen wollte, war, daß die Nationalsozialisten noch nicht die absolute Majorität hatten. Selbst in der Regierung waren sie eine Minorität. Abgesehen von Hitler selbst, Frick, der Innenminister, und Göring, der Luftfahrtminister wurde, waren sämtliche Minister Konservative, wie zum Beispiel der Vizekanzler, Herr von Papen, der Außenminister, Konstantin von Neurath, der Finanzminister, Graf Schwerin von Krosigk, und Alfred Hugenberg, der das Landwirtschafts- und Wirtschaftsministerium unter sich hatte. Das Übergewicht dieser Männer konnte nur durch eine neuerliche Auflösung des Reichstages und Wiederwahl zugunsten der Nazis verändert werden. Dies bedeutet eine neue Wahlkampagne, vielleicht die letzte, für Joseph Goebbels. *In einer Unterredung mit dem Führer wird festgelegt, daß ich bis zur Beendigung des Wahlkampfes frei vom Amte bleibe, um unbehindert die Agitation durchführen zu können,* schrieb er noch am 29. Januar in sein Tagebuch. Und später: *Die Gauleiter sind in Berlin versammelt. Ich spreche vor ihnen über Technik und Taktik des zu beginnenden Wahlkampfes. Unser Ziel muß sein, mit den an der Regierung beteiligten Parteien die absolute Majorität zu bekommen. Das Weitere wird sich dann finden.*

Dieser Wahlkampf unterschied sich von allen vorangehenden, wie Goebbels selbst zugab. *Nun ist es leicht, den Kampf zu führen, denn wir können alle Mittel des Staates für uns in Anspruch nehmen,* schrieb er am 3. Februar. *Presse und Radio stehen uns zur Verfü-*

*gung. Wir werden ein Meisterstück der Agitation liefern. Auch an Geld fehlt es natürlich diesmal nicht.*

Bisher war es schwierig, wenn nicht unmöglich für oppositionelle Parteien gewesen, für sich und ihre Sache vor dem Mikrophon zu plädieren. Goebbels hatte nur einmal die Erlaubnis bekommen, am Radio zu sprechen, Hitler überhaupt nicht. Jetzt unternahm es Goebbels, das staatlich kontrollierte Radio in ein Instrument der Nazipropaganda zu verwandeln. Über Nacht ersetzte er die Leiter der Rundfunkstationen durch verläßliche Parteimitglieder. Sein Plan war, daß Hitler in den größten Städten sprechen sollte, wo es Rundfunkstationen gab, die seine Reden weithin ins Land übertragen konnten. Um den Zuhörern in den kleinen Städten und Dörfern ein Bild davon zu vermitteln, was sich in den Hallen tat, in denen Hitler sprach, beabsichtigte Goebbels, den Führer mit einer Art Stimmungsreportage einzuführen. Die Kampagne startete im Berliner Sportpalast. Wie üblich gelang es ihm auch diesmal, seine Zuschauer zu Begeisterungsstürmen aufzupeitschen. Aber diejenigen, die am Radio zuhörten, blieben kalt. Ihnen erschien Hitler farblos, uninteressant und so aufgeregt, daß sie ihn stellenweise gar nicht verstehen konnten. Später, als die Versammlung vorüber war, ließen sich Hitler und Goebbels das Tonband noch einmal vorspielen. Hitler lächelte verkniffen: *Es scheint, daß ich nicht gerade eine Radioschönheit bin.*

Auch Goebbels war nicht hingerissen. Er arbeitete die ganze Nacht mit einem Riesenstab von Ingenieuren und anderen Fachleuten, um aus Hitler eine Radioschönheit zu machen: Er studierte Mittel und Wege, um das Timbre der Stimme Hitlers zu verändern, um diese Stimme weicher, tiefer zu machen oder auch härter und klarer. Schon ein paar Tage später, bei der zweiten Übertragung einer Hitlerrede übers Radio, gerieten die Zuhörer genauso aus dem Häuschen wie die Zuschauer. Und ein kleiner Prozentsatz von ihnen war genauso entsetzt wie einige von denen, die Hitler leibhaftig vor sich sahen.

Am 5. März war Wahltag. *Abends hören wir in der Staatsoper „Die Walküre". Als wir nach der Aufführung in die Reichskanzlei zurückkommen, ist der gloriose Triumph errungen,* schrieb Goebbels in seinem Tagebuch. *Er ist in seinen Ausmaßen überwältigender, als einer von uns zu hoffen gewagt hatte. Aber was bedeuten jetzt noch*

*Zahlen? Wir sind die Herren im Reich und in Preußen; alle anderen sind geschlagen zu Boden gesunken.*

*Was bedeuten jetzt noch Zahlen?* Im Reichstag verfügten die Nationalsozialisten doch nur über 44 Prozent aller Stimmen und zusammen mit Hugenbergs konservativer Partei über knapp 51 Prozent. Das war nicht genug, um Hitlers radikale Pläne zur Durchführung zu bringen. Und jetzt? Jetzt erst zeigte es sich, wozu der Reichstagsbrand gut gewesen war. Offensichtlich konnte der kommunistischen Partei, die ja „beabsichtigt" hatte, einen bewaffneten Aufstand zu machen, nicht gestattet werden, ihre Vertreter ins Parlament zu schicken. Offensichtlich konnte man auch eine Reihe von Sozialdemokraten beschuldigen, ihre Hand beim Reichstagsbrand im Spiel gehabt zu haben, und sie so daran hindern, ihre Sitze im Reichstag einzunehmen. In dem auf diese Weise entstehenden Rumpfparlament verfügten die Nationalsozialisten über eine erdrückende Mehrheit.

Von hier ab ging alles sehr schnell. Innerhalb von wenigen Monaten wurden nicht nur die kommunistischen und sozialdemokratischen Parteien aufgelöst, sondern auch alle anderen Parteien, ja schließlich sogar die deutschnationale Volkspartei des Ministers Hugenberg. Hugenberg legte in wütender Entrüstung seine Ämter nieder. Einige seiner Parteigenossen blieben an ihren Ministerstühlen kleben und traten später der nationalsozialistischen Partei bei.

## 4

Am 13. März 1933, als der erste Chefredakteur des *Angriff,* Julius Lippert, zum Bürgermeister von Berlin ernannt wird, läßt Hitler seine Minister wissen, daß er beabsichtigt, ein *Ministerium für Volksaufklärung und Propaganda* zu schaffen. Schon am nächsten Tag schwört Hindenburg das neue Regierungsmitglied, Dr. Joseph Goebbels, ein. Um diese Zeit dürfte der alte Präsident schon so senil gewesen sein, daß er sich wohl kaum noch des Dekretes erinnerte, das er sofort nach dem Reichstagsbrand unterzeichnet hatte und das es der Regierung ermöglichte, vorübergehend alle Gesetze, die die persönliche Freiheit sowie die Freiheit der Rede und der Schrift garantierten, außer Kraft zu setzen. Dieses Dekret bildet nun die wahre Basis des zu schaffenden Propagandaministeriums.

Aber wozu braucht man denn überhaupt ein Propagandaministerium? Propaganda für die Nazis? Haben sie denn Propaganda nötig? Über Nacht scheint ja das ganze deutsche Volk von einer Art Glücksrausch erfaßt worden zu sein. Man hängt Fahnen aus den Fenstern, man schmückt Straßen und Plätze, man schickt begeisterte Telegramme an Hitler und andere Nazigrößen, man benennt Straßen und Plätze nach ihnen, so daß jedes kleine und kleinste Dorf zumindest eine Hitlerstraße oder einen Hitlerplatz besitzt. Alle Welt ist glücklich, denn jeder glaubt irgendwie, daß die schwierigen Probleme der jüngsten Vergangenheit sich nun von selbst lösen und daß Arbeit und Brot für alle da sein werden. Die Begeisterung ist beinahe wie eine Verzauberung, wie eine Massenhypnose, wie eine ansteckende Krankheit. Wird es Abend, so sammelt man sich zu einem Fackelzug. Man singt die Nationalhymne und das Horst-Wessel-Lied, gewissermaßen am laufenden Band. Ganz Deutschland scheint von einer Art religiösen Wahns erfaßt.

Es mag wohl sein, daß dieser plötzliche Begeisterungsausbruch etwas mit der Propaganda von Goebbels zu tun hat, etwas mit jenen großen Aufzügen und Monstreversammlungen, deren Form er über die Jahre hinaus entwickelt hat, mit dem Einsatz von Kapellen und jungen uniformierten Burschen. Jetzt scheint es, als sei ganz Deutschland eine einzige ungeheuere Massenversammlung, inszeniert und geleitet von Goebbels.

Es ist nicht die beste Seite des deutschen Charakters, die sich in diesen Tagen zur Schau stellt. Goebbels kann seine Verachtung für die Überläufer kaum verbergen. Während eines Besuches bei seiner Mutter in Rheydt schreibt er: *... und nun ist die ganze Kleinstadt, aus der ich vor wenigen Monaten mit Flüchen und Steinwürfen hinausgetrieben wurde, in einen unglaublichen Aufruhr hineingeraten. Der Lokalpatriotismus rast ... Eine Stadt steht Kopf.*

Propaganda scheint in der Tat nicht länger notwendig zu sein. Denn seit dem Reichstagsbrand scheint beinahe jeder Deutsche Nazi werden zu wollen. Jedenfalls scheint er Angst zu haben, daß er möglicherweise zu spät damit kommen könnte, und keiner will der letzte sein. Jeder sucht Verbindungen zu hohen, wichtigen Parteimitgliedern anzuknüpfen und, aus rein praktischen Erwägungen, mit SA-Männern. Denn die haben die unangenehme Eigenschaft:

über viele herzufallen, die mit ihnen persönlich nicht befreundet sind, das heißt, die ihnen kein Geld zustecken.

Die meisten Deutschen zahlen in diesen Tagen Geld aus diesen oder jenen Gründen. Um in die Partei aufgenommen zu werden, um eine niedrigere Parteinummer zu erhalten, als ihnen zusteht, um von der SA beschützt zu werden oder von der SS, um schnell der einen oder anderen Gliederung der Partei beitreten zu können. Trotz allgemeinem Optimismus hat jeder ein bißchen Angst. Keiner weiß ja genau, ob er nicht zu irgendeiner Zeit einmal ein Parteimitglied beleidigt hat. Jeder Arbeiter, jeder Angestellte, der während der letzten Jahre entlassen worden ist, mag ja inzwischen Parteigenosse geworden sein, und, wer weiß, vielleicht – ein einflußreicher Parteigenosse. Gegen etwaige Rachegelüste gibt es nur ein Mittel: ebenfalls Parteigenosse zu werden. Ist es unter diesen Umständen wirklich notwendig, ein Propagandaministerium zu schaffen?

Niemand weiß besser als Goebbels, daß ein solches Ministerium eine Contradictio in adjectu darstellt. Propaganda ist ja um so wirksamer, je weniger die Menschen wissen, daß sie beeinflußt werden sollen. Es steht zu erwarten, daß die Ankündigung eines Propagandaministeriums allein schon genügen würde, um eine gewisse Verstimmung zu schaffen und die Beiseitestehenden in ihrem Entschluß zu bestärken, sich nicht „aufklären" zu lassen. Goebbels weiß das alles. Aber nach außen hin behauptet er das genaue Gegenteil.[5] *Es braucht nichts Mystisches um die Propaganda zu sein,* sagt er. *Wir geben offen zu, daß wir Menschen beeinflussen wollen. Das ist sauberer so.*

In einer Rede vom 16. März 1933 stellt er offiziell mit geradezu leidenschaftlichem Nachdruck fest: *Eine Regierung, die so große, einschneidende Maßnahmen treffen muß wie die unsrige ... muß alle propagandistischen Vorbereitungen treffen, um das ganze Volk auf ihre Seite zu ziehen ... Volksaufklärung ist im Wesen etwas Passives ...*

*Propaganda dagegen etwas Aktives ... Wir können uns nicht damit begnügen, dem Volk nur zu sagen, was wir wollen ... Wir wollen die Menschen so lange bearbeiten, bis sie uns verfallen sind.* Er hätte es nicht deutlicher sagen können.

Und immer noch ist er von der fixen Idee besessen, die Bedeutung und den Wert der Propaganda zu verteidigen. In der gleichen

Rede sagte er: *Propaganda – ein vielgeschmähtes und ein oft mißverstandenes Wort. Der Laie stellt sich darunter etwas Minderwertiges oder gar Verächtliches vor. Das Wort Propaganda hat immer einen bitteren Beigeschmack.*

Trotz des „bitteren Beigeschmacks“ hält Goebbels an dem Wort „Propaganda“ fest. Ja, im Juni 1937 instruiert er sogar die Propagandaleiter der Industrie, daß sie dieses Wort im Zusammenhang mit kommerziellen Produkten nicht mehr verwenden dürfen. Propaganda gäbe es nur im Zusammenhang mit politischen Dingen. Ihre Tätigkeit sei Reklame. Und noch später, als der Krieg bereits begonnen hat, gibt er strengste Anweisung, daß die Propagandatätigkeit in anderen Ländern nie als Propaganda, sondern immer nur als Agitation und feindliche Agitation bezeichnet werden darf.

Letzten Endes ist der Hauptgrund für die Schaffung des Propagandaministeriums Goebbels selbst. Es unterliegt keinem Zweifel, daß Hitler ihn in die Regierung hineinnehmen will: Er braucht ihn, und überdies hat sich Goebbels ein Anrecht darauf erworben. Aber auf keinem der Gebiete, für die es Ministerien gibt, ist Goebbels ein Fachmann.

Man darf mit Fug und Recht über die veröffentlichten Tagebuchaufzeichnungen hinweggehen, nach denen Hitler Goebbels ein Propagandaministerium bereits ein Jahr vor der Machtergreifung zugesichert hat. Wie schon vorher erwähnt, spricht viel dafür, daß das ursprüngliche Tagebuch kurz vor der Veröffentlichung noch einmal überarbeitet worden ist. Wenn man den Zeugen, die es heute noch gibt, glauben darf, hatte Goebbels einige Hoffnung, daß Hitler ihn zum Innenminister machen würde.[6] Hitler redete ihm das aus, indem er ins Treffen führte, daß dieses Amt eigentlich keine wirklichen Machtbefugnisse habe. Der wahre Grund war wohl der, daß Hitler den Posten bereits Frick versprochen hatte.

Darauf wollte Goebbels Kultusminister werden, aber unerwarteterweise legte der alte Hindenburg Protest ein, denn er wünschte nicht, daß dieser ihm besonders unsympathische Mann eine leitende Stellung in Kirchen- und Schulangelegenheiten haben sollte. Hitler schlug daraufhin ein Presseministerium für Goebbels vor, was dieser mit der Begründung ablehnte, dies sei wohl doch ein zu „begrenztes Gebiet“ für ihn. Jedenfalls wollte er nicht nur die Herrschaft über die Presse, sondern auch die Kontrolle über das Radio, die Filmindustrie und die Theater haben. Und so entstand schließlich die Konzeption des Propagandaministeriums, vermutlich in den ersten Februartagen 1933.

5

Das Propagandaministerium sollte den Leopoldpalast am Wilhelmsplatz beziehen, der gegenüber der Reichskanzlei und dem Hotel Kaiserhof lag, ein schönes altes Gebäude, von Schinkel erbaut. Goebbels war entzückt von der Außenarchitektur, nicht aber von dem Inneren. *Zuerst einmal müssen Maurer und Aufräumer in diese Zimmer hineingeschickt werden; die sollen den Stuck von den Wänden schlagen, die schweren muffigen Plüschvorhänge herunterreißen, damit wieder einmal die Sonne durch die Fenster kommt.*

Als die älteren Beamten dies nicht gleich erledigten, ließ er ein paar Dutzend SA-Männer antreten, die das Notwendige taten. Die Beamten rangen die Hände. *Herr Minister, wissen Sie auch, daß Sie dafür ins Gefängnis kommen können?* Goebbels lachte und ließ diese Beamten entlassen. *Nun schieb ab, mein guter Alter! Und wenn es sich bis jetzt noch nicht bis zu dir herumgesprochen haben sollte, so sei es hiermit noch einmal feierlichst gesagt: daß in Deutschland gerade Revolution gemacht wird …*

Der alte Palast wurde mit äußerster Schnelligkeit modernisiert und mit gutem Geschmack eingerichtet. Goebbels war stolz auf das Aussehen seines neuen Ministeriums. Als viele Jahre später ein in Hollywood hergestellter Film „I was a Nazi spy" seinen Arbeitsraum mit überlebensgroßen Hakenkreuzen auf Teppichen und Wänden darstellte, geriet er ganz außer sich und beklagte sich bitter bei einem amerikanischen Korrespondenten, daß man ihn in dieser Weise des schlechten Geschmacks bezichtige.

Wichtiger allerdings als die äußere Gestaltung ist die innere Aufteilung des Propagandaministeriums. Zuerst plant Goebbels fünf Abteilungen, *die das Gebiet des Rundfunks, der Presse, des Films, der Propaganda und des Theaters umfassen. Das alles sind Gebiete, die mir persönlich sehr naheliegen und denen ich mich deshalb schon mit ganzem Eifer und mit ganzer innerer Hingabefreudigkeit widmen werde.*

Aber alle diese Gebiete unterliegen bereits mehr oder weniger der Jurisdiktion des einen oder anderen Ministeriums. Bevor er also Propagandaminister werden kann, muß Goebbels sie aus dem Machtbereich anderer herauslösen. Vom Innenministerium besorgt er sich das Überwachungsrecht über die Presse und das Radio sowie das Recht, nationale Feiertage zu proklamieren. Vom Wirtschaftsministerium übernimmt er das Recht, große Messen zu veranstalten. Das Postministerium muß ihm die Ämter abtreten, die im In- und Ausland Reklame für deutsche Eisenbahnen und Fluglinien machen, wie überhaupt den ganzen Komplex „Fremdenverkehr". Darüber hinaus schafft sich Goebbels eine bis dahin nicht existierende Zensur über Bücher und Filme sowie bisher ebenfalls nicht existente Machtvollkommenheiten über sämtliche deutsche Theater (mit Ausnahme der preußischen Staatstheater, die zu seinem Leidwesen Göring nicht aus der Hand gibt). Viel wichtiger ist: daß das Auswärtige Amt Goebbels den gesamten Komplex der Propaganda im Ausland überläßt.

Diejenigen, die den kleinen Doktor bei der Übernahme, besser: beim Zusammenraffen aller dieser neuen Funktionen beobachten, sind erstaunt über seinen schier unersättlichen Appetit. Es ist wahr, daß während dieser ersten Monate alle großen Nazis Stellungen hamstern. Aber Goebbels braucht seine Ellbogen rücksichtsloser als die andern; vielleicht deswegen, weil er nunmehr die Macht über gerade die Gebiete erhält, auf denen er in seiner Jugend so schmählich versagte.

Goebbels jedoch läßt keinen Zweifel an seinen Motiven. *Es gibt zwei Arten, eine Revolution zu machen,* erklärt er in seiner Antrittsrede im Ministerium. *Man kann einmal den Gegner so lange mit Maschinengewehren zusammenschießen, bis er die Überlegenheit dessen anerkennt, der im Besitz dieser Maschinengewehre ist. Dies ist der einfachere Weg. Man kann aber auch durch eine Revolution des Geistes die Nation umgestalten und damit den Gegner nicht vernichten, sondern sogar gewinnen …*

Den Gegner? Aber wer soll denn noch gewonnen werden? Steht nicht die gesamte Nation hinter Hitler? Und ist es nicht gerade Goebbels, der das immer wieder hinausposaunt?

Die Majorität der Deutschen ist für Hitler. Jetzt, in diesen Tagen, in diesen Monaten. Freilich, eine andere Frage ist, wie lange sie ihm treu bleiben wird. Es wird dazu notwendig sein, Mittel und Wege zu finden, um die Massen nicht nur bei guter Laune, sondern auch in Reih und Glied zu halten. Das, und das allein ist der wirkliche Grund für die Schaffung des Propagandaministeriums, des ersten Propagandaministeriums, das nicht während eines Krieges für die Dauer eines Krieges geschaffen worden ist, sondern für die Dauer eines Regimes, das sein Leben auf rund tausend Jahre einschätzt.

Deswegen muß Goebbels uneingeschränkte Kontrolle haben über alle Mittel, mit denen man Menschen beeinflussen und beeindrucken kann. Eine Filmszene, ein paar Verse eines Gedichtes, das Bild eines kleinen Mädchens, ein Violinkonzert – alles ist in diesem Zusammenhang wichtig; nichts darf vergessen werden. Deshalb muß Goebbels diktatorische Vollmachten auf so vielen scheinbar verschiedenen Gebieten verlangen. Nur so kann er sich ein Monopol schaffen, das Monopol der Nachrichten, der Kommentare, der Erholung, des Amüsements, der Kunst ... Dieses Monopol würde es ihm ermöglichen, jeden Einfluß und jede Erkenntnis, die seinen Zwecken entgegengesetzt ist, auszuschalten. Dieses Monopol würde ihn in die Lage versetzen, Denken und Fühlen des durchschnittlichen Deutschen zu lenken, wie ein Feldherr seine Truppen lenkt.

Der durchschnittliche Deutsche ist jetzt wie ein Tier, das man in einem Käfig gefangenhält. Der Gefangene ist vielleicht gar kein überzeugter Nationalsozialist. Aber nun füttert man ihn nur mit Nazipropaganda. Bleibt dann etwas anderes übrig, als ein Nazi zu werden? Vielleicht glaubt er nicht gleich alles, was ihm Goebbels sagt, aber er hat ja keine Möglichkeit herauszufinden, was wahr und was unwahr ist. Denn die möglicherweise kritische Presse ist, natürlich, als erstes ausgeschaltet. So nimmt er die Gewohnheit an, alles herunterzuschlucken und alles zu glauben.

Daß er das tut, erscheint vielen, die die Sache vom Auslande her beobachten, merkwürdig; denn Goebbels' Propaganda widerspricht sich ja in einem fort. Die Beobachter glauben also, daß der Propagandaminister über kurz oder lang das Vertrauen der Masse verlieren würde. Aber da niemand innerhalb Deutschlands auf diese Widersprüche hinweisen kann, da eine Polemik mit der Propagandamaschine von Goebbels völlig unmöglich ist, bemerkt die Masse nur selten etwas davon. Goebbels kann sich auf das schlechte Gedächtnis der anderen verlassen.

Einmal entschließt er sich, die Wirkung seiner Propagandamethoden auf seine unglückseligen Opfer zu beschreiben. *Es ist Geschmackssache, Bewunderung für die Tatsachen aufzubringen, daß es der ... Propaganda doch in einem großen Umfange gelungen ist, den Massen der Arbeiter und Bauern durch hermetische Abschließung von der Außenwelt und stupide Wiederholung ihrer Weltbeglückungsphrasen einzureden, daß ihr Zustand eben das Paradies auf Erden sei. Selbständige Erkenntnisse bedürfen der Vergleichsmöglichkeit. Sie sind hier vollkommen abgeschnitten. Der Arbeiter und der Bauer gleichen einem in einem dunklen Keller Eingesperrten, dem man nach fünfundzwanzigjähriger Haft mit Leichtigkeit weismachen kann, daß seine brennende Petroleumlampe die Sonne sei ... Eine nationale Intelligenz, die dies System bekämpfen könnte, existiert nicht mehr. Das System selbst besitzt alle Machtmittel, um ihre Bildung schon in den bescheidensten Anfängen zu ersticken. Das ganze Land ist von einem Spitzelsystem durchzogen, das die Kinder gegen ihre eigenen Eltern als Aushorcher mißbraucht. Was bleibt der stumpfen und willenlosen Masse anderes übrig, als zu gehorchen und sich mit Fatalismus ... in ihr Schicksal zu ergeben?*

In der Tat, man könnte die Wirkung der Goebbelsschen Propaganda nicht besser beschreiben. Freilich, Goebbels schreibt das erst am 19. Juli 1942, und er spricht dann auch nicht über die Wirkungen der eigenen, als vielmehr die der russischen Propaganda. Der Artikel heißt: *Die sogenannte russische Seele.*

## 6

Als Goebbels das Propagandaministerium eröffnet, brüstet er sich mit der Tatsache, es sei das kleinste deutsche Ministerium. Er hat die Vision einer modernen Maschinerie, die möglichst wenig Luftwiderstand erzeugt und auf den höchsten Touren läuft. Das tat das Propagandaministerium auch, obwohl es keineswegs so klein bleibt, wie Goebbels das hofft oder annimmt.

Am Anfang gibt es neun Abteilungen (statt der fünf, die Goebbels plante). Später gibt es zwölf, und schließlich sogar sechzehn, unter denen die wichtigsten sind: „Verwaltung, Propaganda, Rundfunk, Film, Theater, Kunst, Musik, Literatur“ usw. Um die Mitte des Jahres 1933 gibt es bereits dreihundert Beamte und fünfhundert Angestellte.

Die wichtigsten unter den Mitarbeitern sind Leopold Gutterer und sein Adjutant Hugo Fischer, die im wesentlichen die Parteipropagandamaschine leiten. Gutterer kommt aus dem Freikorps, Hugo Fischer ebenfalls, ist ein guter Freund der Mörder von Rathenau, ein aktiver SA-Mann und später einer der tüchtigsten Stabsoffiziere Himmlers. Von ebenfalls großer Bedeutung für Goebbels ist sein erster Adjutant Karl Hanke, ein SS-Offizier, schlank, groß, gut aussehend, freilich ein bißchen melancholisch. Später wird er den Dienst bei Goebbels unter eigenartigen, ja, man darf wohl sagen, pikanten Umständen quittieren.

Hans Hinkel ist einer der ältesten Nazis, ja, ist der Partei sogar vor Goebbels beigetreten. Er gehört zu denen, die 1923 mit Hitler gegen die Feldherrnhalle marschierten. Nachher hat er eine Reihe von kleinen und kleinsten Provinzzeitungen für die Nazis herausgegeben – besser: geschrieben, gesetzt, gedruckt und verkauft. Er ist um dieselbe Zeit wie Goebbels nach Berlin gekommen und hat eine Zeitlang zusammen mit den Strassers die *Nationalsozialistischen Briefe* herausgegeben. Goebbels benutzt ihn im wesentlichen, um Film und Theater zu kontrollieren. Hinkel sieht ausgezeichnet aus, ein bißchen wie ein zweitklassiger Filmschauspieler, und bald spricht man viel von ihm, immer im Zusammenhang mit der einen oder anderen Schauspielerin oder Filmschauspielerin. Das ärgert Goebbels, der Hinkel einige Male hinauswirft, ihn aber dann immer wieder holt. Der kleine Doktor schlägt sich gern mit dem großen, gutaussehenden Burschen herum, das Motiv ist zweifellos Eifersucht.

Eugen Hadamovski ist eine Entdeckung von Goebbels, ein junger, lebendiger Reporter und neben Goebbels (und Hitler natürlich) sicher der begabteste Propagandatheoretiker. Goebbels stellt ihn an die Spitze des deutschen Radiobetriebs, den er, vom nationalsozialistischen Standpunkt aus gesehen, mit viel Erfolg gleichschaltet.

Goebbels hat ja immer gesagt, daß das gesprochene Wort mehr Wirkung habe als das gedruckte; es ist daher nur logisch, daß er nun im Rundfunk die wichtigste Propagandawaffe erkennt. *Was die Presse für das neunzehnte, das wird der Rundfunk für das zwanzigste Jahrhundert sein,* erklärt er in einer Rede am 18. August 1933. *Man könnte, auf ihn angewandt, für unsere Zeit das Wort Napoleons dahin variieren, daß der Rundfunk die achte Großmacht darstellt.*

Schon im März 1933 hat er ein Gesetz erlassen, nach dem alle Anteile der Reichsrundfunkgesellschaft vom Propagandaministerium übernommen werden. Auf diese Weise schafft er mit einem Schlag ein offizielles Monopol. Am 16. August kann Hadamovsky melden, daß die Säuberungsaktion innerhalb der Rundfunkbetriebe durchgeführt worden ist. Bis in den kleinsten Posten hinein sitzen in allen Stationen nur noch verläßliche Nazis.

Übrigens ist die Übernahme des Rundfunkbetriebes kein schlechtes Geschäft für Goebbels. Rundfunkhörer müssen ja zwei Mark pro Monat bezahlen. Goebbels denkt wohl vor allem an das daraus entstehende Einkommen, wenn er gleich zu Anfang erklärt, das Propagandaministerium koste den Staat keinen Pfennig. Übrigens bleibt das eine Illusion. Es ist wohl möglich, daß sich aus den Rundfunkgebühren ein kleines Propagandaministerium hätte erhalten lassen, nicht aber der immerfort wachsende und immer mehr Geld verschlingende Koloß.

Die Abteilung „Deutsche Presse“ allein hat 2300 Zeitungen und Zeitschriften zu überwachen. Obwohl einige Zeitungsherausgeber und Redakteure unbestreitbaren Mut bewiesen haben, bevor Hitler an die Macht kam, obwohl einige der größten Zeitungen in jüdischem Besitz waren und obwohl ein großer Teil gerade dieser Zeitungen zu den besten der Welt gehörten, hat Goebbels nicht die geringste Schwierigkeit, die Presse gleichzuschalten. Dies gelingt ihm vor allem durch das sogenannte Schriftleitergesetz, das es ihm ermöglicht, Journalisten von einem Tag zum andern zu entlassen, wenn es ihm gerade so paßt. Wenn einer kein Parteigenosse ist oder nicht verläßlich, wenn einer zufällig eine jüdische Großmutter hat, dann darf er einfach nicht mehr schreiben. Wenn einer einen Artikel schreibt, der einem Beamten des Propagandaministeriums nicht paßt, ja auch nur einen Satz, der dem Wilhelmsplatz mißfällt, dann ist er erledigt.

Niemand kann ihn schützen, am allerwenigsten der Besitzer der Zeitung selbst. Im Grunde genommen gibt es gar keine Besitzer mehr. Denn diejenigen, die nicht parieren, werden so lange schikaniert, bis sie verkaufen. Folgen sie nicht dem ersten Wink, so werden ihre Zeitungen verboten, erst auf einen Tag, dann auf ein paar

Tage, schließlich gar auf Wochen. Da sie lieber verkaufen als bankrott gehen, verkaufen sie eben.

Zahlreiche Zeitungen werden auf diese Weise von Max Amann, dem Leiter des Eher-Verlages, erworben, dessen stiller Teilhaber Adolf Hitler ist. Einige werden auch von Göring aufgekauft. Goebbels jedenfalls beteiligt sich an diesem Raubzug nicht, obwohl das für ihn ein leichtes wäre, das jedenfalls muß zu seiner Ehre gesagt werden.

Die Zeitungen, die auf diese Weise den Besitzer wechseln, weisen nach außen hin kaum Veränderungen auf. Der Name bleibt derselbe, ebenso die Aufmachung und der Umbruch, und Millionen Leser bemerken erst nach Wochen oder Monaten, daß sie statt der unabhängigen Zeitung, an die sie gewöhnt sind, eine Nazizeitung lesen. Ein paar Zeitungen, darunter auch die berühmte *Frankfurter Zeitung,* dürfen sogar ein gewisses Maß von Unabhängigkeit weiter behalten, hauptsächlich um das Ausland davon zu überzeugen, daß es in Deutschland keine Zensur gibt.

Leiter der Nachrichtenabteilung in der Abteilung Deutsche Presse ist Hans Fritzsche, ohne Zweifel der begabteste und talentierteste unter allen denen, die Goebbels engagiert. Fritzsche ist Mitte der Dreißig, groß, sieht gut aus und ist ein geschickter Zeitungsmann, der durch und durch sein Handwerk beherrscht. Jahrelang hat er leitende Stellungen in verschiedenen Pressediensten innegehabt. Politisch steht er etwa auf der gleichen Linie wie Hugenberg, ist also keineswegs ein echter Nationalsozialist, obwohl er im Mai 1933 der Partei beitritt. 1937 wird er Chef der Abteilung Deutsche Presse und hält die Stellung bis 1942. Dann wird er für einige Monate an die Ostfront gehen, um bei seiner Rückkehr die Leitung der Abteilung Rundfunk zu übernehmen.

Fritzsche hat keinerlei Illusionen über das niedrige Niveau der deutschen Presse unter Hitler. Wichtiger ist vielleicht noch, daß er sich nicht einmal Mühe gibt, seine Meinung über die Fähigkeiten der durchschnittlichen Naziredakteure zu verbergen. Viele von denen, die seinen Pressekonferenzen beiwohnen, sind über die ironischen Bemerkungen entsetzt, die er über den *Völkischen Beobachter* und seinen Herausgeber, Alfred Rosenberg, macht, der schließlich ein intimer Freund des Führers ist. Es besteht gar kein Zweifel, daß Fritzsche sein Geschäft versteht und daß Goebbels ohne ihn sein Propagandaministerium nicht so leicht hätte aufbauen können.

Es ist ebenfalls sicher, daß Fritzsche weder anfangs noch zuletzt an den Nationalsozialismus glaubt, obwohl er sein ganzes Können den Nazis zur Verfügung stellt.

Fritzsche darf es sich sogar erlauben, Goebbels selbst gelegentlich zu kritisieren. Dies Privileg teilt er mit Walther Funk, einem kleinen, häßlichen Mann, der oft betrunken ist und über dessen homosexuelle Ausschweifungen ganz Berlin munkelt; freilich, selbst in betrunkenem Zustand ist er noch amüsant und geistreich. Er ist Wirtschaftsredakteur der *Berliner Börsenzeitung* gewesen, ein Experte vor allem für finanzielle Fragen und als solcher „Hitlers Privatlehrer". Goebbels macht ihn zu seinem Unterstaatssekretär und Leiter der Abteilung Deutsche Presse. Diese Stellung behält er bis 1937, dann wird er Wirtschaftsminister.

Sein Talent ist Goebbels in mancherlei Weise von Nutzen, aber gleichzeitig kommt es auch zu den peinlichsten Zwischenfällen durch ihn. Trotzdem verliert Goebbels nie die Geduld. Der Grund dafür: Funk ist „etwas Besseres". Funk kennt die Leute, auf die es ankommt. Funk steht sich aufs beste mit der sogenannten Berliner Gesellschaft. Funk ist Weltmann. Da die Leute, auf die es ankommt, die Exzentrizitäten Funks hinnehmen, sieht Goebbels nicht ein, warum er selbst sich empören soll. In dieser Beziehung ist Goebbels ein Snob.

## 7

Nun hat Goebbels Macht.

Er hat nicht die Macht, die Politik des Dritten Reiches in ihren Grundlinien festzulegen, die Hitler besitzt. Er hat nicht die Macht, Deutschlands Wirtschaftsleben aufzubauen, wie sie Schacht hat. Oder die Macht, Menschen verhaften und in Konzentrationslager zu werfen, wie sie Göring und später Himmler sie haben. Er hat die Macht, darüber zu entscheiden, was Menschen lesen, was sie wissen sollen, was sie nicht denken dürfen. Die Rolle ist gewaltig, aber sie ist Goebbels auf den Leib geschrieben.

Seit Jahren hat er Klage geführt, daß die Weimarer Republik ihn unterdrücke, niederkneble, zensiere. Jetzt darf ihn niemand mehr zurückhalten. Es ist noch kein Jahr her, da hat er den Staat und die

Polizei verurteilt, die Zeitungen aus gewissen Gründen verbieten und auf diese Weise an den Rand des Abgrunds bringen. Jetzt hat er die Macht. Jetzt kann er zeigen, daß es andere, intelligentere Mittel gibt, die Opposition und ihre Zeitungen zu bekämpfen als brutale Verbote. Aber was tut er? *Jetzt haben wir ... eine ... Handhabe gegen die Presse, und nun knallen die Verbote, daß es nur so eine Art hat ... Alle jüdischen Organe, die uns so viel Ärger und Kummer bereitet haben, verschwinden mit einem Male aus den Berliner Straßen. Das beruhigt und wirkt wie eine Wohltat für die Seele,* schreibt er am 15. Februar 1933 in sein Tagebuch.

Das ist nicht mehr der alte Goebbels. Das vergangene Jahr hat ihn verändert. Irgendwie hat er die Lust daran verloren, seine eigensten Talente, die der Überredung, der Überzeugung, der Debatte, in Anwendung zu bringen. Irgendwie ist er ein wenig selbstgefällig geworden, seit Hitler an die Macht gekommen ist. Als er zum Beispiel mit dem Auto durch die Städte fährt, in denen er seine Studentenjahre verbrachte, schreibt er sentimentale Notizen in sein Tagebuch, als handele es sich um Rückerinnerungen an Ereignisse, die dreißig oder vierzig Jahre zurücklägen. *Wie dieses Heidelberg alte Erinnerungen wieder auferstehen läßt: Es wird einem ganz wehmütig ums Herz dabei. Hier ist man als Student durch die Straßen gegangen, mit großen Plänen und Ehrgeiz im Kopf ... Dieses wundervolle Freiburg ...* usw.

Goebbels, der Demagoge, hat, wenigstens vorübergehend, abgedankt. Warum soll er Zeit darauf verwenden, intelligenter, witziger, schärfer zu sein als seine Gegner, wenn er sie durch die nackte Gewalt erledigen kann? Es gibt ja niemanden, der ihm noch widersprechen könnte, weil es niemanden mehr gibt, der physisch dazu in der Lage wäre. Göring stiehlt oder baut Schlösser. Himmler baut sich eine Privatarmee. Goebbels hält einen einzigen, nicht enden wollenden Monolog, während die anderen zuzuhören haben.

Er hat keinen Erfolg als Schriftsteller gehabt. Jetzt kann er dabei zusehen, wie die Flammen die Werke derer verzehren, die mehr Erfolg hatten als er – die Werke der Heinrich Mann, Maxim Gorki, Sigmund Freud, Henri Barbusse, Lion Feuchtwanger und zahlloser anderer großer Schriftsteller der Gegenwart und jüngsten Vergangenheit. Bei dieser Gelegenheit hält er eine Rede, aber die ist merkwürdig kurz, und fast unmittelbar darauf instruiert sein Propagandaministerium sämtliche deutschen Zeitungen, die Bücherverbrennung solle möglichst nicht groß aufgezogen werden. Hat Goebbels Gewissensbisse?

Eine andere Kulturtat, die er sich leistet, ist der Streit mit dem großen Dirigenten Wilhelm Furtwängler, der die bemerkenswerte Courage aufbringt, sich für jüdische Musiker und jüdische entartete Musik einzusetzen. Goebbels schreibt ihm einen scharfen Brief und erklärt ihm, was deutsche Kultur ist und was nicht. Für ihn, Goebbels, ist Kultur im Grunde genommen nichts anderes als ein einziges riesenhaftes Aushängeschild für das Dritte Reich. Ein Zwischenfall ist in dieser Beziehung symptomatisch.

In den ersten Monaten des Jahres 1933 inszeniert Goebbels eine Massendemonstration auf dem Domplatz in Köln. Er läßt dem Erzbischof sagen, man möchte die Domglocken in einem bestimmten Augenblicke läuten. Der Erzbischof lehnt ab, er will die Kirche nicht zu politischen Zwecken benutzen lassen. Goebbels versucht erst gar nicht, ihn zu überzeugen. Er weist vielmehr die Kölner Rundfunkstationen an, das Glockengeläut auf Tonband aufzunehmen. *Ich hätte dieses Tonband nun einfach bei der Versammlung spielen lassen können,* erzählt er einer Berliner Schauspielerin einige Tage, nachdem die Angelegenheit stattgefunden hat. Auf diese Weise hätten Millionen Zuhörer am Radio die Überzeugung gewonnen, daß die Domglocken wirklich während der Versammlung läuteten. *Aber ich wollte ja auch die hunderttausend Menschen, die auf dem Domplatz selbst standen, davon überzeugen. Darum baute ich eine Reihe von Lautsprechern in die Kirche ein. Als das Tonband nun ablief, hörten die vor dem Dom Stehenden die Klänge so, als kämen sie aus dem Dom heraus, wurden also auf diese Weise leicht getäuscht …*

## 8

Und doch, immer wieder gibt es Anzeichen dafür, daß noch Deutsche leben, die aus diesen oder jenen Gründen gegenüber dem Nationalsozialismus feindlich eingestellt sind. Hundert neue Witze machen die Runde, die das Regime abfällig kritisieren und die eine geradezu erschreckende Respektlosigkeit Hitler, Göring und

Goebbels gegenüber beweisen. So etwas ärgert Goebbels sehr. Er glaubt, daß daran nur die Juden schuld seien, und spricht darüber öfters mit den Kollegen im Propagandaministerium. Fritzsche fragt Goebbels einmal, warum er glaube, daß nur die Juden gegen die Nazis eingestellt seien. Würden nicht auch die Franzosen, die Russen und andere Völker in Opposition zum Nationalsozialismus stehen, falls sie je Gelegenheit dazu hätten? *Ich glaube, daß ich die Franzosen, ja selbst die Russen durch meine Propaganda überzeugen könnte,* antwortet Goebbels. *Aber die Juden nicht. Niemals die Juden.*[7]

Die Juden haben freilich guten Grund, gegen Goebbels' Propaganda immun zu sein. Man hat es ihnen ja klargemacht, daß sie im Dritten Reich nichts zu suchen und zu hoffen haben. Diejenigen, die Deutschland schon in den ersten Monaten verlassen, tun auch ihr Möglichstes, um die Welt wissen zu lassen, was in Deutschland vor sich geht: Sie sprechen von Verhaftungen und Folterungen, von Konzentrationslagern und Morden. Goebbels erklärt, solche „Greuelmärchen" entbehrten jeder Grundlage. Aber er begreift, daß er etwas gegen ihre Verbreitung unternehmen muß. Und so faßt er den Entschluß zu einer geradezu gigantischen Erpressung. *Wir werden gegen die Auslandslüge nur ankommen,* erklärt er Hitler am 26. März 1933, *wenn wir ihre Urheber oder doch wenigstens ihre Nutznießer, nämlich die in Deutschland lebenden Juden, die bisher unbehelligt blieben, zu packen bekommen. Wir müssen also zu einem großangelegten Boykott aller jüdischen Geschäfte in Deutschland schreiten. Vielleicht werden sich dann die ausländischen Juden eines Besseren besinnen, wenn es ihren Rassegenossen in Deutschland an den Kragen geht.*

Hitler und besonders auch Julius Streicher sind ganz begeistert von dieser Idee, während auf der anderen Seite Hjalmar Schacht, Walther Funk und selbst Göring, der wenigstens etwas von volkswirtschaftlichen Zusammenhängen versteht, vor Entsetzen verstummen. Sie wissen sehr wohl, daß, wenn der Boykott auch nur eine Woche lang anhält, Tausende von Geschäften ruiniert, Hunderttausende von Angestellten und Arbeitern arbeitslos gemacht werden, ja daß das ganze wirtschaftliche System zusammenbrechen werde. Aber es ist zu spät, den Boykott abzusagen, der begeisterte Antisemit Streicher hat bereits mit den Vorbereitungen begonnen, und Hitler würde Goebbels nie so öffentlich im Stich lassen. Aber auch jetzt noch weiß Goebbels einen Ausweg. Er wird den Boykott nach dem ersten Tag – dem 1. April 1933 – unterbrechen. Er wird dem Weltjudentum noch eine Chance geben. Wenn man im Ausland klein beigibt, wird er den Boykott nicht mehr aufnehmen lassen, was er auf keinen Fall tun könnte, wie es ihm Schacht und Funk klargemacht haben.

Aber die Welt fällt auf diesen großangelegten Bluff herein. Überall versuchen Juden, antinationalsozialistische Berichte und Informationen aus den Zeitungen herauszuhalten. Und die liberalen Elemente, die mit den Juden sympathisieren, helfen dabei. So gewinnt Goebbels seinen ersten Nervenkrieg. Auf diese Weise hat er eine Technik ausprobiert, die er späterhin noch oft zur Anwendung bringen wird, und immer mit Erfolg.

Der Boykott hört auf: Aber die antisemitischen Maßnahmen werden fortgesetzt, wenngleich auch in weniger dramatischer Form. Da es sich als unpraktisch erweist, jüdische Geschäfte zu ruinieren, konzentriert sich die Partei vorerst darauf, jüdische Beamte und Anwälte kaltzustellen, Ärzte und Universitätsprofessoren zu entlassen, Lehrer und Journalisten, Schauspieler und Musiker brotlos zu machen. Eine Woche, nachdem der Boykott „unterbrochen“ worden ist, werden bereits die ersten antisemitischen Dekrete veröffentlicht, nach denen deutsche Beamte (Briefträger und Museumswärter eingeschlossen) reine Arier sein müssen. Und so geht es weiter während eines ganzen Jahres. Das, was am 1. April 1933 die Welt empört hat, wird schließlich von allen als tägliche Routine hingenommen.

Und doch gelingt es Goebbels nicht, die Kritik an den Nazis im Ausland zu unterbinden. Ironie des Schicksals: Diese Kritik kommt fast durchweg von einer Handvoll Männern, die Goebbels aus dem Land getrieben hat, mutigen deutschen Schriftstellern, Redakteuren und Journalisten, viele von ihnen „Nichtarier“, die gerade noch mit Müh und Not der Verhaftung nach dem Reichstagsbrand entgangen sind.

Eine Handvoll Männer. Sie gingen nach Paris, nach Prag, London, New York und Amsterdam. Sie wurden nicht gerade freundlich aufgenommen. Sie hatten ja kein Geld, und die meisten konnten nicht einmal in einer fremden Sprache schreiben, was es noch schwieriger für sie machte, ihren alten Beruf in neuer Umgebung zu verfolgen. Und doch blieben sie hartnäckig dabei, die Wahrheit über das zu verbreiten, was innerhalb Deutschlands vor sich ging. Wieder und wieder warnten sie eine Welt, die gar nicht gewarnt werden wollte. Immer wieder appellierten sie an das Gewissen einer Menschheit, die sich taub und blind stellte.

Sie hungerten. Und trotzdem gelang es ihnen irgendwie, kleine Zeitschriften, ja sogar Tageszeitungen herauszubringen, in denen sie die Wahrheit predigten. Sie wurden oft als unerwünschte Ausländer behandelt, die die „Gastfreundschaft" mißbrauchten, indem sie gegen eine „befreundete Macht" polemisierten. Sie mußten sich zahllosen Unannehmlichkeiten und Unwürdigkeiten, Verhören, ja sogar Leibesvisitationen unterziehen. Und doch war es unmöglich, sie zum Stillschweigen zu bringen.

Im Vergleich zu Goebbels hatten sie nur geringen Einfluß. Und doch haßte sie Goebbels, denn sie waren die ersten, die ihm sein deutsches Nachrichtenmonopol streitig machten. Manchmal gelang es Naziagenten im Ausland, einige dieser mutigen Männer zu verprügeln; einer der Antinazi-Schriftsteller wurde ermordet, ein anderer betäubt und aus dem neutralen Ausland nach Deutschland zurückverschleppt. Viele andere entgingen nur durch Zufall oder Glück ähnlichen Schicksalen. Aber die wenigen Antinazi-Schriftsteller hörten nicht auf, ihre Stimmen zu erheben. Wie groß auch die Hindernisse und die Schwierigkeiten, sie wurden nicht müde zu protestieren. Sie waren die ersten, die den Kampf gegen Goebbels aufnahmen. Zum Unglück der Welt hörte man wenig auf sie.

## Anmerkungen

1 Diese und andere Enthüllungen finden sich in einem Brief, den Karl Ernst später geschrieben hat, in der Hoffnung, daß die Angst vor der Veröffentlichung des Briefes Hitler und Göring davon abhalten könnte, ihn ermorden zu lassen. In dieser Annahme täuschte er sich, er wurde ein Opfer der sogenannten „Röhm-Affäre" vom 30. Juni 1934.

2 In einer Rede vom 20. Oktober 1933.

3 Diese Tatsachen ergeben sich aus den Enthüllungen, die der ehemalige SA-Mann Heinz Jürgens nach seiner gelungenen Flucht nach Brasilien machte.

[4] Diese Feststellungen sind in einem Exposé Dr. Tauberts enthalten, das er dem Autor zur Verfügung gestellt hat.
[5] Wie Hans Fritzsche dem Autor erzählte.
[6] Der Autor erfuhr dies von einer Frau, die Goebbels damals sehr nahestand.
[7] Fritzsche selbst berichtete dem Autor diese Bemerkung.

SIEBENTES KAPITEL

# „MORGEN DIE GANZE WELT"

## 1

Zahlreiche Reden, die Goebbels während dieses ersten Jahres des Dritten Reiches hält, enden mit den Worten des Ulrich von Hutten: *Es ist eine Lust zu leben!* Er hat ja allen Grund, zufrieden zu sein. Und jetzt ist es seine Aufgabe, dafür zu sorgen, daß auch die anderen es werden. Zu diesem Behufe schafft oder erfindet er erst einmal eine Unmenge von neuen Feiertagen.

Es beginnt mit dem ersten Mai. Während eines halben Jahrhunderts war dieser Tag der Feiertag der sozialistisch organisierten Arbeiter auf der ganzen Welt gewesen. Nach der Revolution von 1918 hatten die deutschen Sozialisten sogar versucht, ihn zum offiziellen Festtag zu machen; sie waren gescheitert. Jetzt zeigt Goebbels, wie man so etwas macht. Und indem er ihnen ihre Idee stiehlt – er stiehlt ja oft und gern Ideen –, schlägt er gleich mehrere Fliegen mit einer Klappe. Er zeigt den Arbeitern, wie unfähig ihre bisherigen Führer waren. Er macht sich bei der breiten Masse beliebt, die sich ernstlich zu fragen beginnt, ob die Nationalsozialistische Arbeiterpartei nicht letzten Endes doch eine Arbeiterpartei sei.

In allen deutschen Städten gibt es Massenversammlungen und Umzüge. Ganz besonders hoch her geht es natürlich in Berlin, wo sich eine und eine halbe Million Menschen auf dem Tempelhofer Feld versammeln. Es mag ja sein, daß ein paar Hunderttausend auf jeden Fall gekommen wären, aber Goebbels riskiert nichts. Er sorgt dafür, daß die Arbeiter jeder Fabrik, die Angestellten jedes Geschäftsbetriebes, ja daß selbst die Schauspieler, Artisten, Lehrer und Ärzte anmarschiert kommen. Das Wetter ist herrlich – man wird von nun an in Deutschland gutes Wetter „Hitler-Wetter" nennen –, und so verläuft die Affäre zur Zufriedenheit aller.

Schon am nächsten Morgen dringt die Polizei in die Büros der Gewerkschaften ein, beschlagnahmt alles, was sie findet; die Gewerkschaften werden aufgelöst, ihre Leiter verhaftet, ihr Vermögen gestohlen. Nun sind die deutschen Arbeiter ohne Führung, ohne Organisation. Sie haben nur noch Dr. Robert Ley, der alsbald die Arbeitsfront aufbaut und ihnen *Kraft durch Freude* gibt.

Im September folgt dann der Parteitag in Nürnberg. Das ist nun schon eine Tradition. Mit jedem Jahr sind die Parteitage umfangreicher und lauter geworden. Immerhin noch im September 1932 hat es sich um eine gewissermaßen private Festlichkeit gehandelt. Ein Jahr später darf Goebbels sich austoben. Er darf die größte Tagung inszenieren, die Deutschland, ja die die Welt je gesehen hat. Um Nürnberg wird eine Zeltstadt aufgebaut. Drei Tage bevor der Parteitag beginnt, treffen siebenhundertfünfzigtausend Menschen ein – das ist ungefähr das Doppelte der Einwohnerschaft von Nürnberg – und erobern im wahrsten Sinne des Wortes die Stadt. Riesige Suppenküchen werden an allen Straßenecken aufgebaut. Um einen Begriff zu geben, was sich nun tut, braucht man bloß festzustellen, was gegessen und getrunken wird:

Mehr als eine Million Pfund Brot; mehr als hunderttausend Pfund Butter, mehr als hundertdreißigtausend Pfund Käse; zweihunderttausend Pfund Sauerkraut; zwanzigtausend Pfund Schweinefett; hunderttausend Pfund Kaffee; zweihundertsechzigtausend Pfund Wurst; dreihunderttausend Pfund Büchsenfleisch; dreihundertfünfzigtausend Pfund frisches Fleisch; ferner werden zwei Millionen fünfhunderttausend Zigaretten und zweihundertfünfzigtausend Zigarren geraucht.

Der Versuch, den Bier- und Weinkonsum statistisch zu erfassen, wird erst gar nicht unternommen. Aber die Nürnberger, die selbst keineswegs einem guten Tropfen abhold sind, denken noch monatelang schaudernd an die rekordbrechenden Saufgelage zurück und an die zahllosen Ausschreitungen, die sich in der allgemeinen Trunkenheit begaben. In späteren Jahren kommt es dahin, daß, wer von den Einwohnern der Stadt es sich erlauben kann, jeweils im September, vor Beginn des Parteitages, das Weite sucht.

Ein anderer Nationalfeiertag, den Goebbels kreiert, ist das Erntedankfest, das in der ersten Oktoberwoche in Bückeburg gefeiert wird. Es erweist sich als ausgezeichnete Gelegenheit, lange Reden darüber zu halten, daß der Bauer und der Arbeiter sich vertragen müssen und daß Stadt und Land zusammengehören, um nur einige der schlimmsten Klischees zu erwähnen.

Überflüssig zu sagen, daß Hitlers Geburtstag ebenfalls Nationalfeiertag wird. Er beginnt immer mit einer langen Rundfunkrede von Goebbels, der den Führer in jeder nur erdenklichen Weise preist und der immer wieder betont, wie dankbar das deutsche Volk sein muß, einem so großen Manne zu dienen.

Im Grunde sind alle diese Feiertage nichts anderes als ins Überdimensionale gesteigerte Massenversammlungen, Aufmärsche und Fackelzüge, so wie er sie in den zwanziger Jahren inszeniert hat; ins Überdimensionale gesteigert: denn nun reichen Stadien und Sportpaläste nicht mehr aus, die Massen füllen alle Straßen und alle Plätze, die Lautsprecher erfüllen ganze Städte mit ihrem Geplärr. In seinen ersten Berliner Tagen erklärte Goebbels, man müsse die Versammlungsteilnehmer schon beeinflußt haben, *bevor der Redner nur den Mund auftut;* in diesem Geiste schafft er jetzt die Tradition der nationalsozialistischen Festtage. Zwei, drei Jahre später werden alle Deutschen glauben, daß sie diese Feiertage ihr ganzes Leben lang gefeiert haben; und dadurch werden sie zu dem Glauben verführt, daß die Nazis immer an der Macht waren. Aber vielleicht ist es noch wichtiger, daß diese Feiertage sie vergessen machen, daß Hitler seine Versprechen nicht alle erfüllt hat. Im Grunde genommen ist alles nur die Anwendung des alten römischen Rezeptes von „Brot und Spielen".

Schließlich und endlich hofft Goebbels, daß diese Feiertage im Auslande einen Eindruck von Stabilität und Integrität des Regimes vermitteln werden. Die Welt, die ja noch nicht an seine Taktik gewöhnt ist, kann es einfach nicht glauben, daß eine Regierung Feste über Feste feiern würde, wenn an den furchtbaren Geschichten aus den Konzentrationslagern und den SA-Kellern etwas Wahres wäre. Sie glaubt vielmehr, daß Regierungsmitglieder, die so unterbrechungslos guter Dinge sind, ein reines Gewissen haben müssen.

## 2

Vom ersten Tage an begreift Goebbels, wie wichtig es ist, im Auslande den Eindruck der Harmlosigkeit zu machen. Er verzichtet daher vorderhand auf aktive Auslandspropaganda. Seine Kurzwellenübertragungen bestehen im wesentlichen aus Sendungen von Opern aus Berlin, Dresden und München und philharmonischen Konzerten aus Leipzig. Übrigens hat er, zusammen mit Hadamovsky, einen Fünfjahres-Rundfunkplan ausgearbeitet, der eine sich ständig steigernde Auslandspropaganda vorsieht. Von Stuttgart, Freiburg, Frankfurt und Trier soll Elsaß-Lothringen mit Material überschwemmt werden. Der Kölner Sender ist auf Belgien ausgerichtet; von Hamburg, Bremen und Stettin aus konzentrieren sich die Rundfunkpropagandisten auf Dänemark, Norwegen und Schweden; Breslau und Gleiwitz übernehmen die Tschechoslowakei, München Österreich. Übersee wird von Königswusterhausen aus erledigt.

Dort verfügt Goebbels über zwölf Kurzwellensender, die mit einer Stromstärke von hunderttausend Kilowatt arbeiten. England hat zwar sechzehn Kurzwellensender, aber ihre Stärke beträgt nur fünfzigtausend Kilowatt. Italien hat vier Kurzwellensender, Rußland sechs, die Vereinigten Staaten elf, Frankreich und Japan je drei.

Goebbels beginnt seine Auslandssendungen in sechs Sprachen. Noch im Jahre 1933 sendet er nach Amerika; 1934 nach Südafrika, Südamerika und dem östlichen Asien; im Jahre 1935 kamen Südasien und Zentralamerika hinzu.

1933 wird nur eine Stunde fünfundvierzig Minuten pro Tag ins Ausland gesendet. Ein Jahr später sind es schon einundzwanzig Stunden fünfzehn Minuten; 1935 neunundzwanzig Stunden und fünfundvierzig Minuten; 1936 dreiundvierzig Stunden und fünfunddreißig Minuten; 1937 siebenundvierzig Stunden. Dies bedeutet, daß nunmehr während jeder Minute des Tages und der Nacht mindestens zwei deutsche Stationen ins Ausland senden.

## 3

Zwischen den Jahren 1933 und 1936 durchläuft das nationalsozialistische Regime eine schwierige und gefährliche Periode. *Die westeuropäischen ... Plutokratien standen vor der Wahl, dieses neue Deutschland entweder gänzlich zu vernichten, oder mit ihm einen endgültigen Frieden zu versuchen,* schreibt Goebbels später über diese Zeit. *Das erste wäre vielleicht damals noch möglich gewesen; das zweite war zwar mit einigen Opfern verbunden, aber nicht allzu teuer ...*[1]

Es ist Goebbels' Aufgabe, die Außenwelt über ihre Möglichkeiten dem Dritten Reich gegenüber gar nicht zur Besinnung kommen zu lassen. Er muß sie in eine Art Schlafzustand versenken, in dem sie nicht bemerkt, daß Hitler aufrüstet, bis der Zeitpunkt gekommen ist, wo es zu spät ist, ihn daran zu hindern. Die Schwierigkeit seiner Aufgabe wird nicht gerade durch die prahlerischen Reden Görings oder des Vizekanzlers von Papen vermindert, der schon im Jahre 1933 eine Rede hält, in der er behauptet, allein der Tod auf dem Schlachtfeld sei eines Mannes würdig. Um die Wirkung solcher Worte abzuschwächen, muß Hitler persönlich seinem Reichstag erklären: *Kein neuer europäischer Krieg wäre in der Lage, anstelle der unbefriedigenden Zustände von heute etwa bessere zu setzen. Im Gegenteil!... Der Ausbruch eines solchen Wahnsinns ohne Ende ... müßte zum Zusammenbruch der heutigen Gesellschafts- und Staatenordnung führen.*

Was Hitler als seine Meinung vorgab, war die wirkliche Hoffnung und die Raison d'Etre des Völkerbundes; und der Grund, warum der Völkerbund immer wieder die Frage der allgemeinen Abrüstung beraten ließ. Dies allein bedeutete eine Gefahr für die Nazis. Solange Deutschland Mitglied des Völkerbundes war, konnte die Aufrüstung nicht vor sich gehen, ohne daß die Regierung peinliche Fragen, ja sogar Untersuchungen dulden mußte. Debatten in Genf mußten unweigerlich Tatsachen ans Licht zerren, die die Hitlerregierung geheimzuhalten wünschte. Andererseits hätte ein Bruch mit dem Völkerbund überall in der Welt Verdacht erregt. Um die Haltung Deutschlands in dieser kitzligen Situation zu bestimmen, sandte Hitler Joseph Goebbels nach Genf.

Eigentlich hätte der Außenminister hinfahren müssen. Aber

Goebbels hatte ja vom Außenministerium den ganzen Komplex der Auslandspropaganda übernommen. Einige ältere Beamte hatten protestiert, aber Konstantin von Neurath, ein alter, müder Mann, der dem dynamischen Goebbels keineswegs gewachsen war, hatte allen Forderungen des Propagandisten nachgegeben.

## 4

Goebbels kam Ende September 1933 in Genf an. Abgesehen von kurzen Reisen nach Italien und Schweden war er vorher niemals im Ausland gewesen. Er geriet in Entzücken beim Anblick der alten Schweizer Stadt, ihrer winkligen, gewundenen, schmalen Gäßchen, ihrer alten Häuser, ihrer schönen Kirchen, des pittoresken Sees, der von majestätischen, schneebedeckten Bergen umrahmt war. Der eigentliche Charme Genfs – und der Grund, warum die Stadt Heimatort eines wirklichen Völkerbundes hätte sein können – war die Zwanglosigkeit der Atmosphäre. Genf war nicht die scheinwerferbeleuchtete Bühne, auf der Staatsmänner sich in all ihrem Glanz produzierten. Genf war ein Städtchen, wo bedeutende und einflußreiche Politiker private oder doch fast private Menschen sein konnten, wo sie beim Apéritif wichtige Staatsgeschäfte besprachen, ja abschlossen. Goebbels war kein Privatmensch mehr. Er kam in Genf an, begleitet von sechs SS-Männern, baumlangen, schweren Kerlen, die ständig um ihn herum waren, die von Anfang an jede Intimität ausschlossen. Diese Burschen begleiteten ihn, als er Genf besichtigte, sie folgten ihm in die Salle d'Assemblée des Völkerbundes, waren sogar bei seiner Pressekonferenz anwesend. Sie verhalfen seinem ganzen Besuch zu einem unangenehmen Beigeschmack.

In Genf sah man sie mit Entsetzen. Niemals war es bisher vorgekommen, daß eine wichtige Persönlichkeit sich ihre eigene Leibgarde mitbrachte. Übrigens war die Ablehnung gegenseitig.

Goebbels war außer sich über die Anwendung des demokratischen Prinzips bei den Verhandlungen im Völkerbund. Die ganze Versammlung hörte dem winzigen Kanzler von Österreich, Engelbert Dollfuß, zu, als ob nicht jeder wüßte, daß Österreich im Verhältnis zu Deutschland nur ein winziges Land war! Ja, es gab sogar Neger-Deputierte im Völkerbund. Goebbels konnte sich darüber gar nicht beruhigen. Er fuhr nach Berlin zurück, und sechzehn Tage später trat Deutschland aus dem Völkerbund aus.

Als offizieller Grund wurde angegeben, der Völkerbund verweigere Deutschland die Gleichberechtigung mit anderen großen Nationen.

Nach Berlin zurückgekehrt, ließ Goebbels seinen Agenten im Auslande mitteilen, daß sie baldigst wichtige Instruktionen zu erwarten hätten; auch seine Propaganda-Attachés wurden in Alarmzustand versetzt. Sie waren übrigens eine Erfindung von Goebbels. Die meisten unter ihnen hatten nie Auslandsdienst gemacht, wußten nichts von der Welt jenseits der deutschen Grenzen oder der Mentalität der Ausländer. Sie waren ziemlich ungeschickte Agitatoren, die alle Welt mit der ewigen Wiederholung der alten Nazischlagworte langweilten; sie fielen überall unangenehm auf.

Während des Herbstes schickte Goebbels diesen Attachés rund zwanzigtausend Worte Geheiminstruktionen.[2] ... *Auch kann hier vertraulich bestätigt werden, daß die nun eingetretene Entwicklung den deutschen Interessen in mancher Beziehung entgegenkommt und eine raschere und weitgehendere Bereinigung der Rüstungsfragen bewirken kann, als solche im Verfolg der langwierigen Kompromißverhandlungen in Genf hätte erzielt werden können,* kommentierte er Deutschlands Austritt aus dem Völkerbund. *Niemals aber darf irgendeine Veröffentlichung oder mündliche Erklärung im Rahmen der auslandsdeutschen Propaganda den Eindruck aufkommen lassen, daß Deutschland die jetzt eingetretene Entscheidung gewollt habe.*

Ferner schrieb er: *Nach außen hin soll im Rahmen der gesamten Propaganda stets mit Nachdruck betont werden, daß Deutschland nichts anderes wünscht, als eine friedliche Regelung der schwebenden Probleme zu erreichen ... In geschickter Form soll dabei von Anfang an denjenigen, welche Deutschland die Erfüllung seiner berechtigten Forderungen verweigern, die Schuld an dem Scheitern einer friedlichen Verständigung zugeschoben werden. Das hat natürlich in einer unaufdringlichen und stets veränderten Form zu geschehen. Erreicht werden soll und muß dadurch, daß im gegebenen Falle mindestens ein Teil der öffentlichen Meinung des Auslandes den Eindruck gewonnen hat, daß Deutschland nach allen friedlichen Verständigungsbemühungen kein anderer Weg offenblieb, als sich sein Recht zu neh-*

*men, womit im übrigen* n i c h t *unbedingt ein Kriegsfall gemeint sein soll.*

Schließlich und endlich: *Alles, was sich im Sinne einer Verstärkung der deutschen Landesverteidigung – ganz zu schweigen von etwaigen Angriffsvorbereitungen – hätte unter den Augen einer internationalen Kontrolle vollziehen können, wäre ungenügend gewesen ...*

Es gab noch zahlreiche andere Instruktionen: *Die bereits eingetretene und die voraussichtlich zu erwartende außenpolitische Entwicklung zwingt die mit der Wahrnehmung der Propaganda und Aufklärung befaßten amtlichen deutschen Instanzen, ihre Arbeit in nächster Zeit in wesentlich stärkerem Maße auf das Ausland zu konzentrieren,* hieß es da. *Es ist beschlossen worden, dabei, mindestens vorübergehend, die Kostenfrage in den Hintergrund treten zu lassen, weil die gegenwärtige Lage einem Zustand der unmittelbaren Kriegsgefahr für Deutschland gleichgeachtet werden muß.*

An anderer Stelle sprach Goebbels ausführlich von der Möglichkeit oder Notwendigkeit, kleinen Zeitungen im Ausland den deutschen Nachrichtendienst umsonst zu liefern, ja sie darüber hinaus noch mit Geld zu versorgen. Immer wieder ermahnte er die Agenten, die dergestalt lancierten Nachrichten als aus neutralen Quellen kommend zu frisieren und dafür Sorge zu tragen, daß keinerlei Verbindung zwischen dem Propagandaministerium und den Propagandisten im Auslande vermutet würde.

In vielen Fällen ließ Goebbels Zeitungen durch seine Agenten einfach aufkaufen oder in so hohem Maße subventionieren, daß sie völlig von Berlin abhängig wurden. Nach privaten Schätzungen – offizielle Statistiken gab es ja keine – wurden so rund dreihundertfünfzig Zeitungsunternehmen im Ausland unter die Kontrolle des Propagandaministeriums gebracht, ganz abgesehen von den deutschsprachigen Zeitungen, die ja in vielen Fällen, auch ohne finanzielle Unterstützung zu erhalten, die Gleichschaltung vollzogen. Freilich, alle diese Zeitungen waren bedeutungslos und konnten die öffentliche Meinung nirgends beeinflussen. Das alles kostete unheimliche Summen, die in keinem Verhältnis zu dem Budget des Propagandaministeriums standen. Im Jahre 1934 wurden im Ausland allein zweihundertzweiundsechzig Millionen Mark ausgegeben; einen Teil der Unkosten trugen die deutschen Vereine in den betreffenden Ländern und die Mitglieder der Auslandsorganisationen.

Trotzdem brauchte Goebbels zuviel Geld, zumindest nach Ansicht des Reichsbankpräsidenten Hjalmar Schacht, der es überhaupt ungern sah, daß deutsche Gelder ins Ausland flossen. Im November 1935 ließ er Banknoten, die Himmler, Rosenberg und Goebbels für ihre Ausgaben im Inland zur Verfügung gestellt wurden, markieren. Wie er vermutet hatte, tauchten diese Banknoten bald darauf im Auslande auf, die Minister hatten sie gegen alle Abrede ihren dortigen Agenten übermittelt.[3] Außenminister von Neurath erzählte später dem amerikanischen Botschafter in Frankreich, William G. Bullit, Goebbels hätte am meisten Geld ins Ausland geschickt und überhaupt keinen Erfolg aufzuweisen gehabt.

## 5

Die deutsche Propaganda im Ausland war so erfolglos, weil Goebbels zwar ein großer Experte der deutschen Mentalität war, von ausländischer Mentalität aber nichts verstand. Vielleicht war er nur in dieser Beziehung ein wirklich typischer Deutscher. Von der Behandlung der Ausländer verstand er nicht mehr als seine Agenten im Ausland. Dies bewies schon seine erste Rede vor der Auslandspresse[4], in der er versuchte, den versammelten Journalisten etwas über den Journalismus in ihren eigenen Ländern zu erzählen. *In England und Frankreich ist es selbstverständlich, daß bei allen parteipolitischen Gegensätzen in großen, national bedingten Fragen die öffentliche Meinung einheitlich geführt und einheitlich gestaltet wird.* Goebbels hatte sich selten schlechter informiert gezeigt, selten auch einen schlimmeren Fauxpas begangen.

Da er auf solche Art wenig Einfluß auf die Korrespondenten nehmen konnte, versuchte er, sie dadurch unschädlich zu machen, daß er ihre Glaubwürdigkeit untergrub. *Es wird ... in der Zukunft noch mehr und öfter als bisher versucht werden, gegnerischen Nachrichtenbeamten „Material" und „Meldungen" in die Hände zu spielen, durch deren Weitergabe sich jene gegnerischen Nachrichtenvertreter kompromittieren sollen,* erklärte er in seinen Geheiminstruktionen. *Das Material ist hier so ausgewählt, daß der Veröffentlichung desselben jeweils nicht nur ein Dementi entgegengestellt werden kann, sondern daß dasselbe durch allgemein einleuchtende Gegenbeweise wirklich von der öffentlichen Meinung widerlegt wurde.*

## 6

In einem Fall gab Goebbels offen zu, daß er nicht wußte, wie er die öffentliche Meinung für sich gewinnen sollte. Es handelte sich um die Vereinigten Staaten von Amerika. Er ließ darüber keinen Zweifel, daß die Beeinflussung der öffentlichen Meinung in Amerika von ungeheurer Bedeutung, aber außerordentlich schwierig sei. *Die Presse Amerikas bietet auch gegenwärtig ein Bild der offenen Gegnerschaft gegen das neue nationalsozialistische Deutschland. In den Vereinigten Staaten und in Kanada ist jede Art von öffentlicher Propaganda längst bis zu einer sehr hohen Stufe entwickelt.* Goebbels glaubte, die Wut der Amerikaner gegen die Franzosen durch ständige Erwähnung der unbezahlten Kriegsschulden zu entfachen. Er erwog auch die Möglichkeit, die Rassenverwandtschaft der Anglosachsen und der Deutschen propagandistisch auszuwerten. Aber was das Endergebnis anbetraf, blieb er eher skeptisch. *Bestimmenden Einfluß auf nordamerikanische Blätter wird man nur auf dem schon beschrittenen Weg der direkten finanziellen Beteiligung erreichen können.*

Schon Monate bevor er seine „Instruktionen" aussandte, hatte er einen entscheidenden und ungewöhnlichen Schritt getan. Er hatte den besten Reklamefachmann der Vereinigten Staaten, Ivy Lee, engagiert. Er war wohl nicht selbst darauf verfallen. Verschiedene Quellen sagen, daß Hjalmar Schacht, ein guter Kenner Amerikas, einmal von den außerordentlichen Fähigkeiten Mr. Lees gehört hatte, und namentlich von einer mirakulösen Popularisierung des alten Rockefeller, der, als er Lee engagierte, der bestgehaßte Mann in seinem Lande gewesen war. Schacht soll gesagt haben, daß einzig und allein Lee die Amerikaner den Nazis gegenüber günstiger zu stimmen vermöge.

Wie Lee später vor einem Untersuchungsausschuß des Repräsentantenhauses in Washington erklärte, war er von einigen Direktoren der IG-Farben ersucht worden, „sich Hitler einmal anzusehen". Er kam im Frühjahr 1933 nach Deutschland und arbeitete dann einige Vorschläge aus, deren Zweck es war, die Antinazistimmung im Ausland zu mildern. Später hat er immer wieder erklärt, daß er nur mit IG-Farben und nicht mit der deutschen Regierung zu tun hatte. Sein Gehalt wurde einmal mit fünfundzwanzigtausend Dollar, ein anderes Mal mit dreiunddreißigtausend Dollar im Jahr angegeben.

Zu jener Zeit war der Beruf, den Lee in Amerika ausübte, in Europa noch unbekannt. Große Industriekonzerne hatten natürlich ihre Reklamefachleute, aber keine Regierung, kein Staatsmann hatte bisher versucht, auf indirektem Weg die öffentliche Meinung für sich zu gewinnen. Vielleicht hätte man Goebbels selbst noch am ehesten als einen europäischen Ivy Lee bezeichnen können.

Es ist ungewiß, ob Goebbels und Lee sich schon im Jahre 1933 kennenlernten. Jedenfalls kam der Amerikaner im Januar 1934 nach Deutschland zurück, und nun fand eine Reihe von Unterredungen mit Goebbels statt. Kein Zeuge war anwesend, und da beide Männer tot sind, wird man den genauen Verlauf der Unterhaltungen niemals erfahren. Wir wissen lediglich aus gewissen Bemerkungen, die Lee fallenließ, daß er nicht viel von Goebbels hielt: Denn Goebbels war unfähig, die Wirkung gewisser seiner Ideen und Handlungen, wie zum Beispiel des jüdischen Boykotts, auf die amerikanische öffentliche Meinung vorauszuberechnen. Auch erging sich Goebbels für seinen Geschmack zuviel in tönenden Phrasen darüber, wie man die Welt von der Bedeutung des Nationalsozialismus überzeugen müsse, anstatt mit rein professionellen und praktischen Erwägungen an die Erledigung seiner Aufgaben zu gehen. Goebbels hat sich niemals über Lee geäußert.

Der Amerikaner bat Goebbels, seine Propaganda in Amerika aufzugeben, redete ihm zu, die ausländischen Korrespondenten öfters zu empfangen und zu versuchen, mit ihnen auszukommen.[5] Vier Wochen nach diesem Vorschlag gab Goebbels eine Cocktailparty für Diplomaten und Auslandsjournalisten. Offenbar wollte er einmal sehen, was an den Ratschlägen Lees wäre. Aber schon bald nachher riß ihm die Geduld, und er begann, Korrespondenten, die ihm nicht paßten, aus Deutschland auszuweisen. Eines seiner ersten Opfer war Dorothy Thompson, damals noch nicht so bekannt als politische Journalistin wie vielmehr als die Frau des Nobelpreisträgers Sinclair Lewis. Hitler hatte sich über sie geärgert, weil sie, nach einem Interview mit ihm, das kurz vor der Machtübernahme stattfand, verächtlich von ihm geschrieben hatte, daß er es niemals zu etwas bringen würde.

Ebenfalls mit dem Bannstrahl belegt wurden die amerikanischen Journalisten Leland Stowe, Edgar Ansel Mowrer und H. R. Knikkerbocker. Der letztere war Goebbels besonders zuwider, und eine Zeitlang erwog er ernsthaft, ihn des „Mordes" zu bezichtigen. Tagelang überlegten sich die Fachleute im Propagandaministerium, ob es möglich sei, einen Vorgang entstellt ans Tageslicht zu zerren, der sich jahrelang vorher ereignet hatte.[6] Schließlich mußten sie ihrem Chef mitteilen, daß es beim besten Willen keine Anhaltspunkte dafür gab, daß Knickerbocker einen Mord begangen habe, und Goebbels ließ die Sache auf sich beruhen.

Wann immer Goebbels einen ausländischen Journalisten ausweisen ließ, war die direkte Folge, daß die Opfer auf der ganzen Welt berühmt wurden. Sie wurden interviewt, schrieben Bücher, hielten Vorträge. Dorothy Thompsons große Karriere begann eigentlich nach ihrer Ausweisung. Leland Stowe schrieb ein populäres Buch, *Hitler bedeutet Krieg.* Edgar Ansel Mowrer schrieb auch eines: *Deutschland stellt die Uhr zurück.* Ivy Lee und diejenigen, die ihm nachfolgten, schickten wütende Telegramme aus New York, die sinnlose Ausweisung von Journalisten abzustoppen. Aber Goebbels war unfähig, solchen Gedankengängen zu folgen. Warum sollte er, der Meister der deutschen Presse, sich von ausländischen Journalisten kritisieren lassen? Er ließ die Zügel nicht locker, er fuhr fort, die Korrespondenten überwachen zu lassen und sie bei dem kleinsten „Verstoß" zu maßregeln. Er verspielte auf diese Weise die letzte Chance einer günstigeren Atmosphäre im Ausland.

## 7

Nicht nur im Ausland wurde Kritik am Dritten Reich geübt. Stimmen der Opposition ertönten auch im Lande selbst.

*Die Machtergreifung hat sich in einem Wirbel von Stärke und Schwäche vollzogen. Ich sehe mit Bedenken, daß sie täglich mit so viel Lärm gefeiert wird. Es wäre wichtiger, wir sparten das für einen Tag wirklicher und endgültiger Erfolge auf,* schrieb Oswald Spengler in seinem Buch *Jahre der Entscheidung,* das im Herbst 1933 erschienen war. Der Philosoph, von dem Goebbels so viele seiner Ideen über die historische Mission des Nationalsozialismus bezogen hatte, war nicht der Ansicht, daß Adolf Hitler der neue Cäsar sei, dessen Kommen er prophezeit hatte. Er war von den Nazis enttäuscht.

Während der Bayreuther Festspiele von 1933 hatte er zwei Stunden allein mit Hitler gesprochen. Später sagte er Freunden, daß er über die Plattheiten, die der Führer da von sich gegeben hatte, ganz entsetzt gewesen sei.

*Ich werde nicht schelten oder schmeicheln,* schrieb er in dem eben erwähnten Buch. *Ich enthalte mich jedes Werturteiles über die Dinge, die erst zu entstehen begonnen haben. Wirklich werten läßt sich ein Ereignis erst, wenn es ferne Vergangenheit ist ... und die endgültigen Erfolge und Mißerfolge längst Tatsachen geworden sind, also nach Jahrzehnten ... Ein großes Ereignis bedarf des wertenden Urteils der Mitlebenden nicht. Die Geschichte selbst wird es richten, wenn keiner der Handelnden mehr lebt ... Das war kein Sieg, denn die Gegner fehlten ... Es ist keine Zeit und kein Anlaß zu rauschendem Triumphgefühl ... Deutschland ist in Gefahr. Meine Angst um Deutschland ist nicht kleiner geworden ... Ich sehe weiter als andere ...*

Goebbels war sprachlos vor Wut über diese Herausforderung, über diese kaum verdeckte Kritik an ihm selbst und Hitler. Aber er war nicht nur wütend, er bekam es auch mit der Angst zu tun. Es war also ein Mann in Deutschland aufgestanden und hatte sich gestattet, selbständig zu denken; schlimmer noch, der Mann konnte denken. Es mußte etwas geschehen.

Goebbels wollte Spengler zuerst selbst antworten. Einige Tage und Nächte arbeitete er am Beginn einer kleinen Schrift, aber dann ließ er seine Mitarbeiter wissen, daß er sie doch nicht veröffentlichen werde. *Schließlich und endlich kann sich ein deutscher Minister nicht mit jedem x-beliebigen Bücherschreiber in eine Kontroverse einlassen,* erklärte er. Gleichzeitig erteilte er einigen seiner Schreiber den Befehl, Spengler „zu erledigen". Schließlich wurden zwei Pamphlete veröffentlicht, aber sie fanden keine Resonanz. Spenglers Buch verkaufte sich schneller, als es nachgedruckt werden konnte; die Stimme des Propagandaministeriums verhallte ungehört.

Spengler verlebte die letzten Jahre seines Lebens in verbittertem Schweigen und absoluter Einsamkeit. 1936 starb er. Seine letzten Worte waren: *Ich sehe für Deutschland die größten Gefahren voraus und einen möglichen Untergang.*

## 8

Seit der Veröffentlichung des Spengler-Buches hatte Goebbels sich jenen Nationalsozialisten angeschlossen, die seit jeher gegen die „Intellektuellen" waren. Dazu gehörte übrigens auch Hitler, der ja in *Mein Kampf* die Intellektuellen als *Todfeinde jeder wirksamen politischen Massengewinnung* bezeichnet hatte. Nun erklärte auch Goebbels in einer Rede: *Der Intellektualismus darf schon aus Gründen der Billigkeit in keiner Weise mit der nationalen Intelligenz gleichgesetzt werden … Der liberal-demokratische Intellektualismus … beschränkte sich … darauf, zu kritisieren und im übrigen seine Vorbilder in einer westlichen Demokratie zu suchen, die nicht nur politisch, sondern auch geistig, künstlerisch und kulturell längst schon abgedankt hat.*

Unglücklicherweise ist Goebbels ja selbst ein Intellektueller. Alles, was er, alles, was Hitler oder andere Nationalsozialisten über die Intellektuellen sagen, sitzt ihm selbst wie angegossen. Er muß das wissen. Und so mag sein Intellektuellenhaß nichts anderes sein als eine Form des Selbsthasses. Jawohl, er haßt diesen nie verstummenden Wunsch in seinem Inneren, zu kritisieren und zu zersetzen, obwohl er ihn, seit er zu Hitler gekommen ist, mannhaft unterdrückt hat. Aber auch die Furcht vor jenen, die es sich weiterhin gestatten, selbständig zu denken, anstatt die von ihm vorgedachten Gedankengänge zu akzeptieren, spielt dabei mit. Denn je länger er an der Spitze des Propagandaministeriums steht, um so entschlossener ist er, keinem anderen das Denken zu erlauben. In diesem Punkte überschreitet er jede Grenze der Vernunft oder des Geschmacks.

Vor sechs Jahren noch, als er den jüdischen Vizepolizeipräsidenten Weiß attackierte, hatte er erkannt, einen wie entscheidenden Fehler dieser machte, als er ihn, Goebbels, wegen Beleidigung verklagte und ihm so zu unbezahlbarer Reklame verhalf. Jetzt macht Goebbels genau den gleichen Fehler. Da er es schon gewohnt ist, Dinge in großem Stil zu tun, bekämpft er die Kritik der Intellektuellen in einer Riesenkampagne, die er *Aufklärungsfeldzug gegen Miesmacher und Kritikaster* nennt. Die Worte sind gut gewählt: Miesmacher hat einen leicht antisemitischen Klang, man sieht dabei geradezu einen bösartigen, gelblich aussehenden, kleinen Mann, der alles, von dem er spricht, in den Dreck zieht; Kritikaster ist ein von Goebbels selbst erfundener Ausdruck, der den Eindruck vermittelt, als komme es ihm – dem Kritikaster nämlich – nicht so sehr auf ehrliche Kritik denn vielmehr darauf an, sich selbst reden zu hören.

Der Feldzug dauert zwei Monate. Mehr als zweitausend Massenversammlungen werden abgehalten. Als Goebbels ihn abschließt, will kein Deutscher mehr ein Miesmacher oder ein Kritikaster sein.

Die geringste Neigung dazu verspüren die Zeitungsleute. Um diese Zeit etwa wird den Redakteuren mehr oder weniger der gesamte Inhalt der Zeitung des nächsten Tages ja schon über Fernschreiber und durch amtliche Korrespondenzen ins Haus geliefert. Überdies erhalten sie Presseanweisungen auf gelbem und grünem Papier, in denen steht, was am nächsten Tag im Leitartikel stehen soll, ja es gibt sogar vorgeschriebene Film- und Buchrezensionen und, schließlich und endlich, noch spezielle Instruktionen darüber, was auf der ersten Seite des Blattes stehen, was im Inneren des Blattes verborgen werden muß.

Und nun zeigt sich, was Goebbels eigentlich hätte voraussehen müssen. Alle deutschen Zeitungen ähneln einander aufs Haar. Es ist ganz gleichgültig, ob sie in Köln oder in Königsberg, in Hamburg oder in München gedruckt werden, sie enthalten die gleichen Neuigkeiten, die gleichen Leitartikel, die gleichen Ansichten. Die Leser spüren das, und innerhalb eines Jahres fällt die Gesamtauflage der deutschen Zeitungen von neunzehn Millionen auf achtzehn Millionen. Goebbels rast. Es werden mehr gelbe und grüne Presseanweisungen ausgeschickt, und es wird immer wieder darauf hingewiesen, daß dies amtliche Material nicht einfach abgedruckt, sondern nur verwendet werden soll; es soll „umgeschrieben" werden. Aber die Journalisten sind in solchem Maße gleichgeschaltet, daß in Köln und Königsberg, in Hamburg und München beinahe identisch umgeschrieben wird. Goebbels trommelt die Chefredakteure im Propagandaministerium zusammen und brüllt sie an, sie sollten doch, zum Teufel noch mal, keine Angst haben, sie sollten nur ruhig fortfahren, Kritik zu üben, freilich, Kritikaster dürften sie nicht werden. Im übrigen könnten sie jederzeit ins Propagandaministerium kommen, um ihm ihre Sorgen vorzutragen.

Niemand ist töricht genug, ihn beim Wort zu nehmen – oder vielleicht mutig genug. Es gibt nur eine Ausnahme: Ehm Welk, ein bekannter deutscher Schriftsteller, Redakteur einer gut gehenden bürgerlichen Wochenzeitung, der *Grünen Post,* schreibt einen ironischen Leitartikel, *Auf ein Wort, Herr Minister!* Es heißt darin, daß der Minister gesagt habe, man solle sich nur ruhig an ihn wenden, besonders sollten die geistigen Menschen es tun. Er, der Schreiber, sei nun ins Ministerium gegangen, aber er habe sich da ein wenig verlaufen, das Ministerium habe tausend Fenster, er habe in tausend Vorzimmern gewartet, um zu erfahren, wie er denn nun in Zukunft sein Blatt gestalten solle ... Und da er den Minister nicht habe sprechen können, wolle er ihm jetzt, in diesem Artikel, sein Leid klagen. Es folgte eine Aufzählung der Mißstände der deutschen reglementierten Presse.

Goebbels beschlagnahmte sofort die Auflage, verbot erst einmal die *Grüne Post* und ließ den mutigen Chefredakteur verhaften.

Ehm Welk kam schließlich noch mit einem blauen Auge davon, ja er durfte sogar sein Blatt weiterhin herausbringen, aber das war nur möglich dadurch, daß eine ganze Reihe von Persönlichkeiten für ihn intervenierte. Wieder einmal konnte Goebbels nicht einsehen, daß seine brutale Reaktion seinem eigenen Prestige schadete. Menschen, die ihm nahestanden, darunter eine Frau, der er sehr ergeben war[7], redeten auf ihn ein. Besagte Dame meinte, er müsse doch eigentlich froh sein, daß sich endlich eine Stimme der Kritik, um die er so gebeten habe, erhoben habe. Goebbels glaubte, nicht recht gehört zu haben. Er war doch ein bedeutender Minister! Er konnte es doch niemandem erlauben, seine Würde zu verletzen, sich lustig über ihn zu machen!

So weit war es mit Goebbels in einem Jahr gekommen. Anstatt Ehm Welk in seiner scharf ironischen Art zu erwidern, anstatt ihn zu erledigen, wie er, der Meister der Polemik, dergleichen früher so oft und so leicht getan hatte, zog er brutale handgreifliche Methoden vor und rückte den ganzen Komplex damit aus dem Bereich des Geistigen. Er war kein Schreiber mehr, er war nur noch Diktator. Er war kein Kämpfer mehr, er war nur noch schlechter Verlierer.

Nach dem Fall Ehm Welk gab es keinen Journalisten mehr, der den geringsten Wunsch verspürt hätte, aus der Reihe zu tanzen. Die Zeitungen wurden entsprechend schlechter und langweiliger. Im Oktober 1934 gab Goebbels daher vertrauliche Anweisungen an alle Chefredakteure heraus, in denen er ausdrücklich vor unmäßiger Vergötterung von Parteifunktionären und Regierungsmitgliedern warnte. Man müsse alles versuchen, um von der deutschen Presse das Stigma der Monotonie zu nehmen.

## 9

Übrigens konnte man nicht mit allen Kritikastern so kurzen Prozeß machen wie mit den Journalisten. Am 17. Juni 1934 hatte Herr von Papen vor den Professoren und Studenten der Universität Marburg eine Rede gehalten, die Sensation machte. Mit erstaunlicher Offenheit erklärte er, viele Menschen seien unzufrieden. Es sei sinnlos, Dinge rosiger zu malen, als sie in Wirklichkeit seien. Darüber hinaus sähe er keinen Grund, warum man den Deutschen immerfort vorschreibe, was sie denken und fühlen sollten.

Dies war eine direkte Attacke auf Goebbels, auch wenn von Papen keinen Namen nannte. Eine halbe Stunde nachdem ein Beamter des Propagandaministeriums Goebbels die Rede übers Telefon verlesen hatte, wurden alle Zeitungen angewiesen, sie nicht zu drucken. Vier Tage später antwortete Goebbels seinem neuen Gegner in öffentlicher Rede. *Lächerliche Zwerge!* brüllte er. *Die Nation hat die Tage noch nicht vergessen, da Sie, meine Herren, von Ihren Lehnstühlen aus das Land regierten.*

Wiederum zwei Wochen später erschien die Gestapo in der Wohnung des Dr. Edgar Jung, der Papens Privatsekretär und der wirkliche Verfasser der Marburger Rede war. Er verschwand auf Nimmerwiedersehen.

Gegen Papen war im Augenblick nichts zu machen, denn der alte Hindenburg und ein paar ihm befreundete Generale standen vor ihm.

Die Generale waren auch nichts anderes als Kritikaster in den Augen von Goebbels. Sie murrten über Hitlers private SA- und SS-Armee, sie verlangten vom Führer, daß er sie auflöse oder jedenfalls dezimiere. Mit ihrem besonderen Haß verfolgten sie den Hauptmann Ernst Röhm, den Stabschef der SA, und verlangten, daß er abtreten solle. Hitler ließ Röhm schließlich verschwinden, das heißt, er ließ ihn und Hunderte von anderen SA-Offizieren während des 30. Juni 1934 und der darauffolgenden Tage ermorden. Die Hintergründe dieser ungeheuren Missetat sind nie ganz aufgehellt worden. Gerüchten zufolge, die in zahllosen Büchern und Zeitungsartikeln ihren Niederschlag fanden, ging es um die sogenannte „zweite Revolution" respektive ihre Verhinderung. Goebbels soll angeblich die Möglichkeit einer solchen zweiten Revolution mit Röhm diskutiert haben, entweder mit oder ohne Wissen Hitlers, der sich lange Zeit nicht schlüssig werden konnte, ob er mit den Generalen oder mit dem radikalen Flügel seiner eigenen Partei marschieren solle.[8]

Viele meinten, Goebbels' Mitwirkung an einer „Verschwörung" sei allein schon bewiesen durch die Tatsache, daß er in den sechsunddreißig Stunden, in denen die meisten Hinrichtungen vollzogen wurden, nicht von Hitlers Seite wich und wankte: Er hatte Angst, daß es ihm selbst an den Kragen gehe ...

Aber es gibt eine viel einfachere Erklärung für die Nervosität von Goebbels. Die meisten Opfer des Blutgerichts waren ja Männer, die noch in den letzten Tagen vor ihrem Tod als enge Freunde und treue Diener des Führers in der deutschen Presse gepriesen worden waren. Ihre Ermordung wurde zum Propagandaproblem. Denn es war unmöglich, sie ganz zu verschweigen, dazu wußten zu viele von den Vorgängen.

Einer schriftlichen Darstellung Fritzsches zufolge löste Goebbels das Problem wie folgt:

*Plötzlich sah ich vom Fenster meines Büros aus Dr. Goebbels aus der Reichskanzlei treten. Er kam – was ganz selten geschah – in mein Zimmer und reichte mir stumm mit großen, brennenden Augen eine Visitenkarte, auf der in dünnem Schriftdruck Adolf Hitler stand. Auf der Rückseite sah ich eine kurze Notiz, die ich mühsam und nur mit Hilfe Dr. Goebbels' entzifferte. Es war die Nachricht vom Tode Röhms. Sie schloß mit den Worten: ... wurde daraufhin erschossen. Dr. Goebbels sagte: Diese Meldung können Sie veröffentlichen.*

*Ich antwortete: Da fehlt ein Wort.*

*Welches?*

*Standrechtlich.*

*Ein Standgericht hat stattgefunden, aber das Wort steht eben nicht da.*

*Das Standgericht war sicher wichtig. Aber das Wort standgericht-*

*lich ist hier in dieser Meldung für alle Zukunft tausendmal wichtiger. Fügen wir es doch einfach hinzu.*

*Ich darf nicht. Mir hat der Führer diese Meldung so gegeben, wie sie ist. Er hat sie selbst geschrieben. Ich darf sie nicht abändern.*

*Ich nickte scheinbar zustimmend. Dr. Goebbels ging. Ich eilte über eine kleine Treppe zum Fernschreiber und diktierte die Meldung mit dem Zusatz standgerichtlich.*

*Das Telefon unterbrach mich. Der Minister fragte: Haben Sie die Meldung durchgegeben?*

*Ja.*

*Unverändert?*

*Ja.*

*Wenige Minuten später polterte der ungleiche Schritt von Dr. Goebbels auf der kleinen Treppe. Er wollte die Meldung selber sehen. Als er meinen Zusatz bemerkte, verlangte er ruhig, aber bestimmt die sofortige Berichtigung. Sie erfolgte unter seinen Augen.*

*Dann wandte er sich aufgeregt an mich: Wissen Sie, daß mich Ihr Leichtsinn den Kopf hätte kosten können?*

*Ich lächelte – heute muß ich sagen, ahnungslos: Aber ich hatte diese Änderung doch gegen Ihren Willen gemacht. Ich war allein haftbar. Und Sie wissen selbst sehr gut, welche Mißverständnisse es nun trotz des abgehaltenen Standgerichts in der Welt geben wird, nur weil das entscheidende Wort in der Meldung fehlt.*

*Da geriet Goebbels in eine unsinnige Wut und kreischte geradezu über bürgerliche Rückständigkeit, Nicht-Begreifen einer Revolution und ließ mich stehen.*

Goebbels hatte guten Grund für seine Nervosität. Er wußte so gut wie Fritzsche, daß die Welt der offiziellen Darstellung von Röhms Tod mit Skepsis begegnen würde, daß sie selbst in Deutschland nicht kommentarlos geschluckt werden würde und daß es hundertmal besser gewesen wäre, das Wort „Standgericht" hinzuzufügen. Aber er wußte auch, daß es Tausende, vielleicht Zehntausende gab, die genau wußten, daß es ein Standgericht nicht gegeben hatte. Und Goebbels war ein zu guter Propagandist, um sich in einer so delikaten Situation eine Blöße zu geben.

Am gleichen Abend noch gab er die Nachricht von der „Verschwörung Röhms" und der Bestrafung der Bösewichte im Rundfunk. Hitler selbst erzählte dann, ebenfalls im Rundfunk, die sogenannte „eigentliche Geschichte". Er gab zu, was er zugeben mußte, weil viel zuviel Zeugen es ja schon wußten. Die „eigentliche Geschichte" war natürlich auch eine Fälschung. Sie beruhte im wesentlichen darauf, daß Hitler nicht gewußt haben wollte, daß Röhm, der einzige Mann in der Partei, den er duzte, sein intimer Freund seit mehr als einem Dutzend Jahren – homosexuell gewesen war.

Ein paar Tage später, am 11. Juli, hielt dann Goebbels noch eine abschließende Rede, in der er versicherte, daß die Regierung keine Anstrengungen mache, um Dinge zu verheimlichen, die möglicherweise Gegenstand öffentlicher Kritik werden könnten. *Die Regierung zieht es vor, im Angesicht des Volkes zu handeln, so daß das Volk sich von der Notwendigkeit der eingeschlagenen Maßnahmen überzeugen kann.*

## 10

Am 2. August, neun Uhr morgens, wird Goebbels wiederum über sämtliche deutschen Sender gehört. Er macht nur eine kurze Meldung. *Reichspräsident von Hindenburg ist entschlafen.* Während der folgenden halben Stunde bleiben sämtliche deutschen Sender stumm. Hindenburg hatte genaue Anweisungen darüber hinterlassen, daß er, wie seine Vorfahren, auf dem Friedhof von Hannover beigesetzt zu werden wünsche. Nur die nächsten Familienmitglieder sollten der Beisetzung beiwohnen. Goebbels, der die Spalten der deutschen Presse mit begeisterten Nachrufen auf einen der größten Deutschen, die je gelebt haben, füllte, dachte gar nicht daran, sich nach den letzten Wünschen des Verstorbenen zu richten. Ein lebendiger Propagandist war stärker als ein toter General. Hindenburgs Leiche wurde nach Tannenberg in Ostpreußen verfrachtet, wo er im Jahre 1914 eine entscheidende Schlacht gewonnen hatte. Viele und lange Reden wurden an seinem Grabe gehalten, und Goebbels hatte einmal mehr Gelegenheit, ein großes Schauspiel zu inszenieren, das in seinen Ausmaßen nur mit den Nürnberger Parteitagen verglichen werden konnte.

Der Mann, der nun begraben wurde, hatte niemals wahre Größe besessen. Er hatte ein gut Teil Schuld daran, daß Deutschland den Weltkrieg verlor und, was schlimmer ist, daß der Kampf noch jahrelang fortgesetzt wurde, nachdem er schon aussichtslos geworden war. Er war ein überzeugter Monarchist und kein sehr treuer Diener der Republik, obwohl er auf die Weimarer Verfassung einen Eid geschworen hatte. Er war von keiner überdurchschnittlichen Intelligenz; oft rühmte er sich der Tatsache, daß er in seinem ganzen Leben nicht mehr als sechs Bücher gelesen hatte. Aber eines darf zu seinen Gunsten gesagt werden: Er fühlte fast bis zuletzt eine starke Antipathie gegen Hitler, und selbst als er sie überwunden hatte, wurde er niemals seinen Abscheu und sein Mißtrauen gegen Goebbels los. Der alte Soldat, der an seinen Gott, seinen Kaiser und sein Vaterland glaubte, erkannte instinktiv in Goebbels den Nihilisten. Er, der eine Reihe von Überzeugungen hatte und an ihnen festhielt – und es ist in diesem Zusammenhang nicht wichtig, ob diese Überzeugungen etwas wert waren –, spürte, daß Goebbels ohne Überzeugung war.

Schon wenige Stunden nach Hindenburgs Tod schwor die Armee den Treueid auf Hitler. Zwölf Tage nachher erschien von Papen in Berchtesgaden und übergab Hitler das Testament Hindenburgs. Sofort nach seiner Veröffentlichung begann das Gerücht zu kursieren, dies Testament sei gefälscht.

Zu Verdacht und Zweifel war genügend Grund vorhanden. Das Testament, das vorlag, steckte, so sagten die Beschreibungen, in einem großen Kuvert, das mit roten Siegeln verschlossen war. Warum hatte es so lange gedauert, das Testament zu finden? Es war doch erst kurz vor Hindenburgs Tod ausgefertigt worden, und zu einer Zeit, da Hindenburg Schloß Neudeck, wo er schließlich starb, nicht mehr verließ. Es war mit Schreibmaschine geschrieben, und da Hindenburg selbst das nicht konnte, mußte ihm irgend jemand dabei geholfen haben – vermutlich sein Sohn oder der Staatssekretär Meißner. War es nicht logisch, anzunehmen, daß einer dieser Mitwisser schon in den ersten Stunden nach dem Tod von dem Testament gesprochen hatte?

Mysteriöser wurde die Sache noch dadurch, daß ein paar Tage vor der „Auffindung“, nämlich am 5. August, das Propagandaministerium englische Korrespondenten dahingehend informiert hatte, daß es ein Testament überhaupt nicht gäbe. In der Zeit zwischen dem Tod und der „Auffindung“ erwähnte keine deutsche Zeitung auch nur die Möglichkeit der Existenz eines solchen Testaments – was bedeutet, daß das Propagandaministerium eine solche Erwähnung verboten hatte.

Noch aufschlußreicher als diese Widersprüche war der Stil, in dem das Testament abgefaßt war. Hindenburg hatte niemals ein besonders gewandtes Deutsch geschrieben. Die Memoiren, die unter seinem Namen erschienen, waren von einem dazu engagierten Schriftsteller verfaßt worden. Von seinem Testament war anzunehmen, daß er es nicht von einem Schriftsteller hatte verfassen lassen. Und doch war es voll von bombastischen und blumenreichen Formulierungen, die er in seinem ganzen Leben nicht in den Mund genommen hatte. Sich selbst beschrieb er darin als den „Feldmarschall des Weltkrieges", das heißt genau so, wie Goebbels ihn in seiner letzten Wahlkampagne getauft hatte (hätte Hindenburg von sich selbst in der dritten Person gesprochen, dann würde er zumindest den korrekten militärischen Titel „Generalfeldmarschall" gebraucht haben). Im Testament wurde von Hitler verschiedentlich als von „meinem Kanzler" gesprochen. So hätte ein Kaiser oder ein König sprechen können, Hindenburg wohl kaum. Dann fanden sich Ausdrücke wie „Fahnenträger der westlichen Kultur", „Tal der tiefsten Bedrückung" und andere mehr, die alte Naziklischees waren.

Hitler war mehrere Male im Testament erwähnt. Hingegen war kein Wort über den Kaiser zu finden, den Hindenburg doch so angebetet hatte. Auch war mit keinem Wort die Rede von der Wiederkehr der Monarchie in Deutschland, obwohl dies doch der Herzenswunsch des Verstorbenen gewesen war. Schließlich und endlich war kein Wort über Gott oder Religion zu finden, und das, obwohl Hindenburg ein streng religiöser Mann gewesen war. Dies allein ist eigentlich schon Beweis genug, daß das Testament eine Fälschung war. Es konnte so, wie es vorlag, überhaupt nur von einem prominenten Nazi geschrieben sein, der in jeder Hinsicht das Gegenteil des alten Hindenburg war. Viele glaubten, daß Hitler selbst der Fälscher war. Andere, darunter der gescheite französische Botschafter André François-Poncet, tippten auf Goebbels.

*Propaganda ist kein starres Prinzip, sondern Ergebnis lebendigster und tiefster Phantasie,* erklärte Goebbels ein paar Tage später auf dem Nürnberger Parteitag. Unbewußt mag er da auf die Fälschung von Hindenburgs Testament angespielt haben.

## 11

*Die außenpolitische Lage Deutschlands ist gegenwärtig derjenigen in den Jahren 1910–1913 ähnlich,* hatte Goebbels in seinen geheimen Instruktionen geschrieben. *Der unversöhnliche Gegner Deutschlands, und zwar sowohl des demokratischen wie des nationalsozialistischen Deutschland, ist Frankreich.* Solche Belehrungen erhielten freilich nur die geheimen Agenten. Den Franzosen selbst versuchte man klarzumachen, daß die Nationalsozialisten eine friedliche Zusammenarbeit der beiden Länder erstrebten. In diesem Geiste wandte sich Otto Abetz, ein junger Deutscher, der sich für ein kulturelles Rapprochement der beiden Nationen interessierte, im Herbst 1934 an den französischen Schriftsteller Jules Romains.[9] Jules Romains war damals Präsident des internationalen Pen-Klubs, der nur ein paar Tage vorher eine scharfe Erklärung gegen die Nazis abgegeben hatte, weil sie liberale jüdische und nichtjüdische Schriftsteller verfolgten und ihre Bücher verbrannt hatten. Aber Herr Romains war auch ein passionierter Pazifist und glaubte in einer kaum verständlichen Naivität, der Friede könne erhalten bleiben, wenn nur genug „Männer guten Willens" sich zu diesem Zweck zusammenschlossen.

Abetz stellte sich als ein solcher „Mann des guten Willens" vor. Er hatte Reisen junger Franzosen nach Deutschland organisiert und schlug vor, Romains solle sich dafür einsetzen, daß eine Gruppe junger Deutscher nach Frankreich eingeladen werde – um das kulturelle Einvernehmen zu fördern. Schließlich überbrachte er eine Einladung nach Berlin für den Schriftsteller selbst; er sollte dort zur deutschen Jugend sprechen. Herr Romains war zu eitel, um nein zu sagen. Im November 1934 kam er nach Berlin. Er betrat die Universität durch ein Spalier von Hunderten von SS-Männern; Tausende von Hitlerjungen erhoben ihren Arm zum deutschen Gruß. Fanfaren ertönten, als der Franzose aufs Podium trat. Niemals vorher war ein Privatmann in Deutschland so geehrt worden. Das unterstrich Goebbels auch, als er am nächsten Tag Herrn Romains kennenlernte. Er drückte ihm die Hand und vertraute ihm an, daß Hitler, der leider nach Berchtesgaden hätte fahren müssen, sehr beeindruckt von den Zeitungsberichten über Romains Rede gewesen sei; daß er selbst Inhalt, Ton und Umfang dieser Berichte bestimmt hatte, verschwieg er wohl. Der Franzose jedenfalls war entzückt. Er glaubte ernstlich, daß er geholfen hatte, die französische und die deutsche Jugend einander näherzubringen. Es kam ihm wohl gar nicht in den Sinn, daß er für Goebbels unbezahlbare Propagandaarbeit geleistet hatte.

Übrigens konnten auch französische Zeitungen leichter Nazizwecken dienstbar gemacht werden, als Goebbels das geglaubt hatte. Ein Interview mit Hitler war eben eine Sensation, um die sich jede Zeitung riß. *Paris-Soir,* die Zeitung mit der größten Auflage auf dem Kontinent, schickte ihre Starreporterin, Madame Titayna, nach Berlin, wo der Führer sich herbeiließ, mit ihr zu plaudern. Auch Bertrand de Jouvenel war in der Lage, seine kostbaren Aussprüche für den *Paris-Midi* festzuhalten. Es kam den Redakteuren dieser Zeitungen wohl niemals in den Sinn, daß sie auf diese Weise Reklame für Hitler machten. Das gleiche kann mit Einschränkungen von der englischen Presse gesagt werden. Der *Sunday Express* in London veröffentlichte zum Beispiel einen Artikel von Goebbels, in dem die Nachrichten über Judenverfolgungen als Greuelmärchen zurückgewiesen wurden. Ward Price von Lord Rothermeres *Daily Mail* spezialisierte sich geradezu auf Interviews mit prominenten Nationalsozialisten. Nach dem Reichstagsbrandprozeß hatte er sich zum Sprachrohr Hitlers gemacht, der erklärte, der Freispruch Dimitroffs sei eine Schande und ein Fehlurteil. Noch am 9. März 1935 gab er Herrn von Ribbentrop eine Gelegenheit zur Behauptung, daß Deutschland nicht aufrüste.

## 12

Am 16. März lud das Propagandaministerium die ausländische Presse und eine Anzahl deutscher Journalisten zu einer Pressekonferenz ein, auf der auch Dr. Goebbels eine Erklärung „von größter Bedeutung" abgeben würde. Ungefähr hundert Journalisten drängten sich in den kleinen Konferenzraum, als mit einigen Minuten Verspätung Goebbels mit ernster, ja feierlicher Miene eintrat. Er verlas ein neues Gesetz, mit dem Hitler die allgemeine Wehrpflicht wieder einführte und ein Volksheer, bestehend aus zwölf Armeekorps und sechsunddreißig Divisionen, bildete.

Und dann schrieb Goebbels einen seiner unverschämtesten Artikel, in dem er die Notwendigkeit dieser Maßnahme darlegte. Der Artikel hatte den Titel: *Klarheit und Logik.* Es hieß darin: *Die deutsche Öffentlichkeit verzeichnet mit einigem Erstaunen die Reaktion, die die Bekanntgabe des Gesetzes zum Wiederaufbau der Wehrmacht in den zuständigen Kreisen der europäischen Hauptstädte hervorgerufen hat. Sie glaubte vermuten zu dürfen, daß die Welt mit sichtlicher Erleichterung und einem Gefühl innerer Befriedigung diese Tatsache zur Kenntnis genommen hätte. Denn die offene und rückhaltlose Darlegung der deutschen Absichten stellt in Wahrheit ein Element der Beruhigung dar, das für die logische und fruchtbare Betrachtung der europäischen Situation erfreulich, wenn nicht geradezu unentbehrlich ist.* Mit unüberbietbarem Zynismus fuhr Goebbels fort: *Das Geheimnis, das die deutsche Wehrfrage in den vergangenen Monaten und Jahren umgab, war gerade von offiziellen und nichtamtlichen Stellen des Auslandes oft und lebhaft beklagt worden, vor allem im Hinblick darauf, daß ohne uneingeschränkte Kenntnis der Absichten Deutschlands eine Konsolidierung des Friedens, wie man sagte, ausgeschlossen erschien. Mehr als einmal ist deshalb von diesen Stellen dem Wunsch Ausdruck gegeben worden, Deutschland möge der Geheimniskrämerei ein Ende machen und klipp und klar dartun, wohin es steuere, was es wolle und welche Pläne es verfolge.* Dies, unterstrich Goebbels, sei also nun geschehen.

*Die historische Tat des Führers am vergangenen Sonnabend hat diesen auf vage Vermutungen angewiesenen Verfahren ein Ende gemacht. Die Welt weiß nun, woran sie ist.*

Englische, französische und italienische Staatsmänner hielten alsbald im italienischen Städtchen Stresa eine Konferenz ab, um gegen Hitlers einseitigen Bruch bestehender Verträge zu protestieren. Aber weiter geschah nichts. Und am 18. Juni 1935 schlossen die Engländer sogar mit Hitlers „Botschafter zur besonderen Verwendung", Joachim von Ribbentrop, einen Flottenvertrag ab, der es Deutschland gestattete, auch auf See wieder aufzurüsten. Goebbels kommentierte den Abschluß des Vertrages dahin, daß er einen neuen Beweis von Deutschlands friedlichen Absichten darstelle. Um diese Zeit war Mussolini bereits in Abessinien eingefallen. In Genf wurden milde Proteste laut. Die einzige wirklich scharfe Zurückweisung der Diktatoren als solcher und des Angriffskrieges kam von jenseits des Atlantik.

Am 3. Januar 1936 stand Franklin D. Roosevelt vor dem Kongreß. *Wir haben einen Punkt erreicht, wo die Völker aufmerksam werden sollen auf die sich mehrenden Zeichen bösen Willens, die untrüglichen Merkmale von Angriffslust, von sich steigernden Rüstungen, von mangelnder Geduld, kurz, von einer Lage der Dinge, die in sich viele der Elemente birgt, die zur Tragödie eines Weltkrieges führen können.*

Goebbels ist der erste, der begreift, daß hier endlich ein Gegner erstanden ist, der eine ernstliche Bedrohung Hitlers und der nationalsozialistischen Pläne darstellt. Anweisungen gehen noch an die am 4. Januar erscheinende Nachmittagspresse heraus, wie Roosevelts Rede zu kommentieren sei. Das Leitmotiv gibt Goebbels: *Was in Europa oder Afrika geschieht, geht den amerikanischen Präsidenten nichts an.*

## 13

Hitlers nächster Coup beginnt wie eine Detektivgeschichte. Am 6. März 1937, zwischen sieben und acht Uhr abends, wird eine Reihe von Angestellten des Propagandaministeriums aus ihren Wohnungen ins Büro zurückgeholt. Niemand weiß warum. Als sie im Propagandaministerium sind, wird ihnen bedeutet, daß sie das Gebäude nicht wieder verlassen und das Telefon nicht benutzen dürfen. Nur einige wenige intime Mitarbeiter von Goebbels wissen, um was es sich handelt. Während der Nacht werden die prominentesten deutschen Journalisten verständigt, am nächsten Morgen um acht Uhr zu einer wichtigen Konferenz im Pompejanischen Saal des Ministeriums zu erscheinen. Auch einige Auslandsjournalisten werden eingeladen.

Die Zeitungsleute ergehen sich in allerlei Mutmaßungen, was wohl hinter der Geheimnistuerei stecke. Einige glauben, das Propagandaministerium werde mitteilen, daß ein neues Super-Unterseeboot mit fünftausend Tonnen Verdrängung vom Stapel gelassen worden sei. Andere tippen auf einen neuen Zeppelin mit ganz besonderen Apparaten und bisher ungeahnten Möglichkeiten. Noch während der Nacht hat der Rundfunk gemeldet, daß Hitler den Reichstag auf zwölf Uhr zusammengerufen habe, um eine Erklärung von außerordentlicher Wichtigkeit zu verlesen. Während der Nacht hatten auch die zurückgehaltenen Angestellten des Ministeriums in Erfahrung gebracht, daß Goebbels neue Wahlen vorbereite. Wahlen? Aber es gibt doch nur noch eine Partei! Und dann spricht es sich langsam herum: In ein paar Stunden werden einige Abteilungen der deutschen Wehrmacht ins Rheinland einrücken, das gemäß dem Friedensvertrag von Versailles entmilitarisiert war und bleiben sollte. Hitler wird den Reichstag auflösen und dem Volke durch Neuwahlen Gelegenheit geben, das Fait accompli nachträglich zu bestätigen.

Am nächsten Morgen um acht Uhr strömen die Zeitungsleute in den Pompejanischen Saal. Das erste, was sie entdecken, ist, daß auch sie Gefangene sind; die Türen werden von SS-Männern bewacht, nach einer halben Stunde werden belegte Brote gereicht, die verwirrten Zeitungsleute werden in Omnibusse verladen, auf dem Flughafen von Tempelhof in bereitstehende Flugzeuge geschoben. Erst als sie schon aufgestiegen sind, erfahren sie, daß die Reise nach Köln, Koblenz und Frankfurt geht, um auf diese Weise die deutsche Wehrmacht bei ihrem Marsch ins Rheinland zu beobachten.

Wiederum drei Stunden später verständigt Hitler einen jubelnden Reichstag von dem Coup. Sämtliche Rundfunkstationen geben die Nachricht durch. In allen europäischen Hauptstädten werden Sondersitzungen der Regierungen einberufen, nur London macht eine Ausnahme; es ist ja Sonnabend, und da ist jeder Beamte der Downing Street längst zum Weekend aufs Land gefahren.

Hitler bricht nicht nur alte Verträge, als er ins Rheinland einmarschiert, er bricht auch Versprechungen, die er selbst und freiwillig gegeben hat. Trotzdem geschieht nichts gegen ihn. Die Welt schluckt ihren Ärger herunter und wartet. Indessen inszeniert Goebbels mit der linken Hand eine „Wahlkampagne“, und am 29. März kann er dann behaupten, daß neunundneunzig Prozent aller Stimmberechtigten ihre Stimme abgegeben und daß 98,8 Prozent Hitlers Marsch ins Rheinland gutgeheißen haben. Aber es gibt in Deutschland viele, die nicht an diese Zahlen glauben. Auf dem Zeppelin „Hindenburg“ wird gewählt, während das Schiff in der Luft ist. Vierzig Mann sind an Bord, aber als die Stimmen gezählt werden, ergibt sich, daß zweiundvierzig für Hitlers Rheinlandmarsch gestimmt haben.

Anfang August 1936 gibt Goebbels die größte Einladung seines Lebens. Ort der Handlung: sein neuer Landsitz auf Schwanenwerder, einer Insel im Wannsee, wo sehr reiche Berliner Familien ihre Häuser haben. Goebbels hat das Haus und das Grundstück mit Geld gekauft, das Hitler ihm für diesen Zweck gegeben hat. Auf dem Rasen, der sich vom Haus zum See erstreckt, sind bunte Zelte errichtet, und in ihnen stehen reichgedeckte Tische. Kleine Dampfer setzen die Gäste ans Land. Das Essen, das serviert wird, ist reichlich und ausgezeichnet – eine Seltenheit im Goebbelsschen Haushalt. Der Champagner fließt wirklich einmal, freilich nur dies eine Mal, in Strömen. Mehrere Tanzorchester spielen pausenlos. Später gibt es Feuerwerk. Die Festlichkeiten dauern bis spät in die Nacht hinein.

Magda in einem weißen Organdy-Abendkleid und Goebbels in einem weißen, zweireihigen Gabardineanzug, machen lächelnd die Honneurs. Sie sind zufrieden. Der Abend ist ein Erfolg. Jeder, der irgendwer ist, ist erschienen. Dabei ist die Gesellschaft ganz international. Man hört Französisch, Englisch, Italienisch. In Berlin werden gerade die Olympischen Spiele abgehalten.

Sport ist im Dritten Reich eine Angelegenheit des Propagandaministeriums. Sport ist für Goebbels ein großartiges Mittel, nationale Begeisterung im eigenen Land und Prestige im Ausland aufzubauen. Ihn interessiert nicht, daß der bessere Mann siegt, sondern daß ein Deutscher siegt. Oder wenn das gar nicht möglich ist, so muß es mindestens ein „Arier“ sein.

In diesem Zusammenhang wird im Juni 1936 der vom deutschen Berufsboxer Max Schmeling über den Neger Joe Louis im New Yorker Yankee-Stadion errungene Sieg zum Nationalereignis. Er kommt ja den meisten Experten als Überraschung, man hat allgemein geglaubt, der junge und ungeschlagene Joe Louis würde den alternden deutschen Boxer leicht abfertigen. In Deutschland freilich haben wenige daran gezweifelt, daß Schmeling siegen würde. Denn es war ja undenkbar, daß der stärkste Mann einer Nation, die sich für die stärkste Nation der Welt zu halten begann, geschlagen werden könnte, und dazu noch von einem Nichtarier. Hitler selbst und natürlich auch Goebbels schicken Schmeling Glückwunschtelegramme. Goebbels sorgt dafür, daß die Heimkehr des Boxers gefeiert wird wie einst im alten Rom die Heimkehr eines siegreichen Generals.

Das internationale Olympische Komitee hat die Spiele von 1936 schon im Sommer 1932 an Deutschland gegeben, also zu einer Zeit, da Hitler noch nicht an der Macht ist. Seit 1933 protestiert eine ständig wachsende Anzahl von Menschen auf der ganzen Welt dagegen, daß die Veranstaltung in einem Land stattfinden soll, in dem man an „überlegene" und „minderwertige" Rassen glaubt und in dem man aus der Liebe für den Krieg keinen Hehl macht. Diesen Menschen wird entgegengehalten, daß Sport mit Politik nichts zu tun habe und daß es unfair und unsportlich sei, einem Land in letzter Minute die Olympischen Spiele zu entreißen. Diese Verfechter der sportlichen Fairneß erkennen nicht, daß die Nazis, und insbesondere Goebbels, das Sportereignis dazu ausnützen, der Nation einzureden, die Welt habe Hitler akzeptiert. Goebbels tut sein Äußerstes, um die wirklichen Zusammenhänge zu verschleiern. Wenn man ihn hört, glaubt man, daß die Welt die Olympischen Spiele in Berlin abrollen läßt, um Hitler zu ehren. In einer seiner Reden geht er so weit, der Hoffnung Ausdruck zu geben, die Olympischen Spiele möchten einen „Weltpressefrieden" nach sich ziehen.

Gleichzeitig geben sie ihm Gelegenheit, Deutschlands Prestige im Ausland zu festigen. Nichts wird versäumt, um den ausländischen Besuchern zu imponieren. Für ein paar Wochen verschwinden alle Schilder von den Straßen und Häusern, auf denen zu lesen ist, daß Juden in diesem oder jenem Hotel oder Café nicht erwünscht seien. Julius Streichers antisemitisches Wochenblatt *Der Stürmer* darf in den Kiosken nicht ausgelegt werden.[10]

Die Ausländer sind beeindruckt. Sie unterhalten sich ausgezeichnet, sie essen und trinken gut, Berlin macht auf sie einen gepflegten Eindruck, und sie beginnen, an der Wahrheit der Berichte zu zweifeln, die sie über Konzentrationslager und Gestapokeller gelesen haben. Auch die Sportler aller Länder sind von Goebbels' Talent, so ein Monsterereignis aufzuziehen, völlig hingerissen. Die ganzen Olympischen Spiele haben schließlich nur einen Haken: Weit davon entfernt, die Überlegenheit der arischen Rasse zu beweisen, demonstrieren sie einmal mehr die außerordentlichen sportlichen Fähigkeiten der amerikanischen Neger. Aber das ist nur ein kleiner Schönheitsfehler der großen atemraubenden Schau.

15

Am 30. Oktober steht Goebbels wieder im Berliner Sportpalast. War es nicht gestern, daß er in der Hauptstadt ankam, ein armer, völlig unbekannter junger Mann? – Nein, es sind genau zehn Jahre seither vergangen. Und er ist einer der mächtigsten Männer Deutschlands, wenn nicht Europas geworden.

In seiner Rede läßt Goebbels die letzten zehn Jahre noch einmal Revue passieren. Er erzählt seinen Zuhörern, wie der Führer ihn im Jahre 1926 nach Berlin beorderte und wie glücklich er war, dem Führer zu gehorchen. Hitler, der in der Reichskanzlei die Rede über den Rundfunk mithört, ist belustigt über die Freiheit, die sich Goebbels mit der historischen Wahrheit nimmt. Lächelnd schlägt er seiner Umgebung vor: *Wir wollen den Doktor überraschen!* Und fünfzehn Minuten später taucht er an Goebbels' Seite auf und erzählt in einer kurzen improvisierten Rede, daß der Gauleiter zwar damals nicht ganz so glücklich gewesen ist, nach Berlin zu gehen, wie er jetzt vorgibt. Um so mehr Anlaß, anzuerkennen, was er erreicht habe.

*Niemals hätte ich Berlin ohne Sie erobern können, mein lieber Doktor Goebbels,* fährt er mit Wärme fort. *Niemals hätte ich unsere Propagandamaschine aufbauen können, die schlagkräftigste Propagandamaschine der Welt, ohne Sie ... Ich weiß, was heute in Ihnen vorgeht, lieber Doktor Goebbels. Ich bin ebenso bewegt wie Sie durch unseren Erfolg, der in erster Linie Ihr Erfolg ist ... Niemals wird Ihr Name aus der Geschichte Deutschlands ausgelöscht werden!*

Am 7. Dezember 1936 wird zum erstenmal das Fett in Deutschland rationiert.

## Anmerkungen

1 Artikel vom 2. Juli 1940.

2 Ein deutscher Journalist schmuggelte sie ins Ausland. Sie wurden später von der großen französischen Zeitung *Petit Parisien* unter dem Titel *Les Instructions Secrètes de la Propagande Allemande* veröffentlicht.

3 Aus dem Tagebuch des ehemaligen amerikanischen Botschafters in Berlin, Dodd.

4 Am 7. April 1933.

[5] William C. Dodd in seinem Tagebuch.

[6] Es handelt sich um den Selbstmord eines Freundes von Knickerbocker, dessen Witwe er später heiratete.

[7] Sie spielte eine Rolle im deutschen Modebetrieb.

[8] Die Gerüchte über Goebbels' Rolle konnten niemals bewiesen werden. In der Hauptsache gehen sie auf die Aussagen und Schriften von Otto Strasser zurück.

[9] Zu jener Zeit war Abetz wohl noch kein hundertprozentiger Nationalsozialist und arbeitete noch nicht direkt unter Goebbels.

[10] Goebbels war immer gegen die billige, vulgäre Demagogie des *Stürmer* und wollte ihn oft verbieten. Spät im Krieg, als das Papier knapp wurde, war *Der Stürmer* dann auch die erste Nazizeitung, die auf Goebbels' speziellen Befehl hin zu erscheinen aufhörte.

ACHTES KAPITEL

# ZWISCHENSPIEL

## 1

Viele Dinge geschahen, bevor das Jahr 1936 zu Ende war. In Spanien war ein Bürgerkrieg ausgebrochen, der mit der Revolte des Generals Francisco Franco seinen Anfang genommen hatte. Deutschland war das erste Land, das Francos Regierung formell anerkannte; die Welt erfuhr dies durch ein Interview, das Goebbels im November 1936 gab, gerade als der faschistische Vormarsch vor Madrid zum Stillstand gekommen war.

Hitler hatte bereits seit dem Juni 1936 sogenannte „Freiwillige" nach Spanien entsandt. Ein paar Jahre später gab Goebbels das auch offen zu. In einem Artikel schrieb er: *Soweit sich die autoritären Staaten ... einmischen, handeln sie aus bloßer nationaler Uneigennützigkeit, nur im Hinblick auf ihre europäische Verpflichtung und in Verantwortungsgefühl ...* Später wurde gesagt, der spanische Krieg sei für die deutsche Luftwaffe eine Art Generalprobe gewesen; man hätte auch von einer Art Generalprobe für die deutsche Kriegspropaganda sprechen können.

Goebbels hatte Gelegenheit genug, sich zu betätigen; etwa als die Luftwaffe das Städtchen Guernica am 3. Mai 1937 aus experimentellen Gründen in Schutt und Asche legte. Noch bevor die empörte Welt aufschrie, begann die deutsche Propagandamaschine Hunderte von Nachrichten über den „roten Terror" in Spanien in die Welt zu schleudern. Goebbels selbst hielt (am 9. September 1937) eine große Rede, *Die Wahrheit über Spanien,* in der er für den Fall, daß Franco nicht siege, eine kommunistische Diktatur für Spanien voraussah.

Franklin Delano Roosevelt war wieder zum Präsidenten der Vereinigten Staaten gewählt worden, nach einem der erbittertsten Wahlkämpfe der amerikanischen Geschichte. Die deutsche Presse hatte sich auf Geheiß des Propagandaministeriums „neutral" verhalten, allerdings mit überwältigender Mehrheit. Man wollte sich nicht in die inneren Angelegenheiten einer befreundeten Macht mischen. Aber die wenigen Ausfälle, die Roosevelt bisher gegen Diktaturen gemacht hatte, die Tatsache, daß er sich nicht um Rassefragen kümmerte, wenn er sich seine Mitarbeiter aussuchte, genügte schon, um den Nazis diesen amerikanischen Präsidenten nicht geradezu sympathisch zu machen. Und Goebbels wies die Presse an, die Reaktion auf die Wiederwahl Roosevelts in Amerika, die Begeisterungsausbrüche der großen Volksmassen allenthalben, nur in ein paar Zeilen oder möglichst gar nicht zu erwähnen.

Gar nicht erwähnt werden durfte in den deutschen Zeitungen, und auch dies natürlich auf Geheiß des Propagandaministeriums, die sogenannte britische Thronkrise.

Der junge König von England hatte sich vor geraumer Zeit in die bereits zweifach geschiedene Amerikanerin Wally Simpson verliebt. Es ging nach Ansicht aller Sachverständigen nicht an, daß er, wie das seine feste Absicht war, diese weder ebenbürtige noch hoffähige Dame heiratete. Der gigantische Kampf hinter den Kulissen, der sich nun abzuspielen begann und den der amerikanische Publizist H. L. Menken als den größten Zeitungsstoff seit Christi Geburt erklärte, ist in diesem Zusammenhang ohne wesentliches Interesse. Es genügt festzustellen, daß man in deutschen Regierungskreisen die Abdankung Eduards VIII. ungern sah. Goebbels persönlich war über die Maßen verblüfft über die Entwicklung der Dinge in England. Zu einer guten Freundin sagte er beinahe träumerisch: *Zu denken, daß da ein junger Mann in das Größte hineingeboren wird, was es auf der Welt gibt; ohne einen Finger rühren zu müssen, Kaiser von Indien, König von England zu sein; und dies alles aufzugeben. Er, der jede Frau haben kann – für e i n e Frau.*

*Nun, Herr Minister,* antwortete die Dame: *Bei Ihnen wäre das wohl undenkbar? Sie können sich kaum vorstellen, daß Sie irgendwann einmal einer Frau so sehr verfallen sind, daß Sie alles im Stich lassen würden, Karriere, Stellung?*

Goebbels war schon über die Frage empört: *Das wäre völlig ausgeschlossen,* erklärte er mit Entschlossenheit. *Ich würde niemals so sehr den Kopf verlieren.* Rund zwei Jahre später sollte er genau dort stehen, wo jetzt der König von England stand, genau vor der gleichen Entscheidung, und er sollte genau die gleiche Entscheidung treffen. Aber damals wußte er es noch nicht.

## 2

Vielleicht der größte Schlag, der Goebbels in diesem November traf, war der Entschluß des Nobelpreis-Komitees in Stockholm, dem deutschen Schriftsteller Carl von Ossietzky den Friedensnobelpreis zu verleihen. Dieser Mann hatte jahrelang die *Weltbühne* herausgegeben, jene linksradikale, pazifistische Wochenzeitschrift, die vor der Machtergreifung Goebbels verschiedentlich angegriffen und sich darüber lustig gemacht hatte. Ossietzky, der wegen seiner antimilitaristischen Arbeiten noch unter der Republik mit der Armee in Konflikt geraten und eine kurze Gefängnisstrafe hatte absitzen müssen, war einer der ersten gewesen, die in der Nacht nach dem Reichstagsbrand wieder verhaftet wurden.

Seither schmachtete er im Konzentrationslager. Er wurde geschlagen und auch sonst in jeder Weise übel behandelt und zog sich Tuberkulose zu. Im Unterschied zu den meisten anderen Häftlingen wurde er von der Außenwelt nicht vergessen. Immer wieder kamen Anfragen nach ihm, immer wieder kamen Proteste aus Schweden, aus der Schweiz, aus England, aus Amerika. Die Verleihung des Nobelpreises war nichts anderes als ein neuer stärkerer Protest der zivilisierten Welt gegen die Folterung eines großen Pazifisten.

Eine merkwürdige, gewiß unheimliche Situation für Goebbels: Hier stand er, Minister eines der größten Länder der Erde, gewappnet mit außerordentlichen Machtbefugnissen, ein Diktator, gegen den es keine Auflehnung gab. Und dort saß jener in einer Zelle, in die er, Goebbels, ihn hatte sperren lassen, machtlos, zum Schweigen verurteilt. Und doch schwieg es nicht um ihn. Und doch wurde es so laut um ihn, daß er, Goebbels, ihn aus der Zelle herauslassen mußte.

Dies war einer der wenigen Fälle, in denen sich die empörte Weltmeinung gegen das Goebbels-System durchsetzte. Die Pforten des Konzentrationslagers öffneten sich für Ossietzky; freilich nur, damit er in das größere Konzentrationslager Deutschland eintreten mußte. Aus Deutschland kam er nicht mehr heraus, der gebrochene, kranke Mann, der bald darauf starb.

In Moskau hatten bereits die sogenannten Säuberungsprozesse vor dem Obersten Militärgerichtshof begonnen. Sie waren in einem Punkt besonders interessant und gewissermaßen einmalig: Die Angeklagten gaben alles, was man gegen sie vorbrachte, zu, ja sie stachen den Staatsanwalt geradezu mit ihren Selbstbeschuldigungen aus. Sie machten die unglaublichsten und in der Tat unglaubhaftesten Geständnisse. Es gab wohl niemanden auf der Welt, der über diese Vorgänge nicht einigermaßen verwundert war. Goebbels dürfte mehr als nur verwundert gewesen sein. Denn für ihn verspielten diese Angeklagten nicht nur ihr Leben – was er vielleicht heroisch finden mochte –, sondern auch eine einmalige Chance, für ihre Ideen und Anschauungen Propaganda zu machen – was er nur sträflich und dumm finden konnte. Die angeklagten Russen standen vor Gericht mehr im Scheinwerferlicht der Öffentlichkeit als Hitler in München, als Goebbels vor Berliner Gerichten. Hier war ihre große Gelegenheit, ihr Glaubensbekenntnis in die Welt zu schreien – eine im wahrsten Sinne des Wortes nie wiederkehrende Gelegenheit. Und sie ließen sie ungenützt.

Am 5. Oktober 1937 sprach Franklin Delano Roosevelt gelegentlich der Einweihung einer Brücke in Chicago:

*Friede, Freiheit und Sicherheit von neunzig Prozent der Menschheit werden von den restlichen zehn Prozent gefährdet ... Es droht ein völliger Zusammenbruch internationalen Rechtes und Gesetzes. Rechtlosigkeit greift auf der ganzen Welt um sich wie eine Epidemie. Wenn eine epidemische Erkrankung um sich greift, pflegt die Gemeinschaft eine Quarantäne über den Patienten zu verhängen, um die Gesundheit aller vor der Krankheit zu schützen ... Krieg ist ansteckend, gleichgültig, ob es sich um erklärten oder unerklärten Krieg handelt. Der Krieg kann Staaten und Völker erfassen, die von der ursprünglichen Szene der Feindseligkeiten weit entfernt sind.*

## 3

Als Goebbels ein paar Stunden später den deutschen Text las, war er, so bestätigen seine Mitarbeiter, wie vom Donner gerührt.

Er erkannte sofort die Bedeutung dieser Worte, die später als *Quarantäne-Rede* in die Geschichte eingehen sollten. Dies war ein neuer Ton. Kein Franzose, kein Engländer in offizieller Stellung hatte bisher so deutlich gesprochen. Was besagten Roosevelts Worte denn anderes, als daß er an die Friedensbeteuerungen der Goebbelsschen Propagandamaschine nicht glaubte? Roosevelt erklärte ganz einfach, daß die Nazis einen Krieg vorbereiteten. Er nannte das beim Namen, was nicht beim Namen genannt werden durfte. Er tat genau das, was zu verhindern Goebbels seit Jahren sich angestrengt hatte.

Die deutsche Propagandamaschine beschäftigte sich in den nächsten Wochen ausgiebig mit Franklin Delano Roosevelt. Dies, so erklärte Goebbels, sei der Unterschied zwischen Hitler und Roosevelt: Der Führer spreche immer nur von Frieden; der amerikanische Präsident müsse die Gefahr des Krieges an die Wand malen, denn er sei auf Stimmenfang aus.

## 4

Um diese Zeit hatte Goebbels bereits einen seiner entscheidendsten Fehler gemacht; er hatte eine Verfolgung der katholischen Kirche im großen, ein wenig zu großen Stil inszeniert. Nach dem Grundsatz „Du sollst keine anderen Götter haben neben mir“ wollte er eine Institution ausschalten, von der Millionen Deutsche entscheidend beeinflußt wurden. Zu diesem Zwecke war eine ungeheuerliche Hetzkampagne gegen den Katholizismus und insbesondere gegen katholische Mönche veranstaltet worden.

Die Kampagne hatte nichts zu wünschen übriggelassen an Wucht, Tempo und niedrigem moralischem Niveau. Man hatte täglich Dinge lesen können, wie sie früher niemals von irgendeiner deutschen Zeitung gedruckt worden wären. Am 30. April 1937 war es dann zu der Verhaftung von mehr als tausend katholischen Mönchen wegen angeblicher homosexueller Verfehlungen gekommen. Plötzlich hatte sich Goebbels daran erinnert, Katholik zu sein, plötzlich hatte er sich seiner vier Kinder erinnert und beredsam beschrieben, was in einem katholischen Familienvater vorging, der von den sexuellen Ausschreitungen in katholischen Seminaren erfuhr.

Aber trotz aller Schreierei, trotz Verhaftungen und Skandalprozessen war die Aktion ein großer Reinfall. Niemand in Deutschland glaubte an die Verfehlungen der Mönche. Zum ersten Male dämmerte es Millionen Deutschen, daß offiziell gelogen werde. Das war ein furchtbarer Prestigeverlust für Goebbels. Die Kirchen füllten sich. Die Menschen, die jahrelang nicht in Gottesdiensten waren, kamen wieder, um zu demonstrieren, wem sie glaubten und wem nicht.

*Wir alle im Propagandaministerium sahen es,* erklärte Fritzsche. *Ein Kind konnte es mit den Händen greifen.* Nur Goebbels selbst wollte es nicht sehen. Er blieb starrköpfig und rechthaberisch. Keiner seiner Mitarbeiter konnte ihm raten.

## 5

Goebbels war ein großer Mann geworden. Nicht der größte im Reich; Hitler, das wußte er besser als jeder andere, war der Führer, würde immer der Führer bleiben. Er, Joseph Goebbels, war nicht dazu geboren, Erster zu sein. Auch das wußte er besser als jeder andere. Aber er konnte Erster sein in seinem Reich, in seinem Bezirk, und das war er.

Da saß er in seinem großen, geschmackvoll eingerichteten Arbeitszimmer. Auf einem Podest, das mit schweren Teppichen bezogen war, stand ein großer, schwerer, mit Schnitzereien verzierter Mahagonischreibtisch. Es gab nur eine schwere Bronzelampe darauf, eine schöne Kristallvase mit Blumen; ein Telefonbuch und andere Bücher und Zeitschriften lagen aufgeschichtet in einer Ecke. In der Nähe der Fenster gab es dann noch einen niedrigen runden Konferenztisch, um den herum eine Reihe von Klubsesseln aufgestellt war. Ein überlebensgroßes Ölgemälde des Führers hing an der Wand hinter dem Schreibtisch, flankiert von einem Rubens und einem Rembrandt.

War Goebbels allein, dann setzte er eine Brille auf, denn er war recht kurzsichtig. Aber nicht einmal seine engsten Mitarbeiter sahen ihn mit Brille, dazu war er viel zu eitel. Er ließ Arbeiten, die er durchlesen mußte, auf einer besonderen Maschine schreiben, die rund dreimal so große Typen hatte wie andere Schreibmaschinen.

(Hitler benutzte aus dem gleichen Grunde die gleichen Maschinen.) Einer der ersten Erlässe von Goebbels war, daß nur er allein im Hause grüne Tinte oder grüne Bleistifte benutzen durfte. Auf diese Weise wußte jeder immer, was und wo Goebbels korrigiert hatte.

Da saß er. Und rings um ihn waren die Büros seiner Adjutanten, seiner Privatsekretärinnen, seiner Pressereferenten, seiner persönlichen Referenten, seiner persönlichen Stenographisten.

Am schlimmsten hatten es die Stenographisten; sie mußten eigentlich immer da sein, sie mußten alles mit aufnehmen, was Goebbels sagte, niemand wußte, nicht einmal er selbst, ob und wann er auf das Gesagte zurückgreifen würde.

Da saß er. Um ihn herum war das Propagandaministerium gewaltig gewachsen in den wenigen Jahren, seit er hier eingezogen war. Der alte Schinkel-Bau war nur noch das Mittelstück; alle anschließenden Häuser waren angekauft worden. Ein fünfstöckiger Neubau war entstanden. Dieser Neubau hatte rund fünfhundert Räume. Dort gab es eine Reihe von großen und kleinen Konferenzsälen, einen großen und kleinen Filmsaal, Vorrichtungen für Schallplattenaufnahmen, Schallplattenarchive. Im Keller war ein riesiges Kasino, in dem rund zweitausend Menschen abgespeist werden konnten.

Zwischen drei- und fünfhundert Besucher erschienen täglich, um den Minister zu sehen. Aber der Minister sah niemanden, außer Mitarbeitern, Freunden oder (und darüber wird später mehr zu sagen sein) Schauspielern und Schauspielerinnen. Der tägliche Briefeingang betrug rund fünftausend Stück. Jeder Brief mußte innerhalb von vierundzwanzig Stunden beantwortet werden, darauf legte Goebbels den größten Wert.

An höchsten Beamten gab es: drei Staatssekretäre, acht Ministerialdirektoren, vier Ministerialdirigenten, sieben Ministerialräte, zweiundzwanzig Oberregierungsräte, dreiundsechzig Regierungsräte. Ursprünglich hatte Goebbels mit rund hundertfünfzig Beamten und zweihundert Angestellten angefangen. Anfang 1936 gab es achthundert Beamte und sechzehnhundert Angestellte. Ein Jahr später arbeiteten rund dreitausend Menschen im Propagandaministerium. Im April 1933 hatte es fünf Reinemachefrauen gegeben. Anfang 1936 gab es deren hundertfünfzig. Und immer mehr und mehr wuchs das Propagandaministerium. Häuser in anderen Ge-

genden Berlins wurden gemietet oder gekauft, zuletzt, das war schon mitten im Krieg, verfügte das Propagandaministerium über zweiundzwanzig Gebäude und hatte weitere zweiunddreißig gemietet, und in allen diesen Hunderten und Aberhunderten von Büros saßen Menschen und schrieben, stenographierten, tippten, sprachen über Mikrophone, telephonierten, telegraphierten – für Goebbels.

Da saß er. Er hatte einen langen Weg zurückgelegt, seit er als Reichstagsabgeordneter und Gauleiter die fürstliche Summe von neunhundert Mark monatlich verdiente. Noch 1935 hatte er von seinem Ministergehalt – siebzehnhundertfünfzig Mark pro Monat, plus einigen geringfügigen Spesen – gelebt. Dann setzte ihm Hitler ein zusätzliches Fixum von dreitausend Mark monatlich aus. Aber alles in allem dürfte Goebbels damals kaum mehr als sechstausend Mark gehabt haben – eine lächerliche Summe, verglichen mit dem, was andere große Nazis einsteckten.

Um so kostspieliger war das Propagandaministerium. Ursprünglich war vom Reichsfinanzministerium ein Haushaltsplan von vier bis fünf Millionen pro Jahr vorgesehen worden. Das reichte Goebbels nicht aus. Er wandte sich an Hitler, und nachdem dieser ein Machtwort gesprochen hatte, flossen die Gelder aus der Parteikasse in großen Strömen dem Propagandaministerium zu.[1]

Ab 1935 wurden für ordentliche Ausgaben siebenundsechzig Millionen ausgeworfen; hinzu kamen für außerordentliche Ausgaben fünfundsechzig Millionen. Dies war beileibe nicht alles. Das Reichsfinanzministerium hatte noch der Auslandspropaganda fünfunddreißig Millionen Mark hinzuzuschießen, für Transozean (eine Nachrichtenagentur, die gleichzeitig als Sammelbecken für politische und Propagandaagenten diente) vierzig Millionen, für das Deutsche Nachrichtenbüro viereinhalb Millionen, für Film und Theater vierzig Millionen.

Weiterhin hatte Goebbels noch einen Geheimfonds von jährlich fünfundvierzig Millionen Mark zur persönlichen Verfügung.

Während alle Nazikollegen von Goebbels kaum einen Unterschied machten zwischen persönlichen Fonds und offiziellen Fonds, war Goebbels in dieser Hinsicht sehr genau. Alle seine Mitarbeiter sagen aus, daß er niemals Privatausgaben aus öffentlichen Geldern bestritt.

Da saß er, der kleine große Mann, gefürchtet, geachtet, verwünscht, umschmeichelt. Er war nicht das, was man einen angenehmen Chef nennt. Angestellte, die ihm nicht paßten, ließ er fallen. Wer nicht gut mit Goebbels stand, wurde stellungslos, sagte ein Kurierfahrer, der für Goebbels viele Jahre arbeitete. Eine Sekretärin meinte:

*Besonders bemerkbar machte sich der ständige Wechsel in seinem engeren Mitarbeiterkreis ... Ich glaube, daß dies nicht allein an den Meinungsverschiedenheiten und Auseinandersetzungen mit Goebbels lag, sondern an dem ungeheueren Kräfteverbrauch und rückhaltlosen Einsatz, den seine Mitarbeiter an den Tag legen mußten. Diese Männer kannten kein Familien- und Privatleben ... Es lag immer etwas Bedrückendes in der Luft, wenn Goebbels in der Nähe war, und tauchte er irgendwo auf, so wußte man eigentlich nie recht, wie man sich verhalten sollte ... Hinzu kam die übertriebene Genauigkeit in der Anordnung der Papiere auf seinem Schreibtisch. Wir haben oft gewitzelt über die Sorgfalt, mit der man ihm die Zeitungen und die einzelnen Schriftstücke auf den Schreibtisch legte: genau in die Mitte oder die Mappen haarscharf an den Rand der Glasplatte ... Bei Gesprächen privater Natur war er selbstverständlich wortführend und seine Antworten und Redewendungen meist witzig und vor allem zynisch. Die Angestellten, die am Rande mithörten, lächelten hübsch artig dazu und atmeten dann erleichtert auf, wenn er sich wieder in sein Arbeitszimmer zurückzog.*

## 6

Die meisten Artikel und vor allen Dingen die Reden dieser ersten Jahre der Macht und des Machtgenusses waren platt, sentimental, langweilig und hatten kaum eine persönliche Note.

Wie war dieser Wandel zu erklären? Sollte man nicht annehmen, daß der Journalist, der früher seine Leitartikel in den wenigen Minuten schrieb, die ihm zwischen Wahlversammlungen und Gaugeschäften verblieben, nun etwas besonders Gutes leisten würde, da er nicht mehr improvisieren mußte, da er Zeit hatte oder sie sich nehmen konnte?

Die Antwort liegt bei den Themen. Goebbels war zündend und

hinreißend im Angriff. Jetzt war er in der Verteidigung. Jetzt war man Staat, jetzt war man Minister; jetzt mußte man gemäßigt im Ton sein, ja geradezu salbungsvoll. Und das konnte Goebbels nicht.

Während der Kampfjahre hatte die Partei den Reichstag bekämpft, waren die Naziabgeordneten demonstrativ aus dem Reichstag herausgestürzt. Wie zündend, wie witzig hatte Goebbels über den Reichstag geschrieben, über die in ihren Fauteuils schlafenden Abgeordneten berichtet! Nun war Deutschland aus dem Völkerbund ausgetreten. Welche Gelegenheit für Goebbels! Was wäre nicht alles über den Völkerbund zu sagen gewesen, über die Kommissionen, die nie mit ihren Beratungen zu Ende kamen, über die Aktionsunfähigkeit der Herren in Genf. Dieser Völkerbund war wie gemacht für seine satirische Feder. Aber kein Witzwort begleitete den Austritt Deutschlands, nichts, gar nichts. Amüsantes wurde darüber nicht geschrieben. Alles ging würdig und langweilig vor sich.

Früher greift Goebbels alles an. Nichts, was die Republik unternimmt, ist für Goebbels in Ordnung. Jetzt muß alles in Ordnung sein. Natürlich weiß er recht gut, daß nicht alles in Ordnung ist, daß die Partei nicht die richtigen Männer hat, um Deutschland zu regieren. Er ist empört über die Art, in der Göring und Amann sich bereichern (und im privaten Kreis macht er kein Hehl daraus). Aber er muß verdecken, anstatt anzuprangern; loben, anstatt zu kritisieren; loben, obwohl er weiß, daß die Menschen kein Lob verdienen.

Übrigens erkannte er früh diese Schwäche seiner neuen Position. Und nun tat er etwas Seltsames. Er versuchte, seine Presse und seine Versammlungen so zu gestalten, als sei man immer noch in der Opposition. Die Partei hatte alle Macht in Deutschland – aber die Zeitungen taten so, als sei die Partei in unmittelbarer Gefahr, vernichtet zu werden. Wohlgemerkt: dies wurde nicht behauptet (im Gegenteil, es wurde täglich behauptet, das Regime sei auf tausend Jahre hinaus fest im Sattel), aber es war der Ton, der die Musik machte, es war die Spannung, die hinter den Worten und vor allem hinter den Überschriften stand; Überschriften wie: *Gegen die jüdisch-bolschewistische Weltgefahr, Juden diktieren die Weltrevolution, Die Fremdenlegion der Komintern* usw. waren typisch.

Vielleicht war letzten Endes gerade die Tatsache, daß Goebbels nun Zeit hatte, daß er seine Artikel nicht mehr atemlos herunterdiktieren mußte, daß er es sich bequem machen konnte (und bequem machte), daran schuld, daß sein Niveau stetig sank. Aber was tat es? Das Volk fraß alles oder doch fast alles, was man ihm vorwarf. Nie war der Zynismus von Goebbels und seine Verachtung für das Volk berechtigter als in den ersten Jahren des Naziregimes. Freilich, gerade in diesen Jahren machte sich ja die Ankurbelung der Wirtschaft als Folge der ungeheueren Wiederaufrüstung fühlbar. Die Menschen, die nach jahrelanger Arbeitslosigkeit nun wieder Arbeit fanden, glaubten, daß es ihnen besser und immer besser gehen würde. Der Laie, der nichts von Volkswirtschaft verstand, war beglückt und beruhigt durch die herrlichen Statistiken, die Goebbels veröffentlichte.

## 7

War Propaganda noch Mittel zum Zweck? War das ständig wachsende, gewissermaßen nach allen Seiten hin Fett ansetzende Propagandaministerium noch immer nichts als ein Plakat für eine Idee, eine Regierung, eine Politik? Manchmal sah es so aus, als sei das Verhältnis gerade umgekehrt. Manchmal war es geradezu so, als sei die ganze deutsche Regierung gewissermaßen eine Unterabteilung des Propagandaministeriums. Politik wurde zur Funktion der Propaganda. Eine Sache wurde unternommen oder nicht unternommen, jeweils nach Maßgabe des propagandistischen Effektes. Es wurde also nicht gesagt: Dies oder jenes wird die deutsche Regierung jetzt tun – wie bereiten wir das deutsche Volk und die Welt darauf vor oder wie nehmen wir dieser Sache die schlimmste Schockwirkung? Es wurde vielmehr gefragt: Was ist jetzt international tragfähig? Wieviel wird das deutsche Volk schlucken? Was wäre geeignet, die Welt zu beruhigen und das deutsche Volk zu enthusiasmieren?

Propaganda hatte sich selbständig gemacht. Propaganda war eine eigene Realität geworden. Diese neue Realität bestand aus Schlagwörtern. Goebbels hatte Hunderte von Schlagwörtern erfunden, und seine Propagandamaschine hämmerte sie dem deutschen Volk ein. Mit *Deutschland erwache* hatte es begonnen, mit *Die Juden sind unser Unglück, Volk ohne Raum, Blut und Boden* usw. ging es weiter. Und je mehr Schlagwörter es gab, um so mehr entfernten sich die Deutschen von der Wirklichkeit, um so mehr lebten sie in der neuen Realität des Dr. Goebbels, in der Realität der totalen Propaganda.

So standen die Dinge Ende 1937. Am 17. Dezember waren die ersten zweitausend Kilometer deutscher Reichsautobahn fertiggestellt worden, und Goebbels hielt eine Rede über *Die Straßen Adolf Hitlers,* die überall als Friedensrede gepriesen wurde, obwohl es doch ziemlich offensichtlich war, daß das ganze System der Autobahnen im Hinblick auf den Krieg und die motorisierte Beförderung der Truppen gebaut worden war.

Eine Woche vorher war auch Mussolini aus dem Völkerbund ausgetreten.

## 8

Goebbels lebte in großem Stil. Natürlich war alles da: Autos, Hausbote, Dienerschaft. Auch für sich selbst gab Goebbels nun viel aus. Er hatte rund hundert Anzüge, und zwar eine vollständige Kollektion in jeder seiner Wohnungen, so daß er jeweils eine vollständige Verwandlung vornehmen konnte. Er wechselte mindestens zweimal pro Tag die Wäsche und, wenn möglich, noch öfter die Schuhe. Nach Angaben seiner Sekretärin muß er mindestens hundertfünfzig Paar Maßschuhe besessen haben, in allen Farben, Formen und Materialien. Seine bevorzugte Farbe war Weiß. Im Sommer erschien er, wo immer es möglich war, in weißem Leinen und weißen Schuhen und Strümpfen. Das brachte seinen dunklen Teint besonders gut zur Geltung. Der dunkle Teint war übrigens künstlich erzeugt. Mindestens eine Stunde jeden Tag lag er unter der Höhensonne, so daß es immer so aussah, als käme er gerade von der See oder aus dem Gebirge. Erst in den letzten Wochen vor dem Ende gab er dies auf.

Er umgab sich gern mit hübschen Frauen. Häßliche Sekretärinnen waren ihm äußerst zuwider. Er verlangte von allen Mitarbeitern, insbesondere von den weiblichen, daß sie gepflegt und anständig aussahen. Nichts fiel ihm so sehr auf die Nerven wie das Gerede, das ja gerade die Nazis aufgebracht hatten, daß der Platz der Frau in der Küche sei. Er konnte die dicken und recht gewöhnlich aussehenden Frauen seiner Gauleiter und Reichsleiter kaum ertragen, obwohl sie doch die Idealbilder deutschen Frauentums vorstellen sollten, und die ewigen gegen schöne Frauen mit etwas lockeren Sitten gerichteten Anfeindungen verärgerten ihn so sehr, daß er sich schließlich zu einem scharfen Artikel hinreißen ließ, den er *Moralin* nannte.

*Naturfremde Menschen, die entweder ein Leben schon hinter sich haben oder nicht verdienen, daß sie noch eines vor sich haben, machen im Namen unserer Revolution in Moral,* schrieb er. *Diese Art von Moral hat oft mit wahrer Sittlichkeit nichts zu tun ... Das ist Moralin statt Moral, und die dafür eintreten, sind von allen guten Geistern verlassen ... Das geht so weit, daß diese Kumpanei von Sittenrichtern nicht einmal vor den Bezirken des rein Privaten haltmacht. Sie möchten am liebsten in Stadt und Land Keuschheitskommissionen einsetzen, die die Aufgabe hätten, das Liebesleben von Müller und Schulze zu überwachen. Sie würden ..., wenn es nach ihnen ginge, das nationalsozialistische Deutschland in eine Einöde von Muckertum verwandeln, in der Denunziationen, Bettschnüffelei und Erpressung an der Tagesordnung wären.*

Goebbels hatte zwar nichts dagegen, daß Frauen sich schminkten, war aber einigermaßen entsetzt, daß Magda es tat. Als er sie eines Tages dabei ertappte, fragte er erstaunt: *Liebste, seit wann schminkst du dich?,* worauf sie ruhig antwortete: *Aber, Engel, immer!*

Er wußte auch nicht, daß sie sich die Haare färbte. Gelegentlich eines Aufenthaltes in Bad Heiligendamm an der Ostsee betrachtete er lange die am Strand vorbeigehenden Frauen, die alle hochblond waren, und brach plötzlich in die Worte aus: *Ich werde gesetzlich verbieten, daß eine Frau sich mit Wasserstoffsuperoxyd die Haare färbt.* Betretenes Schweigen. Um ihn herum saßen nämlich außer Magda, deren Haar nicht von Natur blond war, zwei Filmstars, die ebenfalls ihre Farbe vom Friseur bezogen.[2]

Bemerkenswert war die äußerste Sparsamkeit, mit der Goebbels seinen Haushalt führen ließ, auch nachdem der Minister durch reichliche Zuschüsse gegen alle Geldsorgen gesichert war. (Auch dann hatte Magda nur fünftausend Reichsmark pro Monat inklusive aller Repräsentationskosten zur Verfügung.) Diese Sparsamkeit und Kleinlichkeit erstreckte sich auf alles. Die Kinder wurden spartanisch einfach angezogen. Die Dienstboten erhielten während ihres Urlaubs keine Bezahlung. Vor allem war das Essen im Hause Goebbels miserabel. Mehrmals pro Woche gab es abends nur Heringe und Salzkartoffeln. Goebbels bemerkte das kaum, er machte sich nichts aus dem Essen, er wußte kaum, was er aß. Um so mehr merkten es die Gäste. In Schauspielerkreisen war Goebbels geradezu berühmt für sein schlechtes Essen, und viele der bekannteren Berliner Schauspieler dinierten erst zu Hause, wenn sie bei ihm eingeladen waren.

Magda wußte sehr wohl, daß die Gesellschaften in ihrem Hause auch aus einem anderen Grunde nicht allzu populär waren. Goebbels tat nämlich alles, um seine Gäste zu blamieren. Er arrangierte zum Beispiel Frage-und-Antwort-Spiele, bei denen die in der deutschen Geschichte nicht gerade bewanderten Filmdiven keine rühmliche Rolle spielten.

Eine der beliebtesten Filmschauspielerinnen, Jenny Jugo, antwortete einmal nicht, als sie nach einem bestimmten preußischen König gefragt wurde. Goebbels freute sich ob ihrer Unkenntnis wie ein schadenfroher Lehrer. Nachher gestand Frau Jugo einer Freundin: *Ich wußte den Namen des Königs wohl, nicht aber, ob er arisch sei. Da habe ich lieber gar nichts gesagt.*

## 9

Dem Theater hatte Goebbels' große Liebe immer gegolten. Eine Schauspielerin, die ihn recht gut kannte, sagte einmal: *Im Grunde genommen war Goebbels nichts als ein verhinderter Schauspieler.*

Nun also war er der Herr des deutschen Theaters. Und schon wenige Wochen nachdem er es geworden war, verkündete er den Theaterdirektoren, daß er nun alles ändern wolle. *Wir möchten, daß der große Pendelschlag der Zeit an den Toren des Theaters nicht haltmacht, sondern daß er in die Theaterräume hineinschlägt ... Ich muß mich gegen das Schlagwort der internationalen Kunst verwahren ...*

Und dann geschah eine ganze Menge. Zuerst wurden natürlich alle jüdischen Regisseure und Schauspieler ausgeschlossen. Dies bedeutete immerhin, daß eine große Anzahl derjenigen, die dem deutschen Theater Gesicht und Weltgeltung gegeben hatten, von der Bildfläche verschwanden. Später untersagte Goebbels Theaterkritik überhaupt, weil sie unproduktiv, sinnlos und zersetzend sei. *Wir wollen nur noch Berichte über unsere wertvollen Theaterleistungen, die in ganz Deutschland entstehen, keine zerstörenden Kritiken,* erklärte er.

Ausgerechnet Goebbels war es, der Kritiken verbot! Aber er hatte eben jeden Sinn für Humor eingebüßt. Das zeigte sich insbesondere auch in seiner Haltung dem Kabarett gegenüber. Kabaretts leben von aktuellen Witzen, von Witzen gegen das Bestehende, gegen diejenigen, die an der Macht sind, gegen die Obrigkeit. Im Dritten Reich hatten es die Kabaretts natürlich schwer, da ja kein Conférencier eines guten Witzes wegen oder auch nur als Kritikaster denunziert werden wollte. Um so mehr Erfolg hatten die wenigen, die es taten, vor allem Werner Finck, der gewissermaßen nur noch unter einem herunterhängenden Damokles-Schwert konferierte. Oder er trat auf mit einem verbundenen Kopf und sagte: *Der Druck von oben ist wieder fürchterlich.* Oder er trat auf und sagte: *Heil Hitler* und fügte dann hinzu: *und für das eine Prozent guten Abend.*

Man sollte glauben, daß Goebbels es sich hätte gestatten können, über so etwas zu lachen. Statt dessen ließ er Finck und andere Conférenciers gelegentlich ins Konzentrationslager sperren. Da solche Aktionen ein wenig abschreckend wirkten, hatten die Besucher von Kabaretts und die Leser von Witzblättern bald nichts mehr zu lachen. Und nun tat Goebbels wohl das Humorloseste, was in solcher Situation je getan wurde. Er veranstaltete (im Februar 1939) einen Wettbewerb für den besten Witz des Jahres. Das Resultat wurde niemals veröffentlicht.

## 10

Die Filmabteilung des „Promi" war für Goebbels von Anfang an eines der wichtigsten Instrumente der Propaganda, um das er sich bis zum Exzeß kümmerte. Goebbels übernahm die Kontrolle über die gesamte Filmproduktion, und sein Ministerium kontrollierte durch die „Reichsfilmkammer" auch den Verleih.

Goebbels selbst bezeichnete den Film als das beste Propagandamittel, durch das große Volksmassen beeinflußt werden könnten.

Ein Riesenapparat wurde aufgebaut. Es gab zahlreiche Büros, die sich auch mit den relativ unwichtigsten Details der Filmherstellung beschäftigten. Schon beim Manuskript hatte Goebbels mitzureden. Ein kurzes Exposé von drei Seiten, in dem der Stoff erzählt wurde, mußte erst eingereicht werden. Goebbels machte oft gewisse Einwände, und in manchen Fällen wurde die Sache in diesem ersten Stadium verboten. Oder Goebbels hatte bestimmte Wünsche, die allen Produktionsfirmen mitgeteilt wurden und um deren Beachtung gebeten wurde. So wurde kurz nach Kriegsbeginn als offiziell geäußert, Goebbels wünsche keine ernsten Filme mehr. In den nächsten Wochen regnete es geradezu Komödienvorschläge. Goebbels zeigte sich verärgert: In solch ernster Zeit nur Komödien? Er wolle ernste Filme. Allgemeine Verblüffung. Erst nach Wochen klärte sich das Mißverständnis auf. Goebbels hatte gar nicht beanstandet, daß ernste Filme gemacht wurden, sondern daß um den Kriegsbeginn herum zuviel Ärztefilme gemacht wurden.

So begann es, so ging es weiter. Manche Filme wurden zehnmal umgeschrieben, zehnmal umbesetzt (Goebbels behielt sich das Recht vor, jede Besetzung zu verwerfen), unendlich oft umgeschnitten und schließlich doch – abgelehnt. Goebbels besichtigte jeden Film mindestens einmal, gewöhnlich mehrere Male. Dazu fand er immer Zeit.

Während der Kampfzeit hatte Goebbels ein bemerkenswertes Verständnis für den Film gezeigt, das nicht von Nazidoktrinen getrübt war. Sein liebster Film war zum Beispiel der russische Film „Panzerkreuzer Potemkin“, und weder sein Herkunftsland machte etwas aus, noch die Tatsache, daß der Regisseur Eisenstein ein Jude war. Auch Filme von Ernst Lubitsch (einem deutschen Juden) und Fritz Lang (einem österreichischen „Nichtarier“) schätzte er ganz außerordentlich; ein Film, den er sich oft privat vorführen ließ, war „Zola“ mit dem jüdischen Schauspieler Paul Muni in der Hauptrolle. In späteren Jahren kam er mehr von amerikanischen Filmen ab, er hatte vieles gegen Hollywood und erklärte seine Erzeugnisse für „erzieherisch schädlich“, während er bis lange in den Krieg hinein viele englische und französische Filme den deutschen Produktionen vorzog. Dies freilich nur für sich und seinen engeren Freundeskreis.

Offiziell verkündete er, daß der deutsche Film unschlagbar sei und daß er die Welt erobern werde.

Ganz zu Anfang unterstützte Goebbels einige Versuche, sogenannte Parteifilme zu schaffen. Aber trotz aller Begeisterung der Massen für die Nazis waren reine Propagandafilme, wie *SA-Mann Brand* und *Hans Westmar,* glatte Durchfälle.

## 11

Es ist unmöglich, über Goebbels' Verhältnis zum Film zu sprechen, ohne den außerordentlichen Einfluß der Filme auf sein Privatleben zu erwähnen. Seine besondere Vorliebe für schöne Filmschauspielerinnen war nie ein Geheimnis. Er lud sie nach Schwanenwerder ein, wo ein- bis zweimal pro Woche größere Festlichkeiten stattfanden, er empfing sie allein zum Tee im Propagandaministerium und bat dann die eine oder andere, ebenfalls allein, auf seinen Landsitz in Lanke.[3] Sein Appetit war in dieser Beziehung unersättlich.

Die in Frage kommenden Damen kamen gerne. Goebbels, niemals ohne Reiz für Frauen, war nun attraktiver denn je. Er sah besser und gepflegter aus, er war liebenswürdiger geworden und, wenn er sich ein wenig Mühe gab, brillant. Er schien immer über der Situation zu stehen, war immer ein wenig sarkastisch, ironisch. Es machte den Eindruck, als nähme er die Frauen nicht sehr ernst, als nähme er sie eben, da sie ihm zufielen.

Der Eindruck täuschte. Seine Einstellung den Frauen gegenüber hatte sich nicht verändert. Er blieb, was er in seiner frühesten Jugend gewesen war: scheu, romantisch, knabenhaft. Er besaß noch Ende der dreißiger Jahre eine Sammlung von Haarlocken von allen Frauen, die er geliebt hatte oder von denen er glaubte, daß er sie geliebt hatte. War es Liebe? Wie konnte es Liebe sein, da es doch unsagbar viele Frauen in seinem Leben gab? Diejenigen, die ihn kannten, meinten, sein ausschweifendes Leben sei auf einen Minderwertigkeitskomplex wegen seiner Verkrüppelung zurückzuführen. Wie dem auch sei, die billigen Triumphe dieser Zeit machten ihn nicht glücklich.

Er wußte, daß die meisten der jungen Filmschauspielerinnen sich ihm hingaben, um schnelle Karriere zu machen. Ja, er argwöhnte es auch bei denen, die ihm wirklich zugetan waren, die, um große Rollen zu bekommen, nicht durch das Bett des Ministers mußten. Er wollte um seiner selbst willen geliebt werden. Immer wieder sagte er den Damen seines Herzens, daß er für sie beruflich nichts tun könne oder wolle. In Berlin erzählte man es anders. Berlin war voll von Geschichten von Filmschauspielerinnen, die plötzlich diese oder jene Rolle bekommen hatten, weil sie in Goebbels' Bett gewesen waren. Aber die meisten dieser Geschichten stammten von den betreffenden Damen selbst. Sie machten so lange Andeutungen, bis die ganze Welt wußte, was geschehen war, und manchmal machten sie Andeutungen, obwohl gar nichts geschehen war. Übereifrige Filmproduzenten wünschten sich dem allmächtigen Minister gefällig zu erweisen, schlugen die betreffende Dame für eine Rolle vor: Eine Karriere war gemacht. Und Goebbels fand einmal mehr heraus, daß er nicht um seiner selbst willen geliebt wurde.

Im allgemeinen machte er sich keine allzu großen Illusionen. Der Beweis dafür ist, daß er niemals in all den Jahren irgendeiner der Frauen, mit denen er Verhältnisse einging, eine beschriebene Zeile in die Hand gab. Einer der Favoritinnen machte er den Grund klar. *In der Politik kann man nicht vorsichtig genug sein,* erklärte er verschmitzt. *Es gibt eine Unzahl von Politikern, die an Skandalen zugrunde gegangen sind. Mir wird dergleichen nicht passieren.*

Und genau dies wäre ihm beinahe passiert.

## 12

Das vielseitige Liebesleben des Ministers, das sich im Scheinwerferlicht der breitesten Öffentlichkeit abspielte, hätte keiner Ehe gutgetan. Mit einer Frau wie Magda, die wußte, was sie wollte, konnte das nur zu einer Katastrophe führen.

In den ersten Jahren der Ehe hatte Goebbels sich als ausgezeichneter Ehemann erwiesen. Er liebte Magda über alles, war stets besorgt um sie, fand auch in den hektischsten Tagen des politischen Kampfes noch Zeit für sie. Dann, etwa nach zweijähriger Ehe, entdeckte sie plötzlich, daß er sie betrog. Empört und tief verwundet stellte sie ihn zur Rede. Er wiederum war verärgert darüber, daß sie ihn zur Rede stellte. Nach seiner Ansicht brach sie, nicht er, einen

Pakt. Er erinnerte sie an diesen Pakt. Er hatte ihr damals, als er um sie warb, gesagt, daß er sie heiraten, zur Mutter seiner Kinder, zur „Königin seines Lebens“ machen wollte. Aber Treue hatte er nicht versprochen, denn er wußte, daß er nicht treu sein konnte.

Magda traute ihren Ohren nicht. Und sie verlangte sofortigen Abbruch der Beziehung zu der Dame (einer gewissen Gräfin W.). Goebbels löste seine Beziehungen zur Gräfin W. Aber er war von Magda enttäuscht. Er hatte gehofft, eine Kameradin in ihr zu besitzen, nun fand er eine eifersüchtige Frau.

Dies war der erste Bruch. Nach außen hin wurde er schnell gekittet. Nach außen hin ging alles ruhig weiter, die Ehe schien vorbildlich glücklich.

Die beiden hatten schließlich sechs Kinder. Und zwar: Helga (geb. 1.9.1932), Hilde (geb. 13.4.1934), Helmut (geb. 21.10.1935), Holde (geb. 9.2.1937), Hedda (geb. 5.5.1938), Heide (geb. 29.10.1940).

Wie schon bei Magdas erstem Sohn, Harald, fingen auch die Namen aller anderen Kinder mit „H“ an. Die Begründungen dieser außergewöhnlichen Tatsache sind verschieden. Die Mutter Magdas murmelte irgend etwas von einem alten germanischen Brauch. Magdas Krankenschwester sagte dem Autor, Magda hätte ihr einmal gestanden, die Sache mit dem „H“ habe einen „erotischen Grund“. Wie es um diesen erotischen Grund im einzelnen bestellt war, wußte die Schwester nicht zu vermelden.

Goebbels Liebling war die älteste Tochter Helga, die ihm so ähnlich sah; ein altkluges, frühreifes Kind, das sich schon im Alter von elf Jahren (also 1943) für Politik, Rassefragen, Probleme der Wirtschaft interessierte. Goebbels beschäftigte sich viel mit ihr, ließ sich von ihr Geschichten erzählen, Lieder vorsingen, behandelte sie wie eine erwachsene Person. Helga scheint auch in anderer Beziehung frühreif gewesen zu sein. Der letzte Adjutant von Goebbels, Günther Schwägermann, beklagte sich einmal bei der Krankenschwester, daß Helga ihm (im Alter von zwölf Jahren!) unsittliche Anträge gemacht habe.

Hilde war hübsch und gutmütig und sehr tierlieb; die drei Jüngsten waren schöne Kinder, sehr eitel und bei ihrem Tode viel zu jung, als daß irgend etwas Entscheidendes über sie gesagt werden könnte.

Helmut war ein ruhiger, nicht sehr gescheiter Junge, der in der Schule nur schlecht mitkam. Goebbels' große Enttäuschung war, daß er nur einen Sohn hatte. Es war typisch für ihn, daß er daran seiner Frau die Schuld gab. Als nach Helga wieder ein Mädchen geboren wurde, war er so entrüstet, daß er sich weigerte, in die Klinik zu gehen und seine Frau zu besuchen. Nicht einmal Blumen schickte er. Hitler selbst sandte dann Blumen und veranlaßte Goebbels, mit ihm zusammen Magda zu besuchen.

Als Magda vor ihrer dritten Entbindung stand, war sie überzeugt und sagte es allen ihren Freunden, daß Goebbels sich scheiden ließe, wenn es wieder ein Mädchen würde. Als es dann ein Junge wurde, gab es große Versöhnung unter Tränen, aber als ein Jahr später wiederum ein Mädchen geboren wurde, mußte Hitler noch einmal eingreifen, um einen Bruch zu vermeiden.

Überhaupt spielte Hitler eine gewisse Rolle in der Ehe. Goebbels befürchtete, daß die vielen neuen Menschen, die Hitler kennengelernt hatte, seit er an die Macht gekommen war, seinen Einfluß auf den Führer vermindern könnten. Dies wollte er um jeden Preis verhindern. Um Hitler an sich zu fesseln, setzte Goebbels Magda ein – und auch die Kinder, die Hitler sehr gerne hatte.

Aber Magda selbst warb um Hitler. Wieweit sie den Führer durch Goebbels' Augen sah, wieweit sie der hypnotischen Anziehungskraft Hitlers verfiel, wird wohl nie festzustellen sein. Gewisse Leute, die dem Ehepaar Goebbels nahestanden, glaubten sogar, daß Magda Hitler liebte. Auf jeden Fall, das bezeugen alle, war sie wie verwandelt, sobald Hitler anwesend war. Ihre Haltung war verkrampft, ihre Liebenswürdigkeit wurde bewußt. Sie wollte seine Aufmerksamkeit auf sich ziehen, sie wollte ihm gefallen. Goebbels sprach eines Tages von irgendeinem Mann, der eine abfällige Bemerkung über das Naziregime gemacht habe. Hitler meinte ruhig, man müsse den Mann wohl einsperren. Magda, das blonde Haar in der Mitte gescheitelt, die hellblauen Augen träumerisch geweitet, mit gefalteten Händen dasitzend wie eine Madonna, zischte: *Was heißt einsperren? Köpfen sollte man ihn!* Und dabei lächelte sie Hitler zu. Ihretwegen hätten alle Nazigegner ruhig weiterleben können, aber sie glaubte, Hitler durch Entschiedenheit zu gefallen. Und doch war gerade Magda dafür verantwortlich, daß Hitler das Haus Goebbels' beinahe zwei Jahre lang mied. Das begann kurz nach dem Parteitag von 1934. Dort hatten die prominenten Nazidamen zum ersten Male von der Existenz von Eva Braun gehört. Keine der Damen hatte sie zu Gesicht bekommen. Neugier entfachte eine Menge Klatsch, an dem Magda beteiligt war. Eva Braun hörte davon, verständigte Hitler, und dieser teilte Goebbels kurz und heftig mit, was er von Magda und den anderen Klatschweibern der Partei halte.

Goebbels versuchte nicht einen Augenblick lang, die Partei seiner Frau zu ergreifen. Im Gegenteil, er machte ihr die heftigsten Vorwürfe, daß sie ihn mit Hitler auseinandergebracht habe.

## 13

Magda war eine schöne Frau. Männer warben um sie – und sie konnte diesen Werbungen nicht allzu lange widerstehen. Goebbels wußte um diese Dinge. Er war dann sehr eifersüchtig. Er ließ ihr Telefon von einer besonderen Abteilung im Propagandaministerium überwachen. Auf diese Weise erfuhr er von vielen telefonischen Liebesgesprächen mit einem jungen hübschen Norweger.

Übrigens machte Magda gar kein Geheimnis daraus. Sie erzählte ihrer besten Freundin, daß sie sich scheiden lassen wolle. Sie sagte es auch ihrem Mann. Goebbels geriet außer sich. Als letztes Mittel drohte er ihr schließlich, Hitler „alles" zu sagen. Magda blieb gleichgültig.

Nun, da Goebbels fürchten mußte, Magda wirklich zu verlieren, brach er fast zusammen. Er drang bei Magdas bester Freundin nachts um drei Uhr ein, verlangte, daß sie beim Leben ihres Kindes schwöre, daß Magda kein Verhältnis mit dem Norweger habe. Schließlich renkte sich doch wieder alles ein, Magda trennte sich von ihrem Norweger, Goebbels trennte sich von seiner damaligen Geliebten, das Eheglück war, zumindest äußerlich, wiederhergestellt.

Die Ehe hatte selbst in den Zeiten, in denen sie glücklich war, nichts Geruhsames. Im Hause Goebbels ging es immer aufgeregt und hektisch zu. Goebbels wollte zwar, daß seine Frau Kinder bekam, aber sie sollte trotzdem dauernd um ihn sein und für ihn da sein. Noch eine Woche vor der Geburt eines Kindes mußte sie den nächtlichen Gesellschaften bis zwei, drei Uhr morgens beiwohnen, Autofahrten im Hundertkilometertempo mitmachen. Eine Woche Klinik, und schon am ersten Tag nach ihrer Rückkehr gab es die erste Gesellschaft, die erste Bootsfahrt.

Einmal fiel sie aus dem bereits fahrenden Auto heraus, blieb ohnmächtig liegen, trug eine Gehirnerschütterung und einen Schlüsselbeinbruch davon, war aber schon drei Tage später wieder neben ihm in der Loge eines Theaters zu sehen.

Irgendwie wirkte die Ehe auch wie ein ständiger Kampf Magdas um Goebbels. Gesellschaften, die die ganzen Nächte dauerten; zwischendurch ging sie ins Kinderzimmer, stillte ein Neugeborenes, eilte wieder zu den Gästen zurück. Manchmal wurde sie müde und unlustig, brach fast zusammen, aber wenn Goebbels gemeldet wurde, raffte sie sich auf, schminkte sich, lächelte. Irgendwie fand sie dazwischen auch noch Zeit für die Kinder, die sie gut und liebevoll erzog, aber auch ohne Sorge dritten Personen überließ, neuengagierten Erzieherinnen oder Krankenschwestern. Magda verlor nie ihre Ruhe, selbst nicht, wenn die Kinder mit hohem Fieber dalagen. Wie hätte sie sonst den Betrieb in ihrem eigenen Hause durchhalten können?

Gar nicht paßten in diesen Betrieb die Mutter und die Schwester von Goebbels, die gelegentlich auf Besuch kamen. Die Mutter war eine einfache, bescheidene, gottesfürchtige Frau geblieben. Sie konnte ihr Erstaunen über den Erfolg ihres Sohnes nie ganz überwinden und murmelte oft kopfschüttelnd: *Wo der Junge das nur alles herhat?* Weil sie fast bedürfnislos war, nahm sie die Unterstützungen, die ihr Goebbels anbot, nie an. Nur in den letzten Jahren ließ sie sich gelegentlich eine Kur von ihm bezahlen.

Goebbels' Schwester Maria sah ihm ähnlich und war doch hübsch. Dem Temperament nach konnte man sich kaum zwei verschiedenere Menschen vorstellen. Sie war ruhig, zurückhaltend, machte sich nützlich, kümmerte sich um den Haushalt. Sie stand mit dem Bruder recht gut, obwohl dieser sie oft wochenlang kaum bemerkte. Als Magda wieder einmal wegen einer Entbindung in der Klinik lag und Maria das Haus besorgte, machte der Arzt eine besonders lobende Bemerkung über sie. Überrascht sah Goebbels seine Schwester an. Dann erzählte er allen seinen Bekannten stolz, was der Arzt gesagt hatte. Es schien, als habe er erst jetzt die Existenz Marias bemerkt.

Auch Magdas Mutter, Frau Behrendt, war oft im Hause anwesend, namentlich um sich der Kinder anzunehmen. Sie stand sich ausgesprochen schlecht mit ihrem Schwiegersohn. *Ich habe ihm nie getraut,* erklärte sie später.[4] Goebbels traute ihr wohl auch nicht, hielt sie für zu geschwätzig und nahm ihr darüber hinaus übel, daß sie einmal mit einem Juden verheiratet gewesen war.

Das Glück im Hause Goebbels war also durchaus nicht mehr ungetrübt im Jahre 1937, als Lyda Baarova in Goebbels' Leben trat.

## 14

Die Baarova war eine blutjunge tschechische Filmschauspielerin; hübsch, nicht schön; klein, zierlich, schwarzlockig, mit ausdrucksvollen braunen Augen, als Typ etwas zigeunerhaft und temperamentvoll.

Sie war über Nacht ein Star geworden. 1934 hatte sie, damals noch nicht zwanzigjährig, mit einem der bekanntesten Filmschauspieler Deutschlands, Gustav Fröhlich, einen Film *Barcarole* gedreht, der ein großer Erfolg wurde. Fröhlich verliebte sich Hals über Kopf in sie. Seither lebten die beiden zusammen. Im Jahre 1937 kaufte Fröhlich ein Haus auf der Insel Schwanenwerder im Wannsee – ein paar hundert Meter entfernt von der Familie Goebbels. Eines Tages rief Magda Goebbels an: Man sei doch nun Nachbar, Fröhlich solle am nächsten Sonntag zum Tee kommen und seine Freundin mitbringen. Am nächsten Sonntag lernte Goebbels die Baarova kennen. Es war Liebe auf den ersten Blick.

Lange Zeit wußte niemand etwas davon. Die Baarova lebte weiter mit Fröhlich zusammen, besuchte zuweilen das Haus des Ministers, meist mit Fröhlich, stand mit Magda auf bestem Fuß. Auch Fröhlich ahnte nichts davon, daß sie zu Goebbels bereits engste Beziehungen unterhielt. Durch einen Zufall entdeckte er es. Spätabends, vom Filmatelier heimkehrend, fand er Goebbels und die Baarova in ziemlich unmißverständlicher Situation in deren Wagen. Er stoppte, trat an den Wagen heran, öffnete den Schlag und sagte: *Jetzt wissen wir wenigstens, woran wir sind, Herr Minister.* Darauf fuhr er nach Hause. Kurze Zeit darauf trennte er sich von der Baarova.

Irgendwie sickerte etwas durch. Irgendwie verbreitete sich mit Windeseile in Berlin, daß der Filmschauspieler Gustav Fröhlich die Baarova und Goebbels in flagranti erwischt habe. Innerhalb von wenigen Tagen war die Geschichte aufgebauscht, zur erstklassigen Sensation geworden. Man flüsterte sich zu, Fröhlich hätte den Minister während einer Probe im Theater, während einer Aufnahme im Filmatelier, während einer Audienz im Propagandaministerium gestellt und geohrfeigt. Fröhlich wurde geradezu ein Volksheld. Man beglückwünschte ihn, man drückte ihm begeistert die Hand – so sehr haßte man Goebbels. Und der bereits erwähnte Conférencier Werner Finck trat mit den Worten auf: *Wer möchte nicht einmal Fröhlich sein?*

Von denen, die das Verhältnis Baarova-Goebbels aus allernächster Nähe beobachteten, zweifelte niemand daran, daß die kleine Tschechin den Minister liebte. Ihr ging es nicht um die Karriere, sie hatte ihre Karriere gemacht, sie war ein großer Star. Es ging ihr um den Mann.

Vielleicht spürte Goebbels das: Wie dem auch sei, auch er liebte die Baarova; auch für ihn war es die große Liebe, die alles überschattende Leidenschaft. Er war gefangen, verstrickt. Es gab für ihn nur noch eine Wirklichkeit, und das war die Frau, die er liebte. Alles andere spielte sich für ihn jetzt wie hinter Schleiervorhängen ab.

## 15

Und gerade jetzt, Anfang 1938, spielte sich viel ab im Dritten Reich, was von weltgeschichtlicher Bedeutung war, und manches, was nicht bedeutungslos für Goebbels war.

General Werner von Blomberg, Hitlers Kriegsminister, mußte über Nacht aus Amt und Würden scheiden – weil er eine Frau geheiratet hatte, die dem Offizierskorps untragbar schien. Eine große Anzahl von Generalen reichte ihre Demission ein. Der bisherige Chef der Armee, General von Fritsch, und sein Stabschef, General Beck, verschwanden von der Bildfläche. Als neuer quasi Kriegsminister trat General Keitel auf. Hitler bereitete den österreichischen Coup vor. Außenpolitisch war die Situation günstig wie nie. In Frankreich gab es eine Regierung unter Camille Chautemps, die ununterbrochen in Gefahr war, gestürzt zu werden. In Rußland folgten die Liquidationsprozesse in atemberaubendem Tempo aufeinander. Italien hatte sich während des gemeinsamen spanischen Abenteuers Deutschland genähert. In England erkannte zwar der Außenminister Anthony Eden die deutsche Gefahr, aber der Regierungschef Chamberlain wollte nun einmal nichts tun oder sagen, was Hitler verärgern konnte. Wer sollte sich also gegen den „Anschluß" stemmen?

Goebbels verkündete ihn am 13. März im Rundfunk als vollendete Tatsache. Am 9. April durfte Österreich eine Abstimmung nach Goebbelsschem Rezept abhalten. Das Resultat war entsprechend. Rund neunundneunzig Prozent der Bevölkerung sprachen sich für die vollendete Annektion aus.

Aber bei alledem und bei allem, was nun folgte, hatte Goebbels seine Hand kaum im Spiel. Nur selten erschien er in der Öffentlichkeit. Das große Zwischenspiel seines Lebens, die Liebesgeschichte mit der Baarova, war für ihn zur Haupt- und Staatsaktion geworden.

Die Weltgeschichte, an der er vor kurzem noch so eifrig mitgebaut hatte, wurde für ihn zum Zwischenspiel.

## Anmerkungen

1 Alle Zahlen stammen von einem Angestellten der Finanzabteilung des Propagandaministeriums.

2 Magdas Mutter erzählte dem Autor, daß Goebbels bis zuletzt nicht erfahren hatte, daß Magdas Haarfarbe nicht echt war.

3 Die Stadt Berlin schenkte ihm Lanke zum zehnjährigen Jubiläum als Gauleiter im Herbst 1936.

4 Dem Autor gegenüber.

NEUNTES KAPITEL

# MIT GEDÄMPFTEN TROMMELN

## 1

Es war die große Liebe. Er sah die Baarova täglich. So beschäftigt er war, immer fand er Zeit, wenn auch nur auf Minuten, zu ihr zu eilen. Er ließ sein Auto ein oder zwei Straßen vorher stoppen und warten. Er ging dann um zwei Ecken herum allein in ihre Wohnung in der Nähe des Kurfürstendamms. Seine Besuche blieben natürlich nicht unbemerkt. Später mietete sie eine Villa im Grunewald. Goebbels kam fast jede Nacht.

Manchmal war es ihm doch unmöglich, das Propagandaministerium zu verlassen. Dann fuhr sie in die Wilhelmstraße und ging ein paarmal auf der seinen Fenstern gegenüberliegenden Straßenseite auf und ab. Er stand am Fenster. Er war glücklich. Manchmal mußte er nachts an einer großen Rede oder an einem wichtigen Artikel arbeiten. Dann rief er sie an und bat sie, am Telefon zu bleiben. Er legte den Hörer wieder hin, arbeitete weiter, und sie saß in ihrem Zimmer mit dem Telefonhörer am Ohr und hörte nichts als sein Atmen und das Geräusch der Feder auf dem Papier. Er wußte, daß sie wenigstens auf diese Weise bei ihm war, und schöpfte neue Kraft daraus. Das wenigstens sagte er.

Es war die große Liebe. Und sie spielte sich, obwohl die beiden es sicher nicht wollten, im grellsten Scheinwerferlicht der Öffentlichkeit ab. Das ganze Propagandaministerium sprach davon. Fritzsche sagte: „Er ließ dabei Haut und Haare."

Die ganze Filmbranche sprach davon. Die Produzenten, die Regisseure rissen sich um die Baarova. Das ging nicht von Goebbels aus, das ging auch nicht von ihr aus. Das ging von den Herren der deutschen Filmbranche aus. Sie sahen eine Chance, sich bei Goebbels beliebt zu machen, und sie nützten sie skrupellos aus. Es verging kaum eine Woche, ohne daß irgendein wichtiger Mann in der Filmbranche sie überredete, dem Minister dies oder jenes vorzuschlagen. Es handelte sich um Projekte, an denen sie in keiner Weise beteiligt war. Da sie gutmütig war und sich bedeutend vorkam, machte sie sich gerne zum Fürsprecher für andere, und da Goebbels ihr ungern etwas abschlug, erreichte sie vieles für ihre Auftraggeber. Sie sollte wenig Dank dafür erfahren.

Goebbels ist glücklich, aber die Baarova will mehr. Sie will, daß er nicht mehr mit einer anderen Frau lebt, sie will, daß er sich scheiden läßt, daß er sie heiratet. Dies hat nichts mit Berechnung zu tun, es ist pure Romantik. Am liebsten wäre ihr, wenn Goebbels aus dem öffentlichen Leben ausschiede, um mit ihr irgendwo, ganz in der Stille, nur ihrer beiderseitigen Liebe zu leben. Sie hat nicht das geringste Interesse daran, Frau Minister zu werden.

Wäre auch nur die Spur einer solchen Berechnung in ihr, Goebbels, der ewig Mißtrauische, der nie an selbstloses Gefühl zu glauben vermag, hätte es sofort herausgespürt. Aber da sie ganz naiv ist, wird er von ihr überzeugt und beschließt, mit Magda zu sprechen.

Ganz Berlin weiß von der Geschichte, nur Magda weiß nichts. Oder hat sie etwas munkeln gehört und glaubt einfach nicht daran? Die Baarova kommt gelegentlich zu ihr, freilich immer seltener. Einmal sieht Magda an der Hand der Baarova einen schönen Smaragdring. Sie fragt, woher die Baarova ihn habe. *Von meinem Freund,* antwortet die Schauspielerin. Später fällt Magda das wieder ein.

Nun steht Goebbels vor seiner Frau. Er versucht zu erklären. Ihre Ehe, so meint er, sei unwiderruflich zerstört. Er liebe eine andere, Lyda Baarova. Er bittet Magda, ihn freizugeben. Magda bleibt ruhig. Sie nickt zu allen seinen Ausführungen. Als er die Bitte um Scheidung ausspricht, läßt sie ihn wortlos stehen.

Goebbels geht aus seinem Haus. Er glaubt, daß Magda mit allem einverstanden ist, daß sie die notwendigen Schritte tun wird. Eine Woche lang kommt er nicht nach Hause, er wohnt im „Kaiserhof“, gegenüber dem Propagandaministerium. Als er von Magda nichts hört, fährt er nach Schwanenwerder. Die Haustür wird nicht geöffnet, auch auf mehrmaliges Klingeln nicht. Schließlich erscheint Magda. Was er wolle? Goebbels fragt, ob er die Kinder sehen dürfe.

Magda verschwindet. Ein paar Minuten darauf werden die Kinder vors Haus geschickt. Hier kann Goebbels sie sehen. Hier kann er mit ihnen sprechen, alle paar Tage, ins Haus darf er nicht mehr. Den Kindern sagt Magda: *Der Vater ist böse gewesen, er wird nie wieder artig sein. Er darf nie wieder nach Hause zurück.*

Sie schränkt sich ein, sie bereitet sich darauf vor, daß sie nun auf kleinerem Fuß wird leben müssen. Die Dienerschaft wird teils gekündigt, teils davon benachrichtigt, daß sie vorläufig keinerlei Gehalt bekommen wird. Denn Magda denkt gar nicht daran, ihren Mann um Geld zu bitten. Und ungebeten schickt er keines.

Dann hat Magda mehrere Aussprachen mit Karl Hanke, Unterstaatssekretär im Propagandaministerium, Goebbels' engstem Mitarbeiter. Dieser Karl Hanke, groß, schmal, sehr jung, mit dunklen, schwermütigen Augen, ist seit langem in Magda Goebbels verliebt. Sie weiß es. Will sie nur mit ihm die Lage beraten? Oder sehnt sie sich nach einer mitfühlenden Seele? Oder will sie Revanche nehmen?

Sie wird seine Geliebte, und seltsamerweise findet sie in seinen Armen nicht nur vorübergehendes Vergessen, sondern wirkliches Glück. Einer Freundin sagt sie: *Ich kann eben mit jedem Mann glücklich werden.* Nun wird Hanke zur treibenden Kraft. Auch er will die Scheidung. Denn er will Magda heiraten. Will sie ihn heiraten? Es scheint so. Sie erzählt es einigen Freunden.

Es ist Spätsommer 1938 geworden. Magda erscheint bei Göring, und ganz gegen ihre sonstige Gewohnheit spricht sie sich mit ihm und seiner Frau aus. Göring meint, in einer so wichtigen Sache könne man nicht ohne Hitler entscheiden. Er telefoniert mit Hitler, und am nächsten Tag fliegt Magda nach Berchtesgaden.

## 2

Nun handelte Hitler. Er fuhr sofort nach Berlin zurück und ließ sich Goebbels kommen. Eine außerordentlich erregte Auseinandersetzung fand statt. Sie dauerte mehr als zwei Stunden.[1]

Hitler tat so, als nähme er die ganze Sache nicht sehr ernst. Er kenne Goebbels nun doch schon so lange und habe so schöne Stunden im Hause Goebbels verlebt! Er habe immer geglaubt, die Ehe sei eine besonders glückliche, glaube es auch heute noch. Die Angelegenheit sei doch wohl in Ordnung zu bringen?

Goebbels verneinte. Auch er wolle eine Scheidung. Der Name der Baarova fiel. Er liebe sie, er wolle sie heiraten.

Hitler wurde erregt. Wie er sich das vorgestellt habe? Er, der deutsche Propagandaminister, könne sich doch nicht scheiden lassen! Was sei das für ein Beispiel für das deutsche Volk? Und dazu noch wegen einer Ausländerin. Nein, das ginge nicht!

Goebbels: *Ich habe das wohl bedacht, mein Führer. Ich weiß, daß ich unter diesen Umständen nicht länger Propagandaminister sein kann. Ich bitte Sie, mich meines Amtes zu entheben. Erlauben Sie mir, mich scheiden zu lassen und Frau Baarova zu heiraten. Ich bin gerne bereit, mit ihr außer Landes zu gehen. Sie sprachen unlängst davon, daß Sie einen verläßlichen Mann in Tokio brauchen. Wäre es möglich, daß Sie mich zum Botschafter ernennen?*

So weit war es gekommen. Hier stand Goebbels, bereit, alles aufzugeben, was er ersehnt und erstrebt hatte, um der Frau willen, die er liebte. Hier stand er, willens, das gleiche zu tun, was der englische König getan hatte. Wie oft hatte er sich über Politiker lustig gemacht, deren Karrieren durch Liebesaffären in die Brüche gingen. Nun war er selbst bereit, seine politische Karriere zu zerschlagen.

Aber Hitler war keineswegs gewillt, das zu erlauben. Er bekam einen seiner berühmten Wutanfälle. Er raste. Er tobte. Soweit seine Worte verständlich waren, besagten sie, daß er das nie, nie zugeben würde. Goebbels verlange da etwas ganz Unmögliches. Sein Geschrei gipfelte in den Worten: *Wer Geschichte macht, darf kein Privatleben haben.*

Aber Goebbels will wohl keine Geschichte mehr machen. Er läßt nicht locker. Schließlich willigt Hitler ein, daß Goebbels sich von Magda scheiden lassen darf, wenn er in einem Jahr noch genauso fühlt wie heute. Aber in diesem Jahr darf er die Baarova nicht sehen und nicht mit ihr sprechen. Darauf muß Goebbels sein Ehrenwort geben.

Es ist Abend geworden. Goebbels kehrt ins Propagandaministerium zurück, schreibt ein paar Zeilen an die Baarova, daß er sie auf Hitlers Befehl nicht mehr sehen und sprechen dürfe, und ruft dann die beste Freundin der Baarova an; die ist ausgegangen. Stunden vergehen. Goebbels wankt und weicht nicht vom Telefon. Als er die Schauspielerin schließlich erreicht, bittet er: *Gehen Sie sofort zu Ihrer Freundin, sie braucht Sie.*

Die Baarova braucht in der Tat jemanden. Sie wälzt sich in hysterischen Weinkrämpfen auf ihrem Bett. Die Freundin nimmt sie mit nach Hause. Von dem Augenblick an steht ihre Villa unter Beobachtung. Im Nebenhaus wohnende Juden, die befürchten, daß sie verhaftet werden sollen, stellen erleichtert fest, daß die Überwachung nicht ihnen, sondern jener Schauspielerin gilt, und benachrichtigen sie davon. Die Gestapo bewacht die Baarova. Himmler will wissen, ob und wann Goebbels sie sieht – und so das dem Führer gegebene Ehrenwort bricht.

Ein paar Tage darauf ist Premiere des neuen Baarova-Films in einem der großen Kinos am Kurfürstendamm. Die Baarova erscheint groß aufgemacht in einer Loge. Es handelt sich um eine Verfilmung des Romans *Der Spieler* von Dostojewski. Da gibt es eine Szene, in der die Baarova mit ihrem Vater spricht, der sein ganzes Geld verspielt hat. Der Vater sagt: *Frag' doch deinen Doktor um Geld!* In diesem Augenblick ertönen hämische Zwischenrufe aus dem Publikum. Der Film kann aber zu Ende gespielt werden. Zum Schluß ertönt der übliche Applaus, und dann, als die Baarova in großer Abendtoilette vor der Rampe erscheint, geht es los: *Raus!* wird gerufen. *Ministerhure! Raus!* Die Baarova erbleicht, verschwindet. Der Tumult dauert an. Die Zwischenrufer sind durchweg Männer. Sie tragen Zivil. Aber die Polizei, die eigens vorher verständigt wurde, nicht einzugreifen, weiß, daß es sich um SS-Männer handelt.

Goebbels wankt. Viele betrachten ihn schon als gestürzt. Nicht nur Himmler, auch Heydrich, auch Göring und auch viele zweitklassige Nazigrößen sammeln nun „Material" gegen ihn. Hitler ist im Augenblick besonders schlecht auf ihn zu sprechen. Denn eine Freundin der Baarova hat durch ihre gute Freundin Eva Braun bei ihm ein gutes Wort für das unglückliche Liebespaar einzulegen versucht – und Hitler glaubt, dahinter stecke wieder Goebbels. Empört verhängt er über Goebbels Hausarrest im Propagandaministerium. Das spricht sich im Nu herum. Eingeweihte wissen auch schon, daß Baldur von Schirach der nächste Propagandaminister sein wird. Andere tippen auf Alfred Rosenberg. Als eine bekannte Berliner Schauspielerin ihn besuchen will, raten ihr Kollegen ab. „Goebbels ist doch ein toter Mann." Es sind gerade diejenigen, die in der Vergangenheit am meisten von und durch Goebbels profitiert haben.

Auch Goebbels ist erstaunt über den Besuch des Stars. *Ihre Kollegen haben sich von mir zurückgezogen,* sagte er. *Das sind nicht meine Kollegen,* sagte die Dame. *Das sind die Leute, mit denen Sie sich zu umgeben beliebten.*

Goebbels nickt, und dann plötzlich läßt er den Kopf auf die Tischplatte sinken und weint. Laut und lange und ganz hemmungslos. Und dann erzählt er von dem Befehl Hitlers.

Der Film der Baarova wird abgesetzt und für ganz Deutschland verboten. Hitler selbst hat das verfügt. Die Baarova, durch die Aufregungen aufs Krankenlager geworfen, braucht Wochen, um sich zu erholen. In der ganzen Zeit kein Wort von Goebbels. Sie versteht das nicht. Manchmal geht sie, wie früher, vor dem Propagandaministerium auf und ab. Er steht hinter dem Vorhang, verfolgt sie mit seinen Blicken, aber das weiß sie nicht. Manchmal geht sie zu Premieren, denen er beiwohnt; sie sieht ihn, aber sie weiß nicht, ob er sie sieht.

Ein Film, *Preußische Liebesgeschichte,* der in diesen Wochen fertiggestellt wird und ohne Schnitt durch die Zensur kommt, wird verboten. Ein neuer Film, den sie machen soll, wird wegen technischer Schwierigkeiten abgesagt. Produzenten zeigen sich weiterhin an ihr interessiert, Verhandlungen werden aufgenommen – scheinen chancenreich, aber dann versanden sie. Alle Verhandlungen enden auf die gleiche Weise: plötzlich, von einem Tag zum andern, ohne Erklärung. Immer wird von oben her bedeutet, daß der Film im Augenblick nicht wünschenswert sei. Nie wird der Film verboten – er ist einfach nicht „erwünscht". Nie sagt irgendwer, daß es sich dabei um Frau Baarova handelt. Einmal ist es das Drehbuch, ein andermal der Regisseur, ein drittes Mal der männliche Hauptdarsteller, der gerade nicht erwünscht ist.

Die Baarova merkt lange nicht, daß es sich hier um einen kalten, geplanten Boykott handelt. Sie will es nicht sehen, denn sie will in Berlin bleiben. Noch immer hofft sie darauf, daß Goebbels zu ihr zurückfinden wird. Schließlich verliert sie auch diese Hoffnung. Mittlerweile – es ist bereits Ende 1938 – ist ihr auch das Geld ausgegangen. Eines Tages packt sie ein paar kleine Koffer, lädt sie in ihren Zweisitzer und verläßt mit ein paar tausend Mark in der Tasche

Berlin, wo sie noch vor einem Jahr die große gefeierte Filmschauspielerin war. Niemand nimmt davon Notiz. Sang- und klanglos kehrt sie nach Prag zurück.

Ein halbes Jahr später – kurz vor Ausbruch des Krieges – ist sie noch einmal in Berlin. Der Direktor einer großen Filmfirma ist auf die Idee verfallen, man könne doch jetzt, nachdem so viel Zeit verflossen sei, ihre alten Filme wieder aufführen, ja ihr eine neue Rolle geben. Magda hört davon und schreibt sich selbst einen anonymen Brief, unterzeichnet: *Eine Frau aus dem Volke,* in dem sie gegen das Wiedererscheinen der Tschechin protestiert. Diesen Brief schickt Magda an Hanke mit der Mitteilung, sie habe ihn gerade erhalten.[2]

Hanke nimmt sich zwei SS-Männer, fährt in das Büro des Filmmagnaten, läßt sich bei ihm melden und versetzt ihm eine Ohrfeige. Der Geohrfeigte erschrickt sehr und nimmt augenblicklich Abstand von weiteren Plänen, Frau Baarova zu beschäftigen, die wiederum und nun endgültig nach Prag zurückkehrt.

Dabei handelt um diese Zeit Hanke gewissermaßen uneigennützig. Denn Magda ist nicht mehr seine Geliebte.

Magda ist zu Goebbels zurückgekehrt. Sie wollte nicht. Sie war taub gegen alle Beschwörungen Goebbels', ja sogar Hitlers. Lange bestand sie auf Scheidung und darauf, Hanke heiraten zu dürfen. Schließlich, nach einer langen Aussprache mit Goebbels, brach sie doch mit Hanke und sagte ihrer besten Freundin: *Ich werde nie wieder ein Verhältnis haben.* Aber von Goebbels wollte sie noch immer nichts wissen. Da riß Hitler die Geduld, und er befahl beiden, nach Berchtesgaden zu kommen. Dort fand die sogenannte offizielle Versöhnung statt. Ein Bild wurde aufgenommen und auf der Titelseite der *Berliner Illustrirten Zeitung* veröffentlicht. Goebbels und Magda waren darauf zu sehen, mit sauren Mienen und ziemlich weit voneinander entfernt, und zwischen ihnen Hitler, gewissermaßen als Mittler in dieser Sache, mit lächelndem Gesicht. Wenn es bis zu diesem Augenblick noch irgend jemanden in Deutschland gab, der nicht wußte, daß in der Familie Goebbels etwas nicht stimmte – jetzt erfuhr er es.

Goebbels' Prestige hatte schwer gelitten; es war ihm ganz gleichgültig, Magda wußte es. *Mein Mann hat im Volk nach der Baarova-Sache stark verloren, das pfeifen schon die Spatzen von den Dächern.* Auch ihr war das ziemlich gleichgültig. Sie war nicht mehr gewillt, nur noch für Goebbels zu leben. Sie wollte nun selbst eine Rolle spielen. Sie ließ sich neue Kleider machen, änderte ihre Frisur, ließ sich ihr Schlafzimmer neu einrichten (als die neuen Möbel kamen, gefielen sie ihr nicht, sie schickte sie zurück).

Goebbels wiederum wandte sich anderen Frauen zu, baute das Haus in Lanke aus, bestellte jede Nacht eine andere Frau dorthin, tobte sich aus.

Zu Hause war alles ruhig. Die Krankenschwester: *Das Haus Goebbels war für den oberflächlichen Betrachter ein gut geführter Haushalt, gesunde, wohlerzogene Kinder, liebende Ehegatten. Hinter den Kulissen tiefste Zerrüttung der Ehe, die Atmosphäre bedrükkend und auf die Dauer unerträglich. Man glaubte jeden Tag, es werde eine Katastrophe eintreten.*

3

Joachim von Ribbentrop war im Februar 1938, kurz vor dem „Anschluß“, anstelle des alten, müden und zu konservativen von Neurath Außenminister geworden. Er war jünger, er war energischer. Goebbels mochte ihn nicht. Vor allem war er kein „alter Kämpfer“. Er hatte sich Hitler erst kurz vor der Machtergreifung genähert und war, als Hitler Reichskanzler wurde, noch nicht einmal Mitglied der Partei. Auch gehörte Ribbentrop zu den sogenannten feinen Leuten. Er war adlig (wenn auch nur durch Adoption); er war reich, wenn auch nur durch Heirat.

Kaum war Ribbentrop im Auswärtigen Amt eingezogen, da ließ er Goebbels mitteilen, er könne unmöglich gestatten, daß die Auslandspropaganda vom Propagandaministerium gemacht werde. Goebbels schäumte. Er stürzte zu Hitler, aber Hitler entschied gegen ihn. Ribbentrop sei im Recht, die ausländische Propaganda gehöre ins Auswärtige Amt. Überdies meinte der durch die Baarova-Krise verstimmte Hitler, Goebbels habe sich bisher keineswegs durch seine Propaganda im Ausland mit Ruhm bedeckt.

Es begann ein offener Kampf zwischen Ribbentrop und Goebbels. Die Herren verkehrten nur noch schriftlich. Die Briefe waren voll beleidigender Anspielungen. Sätze wie: *Ich muß mir doch sehr verbitten* ... oder: *Diese Einmischung in mein Ressort* ... waren an der Tagesordnung.

Um die Auslandspresse zu verpflichten, machte Goebbels am Leipziger Platz den Auslandspresseklub auf, in dem er auch im Krieg gutes Essen ohne Marken servieren ließ, in dem es Alkohol in Hülle und Fülle gab, in dem man hübsche und gefällige Mädchen treffen konnte. Ribbentrop eröffnete fluchend ein Konkurrenzunternehmen, den Klub in der Fasanenstraße.

Ribbentrop hatte zumindest in dieser Phase die besseren Ellbogen. Er konnte Goebbels fast aus allen Positionen der ausländischen Propaganda verdrängen – nur an seine Propaganda-Attachés konnte er nicht heran. Goebbels fürchtete die Ellbogen Ribbentrops nicht nur aus Prestigegründen. Der junge Außenminister dünkte ihn ein Elefant im Porzellanladen. Gelegentlich des Parteitages im Jahre 1938 erklärte Ribbentrop seinen Gesandten und Botschaftern, die er aus aller Welt hatte herbeirufen lassen, er wünsche in Zukunft keinerlei Berichte, aus denen hervorginge, daß die Westmächte Krieg erklären würden, wenn Hitler gegen die Tschechoslowakei oder Polen Krieg führe.

Von diesem eigenartigen Befehl erfuhr Goebbels. Er gab ihm zu denken.

## 4

Denn Goebbels wollte keinen Krieg. Dies war keineswegs auf irgendwelche moralischen Bedenken zurückzuführen. Goebbels war lediglich unfähig zu verstehen, warum man ein unnötiges Risiko eingehen sollte. Er hatte immer auf dem Standpunkt gestanden, daß es keine Kriegsgefahr gebe, *wenn wir es selbst nicht wollen* (wie er zu Hermann Rauschning gesagt hatte).

Und wie erfocht man unblutige Siege? Durch Propaganda. Man erregte die Menschen bis zur Siedehitze, man schüchterte die Menschen auf der anderen Seite ein, man beschimpfte den Rest der Welt so lange, bis der Rest der Welt froh war, sich aus einem Konflikt herauszuhalten, der unabänderlich schien; und dann plötzlich gab es keinen Konflikt mehr, sondern nur noch ein allgemeines Nachgeben.

Nun war die Tschechoslowakei an der Reihe. Goebbels überholte seine Maschine. Insbesondere das Radio wurde kriegsbereit gemacht.

Um die deutschen Forderungen in der Tschechoslowakei zu unterstreichen, begann er eine selbst für seine Verhältnisse beispiellose Hetze. Die Schlagzeilen deutscher Zeitungen verkündeten: *Deutsche Frauen und Kinder von tschechischen Tanks überfahren,* am nächsten Tag hieß es: *Giftgasangriff der Tschechen in Aussig.* Einen Tag später: *Die Tschechen plündern, Die Tschechen schießen* usw.

Am 13. September veröffentlichte Konrad Henlein, der Führer der Sudetendeutschen, einen Aufruf, in dem gesagt wurde, daß das Leben der Sudetendeutschen unter tschechischer Herrschaft nicht mehr erträglich sei. Der Aufruf, der mit den Worten schloß: *Wir wollen heim ins Reich,* war von Goebbels geschrieben worden.

Ein Minister, so glaubte Goebbels wenigstens damals noch, konnte nicht so frei von der Leber weg sprechen. Henlein konnte deutlicher werden als Goebbels. Oder wenn Goebbels in einem seiner Artikel sehr deutlich werden wollte, dann schrieb er (auch in diesen Tagen) unter dem Pseudonym *Sagax.* Aber er bemühte sich nicht einmal, seinen Stil zu verstellen.

Sagax schrieb: *Es ist zwecklos, an die Tschechoslowakei zu appellieren. Aber – frei nach Cicero – London und Paris fragen wir: wie lange noch darf Prag ungestraft unsere Geduld mißbrauchen?*

Vier Tage später folgte ein neuer Sagax-Artikel: *Warnung an Prag. Der Ruf unserer sudetendeutschen Brüder: „Heim ins Reich!" wird niemals mehr verhallen, bis er seine Erfüllung gefunden hat.*

Solche Warnungen werden weniger an Prag als an die Westmächte adressiert. Es war diese Propaganda, die den alten Chamberlain bewog, auf Reisen zu gehen und Hitler in Berchtesgaden und später in Godesberg aufzusuchen. Es waren diese Reisen, die Goebbels bewogen, seine Propaganda noch aggressiver, noch drohender zu gestalten.

Eine Schraube ohne Ende. Eine Propaganda, die bald mit dem Frieden, bald mit dem Krieg drohte. Der deutsche Propagandaminister hoffte auf Fremdenverkehr (am 14. Juni 1938 hielt er eine Rede, in der er die Fremden zum Besuch Deutschlands ermunterte), wurde aber nicht müde, auf die neue großartige Luftwaffe hinzuweisen. Er klagte über das furchtbare Unrecht, das deutschen Staatsbürgern oder Sudetendeutschen in der Tschechoslowakei geschah, und gleichzeitig drohte er unverhohlen mit Tanks.

Diese sich widersprechende und doch auf einen Punkt hinzielende Propaganda war erfolgreich. Sie hypnotisierte die Welt. In Paris und London sah und hörte man schon die Bomben fallen – und war bereit, alles zu tun, damit sie nicht fielen. Das Abkommen von München, in dem die Tschechoslowakei preisgegeben wurde, war die Folge dieser Kriegspsychose, die wiederum das Resultat der Goebbels-Propaganda war.

*Man fragt mich immer, was geschehen wäre, wenn Chamberlain nicht nach Deutschland gekommen wäre?* sagte Goebbels, wenige Tage nach München in einer Sportpalastrede. *Darauf kann ich nur antworten: Dieser spezielle Herr Chamberlain mußte kommen.*

## 5

Am 7. November 1938 drang ein siebzehnjähriger Pole jüdischen Glaubens, Herschel Grynszpan, in die deutsche Botschaft in Paris ein, zog einen Revolver und schoß auf den Legationsrat Ernst vom Rath. Nicht einmal ein Wortwechsel war der Tat vorausgegangen. Ihre Motive wurden später nie ganz geklärt. Grynszpan behauptete, daß er seine Eltern rächen wollte, die in Deutschland Verfolgungen ausgesetzt waren. Jedoch verstummten die Vermutungen nie ganz, daß er das Opfer eines Agent provocateur wurde, der im Auftrage einer Berliner Regierungsstelle arbeitete. Als Begründung wurde angegeben, daß Goebbels einen neuen Reichstagsbrand brauche.

Sofort meldete sich Goebbels zum Wort. *Wo war Grynszpan in den letzten drei Monaten? Wer hat für seinen Unterhalt gesorgt? Wer hat ihm den falschen Paß vermittelt? Wer hat ihn im Pistolenschießen unterrichtet? Es kann keinem Zweifel unterliegen, daß er von einer jüdischen Organisation versteckt und auf die zynische Mordtat systematisch vorbereitet worden ist.*

Überall in Deutschland wurden jüdische Geschäfte zerstört, Jugen beraubt, geschlagen, getötet, in Konzentrationslager geschleppt, Synagogen in Brand gesteckt. Ein Pogrom von nie für möglich gehaltenen Ausmaßen rollte ab. Die Zeitungen konnten gar nicht mehr mitkommen. Meist begnügten sie sich mit Überschriften wie „Synagogen in Brand“. Unter dieser summarischen Feststellung wurden zehn, zwanzig, fünfzig Depeschen aus den verschiedensten Teilen des Reiches abgedruckt, die von der Zerstörung von Synagogen berichteten oder einfach lakonisch feststellten, daß in dieser oder jener Synagoge ein Brand ausgebrochen sei. So gleichmäßig lauteten diese Meldungen, daß der Verdacht naheliegt, gewisse Redakteure versuchten, dem deutschen Publikum anzudeuten, daß es sich hier um geplante Verbrechen, nicht um spontane Ausbrüche handelte.

Goebbels bestand auf der These der Volkswut: *Der spontane Ausbruch der Empörung seitens der Bevölkerung in der Nacht vom 9. zum 10. November ... zeigt nur, daß die Geduld des deutschen Volkes nunmehr restlos erschöpft ist ...*

Die deutsche Regierung hatte natürlich nichts mit dem Pogrom zu tun. Goebbels stellte das recht zynisch fest. Am 11. November 1938 schrieb er, daß, hätte er die Sache organisiert, nicht ein paar Tausend, sondern vierhundert- bis siebenhunderttausend Menschen in den Straßen demonstriert hätten – und daß das Resultat entsprechend anders gewesen wäre.

Tatsache ist, daß Goebbels hinter den Ereignissen stand, ja daß er es war, der sie organisierte. Freilich wußte das damals nur eine Handvoll Menschen. Fritzsche zum Beispiel hörte erst viel später davon, dann allerdings durch Goebbels selbst. Goebbels meinte erklärend: *Bei gewissen Gelegenheiten muß man radikal vorgehen.*[3]

Aber nie hatte sich Goebbels so verkalkuliert wie in diesem Fall. Gewiß, viele Deutsche lasen mit einer gewissen Genugtuung antisemitische Artikel oder hörten Schimpfreden auf die Juden. Aber es war doch etwas ganz anderes, mit eigenen Augen ansehen zu müssen, wie der jüdische Mitbürger, der seit Jahren im gleichen Hause gewohnt hatte und von dem man wußte, daß er keineswegs mit den Weisen von Zion konspiriert hatte, mißhandelt und beraubt wurde. Überall in Deutschland fanden sich Menschen, die entsetzt waren über die antisemitischen Ausschreitungen. Wildfremde Menschen traten an Juden heran, drückten ihnen die Hand, sagten, sie schämten sich, Deutsche zu sein. In der elektrischen Straßenbahn und in der Untergrundbahn machte man demonstrativ Juden Platz. In Geschäften trat man zurück, bis sie bedient waren. Und zahlreiche sogenannte Arier setzten ihren Kopf aufs Spiel, indem sie gefährdete Juden versteckten.

Goebbels, der wohl letzten Endes die Deutschen nicht weniger verachtete als die Juden – denn er war ja Menschenfeind –, hatte nicht damit gerechnet, daß jetzt, fünf Jahre nach Eröffnung seines Propagandaministeriums, ein Deutscher noch einen selbständigen Gedanken denken, ein nicht vorschriftsmäßiges Gefühl fühlen könnte.

Insbesondere in dem letzteren Fall täuschte er sich. Zumindest hatte er sich um ein paar Jahre verrechnet.

Die unvorhergesehene Reaktion auf den geplanten Massenmord erschütterte Goebbels. Ja, er litt geradezu darunter, daß er die Deutschen so falsch eingeschätzt hatte. Aber er gab nicht zu, sich geirrt zu haben. Mitarbeitern gegenüber äußerte er sich mit beißendem Spott über Personen, die den Juden als Menschen bezeichneten.

Magda fand das alles ein wenig kindisch. Noch kurz zuvor hatte sie sich durch eine Bekannte bei einer jüdischen Firma einen Pelzmantel besorgen lassen, weil er besonders billig war, auch hatte sie ihrem Mann ein Reisenecessaire bei einer jüdischen Firma gekauft. Nun mußte sie ein Eßservice zurückgeben, weil es sich herausstellte, daß einer von vierzehn Geschäftsanteilen der betreffenden Firma in jüdischen Händen war. Sie fragte ihren Mann im Hinblick auf seine Lieblingstochter: *Und wenn Helga einen Juden heiraten würde?* Ohne Bedenken antwortete Goebbels: *Sie wäre nicht mehr meine Tochter.*

Seine Wut auf die Juden wirkte manchmal wie eine Satire auf den Antisemitismus. Typisch dafür ist, was er sich gelegentlich einer Besprechung über die jüdische Frage unter dem Vorsitz von Göring am Vormittag des 12. November leistete.

Goebbels begann mit der Forderung, die Synagogen zu schließen und die jüdischen Gemeinden aufzulösen. Synagogen, die nicht zufällig verbrannt waren, sollten sofort dem Erdboden gleichgemacht werden und der Platz zum Parken von Autos benutzt werden. Außerdem müsse es den Juden verboten werden, Theater oder Kinos zu besuchen, man könne Deutschen nicht zumuten, neben Juden zu sitzen.

Ganz besonders angetan hatten es ihm die Schlafwagen. Der Gedanke, daß ein Jude und ein Deutscher eine Nacht zusammen in einem Schlafwagen verbringen würden, machte ihn förmlich krank. Göring meinte, man könne den Juden ja besondere Schlafwagen zuteilen. Goebbels hielt dagegen, es könne wohl vorkommen, daß die arischen Schlafwagen überfüllt seien, ja daß Arier sogar stehen müßten, während in den jüdischen Schlafwagen sich zwei oder drei Juden breitmachten. Göring meinte, dann würde man den Juden eben nur ein paar Abteile geben, aber auch das war Goebbels noch nicht genug. Er beruhigte sich erst, als Göring ihm versicherte, bevor Arier eine Reise stehend verbringen müßten, würde er die jüdischen Passagiere zwingen, die Nacht auf der Toilette zuzubringen ...

Als zwei Jahre später Grynszpan in die Hände der Nazis fiel, bereitete Goebbels einen Monstreprozeß vor. Ganz plötzlich und ohne eine Erklärung abzugeben, stoppte er ihn dann wieder ab. Dachte er an die schlechten Erfahrungen, die er mit dem Reichstagsbrandprozeß gemacht hatte? Gab es andere Gründe? Genug, Grynszpan wurde ohne Prozeß umgebracht.

## 6

Im Januar 1939, noch herrschte, wie Roosevelt es nannte, *Frieden durch Furcht,* teilte Hitler seinen engsten Mitarbeitern, darunter auch Goebbels, seine Absicht mit, noch im gleichen Jahre den Krieg zu beginnen.[4]

Goebbels' neuer Propagandafeldzug setzte mit einem Artikel *Krieg in Sicht?* ein, den er am 25. Februar publizierte. Nicht das Dritte Reich, sondern die Demokratien hetzten zum Kriege, erklärte er. *Was wollen die Demokratien eigentlich? ... Es fehlt ... den westeuropäischen Demokratien offenbar an dem nötigen Instinkt, um die internationale Lage richtig zu beurteilen ... Wir wollen ja bekanntlich von den Demokratien gar nichts.*

Die Antwort Englands blieb nicht lange aus. Wie um sich gegen den Vorwurf, zum Kriege zu hetzen, zu verteidigen, erklärte Neville Chamberlain Anfang März einer Gruppe englischer und amerikanischer Bankiers, es sei nun an der Zeit, mit einer internationalen Anleihe Deutschland auf die Beine zu helfen. Chamberlain glaubte noch immer an den Friedenswillen Hitlers.

In jenen Tagen bereitete Goebbels seinen letzten großen Propagandafeldzug gegen die Reste der Tschechoslowakei vor. Er arbeitete genaue Instruktionen für die Zeitungsüberschriften und Leitartikel aus und vor allen Dingen auch über die „Nachrichten", die gegeben werden sollten.[5] Es sollte also in der nächsten Zeit mitgeteilt werden, wie Deutsche von den Tschechen verhaftet wurden, wie die tschechische Polizei Deutsche erschoß, wie tschechische Mörder und Gangster die Wohnungen und Häuser von Deutschen plünderten; daß die tschechische Armee an der Sudetengrenze aufmarschierte; daß die Tschechen auch die Slowaken terrorisierten, entführten und verschleppten; daß die kommunistischen Führer der Tschechoslowakei sich heimlich in Prag träfen usw.

Am Morgen des 15. März 1939 sahen dann die erstaunten und erschütterten Bürger von Prag deutsche Panzertruppen durch die Stadt rollen. Entsetzen erfaßte die Welt. Vergebens versuchte Goebbels, beruhigend zu wirken, indem er am 18. März schrieb: *Die historischen Länder Böhmen und Mähren sind wieder in den Bestand des deutschen Reiches zurückgekehrt ... Damit findet eine geschichtliche Entwicklung ihren Abschluß, die schon im Jahre Tausend ihren Anfang genommen hatte, als der älteste Chronist Böhmens, der Slawe Cosmas, bereits Böhmen zu Deutschland rechnete.*

Mit nicht zu überbietendem Zynismus nahm Goebbels die ohnmächtigen Proteste der Welt zur Kenntnis. Wie, man nahm sie, die Nazis, beim Wort? Man argumentierte damit, daß Deutschland nicht in die Tschechoslowakei hätte einmarschieren sollen, weil die Tschechen keine Germanen seien? Da konnte Goebbels nur lachen. *Das angeblich von den Deutschen unterdrückte tschechische Volkstum in Schutz zu nehmen, macht sich allerdings mehr als ulkig im Munde von Politikern, die in einem englischen Weltreich alle Volkstümer und alle Rassen der Erde zusammengepfercht haben, nicht immer nur mit Liebe, sondern manchmal auch mit etwas Gewalt. Im übrigen imponieren uns die Engländer als Vertreter ausgerechnet unseres nationalsozialistischen Rassenprinzips nur sehr wenig. Wir wußten gar nicht, daß man in London schon so weit vom Nationalsozialismus infiziert ist, daß man jetzt mit einem Male deutsche Argumente ins Feld führt.*

## 7

Polemisch war Goebbels nun einmal haushoch überlegen. Auf seine Zynismen gab es eigentlich keine Antwort. Trotzdem machte er einen entscheidenden Fehler. Er glaubte, es könne, ja es müsse nun immer so weitergehen, und die wachsende Erbitterung der Gegenseite sei polemisch oder propagandistisch für immer aus dem Weg zu schaffen. Er war überhaupt davon überzeugt, daß die Kriege Adolf Hitlers künftighin mit Druckerschwärze allein zu gewinnen seien.

Es war nicht reiner Übermut, der ihn zu diesem Fehlschluß verleitete. Es war die wirkliche Hoffnung, den von Adolf Hitler bereits beschlossenen Krieg überflüssig zu machen. Es war eine Art Selbsthypnose, in die Goebbels verfallen war, und er war von seiner Sache so überzeugt, daß er sicher war, die Gegenseite zu überzeugen.

Seit dem Einmarsch in Prag hatten sich die Beziehungen zwischen England und Deutschland sichtlich verschlechtert. Am 31. März erhielt Polen von Frankreich und England die Zusicherung seiner Unabhängigkeit, das heißt die Zusicherung von Hilfe im Falle eines Überfalles durch die Deutschen. Später verteilte Chamberlain noch andere Garantien (immer im Hinblick auf einen deutschen oder italienischen Überfall: Rumänien sowohl wie Griechenland erhielten besondere Zusicherungen). Vielleicht war Chamberlain nicht entzückt, sich nach so vielen Seiten verpflichten zu müssen. Aber die öffentliche Meinung in seinem eigenen Lande zwang ihn dazu. Goebbels hatte zwar einen gewissen Eindruck auf die englische und die französische Regierung gemacht, nicht aber auf die englische und die französische Bevölkerung.

Auf die Nachricht von dem polnischen Garantievertrag hin hatte Goebbels einen neuen Brandartikel geschrieben: *Wer will den Krieg?* Deutschland wolle den Krieg wirklich nicht. *Wenn einmal in Europa in einer schwarzen Stunde ein neuer Krieg ausbrechen sollte, so müßte der Ruf über unseren ganzen Erdteil erschallen: Die Juden sind schuld!* schrieb er im gleichen Artikel, also mehr als zwei Monate nach Hitlers Erklärung, daß er noch in diesem Jahre den Krieg beginnen würde. Aber Goebbels hoffte ja noch immer, diesen Krieg zu vermeiden. *Ein kommender Krieg wäre die schwerste Erschütterung der europäischen Kultur.*

Freilich, man müsse Deutschland ein wenig entgegenkommen. *Das deutsche Volk gehört zu den sogenannten Habenichtsen ... die Engländer ... besitzen ein Weltreich von fast unübersehbarem Ausmaß ... Unser Raum ist nicht weit genug, um die Ernährung unseres Volkes sicherzustellen.* Ende April wieder: *Es gibt bekanntlich Staaten, die im Überfluß schwelgen und die gar nicht wissen, was sie mit ihren Rohstoff- und Goldvorräten anfangen sollen, und es gibt andere Völker, die kaum das Notwendigste zum Leben besitzen.*

Er wurde dieses Themas nicht müde. Am 20. Mai: *Deutschland und Italien sind die großen Proletarier unter den europäischen Völkern. Die besitzenden Nationen ... unterdrücken ganze Länder und Erdteile, ihr ganzer Reichtum ist das Ergebnis skrupel- und gewissenloser Raubzüge.* Am 3. Juni ein Artikel: *Klassenkampf der Völker? Die einen sind gar nicht in der Lage, alles das zu verzehren, was ihnen gehört, die anderen dagegen haben deren Überfluß zu wenig und müssen darum verhungern ... Daraus ergeben sich die krisenhaften Spannungen, die heute Europa bewegen ...* Er kämpfte scheinbar gegen das unverständige Ausland, aber in Wirklichkeit mindestens ebensosehr gegen diejenigen im eigenen Lande, die den Krieg wollten. Er kämpfte gegen den Krieg. Er setzte alles auf die Propagandawaffe; er hoffte, das Ausland so sehr zu erschrecken, daß es einen Krieg erst gar nicht wagen würde.

## 8

Roosevelt wußte um die Unvermeidbarkeit des Krieges. Bereits am 14. April hatte er einen Appell an die Diktatoren gerichtet: *Sie wissen zweifellos, daß Hunderte von Millionen Menschen auf der ganzen Welt heute in Angst vor einem neuen Krieg leben oder gar von einer Reihe neuer Kriege ...* Und der Präsident schlug Hitler und Mussolini vor, allen Staaten Europas und des Nahen Ostens eine zehnjährige Friedensgarantie zu gewähren.

Hitler antwortete in einer Reichstagsrede, in der er gleich zwei Friedensgarantien zerriß: den Flottenvertrag mit England aus dem Jahre 1935 und den Nichtangriffspakt mit Polen aus dem Jahre 1934.

Mußte diese Rede Goebbels nicht überzeugen, daß der Krieg unvermeidlich war? In der Tat, es sah ganz so aus, als täte er, Goebbels, sein Bestes, um ihn unvermeidlich zu machen. Als am 6. Mai der polnische Außenminister, Oberst Joseph Beck, einen letzten Versuch zu einer friedlichen Einigung machte, verbot Goebbels seinen Zeitungen, Becks Rede auch nur zu erwähnen. Vierundzwanzig Stunden später gaben die deutschen Rundfunkstationen bekannt, daß Beck eine Rede gehalten hatte, ohne freilich auf deren Inhalt näher einzugehen. Um so mehr wurde über die angeblichen Verbrechen, die an deutschen Bürgern in Polen begangen wurden, gesendet.

Und immer neue Schauermärchen wurden während der nächsten Tage verbreitet, bis Goebbels in einem Artikel *Bajonette als Wegweiser* ganz ausführlich die (nicht existenten) Pogrome in Polen beschrieb. In einer Unterhaltung mit Fritzsche erklärte dann Goebbels zum erstenmal offen, warum er diese neue Greuelmärchenpropaganda gegen Polen begonnen hatte. *Das ganze Gerede vom Kriege ist ja Unsinn. Gewiß, es wird zu einem Feldzug gegen Polen kommen, aber so etwas kann man kaum einen Krieg nennen. Und einen Krieg gegen den Westen gibt es sicher nicht. England wird die Nerven verlieren, und ein neues München wird die Folge sein.*

Es gab Stimmen in England und insbesondere auch in Frankreich, die sich entschieden dagegen wehrten, Polens wegen in den Krieg zu ziehen. Goebbels nannte sie die „Stimme der Vernunft". Als der frühere französische Luftfahrtminister Marcel Déat einen Artikel *Für Danzig sterben?* veröffentlichte, ließ Goebbels die deutsche Presse begeisterten Beifall klatschen.

Aber da es nicht genug solcher Stimmen gab, stellte Goebbels fest, daß Deutschland in Gefahr sei, „eingekreist" zu werden. Das Gespenst der Einkreisung ging in Deutschland schon seit den Zeiten Eduards VII. um. Es spielte eine besonders große Rolle während der letzten Wochen vor Ausbruch des Ersten Weltkrieges. Nun erweckte Goebbels es zu neuem Leben. Er wollte Deutschland, er wollte der Welt einhämmern, daß Deutschland wieder einmal in eine Defensivstellung gedrängt werde. Am 20. Mai schrieb er den Artikel *Die Einkreiser,* am 27. Mai *Nochmals die Einkreiser,* am 1. Juli *Das schreckliche Wort von der Einkreisung.* Dieses schreckliche Wort kam auch noch in anderen Artikeln und seinen zahllosen Reden vor. Es wurde zum Hauptschlagwort und beherrschenden Leitmotiv. Mit ihm wurde die Welt von Goebbels gewissermaßen propagandistisch eingekreist.

Fritzsche las seit Wochen die Abhörberichte über die ausländischen Sender. Nun brachte er sie in ziemlicher Erregung zu Goebbels: Der Minister könne sich selbst davon überzeugen; der Ton der Engländer habe sich geändert, sei schärfer geworden. Es sei ein anderer Ton als damals vor München. Goebbels war nicht sogleich überzeugt. Aber Fritzsche ließ nicht locker. Er kam nun täglich mit neuen Zitaten. Goebbels las mit steigendem Interesse und wachsender Verblüffung. Eines Abends, es war schon spät, ließ er Fritzsche noch einmal zu sich ins Büro kommen. *Sie haben mich überzeugt,* erklärte er, *die Engländer werden in den Krieg ziehen. Es muß etwas geschehen, damit es gar nicht soweit kommt.*

Am nächsten Morgen fuhr er zu Hitler. Der hörte ihm zu, wußte aber, wie so oft, alles besser. Ribbentrop hatte ihm gesagt, daß die Engländer nicht in den Krieg ziehen würden, also würden sie nicht in den Krieg ziehen.

Goebbels kehrte ins Propagandaministerium zurück. Als Fritzsche ihn nach seiner Unterredung mit Hitler fragte, zuckte er nur die Achseln. Dann brach er plötzlich aus: *Aber wir haben doch nicht in sechs Jahren soviel aufgebaut, um es im siebenten wieder zu verlieren!*

Um diese Zeit verhandelte Hitler bereits wegen eines Paktes mit Stalin.

## 9

Goebbels hatte wenig Zeit, die Deutschen auf das Kommende vorzubereiten. Am Sonntag, dem 20. August, gab es nur einige Andeutungen in der deutschen Presse; Deutschland und Rußland seien im Begriff, ein neues Handelsabkommen zu treffen. Kommentare gab es keine. Das Abkommen schien jeder politischen Bedeutung zu entbehren. Allerdings fehlten an diesem Tage – und von diesem Tage ab – alle antirussischen Tiraden in der deutschen Presse. Das Propagandaministerium selbst hatte Order gegeben, den Feldzug gegen den Bolschewismus „bis auf weiteres" einzustellen.

Am Montag, dem 21. August, um elf Uhr abends, kam dann plötzlich die Nachricht über den Rundfunk, daß ein Nichtangriffspakt zwischen den beiden Ländern abgeschlossen sei. In diesem Pakt war ausdrücklich gesagt, daß, falls einer der beiden Kontrahenten in einen Krieg verwickelt würde, der andere die Gegner des ersteren in keiner Weise unterstützen dürfe.

Überall in der Welt war man verblüfft und erschüttert. Seit es ein Drittes Reich gab, waren die Bolschewisten täglich, ja beinahe stündlich beschimpft und begeifert worden. Illustrierte Zeitungen, die oft wochenlang vor Erscheinen gesetzt und gedruckt wurden, brachten noch laufend die schlimmsten russenfeindlichen Artikel. Am 25. August war im Münchner Rundfunk ein Vortrag angesetzt: *Ich klage Rußland an – der Plan der Komintern, die Weltherrschaft an sich zu reißen;* er wurde im letzten Augenblick aus dem Programm entfernt, und dafür gab es dreißig Minuten russische Volksmusik.

Nun waren die Russen, gewissermaßen über Nacht, Bundesgenossen geworden. Wie konnte Goebbels das seinem Publikum erklären? Hätte er mehr Zeit gehabt, wäre das Problem einfacher zu lösen gewesen. Aber hier, wie so oft späterhin, war ja das Wichtige an dem Coup, daß er plötzlich und überraschend kam. Da Hitler die Welt überraschen wollte, konnte Goebbels das deutsche Volk gar nicht vorbereiten, konnte nicht Wochen oder Monate vorher die antirussische Propaganda abstoppen.

Noch im Frühjahr hatte er die Westmächte immer wieder angegriffen, weil sie dem Bolschewismus nicht den Kampf ansagten. Am 22. April hatte er sich über Lord Halifax beschwert, der „den Bolschewismus eine abstrakte Anschauung“ nannte. Am 17. Juni war er empört über Chamberlains Worte: *Wenn eine Methode gefunden werden könnte, durch die die Mitarbeit und der Bestand der Sowjetunion beim Aufbau der Friedensfront gesichert werden könne, werde England das willkommen heißen.*

Nun mußte er das gleiche von Deutschland sagen. Ohne mit der Wimper zu zucken, tat er es. Schon am Dienstagnachmittag erklärte seine Zeitung *Der Angriff,* die Welt stehe vor der unerhörten Tatsache, daß zwei große Völker sich auf den Boden einer gemeinsamen Auslandspolitik gestellt hätten, die während einer „langen und traditionsreichen Freundschaft“ Verständnis geschaffen und gefördert habe.

Ohne viel Worte über die traditionsreiche Freundschaft zu verlieren, beschäftigte sich die deutsche Presse in den nächsten Tagen fast ausschließlich damit, daß der Pakt jede Kriegsgefahr beseitigt habe.

Vielleicht war es das, was die Deutschen lesen wollten. Jedenfalls schluckten sie den Pakt, schluckten alles, was über die traditionelle Freundschaft gesagt wurde. So etwas war freilich nur möglich in einem Lande, in dem es ein Nachrichtenmonopol gab. Auch in Rußland gab es ja ein solches Nachrichtenmonopol, und dort war es möglich, daß der Außenminister Molotow im Hinblick auf den Pakt erklärte: *Faschismus ist Geschmackssache.* Aber überall in der Welt, wo es kein Nachrichtenmonopol gab, wo noch so etwas wie Freiheit der Presse existierte, löste die Nachricht vom Pakt einen ungeheueren Schock aus.

Goebbels selbst nahm zu der Frage überhaupt nicht Stellung. Er erwähnte den Pakt nur bei seiner Neujahrsansprache, in der er das ganze Jahr Revue passieren ließ, mit einem einzigen Satz: *Die englischen Versuche, Rußland in die Einkreisungsfront hineinzuziehen, scheiterten.*

## 10

In den Wochen, die dem Pakt vorausgingen, schwieg er. Ja, in den letzten Monaten des Jahres 1939 erschien nicht ein einziger Artikel von ihm. Dies war wohl kaum ein Zufall. Niemals zuvor hatte sich Goebbels so lange ruhig verhalten. Was war der Grund?

Er hatte Angst. Er wußte nun, der Krieg würde kommen, der Krieg war unvermeidlich. Nicht irgendein kleiner schneller Feldzug gegen Polen, sondern der große, lang andauernde Krieg. Er war nicht glücklich in diesen Wochen. Er machte sich – Mitarbeiter erzählten es – Vorwürfe. Hatte er nicht seinen Teil Schuld daran, daß alles so gekommen war? Er hatte die Tonart seiner Propaganda ständig verschärft in der Hoffnung, die Gegner so einzuschüchtern, daß sie es nicht wagen würden, in den Krieg zu ziehen. Aber er hatte sie so eingeschüchtert, daß sie nun bereit waren, alles zu riskieren. Die deutsche Propaganda war zu gut gewesen. Weniger wäre vielleicht mehr gewesen.

Da saß er nun in seinem Arbeitszimmer, äußerlich ruhig wie immer. Es würde also Krieg geben, und er würde Kriegspropaganda machen müssen. Das hätte sich vielleicht vermeiden lassen, aber nun ließ es sich nicht mehr vermeiden.

Was war zu tun?

Der Pressefeldzug gegen Polen mußte weitergehen. Goebbels steigerte ihn unaufhörlich. *SS-Mann getötet!, Zwei SA-Leute angeschossen!, Unschuldige Familie zu Krüppeln geschlagen!, Ganz Polen im Kriegsfieber! Chaos in Oberschlesien!*

Was war sonst zu tun? Lebensmittel mußten rationiert werden. Der Plan für die Rationierung lag fertig vor Goebbels. Siebenhundert Gramm Fleisch pro Woche, zweihundertachtzig Gramm Zukker, hundertzehn Gramm Marmelade, ein achtel Pfund Kaffee. Die Rationierung bedeutete, niemand wußte es besser als Goebbels, einen Schlag für die Deutschen. Im Auslande würde man sie als die erste Niederlage darstellen, würde man sagen, man könne einen Krieg allenfalls mit Rationierung beenden, nicht aber beginnen.

Die letzten Tage und die letzten Stunden des Monats August waren heiß, schwül, drückend. Am wolkenlosen Himmel stand die Sonne über dem Asphalt von Berlin. Überall auf den Straßen sah man Soldaten, die von ihren Frauen und Kindern an den Bahnhof gebracht wurden. Sie sangen keine patriotischen Lieder. Sie machten keine begeisterten Gesichter. Sie waren ernst. Goebbels' Presse, Goebbels' Radio machte keinen Versuch, die mangelnde Begeisterung anzufachen, und es schien dem Propagandaminister ganz recht, daß die Menschen den Krieg nicht auf die leichte Schulter nahmen.

In anderen Stunden der Entscheidung war der Platz vor Hitlers Reichskanzlei schwarz vor Menschen gewesen. Nun, am 28. August, als der britische Botschafter mit Londons entscheidender Antwort nach Berlin zurückkehrte, gab es knapp fünfhundert Personen auf dem Wilhelmsplatz. Überall in Berlin, im Reich waren die Menschen gegen den Krieg. Und sie sprachen es offen aus. Sie wußten gar nicht, worum es ging. Danzig? Der polnische Korridor? Lohnte es sich wirklich, dafür in den Krieg zu ziehen. Und warum erfuhren sie nichts? Warum ließ die Regierung sie im Dunkeln tappen?

Und dann, am 1. September, stand Hitler in der Kroll-Oper vor seinem Reichstag und sprach: *Seit 5 Uhr 45 heute morgen haben wir das Feuer der Polen erwidert, und von jetzt an werden Bomben mit Bomben beantwortet.* Es war furchtbar heiß in der Kroll-Oper, die meisten der Abgeordneten waren in Schweiß gebadet. Göring sah aus, als käme er aus einem türkischen Bad. Nur Goebbels schien kühl und ruhig wie immer. Zum ersten Male trug er seine neue Uniform. Er hatte seine beiden Hände aufeinandergelegt. Er schien mit Spannung der Rede Hitlers zu lauschen, die in der selben Minute, von seinen Propagandisten in zahllose Sprachen übersetzt, um den Erdball gefunkt wurde. Hitler sagte: *Ich habe von neuem den Rock angezogen, der mir der heiligste und teuerste war, den Rock des Soldaten. Und ich werde ihn nicht ausziehen, bis der Sieg sicher ist. Sonst will ich das Ende nicht überleben.*

Sagten diese Worte Goebbels etwas Besonderes? Klangen sie ihm wie ein Warnruf des Schicksals? Ahnte er, konnte er ahnen, was kommen sollte?

In dieser Nacht wurde Berlin zum erstenmal verdunkelt. Wußte Goebbels, daß er nie, niemals wieder eine Berliner Straßenlaterne brennen sehen würde? Da saß er in seinem riesigen Propagandaministerium. Draußen das finstere Berlin. Ein Berlin, so verschieden von jenem, in das er vor dreizehn Jahren gekommen war, jenem Berlin, voll von Lichtern, Farben, Musik, Lärm, Geschrei und Leben.

Viel Arbeit lag vor ihm. Was mußte zuerst geschehen? Mußte nicht doch die mangelnde Kriegsbegeisterung entfacht werden? Mußte er nicht seinen Apparat ankurbeln, um die Menschen froh und siegestrunken zu machen, auf daß sie mit Enthusiasmus in den Tod zogen wie im Jahre 1914?

*Nein,* sagte der Propagandaminister zu Fritzsche, *was der Spießbürger Stimmung nennt, ist kein entscheidender Kriegsfaktor. Wie lange hält so etwas schon an?*[6] *Denn, geben wir uns keinen Illusionen hin: dies ist ein langer und harter Krieg. Für diesen Krieg ist eine harte und feste Entschlossenheit vonnöten, die sich mehr in der täglichen Pflichterfüllung als in lärmenden Siegesfeiern äußert.*

Vielleicht war er der einzige der deutschen Führer, der eine einigermaßen richtige Idee über die Länge und die Härte des Krieges hatte. Nun ging er daran, eine Kriegspropagandamaschine zu bauen, die viele Jahre und, wenn nötig, viele Rückschläge überdauern würde.

Das schaffte er. Seine Maschine sollte stärker sein und sollte infolgedessen eine längere Lebensdauer haben als die deutsche Wehrmacht, als das ganze Dritte Reich.

## Anmerkungen

[1] Wir wissen von ihr durch eine Schauspielerin, von deren Integrität Goebbels so überzeugt war, daß er ihr völlig reinen Wein einschenkte.
[2] Diese Geschichte berichtete ihre Sekretärin dem Autor.
[3] Fritzsches Aussage im Nürnberger Prozeß.
[4] Diese Tatsache ist durch unwiderlegbare dokumentarische Beweise belegt, die von Peter de Mendelsohn in seinem „Design for Aggression" veröffentlicht wurden.
[5] Fritzsche im Nürnberger Prozeß. Dies ist durch inzwischen gefundene Dokumente eindeutig erhärtet.
[6] Dieselben Worte gebrauchte er in einer Rede vom 5. Juni 1943.

DRITTER TEIL

# DER RUHM

## ZEHNTES KAPITEL

# DAS GROSSE SCHWEIGEN

### 1

Am 3. September 1939 wird die SS *Athenia,* ein britischer Passagierdampfer, vollgepfropft mit Frauen und Kindern, die das bedrohte Europa verlassen haben, von einem Unterseeboot versenkt. Hunderte von Menschenleben sind zu beklagen.

Ein deutsches Unterseeboot hat diese Tat vollbracht. Aber das wird amtlich niemals zugegeben. Die deutsche Admiralität schweigt – und zwar auf Wunsch des Propagandaministeriums.[1]

Goebbels handelt blitzschnell. Noch bevor England, Amerika oder das neutrale Ausland die Nachricht kommentieren können, noch bevor der sehr naheliegende Schluß, daß ein englischer Dampfer von einem deutschen Unterseeboot versenkt worden ist, öffentlich gezogen wird, weiß er bereits zu melden: Die Engländer selbst haben die *Athenia* versenkt, eben damit die Welt glauben soll, es sei Deutschland gewesen. Ein Propagandamanöver des gerissenen britischen Marineministers Churchill, das aber glücklicherweise im letzten Moment noch durchschaut worden ist. So schreien die deutschen Zeitungen, so toben die Berichte im deutschen Rundfunk. Tagelang, wochenlang geht das in diesem Stil weiter. Das Propagandaministerium betont: Es sei völlig ausgeschlossen, daß Deutschland irgend etwas mit der Versenkung der „Athenia" zu tun habe. Beweis: kein deutsches Unterseeboot kann die „Athenia" versenkt haben, weil der Führer ausdrücklich verboten hat, Passagierdampfer zu versenken.

Der Führer ist übrigens von dieser Propaganda in solchem Maße begeistert, daß er die Anfertigung eines besonders scharfen Artikels für den *Völkischen Beobachter* befiehlt, in dem Churchill des Mordes an den Ertrunkenen angeklagt wird. Goebbels, der den gesamten Reklamefeldzug selbst leitet, schreibt nur einen einzigen Artikel über den Fall der *Athenia* und zeichnet ihn nicht einmal. Im übrigen bleibt er stumm – bis zum Ende des Jahres.

Dies gibt zu vielerlei Gerüchten Anlaß. Man munkelt, Goebbels sei ausgeschaltet. Er hat ja auch mit der Formulierung der deutschen Heeresberichte nichts zu tun. Das hat die Armee sich nicht aus der Hand nehmen lassen. Otto Dietrich, Nachfolger Funks als Reichspressechef, hat sich auch ein wenig von Goebbels distanziert.

Dietrich ist immer um Hitler herum im Hauptquartier. Ihm wird von Hitler selbst übertragen, die Ausgabe der sogenannten „Tagesparole" zu besorgen. Diese besteht aus einer Reihe von Stichwörtern, die vom Propagandaministerium nebst Kommentaren an die Zeitungen weitergeleitet werden sollen, Stichwörter, die an jedem einzelnen Tag die Lage umfassen oder, besser gesagt, den Redakteuren klarmachen sollen, wie sie über die jeweilige Lage zu schreiben haben. Goebbels hat versucht, die „Tagesparole" in die Hand zu bekommen, ist aber an Hitler gescheitert.

Ist etwas Wahres an den vielen Gerüchten? Haben die Generale Hitler vorgeschlagen, Goebbels auszuschalten? Hat Hitler sich schützend vor seinen Propagandaminister gestellt? Ist etwas Wahres an der Geschichte, daß Goebbels zu Beginn des Krieges eine Rede halten wollte über die schweren Zeiten und daß nun jeder deutsche Bürger opfern müsse; und daß Hitler ihm die Rede mit den Worten verbot: *Glauben Sie, daß gerade Sie der richtige Mann dafür sind, eine solche Rede zu halten?*

Es mag schon etwas Wahres an diesen Gerüchten sein. Bloß dürfte Hitler im Ernst nie daran gedacht haben, seinen Propagandaminister völlig auszuschalten. Wer wußte besser als er, wie wichtig Propaganda im Kriege ist? Hatte er doch selbst darüber ausführlich in *Mein Kampf* geschrieben: *Es zeigte sich erst im Kriege, zu welch ungeheuer wichtigen Ergebnissen eine richtig angewandte Propaganda führt.*

## 2

Wer weiß besser als Hitler, in welchem Maße diese rein militärischen Siege der ersten Wochen (und auch des Jahres 1940) indirekt die Siege von Goebbels sind? Die Polen (und späterhin die Franzosen) gingen ja schon völlig verwirrt und im sogenannten „Nervenkrieg" von vornherein geschlagen in den eigentlichen Krieg. Niemand vermag zu sagen, was geworden wäre, wenn Goebbels in Frankreich und in Polen ebensowenig hätte ausrichten können wie in England.

Goebbels sieht sich um. Was er an gegnerischen Propagandaapparaten sieht, ist nicht geeignet, ihm Respekt einzuflößen: Dilettantismus auf der ganzen Linie. Während die deutschen Armeen in Polen von Sieg zu Sieg eilen, erscheinen englische Flugzeuge über Deutschland und werfen Flugblätter ab. Kindische Flugblätter, in denen Mr. Chamberlain den Deutschen vorschlägt, sofort von Hitler abzufallen; noch sei es Zeit.

Wie unendlich wenig Psychologie diese englische Propaganda doch beweist! Goebbels prägt das Wort von den „Propaganda-Lehrlingen". Fritzsche schreit in den Äther. Goebbels geht weiter. Er sieht mit bemerkenswerter Klarheit: Kein Wort wird über die sogenannten Kriegsziele verloren. Keiner der alliierten Propagandisten scheint zu wissen, warum dieser Krieg eigentlich geführt wird. Die Goebbels-Propaganda greift hier ein. In hundert Variationen fragt sie: Warum eigentlich führt ihr Krieg?

Die Alliierten wissen nicht, warum sie Krieg führen, sagt er. Also müssen sie aufhören, Krieg zu führen. Da sie nicht aufhören, sind sie, und nur sie allein, für den Krieg verantwortlich. Oder – ist überhaupt Krieg? Für die Propagandamaschine von Goebbels existiert er nicht. Das Wort Krieg wird kaum je in den deutschen Zeitungen gebraucht. Der Krieg gegen Polen ist eine Kampagne, ist im besten Falle eine Strafexpedition – in keinem Falle ein wirklicher Krieg.

Die direkte Folge dieser „leisen" Propaganda ist, daß die großen Siege in Polen der Mehrzahl der Bevölkerung als solche gar nicht zum Bewußtsein kommen. Als nach rund einer Woche die deutschen Truppen bereits vor Warschau anlangen, ist zwar die Welt erschüttert, aber in den Straßen der deutschen Großstädte bleibt es ruhig. Damit hat Goebbels offenbar gerechnet, und er versucht auch nicht, Begeisterung zu entfachen, wo keine von selbst entsteht. Im Gegenteil, die Heeresberichte, vom Hauptquartier herausgegeben, sind militärisch knapp und schmucklos, und es geschieht vom Propagandaministerium nichts, um sie auszuschmücken. Zwischen den Zeilen soll die deutsche Bevölkerung gewissermaßen lesen: Hier sind die Fakten, wir geben euch nichts als diese, sie genügen ja auch, sie sprechen für sich selbst. Aber es sind Fakten, die wir geben; unsere, und nur unsere Berichte sind verläßlich.

Nicht nur die deutsche Bevölkerung, auch das neutrale Ausland soll so denken. Und da es wirklich so ist, denkt das Ausland auch so. Überall gewinnt man den Eindruck, daß die deutschen Heeresberichte verläßlicher sind als die der Alliierten; daß sie die Nachrichten geben, die die Alliierten notgedrungen zwei, drei Tage später werden geben müssen. Freilich, die Deutschen haben es leicht, Berichte zu geben, in denen nichts verheimlicht wird. Denn sie eilen ja von Erfolg zu Erfolg. Dies ist wohl auch der Grund, warum Goebbels es sich leisten kann, von jeder direkten Zensur für Auslandsjournalisten abzusehen. In der Tat, in diesem ersten Kriegsjahr kann ein ausländischer Journalist von Berlin aus schreiben, was er will. Seine Kollegen in Paris und London haben mit größeren Schwierigkeiten zu kämpfen. Besonders in Paris feiert die Stupidität der Zensoren wahre Orgien. In London, wo ein amerikanischer Korrespondent ein Flugblatt zu sehen wünscht, das zu Hunderttausenden über Deutschland abgeworfen worden ist, wird ihm das abgeschlagen, es handle sich um *Material, das nicht in die Hände des Feindes geraten dürfe* … Propaganda-Lehrlinge …

Und Goebbels schweigt noch immer – nach außen hin. Um so emsiger ist er damit beschäftigt, die Maschinerie seiner Kriegspropaganda bis ins letzte zu vervollkommnen. Er beginnt, an die Propagandastellen in den einzelnen Gauen sogenannte „Schulungsbriefe" abzufassen: Dokumente von rund zweitausend Wörtern Länge, in denen alle Fragen des Tages gestreift werden und angezeigt wird, wie sie propagandistisch zu behandeln sind. Im September und Oktober 1939 sieht das etwa so aus:

*Der schlimmste und verschlagenste Gegner … war und ist England … England hat … kein Mittel unversucht gelassen, Deutschland mit dem Ring der Einkreisung zu umschließen. Das deutsche Volk zerfällt heute nicht mehr in Dutzende von Parteien, es bildet vielmehr eine einheitliche ... Gemeinschaft ... Es besteht die Gewißheit, daß nach Erledigung des Waffenganges mit Polen die Auseinandersetzung mit England sich an einer Front abspielen wird. Wäre das deutsche Volk führerlos, so wäre es damit auch wehrlos ... Die Torpedierung der* Athenia *ist von Churchill ausgedacht worden, um Amerika in den Strudel des Krieges hineinzuziehen ...*

Am wichtigsten: *Die deutsche Nachrichtenpolitik dient heute zwar auch der Information, aber mehr noch der Instruktion. Sie soll nicht nur unterrichten, sie soll auch die öffentliche Meinung zielbewußt lenken.* Mit einem Wort, Goebbels hat keine Absicht, die Totalität seiner Diktatur im geringsten abzuschwächen.

## 3

Äußerlich hatte sich wenig im Propagandaministerium verändert. Vor der Rampe des Ministeriums patrouillierten Tag und Nacht Detektive in Zivil, und Goebbels Wagen wurde, wie die der anderen Regierungsmitglieder, vorn und hinten von Polizisten auf Motorrädern begleitet. Innerhalb des Gebäudes wurden alle Lautsprecheranlagen scharf bewacht. Weniger wichtige Abteilungen, Registraturen usw., waren unter den Dachboden verlegt worden. Die Abteilungen Rundfunk, Presse, Film und Propaganda wurden in das Hauptgebäude gelegt, damit Goebbels in ständiger Fühlung mit ihnen sein konnte. Im Ministerium wurde in manchen Büros nun vierundzwanzig Stunden pro Tag gearbeitet, und zwar waren die Schichten so eingeteilt, daß sie jeweils vierundzwanzig Stunden im Gebäude blieben und vierundzwanzig Stunden frei hatten. Nachts konnten die meisten schlafen, dazu standen Feldbetten bereit.

Nur relativ wenige Angestellte des Ministeriums wurden zum Heer oder zur Marine eingezogen. Das blieb auch späterhin so. Goebbels stand auf dem Standpunkt, daß seine Leute mehr im Propagandaministerium denn an der Front leisten könnten. Er erließ auch gleich eine Verordnung am Schwarzen Brett, daß freiwillige Meldungen zum Heeresdienst auf alle Fälle zu unterbleiben hätten. Erst in den beiden letzten Kriegsjahren erlaubte er seinen Mitarbeitern, an die Front zu gehen.

4

Noch lange bevor Goebbels wissen konnte, daß er von der Abfassung des eigentlichen Heeresberichtes ausgeschlossen sein würde, wußte er, daß in einem Krieg, der viele Jahre dauern konnte, ein Heeresbericht, gleichgültig ob farblos oder farbig, der Bevölkerung nicht genügen würde. Er brauchte ein Instrument, um den Krieg gewissermaßen näher an die Heimat heranzubringen, ihn für den durchschnittlichen Zeitungsleser interessanter und fesselnder zu gestalten. Dieses Instrument schuf er mit den sogenannten Propaganda-Kompanien.

Auf Goebbels' Vorschlag wurden schon vor Kriegsbeginn Listen von Redakteuren aufgestellt, die Talent für Kriegsberichterstattung hatten. Diese Reporter wurden acht Wochen lang militärisch ausgebildet, und gleichzeitig erhielten sie Kurse in der Kunst der Kriegsberichterstattung.[2]

Goebbels bezeichnete diese Propaganda-Kompanien als etwas Besonderes, als etwas ganz Neuartiges auf dem Gebiete der Berichterstattung – das waren sie auch. *Man hatte es noch aus dem Weltkrieg im Gedächtnis, daß hinter der kämpfenden Truppe irgendwo in einem Etappenquartier ein paar Journalisten saßen, die aus aufgefangenen Gesprächsfetzen von Soldaten … den Menschen zu Hause ein gänzlich schiefes und falsches Bild von den militärischen Vorgängen gaben. Davon kann heute überhaupt nicht mehr die Rede sein,* schrieb er in einem Artikel, den er den PK widmete. Die neuen Kriegsberichterstatter seien wirkliche Soldaten, *todesverachtend und kaltblütig, genau so gefährdet wie der Mann mit dem Flammenwerfer. Denkt alle manchmal daran, wenn Ihr Eure Zeitungen lest, Eure Rundfunkapparate für die Frontberichte anstellt oder die neueste Wochenschau zwischen Kultur- und Spielfilm seht,* schloß er diesen Propagandaartikel für seine eigenen Propagandisten.

Die Wochenschau war ihm besonders wichtig. Sie wurde von Kameramännern, die zu Propaganda-Kompanien eingezogen waren, hergestellt. Die drehten, was ihnen wichtig erschien, sie hatten die größte Freiheit in der Auswahl ihrer Sujets, Richtlinien wurden nur selten gegeben und waren recht allgemein gehalten. Die Filmstreifen wurden mit Kurier nach Berlin gebracht, im Propagandaministerium zensiert und dann für die nächste Wochenschau verwendet.

Dann sah Goebbels die Wochenschau, und dann gab es Szenen. Er fluchte, tobte, schrie. Er fand immer, daß nicht genug interessante Bilder da wären, weil sich seine Kameraleute nicht weit genug nach vorne gewagt hätten.

In einer ganz besonders unglücklichen Lage waren die Kameraleute, die auf Kriegsschiffen stationiert waren. Die lagen ja fast immer im Hafen; die Fotografen hatten also wenig anderes zu filmen als das Mittagessen der Mannschaft oder irgendwelche Spiele, die an Bord getrieben wurden. Wenn Goebbels so etwas zu Gesicht bekam, verlor er vollständig seine Fassung. Überhaupt ärgerten ihn Bilder aus der Etappe aufs maßloseste. Auf der anderen Seite war er entzückt, wenn Filme ankamen, aus denen deutlich hervorging, daß der Operateur in Lebensgefahr geschwebt hatte, als er sie aufnahm, wie z. B. Stuka-Angriffe, Fallschirmabsprünge, Luftkämpfe aller Art, Sprengmittelfahrer, Szenen auf Unterseebooten usw.

## 5

Trotz aller Sorge für farbige Berichterstattung verlor Goebbels nie den wichtigsten Punkt aus dem Auge. Der war, das Nachrichtenmonopol zu behalten. Hier mußte Goebbels sehr schnell handeln. Schon am 1. September 1939 ließ er verkünden, daß es den Deutschen von nun an verboten sei, ausländische Rundfunkprogramme abzuhören. Wer erwischt wurde, kam gewöhnlich ins Gefängnis. Schlimmer noch erging es demjenigen, dem nachgewiesen werden konnte, daß er, was er gehört hatte, weitererzählte. Darauf stand Zwangsarbeit und Todesstrafe.

Dieses Gesetz war von Goebbels selbst ersonnen und dem Kabinett vorgeschlagen worden. Das Interessante war, daß so gut wie niemand von dem Abhörverbot ausgenommen war – nicht einmal die Minister selbst. Goebbels allein hatte das Recht, Abhörerlaubnis zu erteilen. Dies tat er nur in ganz seltenen Fällen. Es war etwa keineswegs so, daß die wichtigsten Angestellten des Propagandaministeriums eine solche Erlaubnis besaßen. Sie kamen zu entscheidenden Konferenzen in völliger Unkenntnis darüber, was das Ausland zu der einen oder anderen Sache gesagt hatte. Nur diejenigen, die wissen mußten, was das Ausland sandte, weil sie die Antworten des deutschen Rundfunks vorbereiteten, hatten unbeschränkte Abhörerlaubnis.[3]

Das Verbot, ausländische Programme abzuhören, auszusprechen, fiel Goebbels keineswegs leicht. Er hätte es gerne vermieden. Denn dieser Schritt bedeutete das Eingeständnis der Zensur.

Für den Propagandisten gibt es zwei Arten von Zensur: die eingestandene und die nichteingestandene. Die Zensur zum Beispiel, die in den besetzten Gebieten geübt wurde, war eine, die der Leserschaft gegenüber nicht eingestanden zu werden brauchte. Auf Veranlassung von Goebbels wurde den dort erscheinenden Zeitungen verboten, mit leeren weißen Stellen zu erscheinen. Für von der Zensur gestrichene Artikel mußte immer Ersatz zur Stelle sein; leere weiße Stellen hätten der Leserschaft angezeigt, daß ein ursprünglich geplanter Artikel verboten worden war.

Rundfunk-Zensur konnte von Anfang an nichts sein als eine eingestandene Zensur. Das Gesetz wandte sich gar nicht an eine kleine Gruppe von Redakteuren, sondern an die Millionen Hörer. Ihnen wurde gesagt, was sie hören durften, was nicht.

Das war vom Standpunkt des Propagandisten aus gefährlich. Goebbels verwandte viel Zeit und Druckerschwärze darauf, den Deutschen zu erklären, warum sie ausländische Programme nicht abhören sollten. Sein Hauptargument war, daß die ausländischen Nachrichten im wesentlichen aus Lügen beständen, daß der deutsche Rundfunk viel verläßlicher sei. Der „Beweis" wurde geschickt geführt. Goebbels richtete eigens eine statistische Abteilung ein, um die Lügen, die in ausländischen Zeitungen erschienen und über ausländische Sender verbreitet wurden, zu registrieren und zu zählen. Fritzsche konnte einen bemerkenswerten Vortrag halten. *In sieben Kriegswochen hundertacht Fälle von Lügen.* Es war unwichtig, daß die Zahl keineswegs stimmte. Die breite Masse glaubte an die Unfehlbarkeit der Statistik und glaubte weniger denn je an das, was London und Paris zu melden hatten.

Andere Argumente waren weniger glücklich gewählt, etwa dasjenige, das Goebbels nach halbjähriger Kriegsdauer in einer großen Rede wie folgt formulierte: *So wie der Soldat sich körperlich nicht selbst verstümmeln darf, um sich damit für den Krieg untauglich zu machen, so darf der deutsche Volksbürger sich nicht durch die feindliche Propaganda seelisch selbst verstümmeln, um damit, wenn auch nur einen Augenblick lang, an Kampf- und Glaubenskraft zu verlieren.*

Unausdenkbar, wie Goebbels sich über so etwas lustig gemacht hätte, wäre einem anderen eine solche Idee gekommen. Da er die Idee selbst lancierte, machte sich das deutsche Volk über ihn lustig. Goebbels wiederum versuchte sich über die ausländischen Sender lustig zu machen. *Wir haben das zweifelhafte Vergnügen, täglich englische Rundfunksendungen ... zur Kenntnis nehmen zu dürfen,* schrieb er. *Das ist so gottserbärmlich ungekonnt, daß einem schlecht werden kann.*

Aber niemand wußte besser als Goebbels, daß dergleichen nicht verfing. Wenn die Leute ausländische Sender nicht hörten, so nur, weil sie Angst hatten. Nicht Goebbels, sondern Himmler hielt sie vom Zuhören ab, und die Tatsache, daß im ersten Jahr mehr als fünfzehnhundert Personen in Konzentrationslager, Gefängnisse, Zuchthäuser kamen, weil sie London abhörten, war ein indirekter Beweis.

Aber die übergroße Majorität der heimlichen Hörer wurde natürlich nie erfaßt, konnte ja nicht erfaßt werden. Damit war das Nachrichtenmonopol von Goebbels durchbrochen. Was das Ausland zu melden hatte, machte langsam, aber sicher die Runde in Deutschland. Die Diskrepanz zwischen dem, was man offiziell nicht wissen durfte, und dem, was man inoffiziell wußte, führte zu seltsamen, manchmal zu grotesken Situationen. Da war zum Beispiel jener Trauergottesdienst für den vermißten und von der deutschen Admiralität totgesagten U-Boot-Offizier. Die tieferschütterten Eltern erfuhren dann kurz vor dem Beginn des Gottesdienstes von Freunden, daß der Sohn gar nicht ertrunken, sondern in englischer Gefangenschaft sei: Das Londoner Radio hatte es soeben gemeldet. Aber es war unmöglich, den Gottesdienst abzusagen, ohne den Argwohn der Behörden zu wecken, und so wurde er abgehalten, obwohl jeder der Anwesenden wußte, wie die Dinge in Wirklichkeit standen.

Das Verbot des Abhörens tat viel, um die Unzufriedenheit in der Bevölkerung zu schüren. Goebbels, immer mit dem Finger am Puls des Volkes, ständig von seinen Gauleitern und Gaupropagandisten über die Stimmung unterrichtet, wußte es. Er wußte auch, daß die Stimmung nicht mit Nachrichten von deutschen Siegen, an denen es nicht mangelte, oder gar durch Propagierung des *Heldenmutes unse-*

*rer Truppen* zu beeinflussen war. Die Leichtigkeit, mit der die Siege errungen wurden, wirkte geradezu paradox auf den Durchschnittsdeutschen: Da sie so leicht und schnell erfochten wurden, glaubte er, daß die deutschen Soldaten ein leichtes und angenehmes Leben führten und daß die in der Heimat Zurückgebliebenen viel stärker vom Kriege getroffen waren als die an der Front. Goebbels sandte Vertrauensmänner in die großen Fabriken und bekam immer wieder den gleichen Bescheid: Die Unzufriedenheit wuchs. Goebbels und nach ihm Ley befahlen ihren in die Fabriken entsandten Propagandisten, große Versprechungen zu machen: Nach dem Kriege würde Hitler sechs Millionen neue Häuser bauen, würde die Arbeitslöhne erhöhen, würde Ferienhotels für Arbeiter errichten usw. Die Arbeiter hörten zu und blieben skeptisch.

Goebbels lauschte angestrengt. Sagte man in Arbeiterkreisen, die Funktionäre der Partei drückten sich von der Front? *95 Prozent aller Hitlerjugendführer stehen heute in der Wehrmacht. Vierhundert Hitlerjugendführer sind allein im Polenfeldzug gefallen. 68 Prozent der nationalsozialistischen SA-Männer stehen in den Reihen der Wehrmacht.* Sagte irgend jemand, Hitler habe sein Versprechen, den Zweifrontenkrieg zu vermeiden, nicht gehalten? *Wir haben heute im Gegensatz zum Weltkrieg im Osten den Rücken gänzlich frei. Der Zweifrontenkrieg gehört der Vergangenheit an.*

Um die Zeit, da er dies schrieb, kurz nach Beendigung des Polenfeldzuges, beschloß Goebbels, eine neue Zeitung zu gründen. Für den *Angriff* schrieb er schon lange nicht mehr. Der Ton des *Angriff* war ihm zu aggressiv. Ein Minister mußte von einer würdigeren Warte aus predigen. In den letzten Jahren vor dem Krieg war, was immer er schrieb, im *Völkischen Beobachter* erschienen. Aber der „V. B." war zu sehr Organ der Münchner Clique, als daß Goebbels sich dort wohl gefühlt hätte.

Das neue Organ, mehr Zeitschrift als Zeitung, sollte als Mittelstück einen Artikel von ihm enthalten. Durch diesen Artikel hoffte Goebbels das deutsche Volk mit den jeweiligen Problemen des Tages bekannt zu machen und auf diese Weise einen engen, sozusagen persönlichen Kontakt zu seinem Millionenpublikum zu halten. Er wollte, so erklärte er seinen Mitarbeitern, nicht als Minister, sondern als Journalist sprechen.

Dies war der offizielle Grund. Einen anderen Grund gab er Fritzsche gegenüber an. Er machte kein Hehl daraus, was er über die immer langweiligere, immer gleichförmigere deutsche Presse dachte. Er sagte: *Man muß der Presse mehr Freiheit geben. Keiner kann anständig schreiben, wenn er zwischen Stacheldrähten tanzt und mit Holzhämmern immer eine auf den Kopf bekommt.*

Darauf Fritzsche: *Das ist richtig. Aber nicht ich, sondern Sie haben die Stacheldrähte und die Holzhämmer eingeführt.*[4]

Goebbels schwieg darauf. Er hoffte, mit seiner neuen Wochenzeitung ein gutes Beispiel zu geben, um den Standard der deutschen Presse zu heben.

*Das Reich* erschien dann zum erstenmal am 26. Mai 1940. Aber Goebbels schrieb nur in den beiden ersten Nummern die Leitartikel, dann verstummte er auf viele Monate. Die Periode des großen Schweigens war erst Ende 1940 beendet.

## 6

Goebbels' wichtigste Aufgabe bestand nicht darin, die Alliierten mit Propaganda zu überschwemmen. Im Unterschied zu seinen Londoner und Pariser Kollegen (den Propaganda-Lehrlingen) wußte er, daß es unmöglich war, Revolten im ersten Kriegsjahr – und ohne daß militärische Entscheidungen größten Stils erfolgt waren –, nur durch Propaganda gewissermaßen hervorzuzaubern. Goebbels sah seine wichtigste Aufgabe darin, zu versuchen, was seinem geschätzten Kollegen Ribbentrop so ausgiebig mißlungen war: den Krieg zu isolieren; dafür zu sorgen, daß nicht noch andere Länder in den Krieg gegen Deutschland einträten.

Dieser Kampf der deutschen Propagandamaschine um die Isolierung des Krieges ging auf vielen Schauplätzen vor sich: in Zürich, Bern und Basel, in Stockholm, in Ankara und Bukarest, in Lissabon und Madrid, in Washington. Es wurde mit vielen Mitteln gekämpft. Mit Bestechungen und Bedrohungen, mit Flüsterkampagnen, mit Filmen, die die Übermacht der deutschen Wehrmacht demonstrierten, mit Statistiken der deutschen Produktion, mit Versprechungen. Am erbittertsten wurde er in der Schweiz und in den Vereinigten Staaten geführt.

Im Ersten Weltkrieg war die „deutsche" Schweiz mit den Städten

Zürich, Basel, Bern durchaus deutschfreundlich gewesen. Diesmal war sie ausgesprochen deutschfeindlich. Da die großen Züricher und Basler Zeitungen aufs schärfste gegen das Hitler-Regime schrieben, mußten sie in Deutschland verboten werden. Goebbels schickte einen seiner besten Agenten, Dr. Klaus Hügel, verschiedentlich in die Schweiz, um dort mit einer Reihe von Persönlichkeiten, die mit den Nazis sympathisierten, Fühlung zu nehmen. Es wurden, da die schweizerische Nazipartei verboten war, eine Reihe von Ersatzorganisationen gegründet. Es war wohl kaum beabsichtigt, das Land auf der Naziseite in den Krieg zu ziehen, es sollte vor allen Dingen der zu freimütigen Presse des Landes der Mund gestopft werden.

So kam es auch wenige Wochen nach Hügels Erscheinen in der Schweiz zu jener Eingabe an den Bundesrat von zweihundert mehr oder weniger prominenten Schweizer Persönlichkeiten, die verlangten, daß die Presse zensiert werden solle. *In völliger Verkennung der Eigenheit unseres Landes, dafür aber beherrscht von der nebelhaften Vorstellung einer internationalen Weltdemokratie wird versucht, sowohl unsere innenpolitische als unsere außenpolitische Haltung derjenigen der ausländischen Demokratien anzugleichen,* hieß es da. *Hand in Hand mit dem Wortschatz internationalen Emigranten entlehnter Beschimpfungen ausländischer Regierungen geht seit langem eine planmäßige, terroristische Verdächtigung vieler Eidgenossen, die für ein freundschaftliches Verhältnis ... mit allen Nachbarstaaten eintraten.*

Goebbels hätte es nicht raffinierter formulieren können. Wäre dem Ersuchen dieser zweihundert stattgegeben worden: keine Schweizer Zeitung hätte Deutschland mehr kritisieren dürfen. Die schlimmsten Schweizer Nazis wären aus dem Gefängnis entlassen worden und hätten weiter konspirieren können.

Ungleich wichtiger für Goebbels war der Kampf um die Isolation der Vereinigten Staaten. Der hatte schon vor dem Krieg begonnen. Angestellte in den Konsulaten arbeiteten unter der Leitung der Auslandsabteilung des Propagandaministeriums respektive unter Herrn von Gienanth vom New Yorker Konsulat, der selbst von Goebbels herübergeschickt worden war. Diese Agenten versuchten, amerikanischen Zeitungen den deutschen Transozean-Dienst aufzuschwätzen, arbeiteten mit ungeheuren Bestechungen – 1940 und 1941 wurde rund eine Million Dollar für Propagandazwecke ausgegeben. Flüsterkampagnen, daß Deutschland den Krieg schon fast gewonnen hätte, wurden inszeniert. Propaganda-Agenturen, wie *German Railway Information Service, German American Chamber of Commerce* usw., arbeiteten mit Hochdruck. Und während der ganzen Zeit versuchte das deutsche Radio, eine freundliche Atmosphäre zu schaffen. Es wurde mit Befriedigung festgestellt, daß die meisten Amerikaner neutral zu bleiben wünschten, daß die Kriegshetzer in der Minderzahl waren. Es wurde den Amerikanern versichert, ein deutscher Sieg bedeute keine Bedrohung der amerikanischen Sicherheit. Freilich, ein Großteil des Kampfes wurde von Amerikanern geführt, die keineswegs im Dienste von Goebbels standen und denen wohl niemals klar wurde, in welchem Maße sie für Goebbels arbeiteten: vom Senator William E. Borah, der nicht vor Hitler warnte, sondern vor den *amerikanischen Kriegshetzern,* von Hamilton Fish, der erklärte, *er könne nicht verstehen, wozu Amerika mehr als zweitausend Flugzeuge brauche,* von Charles Lindbergh, der England bereits aufgegeben hatte.

Sie alle halfen Goebbels.

Er selbst führte den Kampf um die Isolation des Krieges in Berlin selbst. Er versuchte, die ausländischen Korrespondenten auf seine Seite zu bringen. Er hatte niemals eine besonders glückliche Hand mit ausländischen Korrespondenten gehabt, er hatte sie auch jetzt nicht. Es machte ihnen wenig Eindruck, daß er sie als *Schwerarbeiter* klassifizieren ließ, was sie zu doppelten Rationen von Brot, Fleisch und Butter berechtigte. Daß sie nicht zensiert wurden, imponierte ihnen schon mehr. Das hatte die beinahe automatische Folge, daß in neutralen Zeitungen die Berliner Berichterstatter viel häufiger zu Worte kamen als die Londoner und Pariser.

Aber Goebbels war zu inkonsequent, um diesen Vorteil auszunützen. Wütend darüber, daß neutrale Zeitungen von ihrem Recht Gebrauch machten, ihre Meinung zu sagen, begann er, ihnen Strafpredigten zu halten. *Es darf kein in die Augen springender Gegensatz zwischen der Neutralität eines Staates und der Neutralität seiner öffentlichen Meinung bestehen. Die neutralen Staaten tun gut daran, sich wirklich neutral zu verhalten, das heißt, sich nicht damit zu begnügen, daß die an der Regierung befindlichen Exponenten ihres politischen Lebens schüchterne Neutralitätserklärungen abgeben, ihrer öffentlichen Meinung dagegen erlaubt ist, in wüsten Schimpfkanonaden gegen das Reich und gegen das nationalsozialistische Regime zu Felde zu ziehen ... Wenn man Zuschauer bei einem Boxkampf ist, so tut man als körperlich schwächlicherer Mensch gut daran, sich respektvoll aus der unmittelbaren Nähe der beiden Kämpfer zu halten.*

Dies war Drohung. Und Goebbels fand bald heraus, daß er mit Drohungen am besten den Kampf für die Isolation des Krieges führen konnte. Die stärksten Trümpfe waren seine Kriegsfilme. Vom polnischen Feldzug ließ er einen Film machen, der den Zuschauern das Blut in den Adern gefrieren ließ. Er führte ihn einflußreichen Persönlichkeiten in allen neutralen Ländern vor. Die versteckte Drohung hinter den schreckenerregenden Bildern von brennenden Dörfern, in die Tiefe stürzenden Stukas, Bombeneinschlägen von nie gesehener Wucht, von kilometerlangen Reihen von Panzern war: So geht es euch auch, wenn ihr uns reizt.

Noch während des Feldzuges gegen Frankreich ließ Goebbels einen zweiten solchen Film drehen: *Sieg im Westen.* Auch hier wurde das Moment der Vernichtung herausgearbeitet.

## 7

Wochen und Monate vor dem Ausbruch des polnischen Feldzuges war von polnischen Missetaten und Bestialitäten aller Art geschrieben und gesprochen worden. Im Westen sollte der Schlag überraschend kommen. Hätte Goebbels das deutsche Volk psychologisch vorbereitet, dann hätte er damit die zu überfallenden Länder gewarnt. Daher kam der Beginn des westlichen Krieges sogar für seine intimsten Mitarbeiter vollständig überraschend. Erst in der Nacht, in der die deutschen Truppen nach Holland und Belgien einrückten, ließ Goebbels sechs Mitarbeiter verständigen, daß sie am nächsten Morgen um acht Uhr in seinem Büro zu erscheinen hätten.

Am 10. Mai 1940, um acht Uhr früh, übergab er dann Fritzsche zwei Rundfunkreden, die sofort gesendet werden sollten. Die Zeit drängte so, daß Fritzsche sich die Reden nicht einmal durchlesen konnte, bevor er ans Mikrophon trat.

Gegen Frankreich war trotzdem einige Vorarbeit geleistet worden. Während des sogenannten Sitzkrieges wurde gegen die französische Nation ein beispielloser Nervenkrieg geführt, der bis ins kleinste Detail im Propagandaministerium ausgearbeitet worden war. Die Hauptwaffen: Flüsterkampagnen, Tausende von Briefen, die an französische Privatleute adressiert waren, und natürlich Attacken über den Rundfunk, wo einige von Goebbels engagierte französische Verräter, vor allem Paul Ferdonnet, ihre Landsleute zu überzeugen versuchten, „daß England bis zum letzten Franzosen kämpfen würde".

Die Franzosen hatten als Goebbels' Gegenspieler den großen Schriftsteller Jean Giraudoux zum Informationsminister ernannt, der das Wesen des Propagandakrieges durchaus verstand. *Wir sind zwei Jahre lang im Kriege mit Hitler,* erklärte er am 14. Dezember 1939 und zitierte Hitler, um das zu illustrieren. *Unsere wirklichen Kriege führen wir, bevor die militärischen Handlungen beginnen ... Der Artilleriebeschuß, der einen Infanterieangriff vorbereiten soll, wird in Zukunft ersetzt werden durch die psychologische Zersetzung des Feindes mittels Propaganda, bevor die Heere überhaupt in Aktion treten.* Und Giraudoux bemerkte hierzu: *Auch wir kämpfen diesen Krieg jetzt, und wir glauben, daß wir ihn gewinnen werden.* So dachte er. Aber niemals, in keinem Augenblick, war er Goebbels gewachsen.

Der Nervenkrieg gegen die französischen Soldaten, die in der Maginotlinie lagen, wurde besonders gerissen geführt. Es begann damit, daß man nett zu ihnen war. Zeigte sich ein Franzose, so wurde nicht auf ihn geschossen. Mit der Gelassenheit von Tennisspielern, die mit dem Spielen warten, bis der Gegner wieder in Position ist, ließen die Deutschen ihn wieder untertauchen. Irgendwo mußten französische Soldaten in der Nacht an einer Befestigung etwas ausbessern. Im Nu war die Stelle von deutschen Scheinwerfern beleuchtet, und Lautsprecher versicherten den erschreckten Franzosen, daß man ihnen nur helfen wolle, nicht aber auf sie schießen würde.

Ein anderes Mittel war die propagandistische Ausnützung der Spionage. Es wurde durch deutsche Lautsprecher verkündet, an welchem Frontabschnitt der französische Präsident sich aufhalte, der unter größten Vorsichtsmaßnahmen erst eine halbe Stunde vorher eingetroffen war. Ein andermal machte Churchill einen Besuch in der Maginotlinie. Er saß noch beim Mittagessen, als deutsche

Lautsprecher bereits das genaue Menü verkündeten, das man ihm serviert hatte.

Goebbels hatte noch andere Pfeile im Köcher. So von ihm selbst erfundene *Weissagungen von Nostradamus,* die einen baldigen deutschen Sieg verkündeten. Ferner Zehntausende von Kopien der belgischen Zeitschrift *La Guerre de 1939.* Man hatte nur die Kreuzworträtsel geändert, deren Lösung nun einen stark demoralisierenden Text hatten. Diese Zeitschriften gingen über die Schweiz an die französischen Soldaten. Natürlich liefen sie durch die Zensur, aber niemand dachte daran, die Kreuzworträtsel zu kontrollieren.

Pornographische Bilder wurden unter den französischen Soldaten in Umlauf gesetzt, um Angst und Eifersucht zu erregen. Die Bilder zeigten ihre Frauen im Begriffe, sie mit Engländern zu betrügen, während sie selbst in der Maginotlinie lagen. Die französischen Soldaten empfingen auch Warnbriefe über die Untreue ihrer Frauen. Diese Briefe wurden nicht nur von Goebbelsschen Propaganda-Agenten, sondern auch von französischen Kommunisten geschrieben, die gegen den Krieg arbeiteten und, welch ein Zufall, die gleiche demoralisierende Taktik wie Goebbels anwandten.

Moskau wie Berlin erklärt, dieser Krieg sei die Mache der Engländer; in Moskau wurden die Engländer Kapitalisten genannt, Goebbels nannte sie Plutokraten, aber das kam ja wohl auf dasselbe heraus.

## 8

Der Propagandaton gegen Frankreich änderte sich erst, als der Krieg im Westen begann; freilich dann auch gründlich. *Nun bricht die Westoffensive über diese Plutokraten herein,* schrieb Goebbels.[5] *Jetzt müssen sich ihre Heere, die in dem Glauben erzogen worden sind, sie brauchten nur in der Maginotlinie zu warten und würden an der Siegfried-Linie ihre Wäsche aufhängen, zu hartem und blutigem Kampf stellen ...* In bemerkenswerter Synchronisation heulte das deutsche Radio von „Verwirrung ... Zerstörung ... Panik ... Untergang“ von Panzerdivisionen und Stukas, und immer und immer wieder von „tausendfacher Vergeltung“.

Jetzt erst begann Goebbels das deutsche Volk für den Krieg zu begeistern. Noch am 10. Mai hatte er den Zeitungen verboten, Extrablätter herauszugeben. Jetzt kam er mit etwas ganz Neuem: den sogenannten Sondermeldungen am Rundfunk.

Diese Sondermeldungen unterbrachen das jeweilige Programm. Zuerst kam eine kurze Warnung, *Achtung, Achtung, es folgt eine Sondermeldung des drahtlosen Dienstes,* dann kamen Fanfarenstöße, gespielt von einem Blasorchester von hundert Mann. Dann kam die Meldung des neuen Sieges. Wieder Fanfarenstöße. Es war sehr eindrucksvoll.

Und der Eindruck war die Folge von genauesten Berechnungen, die Goebbels selbst angestellt hatte. Bevor er die ersten Sondermeldungen im Rundfunk herausbrachte, probierte er sie an zahllosen Menschen aus: Seine Familie mußte zuhören, seine Freunde, Berliner Schauspieler und Schauspielerinnen, Sekretärinnen wurden hinzugerufen. Wie lange Pause mußte man zwischen der ersten Meldung und den Fanfaren machen? Wie viele Sekunden würde es dauern, bis die Mutter aus der Küche herbeigeeilt war? Wie lange Pause zwischen den Fanfaren und der eigentlichen Meldung? Wieviel Zeit verfloß, bis die Mutter die Kinder heranholte oder den Vater? Sollte die Fanfare einmal, zweimal, dreimal geblasen werden?

Goebbels überlegte, kalkulierte, studierte die Wirkung am lebenden Objekt, immer die Stoppuhr in der Hand. Dann erst ließ er die Siegessondermeldungen über Deutschland niederprasseln. Fanfaren, Fanfaren, Fanfaren.

Sie hypnotisierten das ganze Land. Sie hypnotisierten auch Goebbels selbst. Um diese Zeit erschien zum erstenmal *Das Reich* mit seinem Artikel *Die Zeit ohne Beispiel.* Warum war diese Zeit ohne Beispiel? *Die Geschichte wiederholt sich nicht.* Es war wichtig, dies festzustellen. Denn schon einmal, vor fünfundzwanzig Jahren, war ja das deutsche Heer in Frankreich eingebrochen, hatte Sieg über Sieg errungen und war geschlagen worden. *Die Geschichte wiederholt sich nicht ... Heute sind wir in einer Lage, die mit der damaligen gar nicht verglichen werden kann.*

Und dann war Frankreich zusammengebrochen. Dann waren die Deutschen in Paris, dann bat Marschall Pétain um Waffenstillstand, wie die deutschen Generale 1918 um Waffenstillstand gebeten hatten. Damals mußten die Deutschen in den Privateisenbahnwagen von Foch in den Wald von Compiègne kommen. Diesmal wollen die

Nazis „Geschichte wiederholen" und holen zu diesem Zweck Fochs alten Wagen aus dem Museum.

Eine großartige Propaganda-Idee. Eine Idee, die nur Goebbels haben konnte, die Goebbels haben mußte.[6] Ein Gleichnis von gigantischen Ausmaßen, ein überlebensgroßes Plakat, das der Welt verkündete: Das Blatt hat sich gewendet. Die Deutschen haben den Krieg gewonnen.

Compiègne war eine große Inszenierung von Goebbels, obgleich Goebbels selbst nicht anwesend war. Aber es kam ja gar nicht darauf an, wer da war, es kam darauf an, daß die Welt schnell und aufs ausgiebigste von dem Ereignis erfuhr. So wichtig war dies, daß die rein technischen Gegebenheiten – das Wie der Übertragung der Waffenstillstandssitzung – in sich selbst Stoff wurden. In speziellen Übertragungen wurden Millionen Rundfunkhörer auf der ganzen Welt davon informiert, wie die telefonischen Verbindungen von Compiègne funktionierten, wie die Rundfunkreporte in alle Welt geleitet werden konnten, und so weiter. Es war eines der wenigen Male, wo Goebbels seinem Publikum erlaubte, einen Blick hinter die Kulissen zu tun.

Ein paar Wochen später, bei der eigentlichen Feier im Reichstag, war er dann mit dabei. Hitler hielt die große Rede, in der er beschrieb, wie der Sieg zustande gekommen war. Zahlreiche Generale wurden zu Feldmarschällen ernannt. Unter denen, die besonders belobt wurden, war auch Reichsminister Dr. Goebbels, der die Kriegspropaganda organisierte, deren Wert am besten erfaßt werden konnte durch einen Vergleich mit der Propaganda im Ersten Weltkrieg.

Einige Minuten später erwähnte Hitler dann, daß die Ereignisse bewiesen hätten, wie recht er gehabt habe, obwohl viele seiner engsten Mitarbeiter daran gezweifelt hätten, daß er den Krieg gewinnen würde.

Ob mit Recht oder Unrecht, Goebbels glaubte, das ginge auch auf ihn. Er hatte ja seinerzeit, es war kaum ein Jahr her, Angst gehabt, der Krieg könne alles vernichten, was die Nazis aufgebaut hätten. Er war zu Hitler gekommen, um ihn zu warnen. Nun, eine Stunde nach Beendigung der Rede, betrat er das Büro von Fritzsche und rief, sich auf die Rede Hitlers beziehend: *Das habe ich Ihnen zu verdanken!*

Fritzsche erwiderte: *Der Krieg ist noch nicht vorüber.*

Goebbels sprach nie wieder über die Angelegenheit. Erst im März 1945 sagte er einmal zu Fritzsche: *Erinnern Sie sich noch, wie Sie mich damals warnten? Und wie Sie vor fünf Jahren sagten, der Krieg sei noch nicht zu Ende? Und dann haben Sie mich nicht mehr an Ihre Worte erinnert. Ich danke Ihnen dafür.*[7]

## 9

In der Wochenschau sah eine erstaunte Welt, daß Hitler, als er die Botschaft von der Kapitulation der Franzosen erhielt, einen richtigen Freudentanz aufführte. Damals glaubte er, den Krieg gewonnen zu haben.

Goebbels sah schon nach relativ kurzer Zeit, schon nach Wochen, daß Fritzsche recht hatte. Der Krieg war nicht zu Ende. Das bedeutete, daß auch der Propagandakrieg weitergehen mußte. Je mehr Siege erfochten wurden, um so mehr Propaganda war nötig. Goebbels sah frühzeitig: dies war eine Schraube ohne Ende. Wo Siege erfochten wurden, bedeutete es Vormarsch, bedeutete es Requirierungen von Gebäuden, Beschlagnahme von Nahrungsmitteln, Vergewaltigungen, Mißhandlungen. Was die deutsche Propaganda an Illusionen aufbaute, machte die reale Anwesenheit der deutschen Truppen zunichte. Aber vorläufig war Goebbels' Hauptsorge, die Heimat zu besänftigen, zu beruhigen. In Deutschland hatte man allgemein geglaubt, nun werde Frieden sein. Die Enttäuschung war groß, konnte katastrophale Formen annehmen. Dem mußte vorgebeugt werden. Goebbels gab „vertrauliche" Anweisungen an seine Agenten.

*2. August 1940 … Die Redner werden angehalten, bei Behandlung des Themas „Frankreich" mit besonderer Eindringlichkeit dem Volke folgende Gedanken vorzutragen: Alles Geschwätz über die Schuldlosigkeit des französischen Volkes am Kriege … wird energisch zurückgewiesen. Für seine Führer ist immer das Volk verantwortlich, das sie wählt … Das französische Volk ist in Stimmung und Haltung deutschfeindlich gesonnen gewesen … Die Behandlung deutscher Militär- und Zivilgefangener in Frankreich ist ein weiterer Beweis für die allgemein im Volke herrschende Feindlichkeit gegen alles Deutsche …*

*In diesem Sinne ist von den Rednern jede Mitleiderregung gegen das vom französischen Volk nun zu duldende Schicksal zu unterdrücken … Bei den Auseinandersetzungen mit dem nun zur Endentscheidung verbliebenen Hauptfeind England sollen die Redner besonders darauf hinweisen, daß wir die Engländer nicht so einzuschätzen haben wie irgendein anderes europäisches Staatsvolk. Der Engländer kennt keine innere Gebundenheit mit dem gesamteuropäischen Schicksal … Ebenso sollen die Redner darauf achten, daß nirgendwo der Eindruck entsteht, daß der kommende Kampf etwa ein Kinderspiel sei.*[8] *Zum Unterschied von der Behandlung der Franzosen sollen alle Ausführungen in der besonderen Anprangerung der Plutokraten gipfeln, während das englische Volk als solches stets als Opfer dieser brutalen Geldsäcke aufzuzeigen ist … Auch sind Gerüchte aufgetaucht, wonach unmittelbar nach der Niederringung Englands sofort der Krieg mit Rußland in Gang gesetzt werden soll. Dazu ist zu sagen: Diese Gerüchte entbehren jeder Grundlage. Bei der Argumentierung ist immer wieder auf die entsprechende Stelle der Führerrede hinzuweisen. Außerdem sollen die Redner darauf achten, daß keine Presse-Berichterstattung darüber erfolgt.*

Schließlich und endlich: *Die Redner werden angehalten, in ihren Versammlungen zum Thema der europäischen Neuordnung nach dem Kriege keine ins einzelne gehenden Verheißungen zu machen. Alle kommenden Ordnungsfragen unterliegen der Entscheidung des Führers … Diese Aufgabenstellung verlangt zu ihrer Lösung die Führung durch das artbeste Leistungsvolk in Europa …*

Das war die neue Ordnung, das neue Europa – wie die Deutschen es sehen sollten. Zu gleicher Zeit, da den Deutschen gesagt wurde, daß sie sozusagen die Herren des neuen Europa sein würden, wurde den Völkern in den besetzten Ländern ein ganz anderes Bild vom kommenden Europa aufgetischt, und zwar in einer Rede, die Goebbels selbst am 11. September vor tschechischen Schriftstellern und Musikern, Malern und Journalisten hielt. Er ging davon aus, daß in einer Zeit, in der man mit dem Flugzeug reiste und mittels Rundfunk über die Grenzen hinweg spreche, die Völker viel „näher zusammengerückt“ seien. Man könne heute nicht mehr in Ländern, man müsse in Kontinenten denken. Freilich, *wir haben … niemals die Absicht gehabt, diesen Ordnungs- oder Umorganisationsprozeß in Europa mit Gewalt durchzuführen, und man soll nicht sagen:*

*Wenn es keine Nationalsozialisten gäbe, dann wäre Ruhe in Europa. Nein, dann wären eben andere da, die an unserer Stelle handeln müßten.* Schließlich und endlich: *Ob wir uns sympathisch sind oder nicht, steht gar nicht so sehr zur Debatte. Das ist unerheblich. Erheblich ist nur, daß wir den vielen Millionen in Europa eine gemeinsame Lebensbasis und auch ein gemeinsames Lebensideal bieten.*

Dies schien nichts als Propaganda. Aber einmal trog der Schein. Nicht das, was Goebbels dem Ausland erzählte, sondern das, was er den Deutschen erzählen ließ, war Propaganda. Er glaubte ernstlich an ein neues Europa. Er hoffte zumindest darauf. Und er wußte, daß keine Zeit verloren werden durfte mit der praktischen Ausführung, wenn es zu einer praktischen Ausführung kommen konnte. Denn jeder Tag, der verging, brachte den Deutschen mehr Feinde in den besetzten Gebieten, verringerte jeden Wunsch bei den besiegten Völkern auf eine neue Ordnung unter maßgeblicher Mitwirkung der Deutschen.

Goebbels dachte an eine Magna Charta für ganz Europa, an ein Dokument, in dem die großen Richtlinien einer künftigen Ordnung festgelegt sein sollten. Fritzsche hatte ähnliche Ideen und machte sich an die Ausarbeitung. Goebbels las das fertige Dokument und war zufrieden. Er sagte Fritzsche, daß er mit dem Führer darüber sprechen wolle. Dies geschah denn auch, und Hitler meinte, man müsse die Entscheidung Ribbentrop überlassen, der ja schließlich Außenminister war.

Die Unterhaltung zwischen Ribbentrop und Goebbels war kurz und einigermaßen heftig. Ribbentrop las das Dokument durch und erklärte, es wegschiebend: *Wir haben das nicht nötig!* Was er meinte, war, daß man mit europäischen Völkern nicht zu unterhandeln brauche, solange man sie mit den Waffen in Schach hielte. Goebbels erhob sich: *Sie werden noch sehen, wie sehr wir das nötig haben!* In der Presse verdoppelte er seine Versprechungen einer neuen Ordnung. Aber das war alles, was er tun konnte.

Auch bei anderer Gelegenheit geriet er mit Ribbentrop zusammen. Der Außenminister hatte bei Hitler durchgesetzt, daß er jedes Interview von Goebbels mit einem Auslandsjournalisten vor der Veröffentlichung zu sehen bekomme. Dies war für Goebbels kaum tragbar, aber wie Ribbentrop die Situation ausnutzte, war es noch weit untragbarer.

Im April 1940 gab er zum Beispiel dem Korrespondenten des *Popolo d'Italia* ein Interview, ließ es ans Auswärtige Amt weiterleiten, bekam es nach wenigen Tagen zurück, mit wilden Strichen. Ein Brief besagte: *Die Seiten sechs, sieben, acht und vierzehn hat der Führer gestrichen, mit dem der Herr Reichsminister über das Interview gesprochen hat.*[9]

Goebbels raste. Aber in aller Gerechtigkeit muß festgestellt werden, daß seine ständigen Zankereien mit Ribbentrop durchaus nicht auf gekränkte Eitelkeit zurückzuführen waren. Die beiden hatten meistens völlig verschiedene Ideen über Propaganda. Oder vielleicht wäre es besser zu sagen: Goebbels verstand etwas von Propaganda, Ribbentrop verstand nichts davon. Vor allen Dingen konnte Ribbentrop nicht den prinzipiellen Unterschied zwischen Propaganda und aktiver Politik verstehen.

*Das Gesicht der aktiven Politik wandelt sich von Tag zu Tag,* erklärte Goebbels einmal, als er sich Fritzsche gegenüber über Ribbentrop ausließ. *Politik kann sich von einem zum anderen Tag grundlegend ändern. Propagandalinien können nur ganz unmerklich verändert werden. Politik ist Holzschnitt, Propaganda Lithographie. Propaganda kann, ja muß, wenn sie, wie bei Ribbentrop, zur Untermauerung der Politik benutzt wird, immer um ein paar Tage zurück sein. Propaganda kann Tagespolitik nicht unterstützen oder erklären, sondern kann nur die allgemeine politische Linie stützen.*

Dies, so meinte Goebbels, würde Ribbentrop nie verstehen. Er mache nur „Unfug". *Wäre er nur bei seiner Sektfirma geblieben!* klagte Goebbels des öfteren.

Das größte Unheil richtete Ribbentrop wohl im Falle des Lord Haw-Haw an.

## 10

William Joyce, alias Lord Haw-Haw, jener irische Faschist, der wenige Tage vor Kriegsausbruch in die Dienste des Propagandaministeriums getreten war, hatte nie zu den Lieblingen des Propagandaministeriums gehört. Goebbels hatte ihn einmal gesehen, er hatte sich über die möglichen Wirkungen seiner Sendungen Bericht erstatten lassen und hatte ihn engagiert; zu relativ geringem Gehalt übrigens. In den ersten Wochen des Krieges war Joyce innerhalb des Propagandaministeriums oder, besser gesagt, des Rundfunkprogramms kaum mehr als ein Statist. Sein außerordentlicher Erfolg kam als Überraschung. Wieweit dieser Erfolg mit dem Mysterium, das den Lord anfänglich umgab, zusammenhing (es dauerte geraume Zeit, bis seine erste Frau seine Stimme erkannte), wieweit es seinem Talent, wie ein alter dekadenter englischer Aristokrat zu klingen, oder seinem Sinn für Satire zu danken war, mag dahingestellt sein. Tatsache ist, daß er verläßlichen Schätzungen nach die Hälfte des englischen Rundfunkpublikums zur Zuhörerschaft hatte. Das war jedenfalls so während des polnischen Feldzuges, das war noch so in den ersten Tagen des Krieges im Westen. Aber seit der furchtbaren Niederlage von Dünkirchen lachten die Engländer nicht mehr.

Hier machte Lord Haw-Haw seinen entscheidenden Fehler. Er begriff nicht, daß seine eigenen Landsleute nun, wo es hart auf hart ging, nun, da sie Churchill ans Ruder gerufen hatten, nicht mehr lachen wollten, ja nicht einmal mehr lächeln. – Nicht genug damit hätte Lord Haw-Haw wissen müssen, daß es keinen Sinn hatte, den Engländern zu drohen. Und dies tat er nun. Je schwieriger die Lage der Engländer wurde, um so schwärzer malte ihnen Lord Haw-Haw die Folgen, wenn sie sich nun nicht sofort ergeben würden. Die übergroße Mehrheit seiner Hörer stellte einfach den Rundfunk ab, wenn er ans Mikrophon trat.

Goebbels erkannte, noch bevor es soweit kam, daß Lord Haw-Haw genau das tat, was ein Propagandist nicht tun soll: die Tagespolitik zu untermauern. Er beschloß, sich von Lord Haw-Haw zu trennen. Ribbentrop protestierte und sorgte dafür, daß Lord Haw-Haw blieb – mit erhöhten Bezügen. Von nun an hatte Goebbels mit der Propaganda des Lords nichts mehr zu tun, die bis zum Ende des Krieges nie wieder irgendwelche Bedeutung erlangte.

## 11

*Hauptfeind England!*

Goebbels hatte das sogleich nach dem Zusammenbruch Frankreichs seinen Agenten mitgeteilt. Dies war nicht eine Phrase, eine Redewendung, dies glaubte er wirklich. Hier war ein Land, gegen das seine Propaganda wenig vermochte. Hier gab es Staatsmänner und Politiker, die nicht eingeschüchtert werden konnten. Die Churchill, Eden, Duff Cooper ... wie Goebbels sie haßte! Dabei machte er diesem Haß nicht einmal Luft. Schon vor dem Fall von Frankreich hatte er wieder einmal aufgehört zu schreiben. Sein letzter Artikel war am 16. Juni erschienen. Er hieß, typisch genug, *Von der Gottähnlichkeit der Engländer.* Seither nichts, außer ein paar Ansprachen an heimkehrende Truppen, zur Eröffnung einer Kunstausstellung, eine Ansprache über Film und Jugend. Im Juli, August, September, Oktober, November bis kurz vor Weihnachten 1940 kein einziger Artikel.

Der Haß gegen die Engländer fand seinen Niederschlag in den Anweisungen an seine Agenten und in einem Filmszenario, das eine Satire auf eine englische Kabinettssitzung zum Vorwurf hatte. Die Teilnehmer sind Chamberlain, Halifax, Eden, Simon und Duff Cooper, die versuchen, eine Propagandakampagne gegen Deutschland zu starten. Sie beklagen die Tatsache, daß noch keine Revolution in Deutschland stattgefunden habe, und sind sich unschlüssig über die weiteren Schritte. Churchill muß seinen Kollegen zugeben, daß er Lügen über die von britischen Unterseebooten versenkten deutschen Schiffe verbreitet habe. Mitten in dieser Debatte werden die Kabinettsmitglieder durch die Luftsirene unterbrochen und müssen im Keller Zuflucht suchen.

Goebbels schrieb das wohl zu seinem eigenen Amüsement oder um sich abzureagieren. Es wurde, begreiflicherweise, nie veröffentlicht.[10]

Noch immer reizte ihn die britische Kriegspropaganda zum Spott. Noch immer sprach er von den Herren, die versuchten, ihm Konkurrenz zu machen, als Propaganda-Lehrlinge. Duff Cooper, den er schon vor dem Kriege bekämpft hatte, war Informationsminister geworden. *Die Engländer haben einen Informationsminister, so etwas muß unsereins als Gegenspieler in Kauf nehmen – Duff Cooper heißt die Kanaille,* kommentierte Goebbels. Und an anderer Stelle: *So ein Stück Malheur spielt in England Minister!*

Oder: *Hätten wir heimlich Mitglieder der im feindlichen Ausland mit Recht so beliebten fünften Kolonne zu Mr. Duff Cooper als Mitarbeiter attachiert, die könnten es auch nicht besser machen ... Es macht keinen Spaß, sich täglich mit so viel Talentlosigkeit herumzuschlagen.*

Er hatte das Dilemma der britischen Propaganda richtig erkannt. *Die englische Nachrichten- und Propagandapolitik hat augenblicklich einen sehr schweren Stand. Deutschland gegenüber muß sie die Dinge weiß in weiß, und USA gegenüber muß sie sie schwarz in schwarz malen.*

Die Schlacht um England sollte die Entscheidung bringen. Tag für Tag flogen die Maschinen der Luftwaffe über den Kanal, um England „auszuradieren“.

Den deutschen Zeitungen, dem deutschen Rundfunk zufolge war der Kampf, kaum begonnen, schon gewonnen. Der Nervenkrieg gegen England bestand darin, daß Goebbels verkünden ließ, Hitler würde am 15. August in London sein; später hieß es am 15. September. Am 15. September erschien *Das Reich* mit einem Leitartikel, nicht von Goebbels geschrieben, der mit den Worten begann: *Siebzehn Tage, so heißt es, hat Karthago gebrannt. Heute ist der neunte Tag, daß London brennt.* Deutsche Zeitungen brachten Überschriften wie *England schwankt zwischen Hunger und Übergabe.* Geheime Direktiven des Propagandaministeriums sorgten dafür, daß in allen Zeitungen Artikel gesetzt wurden, die Hitlers Einmarsch in London bis ins letzte Detail beschrieben. Nur die Daten waren vorläufig noch ausgelassen. Sie sollten erst in der letzten Minute eingesetzt werden.

Die Schlacht um England wurde zur ersten entscheidenden Niederlage Deutschlands und auch der deutschen Propaganda. Goebbels selbst war daran schuldlos. Er hatte eben, was er übrigens von nun an nie mehr tat, den Beteuerungen des Reichsmarschalls Göring Gehör geschenkt. Er hatte, was er nie wieder tat, seinen Untergebenen erlaubt, Prophezeiungen mit bestimmten Zeitangaben zu machen. Die Feststellung, daß Karthago alles in allem siebzehn Tage gebrannt habe, bedeutete ja nicht mehr und nicht weniger als ein Versprechen, daß London in kurzem zerstört sein würde ...

Als nun gerade am 15. September das Blatt sich wendete, als Göring den Versuch, England von der Luft aus zu erledigen, aufgeben mußte, da lieferte Goebbels ein so großartiges Propaganda-Rückzugsgefecht, daß er beinahe noch einen Propagandasieg herausholte. Auf der einen Seite wurde der in England angerichtete Schaden maßlos übertrieben. Um seine Hörer davon zu überzeugen, daß

London eine brennende Hölle sei, war Goebbels sogar bereit, der englischen Bevölkerung zu bescheinigen, daß sie sich mutig verhalte; ja war sogar bereit, dem Konkurrenzradio, der BBC, Courage zu attestieren. *Ansager und Ansagerinnen begeben sich guten Mutes vor das Mikrophon, als seien die Luftangriffe nichts als Märchen, von denen sie einmal gehört haben. Ich denke, wir müssen sie dafür achten.*

Die eigenen Verluste – an jenem verhängnisvollen 15. September: hundertundfünfundachtzig Flugzeuge – wurden nie zugegeben. Ja, die Niederlage als solche wurde nie zugegeben, und zwar einfach dadurch, daß man die Tatsache der Schlacht von England als solche nie zugab. Die deutsche Propaganda erklärte lediglich, man würde England erobern, wann immer der Führer es wünsche.

So versprach es Goebbels in einer Rede, die er am 26. Oktober in Wien hielt. Am 1. Dezember wiederholte er im Berliner Rundfunk seine Versprechungen. Schließlich und endlich versicherte er in einer Pressekonferenz ausländischen Journalisten, daß die deutsche Kriegsmaschine den Kanal bezwingen würde ... wie sie die Maginotlinie bezwungen habe.

Aber er gab nie mehr bestimmte Daten an. Er hielt dies für gefährlich, oder, wie er es in einem Interview über die „geistige Kriegführung" ausdrückte: *Es muß die absolute Gewißheit bestehen, daß Worten die entsprechenden Taten folgen. Die beste Politik gründet ihre Leitmotive immer auf Tatsachen.*

## 12

Weihnachten nahte heran. Die Familie Goebbels zog in ein neues Haus, das heißt ein umgebautes altes Palais[11], das, neben dem Brandenburger Tor, an der Hermann-Göring-Straße gelegen war. Der Garten hinter dem Haus stieß an die Gärten der Ministerien in der Wilhelmstraße und an den Garten der Reichskanzlei. Von diesem seinem ersten Stadthaus hatte Goebbels nur eine Autofahrt von etwa zwei Minuten zum Propagandaministerium.

Dieses Palais war mit den Palästen von Göring und Ribbentrop nicht zu vergleichen. Es war mehr eine große Villa. Wenn man anrief, antwortete das Fräulein in der Zentrale: *Hier ist die Wohnung.*

*Keinen Namen, keinen Titel, nichts; so wollte es Goebbels. Das Haus war entsprechend eingerichtet. Gediegen, geschmackvoll, aber nicht prätentiös oder protzig. Man schritt durch ein großes Portal in eine große Empfangshalle. Im Erdgeschoß befanden sich weitere Salons, Eßzimmer, Film- und Theatervorführsäle. Im ersten Stock lagen dann Arbeits- und Schlafzimmer von Goebbels, die Zimmer von Frau Goebbels, die Wohnzimmer der Familie, die Spielzimmer der Kinder, das Musikzimmer, die Arbeitsräume der persönlichen Referenten. Diese sowie die Angestellten schliefen im zweiten Stock.*

*Das ganze Haus war mit dicken weichen Teppichen ausgelegt, die Wände waren mit Velour oder Seide bezogen, die Beleuchtung war indirekt. Man hörte kein lautes Wort, keinen Schritt, die Türen schlossen sich geräuschlos, die Telefone (es gab in jedem Zimmer eines) schrillten nicht, sondern schnurrten. Alles war auf Stille abgestimmt. Das Personal war nie zu sehen (es hatte den striktesten Befehl, Goebbels nicht zu begegnen). Der Minister kam nur mit seiner Familie, seinen engsten Mitarbeitern, seinem Kammerdiener und dem Diener, der das Essen servierte, in Berührung.*

*Weiche Teppiche – Ruhe, Lautlosigkeit. Und wenige hundert Fuß entfernt das Propagandaministerium, die deutsche Propagandamaschine, vierundzwanzig Stunden auf Hochtouren arbeitend. Zweihundertvierzig verschiedene Programme in einunddreißig fremden Sprachen wurden gesendet; siebenundachtzig Stunden Sendungen in je vierundzwanzig Stunden. Goebbels brauchte diese Maschine, um die sich immer steigernden Übergriffe der Okkupationsarmee in Holland, Belgien, Frankreich, in Norwegen und Polen zu überschreien und vergessen zu machen.*

*Lange bevor der Krieg begann, hatte er schon zu diesem Zweck etwas viel Wirkungsvolleres getan, nämlich einen Artikel über Greuelpropaganda geschrieben, betitelt: Die abgehackten Kinderhände,* der die Leser daran erinnerte, daß die Engländer im Ersten Weltkrieg die Welt erfolgreich gegen die Deutschen aufgehetzt hatten.

*Es handelt sich um abgehackte Kinderhände, ausgestochene Augen, geschändete Frauen und mißhandelte Greise. Der Effekt dieser monate- und jahrelang durchgeführten antideutschen Propagandakampagne war die Überzeugung in der ganzen Welt, daß das deutsche Volk ein Volk von Barbaren sei.* Indem Goebbels immer wieder bewies, wie sehr die damalige Propaganda erlogen war, steigerte er die

Entschlossenheit der zivilisierten Menschheit, in diesem Krieg nicht mehr alles zu glauben. Als nun die Nazis Schändlichkeiten verübten, deren man die Deutschen selbst im ersten Kriege nicht bezichtigt hatte, glaubte man sie einfach nicht. Je schlimmer die begangenen Greueltaten, um so weniger war die Welt bereit zu glauben, daß sie wirklich begangen wurden.

Weihnachten 1940 verlief im Hause Goebbels wie im tiefsten Frieden. Der Heilige Abend wurde festlich im Filmsaal begangen, die Kinder und die Angestellten reichlich beschert. Hitler, der während des Krieges keine Weihnachtsgeschenke mehr annahm oder gab, hatte Frau Goebbels mit zehn Pfund Kaffee beschenkt. Auch ein richtiger Weihnachtsmann trat in Erscheinung, sehr zum Vergnügen der Kinder. Goebbels lachte sie aus, neckte sie, versicherte immer wieder, es gäbe ja keinen Weihnachtsmann.

Und dann sangen sie alle: Stille Nacht, heilige Nacht …

## Anmerkungen

1 Aussagen im Nürnberger Prozeß.

2 Später wurden sie dann auch dazu verwendet, Soldatenzeitungen im Ausland herzustellen *(Soldat am Atlantik, Soldat am Westwall, Adler von Aetna, Front am Polarkreis, Lappland-Kurier usw.).*

3 Goebbels' Stenograph, Jacobs, erzählte dem Autor, daß Goebbels manchmal gewissen Ministern, z. B. Rosenberg und Schwerin-Krosigk, die Abhörerlaubnis erteilte, um sie ihnen kurz darauf wieder zu entziehen.

4 Diese erstaunliche Tatsache berichtete Fritzsche dem Autor. Er mag hier vielleicht seinen eigenen Mut größer dargestellt haben, als er wirklich war, aber nach den zahlreichen Berichten von anderen Mitgliedern des Propagandaministeriums war Fritzsche tatsächlich einer der wenigen, die Goebbels zu kritisieren wagten.

5 Die verpaßten Gelegenheiten, 2. Juni 1940.

6 Fritzsche versicherte dem Autor, daß sie von Goebbels stammte.

7 Fritzsche zum Autor.

8 Originaldokumente, die vom Autor unter den Trümmern des Propagandaministeriums gefunden wurden.

9 Im Besitz des Autors.

10 Der Autor fand es im Propagandaministerium; das Manuskript war von Goebbels handschriftlich korrigiert.

11 2425000 Mark kostete der Umbau.

ELFTES KAPITEL

# DIE FRONT

## 1

Die ersten Monate des Jahres 1941 widmete Goebbels fast ausschließlich einer einzigen Aufgabe: Er wollte Winston Churchill erledigen. Er haßte ihn mit ganz besonders tiefem Haß. Es verging kaum ein Tag, so berichten seine Mitarbeiter[1], ohne daß er ausfällige Bemerkungen über ihn machte. Es war ihm ganz gleichgültig, wer das hörte; je mehr Zuhörer, desto besser. Churchill war der „Whisky-Säufer", der Mann, „der diesen Krieg auf dem Gewissen hat". Er sagte nicht wiederzugebende Dinge über das Privatleben der Tochter von Churchill. Wenn nur der Name fiel, dann verwandelte sich der Minister in jenen Goebbels von 1928, der nicht kämpfen konnte, ohne tief zu schlagen.

Er spürte eben, lange bevor es noch die Welt richtig erfaßt hatte, daß hier der ernsthafteste, der unerbittlichste, der unversöhnlichste Gegner war, derjenige, der vernichtet werden mußte, weil er sonst die Nazis vernichten würde.

Die Woche für Woche herausgeschleuderten Artikel heißen: *Was denkt sich Churchill eigentlich?*, *England und seine Plutokraten*, *Aus Churchills Lügenfabrik*, *Pseudesozialisten und Winston Churchill*, *Die alten Zyniker*, *Britannia Rules the Waves*. Gleichgültig, worüber er schreibt, immer und immer wieder kommt er auf Churchill zurück, voll von Haß und ohnmächtiger Wut. Er rast, wenn Churchill nicht sofort alle Schiffsverluste zugibt, die deutsche Unterseeboote der britischen Marine zugefügt haben wollen. Er wirft Churchill vor, *in Londoner Luxusrestaurants zu sitzen* und viel und gut zu essen, während die *englischen Zeitungen der Bevölkerung Mohrrüben und ungeschälte Kartoffeln als Ersatz für das fehlende Fleisch empfehlen.*

*Churchills Gesicht hat nicht einen einzigen gütigen Zug. Er ist ganz gezeichnet von Zynismus. Diesen eiskalten Augen sieht man an, daß ihnen jede Rührung fremd ist. Dieser Mann geht über Leichen, um seinem blinden und vermessenen Ehrgeiz zu frönen.*

*Wie England siegen wird, das weiß Mr. Churchill noch nicht ... Er hat das auch nicht gewußt, als er darauf drängte, daß England dem Reich den Krieg erklärte.* Und später: *Er verführt nicht Kinder, sondern Völker. Sie sind ihm nur Mittel zum Zweck. Er hat ein Gemüt wie ein Nilpferd ... Man kann Spielernaturen wie Mr. Churchill nicht klarmachen, daß es besser ist, mit dem verbliebenen Rest des Vermögens nach Hause zu gehen ... So soll denn Mr. Churchill spielen und England bezahlen. Wenn einmal die Geschichte des Zusammenbruches des Inselreiches geschrieben wird, so muß der Titel des entscheidenden Artikels „Churchill" heißen.*

Im Frühjahr 1941 scheint der Zusammenbruch des Inselreiches noch einmal ganz nahe gerückt. *Diese Welt ist reif, sie ist überreif zum Sturz,* schreibt Goebbels. Das sogenannte Unternehmen Seelöwe, das in der Invasion der Insel ihren Höhepunkt haben soll, beginnt mit einem unerbittlichen Luftkrieg. Am 10. Mai erreicht er seinen Höhepunkt. Noch niemals ist London so bombardiert worden. Die Westminster Abbey, das House of Parliament und das Britische Museum werden arg zugerichtet. Goebbels ist entzückt. Die Zerstörung großer historischer Bauwerke, in denen kulturell unersetzliche Werte vernichtet werden, läßt ihn absolut kalt.

Tatsächlich glaubt er noch immer, daß es gelingen könnte, die Moral des Feindes durch unaufhörliche Luftangriffe zu erschüttern.[2] Aber trotz seiner eigenen Überzeugung läßt er sich nicht zu direkten Zusicherungen an die Öffentlichkeit hinreißen, gleichgültig, wie oft Göring ihm baldigen Sieg verspricht. Andererseits gibt Goebbels die Anweisung, eine Gallup-Umfrage von 1940 neu zu drucken, die zeigt, daß nur zweiunddreißig Prozent des amerikanischen Volkes noch daran glauben, England könne den Krieg gewinnen. (Er unterschlägt dabei sorgfältig das Ergebnis einer späteren Gallup-Umfrage vom Frühjahr 1941, nach der sich diese Ziffer auf fünfzig Prozent erhöht hat.) *Warum schlägt ein Boxer, der schon aus Augen und Nase und Mund blutet, der bereits taumelnd zwischen den Seilen herumirrt und gar keine Chance mehr zum Siege hat, immer noch, wenn auch mit ganz unüberlegten und ungefährlichen Schlä-*

*gen, auf den Gegner ein, obschon er weiß, daß er damit gar nichts anderes erreichen kann, als höchstens den anderen so wütend zu machen, daß er ihm um so eher das betäubende K.o. versetzt? Warum?*

## 2

Jede Woche schreibt er nun einen Leitartikel für *Das Reich.* Er erreicht damit genau das, was er erreichen will. Er wird keineswegs nur von den Nazis gelesen; er wird in Deutschland, ja in ganz Europa von vielen gelesen, die mit der Partei und der deutschen Regierung keinesfalls einverstanden sind. Diese „neutralen", manchmal „gegnerischen" Leser sagen dann, daß sie eigentlich nur von Goebbels' Stil beeindruckt seien, daß sie kein Wort von dem, was er sagt, glauben. Aber es bleibt wohl immer etwas von dem haften, was er einhämmern will. *Nichts ist für die Zeitgenossen beglückender, als an einem Menschen ihrer Generation zu erleben, wie er das, was alle fühlen und in dumpfer Ratlosigkeit empfinden, in Worte kleidet,* schreibt Goebbels in dieser Zeit einmal über Dichter und Schriftsteller ganz im allgemeinen. Zweifellos meint er sich selbst, und er hat alles Recht dazu.

Der Stil, schreibt Goebbels selbst, sei etwas, das nicht gelernt werden könne. *Man kann ihn nicht erlernen, wohl aber erarbeiten.*[3] Goebbels hat ihn nun erarbeitet – seinen neuen, ganz besonderen Stil.

Früher, in der Zeit des *Angriff,* wurde das Schreiben mit der linken Hand erledigt. Oft brach er eine Arbeit ab, diktierte schnell einen Artikel, weil die Setzerei ihn brauchte, ohne sich auch nur die geringsten Notizen gemacht zu haben. Während er diktierte, ging er auf und ab, sprach völlig fließend, oft mit Pathos und entsprechendem Gebärdenspiel, als hielte er eine Volksrede, mit der Faust drohend, mit der flachen Hand auf den Tisch schlagend. Er unterbrach sich nie, bis er fertig war, sagte nach dem letzten Wort „Ende, Ende". Der Stenograph war entlassen, der Artikel wurde übertragen, selten von Goebbels noch korrigiert, oft nicht einmal mehr gelesen. Das Resultat waren jene harten, scharfen, saloppen Sätze, aggressiv und witzig, im Berliner Jargon.

Nun arbeitet er anders. Er macht sich Notizen, manchmal schon

Wochen vorher, läßt sich aus Büchern Auszüge machen, liest sie sorgfältig durch. Dann, meist spätabends, schließt er sich ein und schreibt seinen Artikel mit eigener Hand in ein schwarzes Heft. Diesen Text überarbeitet er mindestens zweimal, manchmal sechs- oder siebenmal. Ist er mit dem Resultat schließlich zufrieden, dann gibt er das Heft nicht etwa einer seiner Sekretärinnen. Nein; er ruft einen seiner Stenographen an und diktiert ihm übers Telefon den ganzen Artikel. Er muß sofort in die Maschine übertragen und ihm wieder vorgelegt werden. Goebbels macht neue Korrekturen, der Artikel wird nochmals übertragen, wieder korrigiert, wieder übertragen.

Das Resultat: Ein vorzügliches, klares, ja geradezu strenges Deutsch. Schön konstruierte Sätze, die ihren eigenen Rhythmus haben, mit Worten, die in vielen Farben schillern. Es ist beinahe, als knüpfe Goebbels an seine früheste Jugend, an die alten Lateiner und Griechen, die er auf der Schule studiert hat, an. Viele seiner Artikel wirken, wie der Munitionsminister Speer sehr richtig empfindet, „mehr lateinisch als germanisch". Sie wirken, und darauf kommt es Goebbels wohl vor allen Dingen an, beruhigend. Sie sind nicht geschrieben von einem Kämpfer, sondern – scheinbar – von einem, der schon gesiegt hatte, der über der Situation steht, der weise über die Dinge spricht, sich selten ärgert, sich nie mehr aufregt.

Goebbels läßt sich für jeden seiner Artikel fünftausend Mark zahlen.

## 3

Abgesehen von dem wöchentlichen Leitartikel schrieb Goebbels noch andere Artikel, die ungezeichnet oder unter dem Pseudonym *Sagax* im *Völkischen Beobachter* oder in anderen Zeitungen erschienen; zahlreiche Reden, die er meist schnell herunterdiktierte, es sei denn, daß es sich um etwas besonders Wichtiges handelte. Hinzu kamen die Rundrufe an die Gauleiter, die Direktiven an seine Propagandisten und Redner, hinzu kam der riesenhafte Betrieb des Propagandaministeriums, die Überwachung der Wochenschauen, ja die Überwachung sämtlicher Filme, die in Deutschland und Österreich gedreht wurden.

Hinzu kam das tägliche Tagebuch, das Goebbels schrieb. Genaugenommen schrieb er zwei Tagebücher. Das eine war sein privates Tagebuch, in das er handschriftliche Eintragungen machte.[4] Das andere Tagebuch, gewissermaßen das offizielle, wurde einem der beiden persönlichen Stenographen diktiert. Die Aufzeichnungen waren wohl als Rohmaterial für ein Buch oder mehrere Bücher gedacht, die Goebbels nach dem Kriege erscheinen lassen wollte. Er hatte auch mit Amann bereits einen Vertrag darüber gemacht und erhebliche Vorauszahlungen erhalten.[5]

Diese gewissermaßen offiziellen Tagebücher[6] enthielten Beschreibungen aller Ereignisse, die sich um Goebbels herum abspielten, politische, familiäre, auch seine Meinung über Vorkommnisse und Personen; indessen enthielten sie nicht unbedingt, was Goebbels sich dachte. Er schrieb manches, weil er wollte, daß die Nachwelt ihm gewisse Gedankengänge glauben sollte. Daher waren die Tagebücher zwar voll von gelegentlichen Besorgnissen, niemals aber zeigte er seine wahre Verzweiflung; denn wenn alles gut ausgegangen wäre, hätte er später beweisen können, daß er niemals, in keinem Augenblick, an dem endgültigen Sieg gezweifelt hatte ...

Dies alles: Artikel, Reden, Rundrufe, Direktiven, Tagebuch und Leitung des Propagandaministeriums, nannte Goebbels: geistige Kriegsführung. Er sah sich mit Recht als eine Art Feldherr, sein Ministerium als eine Art Generalstab und hielt den Krieg, den er und sein Stab führten, für mindestens ebenso wichtig wie den Krieg, den die deutsche Wehrmacht führte.

## 4

Die Richtlinien für die geistige Kriegsführung wurden in den Pressekonferenzen des Propagandaministeriums, die täglich um dreizehn Uhr und um siebzehn Uhr stattfanden, und in den Ministerkonferenzen aufgestellt.

Die Pressekonferenzen dienten dazu, den Redakteuren aufs genaueste auseinanderzusetzen, was sie zu schreiben hatten, wie sie zu schreiben hatten, was unter keinen Umständen zu veröffentlichen war. Dabei ging man in Einzelheiten. So wurde z. B. zu beinahe jeder Meldung des amtlichen Deutschen Nachrichtenbüros mitgeteilt, ob sie mit Kommentar oder ohne Kommentar zu veröffentlichen sei.

Auf diesen Konferenzen war das Propagandaministerium meist durch Fritzsche vertreten. Ferner waren anwesend: ein Vertreter des Reichspressechefs Dr. Dietrich, der die „Tagesparole" verkündete, ein Vertreter des Auswärtigen Amtes (mit dem es hinter den Kulissen oft Ärger gab) und schließlich ein Vertreter der Obersten Heeresleitung; der hielt am Schluß jeder Mittagskonferenz einen Lagevortrag, der freilich nur das enthielt, was gedruckt werden durfte, und sich also nicht immer an die Wahrheit hielt.

Auf der Ministerkonferenz wurde viel offener gesprochen. Diese Konferenz fand täglich um elf Uhr vormittags in einem Sitzungssaal neben dem Privatbüro von Goebbels statt. Er selbst präsidierte. Alle Abteilungsleiter des Hauses hatten anwesend zu sein, also die Herren, die den Abteilungen Rundfunk, Deutsche Presse, Auslandspresse, Theater, Schrifttum, Film usw. vorstanden. Im wesentlichen sprach Goebbels. Er gab seine Anweisungen, die anderen hörten zu und gaben sie später in den Pressekonferenzen weiter. Der Vertreter des Auswärtigen Amtes gab manchmal, wenngleich mit äußerster Vorsicht, zu verstehen, daß sein Chef Ribbentrop nicht immer die Ansichten des Dr. Goebbels teile. Aber die Debatten zwischen Goebbels und Ribbentrop wurden gewöhnlich auf schriftlichem Wege geführt, und zwar meistens durch zwei subalterne Beamte, die sich nicht wenig darüber amüsierten, daß ihre Minister sich so sehr übereinander ärgerten.

## 5

Noch während des Jahres 1941 versucht Goebbels, den Propagandakampf um das neue Europa zu gewinnen. Jedoch wird es immer klarer, daß er ihn verlieren muß.

Die Situation ist, vom Propagandastandpunkt aus, einigermaßen paradox. Propaganda hatte (durch den Nervenkrieg) mitgeholfen, die Heere der Gegner zu besiegen; war also dort siegreich, wo sie gewöhnlich keine Wirkung hat. Nun, da der Krieg auf dem europäischen Festland vorbei ist, erweist sich Propaganda als unfähig, die Zivilbevölkerung zu überzeugen, daß er vorbei ist. Sie verpufft da, wo sie normalerweise Erfolg hat, obwohl sie in diesem Falle ja wirklich nur die Wahrheit propagiert. Die Heere Europas sind geschlagen, aber die Zivilbevölkerung bleibt unbesiegt. Schlimmer: Überall beginnt der Kampf gegen die Eroberer und Unterdrücker. Untergrundbewegungen entstehen allerorten, illegale Zeitungen und Zeitschriften werden gedruckt und verteilt, passive Resistenz setzt ein, ja es kommt sogar zu tätlichen Angriffen auf Besatzungstruppen, und für Gestapobeamte ist es einigermaßen gefährlich, nachts allein durch die Straßen zu wandern.

Die deutsche Wehrmacht, die SS, die Gestapo schlagen zu. Geiseln werden verhaftet, an die Wand gestellt. Fünf Franzosen für einen Deutschen, zehn Belgier für einen Deutschen, fünfzig Polen für einen Deutschen, je nach dem, wie der Ortskommandant gerade bei Laune ist.

Goebbels versucht, seine Propaganda in den besetzten Gebieten zu verstärken, auszubauen, dynamischer zu machen. *Noch mehr aber glaube ich,* erklärte einer seiner Agenten in einem Vortrag über Auslandspropaganda, *daß nach diesen großen Erfolgen, die wir mit unserer Wehrmacht erzielen, die Stunde der Auslandspropaganda kommt, die muß uns den geistigen Sieg erringen ... In dreißig oder vierzig Jahren muß ganz Europa die Auffassung vertreten, daß die deutschen Grundsätze die richtigen sind, und diese Aufgabe ist lösbar.*

Sie wird immer unlösbarer, eben gerade durch die Repressalien, die die Besatzungstruppen durchführen. Goebbels ist außer sich über die Erschießungen, nicht aus humanitären Gründen, sondern weil er sieht, wohin die Entwicklung treibt. Er sieht, die Menschen werden nicht eingeschüchtert, sie werden nur zum Widerstand aufgestachelt.

In diesem Jahre 1941 und auch in den folgenden läßt er in Abständen von ungefähr einem Vierteljahr hohe Offiziere aus den besetzten Gebieten zu sich ins Propagandaministerium bitten. Er mag sie nicht. Sie sehen ihm zu wohlgenährt und rosig aus, und er macht sarkastische Bemerkungen über sie zu seinen Untergebenen. Trotzdem versucht er, ihnen eine Idee davon zu geben, wie sie die Massen in den okkupierten Ländern behandeln sollten.

Er sagt: *Meine Herren, Sie wundern sich über die Schwierigkeiten, die Sie in der Verwaltung Ihrer Gebiete, insbesondere durch die pas-*

*sive Resistenz der Bevölkerung, zu überwinden haben. Ich wundere mich gar nicht. Denn so, wie Sie es machen, so geht es nicht. Schließlich bin ich ja ein Fachmann auf diesem Gebiet. Ich weiß aus meiner Jugend, wie man Sabotage treibt. Ich weiß auch, wie man sie wirklich bekämpft. Stellen Sie sich vor, meine Herren, wir hätten den Feind als Besatzung im Lande und wären in seiner Hand. Die Maßnahmen, die Sie, meine Herren, treffen, sind entweder zu milde, zu zart oder aber schießen weit übers Ziel hinaus. Zwischentöne kennen Sie anscheinend nicht. Es gibt ja nicht nur Schwarz und Weiß, es gibt auch noch die Farbe Grau. Die feindliche Besatzungsmacht in unserem Lande braucht nur eine Liste früherer prominenter Männer, also eine Liste mit unseren Namen, auszuhängen und dann eine Notiz darunter anzubringen: Wird noch einmal in einem Werk sabotiert, wird noch einmal ein Soldat umgelegt, dann werden die ersten zwanzig der oben angeführten Personen erschossen. Meine Herren – um nur von mir zu sprechen: Meine Frau hat einen ungeheuer großen Bekanntenkreis. Was meinen Sie, wie meine Frau zu diesen Leuten gehen würde – das sind doch alles alte Kämpfer, Leute, die zum Teil illegal leben. Ich sage, was meinen Sie, wie schnell meine Frau bei der Familie dieser Leute sein würde, um ihnen zu sagen: Um Gottes willen, hört auf mit dem sinnlosen Widerstand, ihr könnt doch nicht eure alten Führer erschießen lassen. Und so würde doch die Frau eines jeden von uns, der in Gewahrsam wäre, handeln. Jetzt aber haben wir die anderen, meine Herren, und können entsprechend vorgehen.*[7]

## 6

Fritzsche meinte sogar, daß, wäre es nicht zu den Erschießungen und Geiselverhaftungen gekommen, die Bewohner der besetzten Gebiete niemals angefangen hätten, dem Sender des Londoner Rundfunks zu lauschen. Denn die alliierte Propaganda, die dort betrieben wurde, sei außerordentlich schlecht gewesen, wenigstens zu Anfang. Das sagte er nicht nur privat im Propagandaministerium, das sagte er auch in seinen Radiosendungen. Er machte sich lustig darüber, daß die BBC immer wieder die Bevölkerung der okkupierten Länder zum Widerstand gegen Hitler aufrief, ja er versuchte gelegentlich sogar, die europäischen Völker dazu zu bringen, sich gegen England zu vereinigen, das heißt Deutschland im Kampf gegen den „letzten" Feind zu unterstützen.

Solche Aufforderungen basierten auf einer geradezu lächerlich falschen Einschätzung der Situation, und es ist kaum denkbar, daß Goebbels im Ernst glaubte, mit solchen Tricks Erfolg zu haben. Schließlich war es ja kaum ein Geheimnis, daß in allen besiegten Ländern in immer steigendem Maße die Sendungen der BBC abgehört wurden. Und gleichgültig, ob dies nun durch die Erschießungen verursacht war oder durch den Wunsch der Völker, unter allen Umständen wieder frei zu werden, die Zuhörerschaft wuchs trotz aller deutschen Gegenmaßnahmen ständig.

Die BBC-Kurzwellensender liefen auf höchsten Touren. Allein achtundsiebzig Nachrichtenprogramme wurden täglich gesendet, dreihunderttausend Worte, hundertfünfzig Stunden lang, in vierzig verschiedenen Sprachen und Dialekten. Wenn Goebbels sich einschaltete, mußte er zugeben, daß die Engländer viel von ihm gelernt hatten. Zum Beispiel den Trick mit der Grammophonplatte. Vor rund zehn Jahren hatte Goebbels den Reichskanzler Brüning dadurch zu erledigen versucht, daß er eine Platte mit einer Brüningrede laufen ließ und zu jedem Satz seine sarkastischen Randbemerkungen machte. Genau dies taten nun die Engländer mit Hitlers Reden. Hitler erklärte, er wolle keine Tschechen im Deutschen Reich. Der Ansager stellte die Platte ab und erinnerte das Publikum daran, daß einige Monate nach dieser Erklärung die Deutschen nach Prag eingerückt waren. Hitler erklärte, daß er England in wenigen Wochen auf die Knie gezwungen haben würde. Der Ansager erinnerte daran, daß dieses Versprechen vor einem Jahr gemacht worden war. Hitler hatte versprochen, der Krieg würde vor Weihnachten 1940 zu Ende sein; der Ansager erinnerte daran, daß es nun bald Weihnachten 1941 sei.

Auch Goebbels selbst wird von der BBC angegriffen, und zwar in einem wöchentlich gesendeten Sketch einer Unterhaltung zwischen Kurt Krüger, einem Schullehrer, und Willi Schimaski, einem zynischen Angestellten des Propagandaministeriums. Die Unterhaltung verläuft jeweils so, daß der naive Kurt immer an die Partei glaubt, während Willi – gescheiter, aber weniger idealistisch – ihm deutlich zu verstehen gibt, daß er nicht alles glauben dürfe, was der Propaganda-Apparat seines Herrn und Meisters verkünde.

Willi informiert seinen Freund, daß England keineswegs verhungert, daß die deutschen Unterseeboote nicht soviel Schiffe versenken, wie man allgemein hört.

Kurt widerspricht: *Diese langen Sommertage sind unseren Unterseebooten ungünstig.*

Willi: *Und im letzten Winter sagte der Führer, daß die langen Sommertage gerade das Richtige für die U-Boote wären.*

Kurt: *Sagte er das? Herrgott noch mal, er sagte es wirklich, ich erinnere mich jetzt wieder. Aber sag mal, Willi, wann ist denn die beste Jahreszeit für U-Boote?*

Willi: *Unter uns, ich glaube, es gibt keine.*

Kurt ist ganz außer sich über soviel Zynismus: *Es ist ganz unerklärlich. Dich in dieser Weise über so wichtige Dinge sprechen zu hören.*

Willi: *Du hast ganz recht, Kurt, es ist abscheulich. Aber das einzige Mittel, wie wir Propagandisten verhindern können, ununterbrochen zu kotzen, ist, alles mit Zynismus zu nehmen.*

Die BBC hielt Goebbels dergestalt einen Spiegel vor, vielleicht ohne es selbst zu wissen.

## 7

Die einzige Chance, die Goebbels sich errechnen konnte, ein neues Europa unter deutscher Führung zu organisieren, war die Tatsache, daß die Alliierten keine Ahnung hatten, wie ein solches Europa zu organisieren sei. Das ging sogar so weit, daß – im März 1941 – der britische Historiker Arthur Bryant erklärte, England würde gut daran tun, *nach dem Kriege die besten Ideen des deutschen Nationalsozialismus als Programm für die neue Ordnung in Europa aufzustellen.* Goebbels sprach zwar von einer „impertinenten Frechheit", war aber doch sichtlich befriedigt.

Als dann im Sommer 1941 Roosevelt und Churchill die Atlantik-Charta schufen, konnte sich Goebbels an Spott nicht genugtun. Er las während der Ministerkonferenz die Meldung von der Zusammenkunft laut vor. Als er an die Stelle kam, wo die Staatsmänner eine Hymne anstimmten: *Also, ich kann mir direkt vorstellen, wie diese beiden Erzhalunken, diese Erzgauner, scheinheilig dagesessen ha-*

*ben, wie sie die Augen heuchlerisch gegen den Himmel gekehrt und dann mit brüchiger Stimme ihren Vers heruntergesungen haben.* Auch verspottete er die Journalisten, die genau beschrieben, was Churchill und Roosevelt trugen. *Meine Herren, stellen Sie sich doch nur einmal vor, wir würden das auch machen. Der Führer trug, als er die Truppen besichtigte, einen schneeweißen Tropenhelm mit Moskitonetz, eine blaue Brille, passend zum weißen Tropenanzug, ein Koppel von ebenderselben Farbe, also da wäre es doch einfach aus. Aber beim englischen Volk anscheinend nicht. Die bleiben ernst, wenn sie so was lesen.*

Die Atlantik-Charta selbst kritisierte er in Grund und Boden in einem Artikel, der bezeichnenderweise *Ein Attentat auf den gesunden Menschenverstand* hieß. *Nein, dazu hätten sich Mr. Churchill und Mr. Roosevelt nicht auf dem Atlantik zu treffen brauchen, um dieses Zettelchen Papier zu beschreiben ... Wie trostlos muß es in den Gehirnen der Verfasser dieser Erklärung aussehen ... Daß das Ergebnis so dürr, so dumm und so steril sein würde, das haben wir uns denn doch in unseren kühnsten Träumen nicht auszumalen gewagt.*

Noch ein Jahr später regte sich Goebbels darüber auf, daß *unsere Gegner keine klare Vorstellung von einem neuen Europa haben, wie es nach dem Krieg aufgebaut werden muß.* Hier hatte seine Propaganda leichtes Spiel, denn es war ja wirklich so.

Eine wichtige Rolle in diesem Kampf spielten natürlich die ausländischen Pressevertreter in Berlin. Denn wenn Goebbels in seiner Propaganda in den besetzten Gebieten durch das Benehmen der deutschen Truppen behindert wurde, so war er auf das entschiedenste im Kampf um die Sympathien der ausländischen Presse behindert – und zwar durch sich selbst, durch sein eigenes Propagandaministerium. Die Korrespondenten standen ihm und seiner Maschine mit wachsendem Mißtrauen gegenüber.

Mit Recht. Denn sie wurden auf viele Arten hinters Licht geführt. Die Zensurlosigkeit, von der Goebbels soviel hergemacht hatte, als der Krieg begann, existierte seit 1941 eigentlich nur noch dem Namen nach. Die Korrespondenten konnten zwar schreiben, was sie wollten, ihre Depeschen wurden aber sorgfältig gelesen, und wenn sie etwas schrieben, was Goebbels nicht paßte, dann wurden sie von einem der Beamten des Propagandaministeriums zum Essen eingeladen, und es wurden ihnen Vorwürfe gemacht. Da man ihnen nicht sagen konnte oder wollte, daß man die Telegramme vor Absendung gelesen hatte, redete man sich darauf hinaus, daß ein deutscher Korrespondent im neutralen Ausland ihre Meldung in einer Zeitung gelesen habe. Das Propagandaministerium griff später auch zu schärferen Maßnahmen gegen Unbotmäßige, schließlich sogar zur Sperrung des Auslandstelefons und des Telegraphen.

Ein anderes Mittel, die Korrespondenten hinters Licht zu führen, war das Büro Schwarz von Bergk, das sie mit sogenannten authentischen Berichten versah.[8] Ein anderes Büro zur Lancierung falscher Nachrichten war die sehr geheimnisvolle „Boemer Auslandspresse" (kurz B.A.P. genannt). Dort wurden Meldungen erfunden, dann Dr. Goebbels vorgelegt, und die von ihm genehmigten über das neutrale Ausland in die internationale Presse lanciert. Amüsant ist es, daß diese Meldungen nicht nur das Ausland, sondern Naziführer, einmal sogar Hitler selbst, irreführten. Als Goebbels damals zu ihm kam, fand er den Führer freudetrunken in Gesellschaft von Ribbentrop, der ihm als erster die Mitteilung der Versenkung eines britischen Kreuzers vor Drontheim übermittelte. Es kostete Goebbels einige Mühe, Hitler davon zu überzeugen, daß dies eine fabrizierte Meldung sei.

Auch direkte und indirekte Bestechung der Auslandspresse wurde versucht. Die Korrespondenten bekamen zwanzig Zigaretten pro Tag, ausgezeichnetes Essen in den beiden Auslandspresseklubs, die Erlaubnis, sich Lebensmittelpakete aus der Schweiz und Dänemark schicken zu lassen. Die amerikanischen, schwedischen und Schweizer Journalisten nahmen das an, konnten dadurch aber kaum beeinflußt werden. Andere, zum Beispiel gewisse Journalisten vom Balkan, waren weniger spröde. Es war damals geradezu ein gutes Geschäft, Berliner Korrespondent einer winzigen Zeitung auf dem Balkan zu sein. Auch wenn man nur etwa hundert Mark monatlich Gehalt bekam. Das Propagandaministerium gab gerne vierhundert Mark pro Monat dazu, irgendeine Propagandastelle einer Industriefirma zahlte auch noch dreihundert Mark, Filmgesellschaften etwa zweihundert Mark als Honorar für Übersetzungen, hinzu kamen die Lebensmittelpakete, die man auf dem schwarzen Markt umsetzen konnte, und die wertvollen Geburtstags- und Weihnachtsgeschenke, die Goebbels spendete.

Aber bei den Journalisten, auf die es ankam, hatte Goebbels mit solchen Tricks kein Glück. Sie zeigten viel Mut, insbesondere auch die Journalisten aus den besetzten Gebieten, die ja eigentlich völlig von ihm abhängig waren. In manchen Fällen schrieben sie unverblümter als die Journalisten neutraler Länder. Merkwürdigerweise geschah ihnen niemals etwas. Vielleicht gab es bei Goebbels noch einen letzten Rest von Respekt für mutige Journalisten.

## 8

Die ausländische Presse war nur eines von vielen Problemen, mit denen Goebbels sich damals zu beschäftigen hatte. Wieder einmal machten ihm die Juden zu schaffen – oder besser gesagt, sein eigener Antisemitismus. Dieser hatte ihn dazu verleitet, bei Hitler durchzudrücken, daß die Juden durch den sogenannten Davidstern gekennzeichnet sein müßten, wie das der Chef der Schweizerischen Fremdenpolizei angeregt hatte, um den Juden die Flucht in die Schweiz unmöglich zu machen.

Goebbels erklärte seinen Mitarbeitern, daß er nicht ruhen und rasten werde, bis der letzte Jude aus Deutschland entfernt sei. *Das sind nur Leute, die, weil sie nicht immer als Juden erkannt werden, die öffentliche Meinung vergiften, die sich in den vor den Läden wartenden Schlangen aufhalten und dann mit scheinbar harmlosen Bemerkungen Unzufriedenheit zu säen versuchen.* Als man ihm bedeutete, daß doch nun seit der Einführung des Davidsterns eine solche Möglichkeit nicht mehr gegeben war, erwiderte er grimmig: *Jetzt sitzen der Moses und der Levysohn zu Hause und lassen sich nicht auf der Straße blicken; sie schicken die greise Mama und den alten Tate in die Geschäfte und spekulieren auf das Mitleid der guten Berliner. Wie oft wird mir berichtet, daß so ein altes jüdisches Mütterchen in der Untergrundbahn erscheint, und gleich springen zwei oder drei Leute auf und bieten dieser armen alten Frau ihren Platz an.*

Das war es, was Goebbels wirklich erregte: daß er die gleichen Erfahrungen machte wie 1938; daß viele Deutsche seiner Parole wieder nicht folgten, daß sie im Gegenteil Mittel und Wege fanden, den Juden ihre Sympathie auszudrücken. Voll Wut verteidigte er die Einführung des Judensterns als eine *außerordentlich humane Maßnahme.* Denen, die sagten, daß ja auch die Juden Menschen seien, entgegnete er: *Auch Mörder sind Menschen, auch Diebe und Zuhälter.* Später, im Herbst 1941, kam es zu den ersten Deportationen nach Polen. Goebbels' Mitarbeiter hörten davon und befragten ihn, ob es wahr sei, daß man diese Juden vergasen werde. Goebbels erklärte, daß er den Fall untersuchen würde, und teilte Fritzsche am nächsten Tag mit, er habe die Untersuchung eingeleitet, es sei an der Sache kein wahres Wort, kein Jude werde vergast oder in irgendeiner Weise umgebracht.

Aber die jüdische Frage oder besser die Frage der deutschen Reaktion auf die Behandlung der Juden war unwesentlich, gemessen an einem der schwierigsten Propagandaprobleme, die Goebbels zu lösen hatte – und nicht lösen konnte. Es handelte sich um die Flucht des stellvertretenden Führers der Partei, Rudolf Heß.

## 9

Goebbels war von dieser Flucht genauso überrascht wie die übrige Welt. Als man ihm die Nachricht in seine Wohnung telefonierte, war er eine Weile völlig sprachlos. Eine halbe Stunde später suchte Fritzsche ihn in seinem Büro auf und fand ihn nicht. Man sagte ihm, der Minister sei auf sein Landgut Lanke gefahren. Erst zwei Stunden später konnte Fritzsche ihn dort erreichen. Er bat Goebbels dringendst um Richtlinien. Wie sollte man den Fall kommentieren? Wie sollte man die Flucht erklären? Goebbels war unwirsch. *Ich komme heute nicht ins Büro.*

Fritzsche: *Aber irgend etwas müssen wir doch sagen?*

Goebbels: *Sagen Sie, was Sie wollen. Ich weiß auch nichts. Es gibt Situationen, in denen auch der beste Propagandist nichts mehr retten kann.* Er hängte auf und legte sich zu Bett.

Reichspressechef Dr. Dietrich sprang in die Bresche, und die Folge war beispiellose Verwirrung. Die erste Nachricht, die verbreitet wurde, war, daß Heß auf einem Feindflug verunglückt sei. Das führerlose Propagandaministerium protestierte, gab zu verstehen, daß diese Nachricht ja wohl doch feindlichen Dementis zuviel Spielraum lasse. Dietrich änderte die Version dahin, daß Heß ein bißchen verrückt geworden sei, daß er, von pazifistischen Ideen getrieben, nach England geflogen sei, vor allem, daß er kein Verräter sei, da er nichts zu verraten habe.

Als Goebbels das las, hatte er einen Wutausbruch. Wie konnte irgend jemand sagen, daß Heß, der schließlich und endlich der zweite Führer war, verrückt geworden sei? Welch grauenhaften Eindruck mußte eine solche Bekanntmachung auf den Durchschnittsbürger machen, der sich mit Recht fragen mußte, ob nicht noch andere Große des Dritten Reiches verrückt geworden seien? Immerhin war es dem großartig eingespielten Apparat von Goebbels zu verdanken, daß diese Version früher in die Welt hinaus kam als die englische Meldung von Heß' Landung in Schottland. So kam doch noch eine Sensation heraus.

Aber Goebbels selbst war der Ansicht, daß Heß durch seine Tat dem Reich einen Prestigeverlust zugefügt habe, wie er schlimmer gar nicht gedacht werden konnte.[9] Später diktierte er in sein Tagebuch: *Ich frage den Führer noch einmal über den Fall Heß*. Ein anderes Mal, bei einem langen Spaziergang mit Hitler im Garten der Reichskanzlei: *Der Führer bestätigt mir noch einmal, daß Heß ihn kurz vor seinem Flug gefragt habe, ob er an seiner grundsätzlichen Englandpolitik festhalte, was der Führer bejahte. Daraufhin entschloß Heß sich zu seinem Vermittlungsflug, durch den er dem Reich einen Schaden zufügte, der in seinen Ausmaßen gar nicht übersehen werden kann.*

## 10

Ein paar Wochen nach dem Heß-Zwischenfall fällt die deutsche Wehrmacht in Rußland ein. Goebbels weiß von dem Plan schon lange. Vielleicht schon seit dem 10. Dezember 1940, als Hitler *geheime Vorbereitungen für die Zerstörung Rußlands* anordnete.[10] Vielleicht auch erst seit dem 2. Februar 1941, als die ersten Konferenzen zwischen Hitler und dem Generalstab über die Invasion Rußlands stattfanden.

Niemand von Hitlers Ratgebern und Ministern, die den Zusammenbruch erlebten und späterhin ihre Aussagen machten, war für diesen Krieg gewesen. Auch Goebbels muß seine Bedenken gehabt haben. Von denen, die mit ihm arbeiteten und lebten, weiß man, daß er in den ersten Monaten des Jahres 1941 nervöser und schwieriger war als je zuvor. Oft rief er mitten in einer Unterhaltung oder in einer Konferenz plötzlich aus: *Wären nur die nächsten Monate erst vorüber!* Nie erklärte er, warum er diesen Wunsch hatte. Einige Beobachter glaubten, er sei über den Kampf gegen England beunruhigt, der nicht programmäßig verlaufe. Es scheint wahrscheinlicher, daß er an Rußland dachte. Hatte nicht Oswald Spengler, der ihm oft maßgebend war, in seinem letzten Buch, *Jahre der Entscheidung,* ausdrücklich vor einem Krieg mit Rußland gewarnt?

Jahrelang hatten die Nazis antibolschewistische Propaganda gemacht. Dann, gewissermaßen am Vorabend des Krieges, war die Bombe des Hitler-Stalin-Paktes explodiert: Von einer zur anderen Stunde mußten die Deutschen lernen, daß die Russen brav und bieder waren, daß man Seite an Seite mit dem Kommunismus leben könne. Die Herzlichkeit der deutsch-russischen Beziehungen wurde auf jede nur mögliche Weise betont. Als Stalin den deutschen Militärattaché in Moskau öffentlich umarmte und erklärte: *Wenn wir brüderlich zusammenstehen, kann uns in Zukunft nichts geschehen!,* wurden seine Worte in den deutschen Zeitungen groß aufgemacht. Wie sollte Goebbels jetzt, nach zwei Jahren solcher prorussischen Propaganda, das Steuer wieder herumwerfen?

Vor allem: Er hatte keine Zeit. Es war unmöglich, nach altem gutem Rezept ein paar Monate vor dem Einmarsch eine Greuelkampagne zu starten, den Deutschen zu sagen, daß die Russen Frauen vergewaltigten, Kinder und Greise ermordeten. Der Einmarsch sollte überraschend kommen. Die deutschen Zeitungen durften nicht einmal ganz aufhören, prorussisch zu schreiben. Dies hätte Verdacht erregt – bei den Redakteuren sowohl wie bei den Zeitungslesern, und wichtiger noch – bei den Russen selbst. Vielleicht hatten sie schon Verdacht geschöpft. Denn die Truppenansammlungen im Osten konnten ihnen nicht ganz unbekannt geblieben sein. Es mußte irgend etwas geschehen, um sie abzulenken, um alle Spürhunde auf eine falsche Fährte zu locken. Goebbels hatte eine großartige Idee:

Plötzlich, am 13. Juni, sprach ganz Berlin, sprach ganz Deutschland davon, daß es in allernächster Zeit, vielleicht schon in einer Woche, zu einer Invasion von England mittels Fallschirmjägern kommen würde. Soeben war ja die Insel Kreta auf eben diese Weise von den Deutschen erobert worden. Und am 13. Juni hatte Goebbels einen von ihm gezeichneten Artikel im *Völkischen Beobachter* erscheinen lassen: *Kreta als Beispiel.* Darin hieß es:

*Der Fall Kreta hat eindeutig bewiesen, daß die Luftwaffe der Flotte in den sogenannten engen Gewässern mindestens gewachsen, wenn nicht gar überlegen ist und daß bei einer Auseinandersetzung zwischen beiden auch unter ungünstigeren Bedingungen das Meer seine Beherrschung abschüttelt und zum Flottengrab wird ... Wenn heute in England heiß und leidenschaftlich um den Fall Kreta debattiert wird, so braucht man nur statt Kreta England zu sagen, und man weiß, was gemeint ist ... Der Führer hat selbst das Wort geprägt, daß es keine Inseln mehr gibt ... Hätte man Mr. Churchill vor zwei Monaten gesagt, daß wir Anfang Juni im Besitz der Insel Kreta wären, er hätte vermutlich nur gelacht und es wahrscheinlich weit von sich gewiesen, eine solche Möglichkeit überhaupt einer Antwort zu würdigen. Heute aber ist Kreta in unserer Hand, und würde man ihm heute wiederum sagen, was in zwei Monaten der Fall sein wird, er würde vermutlich wieder lachen; und wiederum wird er in zwei Monaten das Nachsehen haben.*

Das war deutlich. War es nicht zu deutlich? Hatte sich Dr. Goebbels nicht ein wenig zu weit vorgewagt, fragten sich die Leute, hatte er nicht ein wenig zuviel aus der Schule geplaudert? Die Bestätigung dieser Vermutung sollte ihnen bald werden. Denn schon zwei Stunden nach dem Erscheinen des *Völkischen Beobachter* tauchten an allen Zeitungsständen Gestapobeamte auf und beschlagnahmten die ganze Auflage. Ein Grund wurde nicht angegeben, aber er lag ja auf der Hand: Die Oberste Heeresleitung wünschte nicht, daß der Artikel von Goebbels gelesen werde, weil er zwischen den Zeilen prophezeite, was geplant war. Die Beschlagnahme hatte die Wirkung einer Bestätigung. An diesem Abend glaubte jeder Mensch in Deutschland, daß die Invasion Englands bevorstehe, daß die Truppenverschiebungen im Osten nur als Ablenkungsmanöver gedacht waren.

Überflüssig hinzuzufügen, daß Goebbels selbst die Beschlagnahme des *Völkischen Beobachter* angeordnet hatte, daß er bis auf Minuten ausgerechnet hatte, wann die Beschlagnahme erfolgen mußte, damit genug Leute den Artikel lesen konnten.

Selbst seine nächste Umgebung mußte Goebbels über Rußland im unklaren lassen. Selbst den Abteilungsvorstehern gegenüber log er. Als man ihm von den Gerüchten, daß ein Krieg mit Rußland bevorstehe, berichtete, erklärte er: *Ich weiß, daß einige unter Ihnen glauben, daß wir gegen Rußland Krieg führen werden. Ich muß Ihnen aber sagen, daß wir gegen England die Offensive ergreifen werden. Die Invasion steht vor der Tür. Bitte bereiten Sie sich dementsprechend vor.*[11]

Und trotzdem wußten einige wenige im Propagandaministerium von der bevorstehenden Offensive: nicht durch Goebbels selbst, sondern durch den Adjutanten Hitlers, Julius Schaub, und durch Alfred Rosenberg, der ja eine Art Gauleiterstellung in Rußland beziehen sollte. Zu den Orientierten gehörte Dr. Karl Boemer. Dieser außerordentlich fähige Mann hatte eine große Schwäche für Alkohol. Kurz nach dem Erscheinen des Kreta-Artikels von Goebbels nahm Boemer an einem Empfang in der bulgarischen Gesandtschaft teil. Bald war er ziemlich betrunken. In diesem Zustand erzählte er einem Mitglied des Auswärtigen Amtes, daß er bald eine neue Stellung bekommen würde. Er würde Staatssekretär in einem neuen Ministerium unter Rosenberg werden.

Damit wußten die Anwesenden Bescheid. Rosenberg war Balte, ein Ministerium konnte er nur im Zusammenhang mit Rußland übernehmen. Noch am gleichen Abend schickte der bulgarische Gesandte ein offenes Telegramm nach Sofia, in dem er mitteilte, ein hoher Beamter der NSDAP habe ihm verraten, der Krieg mit Rußland stehe bevor.

Ribbentrop wurde verständigt, Ribbentrop verständigte die Gestapo. Die Gestapo schlug zu. Goebbels versuchte, seinen Beamten zu decken, appellierte an Hitler, Hitler las den Brief, schrieb an den Rand: *Kristallklare Untersuchung.*

Zwei Tage später kam einer der amerikanischen Korrespondenten zu Boemer ins Propagandaministerium. Im Vorzimmer traf er auf eine Sekretärin. Die sah ihn erstaunt an. *Boemer? Wir haben den Namen noch nie gehört. Ist das nicht ein Irrtum?*

So schnell ging das. Er war schon tot, bevor er verurteilt war. Nein, ganz tot war er noch nicht. Goebbels trat für ihn ein (schon um Ribbentrop zu ärgern). Drei Jahre Gefängnis. Nach einem Jahr durfte er als einfacher Soldat an die Ostfront gehen. Ein Schrapnell riß ihm beide Hüften auf. Er starb wenige Tage später in einem Lazarett in Krakau.

In allen Nachrufen wurde er als Muster eines Nationalsozialisten hingestellt.

## 11

Erst wenige Stunden vor dem deutschen Einmarsch in Rußland machte Goebbels seinen Mund auf. In der Nacht vom 21. zum 22. Juni 1941 ließ Goebbels einige seiner Abteilungsleiter nach Schwanenwerder kommen und eröffnete ihnen, was geschehen würde. Sie durften dann allerdings weder das Haus verlassen noch telefonieren, bis sie zwischen drei und vier Uhr mit Goebbels zusammen in die Stadt zurückfuhren. Um fünf Uhr morgens eröffnete Ribbentrop in einer Pressekonferenz die bereits vollzogene Tatsache des Einmarsches in die Sowjetunion. Einige Stunden später stand Goebbels vor dem Mikrophon und verlas die Proklamation des Führers, in der die Notwendigkeit dieses neuen Krieges dargelegt war. Sie endete nicht ohne Berechtigung mit den Worten: *Möge Gott uns besonders in diesem Kampfe helfen!*

Noch am gleichen Tage schickte er die *Vertrauliche Information Nr. 13* an seine Agenten: *Die deutsche Antwort zum Verrat der jüdisch-bolschewistischen Machthaber im Kreml.* Die Propagandisten wurden angewiesen, den Krieg als eine defensive Maßnahme darzustellen. *Erörterungen beziehungsweise Auslassungen über die Bedeutung des bolschewistischen Staates als Ernährungs- und Rohstoffbasis für Deutschland haben zu unterbleiben ... Der Kampf richtet sich nicht gegen die Völkerschaft des bolschewistischen Staates, sondern gegen den jüdischen Bolschewismus und seine Repräsentanten.* Denn: *Die jüdisch-bolschewistischen Machthaber haben den Moskauer Vertrag verraten ... Es wird in diesem Zusammenhang auf die wiederholten Friedensbemühungen des Führers und seine Duldsamkeit gegenüber bolschewistischen Übergriffen hingewiesen.*

Goebbels führte den Propagandakampf persönlich. Er stand vor der schweren, beinahe unmöglichen Aufgabe, in wenigen Tagen zu erreichen, wozu er Monate hätte haben müssen: das deutsche Volk davon zu überzeugen, daß auch dieser Krieg notwendig, weil vom Feinde aufgezwungen war. Vier Tage nachdem der Krieg im Osten begonnen hatte, beschuldigte er die Sowjets, sie hätten *niemals die Absicht gehabt, den Nichtangriffspakt mit dem Reich innezuhalten.* Er hob besonders hervor, *daß es sich hier nicht um Verrat, sondern um eine Verschwörung handele, und zwar eine plutokratisch-bolschewistische Verschwörung.*

In seinem Bestreben, die Verworfenheit des bolschewistischen Regimes klarzustellen, machte Goebbels gelegentlich ein paar Schnitzer. So erklärte er in seinen Redner-Schnellinformationen, es sei darauf hinzuweisen, *daß das Sowjetregime es verstanden habe, sich und das Land streng von der Umwelt abzukapseln ... Auf der anderen Seite hatte jeder Deutsche die Möglichkeit, bis zum Kriegsbeginn ausländische Sender zu hören.* Gerade daran zu erinnern, war nicht sehr geschickt. In einem Artikel vom 6. Juli notierte Goebbels mit ausdrücklicher Empörung über die russische Regierung: *Das Anhören deutscher Rundfunksendungen in russischer Sprache ... wird mit dem Tode bestraft. Die feige Lügnerbande im Kreml scheint dumpf zu ahnen, daß das Verhängnis naht.* Als ob er sich damit nicht schon genügend Blößen gegeben hätte, schrieb er in einem Artikel am 17. August, *daß einige landesverräterische Subjekte unter uns, die ihren Wissensdurst durch Abhören feindlicher Rundfunksender glaubten stillen zu müssen, mit schweren Zuchthausstrafen belegt worden sind. Es ist außerordentlich bezeichnend, daß im Londoner Rundfunk für sie ein Plädoyer gehalten wird.*

Zweierlei Maß. Solche Erklärungen folgten zu schnell aufeinander, als daß man sich der ersten nicht erinnert hätte, während man die zweite las. Aber das waren doch verhältnismäßig kleine Schnitzer.

Da war die Sache mit der Stalin-Linie. Anfang Juli beschäftigte sich die Propagandamaschine zum ersten Male mit ihr. Man hörte und las, diese Maginotlinie des Ostens sei in den letzten fünf Jahren gebaut worden. Einige Tage später wurde zugegeben, wie geschickt es die Russen verstanden hätten, den Bau geheimzuhalten. Dann, am 12. Juli, kam die Sondermeldung, daß die Stalin-Linie durchbrochen sei.

Die Russen gingen zwar ständig zurück, gaben das in ihren Heeresberichten auch mehr oder weniger zu, erwähnten die Stalin-Linie aber nie, und zwar aus dem einfachen Grunde, weil es keine gab. Schließlich stellte man das in London und Moskau sachlich fest. Goebbels ärgerte sich darüber. In einem Artikel *Die Sache mit der Stalin-Linie* erklärt er: *In ungezählten Rundfunkreden und Zeitungsartikeln erklären die Moskauer und Londoner Propaganda-Büros, wir würden diese Befestigungslinie nie durchbrechen. Nachdem sie durchbrochen ist, bestreiten sie das und behaupten, es könne gar kei-*

*ne Rede davon sein, die Linie halte und werde niemals aufgegeben werden, und als sie dann Operationen im Raume ostwärts davon zugeben müssen, kommen sie endlich mit der blanken Wahrheit heraus: Die Stalin-Linie existiere überhaupt nicht, sie sei nur eine Erfindung des Propagandaministeriums, und da keine Stalin-Linie existiere, könne sie auch nicht durchbrochen worden sein.*

Aber ein anderer Passus machte diesen Artikel besonders bemerkenswert. Die englische Propaganda kritisierend, schrieb Goebbels, daß man sie *nur dem englischen Volke gegenüber betreiben kann. Täten wir ein Gleiches dem deutschen gegenüber, man würde vermutlich mit Steinen nach uns werfen. Schon die Andeutung einer Hoffnung, die sich in absehbarer Zeit nicht erfüllt, nimmt unser Volk übel.*

Diese Zeilen waren nur scheinbar gegen London, in Wirklichkeit waren sie gegen Hitler gerichtet.

Denn Hitler war zu siegessicher geworden, machte zuviel Versprechungen, sein Optimismus wirkte ansteckend. Niemals zuvor hatte Fritzsche sich zu so großsprecherischen Prophezeiungen hinreißen lassen wie in den ersten Monaten des russischen Feldzuges; selbst der deutsche Heeresbericht war beinahe lyrisch geworden. Die Sondermeldungen deuteten an, ja versprachen geradezu, daß das Ende in unmittelbarer Nähe sei. Am 9. Oktober wurde verkündet, daß überhaupt nur noch zwei russische Armeen existierten und daß diese vor der Vernichtung stünden. Am gleichen Tage hielt Dietrich eine Konferenz für die ausländische Presse. Er kam gerade aus Hitlers Hauptquartier und erklärte ausländischen Pressevertretern gegenüber: *Der Kampf ... gegen die Bolschewiken ist entschieden. Diese militärische Entscheidung ist endgültig.* Am selben 9. Oktober wurde Hitlers Tagesbefehl veröffentlicht, der bereits eine Woche alt war und in dem es hieß, daß der letzte entscheidende Kampf des Jahres begonnen habe, der den Gegner entscheidend vernichten würde.

Dies war das Versprechen des Sieges für die allernächste Zeit. Nun warteten die Deutschen Tag für Tag auf den endgültigen russischen Zusammenbruch, auf Waffenstillstand, auf Frieden.

Goebbels erkannte sofort die ungeheure Gefährlichkeit einer Propaganda, die sich dergestalt festlegte. Er raste. Er sprach von „unglaublicher Eigenmächtigkeit“ und vom „größten Propagandafehler des Krieges".[12] Da er fürchtete, das Volk bilde sich nun ein, der Krieg sei vorüber, wurde die Wiedergabe von Dietrichs Rede an die ausländischen Pressevertreter in der Presse und im Rundfunk verboten. Goebbels selbst erhob bei Hitler Protest, obgleich den Führer ein Teil der Schuld an dem Vorkommnis traf.

Schon einen Tag später sprach Goebbels über den Rundfunk und versuchte gutzumachen, was gutzumachen war. *Die jetzt im zentralen und südlichen Abschnitt der russischen Front sich abspielenden Schlachten entscheiden den russischen Feldzug. Dies sollte jedoch nicht als das Ende der gesamten Kampagne betrachtet werden.*

Wußte er schon damals, daß der Krieg verloren war?

## 12

Wie dem auch sei, er wurde vorsichtig, er vermied es, sich irgendwie festzulegen, und in einem Artikel *Das Ende der Illusionen,* den er am 17. Oktober erscheinen ließ (einer der wenigen Artikel, die er später nicht nachdrucken ließ), blieb er so in Allgemeinheiten stekken, daß es so aussah, als sei er selbst am Ende seiner Illusionen angelangt.

Als nun begreiflicherweise die Londoner Propaganda die Initiative ergriff und feststellte, daß Hitler seinen Fahrplan nicht eingehalten und das Versprechen auf nahen Endsieg nicht gehalten hatte, wurde Goebbels überaus ärgerlich. *Die Engländer rechnen uns den Krieg nach ihrem Kaminkalender vor. Sie spielen sich auf, als würden sie zu den geheimsten Besprechungen unserer militärischen und politischen Führung hinzugezogen.* Aber vielleicht war er in diesem Augenblick ärgerlicher auf Hitler, der der alliierten Propaganda diesen Trumpf in die Hände gespielt hatte, als auf seine Gegner in London. Trotzdem oder gerade deshalb mußte er schreiben: *Der Führer siegt nicht nach englischem, sondern nach seinem eigenen Plan. Er* (Goebbels) *zweifle nicht am Sieg. Freilich, wann er uns in die Hände fällt, das weiß kein Mensch.*

Er sah voraus, was kommen mußte. Der Krieg würde lange dauern, würde hart und blutig werden. Die Unzufriedenen hatten schon wieder zu flüstern begonnen, und Goebbels mußte sie wiederum als *Miesmacher* und *Kritikaster,* wie er das in der Vorkriegszeit getan hatte, bezeichnen. Er dachte sich zwei Figuren aus, über die er seinen Spott ausgoß: *Herrn Bramsig* und *Frau Knöterich,* die er in zahlreichen Artikeln ausschalt und zurechtwies. Aber die Situation verlangte durchgreifendere Maßnahmen.

Die Mitglieder der Propaganda-Kompanien wurden zurückgerufen, bekamen von ihm neue Instruktionen. Er war ernst bei diesen Unterhaltungen, beinahe grimmig. Es war ein ganz neuer Goebbels, den die Journalisten da kennenlernten, einer, an dem nichts mehr verspielt war, einer, für den der Krieg erst jetzt begonnen hatte.

Er erklärte den Journalisten, was er brauchte. Sachliche Berichte, Berichte, die nichts verschönten und versüßten. Realistische Berichte, die dem Land einen Begriff geben sollten, wie das war, in einem Meer von Schmutz und Blut zu kämpfen. Goebbels wünschte, daß die falsche heroische Note aus den Artikeln verschwinde. Statt dessen wollte er lesen, wie das war, wenn ein Panzer umstürzte, wenn ein Dorf niederbrannte, wenn ein Pferd starb, wie der Hunger war, wie die Menschen litten in der Kälte, die jetzt einzusetzen begann ...

Goebbels wußte, daß in Bälde Hunderte und Aberhunderte von Lazarettzügen ins Land rollen würden, voll von Soldaten ohne Beine, ohne Arme, ohne Augen; voll von Soldaten, die furchtbare Geschichten zu erzählen hatten; er mußte alles tun, um die Bevölkerung darauf vorzubereiten.

## 13

In diesen Wochen verließ er das Propagandaministerium kaum. Obwohl er nur wenige Minuten bis nach Hause hatte, schlief er auf einem Feldbett, in einem kleinen Zimmer neben seinem Büro. Er wollte auch die wenigen Minuten nicht verlieren, falls eine wichtige Entscheidung zu treffen wäre. Er lebte nur noch für den Krieg. Er sah die Frau einige wenige Minuten; die Kinder sah er gar nicht. Filme ließ er sich nicht mehr vorführen. Wichtige, seit Wochen angesetzte Konferenzen wurden abgesagt. Alles, was nicht direkt mit dem Krieg in Rußland zu tun hatte, war ihm jetzt nicht wichtig.

Er sah schlecht aus. Er hatte abgenommen, er bekam ein Magengeschwür. Und er aß tagelang fast gar nichts, lebte von Grießbrei, gelegentlich einem Glas Milch, aber da waren zahllosen Zigaretten. Man sah ihm das nicht gleich an, denn dank der Höhensonne war sein Gesicht immer gebräunt. Aber die Schatten unter den Augen wurden dunkler. Er schlief wenig. Manchmal, mitten in der Nacht, ließ er den Masseur kommen. Massage beruhigte ihn. Dabei redete er über die Zukunft, gab seiner Hoffnung Ausdruck, sich von der Politik zurückzuziehen, wieder ein Privatmensch mit privaten Interessen zu werden, ein Buch über Hitler zu schreiben und eines über das Christentum, oder ein Buch über die künstlerischen Möglichkeiten des Films …

Er sah die Katastrophe kommen, er, als einziger von den Großen des Dritten Reiches. Er, der Zivilist, sah weiter als die Generale. Konnte er die Katastrophe nicht aufhalten? Konnte er nicht irgendwie dabei helfen, den russischen Widerstand zu brechen? Er flog zu Hitler ins Hauptquartier, obwohl Hitler ihm und anderen Kabinettsmitgliedern ausdrücklich verboten hatte, während des Herbstes und Winters zu fliegen. Er schlug Hitler vor, einen großangelegten Propagandafeldzug in dem besetzten Rußland durchzuführen, die Bevölkerung, was immer es koste, auf die deutsche Seite zu ziehen. Hitler meinte abwesend, dies sei die Angelegenheit Rosenbergs. Hitler war damals nicht an Propagandafragen interessiert. Er bereitete sich darauf vor, sein eigener militärischer Oberbefehlshaber zu werden und den Krieg mit Rußland mittels „Intuition“ zu gewinnen. Goebbels sprach mit Rosenberg. Rosenberg lächelte überlegen, er kenne seine Russen. Propaganda sei völlig überflüssig.[13]

Goebbels fuhr nach Berlin zurück. Was konnte er tun, um die Katastrophe aufzuhalten? Es mußte wenigstens versucht werden zu vermeiden, daß die letzte neutrale Großmacht in den Krieg gegen Deutschland eintrete. Eigentlich hatte Goebbels den Kampf um die Vereinigten Staaten, der Anfang 1940 begonnen hatte, nie abgebrochen. Nach dem Fall von Frankreich war der Ton der deutschen Propaganda in Amerika verschärft worden. Goebbels hatte geradezu gedroht, das Schicksal Frankreichs werde sich an allen Nationen, die Krieg gegen Deutschland führten, wiederholen. Im Frühjahr 1941 hatte Goebbels in einem Artikel *Aus dem Land der unbegrenzten Möglichkeiten* erklärt: *Es ist im Augenblick sehr schwer, sich mit der amerikanischen öffentlichen Meinung vernünftig auseinanderzu-*

*setzen. Sie befindet sich in einem Zustand der Hysterie ...* Er hatte trotzdem versucht, sich auseinanderzusetzen. Er hatte die Interventionalisten als Juden beschimpft, hatte „festgestellt", daß die gesamte amerikanische Presse von Juden gemacht werde, hatte mit erhobenem Zeigefinger Roosevelt an sein Versprechen aus der Kampagne von 1940 erinnert, Amerika aus dem Kriege herauszuhalten. Noch am 21. September 1941 hatte er gerufen: *Es stehe fest, daß das Volk in USA in seiner überwiegenden Mehrheit den Krieg nicht will.* Und trotzdem hatte er Angst. Er wußte, wie man in Amerika dachte. Er mußte wissen, daß gerade er besonders unbeliebt in Amerika war. Hatten doch die amerikanischen auswärtigen Korrespondenten nie aufgehört, ihn zu bekämpfen, hatten doch gerade die amerikanische Presse und der amerikanische Rundfunk zahllose seiner Propagandatricks enthüllt. Hatte doch die amerikanische Regierung zahlreiche seiner Propagandabüros geschlossen, seine Agenten verhaftet oder ausgewiesen.

## 14

Am 4. Dezember 1941 beginnen die Russen auf der ganzen Front ihre Gegenoffensive. Die deutsche Front ist in Gefahr, aufgerollt zu werden. Wessen Schuld ist es? Die Generale haben gewarnt, haben schon vor Einbruch der furchtbaren Kälte Hitler dazu überreden wollen, die Front zurückzunehmen. Er hat sich geweigert. Es ist seine Schuld.

Für Goebbels kommt das alles nicht überraschend. Er wird nun noch um einen Grad ernster. In Direktiven, die er ausgibt, stellt er sachlich fest: *Was die Front opfert, das kann überhaupt durch nichts vergolten werden.* In einem Artikel schreibt er mit bemerkenswerter Offenheit: *Die Chance, die die deutsche Nation heute besitzt, ist zwar ihre größte, aber auch ihre letzte ... Wie ein gewonnener Krieg uns allen zugute kommen wird, so würde ein verlorener uns alle zu Boden schlagen.*

Es ist das erste Mal, daß die Möglichkeit einer Niederlage in der deutschen Propaganda überhaupt erwähnt wird. Dies geschieht, um die Heimat aufzurütteln, um die Heimat von dem Ernst der Situation zu überzeugen, zu größeren Opfern anzuspornen, vor allen Dingen aber, um sie auf einen Schock vorzubereiten.

Denn ein Schock wird es sein, wenn Deutschland erfährt, was sich an der Ostfront abspielt. Das ist ja beinahe unerklärlich. Schließlich hätten ja auch im Falle eines Blitzsieges Millionen deutscher Soldaten in Rußland überwintern müssen. Der Generalstab hätte also für Winterkleidung, für Heizmaterial, für Winteröl, für Behausung sorgen müssen. Merkwürdigerweise ist nichts von alledem geschehen. Die Kälte bricht herein, die Panzer bleiben stehen, weil das Öl gefriert, die Nachfuhr stockt, die Soldaten haben keine warme Kleidung, sie frieren, sie erfrieren. Irgendwo ist ein furchtbarer Fehler gemacht worden.

Am 21. Dezember sagt Goebbels dem deutschen Volk, wie die Dinge stehen. Er tut es in einem *Aufruf zur Sammlung von Wintersachen für unsere Front.* Er hat an diesem Aufruf besonders intensiv gearbeitet, er hat mehrere Fassungen diktiert, hat jedes Wort abgewogen.[14]

Ein bemerkenswertes Dokument ist so entstanden, ein Dokument von geradezu brutaler Offenheit. Es wird zugegeben, daß die zuständigen Stellen der Wehrmacht nicht in der Lage waren, alle Soldaten mit Wintersachen zu versorgen. Aber: *Die Heimat ... kann ihren Söhnen und Vätern Schutz gegen die Unbilden der winterlichen Witterung geben helfen! Solange sich noch ein einziger brauchbarer Gegenstand der Winterausrüstung in der Heimat befindet, muß er an die Front.* Es wird geschildert, wie die deutschen Soldaten in Schnee, Eis, Regen, Frost und Kälte kämpfen. Es wird eine Liste der Dinge, die gebraucht werden, aufgestellt. Alles wird gebraucht: Überschuhe, Socken, Strümpfe, Pullover, Unterhosen, Kopfschützer, Ohrenschützer, Kniewärmer, Decken, Handschuhe usw. *Gebt ihnen, was ihr überhaupt nur geben könnt! Ihr helft damit der Front, den Sieg zu erkämpfen.*

Deutschland hält den Atem an. Deutschland erstarrt. Steht es so schlecht? Ist es möglich, daß man die tapferen deutschen Soldaten, die eben noch von Sieg zu Sieg eilten, jetzt wie Tiere erfrieren läßt?

Auch im Ausland ist man starr. Im Londoner Informationsministerium äußert man sogar die Ansicht, Goebbels' hysterischer Appell an die Bevölkerung beweise, daß er den Verstand verloren habe. Beinahe ebenso entsetzt sind die deutschen Generale, die wegen der vorauszusehenden Schockwirkung gegen die Kleidersammlung protestiert hatten.

Aber gerade das hatte Goebbels beabsichtigt. *Ich bereitete das Volk auf einen Schock vor*[15], sagte er später, *als ich ihm ankündigte, daß es einer Katastrophe gegenüberstehe. Ich bereitete diesen Schock mit Absicht vor, weil ich mir darüber im klaren war, welche Wirkung er auslösen würde. Ich will für meine Theorie ein Beispiel geben:*

*Stellen Sie sich vor, daß ich nachts allein an meinem Schreibtisch arbeite. Plötzlich öffnet sich die Tür, ein Einbrecher betritt mein Zimmer und schreit: Hände hoch! Natürlich wird meine erste Reaktion ein Schock sein. Unbewußt hebe ich meine Hände hoch, sitze aber steif da, völlig gelähmt, unfähig, einen klaren Gedanken zu fassen. Einige Sekunden später jedoch läßt der Schock nach, und ich beginne, über die nächste praktische Möglichkeit nachzudenken, wie ich der gefährlichen Lage entgehen kann. Vielleicht gibt es eine verborgene Klingel, die ich berühren kann, vielleicht kann ich einen naheliegenden Gegenstand nach dem Angreifer schleudern. Mit anderen Worten: Mein Gehirn arbeitet fieberhaft, um einen Ausweg zu finden.*

*Das gleiche trifft bei der Woll- und Pelzsammlung zu. Ich löse beim deutschen Volk einen Schock aus, und die drohende Gefahr lähmt es für Sekunden. Dann rufen wir mit Donnerstimme: Gebt uns eure warme Kleidung! Und alle bringen ihre Wintersachen herbei, ihre Wollsachen, Pelze, Skier und Gott weiß was noch alles – und die Gefahr ist beseitigt. Man darf dem Volk nur keine Zeit lassen.*

Goebbels' Rechnung geht auf. Es ist in diesem Zusammenhang nicht wichtig, daß die Zahl von siebenundvierzig Millionen Kleidungsstücken, die das deutsche Volk gespendet haben soll, wie die BBC feststellt, maßlos übertrieben ist.

Weit wichtiger als das Ergebnis der Sammlung ist die Reaktion des deutschen Volkes als solche. Man ist zu Tode erschrocken. Man schaudert. Man hat erstarrend vernommen, was die Soldaten an der Front zu leiden haben. Wenn Goebbels jemals Angst haben mußte, die Heimat sei dem Krieg seelisch nicht gewachsen, jetzt braucht er sie nicht mehr zu haben. Jetzt weiß man Bescheid. Jetzt sieht man der Wirklichkeit ins Auge. Die Folge ist nicht gerade Hurrapatriotismus, aber ein gewisser unwandelbarer Stoizismus. Jetzt ist man an seiner Ehre gepackt und will denen draußen, die so furchtbar leiden, zeigen, daß auch die Zuhausegebliebenen gerne ihr Teil am Leid des Krieges auf sich nehmen wollen. Noch wissen sie nicht, wieviel Leid ihnen auferlegt werden wird.

Draußen, tief im Innern Rußlands, wird die Kälte immer ungeheuerlicher. Tausende, Zehntausende erfrieren. Die Russen stürmen.

## Anmerkungen

[1] Fritzsche, Frau Haberzettel, Jacobs.
[2] Nach Rudolf Semmlers Tagebuch. Fritzsche erklärte dem Autor, daß selbst damals sowohl er als auch andere Angehörige des Propagandaministeriums von der Nutzlosigkeit der Luftangriffe auf England überzeugt waren.
[3] Vor mehreren Jahren hatte Goebbels einen ähnlichen Ausspruch über die Kunst der Propaganda getan.
[4] Fritzsche sagte dem Autor, die Russen hätten es gefunden und an sich genommen. Es sei ihm gelegentlich eines Verhörs in Moskau einmal gezeigt worden.
[5] Diese Auskunft erhielt der Autor von Frau Haberzettel. Nach Rudolf Semmler hatte Goebbels seine Tagebücher damals nicht an Amann verkauft, obwohl er mehr als drei Millionen Vorschuß erhielt. Er wünschte die Veröffentlichung erst nach seinem Tode und Nutznießung für seine Kinder.
[6] In der Folge wird auf sie oft zurückgegriffen werden. Einer der beiden persönlichen Stenographen des Ministers, Otto Jacobs, hat dem Autor auf Grund eigener Aufzeichnungen einen großen Teil der Tagebücher, besonders der letzten zwei Jahre, rekonstruiert.
[7] Authentische Übertragung durch Goebbels' Stenographen.
[8] Der damals berühmt gewordene Bericht des Fallschirmspringers über Kreta, geschrieben im Hemingway-Stil, von der Zeitschrift *Life* groß aufgemacht, stammte aus diesem Büro. Der Verfasser war ein Berliner Journalist, der niemals mit dem Fallschirm abgesprungen war, von Kreta ganz zu schweigen, ja der Fallschirmspringer überhaupt nur im Film gesehen hatte.
[9] Nach Semmler: *Schlimmer als der Verlust eines Armeekorps.*
[10] In seiner Anweisung Nr. 20.
[11] Verhör Fritzsches in Nürnberg.
[12] Rudolf Semmlers Tagebuch.
[13] Semmler: Russischer Oberst sagt, viele Russen desertierten, wenn freies Rußland garantiert werde.
[14] Original, das dann nicht veröffentlicht wurde, ist im Besitz des Verfassers.
[15] Nach einem Bericht des Stenographen Jacobs an den Autor.

ZWÖLFTES KAPITEL

# WELTKRIEG

## 1

Die Nacht vom 11. bis 12. Dezember 1941 – es ist erst einige Stunden her, daß Hitler den Vereinigten Staaten wegen angeblicher Verletzung der Neutralität den Krieg erklärt hat – verbringt Goebbels im Propagandaministerium. Auch seine Mitarbeiter müssen bleiben. Es ist gewissermaßen Großalarm. Warum, weiß niemand zu sagen. Konferenzen werden in dieser Nacht nicht abgehalten, nicht einmal Besprechungen mit einzelnen Mitarbeitern. Jede Stunde läßt Goebbels sich die neuesten Nachrichten vorlegen, die über den Fernschreiber gekommen sind. Ruhelos wandert er in seinem geräumigen Arbeitszimmer auf und ab.[1] Er scheint zerstreut, nervös, gereizt. Es muß irgend etwas geschehen sein, was ihm nicht ins Konzept paßt. Wir können nur raten, was es ist, vieles spricht dafür, daß er Hitlers Entschluß, Amerika den Krieg zu erklären, nicht billigt.

Hat nicht Spengler, der ihm so oft maßgebend war, ausdrücklich vor Amerika gewarnt? Hat er nicht eigens darauf hingewiesen, daß die Tiefe des amerikanischen Landes eine erfolgreiche Invasion genauso unmöglich mache wie eine Invasion von Rußland? Der erste Artikel nach der Kriegserklärung, der am 14. Dezember erscheint, also immerhin acht Tage nach Pearl Harbor, wo die Japaner überraschend und ohne Kriegserklärung U.S. Kriegsschiffe angriffen und so einen amerikanisch-japanischen Krieg auslösten: *Die große Chance,* ist dann auch eine Flucht in Allgemeinheiten, in philosophische Betrachtungen, in historische Ausblicke. Das Wort Amerika fällt nicht einmal. Der Ton des ganzen Artikels ist merkwürdig optimistisch. *Die große Chance ist da, sie ist einmalig. Eine gleich günstige Situation wie die heutige wird die deutsche Nation niemals wieder finden.*

Das gleiche könnte Goebbels kaum von sich selbst behaupten. Er ist in einer denkbar schwierigen Lage. Der Krieg mit Amerika stellt ihn vor ein Propagandaproblem, das auf den ersten Blick kaum lösbar erscheint. Noch wissen die meisten Deutschen recht gut, daß die Niederlage im Ersten Weltkrieg dem Eingreifen Amerikas gewissermaßen auf dem Fuße folgte. So schlecht ist das Gedächtnis der Menschen nicht. In dem zweiten Artikel seit Kriegsbeginn, der bezeichnenderweise *Verändertes Weltbild* heißt, stellt er fest: *Ein Vergleich mit dem dritten Jahre des Weltkrieges ist gänzlich unangebracht.* Er führt dann des längeren aus, warum.

Dabei kommt es ihm noch zustatten, daß diesmal nicht Amerika, sondern Deutschland den Krieg erklärt hat. Er zaudert nicht, auf die Bedeutung dieses Unterschiedes hinzuweisen. Seinerzeit wollte Deutschland den Krieg mit Amerika vermeiden, diesmal nicht, weil es diesmal eben viel stärker ist. Und wie recht der Führer gehabt hat, geht daraus hervor, daß seit dem 7. Dezember *die Position der Achsenmächte eine Verstärkung erfahren hat, die wenige Tage vorher auch militärische und politische Fachleute für gänzlich unwahrscheinlich erklärt hätten.*

Letzten Endes kann er doch nur die alten Argumente des Ersten Weltkrieges wieder aufwärmen, besonders das Argument, daß amerikanische Hilfe entweder gar nicht oder zu spät eintreffen würde. Dies ist übrigens schon vor Ausbruch des Krieges im weitesten Maße besorgt worden. Am 30. Januar 1941 hat Hitler erklärt, daß er die Vereinigten Staaten nicht fürchte, und wenige Tage darauf hat Goebbels notiert, *der Führer hat keinen Zweifel darüber gelassen, daß das Reich sich auf alle Eventualitäten vorbereitet hat.* Noch zwei Wochen vor Pearl Harbor hat Goebbels geschrieben: *Die USA-Hilfe hat ihre Schrecken für uns verloren …*

Aber Goebbels weiß, während er dies alles sagt und schreibt, daß das eigentliche Problem damit nicht gelöst ist. Dieses eigentliche Problem ist, daß jeder Mensch in Deutschland nun weiß, daß der Zweifrontenkrieg ausgebrochen ist; jener Zweifrontenkrieg, von dem Hitler gesagt hat, daß er der eigentliche Grund für die Niederlage im vorigen Krieg war und daß eine verantwortungsbewußte Führung es nie wieder zu einem Zweifrontenkrieg kommen lassen würde. Wie oft hat Goebbels immer wieder zu beweisen versucht, daß dieser Krieg niemals zum Zweifrontenkrieg ausarten würde! Als man gegen Rußland zog, hat er ausdrücklich festgestellt, daß dies keine zweite Front sei. Aber nun ist die zweite Front weithin sichtbar da.

Goebbels löst dieses Problem mit einem Schlagwort. Getreu dem Hitlerwort, daß man dem Volk jeweils immer nur ein Ziel setzen soll, erklärt er nun kurzerhand, es gäbe nur einen Feind. Dieser Feind ist bolschewistisch, revolutionär, aber auch kapitalistisch, denn der Feind ist jüdisch. Der Feind ist das Weltjudentum. Jawohl, Goebbels behauptet nun allen Ernstes, daß die Achse und ihre Hilfsvölker, zusammen rund zweihundert Millionen Menschen, von rund zwölf Millionen Juden bedroht würden, die dazu noch, über zahlreiche Staaten verteilt, weder eine eigene Armee noch eine eigene Flotte oder Luftwaffe besitzen. Und man muß schon zugeben: Es ist außerordentlich, mit welcher Geschicklichkeit Goebbels diese absurde These begründet. Auch damit hat natürlich schon Monate vor der Kriegserklärung an Amerika begonnen.

Am 20. Juli 1941: *Turbulente jüdische (bolschewistische) Parteidoktrinäre und gerissene jüdische Kapitalisten landen den unverschämtesten Coup, der sich überhaupt denken läßt. Die krasseste Plutokratie bedient sich des Sozialismus, um die krasseste Gelddiktatur zu erreichen ...* Eine Woche später: *Die Juden der City und die Juden im Kreml sind sich ... durchaus einig. Sie spielen Kapitalismus und Bolschewismus, Christentum und Atheismus, Demokratie und Autokratie, Liberalität und Terror, je nach Bedarf, nur um das nackte Leben zu retten.*

Immer wieder spricht Goebbels von einer *Handelsgemeinschaft des bolschewistischen und plutokratischen Judentums,* und: *Das Judentum kennt zwei Arten, seine Herrschaft über geschlossene Völkerschaften zu errichten und aufrechtzuerhalten: die des internationalen Kapitalismus und die des internationalen Bolschewismus.*

Aber in der Ministerkonferenz spricht Goebbels anders: *Meine Herren,* sagt er einmal, *seien wir uns doch einmal darüber klar, daß es ein sogenanntes auf Tod und Leben miteinander verschworenes Weltjudentum in der Form, wie wir es darzustellen pflegen, gar nicht gibt. Niemand wird im Ernst glauben, daß die Juden der Londoner City oder die Bankjuden von Wallstreet die gleichen Interessen haben könnten wie die Moskauer Kremljuden des Herrn Stalin.*[2] Als ob es die gäbe!

Übrigens hat Goebbels bald Gelegenheit, seinen Freimut zu bereuen. Irgend jemand muß seine Bemerkungen dem Führerhauptquartier übermittelt haben, denn am folgenden Tage gibt Goebbels die Erklärung ab, daß sein Ausspruch offenbar mißverstanden worden sei; das fundamentale Grundprinzip des internationalen Judentums stünde natürlich außer Zweifel.[3]

## 2

Goebbels muß also nachweisen, daß Amerika im Dienste der Juden in den Krieg gegangen ist. Auch dies ist von langer Hand vorbereitet. Schon im Mai 1941 dekretiert der Propagandaminister: *Die Nachforschungen der Nationalsozialistischen Korrespondenz betreffs der übrigen nicht existenten jüdischen Abstammung Roosevelts sind mit Nachdruck auszuwerten. In diesem Zusammenhang können Bilder von Roosevelt, die seine jüdischen Gesichtszüge hervorheben, Verwertung finden.*[4]

Goebbels selbst hat bereits geschrieben: *Es ist ein offenes Geheimnis, daß der amerikanische Präsident Roosevelt eine große Anzahl jüdischer Ratgeber um sich versammelt hat. Man kann sich denken, was die ihm in die Ohren blasen.*

Aber dies alles ist geringfügig, verglichen mit dem, was er nun, da der Krieg mit Amerika ausgebrochen ist, über Roosevelt äußert. *Selten hat ein Staatsmann in so verantwortlicher Stellung auch so verbrecherisch, leichtsinnig und falsch die allgemeine Weltlage und die wirtschaftliche, moralische und militärische Stärke der gegnerischen Partei eingeschätzt wie er. Neutrale Beobachter wissen zu berichten, daß er seit Ausbruch des ostasiatischen Konfliktes und damit Eintritt der Vereinigten Staaten in diesen Weltkampf alt und grau geworden sei. Wir können das verstehen.*

Trotz allem: Goebbels vermag es nicht, sich ebensosehr über Roosevelt zu ärgern wie über Churchill. Die letzte, gewissermaßen persönliche Wut fehlt. Um so heftiger wird nun gegen die Vereinigten Staaten agitiert: gegen die Presse und gegen die Regierung, gegen die „Kriegshetzer“ und natürlich gegen die Juden. Das Leitmotiv: Amerika ist trotz allen Reichtums ein armes Land. Es mag sein, daß Goebbels, wenn er allein oder im engsten Freundeskreis ist, amerikanische Filme oder amerikanische Schallplatten spielen läßt. Jetzt stellt er öffentlich fest, daß die Amerikaner keine Kultur haben, denn das tägliche Bad, die elektrischen Eisschränke, die Autos, die Wolkenkratzer und so weiter, das alles sei eben keine Kultur.

Am 2. August 1942: *Dasselbe Land, das zum Schutz der Freiheit des Geistes mit den ältesten Kulturvölkern in Europa und Asien Krieg führt, besitzt selbst kein stehendes Schauspiel und keine stehende Oper. Ein Privatunternehmen wie die New York Metropolitan Opera lebte nur von deutschen und italienischen Opern und Sängern und mußte bei Beginn des Krieges bezeichnenderweise wegen Geldmangels seine Pforten schließen.* (Was übrigens nicht stimmt.) *Hätten die Amerikaner kein Geld, so wären sie wahrscheinlich das verachtetste Volk der Welt.*

Was nun die „ältesten Kulturvölker Europas und Asiens" angeht, so befinden sie sich nun, Goebbels zufolge, nicht mehr im Kampf um neuen Lebensraum, sondern sie sind *angetreten, um das zu verteidigen, was sie in über zwei Jahrtausenden aufgebaut haben.*

## 3

Daß es noch einen Krieg im Osten gibt, gegen Rußland, möchte Goebbels am liebsten vergessen und die Deutschen vergessen machen. Er ist sich völlig klar über eine entscheidende Gefahr: Die Menschen in Deutschland, die trotz seiner beständigen Versicherungen, die Geschichte wiederhole sich nicht, zumindest im geheimen geschichtliche Parallelen ziehen, denken an ein anderes großes Heer, das einmal in Rußland eingefallen und daran zugrunde gegangen ist. Man munkelt, daß, was einem Napoleon passiert ist, auch einem Hitler passieren kann. Goebbels packt den Stier bei den Hörnern: *Eine neuerliche Lektüre der Memoiren-Literatur über den Zusammenbruch der Napoleonischen Armeen im Winterfeldzug 1812 gegen Rußland gibt uns Veranlassung, noch einmal auf den Kampf der deutschen Wehrmacht gegen die Sowjetunion … zurückzukommen … Der Vergleich mit dem Rußlandfeldzug Napoleons hinkt.*

Goebbels hofft es jedenfalls. Damit die Menschen nicht soviel an Rußland denken, konzentriert sich der Propagandaapparat mit bisher nie dagewesener Stärke auf – Japan. Schon hat er der japanischen Presse ein Interview gegeben, in dem er *im Namen des deutschen Volkes dem japanischen Volk für das Werk seiner Neuordnung in Ostasien aufrichtigen Beifall zollt.* Dieses Werk der Neuordnung wird in jeder Phase aufs genaueste verfolgt. Japanische Siege werden deutsche Siege, weil sie englische respektive amerikanische Niederlagen sind.

Ebenso „bedeutend" wie japanische Siege sind – für das Propagandaministerium – die Siege der deutschen Unterseeboote. Sie werden in Sondermeldungen mit Fanfarengeschmetter durchgegeben. Goebbels hat schon eine geraume Zeit darauf hingewiesen, daß *die deutschen U-Boote rudelweise im Atlantik erscheinen und sich unter den schlecht gesicherten sogenannten Geleitzügen, die besser Leidzüge für die daran Beteiligten heißen, ihre Opfer suchen.*

Der Grund der Schwergewichtsverlegung vom russischen Landkrieg in die Tiefen der Weltmeere liegt auf der Hand. Die Taten der Besatzungen von Unterseebooten sind – auf den ersten Blick – umwittert von Geheimnis, Romantik, Abenteuer, fast in dem gleichen Maße wie die Abenteuer der Piloten, und sie sind genauso unkontrollierbar. Als die Engländer schon frühzeitig erklären, daß die Versenkungsziffern der Deutschen nicht stimmen, schreibt Goebbels mit tiefer Indignation: *Es ist bekannt, daß die deutschen Zahlenangaben in diesem Krieg immer noch der Wahrheit entsprachen. Die Unterlagen zu den von uns verlautbarten Ziffern stammen von aufrechten deutschen Offizieren. Sie sind immer von soundso vielen Augenzeugen bestätigt.*

Dies entspricht nicht ganz der Wahrheit. Die Zahlen stammen nämlich von Goebbels.

Zu Beginn des Krieges hatte er von der Admiralität genaue Unterlagen verlangt über die Vorgänge, wenn ein Schiff von einem U-Boot torpediert wurde. Nach den in seinem Besitz befindlichen exakten Berichten war der einzige Mensch, der das Einschlagen des Torpedos feststellen kann, der Mann am Periskop, gewöhnlich also der Kapitän. Mit anderen Worten: Es gab, wie Goebbels herausfand, keine genauere Kontrollmöglichkeit, und selbst wenn alle Mitglieder der Besatzung gewußt hätten, daß der Torpedo sein Ziel verfehlte, so wären das doch nur vierzig Zeugen, die nach ihrer Rückkehr kaum Protest eingelegt hätten, wenn sie von seiten der Admiralität ausgezeichnet worden wären.

Darum kann Goebbels diese Situation bis zum letzten ausnützen.[5] Darum schwellen die Erfolge der deutschen U-Boote gigantisch an. Und im gleichen Maße verringert sich die Gefahr einer tatkräftigen Hilfe Amerikas für England. Am 3. Mai 1942: *Unterdes erlebt die gegnerische Front eine Niederlage nach der anderen. Ihre Tonnage, die wichtigste Voraussetzung ihrer erfolgreichen Kriegsführung, schrumpft von Tag zu Tag in einem erschreckenden Tempo mehr und mehr zusammen.*

Am 21. Juni: *Die Versenkungsziffern haben eine Höhe erreicht, die eine akute Gefahr für die feindliche Schiffahrt zeigt, wogegen die Verluste der deutschen U-Bootwaffe auch nicht im entferntesten den prahlerischen Erklärungen der britischen und USA-Admiralität entsprechen.* Am 28. Juni: *Ist das nichts, daß England und die USA allein im Monat Mai fast eine Million Tonnen Schiffsraum verloren haben?* Und so geht es weiter das ganze Jahr 1942, ja noch den ganzen Sommer 1943. Goebbels beschäftigt sich beinah täglich mit dem Unterseebootkrieg. Er ist ständig in telefonischer Verbindung mit der Admiralität, erfindet neue U-Bootheldentaten und übertreibt und dramatisiert die tatsächlichen Erfolge in immer stärkerem Maße.

## 4

Niemand weiß besser als Goebbels, daß dies alles ein bißchen allgemein und platt ist. Er kann noch so oft betonen, wie wichtig die Schiffs- und die Rohmaterialien für England sind, die Unterseebootsiege werden nicht eigentlich populär. Ihre Wirkung kann ja nur eine indirekte sein. Nämlich: wenn deutsche Unterseeboote genügende Mengen alliierter Schiffe versenken, werden die Engländer verhungern, werden also nicht mehr weiterkämpfen, keine Flugzeuge mehr nach Deutschland senden können. Die populäre Idee eines Sieges aber ist nicht, daß durch ihn etwas vereitelt wird, sondern daß durch ihn etwas Positives erreicht wird. Die populäre Konzeption des Siegers ist nicht die eines gut kombinierenden Schachspielers, sondern die eines Draufgängers, der etwas erringt:

Land zum Beispiel; der etwas heimbringt: Beute und Gefangene zum Beispiel. Die populäre Konzeption des Siegers ist der sichtbare Held, der Sichtbares und Greifbares vollbringt, nicht die anonyme Mannschaft eines unsichtbaren Bootes.

Aber Goebbels hat diesmal mehr Pech, als er verdient. Da hat er einen wirklichen Unterseeboothelden. Der Beginn des Krieges hat ihm einen sozusagen in den Schoß gelegt. Der junge Kapitän Günther Prien ist es, der schon im Oktober 1939 mit seinem Unterseeboot trotz aller britischen Verteidigungsmaßnahmen das Schlachtschiff *Royal Oak* versenkt, das in Scapa Flow vor Anker liegt. Er ist wie nach Maß gemacht: jung, hübsch, talentiert. Freilich, seine Vorgesetzten sehen es nicht gerne, daß er sie an Popularität weit übertrifft. Man beschließt, ihn kaltzustellen. Man mutet ihm zu, mit einem Unterseeboot auszufahren, das reparaturbedürftig ist. Er lehnt ab, wird verhaftet – und verschwindet. Ein Kriegsgericht kann man gegen einen Nationalhelden nicht veranstalten, dagegen verwahrt sich Goebbels. So verschwindet Prien im Konzentrationslager und später in den mittelalterlichen Zellen des Militärzuchthauses von Torgau. Und am 24. Mai 1941 wird dem Publikum mitgeteilt, Prien sei von Feindfahrt nicht zurückgekehrt.

Goebbels findet keinen Ersatz für Prien. Das hängt vor allem damit zusammen, daß es immer schwieriger wird, die alliierte Schiffahrt zu torpedieren – und daß das Risiko immer größer wird. Schon 1942 beträgt das durchschnittliche Leben eines deutschen U-Boot-Mannes nur noch sechsundvierzig Feindfahrtstunden. Übrigens ist es ähnlich mit den Helden der deutschen Luftwaffe. Sie fallen, kaum daß Goebbels sie popularisiert hat.

Nicht erst jetzt empfindet Goebbels den Mangel an „Helden". Aber jetzt empfindet er ihn besonders stark. Er hat ja mit den Schlageter, den Wessel, Kütemeyer die Partei aufgebaut. Es wäre nun höchste Zeit, daß er ihnen ein paar militärische Gegenstücke zur Seite stellt.

Er hält Umschau. Jedesmal, wenn Kriegsberichterstatter nach Berlin zurückkommen, jedesmal, wenn die Filmberichterstatter ihre Zelluloidstreifen im Propagandaministerium abliefern, läßt er sich verständigen. Er hat längere Unterhaltungen, und alle seine Fragen deuten darauf hin, daß er es sich durch den Kopf gehen läßt, wen er zum „Helden" machen kann.

Aber es findet sich kein geeignetes Objekt. Hitler selbst will keine Götter neben sich. Außerdem ist die Oberste Heeresleitung dagegen. Die Herren Generale waren im Ersten Weltkrieg die Stars; warum, so fragen sie sich, sollten sie diesmal keine sein? Aber Goebbels hat guten Grund, sie nicht populär zu machen. Denn diese Generale sind ja im Grunde genommen keine wirklichen Nationalsozialisten, haben sich oft ein wenig feindselig, zumindest reserviert, beiseite gehalten, ihre Siege sind keine Nazisiege.

Der große Ausnahmefall war Erwin Rommel. Dieser verhältnismäßig junge Offizier gehörte nicht zu der Clique der Generale. Er hatte sich zu einer Zeit für Panzer und motorisierte Kriegsführung interessiert, da die Herren Generale Panzer für „fahrende Särge" hielten und die motorisierte Kriegsführung als etwas Unwürdiges, Unkavaliermäßiges empfanden. Hitler setzte sich sofort für motorisierte Waffen ein und begründete somit Rommels Karriere. Nach dem sensationellen Sieg von Abbéville baute Goebbels Rommel systematisch auf. Es wurde durch Parteiredner in Parteikreisen bekanntgemacht, Rommel sei ein altes Parteimitglied, auch Mitglied der SS, kenne Hitler aus den alten Tagen. Nichts davon stimmte. Auch wurde Rommel in zahlreichen Kriegsberichten als ein General geschildert, der immer, wenn es darauf ankam, in den vordersten Reihen bei seinen Truppen stand und Sicherheit für sich selbst verschmähte.

Rommels afrikanische Siege im Winter 1941/42, erfochten mit der kleinen Truppe des Afrikakorps, bedeuteten für Goebbels eine willkommene Ablenkung von dem, was sich in Rußland abspielte.

Auch empfand er starke persönliche Sympathie für den General. Er hielt ihn für wertvoller als die meisten der anderen Generale. Sein schlichtes, fast primitives Heldentum, seine gerade und unkomplizierte Art, sich zu geben, machten ihm Eindruck. Wenn Rommel nach Berlin kam, lud Goebbels ihn in sein Haus, unterhielt sich lange mit ihm und ließ sich seine Fronterlebnisse berichten. Schließlich war er für ihn nicht nur noch ein großer Propagandaheld, er war ihm ehrlich zugetan.

5

Mitarbeiter, Referenten, Sekretäre, Stenographen finden, daß Goebbels sich seit jenem Appell um Wollsachen für die Truppen in Rußland, seit dem Krieg mit Amerika verändert hat. Er hat sich, soweit das bei Goebbels überhaupt möglich ist, militarisiert. Er ist nicht mehr so verspielt wie früher, macht selten Scherze, erlaubt weder sich noch anderen abzuschweifen. Er ist von eiserner, beinahe unheimlicher Sachlichkeit.

Man spürt das sofort, wenn man mit ihm spricht. Er, der die deutsche Sprache beherrscht wie kein anderer Nazi, hat sich jetzt gewissermaßen ein verkleinertes, verengtes Kriegsvokabular zugelegt, mit dem er auskommt. Es sind immer wieder die gleichen Formulierungen, sie sind bestimmt, klar, kalt, so, als könne es überhaupt nur eine Ansicht geben.

Seine Lieblingsworte: *es ist klar ..., es kann keinem Zweifel unterliegen, daß ..., ich bin felsenfest davon überzeugt ..., sei dem nun, wie ihm wolle* ... Er spricht immer *aus bester Kenntnis der Dinge heraus*. Und wenn er an den anderen etwas auszusetzen hat, und das tut er in immer steigenderem Maße, dann beginnt er gefährlich ruhig: *So geht es natürlich nicht!* oder: *So kann man es nicht machen.*

Der Tonfall ändert sich völlig, wenn von Hitler die Rede ist. Als Hitler Ende 1941 den Oberbefehl an der russischen Front übernimmt, erklärte Goebbels, daß nunmehr die Leiden erträglicher würden, Frost, Schnee und Kälte *nicht mehr ganz so schneidend und peinigend sind wie vorher*. In der Rundfunkrede zu Hitlers nächstem Geburtstag vergleicht er ihn mit dem größten Feldherrn, den die deutsche Geschichte kennt, mit Friedrich dem Großen; und im Juni 1942 erklärt er ihn kurzerhand *zum größten Feldherrngenie unserer Geschichte*. Somit muß ja alles gutgehen, denn *die Göttin der Geschichte, einmal angerufen von den Menschen und Völkern, weicht nicht, bis ihr Werk getan ist.*

Glaubt Goebbels das wirklich? Glaubt Goebbels noch immer so uneingeschränkt an Hitlers Mission und Größe? Schon einmal, in den ersten Wochen und Monaten des russischen Krieges, hat er ihn bei einem schweren, vom propagandistischen Standpunkt unverzeihlichen Fehler ertappt. Schon einmal hat er ihn, indirekt freilich, abgelehnt. Ist nicht der völlige Tonfallwechsel, wenn er nun von

Hitler schwärmt, ein bißchen zu gewaltsam, ein bißchen zu vollständig? Sieht es nicht vielmehr so aus, als mache ihm jetzt sein Entschluß, Hitler niemals ehrlich zu analysieren, sondern immer nur zu verehren, mehr Mühe als früher?

Ja, es wird immer schwerer. Denn nun, da der Sommer 1942 naht, da irgend etwas in Rußland wird geschehen müssen, da Hitler eine neue große Offensive plant, macht der Führer den schon einmal begangenen Fehler: Er prophezeit baldigen Sieg.

## 6

Der geplante Vorstoß im Süden soll propagandistisch getarnt werden. Diesen Auftrag hatte Hitler Goebbels erteilt. Goebbels schluckt hinunter, was er auf dem Herzen haben mag. Goebbels ist ungeheuer „stolz" auf diesen Auftrag. *Wir werden nun mächtig auf die Pauke schlagen,* erklärt er. *Alle Welt soll glauben, daß es bald im Mittelabschnitt losgeht, zum endgültigen Vorstoß auf Moskau. Dann werden wir überraschend im Süden losschlagen. Ich lasse am Nachmittag Dr. Kriegk (Chefredakteur des Scherl-Verlages) zu mir kommen und weihe ihn ein. Ich werde ihn zum Balkan hinunterschicken. Kriegk ist geschwätzig genug, und wird schon dafür sorgen, daß alle Welt erfährt, daß wir den Schlag gegen Moskau vorbereiten.*[6]

Wie falsch diese Begeisterung klingt! Wie peinlich klar ist es, daß Goebbels sich selbst in Begeisterung versetzen will darüber, daß der Führer ihm persönlich einen Auftrag erteilt. Und welch ein Auftrag für ihn, der seit zwölf Jahren die gigantischsten Propagandaprobleme löst, der gewissermaßen mit der linken Hand den Beginn des ganzen russischen Krieges verschleierte!

Aber in dieser Periode gibt es keine anderen Aufgaben. Der Krieg ist in ein Stadium getreten, in dem die Propaganda keine große Rolle spielen kann. Blitzsiege gibt es nicht mehr, also können sie propagandistisch nicht ausgenutzt werden. Die Illusion eines neuen Europa ist nun auch nicht aufrechtzuerhalten. Goebbels weiß, jeder Mensch in Europa weiß, daß die Nazis, wo immer sie hinkommen, sich verhaßt machen und zum Widerstand reizen. Die Initiative ist auf die Gegenseite übergegangen. Die BBC kann täglich darauf hinweisen, daß Hitler seine Versprechungen nicht eingehalten hat, daß

Rußland nicht besiegt, England nicht in die Knie gezwungen ist. Goebbels muß etwas matt darauf antworten. *Halten wir es für die höchste Ehre, vom Feinde angegriffen und beschimpft, und für die größte Schmach, von ihm gelobt und umschmeichelt zu werden. Dann wird seine Lügenpropaganda an unserer nationalen Disziplin zerbrechen.*

Aber wie steht es nun eigentlich mit dieser nationalen Disziplin? Wie ertragen die Deutschen den Krieg, der viel länger dauert, als ihnen prophezeit wurde? Und vor allem: Was kann Goebbels unternehmen, um die Moral zu stützen?

Die Zeitungen sind, wenn möglich, noch schlechter geworden. Hans Fritzsche hat als Chef der Abteilung *Deutsche Presse* vergebens versucht, ein gewisses Mindestniveau zu halten, hat während des Jahres 1941, ja noch zu Beginn des Jahres 1942 die schlimmsten Auswüchse zu beseitigen, die schlimmsten Dummheiten zu verhindern getrachtet, aber Goebbels hat ihn wohl nicht genügend gestützt. Verärgert hat Fritzsche sein Amt niedergelegt, hat sich – hinter dem Rücken seines Chefs – freiwillig an die russische Front gemeldet. Goebbels verliert so seinen besten Mann. Um so mehr schließt er sich an einen anderen Mitarbeiter, den Ministerialrat Dr. Naumann, an.

Naumann war früh in die Partei eingetreten und kannte Goebbels schon seit der Studentenzeit. Er war schlank, mittelgroß und hatte markante Züge. Er sah noch immer außerordentlich jung aus, obgleich er Anfang der Dreißig war. Goebbels vertraute ihm unbedingt und ließ ihm eine freiere Hand als anderen Mitarbeitern. Naumann, der verheiratet war und vier Kinder hatte, ging ausschließlich in seiner Arbeit auf und lebte sozusagen im Propagandaministerium oder jeweils mit Goebbels in Schwanenwerder oder Lanke.

Hier lernt er Magda kennen, die zehn Jahr älter ist als er. Magda fühlt sich wieder einmal vernachlässigt; es ist zwar diesmal keine Frau im Spiel, die Baarova hat keine Nachfolgerin gefunden; die kleinen Filmschauspielerinnen, die Goebbels mit nach Lanke nimmt, wenn Magda in der Stadt ist, spielen keine Rolle. Es ist die maßlose Arbeit, die Goebbels ein wenig gleichgültig gegen Magda werden läßt. Sie sucht Trost. Dr. Naumann, so viel jünger als sie, ist der richtige Mann für die alternde, immer noch schöne Frau. Die beiden machen lange Spaziergänge in der Umgegend von Schwanenwerder, unterhalten sich über Bücher, die Naumann Magda schickt, auch über Politik und Krieg. Ihm würde es genügen, die schöne Frau anzubeten, aber ihr genügt es nicht. Zum zweitenmal betrügt sie ihren Mann mit einem seiner Untergebenen.

## 7

Seit Fritzsches Fortgang hat Goebbels die deutsche Presse mehr oder weniger als hoffnungslos aufgegeben. Privat gibt er zu, daß die Zeitungsleute so „unzureichend" arbeiten, weil sie durch seine zahllosen Verbote zu stark behindert sind. Manchmal will er ihnen mehr Freiheit gewähren – *nach dem Kriege,* fügt er dann freilich hinzu.[7]

Dann wieder reizt ihn die Sturheit der deutschen Journalisten zu Wutausbrüchen. In einer seiner Konferenzen gerät er ganz außer sich und schreit: *Wenn Sie Ihre Arbeit nicht machen können, hole ich mir einige von den Londoner Juden!* Und mit sich überschlagender Stimme: *Die können das nämlich.*[8]

Schließlich konzentriert er sich mehr und mehr auf seine Zeitschrift *Das Reich.* Und er versucht, wenigstens den Rundfunk etwas ansprechender und anregender zu gestalten. Denn der ist nun fast genauso langweilig und schlecht geworden wie die deutsche Presse. Von fünf Uhr morgens bis elf Uhr abends strömt er gähnende Langeweile aus. Alle Nazifeiern werden Wort für Wort übertragen. Unendlich lange theoretische Vorträge über Naziweltanschauung und Rassentheorie interessieren niemanden.

Goebbels trommelte seine Rundfunksachverständigen zusammen und versuchte ihnen etwas über die Prinzipien des Rundfunks zu erklären. Die Konferenzen begannen meist damit, daß er aus allen Taschen seines Anzuges kleine Zettelchen hervorholte mit Notizen, die er sich beim Abhören der Programme gemacht hatte; er fand nie etwas Gutes an dem, was er zu hören bekam.

Dann sagte er: *Es kommt nicht auf die Hörer an, meine Herren, sondern auf den Hörer.* Wer mit dem Hörer gemeint war, ging aus dem nächsten Satz hervor. *Meine Herren, Sie arbeiten nicht für den Geheimrat Y, sondern für den Holzfäller von Bad Aibling.*

Der Holzfäller von Bad Aibling (ein kleiner Ort in der Nähe von München) wurde zur mystischen Figur. Er tauchte unausgesetzt in den Reden an die Rundfunksachverständigen auf. *Und glauben Sie im Ernst, daß Sie damit den Holzfäller von Bad Aibling kriegslüstern gemacht haben?* pflegte er halb ironisch, halb wütend auszurufen, wenn ihm ein Programm wieder einmal gar nicht gefallen hatte.

Es gab noch eine zweite Figur, die eine große Rolle in seinen Rundfunkkritiken spielte: seinen Chauffeur. Auf der Fahrt nach Schwanenwerder oder Lanke pflegte er immer das Radio einzuschalten und dann seinen Chauffeur zu fragen, was er davon hielt. Auch dem Chauffeur gefielen die meisten Sendungen nicht. Goebbels nickte; die Stimme des Volkes. Am nächsten Tage ließ er seine Rundfunkleute wieder antreten und erzählte ihnen spöttisch, was sein Chauffeur gesagt hatte. Dies ging so weit, daß die höchsten Beamten des deutschen Rundfunkbetriebes geradezu in panischen Schrecken verfielen, wenn auf dem Chauffeur nur die Rede kam. Ein geplantes Programm wurde oft nicht gesendet, weil bei den Proben irgend jemand bemerkte: *Das wird dem Chauffeur des Ministers nicht gefallen.*

Neben dem Holzfäller und dem Chauffeur nahmen die Gauleiter und Martin Bormann einen immer größeren Einfluß auf die Rundfunkprogramme. Die Gauleiter waren ja über die Stimmung im Lande am besten unterrichtet oder sollten es wenigstens sein. Nach einer Konferenz mit ihnen konnte es vorkommen, daß Goebbels alle Dispositionen umstieß, sehr zum Schrecken und Mißvergnügen seiner Mitarbeiter. Aber sie hatten es aufgegeben zu widersprechen. Denn es war mehr als einmal vorgekommen, daß der gereizte Goebbels den betreffenden Beamten kurzerhand an die Front abberufen ließ.

## 8

Damals führte Goebbels eine Reihe von Neuerungen ein. Eine davon waren die sogenannten *Frontberichte* von Kriegsberichterstattern, die ein Ansager zusammenstellte. Eine weitere Neuerung war der *Zeitspiegel,* der nichtmilitärische Ereignisse mit der gleichen Aufnahmetechnik wiedergab. Aber bei weitem der größte Rundfunkerfolg war die halbe oder dreiviertel Stunde jeden Freitag abend, in der sein neuester Leitartikel aus dem *Reich* verlesen wurde.

Erst hier zeigte sich, wie ausgezeichnet Goebbels' neuer Stil, seine beruhigte und beruhigende Schreibweise den Erfordernissen des sich so lange hinziehenden Krieges entsprachen. Obwohl er nichts versprach, obwohl er immer wieder vor Optimismus warnte, empfand das Volk seine Artikel als Tröstung, sie gaben ihm Sicherheit und Hoffnung. Tausende und Abertausende von Briefen kamen nach jeder Übertragung aus allen Teilen des Landes, von Woche zu Woche immer wieder neu beweisend, daß Goebbels den richtigen Ton gefunden hatte. Und er konnte mit Befriedigung feststellen:

*USA-Blätter schrieben vor einigen Tagen mit Resignation, daß man die Hoffnung auf einen Zusammenbruch der deutschen Moral endgültig begraben müsse.* (8. Februar 1942)

*Wir finden das deutsche Volk heute viel bewundernswerter als beispielsweise während der Frankreich-Offensive,* fuhr er fort. *Wenn der Rundfunk alle drei Stunden eine neue Sondermeldung bringt, dann ist es keine Kunst, fest an den Sieg zu glauben. Dasselbe aber zu tun, wenn das gewonnene Gebiet mit zäher Tapferkeit verteidigt werden muß und die Staats- und Kriegsführung täglich neuen Schwierigkeiten gegenübersteht, das erfordert Haltung; und diese Haltung zeigen wir Deutschen heute.*

Freilich, dies trifft nicht immer zu. Am 29. März 1942 muß Goebbels in einem Artikel *Offene Aussprache* das deutsche Volk über die Rationskürzungen trösten und auf bessere Zeiten vertrösten. Die Grundstimmung solcher „Ankündigungen" wird sorgfältigst lange vorher ausgearbeitet. Wenn etwas erheblich gekürzt werden muß, während ein Gramm Fett mehr ausgegeben wird, erklärt Goebbels in der Konferenz: *Ich möchte morgen auf keinen Fall Überschriften lesen wie: Mehr Fett.* Es folgt eine ausführliche Belehrung darüber, wie unangenehme Nachrichten publiziert werden sollen. *Es hat keinen Sinn,* sagt er etwa, *den Eindruck zu erwecken, als habe sich die Nahrungsmittelsituation verbessert. Die Leute sind zu schlau, um solche Tricks nicht zu durchschauen. Es ist viel besser, wenn wir mit dem gebührenden Ernst verkünden: Jawohl, wir wissen, was es bedeutet, daß ihr nun weniger Brot bekommt, und, was schlimmer ist, wir können euch nicht einmal sagen, wann diese unangenehme Kürzung wieder aufgehoben wird. Auf der anderen Seite aber ist dieser Schritt absolut notwendig, weil … Und nun können Sie eine vernünftige Erklärung geben, die auf Tatsachen beruht, so daß der Leser sich sagt: Ich verstehe, es ist nicht angenehm, aber es kann nun einmal nichts dagegen getan werden.*

Andererseits muß sich Goebbels ernst gegen die „Miesmacher" und „Kritikaster" zur Wehr setzen, die nicht die geringste Pflicht auf sich nehmen wollen. *Was ... in Wut versetzt, das ist, wenn einer zu Hause vom Kriege überhaupt keine Notiz nehmen will ... und gleich anfängt zu klagen und zu weinen, daß es kaum noch etwas zu rauchen gibt, und dabei eine Zigarette nach der anderen pafft ...*

Goebbels darf so etwas sagen, aber in England und Amerika darf man das nicht. *Die gegen unsere innere Einheit und nationale Moral gerichtete feindliche Zersetzungspropaganda kann uns nicht einmal an der Haut ritzen, geschweige denn ins Herz treffen.* Überhaupt wird wieder gegen die Propaganda der Alliierten Sturm gelaufen. Und einmal mehr hat es Goebbels auf Churchill abgesehen. *Es gehört zu seiner Taktik, die Vergangenheit schwarz in schwarz zu sehen und dann auch am dunkelsten Horizont der Gegenwart doch noch einen Silberstreifen zu entdecken ... Er verfolgt also die Methode, die Vergangenheit dunkler zu malen, als sie war, und damit die Gegenwart heller erscheinen zu lassen, als sie ist. Er gesteht ein: Es geht uns schlecht! Fügt aber hinzu: Es ging uns noch schlechter.* Dies schreibt Goebbels am 1. März 1942. Und am 22. März tut er genau das, was er Churchill vorgeworfen hat. *Es würde uns übel zu Gesicht stehen und den Ruf unserer Kriegsführung ... nur zu schmälern geeignet sein, wenn wir nun, da wir das Gröbste hinter uns haben, den Eindruck zu erwecken versuchten, als seien unsere Schwierigkeiten in dem Winter nur ein Kinderspiel gewesen.*

Gegen die Vereinigten Staaten geht er jetzt mit schärfstem Geschütz vor. Ein aus Amerika zurückgekehrter Korrespondent, August W. Halfeld, hat ein Buch geschrieben, *Ich erlebte USA im Krieg,* und das wird nun im großen Stile verbreitet. Selbst an Goebbels' Maßstäben gemessen stellt es das Äußerste an schlechtem Geschmack dar. In erster Linie geht es natürlich wieder gegen Roosevelt, der als kranker Mann, der nicht mehr ganz bei Verstande ist, gezeichnet wird. Sein Eheleben ist ein einziger Skandal, seine Kinder sind ungeraten, die Regierung unfähig, seine Generale verstehen nichts vom Krieg, seine Admirale sind vertrottelt. Das amerikanische Volk ist faul. Überall spielen die Juden eine entscheidende Rolle. Auch die Neger sind im Begriff, einen großen Teil der Macht, wenn nicht die ganze Macht an sich zu reißen. Und die Vereinigten Staaten sind noch heute ein Kolonialland, sagt Halfeld.

9

Der einzige Deutsche, der in dieser Zeit einen gewissen Sieg erringt, ist Goebbels selbst; und zwar handelt es sich um nichts weniger als einen Sieg über Stalin. Denn wie sich am 6. November 1942 herausstellt, hatte der Generalissimus wirklich geglaubt, daß eine Offensive gegen Moskau geplant war. Er sagte: *Der Zweck des Vorgehens nach Süden war ... Moskau weitgehendst von unseren Reserven zu entblößen und die Moskauer Front so zu schwächen, daß der endgültige Schlag auf Moskau erleichtert würde. Kurz, das Hauptziel der deutschen Sommeroffensive war es, Moskau einzukreisen und den Krieg in diesem Jahre noch zu beenden.*

Dies mag Goebbels ein Lächeln abgelockt haben. Sonst hatte er wenig zu lächeln. Die Russen erwiesen sich nicht nur als großartige Gegner der deutschen Wehrmacht, sondern auch als gewitzte und gerissene Gegner der deutschen Propaganda. Goebbels wußte dies schon seit Ende August 1941.

Damals geschah es, daß mitten in eine Nachrichtensendung des Deutschlandsenders eine fremde Stimme hineinsprach. *Lügen, Lügen!!!,* schrie die Stimme, und auch im folgenden unterbrach sie immer wieder die Übertragung mit abfälligen Bemerkungen, den Bericht der deutschen Heeresleitung richtigstellend. Das Personal des Deutschlandsenders geriet in Panik. Es stellte das Senden der Nachrichten ein und setzte Musik an. Sobald der Ansager versuchte, wieder mit den Nachrichten zu beginnen, kam die „Stimme“ erneut dazwischen und redete so klar und unbeirrt wie zuvor. Endlich mußte der Deutschlandsender abschalten.

Aber dies war erst der Anfang. Deutsche Techniker, die in den nächsten Tagen diese Störungen der Meldungen prüften, fanden heraus, daß sie aus Moskau kamen. Irgendwie hatte man es dort fertiggebracht, die Wellenlängen gleichzuschalten, so daß ein Sender sich in den anderen einschalten konnte. In Berlin konnte man es nicht verhindern. Während der folgenden Wochen und Monate jedenfalls nicht. Gelegentlich wurde nun auch Goebbels' Stimme, ja sogar die von Hitler imitiert, und es wurden Ansprachen gesandt, die zuerst so wirkten, als kämen sie aus Berlin, und die dann in einem ungeheuren Wortschwall von zersetzenden Reden endeten.

Der Mann, der hinter diesen ganzen Propagandamanövern stand, war Salomon Abramovich Lozovsky, Vizekommissar für Auswärtige Angelegenheiten, ein Mann mit großer europäischer Erfahrung. Er begnügte sich nicht mit Unterbrechungen des Rundfunks, mit der Sendung von falschen Hitler- und Goebbels-Reden, er ging noch einen Schritt weiter. Seine Rundfunksprecher setzten sich mit dem deutschen Volk direkt in Verbindung, über den Kopf der deutschen Regierung hinweg. Das sah nun ungefähr folgendermaßen aus: Bei einem deutschen Gefangenen fand man den Brief seiner Mutter, die schrieb, dem Vater ginge es nicht gut, er müsse kräftige Nahrung bekommen, und die sei nicht aufzutreiben. Diese Frau wurde nun mit vollem Namen und der Adressenangabe angesprochen, ihre Nachbarn gebeten, ihr die Botschaft zu übermitteln, falls sie selbst nicht mithöre. Es wurde ihr geraten, sie solle in dieses oder jenes Berliner Restaurant gehen, wo die großen Nazis speisten, wo ihr Mann alles bekommen könne, was er zu seiner Gesundung brauche. Freilich, der Preis auch nur einer Mahlzeit übersteige sein Wochengehalt.

Zahllose solcher kleiner Nachrichten wurden täglich nach Deutschland geschickt. Eine durchschlagende Wirkung blieb ihnen versagt. Die den Moskauer Sender abhörten, hätten ja mit ihrem Leben gespielt, wenn sie solche Nachrichten weitergegeben hätten.

Aber Goebbels wurde doch nervös.

## 10

Noch nervöser machten ihn die nun ständig sich verstärkenden Rufe der Russen nach der zweiten Front. Eigentlich waren diese Rufe ja ein Eingeständnis von Schwäche. Eigentlich hätten die deutschen Führer mit Befriedigung konstatieren müssen, daß die Russen offenbar befürchteten, nicht allein mit ihren Gegnern fertig zu werden. Aber von Befriedigung war bei den Deutschen keine Spur. Schon ehe der Begriff der zweiten Front überhaupt in die Debatte geworfen wurde, war er schon der Angsttraum des deutschen Generalstabes, der sich vor der Aufgabe sah, noch einen „Zweifrontenkrieg“ führen zu müssen, und für Goebbels, der sich vor der vielleicht noch schwierigeren Aufgabe sah, die Tatsache dieses Zweifrontenkrieges, den zu vermeiden Hitler versprochen hatte, dem deutschen Publikum auszureden.

Verhältnismäßig früh macht er sich an die Lösung dieser Aufgabe. In allen Lautstärken versichert er seinen Lesern und Hörern, daß jeder Versuch einer Invasion von Europa zum Scheitern verurteilt sei. Er sagt es so laut, daß der Gedanke naheliegt, er wollte sich selbst überzeugen.

Alles ist ihm recht, um diese Behauptung zu „beweisen“. Als im April 1942 englische Truppen eine Landungsübung bei Boulogne unternehmen, die programmgemäß nur kurze Zeit dauert, widmet Goebbels dem Unternehmen einen ganzen Artikel, um „zu beweisen“, daß die Invasion des Kontinents mißglückt sei. Als am 24. August der Versuch in unvergleichlich größerem Stile bei Dieppe wiederholt wird, stellt Goebbels fest: *Die britische Regierung ... weiß so gut wie wir, daß der Versuch der Errichtung einer zweiten Front nur mit einem politischen und militärischen Selbstmord zu vergleichen ist.* In einem Artikel, der an seine besten Zeiten erinnert und in dem er Churchill als *Gefangenen des Kreml* schildert, stellt er die These auf, der englische Premierminister habe die „Invasion“ nur unternommen, um den Russen und seinen eigenen Landsleuten zu beweisen, daß eine Invasion wirklich unmöglich sei. Daß sie wirklich nicht möglich sei, wird Goebbels nicht müde, sich selbst und anderen zu versichern. Übrigens erweist sich Goebbels hier als ausgezeichneter Gedankenleser. Denn tatsächlich benützen die Engländer „Dieppe“, um in der Zukunft nicht nur den Russen, sondern auch ihren amerikanischen Bundesgenossen zu beweisen, daß die Etablierung eines Brückenkopfes in Europa ungeheuer schwierig sein wird.[9]

Das wird für ihn nun zur fixen Idee. Die Alliierten dürfen nicht nach Europa, und sie *können* auch gar nicht in Europa landen. *Eintritt nach Europa versperrt,* heißt bezeichnenderweise ein Artikel, in dem er versichert, *daß es keine Verrücktheit gibt, die für sie* (die Alliierten) *ein größeres Debakel nach sich ziehen könnte, als die Errichtung einer zweiten Front ... Es ist den Engländern oft genug mit aller Deutlichkeit mitgeteilt worden, daß der Eintritt nach Europa für sie versperrt ist.* Und: *Von Belang ist nur, daß überall deutsche Soldaten stehen, die darauf brennen, den Soldaten Churchills einen herzlichen Empfang zu bereiten.* Ein anderer Artikel, der dem gleichen Thema gewidmet ist, heißt: *Auch der Versuch ist strafbar,* nämlich der Versuch einer Invasion, und endet mit den Worten: *Mit Vergnügen würden die deutschen Soldaten die Gelegenheit wahrnehmen, den Yankees klarzumachen, daß auch für sie der Eintritt nach Europa verboten ist.*

## 11

In diesem Sommer fährt Goebbels nach Venedig.

Das ist die dritte oder vierte Reise in diese Stadt, die er besonders liebt. Früher war der Vorwand meist die Biennale, die Filmfestspiele, denen er in amtlicher Eigenschaft beiwohnte. Diesmal kommt er zur Entspannung und Erholung. Und, es ist wohl kein Zufall, eine ganze Reihe junger schöner Filmschauspielerinnen findet sich ebenfalls in Venedig ein.

Diese Reise steht unter keinem glücklichen Stern. Goebbels hat die Idee, auf dem Markusplatz eine Rede auf italienisch zu halten, obwohl er italienisch gar nicht sprechen kann. Er hat die Rede in Berlin ausgearbeitet, sich übersetzen und sie phonetisch umschreiben lassen. In Venedig angekommen, wird ihm bedeutet, es sei vielleicht besser, wenn er die Rede nicht hielte.

Er gerät außer sich, auch darüber, wie er auf den ersten Empfängen behandelt wird. *Diese verkalkten italienischen Fürsten legen mir gegenüber ein geradezu unverschämtes Benehmen an den Tag,* erklärte er. *Aber ich werde die Konsequenzen daraus ziehen und mich von nun an um niemanden mehr kümmern.* Die erste Konsequenz war, daß er aus dem Hotel Danieli auszog und in den Palazzo del Mari am Lido übersiedelte.

Er traute den Italienern nicht mehr ganz. Er glaubte, daß sie ihn belauschten, und diktierte seinem Stenographen im Flüsterton, was zu allerhand Konfusionen Anlaß gab. Er bestand darauf, daß seine Referenten in Berlin im improvisierten Code telefonierten. Die Luftwaffe etwa wurde „Onkel Hermann“ genannt. Weitere Konfusion. Die Folge war schließlich, daß es zu einer Art Komplott zwischen Referenten und Stenographen kam, Goebbels nur das Notwendigste vorzulegen. Goebbels mißverstand und diktierte ins Tagebuch: *Die Telegramme aus Berlin sind spärlich wie noch nie. Aber ich bin sehr froh über die augenblickliche Ruhe in der Welt. So kann ich mich wenigstens etwas erholen. Ich habe es dringend nötig.*

Nach einer Woche kam es zu einer nächtlichen Gondelfahrt auf dem Canale Grande. Vier Gondeln lagen Bord an Bord. In der einen saß Goebbels mit drei Schauspielerinnen, ferner ein Tenor, der, von Concertina und Geige begleitet, den blauen Nachthimmel ansang. Mit Ausnahme von Goebbels tranken alle reichlichst von dem Wein, der in einer anderen Gondel verstaut war. Als der Tenor schwieg, begannen die beiden SS-Leute in der letzten Gondel ein Nazimarschlied anzustimmen. Empört brauste Goebbels auf: *Das Gegröle soll sofort aufhören.*

Nach einer weiteren Stunde waren alle ein wenig betrunken. Eine der Schauspielerinnen zog sich aus, sprang ins Wasser, schwamm herum. Andere folgten. Zuletzt waren fast alle im Wasser, mit Ausnahme von Goebbels natürlich, der ein wenig entsetzt zusah. Schließlich sagte er, nun sei es genug, und alle kamen zurück. Es wurde dann die übliche Tour durch die Kanäle vorgenommen. Niemand machte den Mund auf, nicht einmal der Tenor. Auch Goebbels blieb schweigsam und verstimmt.

Einige Tage später gab er eine Gesellschaft im Palazzo del Mari. Wie gewöhnlich war er in großer Fahrt, sprach mit zehn Menschen zu gleicher Zeit, witzig, amüsant, ironisch. Später am Abend gab ein berühmter Zauberkünstler eine Vorführung. Er führte eine Reihe von erstaunlichen Tricks vor, bei denen er den Minister zum Partner erwählte und ihm Geldstücke, schließlich sogar ein Kaninchen aus dem Abendanzug holte. Die ganze Gesellschaft hing an den Lippen und Händen des Magiers. Niemand achtete auf Goebbels, der ja nur Objekt der Zauberei war. Nach einer Weile sagte der Minister: *Nun wollen wir es genug sein lassen.* Seine Stimme klang unfreundlich.

Zwei Tage später fuhr er nach Berlin zurück.

## 12

Sein Ton wird ernster. Man dürfe die Russen nicht unterschätzen, sagt er. Er stellt fest, daß sie sich *in ihrer ganzen Geschichte immer durch eine besonders zähe und hartnäckige Art ausgezeichnet haben ... Es war niemals deutsche Art, den Gegner zu unterschätzen. Das ist auch in diesem Kriege nicht der Fall.*

Am 26. August meldet Moskau, die Schlacht um Stalingrad habe begonnen. Einen Monat später stellt Goebbels fest: *Wir müssen selbstverständlich für die längere Dauer des Krieges schwere Opfer bringen.* Zum ersten Male erscheint in seiner Propaganda das Bild, das sich von nun ab leitmotivisch wiederholen wird: Der Krieg wird verglichen mit einem hohen Berg. Nachdem der Wanderer schon lange Zeit gegangen ist und sich dem Zusammenbruch nahe fühlt, sieht er mit Schrecken eine Strecke besonders steilen Aufstiegs. Aber nachdem er auch sie geschafft hat, merkt er plötzlich mit Staunen und Freude, daß er nun schon ganz oben auf dem Gipfel ist.

Freilich, die anderen Großen des Dritten Reiches stellen sich den Endspurt zu einfach vor. Ribbentrop erklärt am 27. September, daß Rußland verloren sei. Am 30. September spricht Hitler im Sportpalast über die strategische Bedeutung von Stalingrad und gibt der Überzeugung Ausdruck, daß „keine Macht der Welt“ die deutsche Armee aus der Stadt wieder vertreiben kann.

Goebbels, der am gleichen Abend spricht, ist unverhältnismäßig viel vorsichtiger. Er ergeht sich wieder in vielen Gemeinplätzen und geht noch einmal die Geschichte des Krieges durch, weist auf die Propagandafehler der Gegner hin, verspricht nichts, prophezeit nichts, seine Rede ist gewissermaßen die Einleitung zum neuen Winterhilfswerk.

Die Winterhilfe ist alljährlich durchgeführt worden, seitdem die Nazis zur Macht gekommen sind. Goebbels hatte sie 1933 unter dem Motto des Kampfes *gegen Hunger und Kälte* eröffnet. Er hatte ungeheure Summen einzutreiben verstanden, namentlich auch dadurch, daß er bekannte Schauspieler und Schauspielerinnen, die Großen des Reiches und ihre Gattinnen für die gute Sache einspannte. Insbesondere Göring war ein durchschlagender Erfolg gewesen, da er, mit einer Sammelbüchse vor dem Luftfahrtministerium stehend, jedem einzelnen Spender ein paar Worte sagte. Die

Leute standen in langen Schlangen an, um ihr Geld bei ihm loszuwerden. Goebbels hatte sich selbst nicht ausschließen können. Er stand mit einer Sammelbüchse vor dem Hotel Adlon. Im Unterschied zu Göring war er keineswegs in leutseliger Stimmung. Und als ihn gar ein Rundfunkreporter interviewen wollte, sagte er mit gepreßter Stimme: *Lassen Sie das doch. Heute soll nur das Volk zu Worte kommen.* Der Reporter spürte deutlich, wie lästig es Goebbels war, der doch vom Podium zu Millionen gesprochen hatte, in Tuchfühlung mit den Massen zu sein.

Aber das war nun alles schon eine gute Weile her. Seit Kriegsbeginn hatten die Minister Wichtigeres zu tun, als Geld zu sammeln. Frau Göring und Frau Goebbels waren allerdings immer noch auf solche Weise tätig. In diesem Jahr 1942 nun kam es das erste Mal zu kleinen Unannehmlichkeiten. Die Damen hatten sich wohl etwas zu elegant angezogen, sie wollten in Zobel und Nerz gegen *Hunger und Kälte* kämpfen. Abfällige Bemerkungen wurden laut, die Damen machten große betroffene Augen und verschwanden bald in ihren Autos.

Ja, es war nicht mehr alles so, wie es sein sollte. Goebbels wußte es, seine Gauleiter sagten es ihm, vor allem ersah er es aus den Briefen, die täglich im Propagandaministerium einliefen. Der Prozentsatz der anonymen Schmähbriefe stieg bedenklich. Ein paar Wochen lang war es so, daß Dr. Naumann es sich ernstlich überlegte, ob man dem Minister auch weiterhin eine ehrliche „Briefübersicht" geben solle.[10] Manchmal ließ sich Goebbels einige der schlimmsten Schmähbriefe zeigen, las sie mit verkniffenen Lippen, legte sie beiseite, sagte nichts. Dann setzte er sich hin und schrieb einen Artikel *Für wen arbeitet die Zeit?*, in dem er zur Geduld mahnte. *Wir müssen nur Geduld haben und die Zeit nutzen.* Dabei wußte er genau, für wen die Zeit arbeitete. Die ersten amerikanischen Truppen waren auf dem Wege nach Afrika, die deutsche Spionage wußte es, also mußte es auch Goebbels wissen. Natürlich konnten diese Truppentransporte versenkt werden. Hitler hoffte es, Goebbels hoffte es.

*Für wen arbeitet die Zeit?* Am 24. Oktober 1942 schlug Montgomery Goebbels' Liebling Rommel vernichtend aufs Haupt. Die letzten Tage des Afrikakorps begannen. Bald darauf landeten die Amerikaner in Afrika. An diesem 8. November erklärte Hitler, Stalingrad sei von den Deutschen genommen.

## Anmerkungen

[1] Bericht von Fritzsche.

[2] Dies stimmt mit einer Bemerkung überein, die er zu einem Kommunisten in einem der *Nationalsozialistischen Briefe* am 14. November 1925 machte, als er sagte: *Es ist sehr unwahrscheinlich, daß die Kapitalisten und die bolschewistischen Juden als eine Person anzusehen sind.*

[3] Dies erfuhr der Autor vom Chef des Antikomintern Dr. Eberhard Taubert.

[4] Louis E. Lochner *What About Germany.*

[5] Der Autor verdankt diesen Bericht dem Goebbels-Stenographen Otto Jacobs.

[6] Der Autor verdankt dem Stenographen Jacobs die Übermittlung dieser Worte.

[7] Nach Hans Fritzsche.

[8] Nach Jacobs.

[9] *Top Secret* von Ralph Ingersoll.

[10] Diese Briefübersicht umfaßte sechs bis zehn Schreibmaschinenseiten mit genauen Zahlenangaben über positive und negative Briefe mit Angabe der wichtigsten Themen, mit denen sich die Einsender beschäftigten, mit Angabe der Prozente, wie viele Briefe aus der Heimat, wie viele von der Front kamen.

DREIZEHNTES KAPITEL

# DIE KATASTROPHE

1

Vom 7. Dezember an ist das Propagandaministerium in ständiger telefonischer Verbindung mit der Obersten Heeresleitung und dem Oberkommando der Kriegsmarine. Amerikanische und britische Truppentransporte sind gesichtet worden. Man hat Gegenmaßnahmen getroffen. Man ist sicher, daß die Landungen in Sizilien und bei Tobruk vor sich gehen werden. Dorthin sind alle Unterseeboote, alle Flugzeuge beordert worden, dort wird man die Alliierten in einer Falle fangen und niedermetzeln. Im Propagandaministerium wartet man mit angehaltenem Atem. Niemals war eine Siegesmeldung nötiger als gerade jetzt.

Anstatt der Siegesmeldungen kommen Meldungen, daß die Alliierten ein wenig früher ausgestiegen sind, als man geglaubt hat. Goebbels rast. Wie war es möglich, daß man so überrascht werden konnte? Er weiß, daß der deutsche Nachrichtendienst nicht versagt hat. Der Chef der deutschen Spionage, Admiral Canaris, hat ihm, Goebbels, selbst vor einigen Wochen erzählt, daß er den Bericht eines seiner Agenten an Feldmarschall Keitel und den Führer weitergesandt habe, in dem Algier und Tunis als Orte der Landung angegeben wurden.[1]

Aber auch von anderer Seite war der richtige Tip gekommen. Der judenfeindliche Mufti von Jerusalem hatte Ribbentrop schon im September von den bevorstehenden Landungen erzählt. Ein Agent des Auswärtigen Amtes hatte sogar schon im August die ersten Warnungen geschickt, später sogar die genauen Landungsdaten.[2]

Aber niemand hatte auf die Warnungen geachtet. Nun ist es zu spät. Statt die erhofften Siegesnachrichten zu geben, muß Goebbels das Peinliche der Situation zudecken. *Gangstermethoden!* rufen die Berliner Zeitungen. *Brutaler Angriff!* kreischt der Berliner Rundfunk. Roosevelt und Churchill sind Kriegsverbrecher, das Völkerrecht ist verletzt worden, die Amerikaner suchen Stützpunkte im Mittelmeer, werden sie nie wieder herausgeben, sind als Imperialisten entlarvt!

Dies alles ist ein wenig schwach, es kommt ja aus einem Lande, das seit mehr als zwei Jahren große Teile Europas besetzt hält. Goebbels weiß es. Aber ihm fällt nichts Besseres ein. In Wuppertal hält er eine Rede (am 18. November), streift Afrika kaum, meint, daß ein Rückzug, wie bedauerlich er auch sei, in sich noch nicht eine bedeutsame Änderung der militärischen Lage darstelle.

Es fällt ihm nichts Besonderes ein, aber trotzdem, oder vielleicht gerade deshalb, schreibt er in dieser Zeit eine Unmenge von Artikeln, hält eine große Menge von Rundfunkreden; meist sind seine Artikel mit philosophischem Gleichmut geschrieben und ergehen sich in Gemeinplätzen, selten beziehen sie sich auf die augenblickliche Kriegslage. Die Invasion von Afrika wird erst zu einem späteren Zeitpunkt erwähnt und dann als ein Angriff der amerikanischen und englischen Streitkräfte gegen *ihren früheren Verbündeten, Frankreich,* dargestellt. Der Feind hat einen leichten Erfolg errungen, weil er *den Punkt des geringsten Widerstandes gesucht und gefunden hat.* Afrika liegt weit weg, und der Durchschnittsdeutsche schluckt das Argument willig, daß Europa *das Zentrum unserer Kriegsführung sei,* Afrika dagegen seine Peripherie.

Rußland ist zwar weiter weg als Afrika, aber es liegt kein Meer dazwischen, und infolgedessen haben die Menschen irgendwie das Empfinden, als sei die russische Front viel näher. Und was, so fragt man, hat Goebbels über Rußland zu berichten? Noch windet er sich. Noch versucht er Zeit zu gewinnen. Noch kann er sagen, *jede Nachricht, die man herausgibt, wird nicht nur vom eigenen Lande, sondern von der ganzen Welt gelesen und gehört, und sehr oft ist es so, daß eine solche, die im eigenen Lande großen Nutzen stiftet, im Feindeslande schweren Schaden anrichten kann.*

Das ist gut formuliert, das ist auch bis zu einem gewissen Grade richtig, die Leute sehen es ein und fassen sich in Geduld. Aber wie lange noch?

## 2

Dies ist ein Tag aus dem Leben Goebbels' in dieser Zeit:

Punkt sechs Uhr morgens fällt aus der Rohrpostleitung im Propagandaministerium ein Schiffchen auf den Schreibtisch im Zimmer Nr. 24. Ein alter Mann entnimmt ihm einen verschlossenen Umschlag mit der Aufschrift *Ministermaterial,* geht einen Stock höher zum Zimmer 69, klopft, gibt einer Sekretärin, die dort Nachtwache gehabt hat, das Kuvert, entfernt sich.

Die Sekretärin sieht den Inhalt durch – es handelt sich um das Nachrichtenmaterial, das während der Nacht gekommen ist, steckt es in eine Mappe, übergibt diese einem Kurierfahrer, der sofort zur Wohnung des Ministers (auch nach Schwanenwerder oder Lanke) fährt. Dort wird der Pressereferent des Ministers aus dem Schlaf geweckt; der Diensthabende muß immer in der Nähe des Ministers sein. Der Referent steht erst gar nicht auf, erkundigt sich, wann der Minister geweckt werden will, gibt Auftrag, ihn eine Viertelstunde vorher zu wecken, schläft weiter. Dann, als genau noch eine Viertelstunde Zeit ist, stürzt er im Pyjama an den Schreibtisch, sieht das Material durch, unterstreicht die markantesten Stellen mit Rotstift, schickt das Material in einer Mappe aus rotem Leder zum Kammerdiener, der sie Goebbels ans Bett bringt. Goebbels liest die neuesten Nachrichten, während er seinen Tee trinkt.

Wenige Minuten vor neun rollt sein schwarzer Mercedes-Kompressor auf die Rampe des Propagandaministeriums. Der Adjutant, in diesen letzten Jahren der SS-Hauptsturmführer Günther Schwägermann, hilft Goebbels aus dem Wagen. Aus dem Inneren des Gebäudes erscheinen zwei Beamte des Sicherheitsdienstes, ein Pförtner, eine Portiersfrau, alles grüßt mit deutschem Gruß, Goebbels erwidert lässig, lächelnd.

Mit seinem Pressereferenten, der eine schwere Aktentasche trägt, gefolgt von dem Adjutanten und den SD-Männern, geht es über die mit dicken roten Teppichen belegte Treppe durch zwei Säle zum Vorzimmer des Ministers, wo zwei hübsche Sekretärinnen mit liebenswürdigem *Heil Hitler, Herr Minister* stehend den deutschen Gruß entrichten. *Bringen Sie mir gleich die neuesten Telegramme,* sagt Goebbels und verschwindet, sich laut räuspernd, in seinem Arbeitszimmer. Einige Minuten später ist er bereits in Stöße neuen Materials vertieft.

Inzwischen ist der Staatssekretär Dr. Naumann eingetroffen, eilt zu Goebbels, erstattet ihm Bericht. Punkt zehn Uhr erscheint der Stenograph zum Tagebuch-Diktat, durchquert das Zimmer, macht vor dem großen Schreibtisch halt. Der Minister liest noch immer in den Telegrammen, blickt erst auf, als der Stenograph unmittelbar vor ihm steht, nickt, lächelt, beginnt sofort zu reden, schnell, pausenlos, ohne Betonung. Vor sich auf dem Tisch hat er einen kleinen Notizblock mit Stichworten über den Verlauf des gestrigen Tages. Während des Diktats streicht er die Notizen aus, der grüne Bleistift verläßt seine Hand nicht, die Zigarette kommt nicht aus seinem Mund, zwischendurch steht er auf, macht ein paar Schritte, setzt sich auf den Arm seines Sessels.

Das Diktat dauert ungefähr zehn Minuten, während der letzten Worte schon zerreißt er den Notizzettel, übergibt dann die Fetzen dem Stenographen, der sie späterhin in einen Zerreißwolf werfen soll.

*Ich möchte die neuesten Telegramme sehen,* sagt Goebbels, und wieder bringt man ihm einen Stoß.

Sie verbessern seine Laune nicht. Rommel geht weiterhin zurück. Die deutschen U-Boote haben keine alliierten Truppentransporte versenken können, schon jetzt muß Goebbels wissen, daß Afrika verlorengehen wird.

Der Adjutant und seine Sekretärin sind eingetreten, erhalten Anweisungen, wer einzuladen ist, wem Glückwünsche übersandt werden sollen, wann eine neue Reise vorbereitet werden muß. Inzwischen ist auch Staatssekretär Dr. Naumann wieder erschienen, auch der Chef des Ministeramtes betritt den Raum. Um halb elf erscheint der Verbindungsoffizier des Ministers zur Obersten Heeresleitung, ein wenig außer Atem, er hat bis zur letzten Minute gewartet, um möglichst neue Nachrichten bringen zu können. Auch der Stenograph ist wieder erschienen. Der Minister steht auf, geht dem Offizier entgegen, schüttelt ihm die Hand, fragt: *Nun, wie sieht's aus? Schlecht, was?*

Dies sagt Goebbels jeden Morgen. Die ebenso stereotype Antwort: *Na, schlecht möchte ich nicht sagen, Herr Minister.*

Man tritt an den Kartentisch, auf den Goebbels sich sofort setzt.

Die neuesten Karten werden entrollt. Der Vortrag des Offiziers beginnt. Goebbels unterbricht häufig, stellt Fragen, auf die der Vortragende keine Antwort weiß. Goebbels ist in solchen Momenten grausam ehrlich, mit sich selbst, mit den anderen. *Wenn der Feind hier durchbricht, das wäre doch furchtbar, wie?* Der Offizier stottert irgend etwas, Goebbels lächelt boshaft, verächtlich, winkt ab.

Im Grunde genommen hat er nichts Neues erfahren. Die Militärs wissen auch nicht mehr als er, wissen auch nur, was sie über den Fernschreiber bekommen. Afrika geht verloren. Japan siegt nicht mehr. Vor Stalingrad wird die Situation eher schlechter als besser.

*Scheißkrieg,* sagt Goebbels grinsend. *Man muß es schon mal sagen und sich dann mal richtig räuspern,* fügt er hinzu, räuspert sich laut und begibt sich mit Gefolge durch verschiedene Säle und Korridore zur Ministerkonferenz.

## 3

Kurz vor elf Uhr ist eine Reihe von Autos, kleinere und größere Wagen, vor dem Propagandaministerium vorgefahren. Männer in Zivilkleidung oder Uniform haben sich in den ersten Stock begeben, sich in die Anwesenheitsliste eingetragen, Platz genommen. Der Leiter des Rundfunks ist da, der Leiter der Nachrichtenabteilung Deutsche Presse, der Leiter des Auslandsrundfunks, der Leiter der Auslandspresse, ein Vertreter des Reichspressechefs, der Chef der Anti-Komintern, der Verbindungsoffizier zur Obersten Heeresleitung, ein Verbindungsmann zum Auswärtigen Amt, ungefähr zwanzig Herren, sie nehmen an einem langen Konferenztisch Platz. Goebbels präsidiert.

Noch während er sich setzt, beginnt er zu sprechen. Auf Grund des vor ihm liegenden Nachrichtenmaterials gibt er Weisungen für die Gestaltung der verschiedenen Propagandadienste. Auf einzelne Meldungen geht er genau ein, analysiert sie, deutet an, was man aus ihnen herausholen kann, wie und was kommentiert werden soll, wird ironisch, spöttisch. Liegt ein besonderer Anlaß vor, so schlägt er vor, daß man dazu vielleicht eine Karikatur bringen könne. Im allgemeinen freilich hält er von Karikaturen nicht viel. *Wie man sie auch karikieren mag,* sagt er von Churchill, Stalin und Roosevelt, *wenn es zu häufig geschieht, so wird die Wirkung nur negativ sein. Das Volk wird sagen, na, wissen Se, der Churchill – gewiß, er lügt, zugegeben, aber wissen Se, is doch en Mann von Format. Er lügt eben mit Format. Also lehren Sie mich das Volk nicht kennen! Ist es nicht wahr? Habe ich nicht recht?*

Wenn der Minister gut gelaunt ist, kommt es wohl vor, daß auf der Ministerkonferenz oft und laut gelacht wird, insbesondere wenn Goebbels sich über europäische Fürsten äußert. *Ach so,* sagt er etwa, *hier ist noch eine Meldung über den König Michael von Rumänien. Wir können es kurz verzeichnen, kurz, aber verletzend kommentieren. Wissen Sie, alle Könige sind Armleuchter! Das ist 'ne Berufskrankheit!* Alles lacht, Goebbels am meisten, die nächsten Worte sind von Lachen erstickt, die Tränen laufen ihm über die Wangen.

Im Zorn ist er sehr laut. Tobt er, so ist seine Stimme noch durch gepolsterte Doppeltüren zu verstehen. Merkwürdigerweise redet er, der kleine Mann, die Leute, die er heruntermacht und die oft zwei Köpfe größer sind als er, als „Zwerg" an. *Sie lächerlicher Zwerg, Sie,* brüllt er plötzlich los, um den betreffenden Unglücklichen herumhumpelnd, so daß dieser sich immerfort im Kreise drehen muß. *Sie Zwerg, Sie! Ich werde Sie dem deutschen Volk vorwerfen!* Was er sich darunter genau vorstellt, ist allerdings niemandem klar.

Schließlich wird noch die Wochenschau besprochen, die um so schwerer zusammenzustellen ist, je länger der Krieg dauert. *Wir können nicht immer nur vor- und auch zurückmarschierende Soldaten zeigen, Sie sehen ja doch gleich aus!* erklärt er.

*Fragen oder Mitteilungen?* lautet die letzte Frage des Ministers. Selten hat irgend jemand etwas zu fragen. Der Minister steht auf. Es ist fast zwölf Uhr, er empfängt Besuche. Einen General, einen Filmproduzenten, eine Abordnung von der Front, einen Flieger, der eine hohe Auszeichnung erhalten hat.

Das Mittagessen nimmt Goebbels zu Hause in Gesellschaft seines Pressereferenten, seines Adjutanten und gelegentlich auch mit irgendeinem Gast ein. Es dauert nicht lange. Während des Essens spricht Goebbels ununterbrochen über den Krieg, über politische Probleme, manchmal auch über einen Film oder ein Buch, während die anderen nur mit Ja oder Nein antworten. Goebbels ißt wenig und verschwindet dann zu einem zweistündigen Mittagsschlaf. Auch seine Mitarbeiter versuchen, etwas Ruhe zu finden, denn meist wird bis spät in die Nacht hinein gearbeitet.

Am Nachmittag gibt es wieder Besucher: Propagandaredner und Kreisleiter. Goebbels hält ihnen eine Rede aus dem Stegreif, macht ihnen neuen Mut. *Sie kennen mich lange genug, meine Herren, als daß Sie nicht wüßten, daß ich niemals ein Illusionist gewesen bin, daß ich seit je die Lage immer nüchtern und real beurteilt habe. Hier in diesem kleinen Kreis brauche ich nichts zu beschönigen. Und ich will Ihnen deshalb heute einmal wieder ein ganz ungeschminktes Bild von der Lage geben, wie sie sich im Augenblick darbietet.* Und dann schildert er ihnen die Lage viel rosiger, als sie ist, deutet an, daß bald ein völliger Umschwung eintreten wird, daß die Produktion steigt, neue Pläne vor dem Abschluß stehen – und die Besucher fallen darauf herein. Sie sind dankbar für das Vertrauen, das ihnen der Minister schenkt, sie sind getröstet.

4

Sie bedürfen des Trostes. Die Zahl der Unzufriedenen mehrt sich überall. Über die Lage an der Front kann man dem Volk vieles erzählen, auch daß die Front weit, sehr weit weg sei. Aber die feindlichen Bomben bedrohen die Häuser aller; der Schaden, den sie anrichten, ist nicht wegzuleugnen. Hier liegt ein schier unlösbares Propagandaproblem für Goebbels. Um so unlösbarer, als Göring zu Beginn des Krieges dem ganzen Volk das Versprechen gegeben hatte, feindliche Bomber würden niemals Deutschlands Grenzen überfliegen.

Als die ersten britischen Bomber nach Deutschland kommen, richten sie nur geringen Schaden an. Die Bevölkerung strömt zu den wenigen beschädigten Gebäuden, besieht sie, wie man sich eine Ausstellung ansieht, und nimmt die Sache nicht tragisch. Auch Goebbels nimmt die ersten Bombardements nicht ernst, versucht die Nachrichten darüber auf einige wenige Zeilen zu beschränken. Er bleibt bei dieser Taktik noch, als die Luftangriffe an Heftigkeit zunehmen, als die Schäden beträchtlicher werden, als die Bevölkerung es mit der Angst zu tun bekommt.

*Man sagt am Morgen nach einem schweren Luftangriff auf große Städte, es seien auch einige Menschenleben zu beklagen. Einige Wochen später erfährt man dann so nebenbei, daß es sich dabei um tausend Tote gehandelt habe,* so schreibt Goebbels selbst. Freilich zu dem Zeitpunkt des Luftkrieges über England, als es ihm darum zu tun ist, die englischen Berichte lächerlich zu machen. Jetzt läßt er genau die gleiche Art von Berichten schreiben. *Jeder Ausländer, der nach Berlin kommt, wundert sich, die Stadt in einem so unversehrten Zustand vorzufinden.* Noch am 14. Juni 1942: *... unsinnig ist die englische Annahme, man könne durch ... Luftangriffe unsere Rüstungs- und Versorgungswirtschaft entscheidend treffen ... Wir hatten bei einem großen britischen Luftangriff auf Köln im ganzen dreihundertfünf Tote zu beklagen ... Wenn aber amerikanische und danach englische Zeitungen von einer Totenzahl von zwanzigtausend sprechen ...*

Plötzlich, beinahe über Nacht, hat Goebbels seine Taktik geändert. Die Zeitungen dürfen nicht über die Luftangriffe schweigen, sie müssen über sie berichten. Der Grund: Man kann ja nicht geheimhalten, was so viele wissen. Man verliert dabei nur das Vertrauen des Volkes.

Goebbels erfindet den Begriff des „Terrorangriffs". Es soll für den Durchschnittsdeutschen so aussehen, als hätten die Alliierten, ohne die geringste Provokation, beschlossen, deutsche Frauen und Kinder von der Luft her zu ermorden und so ein ganzes Land unter Terror zu setzen. Es ist dies eine Spekulation auf die Vergeßlichkeit der Menge. Schließlich ist es ja noch gar nicht so lange her, daß deutsche Flugzeuge Polen, Holland, England bombardierten, daß das Lied „Wir fliegen gegen Engeland" populär war, daß die Nachricht „London brennt" Begeisterungsstürme entfesselte.

Das Wagnis gelingt. Die Menschen, viel zu sehr in Anspruch genommen mit der täglichen Sorge, ob ihr Haus morgen noch stehen wird, erinnern sich nicht mehr daran, daß Deutschland mit den Bombardements begonnen hat. Die Bomben richten Furchtbares an, aber, wie Goebbels zu seiner Befriedigung feststellen kann, *es gibt keinen verhängnisvolleren Irrtum der englischen Kriegsführung als den, zu glauben, man könne durch Luftangriffe die deutsche Moral brechen. Das Gegenteil ist der Fall.*

Er hat seine neue Linie gefunden und verfolgt sie mit Konsequenz. In einer Konferenz deutscher Zeitungsverleger im September 1942 erklärt er, *es ist unmöglich, in einem Satz die Feststellung zu treffen, daß eine Stadt wie Düsseldorf in Trümmern liegt. Wir werden Spezialabteilungen von Presseberichterstattern bilden, deren Aufgabe es ist, die Nachtangriffe im Stil der Frontberichte zu glorifizieren und sie in einem mystischen Licht darzustellen.*[3]

Genau dies ist es, was er von nun an in seinen eigenen Artikeln tut. Er schildert die Grauen des Bombenkrieges. Nichts erspart er seinen Lesern, da denen, die er schildert, nichts erspart geblieben ist. Solche Eindrücke hat er aus erster Hand. Wenn er sich irgendwo in der Provinz befindet, wo gerade Bomben gefallen sind (noch hat Berlin fast nichts abbekommen), so eilt er sofort an die Unglücksstätte, schüttelt den herumirrenden Frauen und Kindern die Hand, spricht seine Sympathie aus, sorgt für belegte Brote, heißen Kaffee, Decken, überhört drohende oder böse Bemerkungen, die ihm aus der Menge entgegenschallen ... Kein anderer prominenter Nazi wagte so etwas.

## 5

Für Goebbels haben diese großen Luftangriffe allerdings auch einen Vorteil. Sie erfüllen die Menschen mit Wut und Empörung. Sie bestärken sie in ihrem Entschluß, den Krieg durchzukämpfen und nicht nachzugeben. Und selbst diejenigen, die nicht nur zum Nachgeben und zum Aufhören bereit, sondern darüber hinaus entschlossen sind, gegen Hitler etwas zu unternehmen, selbst dieses Häufchen mutiger Männer und Frauen findet sich durch die ständigen Bombardierungen behindert, beinahe zur Untätigkeit gezwungen. Die Tatsache, daß man kaum noch ins Bett kommt, die ständige Furcht davor, alles zu verlieren, überschattet das gesamte Leben. Die wenigsten haben noch Energie genug übrig, sich konspirativ zu betätigen.

Ein anderer entscheidender Schlag gegen die sogenannte deutsche Untergrundbewegung oder die Summe von Untergrundbewegungen, die keinen Kontakt miteinander haben, fällt im Januar 1943 in Casablanca, als die Alliierten beschließen, auf bedingungsloser Kapitulation zu bestehen. *Das bedeutet totale Sklaverei!* erklärte

Goebbels wenige Stunden später im deutschen Rundfunk, und seine Beweisführung hat in der Tat etwas Bestechendes.[4]

Goebbels weiß, warum er die „heroische Propaganda" der Terrorbombardements, warum er die Propaganda der „totalen Sklaverei" mit solchem Nachdruck betreibt. Denn nun, Anfang 1943, ist man endgültig in das Stadium getreten, das er schon 1933 vorausgesehen hat. Deutschland steht nicht mehr hinter Hitler. Die erste Begeisterung ist verrauscht. Der Kredit der Siege ist erschöpft. Man muß mit allen Mitteln um die öffentliche Meinung kämpfen.

Niemand weiß besser als Goebbels, wie und was das Volk denkt. Er weiß es von seinen Propagandaleitern, von seinen Gauleitern, von seinen Kreisleitern. Er liest es in den wöchentlichen Lageberichten der verschiedenen Reichspropagandaämter, er liest es vor allen Dingen in den Berichten des Sicherheitsdienstes, zusammengetragen von der SS und von der Gestapo, einer Art Gallup Poll, der die Reaktion des Volkes zu jedem einzelnen Ereignis registriert und die Stimmung klarlegt. Goebbels liest diese Berichte aufs genaueste, obwohl sie oft von brutaler Offenheit sind. Aber schließlich ist er so verstimmt, daß er den Angestellten des Propagandaministeriums verbietet, die SD-Berichte weiterhin zu lesen. Jeder liest sie insgeheim weiter, und er selbst tut es auch.

Goebbels weiß, wenn er die Moral in Deutschland halten will, wenn er die Stimmung vor dem Absacken bewahren und auch bei ungünstiger Kriegslage die Mehrheit der Bevölkerung bei der Stange halten will, so wird er unaufhörlich dafür arbeiten müssen. Bei Anfang des Krieges konnte er auf Kriegsbegeisterung verzichten, ja sie sogar für überflüssig erklären. Jetzt kann er nicht mehr darauf verzichten. Zu Beginn des Krieges ging seine Propaganda sehr weit, um zu beweisen, daß die Deutschen ihre Gegner, Franzosen, Engländer, Kanadier usw., nicht hassen. Jetzt muß er von den Deutschen verlangen: *Seid nicht allzu gerecht!* Jetzt erklärt er den Engländern, *daß wir sie aus dem tiefsten Grund unserer Seele und mit Inbrunst hassen,* oder vielmehr sagt er den Deutschen, daß dies und nur dies ihre Pflicht sei. Jetzt stellt er grollend fest: *Wir Deutschen sind Objektivitätsfanatiker. Manchmal gehen wir darin sogar so weit, daß wir aus lauter Angst, dem Gegner zu nahe zu treten, uns selbst Unrecht zufügen.*

Er weiß, er befindet sich hier auf gefährlichem Boden. Man kann im vierten Kriegsjahre mit einem Volk, das schon so viel auf sich genommen hat und das bald noch mehr auf sich wird nehmen müssen, nicht allzu heftig ins Gericht gehen. Man muß die Leute auch bei Laune halten. *Eine Nation, die den Krieg zu Hause auf diese Weise führt, ist der Stolz und die Zuversicht der Front,* muß er gleich zu Beginn des Jahres 1943 erklären. *Auf sie kann der Soldat sich verlassen, wenn er sein Gesicht gegen den Feind richtet.*

Genau dies ist nicht mehr wahr. Genau diese Einigkeit, die in den ersten Jahren des Hitler-Regimes oder in den ersten Jahren des Krieges bestand, besteht nicht mehr. Ein Funken genügte, und irgendwo würde ein Pulverfaß in die Luft fliegen. Das erste fliegt vor Goebbels' Nase in die Luft.

Es ist kein Pulverfaß, sondern die kleine Brücke, die vom Festland auf die Insel Schwanenwerder führt. Sie geht auch nicht in die Luft, sie soll bloß in die Luft gehen, und zwar in eben jenem Augenblick, in dem sein Wagen hinüberfährt. Dies ist jedenfalls die Absicht des Ingenieurs Dr. Krumerow, der Anfang Dezember 1942 als Fischer verkleidet die nötigen Vorbereitungen trifft. Er wird arretiert, vors Volksgericht gestellt und zum Tode verurteilt.

Die Zeitungen dürfen den Vorfall mit keinem Wort erwähnen. Selbst die engsten Mitarbeiter im Propagandaministerium hören nichts davon. Goebbels selbst bleibt kalt.

Hingegen ist Hitler ganz entsetzt, als er von dem Attentat vernimmt. Er schickt Goebbels, gewissermaßen als Weihnachtsgeschenk, einen riesigen gepanzerten Wagen mit kugelfesten Fenstern. Goebbels möchte ihn am liebsten gar nicht benützen, glaubt, daß er sich in Berlin lächerlich macht, wenn er in diesem „gepanzerten Sarg" herumfährt. Hitler besteht darauf.[5]

Im Propagandaministerium werden die Kontrollen verstärkt, jetzt hält ein neuer militärischer Ton seinen Einzug, jetzt wird alles ein wenig straffer angepackt, aber wenige wissen warum. Die Angestellten sehen, daß ihre Ausweise, die früher nur pro forma geprüft wurden, jetzt täglich einer genauen Kontrolle unterzogen werden; daß jeder Besucher nur bis zum Pförtner kommt, wo er dann von irgendwem abgeholt werden muß, der ihn durch das Haus begleitet. Die Wachbereitschaft des Hauses wird mit Stahlhelmen ausgerüstet. Es wird darauf gesehen, daß jeder Angestellte mindestens einmal pro Woche Wachbereitschaft macht, ebenfalls die Frauen und Mädchen, die dazu lange Hosen und Stahlhelme tragen müssen.

Der Komplex, in dem sich das sogenannte Ministeramt befindet, ist nun vom Rest des Ministeriums aufs schärfste abgetrennt. Eine verschlossene Flügeltür wird erst nach Klingeln und Vorzeigen von Ausweisen vom Pförtner geöffnet, der stets von mindestens zwei jungen Männern in Parteiuniform mit Pistolen und Seitengewehren begleitet wird. Auch der Gang, den man nun entlangschreitet, der mit kostbaren Teppichen und antiken Lampen geschmückt ist, wird ständig bewacht. Eine Wache von fünf SS-Männern steht im eigentlichen Vorraum zu Goebbels' Arbeitszimmer, man kommt nur nach abermaliger Präsentation des Ausweises durch. Dies gilt auch für langjährige Angestellte des Propagandaministeriums. Nicht genug damit, sie werden auch noch untersucht – vermutlich auf Waffen.

Wo immer Goebbels steht oder geht, wird er von SD-Männern begleitet. Auch wenn er seine Rundfunkreden auf Schallplatten spricht, ist er von seiner Wache umgeben, obwohl der Aufnahmeraum im Propagandaministerium selbst liegt.

Vor das Mikrophon selbst tritt Goebbels überhaupt nicht mehr.

Wenige Wochen nach dem Attentat wagt sich die deutsche Opposition zum ersten Mal ans Tageslicht. Über Nacht werden in München Häuserwände mit roter Farbe bemalt: „Nieder mit Hitler! Es lebe die Freiheit!" In der Universität werden Flugblätter verteilt, die zur Revolte auffordern. Die Gestapo greift ein, untersucht, verhaftet zwei blutjunge Studenten, Hans und Sophie Scholl, auch ihren Professor sowie den Maler Alex Schmorell, stellt sie vor Gericht, läßt sie wenige Tage später hinrichten.

## 6

Aber in solchen Fällen nützt Hinrichtung wenig. Himmler ist vielleicht noch der Überzeugung, daß man mit Gestapo-Methoden die Opposition erledigen kann, aber Martin Bormann, der seit Heß' Flucht nach England den Parteiapparat leitet und die Stimmung sicher ebensogut kennt wie Goebbels, ist wie Goebbels davon überzeugt, daß Überredung – das heißt Propaganda – besser ist als brutale Gewalt. Trotzdem, die Tatsache allein, daß das Volk sich von Hitler abwendet und die Bewegung zu verlassen beginnt, kann schon als Beweis für Goebbels' Versagen gelten – nicht notwendigerweise als Propagandaminister, aber als Propagandachef der nationalsozialistischen Partei.

In dieser Zeit – Dezember 1942, Januar 1943 – spricht Bormann oft im Propagandaministerium, manchmal auch bei Goebbels privat vor. Er drängt darauf, daß die Propaganda der Partei stärker akzentuiert wird. Die Redner, die das Land bereisen, sollen häufiger sprechen, sollen schärfer sprechen, sollen mehr versprechen, sollen den Endsieg in greifbare Nähe rücken. Goebbels ist bereit, allen diesen Anregungen Folge zu leisten. Ein großer Teil der Nachmittage wird der Parteipropaganda gewidmet.

Wenn er nachmittags mit den Parteirednern verhandelt, versucht er, wie in den guten alten Zeiten des Kampfes und der Macht, den Begriff der Propaganda zu definieren; er selbst sieht sich, das ist ganz unverkennbar, als ungekrönten König auf diesem Gebiet an. *Meine Herren,* pflegt er zu sagen, *gehen Sie unter das Volk und fragen Sie einmal, wie der englische Minister für Propaganda heißt. Nicht der zwanzigste wird es Ihnen sagen können. Aber ich glaube, uns kennt man drüben!*

Ein anderes Mal: *Propaganda heißt wiederholen. Erst wenn die Intelligenz sagt: Herr, hören Sie auf, wir können es nicht mehr hören, erst dann merkt auch der kleine Holzfäller aus Bad Aibling auf und sagt: Nanu, davon hab' ich ja noch nie etwas gewußt. Da muß ich mich doch gleich mal erkundigen, um was es sich eigentlich handelt.* Immer wieder verweist er auf die katholische Kirche. *Da sagt auch niemand: Aber Herr Pfarrer, genau dasselbe haben Sie uns doch erst am letzten Sonntag vorgepredigt! Nein! Tagaus, tagein, Jahr für Jahr wird den Leuten immer wieder das gleiche vorgepredigt, und geduldig hören sie es sich immer wieder an. Genauso muß es in der Propaganda sein!*

*Propaganda ist die Kunst der Vereinfachung,* ist eine stets wiederholte Hauptthese. *Propaganda muß holzschnittartig sein, geradezu grobschlächtig. Es ist viel einfacher, vor Wissenschaftlern eine hochgelehrte Abhandlung zu geben, als denselben Komplex in eine, wenn auch nicht mit allen wirklichen Einzelheiten genau übereinstimmende, vereinfachte und jedem klar verständliche Form zu bringen.* Hier spricht wieder der kleine Agitator aus dem Rheinland, der Mann, der den Kampf um Berlin aufnahm, der Mann, der alles zu sagen riskieren konnte, was er wollte, weil er viel zu unbekannt war, als daß seine Worte nachgedruckt oder gar untersucht worden wären. Die Parteipropaganda, von den fast anonymen Parteirednern unters Volk gebracht, darf unbedenklicher sein als der Minister, der im Scheinwerferlicht steht. Daher entwickelt sich nun eine Diskrepanz zwischen der Parteipropaganda und der Staatspropaganda, zwischen den Anweisungen des Parteipropagandachefs und des Propagandaministers, die etwa der Diskrepanz zwischen dem Parteiredner Goebbels und dem Minister Goebbels entspricht, eine Diskrepanz, die sich von jetzt bis zur letzten Katastrophe zusehends steigern wird.

Der Minister darf nichts versprechen, der Parteiredner darf alles versprechen. Der Minister muß jedes Wort auf die Waagschale werfen, der Parteiredner kann reden, wie ihm der Schnabel gewachsen ist. Schlagworte, die Goebbels unerbittlich aus dem Propagandaministerium verbannt, werden in der Parteipropaganda immer häufiger. In den kleinen Versammlungen, in den Städten und Dörfern und Gauen wird vom tausendjährigen Reich gesprochen, als sei dies ein Faktum, davon, daß Hitler ein neuer Christus, daß die deutsche Rasse eine Herrenrasse sei, daß der Führer eine Wunderwaffe parat habe – und ähnliches mehr; Goebbels hütet sich, solche Albernheiten selbst niederzuschreiben oder auf amtlichem Wege zu verbreiten. Gelegentlich zeigt ihm Naumann einmal eine besonders wilde Rede, die irgendwo in der Provinz gehalten worden ist, und dann erschrickt er wohl. Aber er beruhigt sich ebenso schnell wieder. *Und es bleibt doch etwas davon hängen,* murmelt er und fügt hinzu: *Die Propaganda darf ruhig etwas Holzschnitthaftes, Primitives haben,* und dann kommt mit tödlicher Sicherheit der Holzfäller aus Bad Aibling aufs Tapet.

## 7

Der Rest des Nachmittags ist im wesentlichen mit Empfängen ausgefüllt, mit dem Studium von neuen Nachrichten, mit Telefonaten ins Ministerium, wo eine Nachmittagspressekonferenz, eine Rundfunkkonferenz und eine Auslandspressekonferenz abgehalten werden.

Beim Abendessen im gleichen kleinen Kreise wie beim Mittagessen, ist Magda fast immer anwesend. Übrigens gibt es auch abends wenig zu essen, und doch müssen die unglücklichen Mitarbeiter des Ministers noch den größten Teil ihrer Lebensmittelkarten abliefern. Denn in diesen Dingen ist Goebbels sehr genau. Er hat Magda verboten, auf dem schwarzen Markt zu kaufen, und wenn, was gelegentlich vorkommt, ein Lebensmittelpaket eintrifft – etwa von einem hohen Nazi aus Dänemark –, dann wird es sofort an ein Spital geschickt. Viele Mitarbeiter bleiben so hungrig, daß sie es sich zur Regel machen, zwischendurch in der Kantine des Propagandaministeriums noch etwas zu essen – freilich nur etwas, was es ohne Marken gibt.

Nach dem Essen wird dann meist ein Film vorgeführt. Dann zieht Goebbels sich in sein Arbeitszimmer zurück. Und nun beginnt wohl seine eigentliche Arbeit. Nun formuliert er die Ideen, die ihm tagsüber gekommen sind, und bringt sie in Stichworten zu Papier. Von diesen Ideen sagt er oft, daß sie ihm geradezu zuflögen. *Ich habe Einfälle für zwanzig Propagandaministerien, aber ich habe keine Leute, die diese Einfälle durchführen.* klagt er einmal Fritzsche gegenüber.

Die Einfälle kommen ihm meist bei Durchsicht von Nachrichten. Auch des Nachts, noch allein in seinem Zimmer, liest er Nachrichten. Sie liegen zu ungeheuren Stößen geschichtet auf dem Schreibtisch im Schlafzimmer – parallel zur Glasplatte, wie es dem Hauspersonal vorgeschrieben worden ist. Da ist erst einmal das sogenannte grüne Material des Deutschen Nachrichtenbüros (der offiziellen Nachrichtenagentur), gedruckt auf grünem Papier, das an die gesamte Presse verteilt wird. Damit beschäftigt sich Goebbels erst gar nicht. Und dann ist da das sogenannte rote Material (am Anfang des Krieges war es noch blau), Meldungen der Auslandskorrespondenten, des Radioabhördienstes, als Material vertraulich, das aber von den Zeitungen mit leichten Einschränkungen (die auf der Pressekonferenz besprochen werden) benutzt werden darf. Das Material geht auch an die Gauleitungen und die Reichspropagandaämter. Goebbels sieht das Material hauptsächlich daraufhin durch, ob etwas darinsteht, was eigentlich nicht hätte darinstehen dürfen.

Dann gibt es sogenannte weiße Blätter, Abzüge mit der Aufschrift „Streng vertraulich". Sie enthalten Meldungen, von denen nicht sicher ist, ob sie veröffentlicht werden dürfen, sie dienen hauptsächlich zur Information, sie werden nur einigen wenigen Berliner Korrespondenten geschickt, den Gauleitungen und den Ministern. Noch vertraulicher ist das Nachrichtenmaterial „Sonderklasse A". Es gibt da Dinge, die ganz sicher nicht in die Zeitung kommen dürfen, nur eine kleine Reihe politischer Persönlichkeiten, einige Minister, nicht aber Gauleiter erhalten sie. Ihr Empfang muß handschriftlich quittiert werden. Noch geheimer ist „Sonderklasse B", und am geheimsten „Sonderklasse C" – Nachrichten enthaltend, die außer Goebbels überhaupt nur fünf bis sieben andere erfahren dürfen. Hier und nur hier kann Goebbels lesen, was der Durchschnittsbürger in Amerika oder England jeden Tag lesen kann, und vieles, was weder alliierte noch die deutschen Nachrichtenstellen wissen.

Hat Goebbels eine Idee im Zusammenhang mit einer Nachricht oder einer Entwicklung – die Idee für ein neues Schlagwort, ein Plakat, einen Film, eine Redekampagne –, dann trägt er sie ein paar Tage mit sich allein herum. Gelegentlich erwähnt er sie dem einen oder anderen Mitarbeiter gegenüber, fragt aber nicht nach dessen Meinung, es scheint, als wolle er nur hören, wie die Sache klingt. Dann bringt er die Idee schon recht ausgearbeitet im Familienkreis vor. *Was würdet ihr dazu sagen, wenn* ... beginnt er, und während er auseinandersetzt, um was es sich handelt, schaut er schnell von einem zum andern, wie um die Wirkung zu überprüfen. Am nächsten Morgen bringt er die Sache bei der Konferenz vor. Nun ist alles schon sehr festgelegt, hat Hand und Fuß, macht einen genau durchgearbeiteten Eindruck. Sein Stenograph kommt aus dem Staunen nicht heraus, daß Goebbels immer die gleichen Wendungen benutzt. Er hat beinahe etwas Primitives an sich. *Er gebrauchte immer wieder die gleichen Formulierungen, ohne rot zu werden,* sagt er einmal, als er davon spricht.

Goebbels kümmert sich dann auch noch um die Ausgestaltung, diktiert seinem Mitarbeiter genaue „Gebrauchsanweisungen", wünscht bei der Bearbeitung nicht, daß irgendwelche persönlichen Nuancen oder Auffassungen ins Spiel kommen. Freilich, ob seine Befehle genau befolgt werden, kontrolliert er nicht. Wenn eine Idee lanciert ist, hört sie auf, ihn zu interessieren. Er ist schon wieder mit neuen Ideen beschäftigt.

## 8

Im Spätherbst 1942 ist Hans Fritzsche von der russischen Front zurückgekehrt; das heißt, Goebbels hat ihn zurückgeholt. Er braucht ihn. Aber Fritzsche hat Bedenken, seinen alten Posten wieder anzutreten. Jetzt, da er an der Front gewesen ist, erscheinen ihm Ton und Inhalt der deutschen Zeitungen doppelt sinnlos.[6] Er sagt: *Wenn Sie wüßten, Herr Minister, wie die Dinge an der Front aussehen!*

Goebbels schlägt ihm vor, die Leitung des gesamten deutschen Rundfunkwesens zu übernehmen. Fritzsche: *Ich kann meinen Hörern nicht erzählen, was ich nicht glaube. Nämlich, daß der Sieg eine absolute Sicherheit ist.* Goebbels hört zu, sagt nichts, verleiht Fritzsche die angebotene Stellung. In weiteren Unterhaltungen zwischen den beiden wird der Begriff der „pessimistischen Propaganda" geprägt. Goebbels nennt diese Propaganda auch, freilich nur im intimen Kreise, „Kraft durch Furcht", und parodiert so die „Kraft durch Freude"-Bewegung. Im Grunde war diese Art von Propaganda eine Imitation der alten Churchillschen These von „Blut, Schweiß und Tränen". Goebbels ist jetzt sehr von der Churchillschen Propaganda beeindruckt, wenn er auch in seinen Konferenzen den englischen Premierminister stets lächerlich zu machen sucht.

In seiner Neujahrsansprache zitiert Goebbels die Worte Friedrich des Großen, der seinen Soldaten zurief: *In einer so heillosen Zeit muß man sich mit Eingeweiden aus Eisen und einem ehernen Herzen versehen, um alle Empfindsamkeit loszuwerden.*

An diesem 1. Januar spricht der russische Heeresbericht von einer Offensive südlich von Stalingrad und von der Besetzung eines Teiles des Fabrikviertels von Stalingrad, das Hitler ja bekanntlich für ewige Zeiten behalten will. Der deutsche Wehrmachtsbericht erwähnt kleinere russische Vorstöße, die abgewiesen sein sollen. Am 16. ist dann der große russische Durchbruch der deutschen Verteidigungslinien gelungen, ganze Divisionen fallen, werden versprengt oder gefangengenommen, der Rest umringt, vom Nachschub abgeschlossen. Die deutsche Heeresleitung gibt noch immer nichts zu, auch in den nächsten Tagen wird nur von „Abwehrgefechten" gesprochen. Erst am 2. Februar wird verlautbart, daß die deutsche sechste Armee „vom Westen abgeschnitten" sei.

Goebbels hat die Katastrophe kommen sehen. Er liest ja, was der Rest der Deutschen nicht lesen darf. Er begreift, daß sie sich mit rasender Schnelligkeit nähert, daß sie das Ende des Krieges bedeuten kann. Das ist nicht eine Niederlage, die man einfach einstecken kann, über die man zur Tagesordnung übergeht. Etwas Entscheidendes muß getan werden; genau das, was die Engländer nach Dünkirchen taten, nämlich sämtliche Kräfte des Landes in den Dienst des Krieges zu stellen. Das ist: der totale Krieg.

Das Wort stammt ursprünglich nicht von Goebbels, sondern von General Ludendorff, der schon gegen Ende des Ersten Weltkrieges die gesamte deutsche Wirtschaft auf totalen Krieg umstellen wollte, was ihm freilich mißlang.

Seit Mitte Januar denkt und spricht Goebbels fast von nichts anderem als vom totalen Krieg. Das wird geradezu zum Komplex.

Er stürzt zu Hitler. Hitler ist bereit, in den totalen Krieg einzutreten, aber zu Goebbels' ungeheurer Enttäuschung ernennt er ein Komitee, bestehend aus Feldmarschall Keitel, Bormann und Hans Lammers, Chef der Reichskanzlei, um die Richtlinien auszuarbeiten. Goebbels soll nur beratend mitwirken. Gleich in der ersten Sitzung erklärt Keitel, man könne gar nicht allzu radikale Maßnahmen ergreifen, die Moral des deutschen Volkes wäre sonst gefährdet.

Das sagt man ausgerechnet ihm, Goebbels! Was wissen denn Keitel und Lammers von der Volksstimmung, was wissen sie denn davon, wie man sie hält, wie man sie stützt, wie man sie nach oben treibt! Wie stellen die Herren sich das eigentlich vor? Soll dem deutschen Volk auf ewig verheimlicht werden, was sich um Stalingrad abspielt? Wie kann denn eine Niederlage verheimlicht werden, die dreihunderttausend Mann kostet? Dreihunderttausend Mann – das bedeutet Hinterbliebene und Leidtragende in jeder Stadt, in jedem Dorf, in jeder Straße. Da wird auch die schärfste Zensur machtlos.

Dies alles geht durch Goebbels' Kopf, dies alles bringt er in erregten Worten beim Mittag- und Abendessen vor, oder in den Besprechungen mit seinem Mitarbeiterstab. Und dann plötzlich ist die große, erlösende Idee da.

Sie liegt auf der Hand. Es handelt sich um nichts weiter als die Feststellung, daß eine Niederlage ja gar nicht demoralisierend wirken muß. Die Geschichte beweist es, wie Goebbels sofort seinen Zuhörern darlegt. Die Römer haben Hannibal geschlagen trotz

Cannae. *Und als dann der Schreckensruf durch die Straßen Roms gellte, ‚Hannibal ante portas', da verhüllten die römischen Senatoren ihr Haupt in der Toga. Aber sie blieben standhaft und kapitulierten nicht, und Rom wurde gerettet. Über die Stelle aber, wo das einst so mächtige Karthago gestanden hatte, ging später der Pflug hinweg.* Niederlagen, so stellt Goebbels fest, wirken nur demoralisierend, wenn sie bekannt werden, obwohl die Regierung die Wahrheit zu verheimlichen versucht, wenn für den Durchschnittsbürger zu dem Schock der Niederlage auch noch die Ungewißheit kommt, in der ihn die eigene Regierung läßt, oder die Vermutung, belogen zu werden. Daraus ergibt sich: Er darf nichts beschönigen, darf nichts verschweigen, die Leute müssen wissen, daß es schlimm steht. Stalingrad ist das deutsche Cannae. Und daher kann es, genau wie Cannae, den Umschwung bringen.

Am 23. Januar 1943 kommt es zu einer bemerkenswerten Ministerkonferenz. Goebbels wirft keinen Blick auf die Nachrichten, die vor ihm liegen. Die Augen starr geradeaus gerichtet, erklärt er seinen Zuhörern, wie schlecht der Krieg stehe, wie furchtbar die Niederlage bei Stalingrad sich auswirken müsse. Nein, man solle den deutschen Zeitungslesern, den deutschen Rundfunkhörern nichts verschweigen. Man solle ihnen sagen: „Sieg oder Bolschewismus!" Das Schicksal des Vaterlandes stehe auf dem Spiel! Verlustziffern seien nicht bekanntzugeben. Aber – und hier trauen die Zuhörer ihren eigenen Ohren nicht – es wäre wohl gut, sie auf das Schlimmste vorzubereiten. Ein zweites Stalingrad könne sich die deutsche Armee nicht leisten.

Die Zeitungen, die am nächsten Morgen erscheinen, publizieren schwermütige Artikel, die Korrespondenten übertreffen sich geradezu mit Schilderungen des Grauens und Schreckens an der Front, des Leidens der Soldaten, der Ausweglosigkeit und Hoffnungslosigkeit. Dazwischen finden sich Sätze, die zweifellos von Goebbels formuliert sind, wie: *daß 1918 die Schwäche der deutschen Heimatfront Deutschland zur Kapitulation gezwungen hat ..., daß Rom einmal in Gefahr war, als es von Hannibal bedroht wurde, aber daß es doch triumphierte ..., daß England auch bei schweren Rückschlägen, ja bei Katastrophen die Nerven nicht verloren hatte ... Wir werden beweisen, daß wir moralisch stärker als die Engländer sind ...*

Der Januar nähert sich seinem Ende. Die Russen melden weitere

Erfolge, die deutsche Heeresleitung faselt noch immer von „erfolgreicher Verteidigung".

Am 30. Januar ist es zehn Jahre her, daß Hitler an die Macht gekommen ist.

9

Wieder steht Goebbels im Sportpalast. Bis jetzt hat an jedem dieser Jahrestage Hitler selbst gesprochen. Diesmal erscheint er nicht, schickt Goebbels vor, der seine Proklamation vorlesen soll. Goebbels ist nervös, fürchtet eine Reaktion der Menge auf das Fernbleiben Hitlers. Zu allem Unglück werden noch Flieger gemeldet. Goebbels überlegt blitzschnell. Wenn er die Veranstaltung jetzt abbricht, wenn er, bevor die Bomben fallen, in den Keller flüchtet, dann ist das eine propagandistische Schlappe, die er sich jetzt nicht leisten kann. Er bleibt und redet, während in nicht allzu weiter Ferne Bomben fallen. Auch die Menge bleibt, gebannt von dem Mut des kleinen Mannes.

Goebbels nimmt kein Blatt vor den Mund. *In diesem Winter stehen unsere Soldaten in einem neuen Abwehrkampf von unvorstellbarer Härte ... Wer weiß, wann und wo wir in diesem Kriege zur letzten Entscheidung gerufen werden!* Der totale Krieg wird einige Male erwähnt. *In ungezählten Briefen aus allen Schichten unseres Volkes dringt der Schrei nach der totalsten Kriegsanstrengung an unser Ohr,* phantasiert Goebbels. Zumindest die im Sportpalast Anwesenden scheinen sich mit diesen nicht existierenden Briefschreibern zu identifizieren. Goebbels selbst ist erstaunt, wie versessen sie darauf sind, noch mehr zu arbeiten, noch mehr zu opfern.

Zu Hause hat Magda ein paar Freunde eingeladen, denn Goebbels ist nach einer großen Rede nicht gern allein; er muß sich abreagieren. Aber diesmal stürzt er sofort, gefolgt von seinem Stenographen, in sein Arbeitszimmer. Die Reaktion im Sportpalast hat ihm gezeigt, daß er in Sachen totaler Krieg radikaler vorgehen kann. Mit einem Telefongespräch hält er einen Artikel zurück, der bereits im Satz ist und der am 7. Februar veröffentlicht werden soll. Er schreibt einen neuen, nennt ihn bezeichnenderweise *Die harte Lehre,* sagt unter anderem: *Es ging uns im Kriege zu gut,* und, im Rückblick auf die Sammlung, die er vor einem Jahr veranstaltete, *heute schreit die Front nicht nach Pelzmänteln, sondern nach Menschen,* stellt noch einmal ausdrücklich fest: *Aus Tausenden von Briefen aus allen Schichten unseres Volkes dringt der Schrei nach dem totalen Krieg an unser Ohr.*

Der totale Krieg, den Goebbels so stürmisch verlangt, wird von dem dazu bestimmten Komitee weniger durchgeführt als verhindert. Dabei drängt die Zeit. Am 1. Februar muß sogar der deutsche Wehrmachtsbericht zugeben, daß die südliche Gruppe der sechsten Armee die Waffen habe strecken müssen. Zwei Tage später wird die Niederlage in ihrer Gesamtheit klar. Eine Welle des Entsetzens und der Trauer überflutet das Reich.

Jetzt kommt es darauf an. Goebbels zögert nicht eine Minute, die von ihm eingeschlagene Taktik bis aufs Äußerste zu verfolgen. Die furchtbare Niederlage wird im Rundfunk – sogar noch als Sondermeldung – bekanntgegeben, genauso wie die Siege der früheren Jahre. Nur gibt es keine Fanfaren, sondern gedämpfte Trommeln, und eine Kapelle spielt dazu „Ich hatt' einen Kameraden". Für den Rest des Tages gibt es nur Trauermärsche und ernste Musik. Kinos und Theater bleiben geschlossen.

Fritzsche sucht verzweifelt nach einem militärischen Sachverständigen, der die Situation im Rundfunk kommentieren soll. Zwei Generale kommen in sein Büro mit ausgearbeiteten Vorträgen, die aus Entschuldigungen und optimistischen Auslegungen bestehen. Fritzsche telefoniert mit Goebbels. Goebbels sagt: *Das kann man dem deutschen Volk nicht antun. Werfen Sie den Dreck in den Papierkorb.* Fritzsche tritt selbst ans Mikrophon, spricht aus dem Stegreif zehn Minuten lang, beschönigt nichts, kritisiert viel.

Alle deutschen Zeitungen erscheinen mit schwarzem Trauerrand.

Die Menschen in Deutschland sind erschüttert und entgeistert.

Wird das Experiment des Dr. Goebbels gelingen? In Propagandakreisen in London und Washington fragt man sich, ob Goebbels verrückt geworden sei. Otto Dietrich erleidet einen Nervenzusammenbruch und begibt sich zu Bett. Heinrich Himmler spielt mit der Idee, die Zensur vorübergehend selbst in die Hand zu nehmen und überhaupt keine Nachrichten mehr herauszulassen, bis es wieder einen Sieg zu melden gibt.

Goebbels ist nicht verrückt geworden. Sein Experiment gelingt. Die Menschen, noch halb benommen, fassen sich wieder. Ihre Trauer setzt sich in eine Art fatalistischen Mystizismus um. Sie glauben an die Goebbelssche These, daß die Niederlage, das Opfer „einen Sinn" haben muß. Goebbels schreit: *Das Heer der Gefallenen hat die Waffen nicht niedergelegt. Es marschiert in Wirklichkeit in den Reihen der kämpfenden Soldaten mit.* Die Leute glauben es wirklich. Sie fassen neues Vertrauen zu einer Regierung, die ihnen offenbar die Wahrheit sagt. Goebbels darf wieder lügen.

## 10

Aber der Kampf ist erst halb gewonnen. Der totale Krieg ... jetzt müßte er einsetzen. Goebbels weiß: Jetzt, nach der furchtbaren Erschütterung von Stalingrad, wären die Menschen zu allem bereit ... Jetzt müßte man sie zu einer noch nie dagewesenen Kraftleistung mitreißen.

Hitler sollte öffentlich sprechen. Goebbels ist sich völlig darüber im klaren, daß selbst er Hitler in einem solchen Moment nicht ersetzen kann. Er sagt: *Es gibt zwei Arten von Rednern, die sich grundsätzlich und im Wesen voneinander unterscheiden: solche, die aus dem Verstand, und solche, die aus dem Herzen sprechen.* Er weiß, er selbst gehört zu der ersten Kategorie. Er weiß (und sagt es selbst): *Er bleibt auf das rein Lehrhafte beschränkt. So wie er selbst kalt ist, so bleibt er auch kalt.* Hitler hingegen *kennt die geheimsten Falten und Verästelungen der Massenseele und weiß sie mit Meisterhand bloßzulegen und anzurühren. So wie seine Stimme aus der Tiefe des Blutes spricht, so dringt sie beim Zuhörer bis in die Tiefe des Blutes hinein ... Seine Kunst der Massenformung ist so einmalig und so einzigartig, daß darauf kein Schema und kein Dogma paßt ... Seine Rede war ein Magnet, der alles an sich zog, was im Volk noch Eisen im Blut hatte.*

Aber Hitler lehnt es ab zu sprechen. Hitler erklärt Goebbels, daß er erst wieder reden wolle, wenn ein Sieg erfochten sei, wenn sich die Situation wenigstens um ein Geringes gebessert habe. Bis dahin wird er auf keine Rednertribüne, vor kein Mikrophon treten.

Das bedeutet: Er selbst, Goebbels, muß reden. Die nächsten Tage arbeitet er in jeder nur verfügbaren Minuten an der Rede, die er am 18. Februar im Sportpalast halten wird. Zu anderen Reden läßt er sich meist Redevorschläge ausarbeiten, bestehend aus Hauptgesichtspunkten und Nebengesichtspunkten, mit roten, blauen, gelben Stiften unterstrichen, um das Bild möglichst übersichtlich zu gestalten. Gewöhnlich diktiert er auf Grund dieser Vorschläge seine Reden, redigiert sie mehrere Male, aber alles geht doch schnell und fast mechanisch. Diesmal macht er alles selbst, schreibt Satz für Satz in seiner eigenen Schrift nieder, wirft den größten Teil des Manuskripts weg, schreibt neu, verbessert, verwirft aufs neue. Erst am 18. Februar morgens um halb vier ist er schließlich fertig. Während der letzten Stunden schickt er Blatt für Blatt in das Zimmer seines Referenten, in dem zwei Schreibmaschinendamen die Übertragung vornehmen. Eine Viertelstunde nachdem er das letzte Blatt heraufgeschickt hat, erscheint er selbst in einer seidenen Hausjacke, strahlt den Pressereferenten und die beiden Damen an und fragt: *Nun, wie gefällt Ihnen die Rede?* Man gratuliert ihm, aber ohne recht auf die Worte der anderen zu hören, fährt er fort: *Na, wissen Sie, diese zehn Fragen, die werden ja hinhauen, was? Sie werden es heute ja erleben.* Schon in der Tür: *Aber das kann ich Ihnen sagen, wenn dieser Krieg einmal zu Ende gegangen ist, dann werde ich meine Kräfte doch etwas ökonomischer verwalten und mir etwas mehr Ruhe gönnen.*

Mit den zehn Fragen hat es folgende Bewandtnis: Goebbels plant, seine Rede zu einer Art informellen Plebiszits für den totalen Krieg zu gestalten. Er wird die Leute fragen, ob sie gewillt seien, auch die schwersten Einschränkungen zu ertragen – und sie werden ja sagen. Er beabsichtigt, auf diese Weise eine Pression auf Hitler selbst auszuüben und ihn zu den radikalen Maßnahmen zu zwingen, die er bisher vergeblich gefordert hat.[7]

Dies ist ein einigermaßen gewagtes Unternehmen. Hitler schätzt es nicht, vor ein Fait accompli gestellt zu werden. Vielleicht ist Goebbels deswegen so nervös. Denn in dieser Nacht schläft er nicht mehr. Er geht in sein Zimmer zurück, liest seine Rede, liest sie laut, überlegt sich genau, wo er Pausen machen wird, wo nicht. Fritzsche, der im Nebenzimmer arbeitet, erlebt es, daß Goebbels immer wieder aus seinem Zimmer tritt, einen Satz oder zwei vorliest und hinzufügt: *Hier werden die Leute vor Begeisterung toben.*

Dann verschwindet er wieder, steht vor einem Spiegel, markiert, streckt seinen Arm aus, bewegt seine Hände, lacht, wird ernst, blickt entsetzt an die Decke, brüllt einen Satz, wird im nächsten ganz leise ... er probt.

Fritzsche benützt eine Pause, um dem Minister seine Bedenken mitzuteilen. Gesetzt den Fall, daß die Leute nicht in begeisterte Jarufe ausbrechen, wenn Goebbels sie fragt, ob sie einen totalen Krieg wollen. Was wird dann geschehen? Der Minister ist entgeistert. *Sie vergessen, daß ich bis dahin schon zwanzig Minuten gesprochen habe. Da kann ich mein Publikum auf die Bäume klettern lassen, wenn ich will.*

Fritzsche schweigt. Er weiß ja, daß Goebbels im Sportpalast ein paar Hundert Mann Claque installiert hat – wie übrigens bei allen seinen Reden.

Goebbels steht schon wieder vor dem Spiegel, gestikuliert, beobachtet sich dabei scharf. Er steht, wie immer, ein wenig nach links gerichtet, weil sein rechtes Profil besser ist als das linke.

## 11

Schon Stunden bevor Goebbels seine Rede beginnt, ist der Sportpalast bis auf den letzten Platz gefüllt. Die Karten sind nur durch die Partei und das Propagandaministerium verteilt worden. Es wäre ja lächerlich, überflüssige Risiken einzugehen. Zuviel steht auf dem Spiel.

Goebbels weiß es. Trotz allem zur Schau gestelltem Zynismus ist er sich klar darüber, daß wie damals in der Kampfzeit eine einzige Rede alles retten und alles kaputtmachen kann. Er ist, da er nun auf dem Podium steht und da die fünfzehntausend Menschen um ihn herum frenetisch jubeln, voll innerer Spannung. Heute muß er kämpfen. Heute kann er nichts aus den Ärmeln schütteln, nichts aus dem Handgelenk machen. Da er das weiß, wird die Rede, die er nun hält, die beste, die er je gehalten hat. In den letzten zwei Wochen hat er es verstanden, die Folgen der Niederlage von Stalingrad abzuschwächen. Heute abend muß er die Niederlage in einen Sieg verwandeln.

Mitten in die rasende Begeisterung hinein spricht er. Die ihn kennen, sehen sich an. Das ist nicht der alte Goebbels, das ist nicht die helle, klare, schneidende Stimme, das sind nicht die eleganten und gescheiten Sätze. Dies ist ein ernster, schwerer Mann, der gekommen ist, um sich mit seinen Freunden, mit seiner Familie auszusprechen, dem es nicht auf Wirkung ankommt, nicht auf Beifall, der etwas Wichtiges zu sagen hat und etwas sehr Ernstes. *Stalingrad war und ist der große Alarmruf des Schicksals an die deutsche Nation!* So beginnt es. Er sagt, die Lage sei ernst, noch ernster, als man glaube. Aber er spreche ja hier mit Menschen, die zur Disziplin erzogen seien, er könne ja *ein ungeschminktes Bild der Lage entwerfen.*

Er entwirft es. Die bolschewistische Gefahr droht furchtbarer denn je. Nur die deutsche Wehrmacht kann sie bannen. Versagt sie, versagt das deutsche Volk, dann geht die Welt unter. Und es muß schnell gehandelt werden, es ist keine Minute zu verlieren. *Eine zweitausendjährige Aufbauarbeit der abendländischen Menschheit ist in Gefahr.* Jawohl, so ernst ist es. Er, Goebbels, gibt es zu, obwohl morgen die englischen Zeitungen triumphierend feststellen werden, daß er *die ersten Friedensfühler* ausgestreckt habe. Aber davon könne keine Rede sein. *In Deutschland denkt heute kein Mensch an einen faulen Kompromiß, das ganze Volk denkt nur an einen harten Krieg.* Jawohl, das Volk habe es satt, sich in schönen Träumen zu wiegen. *Wir wollen jetzt gar nichts mehr von falschen Hoffnungen und Illusionen hören.*

Das, was in Deutschland bisher verlangt worden ist, stehe in keinem Verhältnis zu dem, was die Russen *unter dem Terror der GPU* auf sich nehmen mußten. Nun würden die Deutschen wohl auch einiges davon auf sich nehmen müssen. *Der totale Krieg also ist das Gebot der Stunde.* Das Gebot, nicht der Zwang. *Wir verzichten freiwillig auf einen bedeutenden Teil unseres Lebensstandards, um das Kriegspotential so schnell und so gründlich wie möglich zu erhöhen.* Bolschewisierung! *Diese Aktion stellt keinen Selbstzweck, sondern nur ein Mittel zum Zweck dar … Das Radikalste ist heute eben radikal, und das Totalste ist heute eben total genug, um den Sieg zu erringen.*

Er geht auf die Maßnahmen ein, die er für nötig hält, die Schließung von Luxusrestaurants, von Schönheitssalons, von Luxusgeschäften, Entlassung von Dienstboten. *Wir wollen lieber ein paar Jahre geflickte Kleider tragen, als einen Zustand heraufbeschwören, in dem unser Volk ein paar Jahrhunderte in Lumpen herumlaufen müßte.* Die totalen Kriegsmaßnahmen werden Soldaten für die Front und Arbeiterinnen für die Rüstungswirtschaft frei machen. *Ich streite nicht ab, daß uns auch angesichts der Durchführung der eben geschilderten Maßnahmen noch sorgenvolle Wochen bevorstehen. Aber damit schaffen wir uns jetzt endgültig Luft.*

Goebbels hat bereits eine Stunde gesprochen. Und fast seit einer Stunde hat er die gesamte Zuhörerschaft in Aufregung und Begeisterung versetzt. Dauernd wird er unterbrochen: von Lachsalven, wenn er einen Witz macht, von Empörungsschreien, wenn er gegen die Russen oder die Alliierten spricht, von Sprechchören, wenn er an seine deutschen Landsleute appelliert. Minutenlang muß er sich unterbrechen, so laut ist der Beifall, so beharrlich sind die Zurufe. Zeit zwanzig Minuten ist es nun weniger eine Rede, die hier vor sich geht, als ein Duett, und Goebbels muß immer wieder beide Hände beschwörend heben, um wenigstens ein paar Sätze hintereinander sprechen zu können.

Nun hat er die Menschen, wo er sie haben will. Er hat ihnen klargemacht: noch einige Opfer, aber dann haben wir *endgültig Luft.* Das heißt, dann haben wir den Krieg endgültig hinter uns. Wollen sie diese Opfer bringen? Sie sollen ja oder nein sagen! Es ist entscheidend, ob sie ja oder nein sagen, denn, *was hier vor mir sitzt, ist ein Ausschnitt aus dem ganzen deutschen Volk, an der Front und in der Heimat. Stimmt das? Ja oder nein?*

*Der Sportpalast,* so notiert der Stenograph, *erlebt im Augenblick dieser Fragestellung eine Kundgebung, wie sie selbst diese alte Kampfstätte des Nationalsozialismus nur an besonderen Höhepunkten erlebt hat. Die Masse springt wie elektrisiert von ihren Plätzen, wie ein Orkan braust ein vieltausendstimmiges Ja durch das weite Rund.*

Und nun kommen die zehn Fragen, um derentwillen Goebbels den ganzen Abend veranstaltet hat.

*Die Engländer behaupten, das deutsche Volk habe den Glauben an den Sieg verloren.*

*Ich frage euch: Glaubt ihr mit dem Führer und mit uns an den endgültigen totalen Sieg des deutschen Volkes?*

*Ich frage euch: Seid ihr entschlossen, dem Führer in der Erkämpfung des Sieges durch dick und dünn und unter Aufnahme auch der schwersten persönlichen Belastungen zu folgen?*

*Zweitens: Die Engländer behaupten, das deutsche Volk ist des Kampfes müde.*

*Ich frage euch: Seid ihr bereit, mit dem Führer als Phalanx der Heimat hinter der kämpfenden Wehrmacht stehend diesen Kampf mit wilder Entschlossenheit und unbeirrt durch alle Schicksalsfügungen fortzusetzen, bis der Sieg in unseren Händen ist?*

*Drittens: Die Engländer behaupten, das deutsche Volk hat keine Lust mehr, sich der überhandnehmenden Kriegsarbeit, die die Regierung von ihm fordert, zu unterziehen.*

*Ich frage euch: Seid ihr und ist das deutsche Volk entschlossen, wenn der Führer es befiehlt, zehn, zwölf und wenn nötig vierzehn und sechzehn Stunden täglich zu arbeiten und das Letzte herauszugeben für den Sieg?*

*Viertens: Die Engländer behaupten, das deutsche Volk wehrt sich gegen die totalen Kriegsmaßnahmen der Regierung. Es will nicht den totalen Krieg, sondern die Kapitulation.*

*Ich frage euch: Wollt ihr den totalen Krieg? Wollt ihr ihn wenn nötig totaler und radikaler, als wir ihn uns heute überhaupt noch vorstellen können?*

*Fünftens: Die Engländer behaupten, das deutsche Volk hat sein Vertrauen zum Führer verloren.*

*Ich frage euch: Ist euer Vertrauen zum Führer heute größer, gläubiger und unerschütterlicher denn je? Ist eure Bereitschaft, ihm auf allen seinen Wegen zu folgen und alles zu tun, was nötig ist, um den Krieg zum siegreichen Ende zu führen, eine absolute und uneingeschränkte?*

*Ich frage euch als sechstes: Seid ihr bereit, von nun ab eure ganze Kraft einzusetzen und der Ostfront die Menschen und die Waffen zur Verfügung zu stellen, die sie braucht, um dem Bolschewismus den tödlichen Schlag zu versetzen?*

*Ich frage euch siebtens: Gelobt ihr mit heiligem Eid der Front, daß die Heimat mit starker Moral hinter ihr steht und ihr alles geben wird, was sie nötig hat, um den Sieg zu erkämpfen?*

*Ich frage euch achtens: Wollt ihr, insbesondere ihr Frauen selbst, daß die Regierung dafür sorgt, daß auch die deutsche Frau ihre ganze Kraft der Kriegsführung zur Verfügung stellt und überall da, wo es nur möglich ist, einspringt, um Männer für die Front frei zu machen und damit ihren Männern an der Front zu helfen?*

*Ich frage euch neuntens: Billigt ihr, wenn nötig, die radikalsten*

*Maßnahmen gegen einen kleinen Kreis von Drückebergern und Schiebern, die mitten im Krieg Frieden spielen und die Not des Volkes zu eigensüchtigen Zwecken ausnutzen wollen? Seid ihr damit einverstanden, daß, wer sich am Krieg vergeht, den Kopf verliert?*

*Ich frage euch zehntens und zuletzt: Wollt ihr, daß, wie das nationalsozialistische Parteiprogramm es gebietet, gerade im Kriege gleiche Rechte und gleiche Pflichten vorherrschen, daß die Heimat die schweren Belastungen des Krieges solidarisch auf ihre Schultern nimmt und daß sie für Hoch und Niedrig und Arm und Reich in gleicher Weise verteilt werden?*

Es dauert beinahe eine Stunde, bis Goebbels seine Fragen vorgebracht hat, so oft wird er unterbrochen. Er stellt fest: *Die Nation ist zu allem bereit. Der Führer hat befohlen, wir werden ihm folgen ... Wenn wir treu und unverbrüchlich an den Sieg geglaubt haben, dann in dieser Stunde der nationalen Besinnung und der inneren Aufrichtung. Wir sehen ihn greifbar nahe vor uns liegen; wir müssen nur zufassen. Und darum lautet die Parole: Nun, Volk, steh' auf, und Sturm brich los!*

Im Triumph wird er vom Podium getragen. In einem kleinen Raum, in den er flüchtet, warten schon Magda und ein halbes Dutzend engster Mitarbeiter auf ihn. Er kann nur noch flüstern, so heiser ist er. Und er flüstert: *Diese Stunde der Idiotie! Wenn ich den Leuten gesagt hätte, springt aus dem dritten Stock des Columbushauses, sie hätten es auch getan.*

Spät nachts, als die letzten Gäste fort sind, zieht er sich aus, stellt sich auf die Waage. Die Rede hat ihn sieben Pfund an Gewicht gekostet.

Anmerkungen

1 H. R. Berndorff erzählte dies dem Autor.
2 Tagebuch von Rudolf Semmler, Pressereferent bei Goebbels.
3 *New York Times* vom 8. Juni 1943.
4 Einer der Verschworenen des 20. Juli 1944, Albrecht von Kessel, erklärte in seinem Tagebuch, die Formel der bedingungslosen Kapitulation habe sechs Jahre Untergrundarbeit zunichte gemacht.
5 Tagebuch von Rudolf Semmler.
6 Dies und das Folgende erzählte Fritzsche dem Autor.
7 Fritzsche erzählte dies dem Autor. Rudolf Semmler erwähnte es in seinem Tagebuch.

VIERTER TEIL

# GÖTTERDÄMMERUNG

VIERZEHNTES KAPITEL

# FESTUNG PROPAGANDA

## 1

Vier Wochen nach der Rede im Sportpalast empfängt Goebbels die Auslandsjournalisten. *Es ist heute der Zehnjahrestag des Propagandaministeriums,* beginnt er. *Ich habe zwar selbst von dieser Tatsache keine Kenntnis genommen und hätte sie wahrscheinlich vergessen, wenn ich nicht aus Ihrem Kreise darauf aufmerksam gemacht worden wäre ...*

Nichts von alledem stimmt. Goebbels, der Spezialist in Feiern, vergißt keine Jubiläen, schon gar nicht, wenn es sich um das Propagandaministerium handelt. Von ihm ist nicht nur der Empfang der ausländischen Presse, sondern auch das Frage-und-Antwort-Spiel, das nun abläuft, bis ins letzte Detail vorbereitet worden.[1] Das kann er sich erlauben, denn die sogenannte Auslandspresse besteht ja im wesentlichen nur noch aus den Vertretern „verbündeter" Länder oder Journalisten aus dem besetzten Gebiet. Die haben keine andere Wahl, als die ihnen vom Propagandaministerium erteilten Rollen aufzusagen.

Der Zweck der Veranstaltung ist offensichtlich. Es soll demonstriert werden, daß der Propagandaminister nichts zu verbergen hat; daß er zuversichtlich und eigentlich in bester Laune ist; daß er nach wie vor davon überzeugt ist, Deutschland werde siegen. Kurz, der Zweck der kleinen Komödie ist, den Eindruck, den die Stalingrad-Rede im Ausland verursachen mußte, zu verwischen. War er im Sportpalast zu ernst, ja erschüttert, so wirkt er hier vor der ausländischen Presse leicht, souverän, beinahe spielerisch.

Kurz vorher passiert ein kleines Malheur. Ein zweitklassiger Rundfunksprecher erklärt, Deutschland habe den Krieg nicht gewollt, wolle ihn auch heute nicht. In England wird das als Friedensfühler ausgelegt. Goebbels erfährt es, läßt Fritzsche kommen, macht eine ungeheure Szene, droht (wörtlich), *den Mann aufhängen zu lassen*. Fritzsche hat alle Mühe, den Minister zu beruhigen. Er kann ja nicht wissen[2], daß im gleichen Augenblick wirklich gewisse Vorverhandlungen im Gange sind. Sie spielen sich in Schweden ab. Stalin hat einen Beamten des Außenamtes nach Stockholm geschickt, der bereit ist, Waffenstillstand zu schließen, falls Hitler sofort Rußland und die östliche Hälfte von Polen räume. Hitler schlägt unbegreiflicherweise nicht sofort ein, versucht Zeit zu gewinnen, stellt Rückfragen, wie zum Beispiel, ob der russische Emissär Arier sei. Stalin bricht die Verhandlungen ab.

Goebbels dürfte von diesem Zwischenspiel gewußt haben, dürfte bei Hitler für einen Waffenstillstand mit Rußland eingetreten sein. Dafür gibt es Indizien. Zum Beispiel sagt er zu seinem Stenographen: *Wir sprechen nur vom totalen Krieg, in Wirklichkeit führt nur einer den Krieg total, Herr Stalin nämlich ... Das ist der Mann, der fünfzehn Jahre Sibirien überstanden und dann noch die Energie gehabt hat, über alle Widerstände hinweg sich bis in die Position eines autoritären Staatsführers emporzuarbeiten.*

Und ein Jahr später wird Goebbels vorschlagen, sich mit Stalin zu verständigen.

## 2

Um so größer muß sein Entsetzen sein, als Hitler die große Chance, den Zweifrontenkrieg zu beenden, verspielt. Aber Hitler scheint ja überhaupt in diesen Tagen nicht gerade in Form zu sein. Am 21. März spricht er anläßlich des Heldengedenktages vor geladenen Gästen im Hof des Zeughauses. Goebbels kommt fassungslos nach Hause, erzählt, Hitler habe viel zu schnell gesprochen, sich verhaspelt wie ein Schuljunge, der seine Schularbeiten nicht gemacht hat, sei kaum zu verstehen gewesen.

Dies also ist der große Redner, der selbst ihn, Goebbels, übertraf! Das ist der Mann, der eigentlich die Rede im Sportpalast hätte halten sollen! Man kann sich ohne viel Phantasie ausmalen, was Goebbels sich jetzt denken muß: Nicht der Führer, er, er ganz allein, hat die Situation gerettet. Daß der Krieg fortgeführt werden kann trotz

Versagens der Luftwaffe, trotz Versagens der Armee und der Marine, ist sein alleiniges Verdienst. Er ist der einzige deutsche Feldherr, der bis jetzt noch keine ernsthafte Niederlage erlitten hat. In einem Artikel, den er Anfang April schreibt, stellt er im Rahmen einer Untersuchung über die Kriege Friedrichs des Großen fest, *daß die Preußen sicherlich unter der Wucht des Unglücks, das sie traf, zusammengebrochen wären, hätte sie nicht der herrische Geist ihres großen Königs immer wieder aufgerichtet. Die Geschichte weiß davon zu erzählen, daß er manchmal der einzige war, der den Schicksalsschlägen eine feste männliche Haltung entgegenstellte* ...

Nun, Hitler ist es nicht, der in diesem Augenblick eine feste männliche Haltung an den Tag legt. Den „herrischen Geist" zeigt allein Goebbels. Steht hier zwischen den Zeilen eine Andeutung, daß Goebbels sich selbst und nicht Hitler für den wirklichen Nachfolger des Großen Friedrich hält?

Wie dem auch sei, er zeigt in diesen Tagen, vielleicht zum ersten Male in seinem Leben, einen geradezu unerträglichen Hochmut, auch seinen Mitarbeitern gegenüber. Übrigens hat er den totalen Krieg zwar proklamiert, legt sich selbst aber keinerlei Einschränkungen auf. Bei Göring, Ribbentrop oder den korrupten Gauleitern wäre darüber kein Wort zu verlieren. Bei Goebbels, der es ja immer vermieden hat, in byzantinischem Stil zu leben, der sich mit seinen Lebensmittelrationen begnügte, ist es doch etwas erstaunlich, daß er zwar verlangt, daß die Dienstboten abgeschafft werden, aber nicht einen einzigen der seinigen entläßt. Es mag noch angehen, daß das Budget des Propagandaministeriums keine Einschränkung erfährt. Daß aber Goebbels, der im Jahre 1942 zweihunderttausend Mark für seine Artikel im *Reich* bekam, im Jahre des totalen Krieges sein Einkommen auf dreihunderttausend Mark erhöht, ist schon bedenklicher. Alles in allem wird er 1943 vierhundertvierundzwanzigtausend Mark verdienen. Trotzdem lehnt er es im Februar ab, vierteljährliche Vorauszahlungen auf seine Steuern zu leisten. Interessanterweise wird dieser Antrag aber vom Finanzamt abgelehnt. Weiterhin zieht Goebbels sich zwanzig Prozent seiner Schriftstellereinnahmen als Werbeunkosten ab, obwohl er kaum sechzigtausend Mark Spesen gehabt haben dürfte, gar nicht davon zu reden, daß er ja als Minister Repräsentationsgelder in beinahe unbeschränktem Maße erhalten hat.

Im Jahre 1942 wurden allein für rund fünfzigtausend Mark Rundfunkgeräte, Schreibmaschinen, Fernschreiber usw. für Goebbels' Privathaushalt angeschafft. Nun, seit Anfang März, läßt Goebbels wieder bauen, und zwar einen privaten Luftschutzkeller in seinem Garten. Die Arbeit geht Tag und Nacht vor sich. Während es dem Durchschnittsbürger verboten ist, sich auch nur eine Wand tünchen zu lassen, werden hier Wagenladungen mit Beton aufgeschichtet, Glastüren, ein modernes Ventilationssystem und eine komplizierte Lichtanlage eingebaut. Der Architekt Bartels wird später sagen, mit dem verwendeten Material hätte er dreihundert Arbeiterhäuschen bauen können. Der Bau kommt auf dreihundertfünfzigtausend Mark, enthält ein halbes Dutzend Räume, darunter ein privates Schlafzimmer und ein Arbeitszimmer für Goebbels selbst.

### 3

Man kann wirklich nicht behaupten, daß Goebbels sich dem Krieg total zur Verfügung stellt. Man könnte zwar glauben, daß er in dieser Zeit, in der die Kriegslage sich ständig verschlechtert, alle Hände voll zu tun hat mit der seelischen Aufrichtung des deutschen Volkes, aber er findet noch zu vielem anderem Zeit. Sein Hauptinteresse bleibt auch noch in den Jahren 1943 und 1944 der Film.

Kaum ein Abend vergeht, ohne daß er sich in seinem eigenen Hause einen Film vorspielen läßt. Ganz besonderen Wert legt er noch immer darauf, die Hollywood-Produktion kennenzulernen. Alle Filme, die die Deutschen in den besetzten Gebieten beschlagnahmt haben, sind ans Propagandaministerium gegangen, von wo einige gelegentlich, wenn Anträge vorliegen, an andere Ministerien oder wichtige Persönlichkeiten weitergeleitet werden. Aber Goebbels wünscht alles zu sehen. Seine Attachés in Stockholm, Bern und Lissabon sind angewiesen, sich neue amerikanische Filme auszuborgen, sie zu kopieren oder, wenn nötig, sogar zu stehlen. Viele Filme haben eine beruhigende und entspannende Wirkung auf ihn. Seine Mitarbeiter wissen zu berichten, daß er, der eben noch Selbstmordgedanken äußerte, eine halbe Stunde später schallend über die Abenteuer von Micky Mouse, Donald Duck oder Pluto lacht. Indessen verkehren nur noch wenige Schauspieler und Regisseure bei ihm im Haus. Das hat mit dem Fall Gottschalk zu tun.

Joachim Gottschalk, einer der begabtesten jüngeren Schauspieler, ist etwa seit Mitte der dreißiger Jahre in Berlin und macht große Karriere beim Theater sowohl wie im Film. Er würde eine noch sensationellere machen, wenn er nicht mit einer Jüdin verheiratet wäre. Allen Winken, die schließlich Befehle werden, zum Trotz, läßt er sich nicht von ihr scheiden. Im Herbst 1941 hat Goebbels eine Liste der Schauspieler und Schauspielerinnen durchgesehen, die „jüdisch versippt" sind, und stellt ihnen ein Ultimatum: Entweder sie lassen sich scheiden oder sie können nicht mehr spielen.

Jeder der Betroffenen setzt irgendwelche Beziehungen in Bewegung, um Goebbels zu beruhigen. Nur im Falle Gottschalk bleibt Goebbels unbeugsam. Denn dieser junge Mann wird nun von Millionen deutscher Frauen als Ideal verehrt, und, wie Goebbels sagt, *es ist unerträglich, sich vorzustellen, daß er mit einer Jüdin zu Bett geht.* Gottschalk wird ein letztes Mal verwarnt. Falls er sich nicht scheiden läßt, werden am nächsten Vormittag Frau und Kind verhaftet und nach Polen gebracht werden. In dieser Nacht tötet Gottschalk sich selbst und seine Familie durch Gas.

In Schauspielerkreisen ist man erschüttert und empört. Spontan werden am nächsten Morgen in den Berliner Filmateliers die Bilder von Goebbels von den Wänden gerissen. Einer Einladung, die er bald darauf gibt, leistet kein Schauspieler Folge. Man spricht von ihm allgemein als dem „Mörder". Goebbels setzt sich zur Wehr, befiehlt die Künstler zu einem Vortrag ins Propagandaministerium, erklärt: *Ich weiß, die Künstler müssen auch im Alltagsleben immer Theater spielen und stehen mit den Beinen selten auf der Erde. Aber ich warne jeden, Gerüchte über mich zu verbreiten, die nicht der Wahrheit entsprechen*

Aber seine Popularität bei den Schauspielern war dahin. Die meisten unter ihnen waren zwar nie Nazis gewesen, hatten aber gerne die erhöhten Gagen, die sie unter dem Nationalsozialismus bekamen, akzeptiert, hatten viele Vorteile, wie zum Beispiel Steuerermäßigung, genossen. Nun, da die Sache gefährlich wurde, waren sie angewidert. Und sie wurde gefährlich. Mitte 1942 ließ Goebbels den Filmregisseur Herbert Selpin wegen einer abfälligen Bemerkung über die Wehrmacht verhaften – am nächsten Morgen fand man ihn erhängt in seiner Zelle. Da Goebbels wußte, daß die meisten Schauspieler keine Anhänger des Nationalsozialismus waren und darauf hofften, später einmal nach Hollywood zu gehen, versuchte er sie zu kompromittieren; er zwang sie, sogenannte Partei-Propagandafilme zu drehen, Filme, in denen auf die Juden, die Engländer oder die Amerikaner geschimpft wurde, von den Russen ganz zu schweigen.

Es war recht schwierig, Rollen in solchen Filmen zurückzuweisen. Tat es einer, dann ließ Goebbels ihn kommen, zischte ihn an, brüllte ihn an, redete auf ihn ein, bis er groggy war. Sicher hätte Goebbels auch bei standhafter Weigerung nichts anderes tun können, als solch einen Schauspieler ins Konzentrationslager oder gar an die Front zu schicken. Ein mutiger Künstler hätte das vielleicht auf sich genommen, aber Schauspieler sind nun einmal nicht mutig. Und Goebbels wußte das.

Wie konsequent Goebbels in bezug auf diese Propagandafilme war, geht daraus hervor, daß er noch zwischen Oktober und November 1944 eine großangelegte Verfilmung des *Kaufmann von Venedig* plante, der natürlich zum antisemitischen Hetzfilm ausgebaut werden sollte. Aber auch um andere Details kümmerte er sich noch bis zuletzt; zum Beispiel darum, welche jungen Schauspielerinnen probeweise von Filmgesellschaften zu engagieren, welche Stoffe zur Verfilmung zu erwerben, welche Szenen in fertigen Filmen umzuschneiden seien. Noch im Februar 1945 machte er die Freigabe eines Filmes zur Aufführung von gewissen Änderungen abhängig.

Wenn man die Akten der Filmabteilung des Propagandaministeriums durchsieht, kann man gar nicht glauben, daß Deutschland sich seit 1939 im Kriege befand. Da gab es zum Beispiel ein Projekt, das Leben von Robert und Clara Schumann zu verfilmen. Der Film, der *Träumerei* heißen sollte, wurde schon 1941 geplant. Gleich zu Beginn hatte das Propagandaministerium viel auszusetzen: Die Darstellerin der Clara Schumann schien ungeeignet, es war unerträglich, daß ein großer deutscher Musiker im Irrsinn starb, obwohl es ja stimmte; daß seine Frau mit dem jüdischen Geigenvirtuosen Joseph Joachim musizierte, obwohl das den Tatsachen entsprach; daß sie am russischen Hof vorspielte und der Zar sympathisch geschildert war, da man sich doch jetzt, das heißt 1941, mit Rußland im Kriege befand, und so weiter.

Goebbels wünschte, der Stoff solle überhaupt nicht verarbeitet werden, gab aber schließlich doch seine Einwilligung. Neue Schwierigkeiten tauchten auf. Nicht nur die Besetzung der Hauptrollen, sondern auch die Besetzung der kleinsten Rollen mußte von Goebbels bewilligt werden. Daß der Film schließlich doch noch gedreht wurde und im November 1944 aufgeführt werden konnte, ist unter diesen Umständen ein wahres Wunder.

## 4

Trotz der Stalingrad-Rede von Goebbels macht die deutsche Moral im Frühjahr 1943 eine schwere Krise durch. Das Afrikakorps ist geschlagen, Afrika selbst verloren, Sizilien umkämpft. In Rußland weicht die Wehrmacht ständig zurück, die deutschen Städte werden ausgebombt, die Fleischrationen müssen herabgesetzt werden. Hitler weiß dies nicht, man hält viele Nachrichten über die deutsche Moral jetzt von ihm fern. Keitel sagt: *Der Führer ist an solchen Erwägungen nicht interessiert. Er ist der Überzeugung, daß das deutsche Volk, wenn es ihn und seinen Kampf nicht verstehen will, eben untergehen muß.*[3]

Goebbels kann es sich nicht so leicht machen. An ihm ist es zu handeln. Auf ihn kommt es jetzt an, genau wie in den Tagen vor der Stalingrad-Katastrophe. Er muß täglich erklären, beruhigen, ermutigen. Eine einmalige Aufpulverungsspritze hilft eben nicht mehr. Dazu sind die Dinge schon zu weit fortgeschritten.

Sein Hauptargument ist noch immer die bolschewistische Gefahr – nicht nur für Deutschland, sondern für die ganze Welt. *Wir leben augenblicklich im kritischsten Stadium des Abendlandes,* erklärt er in dem Artikel *Die Krise Europas,* deutlich zu den Amerikanern und Engländern hinüberschielend – und dies nur Tage, nachdem die Verhandlungen mit Stalin zu seinem Leidwesen ins Wasser gefallen sind. Der Bolschewismus, einmal irgendwo in Europa zur Macht gekommen, sei wie eine ansteckende Krankheit. Man solle sich nicht etwa damit trösten, daß die Bolschewisten sich vielleicht innerlich den Europäern näherten. *Wenn ein halbwegs Gesunder sich zu einem Typhuskranken ins Bett legt, so wird er nicht den Typhuskranken mit seiner Gesundheit, sondern der Typhuskranke wird ihn mit seinem Typhus anstecken.* So geht das viele Wochen lang, bis Goebbels dann einen unverhofften Fund tut, eine ganz große propagandistische Chance sieht und sie mit allen Mitteln ausnützt.

Am 13. April 1943 um neun Uhr fünfzehn Minuten abends wird folgendes über den Berliner Rundfunk bekanntgegeben: *Von Smolensk erreicht uns die Nachricht, daß die einheimische Bevölkerung den deutschen Behörden den Ort bezeichnet hat, wo die Bolschewiken durch die GPU zehntausend polnische Offiziere durch geheime Massenhinrichtungen hinmorden ließen. Die deutschen Behörden fanden eine achtundzwanzig Meter lange und sechzehn Meter breite Grube, in der zwölf Fuß tief die Leichen von dreitausend polnischen Offizieren lagen. In voller Uniform, teilweise gefesselt, waren sie sämtlich durch Pistolenschüsse in den Nacken getötet worden. Die Identifizierung dürfte nicht schwierig sein, da die Leichen infolge besonderer Bodenbeschaffenheit mumifiziert sind und die Bolschewiken es auch verabsäumt haben, die persönlichen Papiere aus den Kleidern der Leichen zu entfernen. Man hat schon festgestellt, daß General Smorawinksi aus Lublin sich unter den Ermordeten befindet. Die Offiziere wurden zuerst in Kozielsk nahe Orlow gefangengehalten, von wo man sie im Februar oder März 1940 in Viehwagen nach Smolensk und von dort nach Kosgory transportierte, wo sie ermordet wurden. Die Suche nach weiteren Leichengruben dauert an. Man schätzt die Gesamtzahl der hingerichteten Offiziere auf zehntausend, was ungefähr der Zahl der von den Bolschewiken gefangenen polnischen Offiziere entspricht.*

Dieser Rundfunkmeldung, die auf der ganzen Welt wie eine Bombe einschlug, war eine ungeheure Propagandaaktion vorangegangen. Sobald die furchtbare Entdeckung im Wäldchen von Katyn gemacht war, hatte Goebbels Gerichtsmediziner und Chemiker hingeschickt, neutrale Experten aufgefordert, an der Untersuchung teilzunehmen, Vertreter von Bulgarien, Rumänien und Kroatien, Italien, Ungarn und so weiter eingeladen. Protokolle wurden verfaßt, Photos aufgenommen, die Herausgabe eines Weißbuches durch das Auswärtige Amt vorbereitet. Bauern wurden verhört, die aussagten, sie hätten in der fraglichen Zeit Schüsse gehört. Indizien wurden sichergestellt, wie zum Beispiel Tagebücher und Briefschaften, die sich bei den Toten fanden und die alle darauf hinwiesen, daß ihre Besitzer im Sommer und Herbst 1940 ermordet worden waren. (Smolensk war erst im Juli 1941 in deutsche Hand gefallen.)

Goebbels doziert in der Ministerkonferenz ausführlich, wie die deutsche Presse die Sache aufziehen soll. *Warum hat Stalin, als er vom Chef der polnischen Exilregierung in London, Sikorsky, nach dem Verbleib der zwölftausend polnischen Offiziere gefragt worden ist, diesem zur Antwort gegeben: Die leben als friedliche Bürger bei uns in der Sowjetunion? Warum hat Stalin damals nicht gleich gesagt: Die sind von uns zurückgelassen worden, wir wissen nicht, wo sie sind? Heute aber, da wir die Scheußlichkeit der sowjetischen Liquidierungsaktion aufgedeckt haben, behauptet der Kreml plötzlich, wir hätten diese zwölftausend Offiziere ermordet.*

Besonderen Wert legt Goebbels darauf, daß die Wochenschauen alles bringen. *Es muß gezeigt werden, wie die Pressevertreter des Auslandes an den Grabrändern stehen, mit Taschentüchern vor der Nase oder mit brennender Zigarette im Mund, weil sie es sonst vor Verwesungsgestank nicht aushalten können!* Schließlich inszeniert er eine feierliche Bestattung: Geistliche werden nach Katyn verfrachtet; im Beisein von In- und Auslandspresse, Kameramännern werden die Opfer erneut in die Erde gesenkt, wobei sich eine weitere Gelegenheit bietet, den gesamten Komplex noch einmal aufzurollen und der Welt zu zeigen, was sie zu erwarten hat, wenn der Bolschewismus siegt.

Es ist meisterhaft gemacht. Und doch beschäftigen sich die halbwegs seriösen deutschen Blätter nur ungern und vorübergehend mit der Affäre. Goebbels ist außer sich, erklärt, die Redakteure hätten keine Ahnung, wie man Zeitungen mache, und wüßten überhaupt gar nicht, welche große Gelegenheit ihnen hier geboten werde. Die Geschichte müsse so oft in allen grauenhaften Details beschrieben werden, bis bei der bloßen Erwähnung des Namens Katyn den Menschen die Haare zu Berge ständen.[4]

Den wahren Grund für den Mißerfolg der Aktion will Goebbels sich wohl nicht eingestehen. Seit dem Untergang der *Athenia* hat das Propagandaministerium so viele Greueltaten der Gegner erfunden, daß diejenigen, die wissen, wie Nachrichten gemacht werden, auch Katyn für eine Erfindung halten.

Seltsame Ironie des Schicksals: Einmal sagt Goebbels wirklich die Wahrheit, und man glaubt ihm nicht; außerhalb Deutschlands noch weniger als in Deutschland. Empört stellt Goebbels fest, die Affäre von Katyn habe der *Koalition unserer Gegner keineswegs einen tiefe-*

*ren Riß zugefügt ... In London und Washington macht man im Gegenteil den Polen mit aller gebotenen Deutlichkeit klar, daß man im Grunde genommen nichts für sie tun könne ... Die englischen und USA-Zeitungen haben die Polen fallenlassen.*

Das Ausland hat weit mehr Grund, mißtrauisch gegen Goebbels zu sein, als die Deutschen, denn das Ausland weiß ja von vielen Dingen, von denen man in Deutschland selbst noch kaum etwas ahnt. Hierzu gehören die Massenmorde an den Juden, die Ende 1941 einsetzten. Die ersten Nachrichten über das, was in Lublin und Auschwitz vor sich geht, die ersten Berichte über die Möbelwagen mit ihren Vergasungsvorrichtungen, die Krematorien, die für Tausende bestimmt sind, über die Zehntausende, die ihr eigenes Grab schaufeln müssen, über die zahllosen anderen unfaßbaren und unbeschreiblichen Verbrechen beginnen durchzusickern, in Schweden, in der Schweiz, in Amerika, in England. Die sie hören, können sich durchaus vorstellen, daß die gleichen Täter Katyn auf dem Gewissen haben: Sie vermögen es vor allen Dingen nicht, sich vorzustellen, daß Goebbels, der von den deutschen Massenmorden weiß, sich über die Affäre von Katyn ehrlich aufregen könnte.

## 5

Nicht nur in der Katyn-Propaganda ist Goebbels mattgesetzt, auch seine „Vergeltungspropaganda" zeigt keine Wirkung.

Es handelt sich hier sozusagen um einen „Ersatz". Göring hat versagt, die Luftwaffe ist nicht imstande gewesen, die feindlichen Bombenflugzeuge von Deutschland fernzuhalten. Was kann man den Menschen bieten, deren Wohnungen zerstört werden, deren Habe vernichtet wird? Man kann ihnen sagen: Den anderen geht es genauso, die anderen werden noch bombardiert, und da sie das einmal satt bekommen werden, so werden sie aufhören. Nun, es war dem nicht so, das wußte jeder Mensch in Deutschland, aber Goebbels konnte immerhin versprechen, daß es bald soweit sein würde. *Tag und Nacht wird bei uns an der Möglichkeit gearbeitet, den britischen Terroristen mit gleicher Münze heimzuzahlen. Wir schauen durchaus nicht etwa dem englischen Luftkrieg mit verschränkten Armen zu,* schrieb er am 6. April 1943. Zwei Wochen später tut er geheimnisvoll: *Es ist heute noch nicht der Zeitpunkt, darüber zu reden, was vorbereitet und getan wird, um unseren Feinden auf ihren Terror die einzig gebührende und wohl auch überzeugende Antwort zu geben.* Allerdings vermeidet er es ausdrücklich, von Wunderwaffen zu reden. Am 5. Juni in einer Rede im Sportpalast: *Das ganze deutsche Volk ist heute nur noch von dem einen Gedanken beseelt, Gleiches mit Gleichem zu vergelten.* Wozu der Stenograph bemerkt: *Durch stürmische Kundgebungen geben die Massen ihrem Mitgefühl und zugleich ihrem Stolz auf die tapfere Haltung der Bevölkerung der Luftkriegsgebiete Ausdruck.*

Die Vergeltungskampagne wird mit immer sich steigernder Heftigkeit geführt. Goebbels gibt natürlich nur die Stichworte, die Leitartikler greifen sie auf, die Partei tat ein übriges, allenthalben wurde gemunkelt – und trotzdem ist es ein Mißerfolg. Das Volk glaubt einfach nicht mehr an die Vergeltung, die Leute sagen, das Wort hinge ihnen schon zum Halse heraus.

Auch der sogenannte totale Krieg wird für Goebbels zur schrecklichen Enttäuschung. Denn wie er befürchtet hat, bleibt es bei ein paar Beschlüssen des Komitees, und nichts Ernstliches geschieht. *Wir haben die Reserven,* erklärt Goebbels seinen Vertrauten, *aber wir schöpfen sie nicht aus. Immer sind es zehn Prozent, die uns am Erfolg fehlen.*

Vor der Ministerkonferenz erklärt er, daß *die Generalität immer noch meint, es ginge auch so, und weil andere glauben, daß man noch mehr vom Volk nicht verlangen könnte, geschieht eben gar nichts. Aber das Volk würde zu allem bereit sein, wenn wir ihm in geeigneter Weise die zwingende Notwendigkeit vor Augen führen und ihm klarmachen, daß anders wir einer Katastrophe entgegengehen.*

Als Beispiel für einen wirklichen totalen Krieg empfiehlt er den Konferenzteilnehmern den Sowjetfilm *Das kämpfende Leningrad. Ich kann Ihnen, meine Herren, nur empfehlen, sich diesen Film anzusehen. Dann erst werden Sie erkennen, wie man einen Krieg total führt. Da sieht man, wie vor den Toren Leningrads geschippt wird. Greise Mütterchen quälen sich mit Spaten bei vierzig Grad Kälte. Ein Posten mit dem Gewehr geht auf und ab und wacht darüber, daß etwas geschafft wird. Wer vor Kälte und Erschöpfung zusammenbricht, bleibt liegen, der Posten nimmt keine Notiz davon. Dann wieder sieht man, wie in einem Rüstungswerk gearbeitet wird, obgleich zur selben Zeit feindliche Flugzeuge in der Luft sind. Man sieht, wie die Bomben in die Werkhallen hineinsausen. Keiner darf in den Luftschutzraum – es wird weitergearbeitet.*

Goebbels ist geradezu außer sich, daß in Deutschland nicht ähnlich ernsthaft Krieg geführt wird. Es gelingt ihm ja nicht einmal, alle Luxusrestaurants und Nachtlokale schließen zu lassen. Das teuerste und beste Restaurant in Berlin, Horcher, bleibt geöffnet, weil Göring es persönlich so angeordnet hat. Goebbels läßt des Nachts die Fenster des Restaurants einwerfen, will nun in seiner Eigenschaft als Gauleiter mit der Begründung einschreiten, das Volk sei empört. Göring stellt Wachtposten auf.[5]

Fünfundvierzig Minuten lang telefonieren Göring und Goebbels über die Schließung von Horcher. Göring gibt nicht nach. Wenn Goebbels das Restaurant schließen läßt, wird er es als Club der Luftwaffe wieder aufmachen.

Von diesem Augenblick an gibt Goebbels Göring und nur Göring die Schuld daran, daß der totale Krieg nicht geführt wird. In der Ministerkonferenz spricht er, freilich ohne Namen zu nennen, von der Prahlsucht gewisser Leute, *die zwar nichts Brauchbares zu leisten imstande sind, die dafür aber, um sich mit Gewalt im Vordergrund zu halten, sich nun mit einem aufgeblähten Riesenapparat umgeben, die nur mit einem riesigen Automobilgefolge sich zu bewegen imstande sind …*

Von nun an ist es ein offener Kampf. Die beiden schreiben einander scharfe Briefe, und zum mindesten Goebbels kümmert sich nicht mehr darum, ob und in welchem Maße seine Umgebung von dem Zwist erfährt. Je schlechter der Krieg steht, um so offener denunziert Goebbels den Bundesgenossen aus der Kampfzeit. Zuletzt ist Göring überhaupt an allem schuld.

## 6

Inzwischen wird Sizilien von den Alliierten überrannt. Goebbels kann nicht viel tun, um den Schock für Deutschland zu verringern. Er geht mit allgemeinen philosophischen Betrachtungen über die Situation hinweg, sagt zum Beispiel, daß die Alliierten *Siege von Format bisher nicht errungen haben. Dazu gehört schon etwas mehr als mit der vereinten Kraft zweier Weltreiche auf Sizilien einzufallen.*

Da es doch aber für jeden Deutschen klar auf der Hand liegt, daß die zwei Weltreiche nicht in Sizilien stehenbleiben werden, müßte die Propaganda jetzt mit voller Kraft arbeiten, um eine weitere Erschütterung der im Augenblick ziemlich niedrigen deutschen Moral zu verhindern. Wie kann man trotz der militärischen Erfolge der Alliierten die Menschen davon überzeugen, daß nichts Ernsthaftes zu befürchten ist?

Nicht Goebbels selbst, sondern Fritzsche bringt das Wort von der „Festung Europa" (übrigens schon früher) in Vorschlag. Die Vorzüge des Schlagwortes liegen auf der Hand. Europa, eine Festung – das kann nur bedeuten: hier wird jeder Angriff zunichte, hier kommt niemand herein. Goebbels hört sich das an, nickt, schüttelt den Kopf. *Eine Festung ist etwas Eigenartiges, sagt er. Die meisten Menschen verbinden mit dem Wort Festung auch den Begriff der Belagerung. Und bei belagerten Festungen denken sie dann meistens an Aushungerung und schließlich an Kapitulation. Festung Europa ist mir zu defensiv.*

Trotzdem wird der Begriff in der deutschen Presse hin und wieder benutzt. Und fast augenblicklich zeigt sich, wie recht Goebbels hat. Denn die Deutschen, insbesondere die Berliner, greifen das Wort sofort auf – aber ironisch. Im Hinblick auf die Bombardements sagen sie: *Die Festung Europa hat kein Dach.*

Etwas ganz anderes ist es mit der Propaganda fürs Ausland. Hier ist Goebbels durchaus damit einverstanden, daß der Begriff der Festung Europa verwendet wird, ja, hier forciert er ihn. Der Rest von Europa soll wissen, daß Deutschland den Krieg nicht nur für sich selbst, sondern für ganz Europa führt. Die Alliierten sollen erfahren, daß eine Invasion unmöglich ist. Photos und Filme von den Verteidigungsanlagen in den besetzten Ländern wurden im Propagandaministerium zusammengestellt. Die ganze deutsche Presse erhielt von Goebbels Anweisung, die Stärke der Verteidigung immer wieder herauszuarbeiten. Die Presse der besetzten und Satellitenländer mußte diese Berichte nachdrucken. Der Rundfunk hämmerte in tausend Variationen, daß die Festung Europa ein Bollwerk aus Stahl und Stein sei. Ausländische Journalisten wurden an Ort und Stelle transportiert, kamen zurück, erklärten, sie seien tief beeindruckt.

Aber Goebbels ist über diese Art der Propaganda selbst nicht sehr glücklich. Er erklärt: *Das erinnert mich allzusehr an die Maginotlinie.* Im Juni 1941 hat er einen Artikel geschrieben, der sich über die englischen Pressestimmen zum Fall von Kreta lustig machte. Er nannte ihn *Die Heroisierung der Rückzüge.* Aber seit geraumer Zeit sind seine Artikel nichts anderes als Heroisierungen von Rückzügen. Da die deutsche Wehrmacht defensiv kämpft, wird auch die Propaganda defensiv. Er versucht das mit allen Mitteln zu verschleiern. Er schreibt immer wieder, er dürfe nicht alles mitteilen, was er wisse, damit der Feind um so empfindlicher überrascht werde, aber natürlich wisse die Führung alles und hätte auch für alle möglichen Fälle Gegenmaßnahmen ergriffen. Um den Unzufriedenen den Wind aus den Segeln zu nehmen, gibt er zu, daß nicht alles in bester Ordnung sei, daß auch Fehler gemacht würden, aber daß die Führung alles unternehme, um geschehenes Unrecht gutzumachen und Fehler in Ordnung zu bringen. Er gibt sich überlegen philosophisch, und viele seiner Titel wirken, als stehe er weit über der Situation, wie zum Beispiel *Vom Unrecht im Kriege, Vom Wesen der Kriege, Von der Arbeit des Geistes, Vom Reden und Schweigen, Von der Unersetzlichkeit der Freiheit, Von den nationalen Pflichten im Kriege* und so weiter.

Er weist darauf hin, daß Deutschland im Grunde den Krieg ja schon gewonnen habe, es *muß den Sieg nur verteidigen.* Er stellt fest, daß England viel schlimmere Krisen durchgemacht habe. Er führt aus, daß die deutschen Linien kürzer und dadurch dichter geworden seien, und schließlich bringt er als letztes Argument, daß der von der alliierten Propaganda für den Herbst 1943 vorausgesagte deutsche Zusammenbruch nicht stattgefunden habe.

Der Kreis hat sich geschlossen. Als im Herbst 1941 die britische Presse mit Befriedigung feststellte, Hitler habe seinen Fahrplan nicht eingehalten, er sei nicht, wie er vorher gesagt, im September oder Oktober 1940 in London einmarschiert, tat Goebbels sehr amüsiert, lehnte dergleichen mit Recht als schlechte Propaganda ab. Jetzt bleibt ihm nichts anderes mehr übrig, als solche schlechte Propaganda zu machen. Die Initiative ist ihm aus der Hand gerissen.

# 7

Am 25. Juli 1943 setzt der König von Italien kurzerhand Mussolini ab. Im Propagandaministerium in Berlin ist man sprachlos. Schließlich kommt die Meldung zustande, der Duce sei krank. Goebbels ist ein paar Tage lang derart fassungslos, daß er seinen wöchentlichen Leitartikel ausfallen läßt. Alle deutschen Zeitungen nehmen vorläufig eine abwartende, unentschlossene Haltung ein, was darauf hinweist, daß sie keine Direktiven bekommen haben. Es konnte ja sein, daß die Proklamation des Königs und des Marschalls Badoglio, der Krieg werde fortgesetzt, ernst gemeint war.

Am 8. September folgt die Kapitulation Italiens. Sie mußte katastrophale Folgen für die deutsche Moral haben. Aber einmal mehr rafft sich Goebbels zusammen, nimmt die Zügel fest in die Hand, gibt klare Weisungen aus. Der König von Italien ist ein „Verräter". Die Kapitulation ist ein „Dolchstoß in den Rücken".

Überraschenderweise läßt Hitler Goebbels in dieser Notlage nicht im Stich. Goebbels telefoniert mit ihm, bittet ihn, sofort zum Volk zu sprechen. Knapp zwei Stunden später spricht Hitler über alle deutschen Sender. Er entschuldigt sein langes Schweigen mit der Behauptung, er habe den Zusammenbruch Italiens seit langem vorausgesehen, habe also nicht zu seinem Volke sprechen können, ohne eine solche Möglichkeit zu erwähnen, auf der anderen Seite aber hätte eine solche Erwähnung üble Folgen haben können; sie hätte nämlich den Verlauf der Dinge noch beschleunigt. Das war die Wiederholung der Goebbels-These, daß man nicht immer alles sagen durfte, was man wußte. Hitler sprach klar und ruhig und flößte Vertrauen ein. Er redete viel von Mussolini und lobte seine Treue.

Zwei Tage später, als Mussolini in der sensationellsten Weise von deutschen Fallschirmtruppen befreit wird, steigt der propagandistische Wert dieser Rede ins Ungemessene.

Die Befreiung selbst wird von Goebbels mit Sondermeldungen als großer Sieg aufgezogen, mit ausführlichen Beschreibungen des Hergangs, der ja wirklich etwas filmhaft Aufregendes hat. General Dittmar, der deutsche Kommentator, erklärt zu Recht, daß diese Aktion in ihrer moralischen Auswirkung den Wert einer gewonnenen Schlacht habe. Aber die Auswirkung ist eben nicht so sehr die Folge der Aktion, als vielmehr die Folge der Propaganda. Wie ein halbes Jahr vorher im Sportpalast, spielt Goebbels wieder auf allen Registern.

Und wie damals im Sportpalast ist er auch jetzt ganz kalt dabei. Als Mussolini im Dezember eine größere Rede in Mailand hält und Fritzsche wissen will, wie diese Rede aufzuziehen sei, sagt Goebbels, daß ihn die Reden Mussolinis nicht interessierten; Mussolini sei nicht aus Freundschaft gerettet worden, sondern aus Gründen der Vorsicht und Sicherheit.

## 8

Je mehr das Jahr 1943 fortschreitet, um so unruhiger wird der Gauleiter von Berlin. Er fährt ins zerstörte Köln, und was er dort sieht, erschüttert ihn. Kurz darauf wird Hamburg bombardiert – dreißigtausend Tote. Da beschließt Goebbels, die Frauen und Kinder Berlins zu evakuieren. Am 1. August erscheint sein erster Aufruf: *Berliner! Berlinerinnen! Der Feind setzt den Luftterror gegen die deutsche Zivilbevölkerung rücksichtslos fort. Es ist dringend erwünscht und liegt im Interesse jedes einzelnen, der nicht aus beruflichen oder sonstigen Gründen zum Verbleib in Berlin verpflichtet ist, sich in weniger luftgefährdete Gebiete zu begeben …*

*Die Frage, ob Berlin von den britischen Terrorfliegern angegriffen wird, ist schwer zu beantworten. Jedenfalls wäre es gewissen- und verantwortungslos, wenn wir uns einfach darauf verlassen wollten, daß dies nicht der Fall sein würde,* schreibt er am 4. August 1943. Er beruhigt. *Was die Führung tun kann, wird getan. Nichts bleibt dabei versäumt, was Menschenkraft vermag.* Einige Tage später: *Die Engländer haben diese Nervenprobe unter viel ungünstigeren politischen und militärischen Voraussetzungen im Jahre 1940 durchgestanden; wir müssen sie im Jahre 1943 durchstehen.*

Berlin horcht auf. Überall packen die Menschen ihren wertvollsten Besitz und schicken ihn zu Bekannten aufs Land. Die Straßen sind voll von Menschen, die irgend etwas tragen. Pakete, Koffer, eingerollte Teppiche. Frauen und Kinder nehmen hastig Abschied, ununterbrochen rollen Züge nach Pommern, nach Mecklenburg, nach Bayern.

Und dann sind die Straßen und Omnibusse, die Untergrundbahnen plötzlich leer. Berlin hält den Atem an, wartet.

Der erste Schlag fällt in der Nacht zum 24. August. Die südlichen Vororte von Berlin werden nahezu vernichtet. Zehntausende werden obdachlos. Goebbels ergreift sofort Maßnahmen. Das Photographieren des rauchenden Trümmerfeldes wird verboten. Die Zeitungen berichten nur vorsichtig, zögernd. Die Größe Berlins bewirkt, daß man in der Mitte der Stadt, im Norden und Osten für übertriebene Gerüchte hält, was sich wirklich abgespielt hat. Dabei weiß Goebbels, daß dies eigentlich erst der Anfang ist; weiß es aus der Erfahrung anderer Städte, weiß es, weil die Briten den Regierungen, deren Botschaften und Gesandtschaften im Zentrum Berlins liegen, eine Warnung haben zukommen lassen. Mit jedem Tag wird er nervöser. In solche Wut und Angst hat sich Goebbels geredet, daß er um diese Zeit durchaus dafür eintritt, daß die Bevölkerung an alliierten Fliegern, die mit dem Fallschirm landen, Lynchjustiz übt.[6]

Das Warten wird unerträglich. Es beginnt nach Sonnenuntergang, mit Einbrechen der Dunkelheit. Jeden Abend fragt Goebbels seine Mitarbeiter, ob heute wohl ein Luftangriff kommen wird. Zwischen sechs und sieben ruft er zehn- oder fünfzehnmal nach seinem Adjutanten, immer mit der gleichen Frage: *Neuigkeiten über gemeldete Bomber?*

Der große, entscheidende Luftangriff kommt in der Nacht vom 22. zum 23. November. Kurz nach sieben Uhr abends, ein schwerer Regen fällt, heulen die Sirenen. Es ist dunkel. Eine halbe Stunde später ist Berlin eine einzige Fackel. Der Westen brennt, das Regierungsviertel brennt, die unglaubliche Hitze verursacht einen Orkan, der über die Innenstadt hinwegbraust.

An diesem Abend spricht Goebbels in der westlichen Vorstadt Steglitz. Kaum hat er zu reden begonnen, bringt ihm jemand ein Blatt Papier aufs Podium. Erbleichend liest er: *Große Bomberformationen auf dem Weg nach Berlin.* Er spricht eine Weile weiter, wird immer nervöser, fragt die Zuhörer schließlich, ob es Sinn habe, fortzufahren. Da plötzlich: Sirenen. Alles stürzt in den Keller. Goebbels setzt sich mit dem Gauhauptquartier in Verbindung, hört übers Telefon die einschlagenden Bomben, irgendwer schreit, man brauche ihn, er solle sofort ins Hauptquartier kommen. Eine neue Bombe, die Verbindung ist unterbrochen.

Goebbels gibt Befehl, zum Wilhelmsplatz zurückzufahren. Der Chauffeur zaudert, Goebbels schreit ihn an. Der Wagen startet. Die

Nacht ist rot, die Straßen sind voll von Steinen und Gerümpel. Häuser fallen ein. Die Abwehrgeschütze knattern. Mit fünfzig Kilometern Geschwindigkeit geht es quer durch Berlin, Bomben fallen in nächster Nähe, zweimal rast das Auto beinahe in einen Bombenkrater, immer wieder müssen Umwege gemacht werden, weil Straßen versperrt sind, der Rauch wird dichter.

Als er im Hauptquartierbunker ankommt, glaubt niemand, daß er durch halb Berlin gefahren ist. Er raucht Zigarette auf Zigarette, hört die einlaufenden Berichte, ist erschüttert. *Noch zwei oder drei Attacken, und Berlin ist nicht mehr,* sagt er.[7]

9

Goebbels steht vor einem unlösbaren Problem. Was kann er hier noch sagen? Was kann er hier noch verschweigen? Hier ist jedes Wort zuviel, jeder Versuch, das ungeheure Unglück propagandistisch zu verkleinern, unmöglich.

Unter den Betroffenen des furchtbaren Luftangriffs, die alle ihre Habe verloren, befindet sich auch Magdas Mutter, Frau Behrendt, sowie Goebbels' Schwester Maria, die inzwischen den Filmproduzenten Axel Kimmich geheiratet hat. Die Kimmichs sowie Frau Behrendt ziehen jetzt nach Lanke. Goebbels bleibt in der Stadt wohnen. So viel Familie geht ihm auf die Nerven; aber alle paar Tage kommt er doch hinaus, schon um die Kinder zu sehen. Gerade in dieser schwierigen Zeit beschäftigt er sich mehr mit seinen Kindern denn je zuvor. Er hat beschlossen, sie nicht in die Hitlerjugend zu schicken, er hält nicht viel von der Jugendorganisation der Partei, erklärt dies auch mit bemerkenswerter Offenheit seinen Mitarbeitern gegenüber. Er glaubt, er und Magda könnten den Kindern eine bessere Erziehung angedeihen lassen.

In den letzten Jahren des Krieges werden die Kinder privat unterrichtet. Goebbels spricht selten darüber, deutet nur einmal an, er halte nichts von den Durchschnittslehrern. Erst ganz zuletzt, im Februar 1945, sagt er einer seiner Mitarbeiterinnen die Wahrheit: *Es geht doch nicht, daß meine Kinder in der Schule hören, wie andere Kinder auf Goebbels schimpfen.*[8]

Er überwacht aufs genaueste, was die Kinder lesen, unterhält sich mit ihnen. Als einzige Fremdsprache lernen sie Englisch; Helmuth muß außerdem viel Geschichte büffeln und bekommt, vielleicht ein bißchen zu früh für sein Alter, von seinem Vater lange Vorträge über geschichtliche Zusammenhänge zu hören. Im übrigen arbeitet Goebbels ein genaues tägliches Programm für alle Kinder aus. Es ist alles festgelegt, Spaziergänge, Spiele, Filmvorführungen. Inzwischen hat sich Goebbels durchaus darüber getröstet, daß er so viele Töchter besitzt. *Töchter bringen einen Sohn ins Haus, Söhne gehen in das Haus der Frau,* pflegt er zu sagen.

Bis zuletzt grüßen die Kinder niemals mit „Heil Hitler", wenn sie kommen oder gehen.

## 10

Magda schickt sich an, das Weihnachtsfest im Kreise der gesamten Familie mit Schwiegermutter, Mutter und Familie Kimmich zu feiern. Sie hat mit vieler Mühe Geschenke gekauft, im Filmsaal in Lanke einen Baum aufgestellt und geputzt. Am Abend des 23. Dezember kommt der Adjutant, meldet, der Minister sei auf dem Wege und beabsichtige, sich einen amerikanischen Film vorführen zu lassen. Frau Goebbels telefoniert, der Baum sei bereits aufgestellt, die Leinwand verdeckt, der Film könne also nicht vorgeführt werden. Goebbels brüllt empört über das Telefon: *Werden meine Wünsche so respektiert?,* hängt ab, und anstatt nach Lanke, fährt er allein nach Schwanenwerder. Magda ist nicht einmal böse darüber, meint später, einen so stimmungsvollen Weihnachtsabend habe man lange nicht erlebt. *Diesmal konnten die Kinder wenigstens ihre Weihnachtslieder singen,* was ihrem Mann immer so auf die Nerven gegangen sei.

Goebbels, allein und verärgert in Schwanenwerder, schreibt seinen Neujahrsartikel. Er spricht von dem geheimnisvollen „Buch des neuen Jahres" ... *Noch birgt es Rätsel über Rätsel für uns ...*

Er weiß, daß die Deutschen viel darum gäben, zu erfahren, was das Buch des kommenden Jahres birgt. Der Ansturm auf Wahrsager ist größer denn je, obwohl das Wahrsagen und Kartenlegen verboten ist. Aber da nun einmal das Bedürfnis besteht, nützt Goebbels es aus. Zu Beginn des neuen Jahres läßt er in einer norwegischen Zeitung *Die Enthüllungen des schwedischen Wahrsagers Grünberg* erscheinen. Grünberg meint, der Krieg bringe noch eine Reihe von Niederlagen für Deutschland, ende aber mit einem Sieg Hitlers. Schließlich würde Deutschland zusammen mit den Westmächten die Russen bekämpfen. Kaum war der Artikel erschienen, taucht er schon, mit Schreibmaschine auf dünnem Papier geschrieben, in Deutschland auf, geht von Hand zu Hand, die Leute lesen die Prophezeiungen begierig und fühlen sich getröstet. Eine von denen, die eine Kopie dieses Artikels besitzen, ist Magda Goebbels. Aber sie will nicht, daß ihr Mann erfährt, warum sie plötzlich wieder guter Laune geworden ist ...

*Verrückte Zeiten verlangen nach verrückten Maßnahmen,* erklärt Goebbels, als er dem Pressereferenten Semmler von seiner Reklameidee berichtet. Zu Jacobs sagt er, er habe nichts dagegen, wenn große Teile des Volkes einen Hang zum Mystischen zeigen und an Astrologen glauben, solange sie dadurch an moralischem Halt gewinnen.

Aber nicht alle lassen sich mit solchen Tricks abspeisen. Immer größere Teile des deutschen Volkes werden skeptisch, ja, sie verzweifeln am Nazismus. Goebbels erklärt (oder er versucht es wenigstens), daß es ganz sinnlos sei, eine oppositionelle Meinung zu haben, der Feind kenne ja doch nur Deutsche und wolle sie alle vernichten. *Kein Deutscher ist in der Lage, sich zu retten und zu sagen: Im Herzen war ich immer demokratisch, ich habe die Nazis immer gehaßt.* So oder ähnlich geht es nun durch alle Artikel, alle Rundfunkansprachen. Und der Verlauf des Krieges scheint ihm recht zu geben. In der Tat, die Bomben fragen nicht danach, ob sie auf die Dächer der Nazis oder die der Nazigegner fallen. Dies alles ist nun schon völlig defensive Propaganda, genau die Art von Propaganda, die Goebbels eigentlich nicht machen will. Manchmal verfällt er in schwere Depressionen, spricht sogar davon, zu sterben – er würde es unter diesen Umständen nicht schwer finden. Einer befreundeten Schauspielerin sagt er, wie schwer es sei, dem Volke die Rückschläge plausibel zu machen. *Man möchte auch lieber etwas Gutes sagen. Wie schwierig, alles umdeuten zu müssen.*

*Warum wird es uns so schwer gemacht?* heißt einer seiner Artikel

Anfang 1944. *Soweit wir in unserer Geschichte zurückblicken, ist unser Volk immer von der Gefahr umgeben gewesen,* stellt er bedauernd, aber auch stolz fest. Überhaupt flüchtet er sich oft in die Geschichte, die Deutschland ja aus so vielen hoffnungslosen Situationen errettet hat. *Die Geschichte besitzt eine großartige, alles menschliche Tun und Handeln überschattende Gerechtigkeit.* Und so werde auch diesmal, wie so oft schon, alles gut ausgehen.

Dabei legt er keineswegs die Hände in den Schoß. Während er unausgesetzt davor warnt, was aus Europa werden würde, wenn der Bolschewismus nicht vernichtet würde, ist er bereit, sich mit Stalin zu verständigen. Anfang April hat er ein vierzig Seiten langes Memorandum ausgearbeitet und dem Führer geschickt. Er führt aus, daß ein militärischer Sieg nicht mehr in Frage käme, daß Churchill und Roosevelt zu einer Einigung nicht zu bewegen seien, daß daher eine Einigung mit Rußland gesucht werden müsse. Stalin sei ja antiamerikanisch und antibritisch, und es sei wohl möglich, mit ihm gemeinsame Sache gegen den Westen zu machen. Man solle den Russen ruhig Finnland, den Norden von Norwegen, den Balkan überlassen. Ribbentrop sei freilich nicht der Mann, diese Verhandlungen zu führen. Er selbst sei bereit, das zu übernehmen.

Seinen Mitarbeitern erklärt er sogar, er sei bereit, selbst zu Stalin zu fahren und sich mit ihm zu unterhalten. Freilich würde er dabei stets eine Giftpille im Munde haben – denn Stalin sei nicht zu trauen.

Goebbels wartet auf Hitlers Antwort. Drei Wochen später, bei einem Besuch im Hauptquartier, erfährt er dann, daß der Führer das Memorandum nie gesehen hat. Bormann hat es einfach nicht weitergeleitet in dem Glauben, der Krieg stehe nicht so schlecht, als daß man zu solchen verzweifelten Maßnahmen greifen müsse. Goebbels ist wieder einmal außer sich.[9]

## 11

Ist die Situation wirklich so verzweifelt? Wie steht es denn mit der von Goebbels so oft angekündigten und angepriesenen Vergeltungswaffe? Es ist ja nun wirklich so, daß Hitler eine ganze Reihe neuer Waffen plant, unter anderem raketengetriebene Flugzeuge, die hundert Kilometer in der Stunde schneller fliegen als alliierte Flugzeuge, und daß, wie sich später herausstellt, den Nazis nur eines mangelt: die Zeit, solche neuen Erfindungen in Massen zu fabrizieren.

Kaum ein Tag vergeht, ohne daß Goebbels sich beim Minister Speer erkundigt, wann es denn nun soweit sein würde. Im Gespräch mit seinen Mitarbeitern ist er recht optimistisch. *London hat immerhin eine Bevölkerung von acht Millionen,* erklärt er auf einer Ministerkonferenz, *das ist etwa ein Fünftel der Gesamtbevölkerung Englands. Man stelle sich die Auswirkungen vor, wenn London eines Tages, nachdem die Vergeltung eingesetzt hat, aufgegeben werden muß.* Daß dies so kommen müsse, davon ist er, vorübergehend wenigstens, felsenfest überzeugt. Er sagt: *Eine Abwehr gegen unsere neue Waffe ist unmöglich, auch eine Warnung ist nicht durchzuführen. Die Menschen aber können ja nicht Tag und Nacht in Deckung verbringen. Einmal müssen sie aus ihren Dachslöchern heraus.*

Was er und alle anderen von der Vergeltungswaffe erhoffen, ist, daß sie die Invasion unmöglich macht. Denn die nun schon seit 1943 von den alliierten Sendern angekündigte Invasion Europas wird für Goebbels geradezu zur Zwangsvorstellung. Er versucht ebensosehr sich selbst wie andere davon zu überzeugen, daß sie nicht glücken kann.

Darüber schreibt er schon seit einem Jahr Artikel. Er malt genau aus, wie die alliierten Truppen landen – und wie sie wieder zurückgeworfen werden, und ohne daß der Begriff von der Festung Europa auftaucht, spricht er unausgesetzt von ihr. Immer wieder gibt er für die Sendungen nach England Kommentaranweisungen: *Wir warten ja nur darauf, daß ihr kommt! Und dann werden wir euch einen Empfang bereiten, daß euch Hören und Sehen vergeht.* Und immer wieder die Generalanweisung: *Nicht die geringste Schwäche oder Nervosität anmerken lassen. Ganz fest und ganz sicher auftreten.*

Das Ganze ist Bluff. Die Alliierten müßten es wissen, sie haben verläßliche Informationen, daß die Deutschen nur zwölf Reservedivisionen im Norden Frankreichs zur Verfügung haben. Aber der Bluff ist so gut gemacht, daß einige militärische Experten der Alliierten, wenn sie die Luftphotos der Küstenbefestigungen betrachten, die zeigen, daß es eine „Festung Europa“, einen „Atlantik-

Wall“ gar nicht gibt, davon zu faseln beginnen, die Küstenbefestigungen seien uneinnehmbar. Ja sogar die britische Intelligence, die täglich von ihren Agenten auf dem laufenden gehalten wird, überschätzt die Schwierigkeiten der Aufgabe.

Goebbels'eigene Artikel sind zuletzt so optimistisch, daß er sich zu Worten hinreißen läßt, wie, das deutsche Volk besorge eher, die Invasion würde nicht stattfinden, als daß sie stattfinde. Und seine engsten Mitarbeiter sind der Überzeugung, daß er glaubt, die Invasion müsse mißlingen.[10]

Ein anderes Propagandamittel gegen die Invasion ist eine Art utopistischer Roman, den Goebbels herstellen läßt und den er unter dem Titel *Europas Selbstmord* in der Schweiz als das Werk eines neutralen Autors erscheinen lassen will. In diesem Machwerk soll dargestellt werden, wie die Invasion nun aussehen wird. Die Idee ist, den Engländern und Amerikanern vor den Kosten der Invasion Angst zu machen. Schon die ersten Landungsversuche würden zwanzig Divisionen, rund vierhunderttausend Mann kosten, das gesamte Unternehmen fünf Millionen Amerikaner und drei Millionen Engländer ...

Diese Zahlen sind alle aus der Luft gegriffen, und zwar von Goebbels selbst. Namentlich die halbe Million Opfer bei der Landung werden auf jede nur mögliche Weise publizistisch ausgewertet: durch Artikel, Rundfunkvorträge, Flüsterkampagnen. Ob jemand in Deutschland daran glaubt, ist zweifelhaft. Aber merkwürdigerweise machen diese düsteren Prophezeiungen einen gewissen Eindruck im alliierten Hauptquartier in London. Amerikanischen Journalisten wird noch kurz vor der Invasion „amtlich“ angedeutet, daß man unter Umständen mit einer halben Million Opfer rechnen müsse. Eine große amerikanische Zeitschrift veröffentlichte eine Art Vorschau auf die Invasion, die beinah ebenso blutrünstig ist wie das von Goebbels bestellte Machwerk.

Das übrigens nicht erscheint. Als es fertig ist, ist die Invasion bereits vorbei. Sie hat vierzehntausend Menschenleben gekostet. Das ist das Ende des Mythos vom Atlantik-Wall und von der Festung Europa.

# 12

Einen Tag vor der Invasion ruft Hitler Goebbels nach dem Obersalzberg, wo beide den Tag in eingehenden Gesprächen verbringen. Erst um zwei Uhr dreißig früh kehrt Goebbels endlich ins Gästehaus zurück, wo sein Mitarbeiterstab auf ihn wartet. Er zieht sich sofort zurück und ordnet an, ihn um neun Uhr früh zur Durchsicht der neuesten Telegramme zu wecken. Man weckt ihn jedoch schon um vier Uhr und gibt ihm die ersten Berichte über die begonnene Invasion. Er springt aus dem Bett und ruft: *Gott sei Dank, endlich sind sie da! Jetzt beginnt die letzte Runde!*

Hitler ist den ganzen Tag über optimistisch. Goebbels bleibt äußerlich ruhig, aber in Wirklichkeit ist er so nervös, daß er auf der Rückfahrt nach Berlin, unausgesetzt redend, kein Auge schließt. Die nächsten zwei Wochen, erklärt er, werden den Ausgang des Krieges entscheiden. Und schon ergreift ihn eine tiefe Enttäuschung, weil die Invasion ja nun eine feststehende Tatsache ist, obwohl die militärischen Kreise sie als eine Unmöglichkeit bezeichnet hatten. Wieder einmal haben sie versagt, wieder einmal hat man ihn falsch informiert, und wieder muß er das Unerklärliche zu erklären versuchen und die gemachten Fehler beschönigen.

*Es ist klar,* sagt er nun, *daß an einer so langen Küste nicht eine Riesenbefestigung neben der anderen stehen kann. Aber nun treten ja auch erst einmal die eigentlichen deutschen Reserven in Kraft, die herangeführt werden, nachdem man weiß, an welcher Stelle der Feind gelandet ist.*

Aber bei Diktaten in sein Tagebuch, in Gesprächen mit den Verbindungsoffizieren der Obersten Heeresleitung kommt seine Enttäuschung voll zum Ausdruck.

Ein Schlag folgt dem anderen. Goebbels weiß genau, daß der Durchbruch bei Avranches entscheidend und damit Frankreich als Operationsbasis so gut wie verloren ist. Er darf es jedoch nicht zugeben. In einer Rede in einem Rüstungswerk einer westdeutschen Stadt sagt er: *Ich will nicht bestreiten, daß der Feind gewisse Anfangserfolge zu verzeichnen gehabt hat. Aber ich könnte mir nun auch etwas anderes vorstellen, wenn ich auch nicht gerade behaupten will, daß es so wäre, nämlich, daß es vielleicht gar nicht so ganz außerhalb unserer strategischen Pläne gelegen hat, daß der Feind in grö-*

*ßerer Zahl und weiter ins Land eingedrungen ist. Denn nur unter dieser Voraussetzung wäre es ja möglich, ihn in seiner Gesamtheit und damit vernichtend zu schlagen.* Und als brausender Beifall ihn unterbricht, fügt er noch einmal hinzu: *Wie gesagt, ich behaupte nicht, daß es so ist, aber ich könnte mir sehr wohl denken, daß es so ist.*

Diese Propagandaidee ist sehr eindrucksvoll. Nach von den Alliierten durchgeführten Befragungen glauben die deutschen Kriegsgefangenen zuerst, daß alles Gerede über die kommende Invasion nur ein Propagandatrick sei, um deutsche Truppen von der Ostnach der Westfront zu ziehen. Als die Alliierten dann gelandet sind, nehmen die Deutschen an, daß Hitler sie absichtlich nach dem Kontinent gelockt habe, um sie dort eine völlige Niederlage erleben zu lassen. Als die Alliierten ständig weiter vorstoßen, glauben die deutschen Soldaten, daß es gar nichts ausmacht, wenn Frankreich aufgegeben werde, *weil wir es ja immer zurückerobern können. Gebiete sind unwichtig,* sagen sie, *die Hauptsache ist, der Kampf spielt sich nicht auf deutschem Boden ab.*

Goebbels tut entrüstet, als sich die Invasion als geglückt herausstellt. Er schreibt: *Und was Europa anlangt, so fragt es die Invasoren erstaunt, wovon sie es denn eigentlich befreien wollen. Von seiner Solidarität, von seiner beginnenden Einigkeit? Eine solche Befreiung wäre Europas größtes Unglück.*

Also: Die Festung Europa gibt es nicht mehr. Aber das „neue Europa" gibt es immer noch. Und die Vergeltung? Ja, die Vergeltung gibt es auch noch. Ganz nebenbei wird in dem gleichen Artikel erwähnt, sie habe begonnen.

Dies ist ganz nebenbei geschehen. Noch am 14. Juni schildert Goebbels seinen Mitarbeitern den Eindruck, den er durch einen Farbfilm von der neuen Waffe gewonnen habe. *Diese Waffe, meine Herren, kommt für diesen Krieg fast zu früh. Ich glaube, sie wird erst die Waffe des nächsten Krieges sein.* Am nächsten Tag erfährt er, daß das deutsche Oberkommando ohne viele Umstände die neuen Geschosse bereits abgefeuert hat, ohne irgendeine publizistische oder psychologische Vorbereitung. Ja, die neue Waffe hat noch nicht einmal einen richtigen Namen.

Goebbels platzt vor Wut, will mit der Sache überhaupt nichts zu tun haben. Einer seiner Mitarbeiter, Schwarz von Bergk, schlägt vor, man solle die Waffe V 1 nennen, die nächste V 2, und so fort;

V für Vergeltung und gleichzeitig als Gegenstück zum berühmten britischen V für Victory. Goebbels notiert in sein Tagebuch: *Der Führer ist mit meinem Vorschlag, der neuen Waffe die Bezeichnung „V 1" zu geben, einverstanden.*

Goebbels hat so oft die Vergeltungswaffe versprochen, bis kein Mensch mehr an ihre Existenz glaubte. Nun ist sie doch noch gekommen, aber er weiß, sie ist zu spät gekommen. Und vor allem: Der propagandistische Effekt ist verpufft.

## Anmerkungen

1 Im Besitz des Autors befindet sich das „Textbuch", das Goebbels ausgearbeitet hat, mit Strichen, die er noch machte, bevor die Vorstellung ablief.

2 Er wußte es noch nicht, als er dem Autor die Geschichte in Nürnberg erzählte.

3 A. W. Dulles: *Germany's Underground.*

4 Tagebuch von Rudolf Semmler.

5 Tagebuch von Rudolf Semmler.

6 Übereinstimmend mit den Aussagen Fritzsches in Nürnberg.

7 Die Beschreibung stammt von dem Stenographen Jacobs und deckt sich im wesentlichen mit dem Tagebuch von Rudolf Semmler.

8 Frau Haberzettel.

9 Semmlers Tagebuch.

10 Fritzsche erzählte dies dem Autor. Wie sehr Fritzsche selbst, ein Jahr nach Kriegsende, noch im Banne dieser Propaganda stand, ging daraus hervor, daß er fortfuhr: *Wenn die deutschen Truppen wirklich gekämpft hätten, wäre die Invasion wohl auch mißlungen.*

## FÜNFZEHNTES KAPITEL

# DER TOD DES LIEBEN GOTTES

### 1

Die oberste Heeresleitung ist brennend daran interessiert, herauszufinden, welche Wirkung die neue Waffe hat. Goebbels ist mehr an der Wirkung seiner Artikel interessiert. Er hungert geradezu nach ausländischen Kommentaren.

Sofort nach der Verlesung eines neuen Artikels im Rundfunk gerät er in fieberhafte Spannung. Erregt blättert er durch den Wust des Materials auf seinem Schreibtisch, läßt wichtige Meldungen völlig unbeachtet, sucht nach irgendeinem Wort über sich, Goebbels. Findet er nichts, geht ein eiliges Telegramm nach Stockholm oder Lissabon: *Wo bleiben Kommentare zum Reich-Artikel?*

Gehässige Kommentare, abfällige Kritiken machen ihm nichts aus. Er liest sie mit Interesse, ja manchmal mit Befriedigung. Die haßerfüllten russischen Kommentare erklärt er für sachlicher als das Echo von Associated Press und United Press. Wenn überhaupt kein Kommentar erfolgt, gerät er aus dem Häuschen. Totgeschwiegen zu werden ist für ihn das Schlimmste. Er ist eben immer noch Journalist.

Wenige Tage nach dem ersten Abschuß der V-1-Geschosse wird der unglückliche Verfasser jenes utopistischen Machwerkes *Europas Selbstmord* von Goebbels empfangen. Dieser Mann, ein gewisser Dr. M. Bochow, versucht, sich damit zu verteidigen, daß die Invasion früher stattgefunden habe, als sein utopistischer Roman von der Invasion erschien. In der Tat, der Roman sei fertig gewesen, aber die betreffende Abteilung des Propagandaministeriums habe gewisse Änderungen vorgeschlagen, und schließlich sei das Manuskript auch über Gebühr lange im Ministerium liegengeblieben.

Goebbels unterbricht ihn ungeduldig. Es lohne sich nicht, davon jetzt zu sprechen. Es sei leicht, das Manuskript zu bearbeiten und eine neue Fassung herzustellen. Denn nicht auf die nun vollzogene Invasion komme es an, sondern auf das, was nach der Invasion geschehe. Dies müsse den Deutschen, dies müsse Europa, ja der ganzen Welt vor Augen geführt werden.

Er solle darstellen: Stalin marschiert siegreich in Deutschland ein ... Die Bolschewisierung Europas schreitet im Eiltempo fort. Der Widerstand Englands und Amerikas ist vergeblich. Auch England wird kommunistisch. Stalin demaskiert sich in einer Unterredung mit Churchill in Moskau ... Als England eine Sowjetrepublik wird, muß Churchill von Angst getroffen zusammenbrechen ... Und alle Welt fragt sich: Wollten wir das?

Dies ungefähr erklärt Goebbels Herrn Bochow, der nun eiligst davonstürzt, um sein Manuskript umzuschreiben und aktuell zu machen. Übrigens bringt Goebbels diese Ideen auch in seinem Artikel zum Ausdruck. Wenn die Invasion Erfolg hat, erklärt er in hundert Varianten, dann werden nicht die Westmächte, dann wird Stalin siegen. *Ein Sieg unserer Gegner würde keinen Frieden, sondern eine unbegrenzte Fortdauer und Vergrößerung des Weltunglücks bedeuten ... Diese Welt wäre keine Welt mehr, sondern schlimmer als die Hölle,* schreibt er am 16. Juli 1944.

Vier Tage später geschieht etwas, was ihm seinen totalen Krieg schneller und sicherer bringt als alle Reden, die er gehalten, alle Artikel, die er geschrieben hat.

## 2

Am Morgen des 20. Juli 1944 trifft Oberst Klaus Schenk von Stauffenberg im Hauptquartier des Führers nahe dem ostpreußischen Städtchen Rastenburg ein. Er führt eine Aktentasche mit sich; in dieser Aktentasche befindet sich eine Zeitbombe. Er stellt die Aktentasche unter den Tisch, der sich in einem Holzbunker befindet, wo an diesem Vormittag die sogenannte Lagebesprechung stattfindet, an der Hitler, Generalfeldmarschall Keitel und eine Reihe anderer Prominenter teilnehmen. Kurz nachdem Stauffenberg den Bunker mit einer Ausrede verlassen hat, erfolgt die Explosion. Der Bunker wird zertrümmert, einige Personen werden getötet, mehrere schwer verletzt. Hitler kommt seltsamerweise mit dem Schrecken und wenigen Schrammen davon.

Stauffenberg hat die Explosion von weitem gesehen und nimmt an, daß Hitler tot ist. Er eilt zu seinem bereitstehenden Flugzeug, fliegt nach Berlin, wo eine Reihe hoher Militärs und prominenter Zivilisten auf ihn warten, die sich seit mehr als einem Jahr gegen Hitler verschworen haben.

Goebbels hat gegen ein Uhr mittags eine kurze mysteriöse Nachricht aus dem Führerhauptquartier erhalten. Es habe eine „Explosion" stattgefunden. Er fragt zurück, bekommt aber keine Antwort. Er beschließt zu warten und wird von Minute zu Minute nervöser. Die Mitarbeiter, die mit ihm zu Mittag speisen, bemerken, wie bleich und zerstreut er ist. Von einem Attentat weiß er jedenfalls vorläufig nichts.[1]

Das Hauptquartier der Verschwörer liegt in der Bendlerstraße. Dort ist man der festen Überzeugung, Hitler sei tot, der lange vorbereitete Plan wird nun verwirklicht; Truppen, die dem mitverschworenen General von Witzleben unterstehen, marschieren auf Berlin und riegeln das Regierungsviertel ab, wo im Verlaufe des Nachmittags und Abends alle Gebäude besetzt, die wichtigsten Personen, unter anderem auch Goebbels, verhaftet werden sollen. In der Eile und allgemeinen Konfusion denkt niemand daran, dafür Sorge zu tragen, die Telefon- und Telegraphenleitungen zu zerstören.

Es trifft sich nun, daß an diesem Nachmittag ein gewisser Leutnant Dr. Hagen, sogenannter politischer Führungsoffizier[2], den Offizieren des Berliner Wachregiments einen Vortrag hält. Dabei hört er, daß Hitler tot und daß „Ausnahmezustand" proklamiert ist und das Regiment das Regierungsviertel besetzen soll. Dies scheint Hagen verdächtig. Da er, bevor er eingezogen wurde, im Propagandaministerium tätig war, ruft er kurzentschlossen Goebbels an. Der ist um diese Zeit noch zu Hause. Zuerst will er gar nicht ans Telefon kommen, er kennt einen Dr. Hagen nicht. Schließlich läßt er sich sprechen, hört, was jener zu sagen hat, kombiniert, daß dies etwas mit der „Explosion" zu tun hat, befiehlt Hagen, sofort zu ihm zu kommen.

Hagen erscheint eine halbe Stunde später mit den Worten: *Herr*

*Minister, das ist eine Militärrevolte.* Goebbels lächelt. Hagen deutet aufs Fenster: *Sehen Sie selbst!* Goebbels sieht: Soldaten marschieren auf, sperren Straßen ab, sein Haus, das ganze Regierungsviertel ist isoliert.

Goebbels telefoniert Dr. Naumann im Propagandaministerium, sofort herüberzukommen. Naumann wird nicht von den Posten durchgelassen und ins Ministerium zurückgeschickt. Inzwischen meldet sich bei Goebbels ein gewisser Major Remer, zwei Soldaten begleiten ihn. Goebbels, der annimmt, Remer sei gekommen, um ihn zu verhaften, entnimmt seiner Schreibtischlade einen Revolver, und dann empfängt er den Major in typisch Goebbelsscher Weise, indem er ihn erst einmal so anschreit, daß die Wände des Hauses zittern. Er benutzt die Verblüffung des Offiziers, um ihm zuzurufen, Hitler lebe. Zum Beweise dafür ruft er auf der direkten Leitung das Führerhauptquartier an.

Dort ist schon Göring eingetroffen und auch Himmler und Ribbentrop. Alle sind erregt, alle übertreffen sich in Ergebenheitsbeteuerungen. Niemand, nicht einmal Himmler, begreift, daß es jetzt nicht so entscheidend ist, ob der Führer lebt, sondern, ob das deutsche Volk, vor allem die Wehrmacht, weiß, daß der Führer lebt. Wenn der Putsch in Berlin durchgeführt wird, bevor die Nachricht vom Mißlingen des Attentats in die Öffentlichkeit dringt, kann der Coup der Aufrührer noch immer gelingen. Alles kommt also auf Berlin an, und in Berlin sitzt nur Goebbels.

Nun spricht er mit Hitler. Der läßt sich mit Major Remer verbinden, der seine Stimme erkennt und Goebbels darauf erklärt, er sei bereit, sich und seine fünfhundert Mann dem Propagandaministerium zu unterstellen. Von diesem Augenblick an übernimmt es Goebbels, ganz auf sich gestellt, den Putsch niederzuschlagen. Hitler bleibt während der folgenden Stunden in der Nähe des Telefons, um nötigenfalls ohne jeden Zeitverlust zur Verfügung zu sein.

Es ist fünf Uhr geworden. Goebbels tritt aus seinem Haus in den Garten, wo Remer seine Männer aufgestellt hat. Zu ihnen stößt noch die Wachmannschaft des Propagandaministeriums, die nun das Ministerium wieder verlassen kann, wenn auch freilich das ganze Regierungsviertel noch immer abgeriegelt ist. Goebbels hält den Männern eine kurze Aufmunterungsrede, erklärt, der Putsch sei mißlungen, sie alle könnten sich Retter des Vaterlandes nennen.

Die meisten der Männer verstehen erst jetzt, worum es eigentlich geht.

Ins Haus zurückgekehrt, teilt Goebbels seine Zeit ein zwischen kurzen Unterhaltungen mit Hitler und Befehlen an andere. Im Verlauf der nächsten Stunde kommen verläßliche Leute aus allen Teilen des Regierungsviertels zu Goebbels, bringen unter ihren Mänteln Maschinengewehre und Handgranaten mit. Man ist im Begriff, sich zu verschanzen.

Neuer Besuch wird gemeldet. Generalleutnant Paul von Haase, Kommandant von Berlin, ist gekommen, um Goebbels zu verhaften. Goebbels empfängt ihn, erklärt ihn selbst für verhaftet. Der Kommandeur befindet sich zwar innerhalb des Kordons, den seine Truppen um das Regierungsviertel gezogen haben, aber ebenfalls innerhalb der Schutzabsperrung, die Remers Truppen um Goebbels' Haus gezogen haben. Haase hat weder so viel Kaltblütigkeit noch gar Gegenwehr erwartet, ist wie vor den Kopf geschlagen, bittet nur um etwas zu essen, eine Flasche Rotwein, will mit seiner Frau telefonieren. Alles dies gewährt Goebbels in großmütiger Weise.

Da dies so gut gelungen ist, lädt Goebbels telefonisch andere Verschwörer ein, viele von ihnen kommen, werden in irgendwelche Zimmer geführt. Man offeriert ihnen Kognak oder Zigarren, und sie sind verhaftet, ehe sie es merken. Remer hat inzwischen Gruppen in die Bendlerstraße geschickt, andere ins Funkhaus, auf das Goebbels natürlich entscheidenden Wert legt. In der Bendlerstraße werden die Hauptkonspiratoren verhaftet; einige erschossen; einige versuchen umzufallen. Im Funkhaus ist zwar ein Major eingetroffen, der es für die Aufständischen besetzen soll. Aber er weiß nicht genau, worum es sich handelt, und ein Telefongespräch mit Goebbels überzeugt ihn, daß er auf der falschen Seite steht. Noch bevor Remers Männer eintreffen, hat der von den Aufständischen entsandte Major die Aufgabe übernommen, das Gebäude gegen die Aufständischen zu verteidigen.

Acht Uhr abends. Himmler ist nach Berlin geflogen, begibt sich sofort zu Goebbels, wo sich nun die prominentesten Gefangenen befinden. Goebbels, Himmler und der Chef des Sicherheitsdienstes der SS, Ernst Kaltenbrunner, verhören die Verschwörer. Das dauert die ganze Nacht. In Berlin, in der Provinz gehen die Verhaftungen weiter. Goebbels weiß, noch ist der Aufstand nicht niedergeschlagen, zu weit verzweigt ist das Netz der Verschwörer, noch ist nicht sicher, wie die anderen Generale reagieren, ob irgendwo eine neue Bombe explodieren wird. Flucht in die Öffentlichkeit ist das beste Mittel.

Übers Telefon diktiert Goebbels einen Aufruf an das Volk. Erst durch ihn erfahren viele Verschwörer in der Provinz und in den besetzten Gebieten, daß der Putsch mißlungen ist, und begehen Selbstmord oder tun, als hätten sie mit der Sache nichts zu schaffen. Im Laufe der Nacht treffen Hunderte von Ergebenheitstelegrammen aus allen Teilen Europas bei Goebbels ein.

Nach Mitternacht spricht auch Hitler im Rundfunk; es ist eine kurze Rede, zerfahren, nervös, sie macht einen ausgesprochen schlechten Eindruck. Hitler hat nichts mehr von seiner ehemaligen Autorität, er beschwört die Deutschen, auf keine falschen Befehle, die in seinem Namen von den Verschwörern gegeben werden, hereinzufallen. Er fleht beinahe.

Goebbels ist außer sich, als er die Rede hört, erklärt, man hätte Hitler in diesem Zustande nicht ans Mikrophon lassen dürfen, das klinge ja geradezu nach Panik. Warum hat der Führer ihn, Goebbels, nicht vorher konsultiert?

In der gleichen Nacht noch wird Major Remer, den Goebbels zum Helden des Tages proklamiert, im Rundfunk interviewt. Das Interview wird vorsichtshalber erst auf Schallplatten gesprochen. Goebbels läßt es sich vorspielen und streicht, daß Remer sich vor Ausführung der Goebbelsschen Befehle noch mit seinen vorgesetzten militärischen Stellen habe in Verbindung setzen wollen oder müssen, denn der Gauleiter sei ja ein Zivilbeamter und keine militärische Stelle. Typisch, daß Goebbels gerade diesen Satz entfernen läßt. Denn nach den Leistungen dieses Tages fühlt er sich mehr als Militär als als Zivilist.

Mit Recht. Nicht der Tatsache, daß die Bombe Hitler nicht getötet hat, ist das Mißlingen des Putsches zuzuschreiben, nicht dem Polizeiapparat von Himmler, der ihn im Keime hätte ersticken müssen, keinem der zahllosen prominenten Uniformierten des Dritten Reiches, sondern dem einen kleinen, verkrüppelten Zivilisten.

## 3

Übrigens läßt Goebbels keine Unklarheit darüber, was er über die besiegten Gegner denkt. Noch in der Nacht erklärt er: *Eigentlich war es nur eine Telefonrevolution.* Am nächsten Morgen bei seiner Konferenz läßt er seiner Verachtung freien Lauf. *Dilettanten, alles Dilettanten! Ich hätte gewußt, wie ich das gemacht hätte! Wenn dieser Haase noch einen Revolver gezückt und mich umgelegt hätte! Aber so! Dieser Dilettant!* Und gleich darauf: *Diese Revolutionäre, die nicht einmal so schlau waren, die Telefonleitungen zu zerschneiden – meine Tochter hätte daran gedacht!* Er kann sich nicht genug darüber tun, wie schnell die anderen die Nerven verloren haben. Über die eigene Gefahr, über das, was er selbst geleistet hat, kaum eine Andeutung. Selbst die engsten Mitarbeiter, soweit sie nicht dabei waren, müssen sich erst nach und nach aus den Erzählungen der anderen zusammenreimen, was eigentlich geschah.

Goebbels hat jetzt nur eine Sorge: Das ganze deutsche Volk, wenn möglich die Welt, muß erfahren, *wie erbärmlich, wie dumm und wie feige* die Verschwörer sich benommen haben. In um so reinerem Licht wird Hitlers Gestalt erstrahlen. Der Propagandist weiß, jetzt dürfen keine Fehler gemacht werden.

Natürlich sind einige unvermeidlich. Zwei Tage nach dem Attentat hält Dr. Ley eine Rede, die auch über den Rundfunk geht, voller übler Beschimpfungen der Verschwörer, zu übel, zu niedrig, als daß das deutsche Volk sie so schlucken würde. Hinzu kommen ganz idiotische Dinge, wie zum Beispiel eine Bemerkung über die Ahnen des Grafen Stauffenberg: *Sein Vater war eine englische Gräfin.* Goebbels will die Rede verhindern, aber Ley lügt, Hitler habe sie gelesen und für gut befunden. Er hält sie, und der Erfolg ist, wie von Goebbels vorausgesagt, weitgehendes Befremden bei den Massen.

Schon in der Konferenz vom 21. Juli gibt Goebbels genaue Anweisungen, wie die Berichterstattung über den in Bälde startenden Prozeß gehandhabt werden soll, und legt persönlich fest, welche Journalisten eingesetzt werden. Nur über die ersten beiden Verhandlungstage soll man berichten, da sonst im Hinblick auf die vielen kleinen Mitläufer und Statisten in der Öffentlichkeit der Eindruck entstehen könne, als handle es sich keineswegs nur um die „kleine Verbrecherclique", von der der Führer gesprochen hat. *Wir wollen nicht diese kleinen Würstchen, diese ganze Komparserie in der Öffentlichkeit nennen. Wir würden diesen Schweinen damit viel zuviel Ehre antun.*

Seine Empörung über die Verschworenen wird noch stärker, als er späterhin den Verhandlungsprotokollen folgt. Obwohl die meisten der Verschworenen gute Figur vor dem Volksgerichtshof machen, erklärt er: *Jetzt winseln sie. Sie haben eben kein Format, nicht ein einziger von ihnen, obgleich ihn das doch jetzt nichts mehr kosten würde, da sein Schicksal ja sowieso besiegelt ist – nicht ein einziger von ihnen hat den kläglichen Mut, nun wenigstens zu sagen: Jawohl, das war mein Standpunkt und das wird mein Standpunkt sein, solange oder so kurz ich noch lebe. Und nun machen Sie mit mir doch, was Sie wollen!*

Nur bei einem macht er eine Ausnahme: Rommel. Es muß ihn furchtbar getroffen haben, als es sich – übrigens erst lange nach dem Attentat – herausstellt, daß auch dieser ihm so sympathische Offizier, der einzige von allen Generalen, für den er sich und seinen Propagandaapparat eingesetzt hatte, mit unter den Verschwörern war.

Als die Mitschuld Rommels sich herausstellt, begeben sich zwei hohe Offiziere in sein Haus in der Nähe von Ulm (wo er sich von einer Verwundung erholt) und stellen ihn vor die Alternative: entweder Verhaftung und entehrende Verurteilung vor dem Volksgerichtshof oder – er wird Gift nehmen, und niemand braucht zu erfahren, was vorgegangen ist. Ja, er wird sogar ein Staatsbegräbnis erhalten. Rommel zaudert nicht. Er nimmt Abschied von seiner Frau. Auch diese weiß nichts zu sagen, weiß nichts zu verhindern, sie sieht den geliebten Mann fortgehen und das Auto besteigen; wenige Minuten später wird er die Giftpistole an die Lippen setzen.

Ein unwahrscheinlich grausiger „heroischer" Vorgang, den nur ein Shakespeare hätte erfinden können und den, wenn nicht alles täuscht, ein Goebbels erfunden hat. Denn, wer von allen denen, die das Strafgericht über die Verschworenen verhängten, war daran interessiert, diesen einen Rommel zu schonen, wenn nicht der eine, der diesen Rommel zum Ideal des deutschen Volkes gemacht hatte? Nur er mußte verhindern, daß dieser Mann, dem er alle Tugenden des deutschen Offiziers angedichtet hatte, ja an den er wirklich glaubte, zum Abschaum der Menschheit erklärt wurde. Nur Goebbels konnte eine Alternative von so gigantischen und grausamen Ausmaßen erfinden wie diejenige, vor die man Rommel stellte. Nur einer, der, wie Goebbels, Rommel liebte, wußte, welche Wahl er treffen mußte.

Zu seinen Mitarbeitern aber sagt Goebbels gelassen: *Leider hat sich jetzt auch herausgestellt, daß Rommel zu den Verschwörern gehört hat ... Ich bin nur dankbar, daß er tot ist. Lebte er heute noch, so würden wir nicht umhingekonnt haben, dem Volke seine Teilnahme an diesem Verbrechen bekanntzugeben ... Rommel war das Idol des Soldaten, und eine solche Mitteilung würde einen schweren Schock in der Öffentlichkeit hervorrufen.*

Als der Prozeß gegen die Verschwörer beginnt, verliert Goebbels das Interesse. Hitler hingegen interessiert sich brennend für jede Phase des Prozesses, für jede einzelne Aussage, so sehr, daß er den ganzen Prozeß – filmen läßt. Die Kamera steht hinter dem Vorsitzenden, und Stunde um Stunde, Tag für Tag wird gedreht. Nachts läßt sich Hitler dann den Film vorführen, immer wieder, immer wieder. Zwanzig, dreißig, vierzig Kilometer Film sind bereits gedreht; Hitler kann gar nicht genug bekommen. Schließlich schickt er die Filmrollen zu Goebbels, der daraus einen abendfüllenden Film schneiden soll, damit ihn das ganze deutsche Volk dann sehen kann.

Goebbels ist einigermaßen konsterniert, sieht sich den Film an, versteht die Begeisterung Hitlers nicht; vor allen Dingen weiß er, daß das Volk auf einen solchen Film nur negativ reagieren wird. Die Menge sieht nicht gern, wie hilflose Gefangene beschimpft werden, und im Grunde genommen ist der Prozeß ja nichts anderes als eine Reihe solcher Beschimpfungen. Er läßt vor allem einmal den Film auf vierzehn Kilometer zusammenschneiden. Das ist natürlich noch immer viel zu lang. Aber Goebbels hat ja auch gar keine Absicht, den Film öffentlich vorführen zu lassen, und es gelingt ihm, das bis zuletzt zu hintertreiben.

Er ist ein wenig enttäuscht von der Kurzsichtigkeit und Engstirnigkeit des „Führers“. In sein Tagebuch diktiert er jetzt öfter Beschreibungen darüber, wie Hitler aussieht, daß seine Hände, seine Arme zittern, daß er sich gebeugt hält, daß dies alles eine Folge des Attentats sei. Der Stenograph und die Sekretärin stellen – unabhängig voneinander – fest, daß sich sein Ton etwas geändert hat, daß hier nichts mehr von der Bewunderung und Begeisterung früherer Tage laut wird, daß da beinahe etwas wie Mitleid, um nicht zu sagen Verachtung, mitspricht.

Irgend etwas hat sich geändert am Verhältnis der beiden. Goebbels sieht in Hitler nicht mehr den Halbgott, nicht mehr die Inkarnation der Kraft, den Mann, der immer recht hatte und immer Erfolg. Hitler hat häufig versagt, und auch wenn er es öffentlich nicht zugeben kann, Goebbels weiß, daß niemand als eben Hitler selbst an diesem Mißerfolg schuld ist. Er hat also nicht immer recht, er kann auch unrecht haben. Goebbels' Mitarbeiter – wie aus Dr. Semmlers Tagebuch hervorgeht – haben das deutliche Gefühl, daß er sich Hitler „überlegen" glaubt. Daß Goebbels fortfährt, Hitler in seinen Tagebüchern zu glorifizieren, kann leicht durch die Tatsache erklärt werden, daß er beabsichtigt, diese Tagebücher im Falle der Niederlage zu vernichten, im Falle eines Endsieges dagegen sie zu veröffentlichen als Beweis dafür, daß er nie im Vertrauen auf den Führer wankend geworden sei.

Wie dem auch sei: Das Verhältnis von Goebbels zu Hitler verschiebt sich. Hitler schrumpft für Goebbels zusammen zur großen Statue, zur überlebensgroßen Denkmalfigur für das deutsche Volk, die er selbst errichtet hat. Daraus ergibt sich für ihn die Notwendigkeit, Hitler von jetzt ab zu beeinflussen, ja geradezu zu lenken. Vielleicht ist sich Goebbels gar nicht selbst darüber klar, aber von diesem Augenblick an steht Hitler bei ihm unter Zensur. Es kann kein Zweifel sein, daß er gerade in diesen Tagen die Presse wissen läßt, eine Erwähnung der Aquarelle und Zeichnungen des jungen Hitler sei von jetzt ab unerwünscht.[3]

Und zur gleichen Zeit, da Goebbels die Welt wissen läßt, ein Wunder sei geschehen, Hitler sei unversehrt, ist ein ganz anderes Wunder mit ihm selbst geschehen. Was ihn selbst betrifft, so hat die Bombe ihre Wirkung getan. Der Hitler, an den er alle diese Jahre geglaubt hat, weil er an ihn glauben wollte, ist nicht mehr. Während die Rauchwolken sich verziehen, beginnt Goebbels langsam, Hitler als das zu sehen, was er wirklich ist.

## 4

Inzwischen hat er von Hitler entscheidende Vollmachten erhalten. Am 21. Juli abends ist der Propagandaminister in den Zug gestiegen, der ihn am nächsten Morgen zum Hauptquartier bringt.

Dort sind die Wachen nicht verdoppelt, sondern verzehnfacht. Jeder, der zu Hitler will, wird von Kopf bis Fuß untersucht, auch Goebbels. Schließlich hat er mit dem Führer eine lange Unterhaltung. Darüber, was im einzelnen gesagt wird, dringt nichts heraus, auch nicht zu den nächsten Mitarbeitern. Das einzige, was Goebbels später auf der Rückfahrt erklärt, ist: *Hätte ich diese Vollmachten erhalten, als ich sie dringend benötigte, dann wäre der Sieg in unserer Hand und der Krieg wahrscheinlich vorbei. Hitler muß schon eine Bombe unter seinem Arsch spüren, ehe er Vernunft annimmt.*

Goebbels wird „Reichsbeauftragter für den totalen Kriegseinsatz". Die Ernennung geschieht durch Göring, aber das ist wohl nur Formsache, denn in Wirklichkeit spielt Göring keine Rolle mehr. Sofort nach der Ernennung begibt sich Goebbels daran, den totalen Krieg zu organisieren. Zuerst wird innerhalb des Propagandaministeriums eine Spezialabteilung „Totaler Krieg" gebildet. Sie besteht nur aus wenigen Beamten, Goebbels will den Apparat beweglich halten. Jeden Morgen zwischen neun und zehn Uhr erscheinen die neuen Mitarbeiter beim Minister. Vorschläge werden unterbreitet und, falls angenommen, sofort zur Ausarbeitung und Durchführung weitergeleitet. Der Sinn aller Vorschläge und Maßnahmen ist, Männer für die Front und die Rüstungsindustrie frei zu bekommen. Die Front ist jetzt wichtiger als die Rüstungsindustrie, und Goebbels beginnt damit, zuerst die Rüstungsbetriebe zu entleeren, gleichgültig, ob es sich um Fachkräfte handelt oder nicht, indem er erklärt: *Wir müssen einfach zeitweilig ein Vakuum schaffen, die Rüstung wird dann schon dafür sorgen, daß neue Kräfte in dieses Vakuum hineinströmen.* (Das Vakuum wurde zum Teil durch Zwangsarbeiter gefüllt, die die SS aus Konzentrationslagern rekrutierte.)

Vom 28. Juli ab hagelt es neue Vorschriften. Post darf nur noch einmal ausgetragen werden ... Frauen müssen bis zum fünfzigsten Jahre arbeiten ... Reisen nur noch in allernotwendigsten Fällen erlaubt ... Verbot aller Empfänge, Ausstellungen, öffentlichen Feierlichkeiten ... Verringerung der Zahl der Hausangestellten ... Zusammenlegung von Zeitungen ... Einschaltung der Kriegsversehrten in den Arbeitsprozeß ... Sperrung des Familienunterhalts für nichtarbeitende Frauen ... Einstellung des Schulunterrichts vom vierzehnten Lebensjahre an, wodurch zwanzigtausend Knaben und sechzigtausend Mädchen für den Flakeinsatz frei werden ... Einsatz des Film- und Theaternachwuchses in der Rüstungsindustrie … Einführung der Sechzigstundenwoche … Einstellen aller deutschen Zeitschriften … Schließlich sämtlicher Theater …

Die Schließung der Theater, die zwangsweise Verschickung von Künstlern in die Rüstung ist eine kleine Privatrache von Goebbels an denen, um deren Gunst er einstmals buhlte. Von diesen neuen strengen Gesetzen werden übrigens auch manche Damen nicht ausgenommen, zu denen er früher in intimeren Beziehungen stand. Sein Mitarbeiter Paul Hinckel hat die etwas unglückselige Idee, die Künstler bei Goebbels wieder populär zu machen; sie sollen Treuegelöbnisse an den Führer einsenden, die dann Hitler in Leder gebunden zu Weihnachten überreicht werden sollen. Der Erfolg ist kläglich. Viele Schauspieler drücken sich um eine Antwort herum, andere senden farblose Zitate deutscher Klassiker ein. Einer bringt es fertig zu schreiben: *Ich glaube an den Führer, wie ich an den Sieg glaube.* Goebbels spürt die Ironie.

Gleichzeitig mit der Abteilung „Totaler Krieg“ hat Goebbels eine Abteilung „Aktion B“ ins Leben gerufen. Sie dient der Erkundung der Volksstimmung während des totalen Krieges – und ihrer Verbesserung. Diese Abteilung wird ganz im Stile der sogenannten Kampfzeit aufgezogen. Ein Diskussionsredner und zwei „Schläger“ ziehen los in Lokale, bringen eine Diskussion in Gang. Ist jeder der Anwesenden begeistert vom totalen Krieg, dann ist alles gut. Hat einer Kritik zu üben, dann wird er von „empörten Volksgenossen“ (nämlich den Schlägern) verhauen.

Der Leiter der Abteilung, ein gewisser Hägert, der die Sache furchtbar ernst nimmt, berichtet Goebbels, daß die Volksstimmung eigentlich sehr gut sei. Goebbels lächelt süffisant, er hat wohl seine Zweifel.

Er läßt Broschüren schreiben für Lehrer, für Beamte, für Briefträger … Jede Broschüre beweist, warum gerade die Berufsgruppe, an die er sich wendet, so unerhört wichtig für den Krieg ist und für den Endsieg. Jede Broschüre enthält eine Reihe von Antworten, die Miesmachern und Kritikastern gegenüber ins Feld geführt werden sollen … Niemand braucht für sich selbst zu denken, Goebbels denkt für alle. Gleichzeitig regt Goebbels an, die Bevölkerung solle Briefe ans Propagandaministerium schicken mit Vorschlägen, wie man den totalen Krieg noch totaler machen könne, wie man Arbeitskräfte und Materialien spare, wie man dem Feind schwerere Wunden zufügen könne. Auf jede nur erdenkliche Weise versucht Goebbels, die Menschen mit Begeisterung für den Krieg zu erfüllen, mit Entschlossenheit, ihn bis zum Letzten durchzukämpfen, komme, was da wolle. Der große Propagandist ist wieder am Werk.

Nicht nur der Propagandist – auch der Revolutionär, der er in seiner Jugend war. Denn dieser totale Krieg ist ja – genau wie der Bombenkrieg – ein großer Gleichmacher. Wie dieser die Häuser der Armen und der Reichen gleichermaßen zerstört und alle arm zurückläßt, so gleicht der totale Krieg alle Unterschiede aus; denn einer, der reich ist, muß nun auch arbeiten, er darf kein Dienstmädchen haben, selbst wenn er es sich leisten könnte, er kann nicht mehr ins Theater gehen und nicht mehr ins Restaurant, darf nicht mehr Auto fahren. *Dieser Krieg ist die soziale Revolution,* hat Goebbels am 1. November 1942 geschrieben. *Sie legt eine alte, feindliche Welt in Trümmer; aber hinter ihren Rauchschwaden erhebt sich schon eine neue, bessere Welt.*

Sogar Frau Magda macht freiwilligen Fabrikdienst. Sie fährt mit der Straßenbahn, denn es würde wohl den Ärger der Arbeiter erregen, käme sie mit dem Auto an. Das Volk soll ja überzeugt werden, daß sie diesen Dienst aus dem Gefühl der Volksverbundenheit verrichtet und um anderen prominenten Damen mit gutem Beispiel voranzugehen.

Außerdem muß sie jetzt ihren Mann jeden Freitag maniküren, denn Goebbels hat ja die Manikürdamen in die Rüstung einziehen lassen, möchte aber doch seine Hände weiter pflegen. Wenn Magda einmal aus irgendwelchen Gründen nicht dazu kommt, muß eine der Sekretärinnen nach dem Diktat mit Nagelschere und Feile antreten. Die Sekretärinnen murren darüber, wenn sie unter sich sind.

## 5

Der Satz, mit dem jene Rede nach der Stalingrad-Katastrophe endete: *Nun, Volk, steh' auf, und Sturm brich los!* ist ein Zitat aus dem Befreiungskrieg von 1813, durch den das preußische Volk das Joch des ersten Napoleon abschüttelte. Goebbels gibt Auftrag, einen historischen Film über dieses Thema herzustellen (Kolberg). Die ganze Propagandamaschine arbeitet mit Hochdruck daran, dem Volk zu beweisen, daß die sich häufenden Niederlagen noch nichts Entscheidendes bedeuten, solange es genug Deutsche gebe, und seien es auch Knaben und Greise, die bereit sind, das Vaterland zu verteidigen.

Nachdem das Propagandatrommelfeuer ein paar Wochen gedauert hat, wird verkündet, daß Hitler die Bildung des sogenannten Volkssturms beschlossen habe. Wieder einmal ist Goebbels mit der Durchführung beauftragt. Er befiehlt: Jeder Mann im Alter von sechzehn bis sechzig Jahren, soweit er nicht Soldat ist, wird automatisch Mitglied des Volkssturms. Die Zusammenstellung dieser neuen Einheit wird von den Parteifunktionären übernommen, die auch dafür zu sorgen haben, daß täglich militärische Übungen für diese Ersatzsoldaten abgehalten werden. Eine Uniform gibt es nicht, eine Armbinde mit der Aufschrift „Volkssturm" muß genügen.

Überall, in jeder Stadt, in jedem Dorf, entstehen Meldestellen – in leeren Läden oder Restaurants, in Rathäusern oder Gerichtsgebäuden, in Theatern oder Warenhäusern. Da stehen sie in langen Reihen, die alten Männer, die Krüppel, die Magen- und Nierenkranken, die Kinder. Jeder wird genommen. Ach, es kann gar keine Rede davon sein, daß dieses Volk „aufsteht wie ein Mann", es ist viel zu müde, viel zu fatalistisch geworden, es gibt keine Begeisterung mehr, außer vielleicht bei den ganz Jungen. Vergebens versucht Goebbels Begeisterung zu schaffen, die Anweisungen an die Gaupropagandisten jagen einander, die werden immer wieder angewiesen, Friedrich den Großen, Bismarck, Hitler und Goebbels zu zitieren. Aber auch diese Anweisungen atmen Müdigkeit, Goebbels selbst kann nicht mehr die rechte Begeisterung aufbringen, oder doch nur in Ausnahmefällen.

Ein solcher ist die Vereidigung von hunderttausend Mann Volkssturm vor dem Propagandaministerium. Goebbels kümmert sich um alles, um die Ausschmückung der Hausfronten, um die Anordnung von Rednerpult und Mikrophonen. Er soll vom Balkon des Propagandaministeriums sprechen. Er hat wohl nicht damit gerechnet, daß hinter ihm die Ehrengäste stehen, es kommt ihm erst zum Bewußtsein, gerade als er die Rede beginnen will, und kurzentschlossen steckt er das vorbereitete Manuskript, das er vorlesen wollte, ein und spricht nun völlig frei. Je länger er redet, um so erregter wird er. Die Erregung ist echt, die Massen sind hingerissen. Als Goebbels den Weg vom Balkon zurück in sein Arbeitszimmer antritt, applaudieren sogar die Ehrengäste, aber er winkt nur müde ab. Fünf Minuten später sitzt er am Schreibtisch; es gibt so viel neue Arbeit.

Während Goebbels sich vergeblich bemüht, die Stimmung wieder hochzutreiben, erscheint ein kleiner Artikel eines unbekannten Kriegsberichterstatters folgenden Inhalts: *An allen Fronten gehen wir zurück, halb Deutschland ist zerstört, die Dinge könnten gar nicht schlimmer aussehen, und im übrigen: In zwei Monaten haben wir den Krieg gewonnen.* Dieser Artikel macht ungeheures Aufsehen, er wird in der gesamten deutschen Presse nachgedruckt, überall munkelt man, die Regierung stehe hinter dem Artikel, etwas Sensationelles werde geschehen, ein völliger Umschwung werde sich demnächst vollziehen ...

Die Redakteure stürzen ins Propagandaministerium, sie verlangen zusätzliches Material, stoßen auf einen kleinen, verstörten Beamten, der die Hände ringt. Er versichert, es handle sich hier wirklich nur um einen Bericht von der Front, ohne jede besondere Absicht, der Mann, der ihn geschrieben hat, wisse auch nicht mehr als andere, man solle doch um Gottes willen die Sache nicht so groß aufziehen! Vergebens. Niemand glaubt dem kleinen Beamten, jeder vermutet, daß viel mehr hinter dem Bericht steckt, als das Propagandaministerium zugeben will, und eine Woche lang ist ganz Deutschland optimistisch – diesmal, ohne daß Goebbels das geringste dazu getan hätte.

Man glaubt Goebbels nicht mehr. Die Vergeltungspropaganda zum Beispiel hat einen besonders üblen Beigeschmack bekommen. Was nützt es den Deutschen, daß halb London wirklich in Trümmern läge – wie die deutsche Propaganda unaufhörlich behauptet –, wenn die alliierten Flieger nicht daran gehindert werden können, jede Nacht, ja nun auch beinahe jeden Tag, deutsche Städte zu bombardieren? Wie in der ersten Zeit des Naziregimes entstehen jetzt wieder zahllose Witze über Goebbels, und es zeigt sich deutlich, wie wenig diejenigen, die sie erfinden und weitererzählen, von Goebbels und seiner Propaganda halten.

Da ist zum Beispiel die Geschichte von Goebbels, der gestorben ist und in den Himmel will. Auf dem Weg dorthin sieht er eine Tür mit der Aufschrift „Hölle" und macht sie neugierig auf; er erblickt viele bezaubernd schöne Frauen. „Ich hatte so viele Feinde auf der Welt, die jetzt im Himmel sind", sagt Goebbels zu Petrus, „daß ich doch lieber gleich in der Hölle bleibe." Kaum hat Petrus die Tür hinter ihm zugemacht, da sind die schönen Frauen verschwunden, und an ihrer Stelle sitzen häßliche, grinsende Teufel. Als Goebbels protestiert, erwidern die Teufel lachend, die schönen Frauen seien doch nur Propaganda gewesen.

Oder: In Berlin findet die Siegesparade der Alliierten statt. Roosevelt, Stalin und Churchill stehen auf der Tribüne, und ihre siegreichen Truppen ziehen an ihnen vorüber. Plötzlich öffnet sich ein Gully vor der Tribüne, Goebbels schaut heraus und ruft: „Und wir haben doch gesiegt!" Oder: Hitler, Göring und Goebbels stehen am Fenster der Reichskanzlei und sehen die alliierten Truppen in das zerstörte Berlin einrücken. Goebbels erklärt befriedigt: „Und jetzt kommt die Vergeltung!" Die anderen sehen ihn an, als zweifelten sie an seinem Verstand. Goebbels fährt fort: „Nun, und wo sollen sie wohnen?"

Es bleibt nicht bei Witzen. Das Propagandaministerium hat ja die Bürger dazu aufgefordert, Vorschläge zur Totalisierung des Krieges einzusenden. Viele „Vorschläge" sehen nun wie folgt aus: *Wir möchten gern einmal über folgendes aufgeklärt werden: Betreffend Sizilien hieß es, die Landung des Feindes konnte nur durch den Badoglio-Verrat erfolgen. Wer hat nun Schuld an der Landung in Frankreich? Und wo ist der unüberwindliche Atlantik-Wall? Die Minensperren? Die Riesengeschütze, Flugzeuge, Schnellboote und sonstige Abwehrmaßnahmen, die uns in Zeitungen und Wochenschauen so wunderschön vorgeführt wurden? Wie konnten die Landung und der Nachschub in diesem Ausmaß erfolgen, wenn unsere Abwehrmaßnahmen nur entfernt so groß gewesen wären wie Ihre Schnauze, sehr geehrter Herr Volksverdummungsminister? Statt zu versuchen, uns aus diesem Schlamassel noch einigermaßen heil herauszubringen, faselt Ihr weiter vom Sieg. Den letzten Deutschen, der nackend auf den Trümmern sitzt, werdet Ihr noch zu Leistungssteigerungen zur Erringung des Endsieges auffordern, Ihr verfluchten größenwahnsinnigen Maulhelden.*[4]

Andere Briefschreiber empfehlen: *Ihr müßtet an die Front, Ihr Verbrecher! Du auch, Klumpfuß, raus an die Front! Schluß mit Euch*

*Verbrechern!* Volkssturmmänner drohen, in Goebbels' Bunker einzudringen und dort von ihren Waffen Gebrauch zu machen. Goebbels liest zweimal die Woche Zusammenstellungen von solchen Briefen. Sein Gesicht bleibt starr; wenn er sich ärgert, zeigt er es nicht. Die Wachen vor dem Propagandaministerium werden verstärkt.

6

Aachen wird angegriffen, Aachen verteidigt sich, Aachen fällt. Goebbels versucht, das ganze Volk an dem heroischen Todeskampf zu entflammen. Allerdings läßt er sofort der Presse mitteilen, daß man auf keinen Fall von Aachen als dem „deutschen Stalingrad" schreiben soll. Mit dem Wort „Stalingrad" verbindet der Durchschnittsdeutsche den Begriff einer Katastrophe. Überdies hinkt der Vergleich. Stalingrad ist nicht in die Hände der Angreifer gefallen.

Immerhin soll Aachen das Signal sein, in ganz Deutschland die Taktik der „verbrannten Erde" durchzuführen. Wo immer man dem Feind Gebiet überlassen muß, soll alles, was es an Werten gibt, zuvor vernichtet werden. Goebbels fordert das nachdrücklich in seinen Konferenzen. Aber die Herren der deutschen Industrie, die Hitler einmal in den Sattel geholfen haben, sind keineswegs davon entzückt, ihre Fabriken und Bergwerke zu opfern. Sie protestieren verzweifelt bei Göring, diesem Unfug Einhalt zu tun. Es ist ganz klar, daß sie das Naziregime zu überleben gedenken. Übrigens weigern sich auch die Arbeiter, in den bedrohten Gebieten Kohlenbergwerke unter Wasser zu setzen, Fabriken in die Luft zu sprengen. Die Gauleiter, die von Goebbels mit der Durchführung der Vernichtungspläne beauftragt sind, berichten von Sabotageakten gegen die geplante Sabotage. Zum erstenmal macht sich der Mangel an Waffen bemerkbar. Man hat nicht genug, um die Arbeiter unter Druck zu setzen.

Man kann ihnen nur noch gut zureden, sie überreden, sie aufmuntern, immer und überall. Goebbels macht zu diesem Zweck viele Reisen an die Fronten, die ja schon bedenklich näher gerückt sind, spricht mit Generalen, Soldaten, Propagandarednern, Arbeitern. Wenn irgend möglich fährt er mit der Bahn, nur im Notfall nimmt er

Flugzeug oder Auto. Zum Unterschied von Göring oder Himmler braucht er keinen Extrazug, ihm genügt ein Sonderwagen. Der besteht aus einem Gesellschaftsraum von etwa fünf Metern Länge, mit Tisch, Sesseln, Musikschrank, Rundfunkgerät. Daneben, etwas kleiner, das Schlafzimmer und das Badezimmer des Ministers. Daneben ein kleineres Schlafzimmer für Staatssekretär Naumann und dann eine Reihe von Schlafwagenabteilen für das übrigen Gefolge. Goebbels benützt seine freie Zeit auf diesen Fahrten zu Diktaten ins Tagebuch (wobei er auf die Schwierigkeit, in einem mit hundert Kilometern hinrasenden Zug zu stenographieren, keine Rücksicht nimmt), zur Ausarbeitung der Rede, die er am nächsten Tag halten will, zu gelegentlichen Gesellschaftsspielen, bei denen er nach wie vor seine kindliche Freude darüber bezeugt, daß er mehr weiß als seine Mitarbeiter.

Von diesen Reisen zurückkehrend, auf denen er allen neuen Mut zugesprochen hat, wird er selbst von tiefer Entmutigung erfaßt. Immer häufiger kommt es vor, daß er sich nach Lanke zurückzieht, nicht in das Haupthaus, sondern in ein kleines Blockhaus im Wald. Dort verbringt er ganze Tage mit Lesen und Nachdenken, kommt auch zu den Mahlzeiten nicht ins Haupthaus, weil er *die Leute nicht mehr sehen kann, die ihn an den Krieg erinnern.* Oft dauert es drei, vier Tage, bis er wieder ins Ministerium zurückkehrt.

Er fühlt sich kränklich, deutet düster an, daß er an Krebs leide. Ärzte untersuchen ihn, können aber nichts finden, mit Ausnahme von Magengeschwüren; sie glauben, es hänge alles nur mit den Nerven zusammen, Goebbels bilde sich seine Krankheit ein.

Dann wieder hat Goebbels die Idee, daß seine nervöse Reizbarkeit vom übermäßigen Rauchen kommt, beschließt es aufzugeben und nimmt Wyberttabletten (gegen Heiserkeit). Nach einigen Tagen hat er davon genug. Übrigens vermehren sich die Wutausbrüche in dieser Zeit, die Nervosität steigert sich, seine Umgebung ist beinahe froh, daß er wieder zu seinen Zigaretten zurückkehrt.

Es ist nicht schwer zu erraten, was Goebbels in solchen Tagen, allein im Blockhaus zu Lanke, denkt. Er läßt die Vergangenheit Revue passieren. Es war einmal ... da hatte er sich einer Bewegung angeschlossen, die ihm Ruhm und Erfolg bringen sollte, aber er hatte vergessen, daß diese Bewegung notwendigerweise Gegenbewegungen entfesseln mußte, Widerstände, Krieg. Irgendwo war ein Fehler in der Rechnung, irgendwo war Hitler einen Schritt zu weit gegangen, und dieser Schritt konnte nicht mehr zurückgenommen werden; aus dem einen Fehler ergaben sich andere und wieder andere – und nun war es zu spät. Wie der Zauberlehrling wurde er die Geister, die Hitler rief, nicht mehr los. Hätte er vor zehn Jahren gewußt, wie Deutschland 1944 aussehen, wie die Welt gegen dieses Deutschland verbündet sein würde, vielleicht wäre er dann noch abgesprungen ... So seine Privatsekretärin.

Aber er kann seine innersten Gedanken und Befürchtungen nicht aussprechen. Auch anderen erlaubt er es nicht. Da ist Anfang 1945 zum Beispiel der Fall des SS-Gruppenführers G. W. Müller, der die Lage an der Westfront untersuchen soll. Als Müller seine ersten pessimistischen Berichte einsendet, nennt sie Goebbels „offen defätistisch". *Müller ist nicht mehr, was er einmal war. Anscheinend hat die Gesellschaft des deutschen Offizierskorps ihm nicht gutgetan,* fügt er lakonisch hinzu. Als Müller später zu Goebbels kommt, um noch eingehender über seine Ermittlungen zu berichten, übersieht Goebbels ganz offensichtlich seine Anwesenheit, beschäftigt sich mit anderen Dingen und fertigt ihn schließlich kurz ab, als er versucht, seiner Meinung Ausdruck zu geben. Wenn einer seiner Mitarbeiter auch nur die Möglichkeit einer Niederlage andeutet, wenn er etwa berichtet, wie das Volk jetzt denkt, droht er, ihn an die Front zu schicken. In solchen Momenten versuchen Adjutanten und Mitarbeiter, möglichst schnell aus seiner Nähe fortzukommen. Denn Goebbels kann noch immer so brüllen, daß man es durch zwei Türen hindurch hört. *Wissen Sie, wenn man so eine Wut im Leibe hat und es läuft einem nun gerade ein Hund über den Weg, dann tritt man den in den Hintern, daß er in die Ecke fliegt,* erklärt Goebbels, wenn er sich dann wieder beruhigt hat. Die Mitarbeiter wissen, daß meist einer von ihnen der Hund ist.

Die Frau eines seiner Mitarbeiter berichtet vertraulich im Goebbelsschen Familienkreise, ihr befreundete Offiziere versuchten alles nur Erdenkliche, um von der Ostfront wegzukommen. Goebbels besteht darauf, die Namen dieser Männer zu erfahren, um sie bestrafen zu lassen. Frau Goebbels persönlich muß sich ins Zeug legen, um diesen Vertrauensmißbrauch zu verhindern.

Neben Göring ist es vor allem immer wieder Ribbentrop, dem Goebbels an der verzweifelten Situation schuld gibt. *Ich habe heute wieder mit dem Führer gesprochen und ihn gebeten, Ribbentrop zu entlassen. Er hat wieder abgelehnt,* sagt er im September 1944. Es zeigt sich ja nun, was Ribbentrop wert ist. Es zeigt sich, daß seine außenpolitischen Erfolge nichts anderes waren als die Früchte militärischer Siege. Wo keine Kanonen und Panzer mehr hinter ihm stehen, unterhält man sich überhaupt nicht mit ihm.

Einmal macht Goebbels Hitler den Vorschlag, ihn selbst mit dem Außenministerium zu betrauen. Hinter solchem Vorschlag steht kein Ehrgeiz. Welchen Ruhm könnte im Jahre 1944 der Posten eines deutschen Außenministers noch bringen?

Übrigens spielen sich Wutausbrüche und Depressionsanfälle nur im Kreise der engsten Mitarbeiter ab. In ihrer Gegenwart läßt er sich nun öfter gehen. Vor der breiten Öffentlichkeit ist Goebbels ruhig und fröhlich wie eh und je, makellos gekleidet, gepflegt, leicht parfümiert. Jeder Besucher seines Hauses hat den Eindruck, als sei man im Frieden. Der geringste Bombenschaden wird sofort repariert, gesprungene Scheiben werden durch neue ersetzt. Wenn einmal die Wasserleitung vorübergehend nicht funktioniert, diktiert Goebbels gleich in sein Tagebuch, er sei nun gewissermaßen auch ein „Ausgebombter", und vermerkt mit allen Einzelheiten die entstandenen Schwierigkeiten. *Zum erstenmal habe ich kein Rasierwasser.*

## 7

Am 29. Oktober, Goebbels' Geburtstag, ruft Hitler an. Er spricht eine Weile mit Goebbels und will dann mit Frau Goebbels verbunden werden. Magda kommt mit Freudentränen in den Augen vom Telefon zurück. Der Führer, so weiß sie zu berichten, habe ihr gesagt, der Krieg werde bald eine entscheidende Wendung zum Guten nehmen.[5] Um Weihnachten werde man einen großen Sieg feiern.

Es ist das erstemal, daß Goebbels etwas über den Plan einer deutschen Offensive in den Ardennen erfährt.

Es sieht wirklich um diese Zeit aus, als sei Deutschland über das Schlimmste hinweg. Die Schockwirkungen der Invasion und des Attentats auf Hitler sind überstanden. Die Maßnahmen des totalen Krieges haben eine neue Armee aus dem Boden gestampft, wenn auch freilich nicht, wie Goebbels versprach, eine Armee von einer Million. Hitler selbst ist auch wieder einigermaßen bei Gesundheit. Zudem sind die Umstände einer Offensive nicht ungünstig. Das Wetter macht die Überlegenheit der Alliierten in der Luft beinahe illusorisch. Überdies können die Alliierten nicht genügend Benzin heranschaffen, ihre Panzer und Flugzeuge liegen still.

## 8

Hitler ist nach Bad Nauheim gegangen, um von dort aus die Offensive zu leiten. Goebbels weiß nicht viel von dem, was kommen soll. Er ist nervös und gespannt. Ein Mitarbeiter stößt aus Versehen ein eingerahmtes Hitlerbild von seinem Schreibtisch, es gibt Scherben, eine Scherbe durchbohrt Hitlers linkes Auge. Goebbels gerät außer sich, sieht das als schlechtes Vorzeichen an, zum ersten Male ist er so weit, daß er Trost bei einer Wahrsagerin suchen will. Hitler hat ihm von einer Wahrsagerin erzählt, die ihm früher einmal erstaunliche Dinge prophezeit hat. Goebbels läßt nach ihr fahnden – aber sie ist spurlos verschwunden.

Da der Hafen von Antwerpen schneller, als man berechnet hat, wieder schiffbar geworden ist und die Alliierten wieder Benzin bekommen, muß Hitler zu früh losschlagen. Die Ardennen-Offensive beginnt am 16. Dezember.

Am 17. Dezember darf Goebbels zum ersten Male über die Offensive sprechen. Bei dieser Gelegenheit erklärt er auch, daß der Führer so lange geschwiegen habe, um die Feinde *in Sicherheit zu wiegen.* Ja, Goebbels geht weiter. *Vor vier Wochen habe ich durch meine Agenten im Ausland das Gerücht verbreiten lassen, daß Hitler tot sei. Durch solche Gerüchte wurde die allgemeine Annahme befestigt, daß wir keine Chance mehr hätten.*

Aber auch jetzt noch bleibt er vorsichtig. Er gibt das Ziel der Offensive nicht an, obwohl er es jetzt kennt. Die Offensive wird von ihm Rundstedt-Offensive genannt, eine Vorsichtsmaßnahme, um bei eventuellem Mißlingen nicht den Namen des Führers in Mißkredit zu bringen.

Schon nach drei Tagen ahnt Goebbels, daß die Ziele der Offensive nicht zu erreichen sind. Sofort erklärt er in der Konferenz, das

Ziel sei gar nicht gewesen, nach Paris oder bis zur Kanalküste durchzustoßen, es sei lediglich angestrebt worden, die gegnerischen Kräfte zu binden, sie von gefährdeten Frontabschnitten abzuziehen, und das sei im vollen Umfange erreicht worden.

Aber die eigene Enttäuschung ist zu stark, als daß ihr Goebbels nicht Luft machen müßte. Er erklärt seinen Mitarbeitern, Rundstedt habe „alles verdorben". Goebbels hat nämlich wirklich ehrlich geglaubt, daß der Coup gelingen würde, daß man zu Weihnachten wieder in Paris sein würde. Ja, er hat bereits die Weihnachtsbotschaft an das deutsche Volk fertiggestellt, die aus Paris datiert ist, und zwei Mitarbeitern Stellen aus dieser Botschaft vorgelesen.

Die nächsten Wochen beweisen dann, daß in der Tat alles „verdorben" ist, daß die fünfte und die sechste deutsche Panzerarmee zerrieben sind – und daß nichts damit gewonnen wurde.

## 9

Bitterkeit erfüllt Goebbels. *Ich habe mir längst abgewöhnt, vor einem General innerlich strammzustehen,* diktiert er in sein Tagebuch, als ihm klar wird, daß durch die Offensive nichts erreicht werden kann. *Was uns fehlt, ist ein militärisches Genie. Aber in diesem Krieg haben wir weder einen Moltke noch einen Schlieffen noch einen Clausewitz. Das Beste, was wir haben, ist allenfalls guter Durchschnitt.*

Und Hitler? Hat Goebbels nicht behauptet, Hitler sei das größte Feldherrngenie aller Zeiten?

Nun, das ist schon eine Ewigkeit, das sind beinahe zwei Jahre her. Inzwischen hat sich Verschiedenes zugetragen. Hat der Führer nicht im Tagesbefehl zu Beginn der Ardennen-Offensive proklamiert, wenn die Panzertruppen jetzt versagen, haben sie das letzte von ihrem Führer gehört? Nun, die deutschen Truppen haben versagt – aber Hitler denkt gar nicht daran, die Konsequenzen daraus zu ziehen.

Freilich, was Goebbels darüber denkt, kann er nicht laut sagen. Im Gegenteil, er muß gerade in diesen Tagen wieder einmal einen Artikel über den Führer schreiben, der zum neuen Jahr herauskommen soll. Hitler ist für Goebbels zum reinen Propagandaobjekt geworden.

Und dann wird Weihnachten gefeiert. Magda schmückt den Tannenbaum, spielt den Weihnachtsmann, die Kinder werden beschenkt, auch die Dienerschaft wird beschert, sogar der Franzose Jean-Marie, der im Garten arbeitet.

Der Abend verläuft friedlich und harmonisch. Magda, die gewisse Zweifel hat, wird von Goebbels' Schwester Maria beruhigt: *Sei versichert, der Führer hat noch eine Trumpfkarte in der Hand, sonst wäre ja, was sich jetzt abspielt, Mord.*

Aber Magda ist nicht so sicher, daß das stimmt. Spätabends, als die Kinder schon zu Bett sind und man die Lichter am Baum löscht, sagt sie zu ihrer Sekretärin: *Nächstes Jahr ist bestimmt Frieden.*

Die Sekretärin spürt erschauernd: Magda weiß, daß sie und ihre Kinder das nächste Weihnachtsfest nicht mehr erleben werden.

## Anmerkungen

[1] Diese und die folgende Darstellung stammt von Frau Haberzettel, dem Stenographen Jacobs und aus dem Tagebuch von Semmler.

[2] Das Nazigegenstück zu den politischen Kommissaren der Sowjets.

[3] Um diese Zeit kommt Fritzsche zu Goebbels und zeigt ihm wortlos die Stelle aus *Mein Kampf,* zweiter Band, neuntes Kapitel, wo Hitler beklagt, daß so viel deutsche Jugend als wehrloses Kanonenfutter geopfert worden war, wofür Hitler die damalige Führung verantwortlich macht. Fritzsche meint, diesmal sei wohl Hitler verantwortlich. Als Goebbels nichts sagt, fährt Fritzsche fort, der Führer müsse abdanken. Goebbels, der noch vor wenigen Wochen solche Worte als Hochverrat bezeichnet hätte, schweigt.

[4] Aus einem Aktenstück, das der Autor in den Trümmern des Propagandaministeriums fand.

[5] Tagebuch Semmler.

SECHZEHNTES KAPITEL

# DIE ZEITBOMBE

## 1

Während der Ardennen-Offensive übernimmt Feldmarschall Montgomery vorübergehend die Leitung gewisser amerikanischer Truppenteile. In einem Presse-Interview deutet er an, daß er die Schlacht, von der amerikanische Führung schon beinahe verloren, noch in letzter Minute gewonnen hat. Es sind nur Nadelstiche. Goebbels, der die Abhörberichte über das Interview liest, ändert ein paar Worte und läßt den so entstandenen „Bericht" über das Interview auf der Wellenlänge der BBC als englischen Bericht senden.

Der beabsichtigte Zweck wird vollständig erreicht. Amerikaner hören die Sendung, halten sie für eine amtliche englische Verlautbarung und sind empört. Als die englische Presse die Fälschung aufdeckt, ist es schon zu spät. Überdies hat ja Montgomery wirklich die Dinge ein wenig indiskret behandelt. Es gibt viel Ärger, Zank und Ressentiment hinter den Kulissen. Goebbels hat erreicht, was zu erreichen war. Aber den Krieg kann man mit solchen Tricks nicht gewinnen.

Ratlosigkeit ergreift ihn. Wenn er morgens ins Büro kommt und die letzten Nachrichten überfliegt, sagt er wohl zu Frau Haberzettel, die sie bringt: *Wo wird das alles noch enden?* Neben den letzten Depeschen liegen jetzt jeden Morgen Stöße von „Vernichtungserklärungen", Listen von Akten, die vernichtet werden, um im Falle der Fälle nicht in Feindeshand zu fallen. Man hat damit bereits am 10. November 1944 begonnen.[1] Im Januar 1945 wirft man täglich die Akten zentnerweise in die Zerreißwölfe.

Der Lagebesprechung folgt Goebbels kaum noch. Er wirkt zerstreut und unaufmerksam. An einem Tag, als die Ardennen-Offensive ihrem Ende zugeht, unterbricht er den Verbindungsoffizier des OKW mit den Worten: *Da reden Sie lang und breit von unwichtigen Dingen, und unsereiner sitzt hier und überlegt, ob es nicht an der Zeit ist, Frau und Kinder zu vergiften.*

Der Offizier bricht erschrocken mitten im Satz ab, die Anwesenden starren einander an, es ist das erste Mal, daß Goebbels seiner Verzweiflung freien Lauf läßt. Er faßt sich bald wieder, in der Ministerkonferenz merkt man ihm nichts mehr an. Aber später, als Frau Haberzettel ihm weitere Nachrichten bringt, findet sie ihn wieder in Gedanken. *Aus Stockholm wird gemeldet, daß wir mehr als drei Millionen Tote zu beklagen haben.* Er wartet eine Weile und fährt fort: *Und ebenso viele Verwundete.*

Auf die Frage, ob diese Zahlen stimmen, zuckt Goebbels die Achseln: *Glauben Sie, ich weiß es? Glauben Sie, irgend jemand weiß es?*

Zum hereinkommenden Fritzsche sagt er fast übergangslos: *Nach dem Kriege gehe ich nach Amerika. Dort weiß man ein Propagandagenie wenigstens zu schätzen und zu bezahlen.* Fritzsche lächelt, er weiß, dergleichen ist nicht ernsthaft gemeint. Goebbels hat schon öfter solche Bemerkungen gemacht. Aber heute beschäftigt er sich intensiver als sonst mit dem Gedanken, was er nach dem Kriege tun wird. *Jedenfalls werde ich nach dem Kriege ein gemächlicheres Tempo an den Tag legen. Dann werde ich ja nur noch Schriftsteller sein. Ich brauche ja jedes Jahr nur ein Buch zu schreiben, was mir, da ich die beste Kenntnis der Dinge habe, gar keine Schwierigkeit machen wird. Die Auflage aber, davon bin ich heute schon fest überzeugt, wird so sein, daß ich glänzend davon leben kann.* Dann spricht er noch lange über die Schriftstellerei und darüber, daß die meisten Schriftsteller zu faul seien. Er selbst glaubt, in den letzten Jahren einen Schreib-Weltrekord aufgestellt zu haben, und hat nichts als Verachtung für diejenigen, die nur eine Seite pro Tag oder weniger schaffen.

Aber an diesem Tag hat auch er zu Arbeit wenig Lust und unterbricht sich des öfteren, um mit Frau Haberzettel über irgend etwas zu sprechen. Noch vor dem Mittagessen muß er eine Gruppe Rammjäger empfangen. Das sind sogenannte Todesflieger, die Order haben, spätestens bei der dritten Feindfahrt, wenn ihnen bis dahin kein Abschuß gelungen ist, den gegnerischen Bomber zu rammen. Da stehen diese jungen Männer vor ihm; er weiß, er wird sie nicht mehr wiedersehen. Sie haben nur noch Tage zu leben. *Glauben Sie mir,* sagt er, *ich weiß sehr wohl zu ermessen, was es heißt, wenn Männer wie Sie in der Blüte ihrer Jahre bewußt und offenen Auges in den Tod gehen, und zwar in einer Situation, in der dieses Opfer fast völlig sinnlos erscheinen könnte. Ich fühle nicht anders als Sie, meine tapferen Männer. Und ich beneide manchmal meinen früheren persönlichen Referenten, dessen Fliegertod auf Kreta mich so schwer und schmerzlich getroffen hat, weil dieser Mann mein Freund war. Aber ich beneide ihn heute, denn er fand damals den Tod angesichts eines herrlichen und glorreichen Sieges. Heute sieht der Tod anders aus.*

Er wartet eine Minute schweigend, dann tritt er auf jeden einzelnen Flieger zu, gibt ihm die Hand, sieht ihm lange ins Auge, grüßt mit dem deutschen Gruß. Als die Tür hinter ihnen ins Schloß fällt, setzt er sich an den Schreibtisch und fragt einen der Mitarbeiter: *Na, wie war's? Ich glaube, ich habe den richtigen Ton angeschlagen, was?*

Die Anwesenden beeilen sich, ihm zuzustimmen.

## 2

Ein paar Tage später kommt Hitler zum Besuch ins Haus Goebbels'.

Das Haus ist keine dreihundert Meter von der Reichskanzlei entfernt. Die Gärten stoßen aneinander. Trotzdem ist Hitler seit vielen Jahren nicht mehr gekommen. Der Besuch ist also so etwas wie eine Sensation. Goebbels erwartet Hitler vor dem Haus mit ausgestrecktem Arm. Die kleinen Mädchen, frisch gewaschen, in reizenden Stilkleidern, knicksen. Hitler tritt auf Frau Goebbels zu und überreicht ihr einen Strauß Maiglöckchen. *Seit Ihr Mann alle Blumenläden hat schließen lassen, kann man nichts Gescheites mehr finden,* murmelt er entschuldigend.

Die Diener, die Mitarbeiter, die SS-Männer, die im Korridor herumstehen, sind entsetzt über Hitlers Aussehen. Der Führer ist ein alter Mann geworden, seine Arme und Hände zittern, er schleppt ein Bein nach, seine Stimme ist brüchig und heiser geworden. Hinter ihm her geht ein Diener mit einer Aktentasche, welche die Aufschrift A. H. trägt. Ihr entnimmt Hitler nun eine Thermosflasche und ein kleines Paket. Er hat seinen eigenen Tee und Kekse mitgebracht. Der ganze Besuch hat etwas Gespenstisches an sich. Hitler trinkt den mitgebrachten Tee, knabbert an seinen Keksen, und die Unterhaltung gerät alle Augenblicke ins Stocken. Genau neunzig Minuten nachdem er gekommen ist, steht Hitler auf, schüttelt allen die Hände, verspricht, bald wieder zu kommen.

Als er gegangen ist, herrscht allgemeines Schweigen. Alle denken wohl, wie krank und elend der Mann aussieht, von dem sich das ganze Volk die Rettung verspricht. Plötzlich sagt Magda: *Zu Görings wäre er jedenfalls nicht gegangen!*

Die Abende verbringt die Familie jetzt meist im Privatbunker, der einen direkten Zugang vom Hause hat. Viele steile Stufen, mit kostbaren Teppichen belegt, führen zwanzig Meter unter die Erde. Zu beiden Seiten der Treppe nehmen die Mitglieder der Leibwache Aufstellung, bis Goebbels den Bunker betreten hat. Dann wird die schwere Eisentür hinter ihm geschlossen. Bei Alarm ist er fast immer der letzte, der hinuntergeht, während Frau und Kinder schon beim ersten Warnungssignal nach unten eilen. Ist man erst einmal unten, dann hört man nichts mehr von dem, was oben vorgeht. Nur wenn eine Bombe ganz in der Nähe fällt, klappen die Luftklappen an den Wänden. Und manchmal geht für Sekunden das Licht aus.

Wenn Goebbels tagsüber von einem Luftangriff überrascht wird, geht er wohl auch einmal in den Keller des Propagandaministeriums, wo er ein gesondertes Appartement, bestehend aus zwei luxuriös eingerichteten Räumen, bewohnt (typisch für das Dritte Reich: die Betondecke dieser beiden Räume ist stärker als die der anderen Räume). Hier stehen auch die Panzerschränke mit dem geheimen Material des Ministers, hier ist ferner eine besondere Telefonzentrale eingerichtet und eine Stromanlage, die das Propagandaministerium vom Berliner Elektrizitätswerk unabhängig macht.

Aber wenn irgend möglich, verläßt Goebbels schon bei der ersten Vorwarnung das Propagandaministerium und fährt nach Hause zu seiner Familie. Er zieht sich zwar meist sogleich in sein Arbeitszimmer zurück, um zu diktieren, kommt aber bald wieder heraus und spielt dann mit den Kindern, gelegentlich auch mit den Kindern des Hauspersonals, unterhält sich mit Magda, die gewöhnlich Patiencen legt und niemals die geringste Unruhe verrät. Je schlimmer die Bombardements werden, je länger man zusammen im Keller verweilen muß, um so harmonischer wird das Zusammenleben des Ehepaars Goebbels. Es ist merkwürdig, wie gefaßt Goebbels jetzt ist, wie wenig ihm jetzt Frau und Kinder auf die Nerven gehen, wie gleichgültig er, der früher immer auf absoluter Ruhe bestand, jetzt gegen Störung und Lärm geworden ist. Die Nähe der Gefahr scheint das Ehepaar enger aneinanderzuschmieden; die anderen sehen sie oft nebeneinandersitzen, stumm, Hand in Hand oder Magda Karten legend, während Goebbels eine Zigarette raucht und sie aus halbgeschlossenen Augen ansieht. Die Bitterkeit der Jahre, da jeder der beiden den anderen betrog, ist vergessen. Es mag sein, daß Goebbels auch in diesen letzten Monaten noch gelegentlich eine kleine Affäre hat, und von Magda steht sogar fest, daß sie einen gerade in Mode gekommenen Maler zum Geliebten hat, aber das spielt keine entscheidende Rolle mehr ... man ist älter geworden und abgeklärter. Magda weiß, daß es zu Ende geht. Es scheint, daß ihr überhaupt nicht der Gedanke kommt, sie könne die letzte Katastrophe überleben, ganz im Gegensatz zu den Frauen der anderen Großen dieses Reiches, die sich selbst keineswegs in dieses Ende einbeziehen.

Mitte Februar bittet sie Hitlers Arzt, Dr. Morell, um schnell wirkendes Gift. Ihren eigenen Mann wünscht sie nicht mit ihren trüben Vorahnungen zu belasten, aber zu seinen Mitarbeitern ist sie erstaunlich offen. *Wenn ich meine kleinen Kinder zu Bett bringe und daran denke, daß sie vielleicht in ein paar Wochen nicht mehr sind, könnte ich vor Schmerz verrückt werden,* sagt sie. Es ist erstaunlich, wie fest diese Frau in ihrem Entschluß zu sterben ist. Hier hat Goebbels und seine Propaganda den größten Erfolg gehabt – hier, wo er vielleicht insgeheim etwas anderes wünschte. Denn einige Male schon hat er ihr den Vorschlag gemacht, mit den Kindern nach dem Westen zu gehen – in Gebiete, die bald von den Amerikanern und den Engländern überrannt werden müssen. Ihr und den Kindern würde man ja nichts tun. Sie hat abgelehnt.

Während der Luftangriffe, die Goebbels im Bunker verbringt, ist das Schicksal des Propagandaministeriums seine einzige Sorge. Alle paar Minuten ruft er an, um die Antwort der Zentrale zu hören. Antwortet sie einmal nicht, so murmelt er: *Jetzt wird es wohl das Ministerium erwischt haben.* Um so erfreuter ist er, als er dann feststellen kann, daß es unversehrt geblieben ist. In der Tat ist sein Ministerium das einzige, das keine Bomben abbekommt; dabei sähen die Berliner nichts lieber, als daß Goebbels' Hauptquartier in Flammen aufginge.

Nachdem Goebbels festgestellt hat, daß das Propagandaministerium noch steht, interessiert ihn eigentlich gar nichts mehr. Er hört kaum noch zu, wenn der Verbindungsoffizier der Obersten Heeresleitung ihm am nächsten Morgen Vortrag erstattet über das, was in der Nacht in Berlin geschehen ist. *Die Zahlen können Sie sich schenken, die stimmen sowieso nicht,* pflegt er zu sagen. Und in sein Tagebuch notiert er: *Die Luftwaffe hat keine Ahnung. Sie ist genauso dumm und korrupt wie ihr Oberbefehlshaber. Göring natürlich.*

Auch in seinen Konferenzen ist er manchmal von bemerkenswerter Freimütigkeit über die Bombardements. *Sprechen wir doch nicht immer über Luftterror,* erklärt er einmal. *Das ist der totale Krieg. Glauben Sie mir, wir würden es genauso machen, wenn wir nur die Möglichkeit dazu hätten.*

## 3

So offen kann Goebbels freilich nur im engsten Kreise sein. Dem Volk darf man derartige Wahrheiten nicht sagen. Man muß versuchen, es zu trösten. Goebbels besucht Verwundete in Lazaretten, hilft Bombengeschädigten mit Kleidung und Nahrungsmitteln aus und kündigt deutsche Gegenmaßnahmen an. Als er hört, daß in gewissen Lazaretten die Schwerverwundeten, die bei Alarm nicht schnell genug in die Keller transportiert werden, gegen die Fortsetzung des Krieges protestieren, läßt er Krankenschwestern von Bett zu Bett eilen und ihnen zuflüstern: *Seid ruhig, ab morgen setzen wir V 3 bis V 8 ein, und dann kommt die Wende.*

Er muß auch denen Mut einflößen, die ihrerseits Mut machen sollen, nämlich den Propagandarednern. Das sind im wesentlichen Männer, die in der Partei groß geworden sind. Goebbels erinnert sie an die schweren Zeiten, die die Partei durchgemacht hat, an die Augenblicke, in denen alles verloren schien – und dann kam doch die glückliche Wendung. Er zieht Parallelen zwischen damals und jetzt. Er spricht von der Strasser-Krise und der Stennes-Krise, er erinnert an die Wahlkampagne in dem winzigen Staat Lippe, die die entscheidende Wendung brachte. *Dieser an sich so lächerlich kleine Erfolg, der in gar keinem Verhältnis zu den vorher erlittenen Niederlagen stand, zeigte der Welt dann plötzlich, daß wir noch da waren. Genauso wird es diesmal sein.* Die anderen nicken. Sie begreifen, was Goebbels meint. Nur ein kleiner Sieg wäre nötig – und die Welt wird wissen, daß Deutschland noch da ist.

Und nun geschieht etwas Seltsames. Seit einem Jahr weiß Goebbels mit täglich sich steigernder Gewißheit, daß alles verloren ist. Je unwiderlegbarer diese Gewißheit wird, um so stärker muß er darum kämpfen, daß die anderen weiterhin an den Endsieg glauben. Alle nur erdenklichen Argumente sind vorgebracht worden. Und nun ist es so weit, daß Goebbels selbst, für Augenblicke wenigstens, diesen seinen eigenen Argumenten Glauben schenkt, auf seine eigenen Scheinbeweise hereinfällt und sich an Strohhalme klammert. Er wird ein Opfer seiner eigenen Propaganda.

Es ergeht ihm wie in seiner frühen Jugend, als er Hitler kennenlernte und beschloß, Hitler gegenüber seinen Verstand auszuschalten, nichts mehr zu analysieren, alles zu glauben. Nun will er wieder „glauben". Er flüchtet in die Parteigeschichte; er flüchtet in die Geschichte. Das Schicksal Friedrichs des Großen, seit jeher ein Beweis dafür, daß, wie verzweifelt die Situation auch scheinen mag, eine Rettung immer noch möglich ist, wird jetzt zur Rettung vor der persönlichen Verzweiflung. In einem Artikel *Die Geschichte als Lehrmeisterin* schreibt er: *Jedenfalls können wir an uns selbst immer wieder feststellen, daß eine Lektüre der Briefe und Schriften Friedrichs des Großen oder der Kapitel der Mommsenschen Römischen Geschichte, die über den zweiten Punischen Krieg handeln, uns auch in den kritischen Phasen dieses Krieges Kraft verleiht.*

Das ist ganz echt. Das sind keine Propagandaargumente mehr. Je verzweifelter der Krieg steht, um so tiefer versenkt er sich in die Geschichte Friedrichs des Großen, um so mehr glaubt er an Schicksal, an „Sinn der Geschichte", daran, daß eine Rettung möglich sein muß, denn ginge Deutschland jetzt zugrunde, *die Geschichte wäre eine Hure.*

Mehr und mehr sieht er sich selbst als geschichtliche Persönlichkeit. Er schreibt: ... *Weder ein Alexander noch ein Fabius, weder ein Scipio noch ein Cäsar, weder einer unserer großen deutschen Kaiser noch einer unserer preußischen Könige würde heute in unserer Lage anders handeln, als wir handeln, würde die Unterwerfung unter den Vernichtungswillen des Feindes der tapferen Beharrlichkeit vorziehen.* Als er den Film „Kolberg" zum erstenmal sieht, erklärt er den deutschen Journalisten, daß man in hundert Jahren einen anderen Film machen würde, einen Film über Berlin, über den Heroismus der Stadt – und jeder von ihnen könne wählen, welche Rolle er in diesem Film spielen würde – ob das Publikum ihm dann applaudieren oder ihn auspfeifen würde. Einer der Mitarbeiter nimmt an dieser Bemerkung Anstoß. *Es verlohnt sich wohl kaum, jetzt zu sterben, um eine kleine Rolle in einem Film zu spielen, der in hundert Jahren gedreht wird,* sagt er bitter zu einem Kollegen. In der Ministerkonferenz sagt Goebbels: *Wir stehen doch nun einmal auf der Bühne, wir können doch nur im Großen denken und nach großen Gesichtspunkten handeln. Das ist doch das Letzte und das Positive, was man hat, nämlich einmal in die Annalen der Geschichte einzugehen.*

Eingehen – als was? Kurz nach der Machtergreifung hat Goebbels einmal gesagt, die Welt würde erzittern, wenn die Nazis je von der Bühne der Geschichte abtreten müßten. Das war wohl nur eine Redensart, denn er glaubte ja damals nicht, daß es je dazu kommen könnte. Nun ist es soweit. Und die Welt erzittert in der Tat. Aber ist das genug? Genügt es, sein Leben teuer zu verkaufen? Ist es genug, zu wissen, daß die halbe Welt zugrunde geht, während man abtreten muß? Muß man abtreten? Gibt es keine Alternative?

Es ist selbstverständlich, daß ein General, dessen Heer vernichtet wird, verschwindet. Aber Goebbels ist ja kein General. Goebbels hat keine Panzer, keine Flugzeuge, keine Konzentrationslager – seine Macht ist nicht physisch bedingt, man kann sie ihm nicht wegnehmen, indem man irgend etwas besetzt, zerstört, überrennt, auflöst.

Seine Macht ist die Macht des Geistes, der Überredung, des Einflusses. Gibt es nichts, um diesen Einfluß auch über die physische Zerstörung hinaus zu sichern? Hat die Welt es nicht schon erlebt, daß Ideen sich durchsetzten, auch wenn keine Kanonen hinter ihnen standen, auch wenn sie keine Macht hinter sich hatten?

Muß Goebbels abtreten?

*Er schielte mit beiden Augen auf die Nachwelt,* wird sein Mitarbeiter Fritzsche späterhin über ihn während der letzten Monate sagen.[2]

*Von diesem Gesichtspunkt aus muß man lesen, was er zuletzt geschrieben hat.*

Hier, in dieser letzten Epoche, beginnt eine Art Zweiteilung der Goebbelsschen Propaganda. Sie zerfällt in eine taktische Propaganda auf kurze Sicht und in eine strategische Propaganda auf lange Sicht. Die erste ist der Fortsetzung und Verlängerung des Krieges gewidmet. Jeder Tag, um den das Ende herausgeschoben wird, gibt dem Schicksal eine neue Chance, ein Wunder zu schaffen. Aber wenn das Wunder nicht geschieht, wenn die Katastrophe, die immer näher rückt, schließlich doch vollendete Tatsache wird, nun, auch dann wird Goebbels noch dasein.

Nicht in Person, sondern in der Wirkung seiner Propaganda. Er muß nur eine Art Propaganda auf lange Sicht machen, die, einmal begonnen, automatisch weiterwirkt und keinerlei Lenkung von ihm, der ja nicht mehr dasein wird, benötigt. Er muß ein Propagandawurfgeschoß in Bewegung setzen, das früher oder später sein Ziel erreichen wird, vielleicht erst Jahre nach seinem, Goebbels' Tod.

Goebbels erfindet Propaganda als Zeitbombe.

## 4

Handelt es sich denn hier um etwas Neues? Jede Philosophie, jede Religion muß sich auch nach dem Tode ihres Gründers durchsetzen. Ja, im Falle der großen Religionen wirkte die Zeit gerade fördernd.

Aber diese Parallele ist nur eine scheinbare.

Im Unterschied etwa zu den Schöpfern des Christentums oder des Kommunismus (um nur zwei wichtige Philosophien zu nennen) sind die Erfinder des Nationalsozialismus (der im strengsten Sinne keine Philosophie ist) an die „Macht" gekommen. Sie konnten beweisen, was ihre Idee wert ist. Sie haben durch den schauerlichsten Bankrott, den die neuere Geschichte kennt, ihre angebliche Idee kompromittiert. Wäre Hitler unbekannt gestorben, nie an die Macht gelangt, hätte Goebbels predigen können, daß der Tag kommen werde, an dem die Welt begreifen müsse, was Nationalsozialismus ist, und an dem sie sich ihm in die Arme werfen würde. Da aber Hitler an die Macht gekommen ist, da das nationalsozialistische Regime Millionen Menschen in Tod und Verderben gestürzt hat, kann der Nazipropagandist nicht auf die Zukunft als Hoffnung verweisen. Ja, er kann nicht einmal Propaganda machen und hoffen, daß sie in der früheren oder späteren Zukunft wirken wird. Denn sie wäre schon dadurch, daß er sie machte, für jetzt und für später kompromittiert. Alle, oder doch beinahe alle, die mit dem jetzigen Bankrott verbunden sind, haben sich dadurch vor der Nachwelt disqualifiziert.

Jeder Versuch also, auf die Nachwelt Einfluß zu nehmen, darf in keinem Sinne Nazipropaganda sein. Man darf keineswegs anpreisen, was, wie ja alle wissen, Schiffbruch erlitten hat. Hier eben unterscheidet sich Goebbels etwa von den Vorkämpfern des Christentums, die der Hoffnung Ausdruck geben durften, eine spätere Zeit werde einer großen Idee zum Siege verhelfen. Sie, wie die Vorkämpfer anderer Religionen und Philosophien, konnten offen und ehrlich zur Nachwelt sprechen. Goebbels kann es nicht. Wenn die Nachwelt von ihm beeinflußt werden soll, ist erste, unerläßliche Bedingung, daß sie nicht weiß, daß sie von ihm beeinflußt werden soll.

Das Charakteristikum der Zeitbombe und gleichzeitig die unerläßliche Bedingung für ihre Wirkung ist, daß niemand weiß, daß sie heruntergefallen ist, wo sie liegt, oder wann sie explodieren wird.

Also keine Propaganda für den Nazismus, wenigstens keine direkte, sondern ein Text, von dem spätere Geschlechter, wenn sie ihn lesen oder hören, sagen werden: Der Mann hat recht gehabt. Mit einem Wort: Goebbels muß prophezeien.

Das ist nicht schwer. Es ist leicht, vorauszusagen, wie die Dinge in Deutschland sich entwickeln müssen. Er sagt für die Zeit nach der Niederlage voraus, daß die Deutschen auf absehbare Zeit die Sklaven und Lasttiere der ganzen Welt sein würden ... *Die Geschichte hat kein Mitleid mit den Nationen, die sich ergeben ... Was würden uns unsere unzerstörten Städte nützen, wenn sie von einer Nation in Ketten bevölkert wären?*

Wohlgemerkt: Solche Prophezeiungen müssen als Beschwörungen verkleidet werden, weiterzukämpfen, als Warnungen, das Furchtbare nicht geschehen zu lassen. In Wirklichkeit handelt es sich hier aber bereits um Feststellungen. Goebbels legt sich fest. Und er weiß nicht nur, daß es den Deutschen schlecht gehen wird. Er weiß, je schlechter es ihnen gehen wird, um so besser wird das

Hitler-Regime bei einem Vergleich wegkommen. Nur wenn es ihnen sehr schlecht geht, schlechter als in den letzten Kriegsphasen, kann gehofft werden, daß sie sich nach den „guten Zeiten unter Hitler" zurücksehnen. Nur dann wird die Zeitbombe explodieren.

Nach uns die Sintflut! Jawohl, aber eine geplante Sintflut. Je vollständiger die Zerstörung Deutschlands durch alliierte Bomber, um so besser für Goebbels. Wertvolle Denkmäler, Kirchen, Schlösser werden vernichtet. Das geht in der allgemeinen Verwirrung unter; jeder bangt um das eigene Leben, und die meisten wissen wohl, daß es beim Großbombardement der Städte unmöglich ist, vereinzelte historisch wertvolle Bauten zu schonen. Goebbels weiß ebenfalls, daß die Alliierten die Kriegsindustrie, den Transport treffen wollen. Aber er stellt auf jeden Fall fest, daß die alten Kirchen und Schlösser gemeint sind. Jetzt noch liest (1943, 1944) der Deutsche über so etwas hinweg. Später, wenn die Panik der Bombennächte von ruhigeren Zeiten abgelöst sein wird, werden manche sich dieser Worte erinnern. Sie werden sagen: Goebbels hat recht gehabt.

Die geplante Sintflut, und, wenn es nach Goebbels ginge, nicht nur für Deutschland, sondern für ganz Europa, ja für die ganze Welt. Je schlechter es kommen wird, um so besser werden die Nazis bei einem Vergleich wegkommen, hofft er.

Goebbels hat niemals Illusionen gehabt über das herzliche Verhältnis zwischen den Russen und den westlichen Alliierten. Churchill ist ja schließlich von jeher ein erbitterter Feind der Kommunisten. Über das neutrale Ausland, durch die Kanäle der verschiedenen Spionagedienste ist die Kunde nach Deutschland gedrungen, Chruchill habe 1942 versucht, seine amerikanischen Freunde zu einer Invasion des Balkan zu überreden, um auf diese Weise die Russen daran zu hindern, die Sphäre ihres Einflusses nach Westen zu vergrößern. Auch ist Goebbels darüber informiert, daß Churchill bis zuletzt hofft, die Amerikaner zu einem Vorstoß auf Berlin zu überreden.

Auf der Konferenz von Jalta, die inzwischen stattgefunden hat, haben die Alliierten den Russen Berlin und überhaupt einen großen Teil von Deutschland konzediert. Ob die Details der Beschlüsse Goebbels bekannt sind oder nicht, auf jeden Fall weiß er, wieviel Explosivstoff in Jalta angehäuft worden ist, und spekuliert darauf, daß es bald Krach zwischen den Alliierten geben wird. Früher oder später wird es auf jeden Fall Krach geben, prophezeit er in einem bemerkenswerten Artikel *Das Jahr 2000,* der ein ganzes Arsenal internationaler Zeitbomben ist.

Es heißt darin unter anderem:

*Die drei feindlichen Kriegsführer haben, wie jetzt aus amerikanischen Quellen bekannt wird, auf ihrer Konferenz in Jalta auf Antrag Roosevelts beschlossen, zur Sicherung des gegen das deutsche Volk festgelegten Vernichtungs- und Ausrottungsprogramms ganz Deutschland bis zum Jahre 2000 besetzt zu halten. Man kann diesem Projekt eine gewisse Großzügigkeit nicht absprechen ... Wie leer muß es in den Gehirnen dieser drei Scharlatane aussehen, wenigstens in denen zweier von ihnen! Denn der dritte, Stalin, verfolgt mit diesen Plänen natürlich weitergehende Ziele als seine beiden Kompagnons ... Wenn das deutsche Volk die Waffen niederlegte, würden die Sowjets ... ganz Ost- und Südosteuropa zuzüglich des größten Teiles des Reiches besetzen ... Vor diesem einschließlich der Sowjetunion riesigen Territorium würde sich sofort ein eiserner Vorhang heruntersenken ... Das übrige Resteuropa würde in chaotische politische und soziale Wirren verfallen, die nur das vorbereitende Stadium der darauffolgenden Bolschewisierung darstellen ...*

*Im Jahre 1948 würde Roosevelt, genau wie Wilson nach dem ersten Weltkrieg, bei seiner erneuten Kandidatur durchfallen und ein Republikaner, das heißt Isolationist, USA-Präsident werden. Seine erste Amtshandlung bestünde wahrscheinlich darin, die amerikanischen Truppen aus dem brodelnden Hexenkessel Europas herauszuziehen. Zweifellos würde ihm die ganze USA-Öffentlichkeit dazu ihren Beifall zollen ...*

Goebbels sagte auch einen dritten Weltkrieg voraus, in dem Rußland Großbritannien besiegen werde. Er prophezeit, England würde dann kommunistisch werden, der eiserne Vorhang würde erneut fallen und diesmal ganz Europa während fünf Jahren fieberhafter Kriegsvorbereitungen von der Welt abschließen, *und dann,* schreibt er, *setzt der Generalstoß gegen die USA an.* Er fährt fort: *Die westliche Hemisphäre ... stünde dann in der Tat vor ihrer tödlichsten Gefahr. Man würde in den USA noch einmal den Tag verfluchen, an dem ein dann längst vergessener amerikanischer Präsident in dem Kommuniqué einer (dann längst sagenhaft gewordenen) Konferenz in Jalta dieser Entwicklung die Bahn frei machte ...*

*Wohin sind die Zeiten entschwunden, da Großbritannien in der*

*Weltpolitik noch ein maßgebendes, ja das entscheidende Wort sprach? Es erscheint also reichlich naiv, wenn der britische Ministerpräsident sich in Festlegungen für den politischen und sozialen Status des Reiches für das Jahr 2000 hineinmischt. In den nächsten Jahren und Jahrzehnten wird England vermutlich von anderen Sorgen geplagt sein als von diesen. Es wird verzweifelt darum kämpfen müssen, einen kleinen Rest seiner ehemals über alle Kontinente reichenden Stellung zu behaupten.*

Diese Worte zeigen, daß Goebbels kein schlechter Prophet ist. Aber das steht hier nicht zur Diskussion. Wichtig ist, daß ihm bekannt ist, wie sich die Dinge entwickeln könnten, und daß er sich darauf festlegt, solche Prophezeiungen zu machen, damit künftige Generationen daran denken sollten, daß er es war, „der immer richtig prophezeite".

Noch wichtiger ist die Feststellung, daß die Dinge sich anders entwickelt hätten, wenn das Volk an Hitler geglaubt hätte. *Man hätte sich auch eine andere Entwicklung vorstellen können, für die es nun zu spät ist. Der Führer hat sie in seinen vielfachen Memoranden und Angeboten an die Londoner Adresse vorgeschlagen, zum letztenmal vier Wochen vor Ausbruch dieses Krieges. Sie lief darauf hinaus, die deutsche und die britische Außenpolitik so weit zu koordinieren, daß das Reich ebenso Englands Seemacht wie Großbritannien Deutschlands Landmacht respektierte … daß beide Völker durch ihr vereintes Machtgewicht den Weltfrieden garantierten … Der Bolschewismus wäre unter diesen Voraussetzungen auf seine eigentliche Brutstätte beschränkt geblieben.*

Das Erstaunliche an solchen Worten ist nicht so sehr, daß Goebbels so richtig prophezeite, sondern daß er gewissermaßen die Worte fand, um die zukünftigen Ängste der Welt auszudrücken. Es ist kein Zufall, daß Churchills Wort vom Eisernen Vorhang – um nur ein Beispiel zu nennen – in allen Ländern aufgegriffen wurde, es ist kein Zufall, daß man überall in der Welt Worte benutzte, die Goebbels geprägt hatte.[3]

Darauf hatte es Goebbels ja abgesehen, so wollte er es, dazu hatte er sich festgelegt.

Dazu, daß man ihm die Worte, die Sätze, die Ideen nachreden würde, und dazu, daß späterhin Millionen sich daran erinnern sollten: „Das hat Goebbels gesagt."

Zu Frau Haberzettel bemerkte er in Voraussicht einer solchen Entwicklung: *Erst nach meinem Tode werden die Menschen mir wirklich glauben!*

## 5

Die durch den totalen Krieg notwendige Pressebeschränkung bringt die Einstellung des *Angriff* mit sich. Goebbels hat seit Jahren nicht mehr in ihm geschrieben. *Der Angriff* ist das Organ des Führers der Arbeitsfront, Dr. Ley, geworden, den Goebbels wenig schätzt. Trotzdem ist das Verschwinden des Blattes, das er einmal mit so viel Mühen aufgebaut hat, ein Schlag für ihn.

Aber er darf sich ja nichts anmerken lassen. Er muß ja noch immer so tun, als glaubte er, der Krieg könne gewonnen werden, als gäbe es noch eine wirkliche Chance. *Die letzte Schlacht ist unsere große Chance,* schreibt er und fährt fort, *ein Volk, das entschlossen ist, zur Verteidigung seines Lebens jedes Mittel, auch das kühnste und verwegenste, anzuwenden, ist schlechterdings unschlagbar.* Und was wäre das kühnste Mittel? Die Wunderwaffe? Goebbels kann sich immer noch nicht dazu verstehen, sich auf die Wunderwaffe festzulegen. Aber er läßt es jetzt zu, daß die Parteipropagandisten den Einsatz dieser Wunderwaffe für die allernächste Zeit in Aussicht stellen, und veritable Flüsterkampagnen werden inszeniert. Einmal sagt er dazu, man könne dem Volk ja nicht jeden Halt nehmen, und fährt fort: *Man wird uns ja niemals den Vorwurf machen können, daß wir es gewesen wären, die dieses Gerücht in Umlauf brachten. Niemand wird je in der Lage sein, uns auf eine derartige Andeutung festzunageln, weil wir nie eine derartige Äußerung getan haben.*

Aber er fühlt sich doch unbehaglich, wenn er bedenkt, daß die Propaganda auf eine immer schiefere Bahn gerät. Als wieder einmal auf einer Konferenz Andeutungen über die Wunderwaffe fallen, platzt er heraus: *Seien wir uns doch darüber klar! Wir haben nichts mehr! Es gibt keine Wunderwaffen!*

Die letzte Chance ist also nicht eine letzte Schlacht, sondern der Krach zwischen den Alliierten. Goebbels hofft allen Ernstes auf einen solchen Zwist. Seinen engsten Mitarbeitern sagt er, der Krieg könne nur noch „politisch" gewonnen werden. Voraussetzung sei freilich, daß Deutschland militärisch noch ein Faktor sei, *daß wir überhaupt noch da sind. Wie wir da sind, ist dabei völlig gleichgültig ... Ob blutend, taumelnd – nur dasein müssen wir.*

Die These: England braucht in Europa ein Gleichgewicht der Kräfte. *Deshalb möchte ich fast sagen: Je weiter der Bolschewismus im Osten Europas vordringt, desto größer ist unsere Chance, mit dem Westen politisch ins Gespräch zu kommen und damit die Möglichkeit zu gewinnen, einen für uns tragbaren Frieden auszuhandeln. Wenn es uns gelingt, den Feind im Westen zu halten, dann gibt es für England, je weiter der Feind im Osten vordringt, nur zwei Möglichkeiten: entweder ein bolschewistisches oder ein nazistisches Europa. Eine dritte Möglichkeit gibt es nicht. England wird also nur zwischen zwei Übeln wählen können, und es kann keinen Zweifel darüber geben, daß das nazistische Europa das kleinere Übel für England ist. Voraussetzung aber ist, wie gesagt, daß der Feind im Westen unter allen Umständen gehalten wird.*

Diese von den Nazis aus gesehen gar nicht so unvernünftige These ist nicht in die Wirklichkeit umzusetzen, weil der Feind im Westen nicht gehalten werden kann. Und dies wiederum ist ironischerweise nicht zuletzt die Schuld der Goebbels-Propaganda.

Die hat seit vielen Monaten nur noch ein Thema: Laßt die Russen nicht herein! Mit stärkstem Nachdruck wird Tag für Tag darauf hingewiesen, was in Deutschland passieren würde, wenn die Russen das Land überfluteten. Goebbels spielt auf allen Registern der Greuelpropaganda. Auf seinen Konferenzen gibt er ganz offen zu, daß hier verfälscht und übertrieben wird. *Es ist nicht wesentlich, wenn wir fälschlich behaupten, daß der Sowjetsoldat Ivanowitsch gemordet, geplündert und geschändet hat. Wesentlich ist, daß wir dem deutschen Volke einhämmern, daß ihm dieses Schicksal blühen wird, und zwar so lange, bis auch der letzte entschlossen ist, lieber im Kampfe unterzugehen als es zu erleiden.*

Am 15. März 1945 bringt die deutsche Presse ein schlagendes Beispiel solcher Propaganda. Es wird ein Bericht veröffentlicht über die Deportation der gesamten männlichen Bevölkerung der schlesischen Stadt Öls – zur Zwangsarbeit in Sibirien. Dies ist eine glatte Erfindung. Aber selbst wenn die Sache wahr wäre, hatten die Nazis denn nicht auch die Völker der besetzten Länder versklavt? Die deutsche Greuelpropaganda ist bereits so weit gegangen, daß ihren Urhebern diese naheliegende und blamable Parallele als solche gar nicht mehr zum Bewußtsein kommt.

Die Folge solcher Greuelpropaganda, die auch mit gefälschten Photographien von ausgepeitschten Frauen und Kindern, verstümmelten Leichen und so weiter geführt wird, ist völlig anders, als Goebbels kalkuliert hat. Die Bevölkerung der von den Russen bedrohten Gebiete wird von Panik erfaßt, Millionen fliehen, verstopfen die Landstraßen und machen dadurch wichtige militärische Aktionen unmöglich. Vor allem aber – und dies ist für Goebbels entscheidend – kommen viele Deutsche auf den naheliegenden Gedanken, es sei wohl besser, den Amerikanern und Engländern keinen Widerstand mehr zu bieten und sie ins Land zu lassen. Je weiter die westlichen Alliierten vordringen, um so weniger weit können ja die Russen kommen! Und genau dies ist ja, was nicht geschehen darf, wenn Goebbels seinen Plan, den Krieg „politisch" zu gewinnen, durchführen will. Die Front im Westen muß so lange halten, bis die Engländer und die Amerikaner „Vernunft" angenommen haben.

Goebbels kann nichts anderes tun, als die gleichen Mittel gegen die westlichen Alliierten anzuwenden, die er gegen die Russen angewendet hat. Hals über Kopf wird Greuelpropaganda gegen die Amerikaner inszeniert. Ihre Armee, so heißt es, bestehe aus Gangstern, aus Juden und vor allen Dingen aus Negern, und alle hätten sich verschworen, die Deutschen auszurotten oder doch wenigstens zu sterilisieren. Es liegt etwa eine Meldung vor „fünf oder sechs Neger haben in einem kleinen Dorf eine Siegesfeier begangen, bei der einige Übergriffe zu verzeichnen sind". Zwei Stunden später verkündet der Deutschland-Sender: *Hundertfünfzig Neger übelster Sorte fielen in ein friedliches rheinisches Dorf ein. Der größte Teil der Frauen wurde geschändet. Im Westen also der gleiche Feind, die gleichen Methoden wie im Osten.*

Aber dies war nun zu rasch improvisiert, als daß irgend jemand es hätte glauben können. In der Tat schadeten diese Greuelberichte aus dem Westen der Glaubwürdigkeit der deutschen Propaganda in solchem Maße, daß die Menschen an den russischen Greueln zu zweifeln begannen. Selbst Verbrechen, für die Beweise und Zeugen vorhanden waren, wurden schließlich einfach nicht mehr geglaubt. Was das Propagandaministerium sagte, war eben dadurch in den

Augen der meisten Deutschen als Lüge entlarvt. Goebbels hatte den letzten Kredit verloren.

Und – welche Ironie! – zu eben dieser Zeit, da überall im Volk eine gesunde Skepsis gegenüber der Propaganda einsetzt, werden die phantastischsten Lügen und Gerüchte, von denen Goebbels sich von jeher distanziert hat, die unsinnigsten, durch Flüsterpropaganda verbreiteten Märchen geglaubt. Das Volk spricht von Lungentorpedos, deren Luftdruck die menschlichen Lungen zum Zerreißen bringen würde, von Kältebomben, die an der Stelle ihres Niedergehens alles vereisen und alle Lebewesen im Umkreis von Kilometern töten würden.

Das deutsche Volk glaubt nichts mehr – und glaubt alles. Propagandistische Wirkung ist Zufall geworden.

## 6

Der Krieg kommt näher. Eine ungewöhnliche Kälte läßt Flüsse und Seen gefrieren, macht lehmige Straßen hart, die russischen Panzer rücken von allen Seiten vor. Die ausländischen Namen verschwinden aus den deutschen Kriegsberichten. Zum erstenmal seit weit über hundert Jahren wird ein Krieg nach Deutschland hineingetragen. Breslau ist in Gefahr. Gauleiter Hanke, einmal Goebbels' rechte Hand, einmal Magdas Geliebter, beschließt, seine Stadt zu verteidigen und dort zu sterben. Die meisten anderen Gauleiter laufen weg, schon wenn sie den Donner der anrückenden Kanonen hören, und überlassen es der Bevölkerung, sich als Helden zu beweisen.

Am 30. Januar – es ist nun zwölf Jahre her, daß die Nazis an die Macht gekommen sind – ernennt Hitler den Propagandaminister Goebbels zum Verteidiger von Berlin. Dies ist das erste Anzeichen dafür, daß die Millionenstadt Berlin, dieses unübersichtliche Häusermeer, das von keiner Seite, sei es durch Berge, sei es durch einen breiten Fluß, geschützt ist, verteidigt werden soll.

Verteidigt von einem Zivilisten. Man fragt sich in sogenannten eingeweihten Kreisen, warum gerade Goebbels zu dieser Rolle auserwählt wurde. Die offizielle Antwort lautet: Goebbels ist der Gauleiter von Berlin, Goebbels ist der Mann, der Berlin „erobert" hat, er ist also logischerweise der Mann, um Berlin zu verteidigen. Der wirkliche Grund ist, daß Hitler einen Mann braucht, auf den er sich unbedingt verlassen kann, einen, der ihm nicht in den Rücken fällt, wie die Generale, in die er seit dem 20. Juli kein Vertrauen mehr setzt. Goebbels, das weiß er, wird ihn nicht verraten.

Goebbels stürzt sich mit Feuereifer in die Arbeit. Er umgibt sich mit einer Schar militärischer Berater, unter ihnen General Reimann, die er allmorgendlich vor der Ministerkonferenz zur Besprechung empfängt.[4] Goebbels ist sich klar darüber, daß er improvisieren muß. Bevor er an die militärischen Details herangeht, kümmert er sich um die Frage der Lebensmittelbeschaffung: *Steeg hat dafür gesorgt, daß alles Vieh aus der Umgegend Berlins in die Stadt hereingebracht wird,* diktiert er in sein Tagebuch. *Ernährungsmäßig können wir uns etwa elf Wochen halten.*

Er kommt sich nun schon ganz als Soldat vor. Zwar trägt er auch jetzt keine Uniform, so etwas überläßt er Göring. Aber über dem Anzug trägt er einen militärmäßig wirkenden Ledermantel und eine deutsche Offiziersmütze ohne Rangabzeichen. Immer häufiger werden seine Besuche an der Ostfront, die ja nur noch zwei bis drei Autostunden entfernt ist. Er fährt mit dem Auto und läßt nicht stoppen, auch wenn die feindlichen Flieger ganz tief herunterkommen, um auf die Autokolonne zu schießen. Er fährt bis in die vordersten Linien. Er riskiert viel, weil er den Militärs imponieren will. Er will ihnen beweisen, daß der kleine, hinkende Zivilist mehr Mut hat als sie.

Er läßt keine Gelegenheit ungenützt, um abfällige Bemerkungen über die deutsche Generalität zu machen. *Alle sind müde, zusammengebrochen, und alle geben den Krieg verloren. Der Führer steht praktisch ganz allein, und immer wieder muß er seine kostbare Zeit und Kraft darauf verwenden, diese niedergesunkene Generalität wieder aufzurichten.* Um so höher schätzt er russische Offiziere. *Diese Offiziere sind aus einem ganz anderen Holz geschnitten als die deutsche Generalität. Fast alle russischen Generale sind aus dem Bauernstand hervorgegangen, sind unverbildete, gesunde und natürlich denkende Menschen, und so braucht man sich über ihre Erfolge gegen uns gar nicht zu wundern.*

*Wenn dieser Krieg verlorengeht, trifft Göring daran die Hauptschuld,* stellt er mit steigender Erbitterung fest. Er ist sehr unglücklich darüber, daß Hitler Göring nicht absetzt. Aber er gibt seine Bemühungen in dieser Richtung nicht auf. Er erklärt, daß Göring die deutsche Luftwaffe habe verkommen lassen. Er meint, Göring müsse nicht nur abgesetzt, sondern verhaftet und geköpft werden. Hitler kann nur müde erwidern, daß er keinen Ersatz für Göring habe, auch beruft er sich auf das Prinzip der germanischen Treue.

Ein anderer, gegen den Goebbels jetzt agitiert, ist Reichsminister Albert Speer. Er verdächtigt ihn schon seit geraumer Zeit, ihm falsche Produktionszahlen zu nennen und ihn so „in den Augen des deutschen Volkes lächerlich zu machen". Doch wann immer die beiden zusammentreffen, gelingt es Speer, Goebbels zu überzeugen, daß alles nur Menschenmögliche geschieht. Als aber Speer schließlich zugibt, daß die Produktionslage hoffnungslos sei, erklärt Goebbels ärgerlich, er sei defätistisch. Speer begreife nicht, *daß wir keine Wahl haben, daß wir nicht die Möglichkeit haben, abzutreten, sondern uns so oder so durchbeißen müssen.*

Wie soll Berlin verteidigt werden? Das ist die wichtigste Frage, die sich jetzt aufdrängt. Soll man alles, was an Truppen und Material noch zur Verfügung steht, an die Oderfront werfen, um diese unter allen Umständen zu halten? Oder soll man einen Teil der verfügbaren Kräfte dazu verwenden, einen Verteidigungsring unmittelbar um Berlin herum aufzubauen? Goebbels ist für die letztere Lösung, gibt aber Hitler nach, der sie für zu riskant hält.

Die Wehrmacht – das heißt die Generale – sind überhaupt dagegen, Berlin zu verteidigen, und dafür, sich irgendwo im Süden, am besten in der Gegend von Berchtesgaden, zu verschanzen. Auch Himmler hält das für die einzig mögliche Lösung. Goebbels widerspricht. Der Kampf, um ein Wort Fritzsches zu zitieren, „der telefonisch geführt wurde", währt viele Tage und wird zugunsten von Goebbels entschieden.

Aber völlig außer sich geraten die Generale, als sie hören, daß Goebbels die Absicht hat, die Hauptstadt ohne Hinzuziehung des Heeres zu verteidigen. Er beabsichtigt, sich allein auf den Volkssturm zu stützen. Ausländische Arbeiter und Frauen errichten in wenigen Tagen Panzergräben rund um Berlin; Felder und Landstraßen werden in weitem Umkreis mit Minen ausgelegt. Neue Flugplätze werden gebaut, Panzersperren an wichtigen Straßenkreuzungen und Brücken improvisiert.

Generale und Regierungsmitglieder schütteln die Köpfe, Ley und Speer kommen unangemeldet zu Goebbels ins Haus, um ihm die Idee auszureden, Berlin durch den Volkssturm zu „retten". Goebbels bleibt hartnäckig. Er hat kein Vertrauen mehr zum Heer. Er will, wenn es zum Schlimmsten kommt, wenn der Feind tatsächlich in die Stadt eindringt, so lange kämpfen, bis „kein Stein auf dem andern bleibt".

Mitte Februar bekommt dies auch das Volk zu hören. Im Rundfunk tritt Goebbels allen Gerüchten entgegen, er habe einen nervösen Zusammenbruch erlitten oder gar Berlin verlassen. Im Gegenteil, er arbeite Tag und Nacht daran, die Verteidigung Berlins vorzubereiten.

Die Berliner haben mit wachsendem Mißtrauen beobachtet, was in den letzten Wochen vor sich gegangen ist, haben die Gräben und die Barrikaden inspiziert. Nun erfahren sie zu ihrem Entsetzen, daß Goebbels wirklich die Absicht hat, den Krieg in die Stadt selbst hineinzutragen. Nichts könnte sie mehr erbittern. Es hagelt Drohbriefe an Goebbels, in denen ihm gemeldet wird, daß man die von ihm verteilten Waffen gegen ihn selbst gebrauchen wird. Inzwischen hört die Stadt auf zu leben. Die Verkehrsmittel stellen ihren Betrieb ein, das Licht funktioniert nicht mehr oft, man munkelt davon, daß es bald kein Wasser mehr geben wird. Dabei wird Berlin ununterbrochen bombardiert, und niemand weiß mehr, wann die Angriffe beginnen und aufhören, denn die meisten Sirenen funktionieren auch nicht mehr.

Die Menschen packen ihre Koffer, schaffen ein paar Decken und Kissen in den Keller, bringen alles an Lebensmitteln, was sie zusammenraffen können, hinunter.

Am Tage, an dem Goebbels bekanntgegeben hat, daß er Berlin verteidigen wird, hat er die Berliner verloren.

## 7

Dabei weiß er nicht besser als die Generale, wie man noch irgend etwas verteidigen kann, nur daß ihn die völlige Hoffnungslosigkeit und Wehrlosigkeit nicht zum Fatalisten macht, sondern in Wut und Empörung versetzt.

Tag und Nacht denkt er über Möglichkeiten nach, sich gegen die dauernden Bombardements zu wehren. Nach der beinahe völligen Zerstörung von Dresden erklärt er, Deutschland müsse aus der Genfer Konvention austreten. *Die Konvention hat ihren Sinn verloren, wenn hunderttausend Zivilisten in zwei Stunden umgebracht werden können. Wir haben kein Mittel gegen den feindlichen Luftkrieg. Nur eines können wir tun. Wir können dem Feind sagen: Der Luftangriff auf Dresden hat über hunderttausend unschuldige Zivilisten – hauptsächlich Frauen und Kinder – das Leben gekostet, jetzt reicht es uns! Wenn der Feind eine derartige Unmenschlichkeit an den Tag legt, dann haben auch wir keine Veranlassung mehr, uns an die Genfer Konvention zu halten. Für jeden Luftangriff auf eine deutsche Stadt, der in Zukunft noch erfolgen sollte, werden wir – entsprechend der Zahl der dabei ums Leben gekommenen Zivilpersonen – einer gleichen Anzahl englisch-amerikanischer Kriegsgefangener den Hals abschneiden. Vielleicht wird das helfen.*[5]

Goebbels betont, diese Ausführungen seien geheimzuhalten. Am nächsten Tag spricht er mit Hitler, der im Prinzip einverstanden ist, aber noch das Urteil von Experten einholen will.

Vier Tage später erscheint Goebbels bleich vor Wut auf seiner Konferenz. *Bevor ich auf das Tagesmaterial eingehe, möchte ich zunächst etwas anderes sagen. Die Auslandspresse hat bereits davon erfahren, daß Deutschland unter Umständen die Genfer Konvention kündigen wird. Meine Herren! Außer in diesem Kreise der Ministerkonferenz ist zu niemandem von diesen Dingen gesprochen worden.* Und plötzlich brüllt er los: *In diesem Kreise sitzt also ein Verräter! Aber das kann ich Ihnen sagen: Ich werde diesen Verräter finden – und dann wehe ihm! Ich werde ihn nicht vor ein Gericht stellen. Nein. Hier, in diesem Saal, werde ich ihn mit meinen eigenen Händen erwürgen!*

In der Tat, es befindet sich ein „Verräter“ im Saal, und zwar dicht neben Goebbels. Es ist sein Pressereferent Rudolf Semmler, der, vielleicht um das Schlimmste zu vermeiden, einem schwedischen Journalisten gegenüber eine Andeutung gemacht hat. Aber Goebbels findet das nicht heraus. Zwei Tage später teilt er seinen Mitarbeitern mit, daß die Indiskretion nicht im Propagandaministerium stattgefunden hat. *Ich hätte es mir auch kaum vorstellen können.*

Die Indiskretion hat aber zur Folge gehabt, daß London aufs

schärfste vor einem Bruch der Genfer Konvention warnt, daß Ribbentrop infolgedessen allen Mut verliert und Hitler von dem Plan abrät. *Ribbentrop war selbstverständlich dagegen,* schreibt Goebbels in sein Tagebuch. *Wie konnte es bei diesem Dummkopf auch anders sein! Aber auch die Wehrmacht hat stärkste Bedenken geäußert und abgeraten, erklärt mir der Führer. Ich trage ihm nochmals alle meine Argumente vor und beschwöre ihn, angesichts der furchtbaren Lage, in der wir uns befinden, diesen Schritt zu tun. Aber den Führer hat es offenbar stark beeindruckt, daß außer mir alle dagegen sind.*

Während Goebbels so auf der einen Seite gar nicht radikal genug sein kann, hofft er andererseits nach wie vor, den Krieg „politisch" zu beenden oder, wie er sich seinen Mitarbeitern gegenüber ausdrückt, *politisch ins Gespräch zu kommen.* Hitler ist gar nicht mehr dagegen, meint aber, Voraussetzung sei, daß erst einmal ein militärischer Erfolg errungen werde. Hitler hofft also noch. Goebbels weiß, daß ein noch so bescheidener militärischer Erfolg nicht mehr möglich ist. Infolgedessen gibt er nicht nach, versucht immer wieder, Hitler davon zu überzeugen, diskutiert Verhandlungsmöglichkeiten auch mit Männern des Auswärtigen Amtes, sozusagen über den Kopf von Ribbentrop hinweg.

Im Auswärtigen Amt sieht man sehr wohl, daß Spannungen zwischen den Alliierten bestehen, und überlegt, was man deutscherseits tun könne, um sie zu „aktivieren". Dagegen ist Goebbels. *Es wäre grundfalsch,* erklärt er, *wenn wir hier Öl ins Feuer schütten würden. Diese zarten Pflänzchen muß man ganz sich selbst überlassen, sie entwickeln sich am besten in der natürlichen Sonne, nicht unter der Petroleumlampe. Eines Tages wird – wenn wir die Entwicklung ganz sich selbst überlassen – der sich mehr und mehr ansammelnde Zündstoff zur Explosion kommen, und dann wird unsere Stunde gekommen sein. Voraussetzung ist nur, daß wir zu diesem Zeitpunkt noch da sind und noch im Felde stehen, daß wir noch ein Faktor sind.*

Mitte Februar 1945 glaubt Goebbels, daß der Bruch zwischen den Alliierten in höchstens drei bis vier Monaten erfolgen wird. Wird das deutsche Volk dann noch auf den Beinen stehen?

## 8

In den ersten Wochen des Jahres 1945 hat das Propagandaministerium leichtere Treffer abbekommen. Ein Blindgänger fällt in den Garagenhof, eine Anzahl von Brandbomben landet auf dem Dach. Die Schäden sind unwesentlich. Dann, am 4. Februar, fällt eine Luftmine direkt vor die Rampe, alle Fensterscheiben zerspringen, gerade die Wilhelmsplatzfassade, wo Goebbels und seine Mitarbeiter ihre Büros haben, wird beschädigt. Goebbels läßt ausländische Zwangsarbeiter zu Hunderten einsetzen, sie arbeiten Tag und Nacht. Die im Propagandaministerium Beschäftigten dürfen während der Aufräumungsarbeiten ihren Dienst nicht unterbrechen, müssen, soweit sie nicht im Keller Platz finden, in Decken und Mäntel gehüllt, in ihren fenster- und türenlosen Arbeitsräumen bleiben. Schon nach vierzehn Tagen sind die Schäden beseitigt, und der Betrieb geht weiter wie zuvor.

Am 23. Februar, morgens gegen sieben Uhr, fällt wieder eine Bombe auf das Propagandaministerium. Diesmal direkt ins Arbeitszimmer von Goebbels, die ganze Fassade des Ministeriums zerstörend. Goebbels ist zehn Minuten später am Tatort, besieht sich den Schaden, dreht sich schweigend um, fährt nach Hause zurück.

Er ist sehr bleich. *Es hat wohl keinen Sinn, etwas zu tun,* sagt er. *Die Zerstörung ist zu groß. Lassen wir es bei den nötigsten Aufräumungsarbeiten bewenden.*

Später verfügt er, daß die Abteilungsleiter sich möglichst im Keller einrichten sollen. Er selbst und seine nächsten Mitarbeiter, darunter Dr. Naumann, Inge Haberzettel, Otto Jacobs, Fräulein Hildebrand, ziehen in Goebbels' Haus, um dort im engsten Kontakt mit ihm die wichtigsten Geschäfte weiterzuführen.

Die Kunde von der Zerstörung des Propagandaministeriums verbreitet sich mit Windeseile in Berlin. Aber jetzt haben die Menschen andere Sorgen. Überall flüstert man sich zu, russische Panzer seien ganz in der Nähe aufgetaucht. Vierzig bis fünfzig Kilometer von Berlin. Vielleicht werden die Russen während der Nacht schon einrücken? Der Abend dämmert, und es wird sehr still. In dieser Nacht geschieht nichts. Am nächsten Tag können die Berliner in der Zeitung lesen, daß die akute Gefahr eines russischen Angriffs nicht bestehe. Aber sie glauben es nicht. Jetzt werden überall Barrikaden gebaut, Möbelwagen und Straßenbahnen werden umgeworfen, um Zugangsstraßen oder Brücken zu versperren. Erst jetzt wird den Berlinern klar, wie hoffnungslos und gleichzeitig grotesk ihre Situation ist. In diesen Stunden der Todesangst wird ein typisch Berliner Witz geboren. „Die Überwindung der Barrikaden wird die Russen genau eine Stunde und eine Minute kosten", heißt es. „Eine Stunde lang werden sie sich kranklachen, eine Minute werden sie brauchen, um die Barrikaden zu beseitigen."

Das ist der Abschied der Berliner vom Dritten Reich. Das Regime hat sich so diskreditiert, daß es nur noch lächerlich ist.

Es wird wieder ganz still. Niemand scheint sich noch zu beeilen, niemand scheint noch irgendwohin zu wollen. Die Stadt wartet. Man hat nicht einmal mehr Angst. Das Telefon versagt, Elektrizität gibt es nur noch stundenweise, auch der Rundfunk ist kaum noch zu hören. Gelegentlich kommt eine Proklamation von Goebbels durch: *Berlin wird verteidigt! Berlin kapituliert nicht!* – Aber das wollen die Berliner gar nicht mehr hören.

## 9

Goebbels diktiert über die Zerstörung seines Ministeriums: *Lieber hätte ich meine Wohnung und meinen gesamten Besitz verloren.*

Er geht ans Fenster, starrt in das zerstörte Berlin hinaus und sagt plötzlich: *Was auch über Deutschland kommen mag, der deutsche Mensch, den wir herangezogen haben, wird mit allem fertig werden. Ich bin überzeugt, daß schon in kurzer Zeit aus den Ruinen und Kellern der deutschen Städte ein neues Leben erwacht. In den Kellern Berlins werden wieder neue Restaurationsbetriebe eröffnet werden, und die Theater und Orchester werden zwischen verfallenen Mauern ihre Tätigkeit wieder beginnen.*

Einige Mitarbeiter bringen Akten herein, die sie aus den Trümmern des Propagandaministeriums herausgefischt haben. Goebbels will wissen, ob viele Menschen auf dem Wilhelmsplatz stehen, um sich die Trümmer zu betrachten. Man sagt ihm, daß die Straßen leer seien. *Früher warteten sie stundenlang, um mich eine Sekunde lang auf dem Balkon zu sehen,* sagt Goebbels, verkniffen lächelnd. *Früher erhielt ich Waschkörbe begeisterter Briefe. Früher ...*

Später, als er mit Inge Haberzettel allein ist, sagt er plötzlich: *Ich möchte noch einmal dreißig Jahre alt sein und noch einmal von vorne anfangen. Dann würde ich es anders machen.* Auf die Frage, was er denn dann anders machen würde, antwortet er nur zwei Worte: *keine Politik.*

Immer wieder will er wissen, wie groß der Schaden sei, den das Propagandaministerium genommen habe, wie weit die Aufräumungsarbeiten gediehen seien. Man fragt, warum er nicht selbst einmal hinfahre? Er schüttelt den Kopf.

Das Propagandaministerium ist knapp dreihundert Meter entfernt. Er wird es nie mehr wiedersehen.

Anmerkungen

[1] Eine Reihe solcher Listen ist im Besitz des Autors.
[2] Zum Autor in Nürnberg.
[3] Um ein Beispiel von der anderen Seite zu zitieren: Die kommunistische Partei arbeitet in der Ostzone Deutschlands mit dem Naziwort: „Wer nicht für uns ist, ist gegen uns."
[4] Diese Besprechungen fanden in Abwesenheit der Stenographen statt, daher sind keine Sitzungsberichte vorhanden.
[5] Nach dem Stenographen Jacobs.

## SIEBZEHNTES KAPITEL

# GEBURT DER HITLERLEGENDE

### 1

Im Hause Goebbels ist es still. Wie in den guten alten Zeiten redet alles im Flüsterton, die Kinder bewegen sich auf Zehenspitzen „wie im Stummfilm", um das Wort eines Mitarbeiters zu gebrauchen. Der Herr Minister ist schlechter Laune.

Alles geht ihm jetzt auf die Nerven. Er, der ohne mit der Wimper zu zucken die Großbombardements Berlins ertragen hat, hält die vereinzelten Moskitoangriffe nervlich nicht aus. Sie lassen ihn nicht mehr zur Ruhe kommen, obwohl er doch weiß, daß sie nicht viel Schaden anrichten. Immerhin vergeht jetzt nicht ein Tag, ohne daß nicht irgendwelche Schäden im Hause entstehen. Gerade diese kleinen Schäden sind es, die die beklemmende Atmosphäre schaffen. Das Licht geht plötzlich aus, Tageslicht gibt es nicht, da die Fenster der meisten Zimmer nur noch mit Pappe verklebt sind, der Wind pfeift durch, die Gardinen bauschen sich auf, die paar Kerzen, die man aufgestellt hat, beginnen zu flackern.

Im Keller arbeitet eine Photolaborantin daran, die Tagebücher des Ministers mit einem Mikrophotographierapparat auf Briefmarkenformat zu bringen, damit sie erforderlichenfalls ohne nennenswerten Platz zu beanspruchen in Sicherheit gebracht werden können. Neben ihr arbeiten die Stenographen, die ihre Diktate laufend zu Papier bringen. Im ersten Stock hat sich Staatssekretär Dr. Naumann eingerichtet, im zweiten Stock die Damen Hildebrand und Haberzettel, im dritten Stock Dr. Semmler, Adjutant Schwägermann und ein halbes Dutzend anderer Mitarbeiter und Sekretärinnen. Das Haus ist überfüllt, in jedem Zimmer wird maschinegeschrieben, konferiert, diktiert. Die meisten Einquartierten schlafen auf Feldbetten, sie kommen aus ihren Kleidern kaum noch heraus.

Es ist erstaunlich, daß die Kinder unter diesen Umständen so sorglos und ahnungslos bleiben. Pressereferent Dr. Semmler fragt Magda einmal: *Was äußern denn eigentlich nun die Kinder, gnädige Frau?* Nun, die Kinder ahnen nichts. *Wir haben ihnen erzählt, daß der Feind zwar näher komme, daß der Führer aber, wenn es den Russen wider Erwarten gelingen sollte, in die Vorstädte hereinzukommen, für diesen Zweck noch ein ganz unheimliches Mittel hat, das sie samt und sonders vernichten würde, es sei in seiner Wirkung so furchtbar, daß der Führer es nur im äußersten Notfall anzuwenden gedenke.*

Goebbels arbeitet mehr denn je. Um halb sechs Uhr morgens wird er geweckt; Emil, der Diener, zieht die Rollgardinen in dem großen Arbeitszimmer auf, öffnet die Fenster und bringt den Schreibtisch in Ordnung; eine Sekretärin sortiert das letzte Nachrichtenmaterial und die Zeitungen. Um sechs Uhr nimmt Goebbels ein Frühstück am Schreibtisch ein und studiert die Eingänge. Um halb acht Uhr kommen die beiden Pressereferenten. Die tägliche Konferenz findet im Filmsaal statt. Goebbels präsidiert ernst, beinahe düster, die Teilnehmer wirken nervös und abgehetzt. Das Mittagessen wird abgekürzt, ebenfalls der Mittagsschlaf, der Nachmittag ist dem Schreiben von Artikeln, dem Diktieren von Aufrufen, der Leitung des totalen Krieges, der Verteidigung Berlins gewidmet. Um acht Uhr dreißig ist Abendessen, und daran hält Goebbels auch fest, wenn die Luftangriffe früher beginnen. Es wird dann etwas hastiger gegessen. Nachher werden Filme vorgeführt, wenn man nicht gerade im Bunker ist. Goebbels raucht ununterbrochen, trinkt auch mehr als sonst, meist süße Liköre. Die Unterhaltung zieht sich fast immer bis zwei Uhr hin.

Es ist unglaubhaft, aber Goebbels findet auch in diesen letzten Wochen noch Zeit, ein Buch zu machen. Seit Beginn des Krieges hat er eine Reihe von Büchern veröffentlicht, Sammlungen von Artikeln und Reden; auch dieses letzte Buch, das er zuerst *Tugend der Standhaftigkeit* nennen will und dem er schließlich den endgültigen Titel *Das Gesetz des Krieges* gibt, ist eine solche Sammlung bereits veröffentlichten Materials; er fügt lediglich zwei noch nicht gedruckte Artikel hinzu.

Mit diesem Projekt beschäftigt er sich seit Ende Dezember 1944. Er sendet seinem Verlag Artikel ein. Er kann sich lange nicht entschließen, in welcher Reihenfolge die Artikel erscheinen sollen, ob chronologisch, ob sinngemäß in verschiedene Gruppen zusammengefaßt. Er brütet wochenlang über den Druckbogen, macht immer wieder kleine stilistische Änderungen. Er bedenkt sich geraume Zeit, in welchem Format das Buch erscheinen soll, und über Art und Farbe des Umschlages. Zahlreiche technische Schwierigkeiten treten ein. Es ist nicht genügend Papier da, der elektrische Strom setzt zu oft aus, um eine Auflage schnell zu drucken.

Goebbels hat sich bei dem Generalfeldmarschall Walter Model ein Vorwort bestellt. Model, der ja die Ruhr zu verteidigen hat, telegraphiert schließlich siebenhundert Worte, die Goebbels selbst zu rund zweitausend Worten umarbeitet. Die Einleitung beginnt bescheiden: *Große Worte sind wie Fahnen in der Schlacht.* Es wird prophezeit, daß das Buch zu jenen Schriften gehören wird, die später Generationen lesen werden und so *wie Erz gegossen die Jahrhunderte überdauern.*

Das Buch wird nie fertig, da Goebbels bis zum letzten Moment immer noch Änderungsvorschläge und neue Wünsche hat.[1] Nichts ist typischer für Goebbels als dies. Er, der sehr wohl weiß, daß die Tage des Dritten Reiches gezählt sind, verschwendet seine Zeit, wenn es sich um ein Buch handelt. Nichts zeigt deutlicher, daß er eben nicht nur Propagandist und Minister ist, oder zumindest, daß er auch etwas anderes hätte sein können.

Hätte Goebbels etwas anderes werden können? Einer seiner Mitarbeiter erinnert sich daran, daß er ein oder zwei Jahre vorher zehn Gäste damit unterhielt, daß er ihnen einen russischen Kommissar, der über Propaganda spricht, vormachte. Alle, die ihm zuhörten, waren hingerissen von seiner Fähigkeit, sich in die Person eines anderen zu versetzen. Alle waren davon überzeugt, daß Goebbels genausogut kommunistischer Propagandist hätte werden können wie Nazipropagandist. Freilich, so meint zum Beispiel sein Stenograph Jacobs, dazu hätte er vor Hitler Stalin kennenlernen müssen. Nachdem er einmal seine Entscheidung getroffen hatte, war es zu spät. Sosehr er Propagandist „an sich“ war, so mußte er sich doch für etwas begeistern, wenn er wirklich eine zugkräftige Propaganda dafür machen sollte.

## 2

Daß er im Rahmen der Propaganda für die nationalsozialistische Idee auch etwas propagieren konnte, wofür er wenig übrig hat, muß er einige Male beweisen und beweist es zuletzt noch im Falle Werwolf.

Die Idee stammt von Dr. Ley. Das allein genügte, Goebbels davon zu überzeugen, daß sie nichts taugt. Ley ist in den Augen des Propagandaministers ein Dummkopf. Ley hat also Hitler vorgeschlagen, ein Heer von Knaben zu organisieren, das dem Feind Widerstand leisten soll, und zwar in Gebieten, die bereits vom Feinde überrannt sind. Goebbels notiert dazu in sein Tagebuch: *Wes Geistes Kind Ley ist, erhellt sich beispielsweise aus der Tatsache, daß er sich neuerdings mit Todesstrahlen beschäftigt und im kleinen Versuche mit weißen Kaninchen durchführt. Diese Versuche sind, wie nicht anders zu erwarten, sämtlich fehlgeschlagen.*

Goebbels ist aus vielen anderen Gründen gegen die Werwolfgeschichte. Die Idee geht ja von der Voraussetzung aus, daß der Feind das Land besetzt, was Goebbels' Propaganda als unmöglich bezeichnet. Darüber hinaus ist er viel zu klug, um nicht zu wissen, daß das, was das deutsche Heer nicht zustande brachte, wohl kaum von einer Schar Knaben erreicht werden kann. Im Grunde genommen ist die deutsche Werwolfidee eine deutsche Variation der Partisanenidee. Hitler, von dem Vorschlag Leys begeistert, meint, was bei den Russen 1941 Erfolg hatte, müsse jetzt auch bei den Deutschen Erfolg haben. Was er nicht einsehen will, Goebbels aber sofort begreift, ist, daß die russischen Partisanen nur eine gewisse Zeit lang kämpften, so lange, bis Hilfe aus England (und Amerika) eintraf, bis der russische Winter einsetzte, bis die russischen Armeen reorganisiert wurden. Jetzt, im Jahre 1945, sind die Gegebenheiten völlig andere. Es handelt sich ja nicht um die Überbrückung einiger Wochen oder Monate, es ist außer den Werwölfen überhaupt nichts mehr da.

Aber da Hitler wirklich glaubt, daß man mit diesem Mittel der Verzweiflung noch etwas erreichen kann, da Ley sich allen Ernstes daran begibt, Werwölfe zu organisieren, übernimmt Goebbels die Propaganda.

Der Werwolf hat eine lange und romantische Vergangenheit. Die ersten Werwölfe der deutschen Geschichte sind die ausübenden Organe der sogenannten Femegerichte, entstanden im vierzehnten Jahrhundert zur Aburteilung von Verbrechern, die durch ordentliche Gerichte nicht erfaßt werden konnten. Feme und Werwölfe gibt es auch wieder nach Beendigung des Ersten Weltkrieges, als deutsche Nationalisten diejenigen umlegen, die mit den alliierten Kontrollkommissionen oder auch mit der Weimarer Republik zusammenarbeiten. Viele der ehemals mit Goebbels befreundeten Freikorps-Jünglinge, viele der Burschen um Horst Wessel und Hauenstein, der Freunde der Münchener Studentenzeit, gehören zu diesen Werwölfen. Goebbels hat also eine gewisse innere Beziehung zu dieser neuen Bewegung, auch wenn er jetzt praktisch wenig von ihr hält.

Wie macht man Propaganda für eine Sache, die es noch gar nicht gibt? Er löst das Problem einfach dadurch, daß er so tut, als gäbe es den Werwolf bereits. Er schafft über Nacht eine Werwolf-Rundfunkstation. Er behauptet, das heißt die Station behauptet, sie sei irgendwo auf vom Feind bereits erobertem deutschem Gebiet gelegen. In Wirklichkeit ist die Station wenige Kilometer von Berlin entfernt. Von Goebbels ausgesuchte Sprecher und Schreiber stellen das Programm zusammen. Es wird viel flotte, populäre Musik gesendet, immer umrahmt von Nachrichten über die Taten der Werwölfe, die es, wie gesagt, noch gar nicht gibt.

Der Sender ist erst ein paar Tage in Betrieb, als ein hoher SS-Offizier sich aufgeregt bei Goebbels melden läßt. Er enthüllt dem Minister, er sei der Leiter des Werwolfes. Bei dieser Gelegenheit hört Goebbels, daß es doch schon seit mehr als einem Jahr einen Werwolf gibt, der SS eingegliedert und ganz als geheime Organisation aufgezogen; sie soll nur im geheimen operieren. Und nun, als diese alten Werwölfe loslegen wollen, hören sie zu ihrer Verblüffung, daß ihre zukünftigen Taten über den Rundfunk gepriesen werden. Ob Goebbels das nicht sofort stoppen will?

Höhepunkt der Konfusion, eine beinahe operettenhafte Situation.

Goebbels schickt den Offizier fort. Er denkt gar nicht daran, die Rundfunkstation außer Betrieb zu setzen, denn sowenig er daran glaubt, daß die Werwölfe, weder diejenigen der SS, noch diejenigen, die Ley aufzieht, irgend etwas Ernsthaftes bewirken werden, so begreift er doch, daß es nur dann eine beträchtliche Anzahl von Werwölfen geben wird, wenn die Jugend davon zu überzeugen ist, daß der Werwolf bereits existiert und daß er heroische Taten vollbringt. Jeder deutsche Junge soll Angst haben, der letzte zu sein, der dem Werwolf beitritt.

Heroische Taten; Goebbels denkt sie sich aus, schreibt sie nieder, erfindet dazu einen besonders kurzen, zugkräftigen Stil. Es handelt sich um Kinder, die Telefonleitungen zerschneiden, Waffen und Geräte stehlen, von Frauen, die das Benzin in den amerikanischen Panzern verderben. Jeden Tag diktiert er zehn bis zwanzig solcher gefälschter Meldungen. Mit bemerkenswertem Freimut diskutiert er sie mit seinen Mitarbeitern, fragt sie beinahe feinschmeckerisch, ob ihnen das gefalle, ob jenes wohl wirken werde. Er geht dann wohl auch so weit, einzelne aufzufordern, bei der Sache mitzuwirken, neue Ideen zu bringen, selbst Nachrichten zu verfassen. Voll von Selbstironie hinkt er manchmal durch die Zimmer seiner Mitarbeiter und ruft: *Hat irgendwer noch eine Werwolfnachricht?* Da es sich ja um Mitarbeiter handelt, die seit Tagen oder Wochen das Haus nicht verlassen haben, geschweige denn Berlin, so ist eine solche Aufforderung ein zynisches Eingeständnis, daß es sich bei der ganzen Sache um einen aufgelegten Schwindel handelt.

Manche Mitarbeiter deuten das diskret an, meinen, die Werwolfsendungen würden die Situation wohl auch nicht mehr retten. Goebbels erklärt, daß man so etwas nie mit Bestimmtheit sagen könne, der Widerstand des Volkes würde schon lange aufgehört haben, wenn er es nicht immer wieder angespornt hätte.

Interessant ist in diesem Zusammenhang ein Gespräch, das er an einem Abend mit Inge Haberzettel führt. Als sie erklärt, die ganzen Werwolfnachrichten seien doch nichts als Erfindungen, erwidert Goebbels: *Erfindungen, das ist ein häßliches Wort, sagen wir lieber, es handelt sich hier um … poetische Freiheiten.*

*Aber diese Sachen haben doch alle nicht stattgefunden?*

*Aber … sie hätten stattfinden sollen.*

*Also jedenfalls handelt es sich hier nicht um Nachrichten.*

*Doch, dies alles sind Nachrichten, wie sie sein sollten.*[2]

Hier kommt klar zum Ausdruck, was sich leitmotivisch durch die ganze Goebbelssche Propaganda zieht: der Trick, etwas als Tatsache hinzustellen, um es Tatsache werden zu lassen: eine Wirklichkeit zu malen, um sie zur Wirklichkeit zu machen. Junge Leute sollen von den Heldentaten des Werwolf hören, um sie, die bisher noch gar nicht begangen worden sind, nun wirklich zu begehen. Soweit ginge Goebbels mit Hitler und Ley konform. Der Unterschied zwischen ihnen und ihm ist nur, daß er immer mehr daran zweifelt, daß die Aufrüttelung des deutschen Volkes noch zur rechten Zeit kommt, um diesem Krieg noch eine entscheidende Wendung zu geben.

Gewiß, der Werwolfsender gibt nicht nur Berichte, er gibt Instruktionen. Aber die Instruktionen sind wohl genauso wie die Berichte nicht für den Augenblick gedacht – sondern als Zeitbomben. Denn wenn Werwölfe sich wirklich daraufhin nur rühren und wirklich einen schon jetzt mit dem Feind zusammenarbeitenden Deutschen als Verräter umlegen oder gar alliierte Soldaten aus dem Hinterhalt anfallen, führt das nur zur schärferen Überwachung der deutschen Bevölkerung, wird also zum Handicap für spätere Werwolfaktionen.

In welchem Grade Goebbels die Propaganda auf Wirkungen für die Nachkriegszeit abstellt, geht auch daraus hervor, daß er die Werwölfe zu Vertretern der etwas nebelhaften sozialistischen Ideen seiner eigenen Jugendjahre macht. Die Rundfunkmeldungen stellen ausdrücklich fest: *Besitz bedeutet uns nichts.* Die Russen werden selten erwähnt, hingegen um so öfter die *spekulierenden Hyänen der Londoner und New Yorker Börsen.* Deutsche als solche werden selten apostrophiert, um so öfter dagegen der *deutsche Arbeiter.*

Außerordentlich gespannt ist Goebbels, wie die neue Propaganda auf den Feind wirkt, und er kann es kaum erwarten, die ersten Kommentare zu lesen. Als er hört, daß in London niemand an die Existenz der Werwölfe glaubt, wird er recht ärgerlich. Er fühlt sich durchschaut.

Um so merkwürdiger, ja geradezu grotesk ist es, daß diejenigen, die eingeweiht sind, wie zum Beispiel Staatssekretär Naumann, vorübergehend einen geradezu unbegreiflichen Optimismus an den Tag legen. Obwohl sie doch wissen, was gemacht wird und wie es gemacht wird, äußern sie gelegentlich Worte wie: *Na, vielleicht wird es Deutschlands Jugend doch noch schaffen!*

3

In Berlin ist die Stimmung nach wie vor auf dem Gefrierpunkt. Die Berliner können sich nicht dafür begeistern, daß deutsche Knaben den feindlichen Soldaten siedendes Wasser über die Köpfe gießen. Sie können sich ungefähr vorstellen, wie diese Soldaten sich dann benehmen werden, wenn sie, was in Bälde zu erwarten steht, in Berlin einziehen.

Es gibt wenig, was man ihnen sagen kann, um sie aufzuheitern. Ein Propagandaredner versucht, den Berlinern klarzumachen, die Zerstörungen seien gar nicht so schlimm, in spätestens zehn Jahren werde alles wieder aufgebaut sein. Dergleichen macht viel böses Blut. Noch schlimmer steht es um einen Artikel des Dr. Ley, betitelt *Mit leichtem Gepäck*. Da schreibt Ley, er sei nun auch ausgebombt, aber sosehr ihn der Verlust seiner irdischen Habe schmerze, so fühle er sich doch irgendwie erleichtert. Jetzt erst brauche er nicht mehr vor Luftangriffen zu zittern. Möge der Feind ruhig seinen Phosphor vergießen – ihm könne ja nichts mehr verbrennen; ohne Gepäck marschiere es sich besser. Dieser Artikel ruft bei der Berliner Bevölkerung außerordentliche Erbitterung hervor. Schließlich weiß man ja, daß Ley über einen der geräumigsten und elegantesten Luftschutzkeller von Berlin verfügt und daß keine Rede davon sein kann, daß er alles verloren hat. Gleich darauf schreibt Ley einen noch dümmeren Artikel, der die neuen Wunderwaffen zum Thema hat. Er sagt darin, die deutsche Wunderwaffe sei – die Handgranate, und er fährt fort, daß es überhaupt niemanden gäbe, der gänzlich hilflos sei und der sich nicht irgendwie verteidigen könne. Er beschreibt die Verteidigungsmöglichkeiten aller Tiere und vergißt auch nicht den Hasen, der seine langen Beine hat, womit er sich seinen Verfolgern durch die Flucht entziehen kann.

Ganz Deutschland lacht, soweit von Lachen überhaupt noch die Rede sein kann. Goebbels, in hellster Empörung, eilt zu Hitler und setzt durch, daß Ley unter seine, Goebbels', Zensur gestellt wird.

Aber auch ihm fällt nichts Vernünftiges mehr ein. Im engen Kreis meint er: *Es ist unmöglich, daß unsere Feinde diesen Verbrauch an Material bei den Luftangriffen noch lange durchhalten.* Einer seiner Mitarbeiter antwortet ironisch: *Bestimmt nicht! Wenn man allein schon die Längen seiner Anflugstrecken bedenkt!* Goebbels lächelt, als habe er die Ironie nicht verstanden.

Seine Artikel erschöpfen sich nun in Trostworten mehr allgemeiner Natur. Goebbels versichert, man werde nicht kapitulieren. Man weiß nie, wann der *Zeitpunkt* kommt, *der die Wendung bringt,* er spricht von dem *an sich fast sicher glücklichen Ausgang des Krieges,* er appelliert: *An die Arbeit! Zu den Waffen!*

Das mit den Waffen ist so eine Sache. Es gibt nämlich gar nicht mehr viele. Goebbels, der Verteidiger von Berlin, weiß es. Kurz vor einer Ministerkonferenz erklärt er: *Natürlich, Panzerfäuste haben wir auch nicht halbwegs ausreichend zur Verfügung. Aber wir brauchen ja auch nicht jedem eine Panzerfaust in die Hand zu drücken. Nur der Mann, der gerade aufschreit: Panzerfaust her!, der bekommt eine, denn der schießt auch damit. Die anderen werden sich doch nur in den Keller verkriechen, wenn einmal ein Panzer vorbeifahren sollte.*

General Reimann erwidert: *Herr Minister, wir haben da in den letzten Tagen noch so ein Lager entdeckt mit viertausend tschechischen Pistolen, die meines Erachtens eine ganz nette Bereicherung der kärglichen Armierung der Berliner Bevölkerung bedeuten würden.* Allerdings dürfe man diese auch nicht jedem x-Beliebigen geben. *Zweckmäßigerweise Mechanikern, also Leuten, die etwas von diesen Dingen verstehen. Zum Teil sind diese Revolver und Pistolen nämlich etwas verrostet …*

Dergleichen wird zwar den Berlinern nicht mitgeteilt. Aber sie wissen auch so genug. Sie laufen weg.

Jawohl, die Physiognomie von Berlin hat sich noch einmal geändert. Ihre Bewohner, die wie ein hypnotisiertes Kaninchen gebannt auf die näherkommenden Feinde starrten, unfähig, sich zu rühren, die Menschen, die in ihren Kellern hockten, wohl auch ein wenig in der Hoffnung, nicht die Russen, sondern die Amerikaner oder Engländer möchten die Stadt erobern, haben nun, in der letzten Minute –, es ist um den 10. April herum – plötzlich ihre Unentschlossenheit abgeschüttelt. Bahnhöfe und Wartesäle sind überfüllt, jeder drängt sich in die wenigen noch abfahrenden Züge und versucht noch ein bißchen Habe herauszuretten aus der dem Tode geweihten Stadt. Zwischen die Zivilisten mengen sich Soldaten in Uniform, es ist offensichtlich, daß sie Deserteure sind, aber niemand scheint sich mehr darüber aufzuregen. Verwundetentransporte kommen von der Front, die Front ist ja kaum noch zwei Stunden entfernt; die Verbände der Soldaten tropfen von Blut und Eiter. Berlin ist Frontstadt geworden. Die Menschen geraten in Panik. Gestern noch, heute morgen noch glaubte man sich hierhin oder dorthin retten zu können. Jetzt erfährt man: Hier und dort – überall steht der Feind, es gibt keine Zuflucht mehr, keinen Ort, wohin man sich noch retten könnte. Und trotzdem laufen alle weg, die noch die Energie dazu aufbringen. Dies ist das Gefühl, das sie beseelt: In Berlin gefangen genommen zu werden, ist das Schlimmste. Berlin ist die Falle, aus der es kein Entkommen mehr gibt.

Die Angestellten des Propagandaministeriums haben ihren eigenen Volkssturm aufstellen müssen, das „Bataillon Wilhelmsplatz" unter Leitung von Dr. Naumann. Goebbels hält eine Rede, um die Leute aufzumuntern. Mit rollenden Augen hinkt er unter ihnen umher, schreit: *Unter meiner Führung wird der Mongolensturm an den Mauern Berlins zerschellen! Die SS-Verbände werden Berlin halten! Zwei Millionen Berliner werden kämpfen! Wenn jeder davon nur einen totschießt, gehen sie alle kaputt! Sollten Defätisten unter euch sein, lasse ich sie mit Knüppeln totschlagen! Seid doch keine alten Weiber, benehmt euch wie Männer!*[3]

Es ist eine improvisierte kräftige Rede. Eisiges Schweigen antwortet ihm, niemand brüllt Beifall, niemand hebt die Hand zum deutschen Gruß. Niemand will mehr die alten Schlagworte hören.

Das Volk hält nicht mehr viel von seinen Führern. Es weiß, daß die großen Nazis ihre eleganten Bunker besitzen. Es sieht sie, wenn feindliche Flieger gemeldet werden, in ihren Autos in die Umgegend fahren, wo sie relativ sicher sind; wie sie den großen Besitz, den sie sich errafft haben, in Lastautos, für die trotz Benzinknappheit genug Benzin da ist, in die bayerischen und österreichischen Berge verschleppen. Das Volk spürt, daß die Herren, die es aufmuntern, bis zum letzten Mann auszuhalten, selbst keine Risiken auf sich nehmen wollen.

Vor nunmehr vier Jahren, am 30. März 1941, hat Goebbels von Churchill erklärt, daß er *vor allem jene Portion Zynismus und Gefühlsroheit besitzt, die dazu gehört, ein Volk für eine aussichtslose Sache bis zum Weißbluten einzusetzen … Er kann nicht mehr zurück, es wird ihm deshalb auch jedes Mittel recht sein, um den Krieg fortzusetzen.* Genau das ist es, was das deutsche Volk jetzt über die großen Nazis denkt.

4

Das neue Europa Hitlers ist in diesen zwanzig Monaten zu einem sich ständig verengenden Korridor zwischen den Russen und den westlichen Alliierten geworden. Die pausenlose Flut von schlechten Nachrichten hat ihre Spuren bei Goebbels hinterlassen. Sein belebtes und gespanntes Gesicht wird fahl und fällt ein. Die Schläfen werden grau. Goebbels, nie ein starker Esser, lebt jetzt fast ausschließlich von Zigaretten, Kognak und Keksen. Professor Morell verschreibt Pillen und Pülverchen – aber nichts scheint zu helfen.

Die Flucht in die Geschichte veranlaßt Goebbels zu einem Vergleich zwischen dem bevorstehenden Kampf um Berlin und dem Kampf um Moskau im Herbst 1941. In seinem Tagebuch notiert er: *General Wlassow*[4]*, der seinerzeit den Oberbefehl über die zur Verteidigung Moskaus zur Verfügung stehenden Truppen innehatte, hat mir gesagt: Alle hatten damals die Nerven verloren, nur einer nicht. Ein einziger Mann verlor nicht den Glauben – Stalin. Genau so ist es heute bei uns: Alle haben die Nerven verloren. Keiner glaubt mehr an einen guten Ausgang ...*

Einen besonders schweren Stand hat jetzt der Verbindungsoffizier zum OKW, Oberstleutnant Balzer. Goebbels schreit ihn an: *Sie sind ein Defätist, Herr! Und wenn Sie sich nicht sofort anders gebärden, werde ich Sie an die Front schicken!* Daraufhin macht Balzer ein paar Tage in Optimismus. Aber seine Informationen werden immer kläglicher, und Goebbels brüllt von neuem los: *Herr, was ist das für ein Quatsch, den Sie mir da erzählen! Alles das habe ich schon gestern abend beim Führer gehört. Haben Sie nichts Neues mitzuteilen, Herr? Ich bin der Verteidiger Berlins! Wie stellen Sie sich das vor, mich mit solchen Redensarten abzuspeisen?*[5]

Als der andere ihm schüchtern mitteilt, mehr habe man ihm selbst nicht gesagt, macht Goebbels eine neue Szene: *Herr! Sie gehen morgens zum Oberkommando und fragen: Was habt ihr? Schreiben es auf und lesen es mir vor. Das kann meine älteste Tochter auch! Sie sind ein Popanz, Herr! Da müssen doch den ganzen Tag Ihre Telefone schnurren. Da müssen Sie sich mal in Ihren Wagen setzen! So weit ist die Front ja nicht entfernt! Die Wehrmachtsoffiziere haben doch sonst soviel Benzin für Privatfahrten. Da werden Sie ja wohl auch noch zum Westen kommen können.*

Als Goebbels das Haus verlassen hat, murmelt der unglückliche Offizier: *Der hat gut reden! Meine Telefone funktionieren nicht mehr. Er hat Benzin – ja, aber ich nicht.*

Infolge der rapiden Entwicklung der Ereignisse kommt es zu keiner planmäßigen Evakuierung der wichtigsten Regierungsstellen. Jedes Ministerium evakuiert sich selbst, so schnell wie es irgendwie möglich ist. Das Innenministerium wandert als erstes aus, Anfang Februar nach Thüringen. Das Auswärtige Amt folgt kurz darauf und richtet sich am Bodensee ein, während das Kriegsministerium sich nach Bad Gastein und an den Wolfgangsee verlagert. Der Generalstab ist bald hier, bald dort, kehrt aber, als die Russen immer näher an Berlin herankommen, nach Berlin zurück, um schließlich in der Reichskanzlei Unterkunft zu finden. Freilich haben sich um diese Zeit die meisten Generalstabsoffiziere bereits nach Bayern oder nach dem Westen verflüchtigt; für sie ist der Krieg zu Ende.

Goebbels hat nur Verachtung für seine Ministerkollegen, vor allem für die Offiziere, die sich zu retten versuchen. Er weigert sich ausdrücklich, sein Ministerium zu evakuieren, schickt allerdings einen ganzen Extrazug mit Aktenmaterial nach Bayern.

Seine Mitarbeiter liegen ihm in den Ohren. Sie halten ihm vor, wieviel besser sie woanders arbeiten könnten, wo sie nicht ständig vom Feind bombardiert würden. Vorübergehend will er nachgeben, fordert sogar einen Sonderzug für fünfzig seiner wichtigsten Mitarbeiter an, um sie nach Bayern zu evakuieren. Als der Sonderzug aber dann bereitsteht, stößt er seinen Entschluß um und läßt ihn leer abfahren.

Sehr zum Leidwesen der Mitarbeiter; denn jeder will nun so schnell wie möglich fort. Jeder sucht nach Ausreden, um Urlaub zu bekommen. Man meldet Goebbels einen Krankheitsfall in der Familie, die evakuiert ist. Goebbels fällt nicht darauf herein. Einer, Dr. von Borcke, kommt auf die Idee, sich freiwillig zur Armee zu melden und Goebbels vorher um einen kurzen Urlaub zu bitten. Goebbels kann das nicht abschlagen. Dr. Borcke verschwindet, erscheint aber weder zum Dienst zurück noch bei der Armee.

Goebbels ist empört und gibt nun überhaupt keinen Urlaub mehr, nicht einmal für einen Tag. Eine Sekretärin, die unerlaubt dem Dienst fernbleibt, läßt er durch SS von zu Hause abholen und zur Flak abkommandieren, wo sie zwei oder drei Tage später fällt. Das jagt den anderen einen ungeheuren Schrecken ein, aber insgeheim beschäftigen sie sich weiter mit ihren Flucht- und Rettungsplänen. Dr. Semmler meint: *Ich habe die Amerikaner immer sehr bewundert und viele Freunde unter ihnen. Ich werde sagen „Hallo boys!" und werde ihnen die Hände schütteln, und dann werde ich zusehen, daß ich deutscher Korrespondent in New York werde.*

Der andere Pressereferent, Winfried von Oven, hat nur einen Wunsch, nämlich daß alles so schnell wie möglich vorübergehe. *Ich werde tagelang schlafen, wenn der Krieg in Berlin zu Ende ist,* sagt er. *Und wenn die Engländer und die Amerikaner kommen, um mich zu suchen, werde ich sagen: Ich kenne keinen Herrn, der Oven heißt.* Er will sich wie alle alten Nazis nach Argentinien absetzen, wo er Nazi bleibt.

Ein anderer hat eine noch originellere Idee: *Ich werde mich als Rabbiner verkleiden und eine Zeitlang durch die Wälder strolchen.* Jeder hat irgendwelche Pläne, aber jeder paßt auf den andern auf, weil, seitdem Borcke entkam, eine zweite Flucht praktisch die Inhaftierung der Zurückbleibenden bedeuten würde.

## 5

Goebbels ist zu Ende mit seinem Witz. Er hat alle Schlagwörter ausprobiert, die es gibt. Er hat Propaganda gemacht für Militarismus und Sozialismus, für die neue Ordnung und für bessere Rasse, gegen den Bolschewismus und gegen Asien, für den totalen Krieg, für den Volkssturm. Er hat seine Zeitbomben plaziert. Was bleibt ihm noch zu tun übrig?

Er muß die Niederlage erklären. Er muß der Mitwelt und vor allem der Nachwelt zeigen, warum seine Versprechungen nicht Wirklichkeit wurden. Er verfällt dabei auf ein altbewährtes Rezept: Das Märchen vom Dolchstoß in den Rücken wird aufgewärmt.

Dieser Begriff tauchte zum erstenmal nach dem Ersten Weltkrieg auf. Zwar stand es aktenmäßig fest, daß der Krieg sein Ende fand, als die deutschen Generale nach Berlin telegraphierten, sie könnten die Front nicht mehr vierundzwanzig Stunden länger halten, man müsse Waffenstillstand machen. Aber kaum ist Friede, da wird auch schon von General Ludendorff behauptet, die deutsche Armee sei siegreich gewesen, aber die Sozialisten und die Juden innerhalb Deutschlands hätten die Moral unterminiert, die Revolution vorbereitet und so eine Fortführung des Krieges unmöglich gemacht.

Goebbels hat eine ganze Reihe von „Schuldigen" zur Auswahl, die dem deutschen Volk und der deutschen Regierung den Dolchstoß in den Rücken versetzt haben könnten. Die Hauptschuldigen sind natürlich die Italiener, die einen separaten Waffenstillstand abgeschlossen haben. Dann kommen die deutschen Generale, die das Attentat vom 20. Juli vorbereitet haben, wie überhaupt das gesamte deutsche Offizierskorps, das antinazistisch eingestellt und also zu jedem Verrat bereit ist.

Auch diese Art von Propaganda ist für die Nachwelt gedacht. Es ist entscheidend für die Zukunft des Nationalsozialismus oder jeder nationalistischen, aktivistischen Richtung, daß die Deutschen wieder an die Unbesiegbarkeit ihrer Armee glauben. Im Augenblick ist dem gesamten deutschen Volk die Besiegbarkeit dieser Armee viel zu offenbar, als daß eine sofortige Wirkung möglich wäre. Es glaubt denn auch niemand an die Geschichten von Dolchstoß und Verrat – mit Ausnahme eines Mannes: Hitler selbst.

Er, der am besten wissen müßte, wer es war, der gegen den Rat der besten Fachleute Deutschland in immer größere und katastrophalere Abenteuer gestürzt hat, rast jetzt Tag und Nacht, brüllt wie ein wildgewordener Stier, daß er von Verrätern umgeben sei. Es ist unschwer, sich vorzustellen, was in Goebbels vorgeht, wenn er solche Szenen miterlebt. Ihm kommt es ja gar nicht darauf an, was Hitler denkt oder nicht denkt, glaubt oder nicht glaubt, sondern darauf, was das deutsche Volk glaubt oder nicht glaubt.

Das Volk also soll glauben: der Führer ist verraten worden, hat aber seinerseits sein Volk nicht verraten, hat bis zum letzten Augenblick für sein Volk gekämpft und für die große Sache – und ist kämpfend gefallen. Wenn überhaupt eine Chance für das Weiterleben des Nazigedankens bestehen soll, dann darf Hitler den Fall des Dritten Reiches nicht überleben. Dies ist so selbstverständlich, daß nicht erst bewiesen werden muß, daß Goebbels darum weiß.[6]

Für Goebbels ist die Hitlerlegende ein integraler Bestandteil seiner Zeitbombenpropaganda. Ende März überredet er den Führer, unter allen Umständen in Berlin zu bleiben.[7] Er erinnert ihn an seinen Ausspruch vom 30. Januar 1933, daß er niemals freiwillig das Reichskanzlerpalais räumen würde. Jetzt sei es soweit. Jetzt müsse er zeigen, daß er es damals ernst gemeint habe.

Alle anderen Männer um Hitler herum – Göring und Ribbentrop, Keitel und Jodl, Himmler und Rosenberg – sie alle liegen ihm in den Ohren, er solle schleunigst abfahren, keine Minute sei zu verlieren. Es wird geltend gemacht, daß der Führer von Süddeutschland aus viel besser die Lage übersehen, die Truppen dirigieren könne. Alle diese Männer begreifen nicht, worauf es Goebbels ankommt, worauf es überhaupt ankommt. Sie begreifen nicht, daß es unwichtig ist, ob der Krieg eine Woche länger dauert, da ja doch alles verloren ist, daß aber, um der Legende, um des Mythos willen, eine feige Flucht unmöglich, ein heroisches Ende absolut notwendig ist.

Da geschieht etwas, was für einige wenige Tage selbst Goebbels schwankend macht und mit neuen Hoffnungen erfüllt. Franklin D. Roosevelt stirbt.

## 6

Am 12. April 1945 ist Goebbels sofort nach dem Mittagessen in General Busses Hauptquartier der neunten Armee nach Küstrin gefahren. Er will dort vor den Stabsoffizieren sprechen. Nur Dr. Naumann begleitet ihn.

Es handelt sich um eine der üblichen Aufmunterungsreisen, und wie gewöhnlich redet Goebbels über den Siebenjährigen Krieg, über Friedrich des Großen verzweifelte Lage, über seinen Entschluß, Gift zu nehmen. Goebbels zitiert, wie er das so oft tut, die Worte von Carlyle: *Tapferer König! Warte noch eine kleine Weile, und die Tage deiner Leiden sind vorüber. Schon zeigt sich die Sonne des Glückes hinter den Wolken, bald wird sie hervorbrechen. Und dann,* so fährt Goebbels fort, *stirbt ganz plötzlich die Zarin von Rußland, die große Gegnerin Friedrichs; ihr Sohn Peter ist ein Verehrer des Königs, macht Frieden mit ihm – und Friedrich ist gerettet.*

Die Offiziere schauen ungläubig drein. Einer fragt, welche Zarin wohl diesmal sterben müsse, um Deutschland zu retten. Goebbels zuckt die Achseln; das kann er nicht beantworten, aber sicherlich wird das Schicksal noch ein Wunder für Deutschland geschehen lassen. Mit diesen Worten kehrt er nach Berlin zurück.

Vor seinem Hause warten sämtliche Mitarbeiter auf ihn. Schon vor mehr als einer Stunde hat das Deutsche Nachrichtenbüro angerufen: „Roosevelt ist heute mittag gestorben." Das ganze Haus ist in fürchterlichste Erregung geraten. Man hat einander beglückwünscht, einander auf den Rücken geklopft, gelacht. Die Wiener Köchin hat ausgerufen: „Das ist das Wunder, das uns Dr. Goebbels versprochen hat!"

Dr. Semmler hat das Hauptquartier der neunten Armee in Küstrin angerufen, aber Goebbels war bereits auf dem Rückweg. Die Reichskanzlei hat zweimal angerufen, Goebbels solle Hitler sofort zurückrufen.[8]

Es ist genau elf Uhr, als der Wagen von Goebbels vor dem Portal hält. Dr. Semmler stürzt ihm entgegen: *Eine gute Nachricht, Herr Minister, eine gute Nachricht!* Goebbels hört die gute Nachricht, bleibt stehen, sein Gesicht – erhellt durch das in der Nähe brennende Adlonhotel – ist starr vor Staunen. Aber sofort hat er sich wieder gefaßt, ruhig oder scheinbar ruhig geht er ins Haus. *Das ist das Wunder, auf das wir gewartet haben,* sagt er leise. Alle folgen ihm, die SD-Beamten, ja sogar die Chauffeure. Noch bevor Goebbels ans Telefon geht, bestellt er ein paar Flaschen des besten Champagners, der im Keller lagert.

Am Telefon sagt er: *Mein Führer, ich beglückwünsche Sie. Roosevelt ist tot. In den Sternen stand geschrieben, daß in der zweiten Hälfte des April der Wendepunkt kommt. Dies ist der Wendepunkt.*

Goebbels wird leutselig und gesprächig. *Was sagen Sie dazu?* spricht er sogar seinen Chauffeur an, *Ist das nicht die beste Nachricht, die wir in diesem Jahr erhalten haben?* Alle sind von seiner Erregung angesteckt, haben hochrote Köpfe, sprechen dem Champagner zu, reden aufgeregt durcheinander, indes Goebbels zwischen ihnen auf und ab geht und kaum weiß, was er zuerst sagen soll. Er überlegt sich, wie wohl Roosevelts Nachfolger sich verhalten werde. Ist Truman russenfreundlich oder russenfeindlich? Auf jeden Fall können jetzt sensationelle Wendungen eintreten.

*Da haben mich diese Offiziere blöde angesehen, als ich ihnen heute den Verlauf des Siebenjährigen Krieges schilderte.* In plötzlichem Entschluß ruft er das Hauptquartier der neunten Armee an. *Nun, wer hat nun recht gehabt? Da sind Sie platt, was? Habe ich nicht recht gehabt mit dem, was ich heute nachmittag vor ihren Offizieren vorgebracht habe?*

Dann gibt er Instruktionen für die Presse. Für den Rundfunk ordnet er sofort eine Sondermeldung an. *Um zwölf Uhr wollen wir sie durchgeben,* befiehlt er, *ohne jeden Kommentar. Nur die Tatsache selbst teilen wir mit und lassen sie für sich selbst sprechen. Die Bevölkerung wird sich dann selbst schon ihren Reim darauf machen. Morgen werden wir dann einiges dazu zu sagen haben.*

Nun geht er aufgeregt hin und her, wartet, bis es zwölf Uhr ist. *Ich kann mir richtig vorstellen, wie heute nacht die Frau Schulze von der Portiersfrau geweckt wird: „Frau Schulze, wissen Se schon?" „Nee, wat denn, Moskitos?" „Nee, nee, der Roosevelt ist tot!" Und wie die Frau Schulze dann aus dem Bett springt: „Machen Se keenen Unsinn!"*

Er wird ungeduldig. *Ist denn immer noch nicht zwölf? Ich will hören, wie die Meldung wirkt.* Um zwölf Uhr kommt die Meldung durch, er hört sie, stellt dann selbst das Radio ab, geht nach oben in sein Schlafzimmer und löscht das Licht.

In den nächsten Tagen murmelt er unaufhörlich: *Es ist ja nicht zu fassen!* So unglaubhaft die Tatsache des Todes ihm erscheint, so sicher glaubt er, daß dieser Tod entscheidende Folgen haben wird. Er hat die historische Parallele mit Friedrich dem Großen so oft gezogen, daß er nun selbst an sie glaubt. Er telefoniert mit aller Welt über die Möglichkeiten, die sich nun ergeben, und alle stimmen zu. Es ergeben sich neue Perspektiven, nur weiß eigentlich niemand recht, was geschehen soll, wie die große Chance genutzt werden könnte. Der Finanzminister des Dritten Reiches, Lutz Schwerin von Krosigk, schreibt an Goebbels einen reichlich naiven Brief, man müsse den Papst mobilisieren, um die Ost-West-Koalition auseinanderzubrechen!

## 7

Nichts geschieht, weil nichts geschehen kann. Keine Verhandlungen werden eingeleitet, weil gar kein Raum für irgendwelche Verhandlungen ist, gar keine Gelegenheit, gar kein Ansatz. Wenn irgend etwas geschehen müßte, um zu demonstrieren, wie unmöglich jener „politische Sieg“ geworden ist, von dem Goebbels immer wieder gesprochen hat, so ist es der Tod von Roosevelt. Denn daß selbst dieser Tod an der Bündnisstruktur der gegen Deutschland geeinten Nationen nichts ändert, beweist über alle Zweifel hinaus, daß eben an dieser Struktur so lange nichts zu ändern ist – bis Deutschland auf den Knien liegt.

Wie wirklich katastrophal die Situation ist, erfaßt von allen Großen des Reiches der dumme Dr. Ley merkwürdigerweise schneller als die anderen. Zwei oder drei Tage nach Roosevelts Tod kommt er in größter Aufregung zu Goebbels in die Wohnung, passiert auch alle SD-Sperren und gelangt so ins Vorzimmer des Ministers. Da bleibt er freilich stecken, denn Goebbels erklärt seiner Sekretärin, daß er Ley auf keinen Fall zu sehen wünsche. Er argwöhnt, der Führer der Arbeitsfront sei gekommen, um ihn dazu zu bewegen, die Zensur über seinen Artikel wieder aufzuheben.

Ley ist aber nicht deswegen gekommen. Und da Goebbels sich nicht sprechen lassen will, schüttet er dem Adjutanten gegenüber sein Herz aus. Goebbels müsse doch verstehen, daß keine Minute mehr gezögert werden dürfe! Höchste Gefahr sei im Verzuge. Goebbels müsse den Führer beschwören – die furchtbare Geheimwaffe jetzt, augenblicklich, sofort anzuwenden. In wenigen Tagen könne es schon zu spät sein. Ley ist so erregt, daß er beinahe in Tränen ausbricht. Der Adjutant verspricht, die Bestellung sofort an Goebbels weiterzuleiten.

Goebbels versagt es sich diesmal, sich wie sonst über Ley lustig zu machen. Vielleicht beneidet er ihn gar, daß er an den Unsinn mit den Wunderwaffen zu glauben vermag. Goebbels glaubt nur noch an den durch den Tod von Roosevelt bedingten Umschwung, und vielleicht glaubt er auch daran nicht mehr ganz; nicht mehr so fest, wie er es in den ersten Stunden nach der Meldung tat. Aber wie dem auch sei – er kann ja nichts tun. Er kann nichts tun als dasitzen und hoffen, daß die Amerikaner und Russen sich nun zu zanken beginnen. Jede Einmischung von deutscher Seite – er hat das schon früher einmal festgestellt – würde nur Mißtrauen hervorrufen.

Und was sagt er inzwischen dem Volk? Wie soll er die dahingeschwundene Zuversicht wieder aufrichten? Er ist allein. *Früher,* so sagt er, *als es noch Positives mitzuteilen gab, drängte der eine den an-*

*dern vom Mikrophon weg.* Jetzt drückt sich jeder davor, eine Rede zu halten, auch Hitler – gerade Hitler. Und Goebbels weiß, daß das Volk das nicht versteht, daß das Volk sich fragt, warum der Führer nicht mehr spricht. Kann auch er keine Hoffnung, keinen Trost mehr geben? fragen viele der Briefe, die im Propagandaministerium eintreffen. Goebbels bemerkt dazu, *daß die moralische Verfassung der Bevölkerung den absoluten Tiefstand, den Nullpunkt erreicht hat.*

Mußte Hitler jetzt nicht etwas tun, um die einmalige große Chance auszunutzen? Aber was kann er tun? Zum erstenmal spielt Goebbels mit einer geradezu monströsen Idee: Hitler soll zurücktreten.[9] Verrat? Nein, das ist kein Verrat. Wie Goebbels jetzt die Situation sieht, könnte ein Rücktritt Hitlers vielleicht das Schlimmste verhüten, er wäre ein Grund für das Auseinanderbrechen der großen Koalition. Die Amerikaner würden sich vielleicht zurückziehen, neue Möglichkeiten würden sich eröffnen ...

Nur Zeit ist jetzt nötig. Jeder Tag, jede Woche, die gewonnen wird, kann neue Chancen bringen. Es kann ja nicht sein, daß der Tod Roosevelts kein Fingerzeig des Schicksals war. Es darf einfach nicht sein!

Zeit, Zeit. In flammender Sprache ruft Goebbels jeden Mann, jede Frau, jeden Knaben, jedes Mädchen zum Volkskrieg auf. *Unsere gesamte Kriegsführung muß revolutioniert werden. Die Kampfregeln der Kriege früherer Jahrhunderte sind veraltet, für unsere Zwecke gänzlich unbrauchbar geworden. Wir befinden uns in nationaler Notwehr, und wer fragt in einem solchen Zustand viel danach, was üblich ist?*

*Wer nicht kämpft, ist ein Verräter, und Verräter müssen bestraft werden,* dekretiert der Verteidiger von Berlin. Schon hängen vereinzelte Deserteure und Volkssturmmänner an Berliner Laternenpfählen. Ein handgeschriebener Wisch besagt: *Ich hänge hier, weil ich meine Pflicht gegen Frau und Kind vergessen habe.*

Aber um diese Zeit weiß Goebbels wohl schon, daß alles umsonst ist. Die wenigen Tage, erfüllt von plötzlich wiedergekehrter Hoffnung, sind vorbei. Vor ihm liegt das Nichts.

## Anmerkungen

[1] Der letzte Brief über Papierproben stammt vom 12. April 1945. Die Akten mit dem gesamten Briefwechsel über das Buch sowie die Druckbogen fand der Autor in der in den letzten Tagen des Kampfes um Berlin zerstörten Druckerei.
[2] Dieses Gespräch wurde dem Autor durch Frau Haberzettel wiedergegeben.
[3] Nach Karl Mehlis, Oberhausmeister des Propagandaministeriums.
[4] Russischer General, der zu den Nazis überging und unter ihnen kämpfte.
[5] Nach dem Stenographen Jacobs.
[6] Bereits im Jahre 1943 hat der Autor diese Gedanken über die Notwendigkeit eines „heroischen Todes" von Hitler in einem Artikel, 1944 in einem Buch niedergelegt.
[7] Tagebuch Dr. Semmler.
[8] Diese und die folgende Schilderung stammt von Inge Haberzettel, Otto Jacobs, Hans Fritzsche und aus Semmlers Tagebuch.
[9] Fritzsche zum Autor in Nürnberg.

ACHTZEHNTES KAPITEL

# AUS

## 1

Goebbels hat zum erstenmal davon gesprochen, daß er das Ende des Dritten Reiches nicht überleben will, als die Rundstedt-Offensive mißlang, ja, er hat sogar erwähnt, daß er Frau und Kinder vergiften will. Daß dies nicht nur eine Redensart war, erhellt daraus, daß Magda selbst es für selbstverständlich hielt, in den Tod zu gehen, ja sich bereits Gift besorgt hatte.

Dies alles hat mit Heroismus nichts zu tun. Es ist gewissermaßen ein privater Entschluß. Zu seinen Mitarbeitern sagt er, er habe keine Lust, in einem von den Quäkern gespeisten Deutschland zu leben. Der Mann, der ein volles und interessantes Leben hinter sich hat, will dieses Leben nicht in Armut beenden, von Gefängnis, Kriegsverbrecherprozeß, Erhängen ganz zu schweigen.

So denkt er, aber dem Publikum gegenüber gibt er sich heroisch. Für die letzte Nummer des *Reich* – jedenfalls die letzte, die zur Verteilung kommt – schreibt er einen Artikel, der bezeichnenderweise heißt: *Der Einsatz des eigenen Lebens.* Er fragt darin: *Wer würde sich ein persönliches Weiterleben in einem solchen Zustand (nach der Niederlage) überhaupt auch nur vorstellen wollen?* Und weiter: *Das Volk will Beispiele sehen, an denen es sich aufrichten kann … Es geht also jetzt um die Entscheidung … Treten wir ihr stolz und charaktervoll entgegen. Sie ist zu bewältigen, aber nur, wenn wir kein Mittel unversucht lassen. Und das Ausschlaggebende im Kriege ist immer noch der Einsatz des eigenen Lebens.*

Goebbels gibt sich heroisch. Der große Zyniker, der genug erlebt hat, verkündet, daß er bereit ist, den Heldentod zu sterben. Der private Selbstmord ist ein freiwilliger. Der öffentliche Heldentod ist es nicht. In den Heldentod hat er sich gewissermaßen hineingesteigert – hineingeredet durch seine eigene Propaganda. Man könnte sich vorstellen, daß der Mann, der sein Leben gelebt hat, sich hinwegstiehlt und irgendwo in der Stille, vielleicht mit einer Flasche Kognak, der Welt Adieu sagt. Aber da hat er sich nun selbst einen Riegel vorgeschoben. Er, der den Heroismus so vieler anderer glorifizierte, er, der von allen anderen Heroismus verlangte, kann nicht still abgehen. Er muß genau das tun, was er für den Führer beschlossen hat. Er muß eine letzte Szene spielen.

Wie muß man das Ende gestalten, um es besonders wirksam zu machen?[1] Selbstmord im letzten Augenblick? Tod in der Schlacht? Im Kampf um Berlin, mit der Hakenkreuzfahne in der Hand, auf den Barrikaden? Soll er seinen Bunker in die Luft sprengen?

Das Ende wird also seine Hauptsorge, aber auch eine Angelegenheit von nationaler Bedeutung. Und es kann gar kein Zweifel sein, daß auch hier Goebbels mit beiden Augen „auf die Nachwelt schielt". Sein ganzes Leben lang hat er den Helden gespielt – jetzt wird die Sache ernst –, durch den Tod allein kann er jetzt wirklich zum Helden werden.

Der Sekretärin erzählt er, er habe Frau und Kinder, die nach Thüringen evakuiert wurden, nach Schwanenwerder zurückbeordert. *Ich werde sie hierher kommen lassen, um mir jede Möglichkeit, schwach zu werden, zu nehmen.* Nun stimmt das nicht ganz, die Familie ist gar nicht nach Thüringen evakuiert worden, sie zog, als das Stadthaus sich immer mehr mit Mitarbeitern füllte und überfüllte, schließlich nach Lanke. Und sie geht nach Schwanenwerder, als Lanke in den Bereich der russischen Artillerie gerät. Es ist also nicht alles ganz genau so, wie Goebbels es darstellt – sogar auch in seinem Tagebuch. Aber das Entscheidende ist: Er hat beschlossen, in Berlin zu bleiben.

Und Hitler? Auch Hitler hat beschlossen, in Berlin zu bleiben. Aber der Führer hat ja schon öfter in der letzten Zeit Entschlüsse umgestoßen, und es ist keineswegs sicher, daß er diese für Goebbels – und für die Nachwelt – so wichtige Entscheidung aufrechterhält. Goebbels muß dafür Sorge tragen, daß er nicht wieder umfällt. Dies allein wäre schon ein Grund für Goebbels, in Berlin zu bleiben.

Am 15. April 1945 schickt ihm Hitler eine von ihm selbst verfaßte Proklamation an die Soldaten der Ostfront. Sie ist rund acht

Schreibmaschinenseiten lang. Nach Inge Haberzettel liest Goebbels sie und murmelt einige Flüche. Eine Weile streicht er mit seinem grünen Stift im Manuskript herum, dann wirft er es schließlich in den Papierkorb, holt es wieder heraus, diktiert eine neue Proklamation, die in den völlig unhitlerischen, aber typisch Goebbelsschen Formulierungen gipfelt: *Der Bolschewismus wird dieses Mal das alte Schicksal Asiens erleben, das heißt, er muß und wird vor der Hauptstadt des Deutschen Reiches verbluten ... Berlin bleibt deutsch, Wien wird wieder deutsch, und Europa wird niemals russisch. Im Augenblick, in dem das Schicksal den größten Kriegsverbrecher aller Zeiten* (Roosevelt) *von dieser Erde weggenommen hat, wird sich die Wende dieses Krieges entscheiden.*

Goebbels hält es nicht einmal für notwendig, diese Proklamation Hitler zwecks Billigung vorzulegen. So sehr hat das Verhältnis zwischen Führer und Geführtem sich verschoben. So sehr ist für Goebbels der Hitler der letzten Zeit zur Marionette geworden, die, wie immer es der Augenblick erfordert, von seiner Hand gelenkt wird.[2]

Wieder einmal naht Hitlers Geburtstag, und es versteht sich von selbst, daß Goebbels, wie stets, den Geburtstagsartikel schreibt. Er wird, auch das ist Tradition, zu einer riesenhaften Lobhudelei auf Hitler. Goebbels läßt es sich aber nicht nehmen, Hitler in diesem Artikel auf das heroische Ende festzulegen, das er für ihn vorgesehen hat. *Deutschland ist immer noch das Land der Treue. Sie soll in der Gefahr ihren schönsten Triumph feiern. Niemals wird die Geschichte über diese Zeit berichten können, daß ein Volk seinen Führer oder ein Führer sein Volk verließ.*

Einen Tag bevor der Artikel erscheint, am 19. April, hält Goebbels seine letzte Pressekonferenz ab. Etwa fünfundzwanzig Journalisten und zehn Rundfunkleute versammeln sich im Filmsaal. Sie erhoffen, da man gewissermaßen unter sich ist, eingehende Informationen über die wirkliche Lage, gewissermaßen einen Blick hinter die Kulissen zu tun. Wird Berlin befreit werden? Ist man dabei, eine neue Waffe einzusetzen? Stimmt etwas an den Gerüchten, daß im Westen bereits Waffenstillstand herrsche?

Wenige Minuten nach der verabredeten Zeit tritt Goebbels ein. Er grüßt stumm, ohne zu lächeln, und beginnt sofort zu reden. Und die Zuhörer hören wieder, was er in so vielen Artikeln geschrieben hat. Goebbels lehnt es ab, den Gedanken an eine Niederlage über-

haupt auszusprechen. Denn in einem Deutschland der Niederlage wolle er nicht leben, er könne seinen Kindern nicht zumuten, dort zu leben. Während der Rede Fliegeralarm, die Sirenen übertönen gelegentlich seine Worte, Flakschüsse, aber er bricht nicht ab. Er sagt zwar nichts Neues, aber er spricht so vollendet, so voller Wärme, so voller Überzeugung, daß die Anwesenden, die doch abgebrühte Propagandisten sind, die mit dem Entschluß gekommen sind, sich nichts einreden zu lassen, ihrem eigenen Entschluß zum Trotz gepackt sind. Sie gehen, nicht klüger als zuvor, durch keine Information bereichert, aber doch in dem Bewußtsein, einen wirklich großen Redner gehört zu haben – zum letztenmal.
Churchill macht es wirksamer und viel lockerer. Er gratuliert via BBC Hitler zu seinem letzten Geburtstag.

## 2

Am Abend dieses Tages, es ist schon zehn, telefoniert Goebbels mit Schwanenwerder. Er will, daß seine Frau und seine Kinder sogleich nach Berlin kommen. Magda sagt ihm, die Kinder seien bereits im Bett. Goebbels besteht darauf, daß sie trotzdem noch in dieser Nacht kommen. Magda verspricht es ihm. Sie und ihre Mutter gehen daran, die Kinder zu wecken und anzuziehen. Auch das Kindermädchen hilft mit. Die Frau des Hausbesorgers erscheint in großer Aufregung. Ob etwa die Russen im Anzuge seien? Frau Goebbels beruhigt sie. *Ihr braucht keine Angst zu haben, die Russen kommen nie hierher. Ich gehe nur auf Wunsch meines Mannes mit den Kindern in die Stadt.* Ihr Ton ist heiter und gelassen. Die Kinder sollen nichts merken. Aber die kleine Helga, die jetzt zwölf Jahre alt ist, sagt beim Abschied zu der zurückbleibenden Großmutter: *Wir leben nicht mehr lange.*

Das Auto mit Magda und den Kindern rast die nächtliche Autobahn nach Berlin hinein, in das verdunkelte Berlin, dem Regierungsviertel entgegen. Auch Magda weiß, dies ist das Ende. Sie ist erst vierundvierzig Jahre alt, aber sie ist im letzten halben Jahr eine alte Frau geworden. Die letzten Tage und Wochen sind schwerer für sie als für Goebbels, denn sie darf sich der Kinder wegen nicht gehen lassen, sie muß ununterbrochen Gleichmut und Ruhe heucheln. Und irgendwie gelingt ihr das auch bis zuletzt.

Noch vor einer Woche hat sie zusammen mit ihrer Sekretärin eine Bestandsaufnahme in Schwanenwerder gemacht, hat Teller und Tassen, Tischtücher und Bettlaken gezählt, als ständen die Russen nicht wenige Kilometer entfernt, als sei es nicht eine Frage von Tagen, bis dies alles in die Hände der heranstürmenden Truppen fallen würde. Damals fragte die Sekretärin noch, ob Magda nicht besser daran täte, Berlin zu verlassen. Frau Goebbels ist erstaunt. *Wir stehen und fallen mit Berlin,* sagt sie, auf diese Weise vielleicht unbewußt eine Einheit zwischen sich und ihrem Mann proklamierend. Dabei hat sie vorübergehend ernstlich erwogen, zwar nicht sich selbst, aber die Kinder zu retten. Sie hat ihren Mann angefleht, sie ins neutrale Ausland fortbringen zu dürfen; ihm versprochen, dann wieder zurückzukehren, um mit ihm zu sterben. Was zwischen den beiden besprochen wurde, hat niemand gehört. Lediglich der Beginn der Unterhaltung wurde von Frau Haberzettel gehört. Aber was Goebbels gesagt hat, muß überzeugend genug gewesen sein, denn von diesem Augenblick an ist es für Magda beschlossene Sache, daß ihre sechs Kinder zusammen mit ihr sterben werden.

Der Entschluß, die Kinder sterben zu lassen, ist von Goebbels nicht im Hinblick auf die Nachwelt gefällt worden, die vor solchem nutzlosen und sinnlosen Mord in Grauen erstarren muß. Es handelt sich hier vielmehr um einen gewissermaßen privaten Mord von Goebbels, einen letzten, man darf wohl sagen, einen ins Metaphysische gesteigerten Zynismus.

Goebbels hat sehr bestimmte Ideen über Kinder. Ein Kind bedeutet ihm das Weiterleben des Vaters in anderer Form. Deshalb will Goebbels ja vor allem Söhne, deshalb ist er geradezu beleidigt, als Magda ihm anfangs nur Mädchen schenkt. Die Gesamtheit der Kinder ist ihm das Weiterleben der Gesamtheit der Nation, sozusagen die Garantie dafür, daß die Nation ewig ist. In einem Artikel *Für unsere Kinder* hat er das ausdrücklich festgelegt, hat festgestellt: *Die elementarste nationale Pflicht eines Volkes besteht darin, seine Substanz zu erhalten und sie gegen jede Bedrohung ... zu verteidigen.* Wenn Goebbels daran denkt, seine Kinder umzubringen, so verstößt er gegen ein von ihm selbst proklamiertes Gesetz. Der Privatmann Goebbels siegt über den Staatsmann Goebbels. Er löscht seine Substanz aus, weil es „seine“ Substanz ist, weil er sich selbst auslöschen will. Der Zyniker, der sich davonmacht, will sich, ja, muß sich in seiner Totalität davonmachen. Nichts von ihm soll übrigbleiben.

Nichts. Goebbels ist wieder zu seinem Ausgangspunkt zurückgekehrt. Er ist wieder der Nihilist par excellence, für den nichts besteht, dem nichts standhält, weil er an nichts zu glauben vermag. Als er jung war, hat er sich in den Glauben an Hitler gerettet. Er hat sich viele Jahre lang an diesen Glauben gehängt. Er hat an Hitler geglaubt, weil er glauben wollte. Aber nun ist auch das vorbei. Als er ganz jung war, hat er die Mutter beneidet, weil es ihr so leicht wurde zu glauben. Er hat sie sein ganzes Leben lang ein wenig beneidet um diesen Glauben und gerade deshalb um so mehr geliebt.

Jetzt schickt er sie fort. Die alte Frau wäre bereit zu bleiben. Sie ist sehr alt, schwer herzleidend, sie erwartet nichts mehr vom Leben. Viele Jahre lang, als es ihm gutging, hat sie nichts von ihm gewollt, war immer ein wenig verstört über den Pomp, mit dem ihr Sohn sich umgab, ein wenig verängstigt inmitten der großen Ereignisse, die sich um ihn abspielten, ein bißchen bekümmert über das, was die Nazis taten und was sie, die strenge Katholikin, nicht gutheißen konnte.

Der Abschied ist schwer. Beide wissen, sie werden einander nicht wiedersehen. Aber für Goebbels kommt gar nichts anderes in Frage, als sie wegzuschicken. Sie kann er nicht in die große Auslöschungsaktion einbeziehen. Die Mutter ist mehr als ein Stück von ihm, sie ist durch ihren Glauben weit über die Grenzen seines Nihilismus hinausgerückt. Da sie glaubt, darf sie leben, muß sie leben.

Die Mutter geht, die Kinder kommen. Und dann schließt sich das Tor des Hauses. Die „Wohnung“ wird zur Festung für Goebbels und die Seinen, zum Gefängnis für die Mitarbeiter.

Zwei Tage später, am Sonnabend, dem 21. April, empfängt der Minister nach der üblichen Konferenz noch einmal sämtliche Kreisleiter Berlins. Im Filmsaal hält er eine kurze Ansprache. So groß ist schon die allgemeine Unordnung und Nervosität, daß der Adjutant vergißt, den Stenographen zu benachrichtigen, und so kann geschehen, was in Jahren undenkbar war, daß nur der letzte Teil der Rede mitstenographiert wird. *Ich habe meine Familie hier ins Haus ge-*

*nommen. Wir bleiben hier. Und ich verlange von Ihnen, daß auch Sie auf Ihren Posten verbleiben, daß keiner sich entfernt. Wenn es sein muß, werden wir hier zu sterben wissen.* Er scheint so erschüttert, daß die Stimme zittert und ihm die Tränen in die Augen dringen.

An diesem Nachmittag verschwinden zwei Sekretärinnen. Sie haben sich Räder beschafft und sind zu Verwandten in die Provinz geflohen. Goebbels schnauzt empört seinen Pressereferenten an: *Ja, sagen Sie, wie konnte man das erlauben? Ist denn jetzt überhaupt noch ein geregelter Dienstbetrieb gewährleistet?*

Von nun an werden die Türen doppelt scharf bewacht.

Trotzdem packen alle, die im Hause sind, insgeheim ihre Koffer. Die abenteuerlichsten Fluchtpläne werden erörtert. Eine der Sekretärinnen beabsichtigt, ihr Haar herunterzulassen, Blumen hineinzustecken und, lustige Lieder singend, durch die Straßen zu hüpfen, dergestalt den Eindruck einer Wahnsinnigen erweckend. Ein Stenograph gedenkt, die zweihundert Meter zur Schweizer Gesandtschaft zu rennen – da wäre man doch wenigstens auf neutralem Boden. Oberstleutnant Balzer zeigt den andern eine kleine braune Ampulle. *Was ist das? Blausäure! Kostet elftausend Mark, das Ding. Im Adlon wird schon damit gehandelt. Na ja, es ist allerdings auch der bequemste Tod. Ein Tropfen davon auf die Zunge, und wie vom Blitz getroffen fallen Sie um!*

## 3

Folgendes spielt sich am Sonntag, dem 22. April, in Goebbels' Haus ab: Frühstück, erste Besprechungen mit den Mitarbeitern wie gewöhnlich. Inzwischen werden Berge von Akten im Garten verbrannt. Es handelt sich im wesentlichen um Protokolle über Ministerkonferenzen. Die Verbrennungen dauern den ganzen Tag über an.

Um zehn Uhr beginnt Goebbels sein Tagebuchdiktat. Darin heißt es unter anderem: *Morgen werde ich*[3], *falls kein unvorhergesehenes positives Ereignis eintritt, Berlin offiziell zur Kriegsstadt erklären.* Während des Diktats geht er einige Male zum Fenster und blickt auf die Straße hinaus. Es ist gerade wieder einmal Alarm, vereinzelte Flugzeuge befinden sich über der Stadt. Goebbels lächelt. *Also das ist schon eine Bevölkerung, muß ich sagen, wie es keine bessere gibt.*

*Sie gehen nicht einmal in den Keller, sondern starren in die Luft, ob es nicht etwas zu sehen gibt.*

Es folgt eine kurze Besprechung mit den militärischen Beratern, darunter General Reimann. Die Ministerkonferenz fällt aus. Da es fast keine Verkehrsmittel in Berlin mehr gibt, haben die Teilnehmer keine Möglichkeit, rechtzeitig zur Stelle zu sein. Statt dessen spricht Goebbels eine Rede auf Magnetophonband, die später über den Rundfunk gesendet werden soll. Es ist die kurze Rede, in der Goebbels Berlin zur Kriegsstadt erklärt. Während der Aufnahme setzt Artilleriebeschuß auf das Regierungsviertel ein. In Abständen von einer halben Minute sausen die Granaten in den Tiergarten, detonieren am Brandenburger Tor, und plötzlich explodiert eine Granate ganz in der Nähe des Hauses, so daß klirrend die wenigen noch vorhandenen Fensterscheiben springen. Kein Muskel in Goebbels' Gesicht bewegt sich. Das Magnetophonband wird gestoppt, aber gleich darauf fragt er: *Na, ich denke, ich werde ruhig weitersprechen können, was?* Mancher der Anwesenden würde sicher gern etwas mehr in Deckung gehen, aber keiner wagt, es auszusprechen. So bleiben alle oben, Goebbels beendet seine Ansprache und fragt dann: *Was meinen Sie? Wird dieser Krach während der Rede bei der Übertragung im Rundfunk auch zu hören sein? Das würde eine ganz wirksame Geräuschkulisse geben, was?*

Eine Stunde später hört er die Rede im Rundfunk. Er ist mit der Geräuschkulisse zufrieden. Konferenzen mit Mitarbeitern, das Verfassen von Aufrufen an die Gauleiter. Um ein Uhr wird Mittag gegessen. Während des Essens spricht er, dem Pressereferenten zufolge, noch sehr geschwollen, bezeichnet Churchill als „kleinen Mann", Anthony Eden als „feinen Pinkel", als ob er gar nicht wüßte, daß Berlin sich bereits in Agonie befindet. Danach geht Goebbels zu kurzem Mittagsschlaf in den Bunker, weil ihm die Artillerie doch zuviel Lärm macht.

Der Artilleriebeschuß verstärkt sich noch im Laufe des Nachmittags, dazu brummen zahlreiche Tiefflieger durch die Luft. Ein einsames Flakgeschütz im Tiergarten schießt nach ihnen, verstummt aber dann, offensichtlich aus Mangel an Munition. Das ganze Personal lungert in dem in der Mitte des Hauses liegenden Wandelgang herum, man traut sich nicht so recht in die exponierter liegenden Arbeitsräume. Magda und die Kinder halten sich manchmal im

Bunker, manchmal im Wandelgang auf. Fast niemand spricht mehr, es ist ja auch schon alles gesagt worden, zehnmal, hundertmal.

Goebbels hat unterdessen eine Aussprache mit Fritzsche. Er ist recht erregt, spricht von den neuesten Erfolgen der Russen in den Berliner Vororten und davon, daß die Situation aussichtslos geworden sei. *Schließlich und endlich wollte es das deutsche Volk ja nicht anders,* fügt er hinzu.[4] *Die Deutschen stimmten dafür, den Völkerbund zu verlassen, stimmten dafür mit großer Mehrheit, waren also gegen eine Politik des Zurückweichens und für eine Politik des Mutes und der Ehre. Es war das deutsche Volk, das den Krieg wählte.*

Fritzsche traut seinen Ohren nicht. Niemals vorher hat Goebbels jener Abstimmung über den Austritt aus dem Völkerbund einen solchen Sinn unterschoben. Im Gegenteil, die Abstimmung war ja begleitet worden von vielen Friedensreden und Friedensversprechungen Hitlers. Goebbels ist irritiert, läßt Fritzsche gar nicht zu Wort kommen. Vor wenigen Wochen, ja vor einer Woche noch, hat er nach einem Ausweg gesucht, um den Krieg zu beenden, bevor das gesamte Volk vom Krieg vernichtet sei. Jetzt ist er soweit, daß er beinahe wünscht, das ganze Volk solle untergehen. Brüsk wendet er Fritzsche den Rücken zu. Er dreht sich auch nicht um, als sein bester Mitarbeiter das Zimmer verläßt.

Fünf Uhr nachmittags. Frau Goebbels sagt dem Kindermädchen: *Wir gehen jetzt zum Führer. Machen Sie die Kinder fertig.* Die Kinder hören es und sind hoch erfreut. Sie unterhalten sich darüber, ob sie wohl bei Hitler Schokolade und Kuchen bekommen würden. Das Kindermädchen fragt, ob sie Nachtsachen für die Kinder einpacken soll. Magda: *Nein. Das ist jetzt vorbei.* Dann, immer mit heiterem Gesicht sich den Kindern zuwendend: *Jeder von euch kann sich ein Spielzeug mitnehmen. Aber nur eines.*

Ein paar Minuten später kommt Goebbels aus seinem Zimmer heraus und geht die Treppe hinunter. Er ist sehr bleich und geht langsamer als sonst. Über seinem Arm trägt er eine Autodecke, was allen, die es sehen, auffällt, weil er sonst nie irgend etwas selbst trägt. Unten läßt er sich in den Mantel helfen und verläßt mit Frau und Kindern das Haus. Der Chauffeur Rach und der Adjutant Schwägermann sind bereits vorangegangen. Draußen stehen zwei Autos. Im ersten nimmt Goebbels mit Frau und Helga Platz, im zweiten, das Schwägermann lenkt, die anderen Kinder. Die Autos fahren los.

Einige Minuten später stürzt das Kindermädchen weinend in das Zimmer des Stenographen Jacobs: *Sie sind fort! Sie sind fort! Sie kommen nicht zurück!* Die Kunde verbreitet sich mit Windeseile im ganzen Haus. Irgend jemand hat gesehen, daß der Kammerdiener Rohrsen sich auch bereits aus dem Staub gemacht hat. Eine hysterische Sekretärin schreit: *Man hat uns im Stich gelassen!* Plötzlich sind auch die SD-Beamten, die in und vor dem Haus postiert waren, weg; sie waren ja nur zum Schutze des Ministers da. Die Sekretärinnen weinen und ringen die Hände: *Nun kommen wir nicht mehr aus Berlin raus! Warum hat er uns nicht gestern gehen lassen!*

Man kann nicht behaupten, daß die Männer sich vorbildlich betragen. Sie sind keineswegs Herren der Lage. Niemand weiß, was eigentlich geschehen ist, alle reden durcheinander. Jeder plant, sich in Sicherheit zu bringen, keiner weiß genau wie. Merkwürdig ist, daß niemand von Goebbels spricht. Was aus ihm wird, scheint allen völlig gleichgültig zu sein. Ein Zimmermädchen: *Frau Goebbels hat mir alles, was von ihr hier ist, geschenkt. Sie hat nichts mitgenommen.* Man glaubt allgemein, daß die Familie nur noch wenige Stunden leben werde. Magda scheint dasselbe gedacht zu haben, sonst hätte sie die Nachtsachen der Kinder mitgenommen.

Sechs Uhr. Alle stürzen in ihre Zimmer, packen die letzten Habseligkeiten, versuchen, so schnell wie möglich das Haus zu verlassen. Zwei Autos, die im Garten stehen, von je neun bis zehn Personen besetzt, fahren in die Dunkelheit.

Während die Autos wegfahren, zieht eine Abteilung Volkssturm durch den Garten in das Haus ein. Ein Befehl: *Alles, was nicht zum Volkssturm gehört, hat das Haus sofort zu verlassen.*

Die Diener, Zimmermädchen und Köchinnen, in Hut und Mantel, mit kleinen Köfferchen, verschüchtert im Souterrain wartend, treten nun heraus, schieben sich an den Volkssturmleuten vorbei, ganz jungen Burschen mit bleichen Gesichtern und weitaufgerissenen Augen.

## 4

Hitler hat schon seit mehreren Tagen nicht mehr die Reichskanzlei verlassen und ist in den sogenannten Führerbunker unter dem Garten der Reichskanzlei gezogen. Genaugenommen gibt es zwei

Bunker, der eine besteht aus zwölf recht kleinen Räumen, der andere, der sogenannte Führerbunker, aus achtzehn. Mit Hitler leben dort Eva Braun, Bormann und eine Reihe von Adjutanten und Sekretärinnen. Magda und die Kinder bekommen vier Räume in dem kleineren Bunker angewiesen. Goebbels selbst findet im Führerbunker einen winzigen Raum, den Dr. Morell vorher innegehabt hat. Er hat einen guten Grund, sich in unmittelbarer Nähe des Führers einzuquartieren. Denn noch ist es nicht unbedingt sicher, daß Hitler wirklich in Berlin bleiben wird.

Noch an seinem Geburtstag, vor zwei Tagen also, war er drauf und dran wegzufahren. Sein Chauffeur Erich Kempka hatte vierzig Wagen bereitgestellt. Eine Menge Leute kam zu ihm, um ihm zu gratulieren, alle erwarteten, daß er sich noch am gleichen Abend zum Obersalzberg begebe. Wieder redeten ihm alle zu, Berlin zu verlassen: Göring und Keitel, Himmler und Bormann, General Krebs, Chef des Oberkommandos des Heeres, und General Burgdorf, der Verbindungsoffizier zwischen Oberkommando der Wehrmacht und Führerhauptquartier. Hitler hatte nicht ja und nicht nein gesagt. Göring fuhr nach Berchtesgaden. Viele der bereitgestellten Wagen wurden benötigt, um wichtige Personen zum Flughafen zu bringen. Hitler war nicht unter ihnen. Fuhr auch nicht am folgenden Tag, an dem wiederum vierzig bis fünfzig bedeutende Nazis die Reichskanzlei verließen.

Am 22. April kommt es während der täglichen Konferenz zu einem furchtbaren Ausbruch des Führers. Hitler rast, er sei hintergangen worden, die Armee sei voll von Verrätern, man habe ihn belogen und betrogen, das Dritte Reich sei am Ende, er selbst wolle sterben. Er werde nicht nach Berchtesgaden gehen.

Die Anwesenden protestieren heftig. Noch sei nicht alles verloren. Telefongespräche mit Himmler, Dönitz, Ribbentrop, die alle Hitler bitten, nicht in Berlin zu bleiben. Vergebens. Der Führer bleibt hartnäckig. Er ordnet an, den Berlinern solle mitgeteilt werden, daß der Führer in Berlin bleibe.

Als Goebbels kurz nach Beendigung der Konferenz in den Bunker übersiedelt, bestürmt ihn Generalfeldmarschall Keitel, seinen Einfluß bei Hitler geltend zu machen, damit der Führer doch noch Vernunft annehme. Goebbels schüttelt lächelnd den Kopf. Er denkt gar nicht daran. Keitel, völlig außer sich, erklärt, alles sei verloren, wenn der Führer in Berlin bleibe. Goebbels meint, auch ohnehin sei alles verloren.

Er versteht die Generale nicht. Soldaten müßten doch begreifen, daß ein heroischer Tod besser ist, als ein sinnloses Leben wenige Tage länger hinzuziehen. Aber Generale denken eben nur ihre altgewohnten Gedankengänge. Jodl sagt Hitler ganz offen, daß er unter den obwaltenden Umständen nicht länger im Bunker bleiben wolle, sagt wörtlich: *Ich bleibe nicht in dieser Mausefalle. Meine Anwesenheit hier ist völlig zwecklos. Das ist ja nur noch dem Namen nach ein Hauptquartier. Mit ständig unterbrochenen Verbindungen kann man keine Schlacht lenken oder irgendwelche Befehle erteilen. Ich bin immer noch Soldat. Geben Sie mir Soldaten und Kampfbefehle, und ich werde kämpfen – wo und wann immer dies möglich ist. Aber hier bleibe ich keinen Tag länger.*

Dies sind die Argumente, gegen die Goebbels Hitler wappnen muß. Während die anderen von taktischen Notwendigkeiten sprechen, muß er versuchen, den Führer mit Nibelungenmystik zu behexen. Muß ihn hypnotisieren, muß ihn unter Hypnose halten, damit dieser kleine Mann aus Braunau bei Linz – denn nun, am Ende, ist er nicht mehr als nur das – sich als Siegfried vorkomme, als strahlender Held, und als solcher zugrunde geht. Er, der seit Jahren gegen Defätismus wettert, muß jetzt die Niederlage an sich, den tragischen Tod anpreisen. Niederlage ist ja nicht nur etwas Negatives, es ist auch historisches Geschehen, Schicksal, Goebbels spricht von untergehender Kultur, untergehendem Europa. Dies alles ist nicht ganz neu. Ein bißchen Hegel ist dabei, ein bißchen Schopenhauer, sehr viel Richard Wagner, Spengler und der ganze Nihilismus des jungen Goebbels.

Goebbels darf Hitler nicht mehr loslassen, darf ihm keine Ruhe gönnen, muß nun bei ihm bleiben bis zum allerletzten Augenblick, wie ein Hypnotiseur bei dem in Trance Versetzten. Das bedeutet, daß Goebbels gerade in diesen letzten Tagen, in denen er eigentlich gar nichts mehr zu tun hat, so sehr beschäftigt ist, daß er keine Zeit für irgend etwas anderes oder irgend jemand anderen hat. Vergebens versucht Fritzsche, der im Keller des zerstörten Propagandaministeriums haust, Goebbels am Telefon zu erreichen oder ihn im Bunker zu sehen. Er dringt niemals bis zu ihm vor. Es ist ganz offensichtlich, daß Goebbels ihn nicht mehr sehen will – vielleicht hat er ihm gegenüber ein schlechtes Gewissen.

Überhaupt: Verbindung mit der Außenwelt hat er kaum noch. Er, der einmal der bestinformierte Mann Europas war, stellt nur noch selten den Rundfunk an. Einmal bekommt er durch Zufall eine Sendung aus Moskau. Er läßt aus dem gegenüberliegenden Keller des Propagandaministeriums einen Dolmetscher holen. Als dieser kommt, ist die Sendung schon beinahe vorbei. Der Dolmetscher will den Rest übersetzen, Goebbels winkt müde ab. Er hat das Interesse schon wieder verloren.

In diesen Tagen bricht mit ungeheurer Schnelligkeit die gesamte noch bestehende Propagandamaschine zusammen. Nur einige wenige Rundfunkstationen arbeiten, und auch diese kann man kaum noch hören. Die meisten Zeitungen haben ihr Erscheinen eingestellt oder erscheinen nur noch mit einem Blatt. Die letzte Nummer des *Reich* ist am 22. April gedruckt worden, aber nicht in Berlin, wo die Druckerei bereits ausgebombt ist, sondern in Leipzig, und sie kommt nicht mehr zum Versand.

In Berlin erscheint nun seit dem 22. April eine neue Zeitung, genannt *Der Panzerbär,* mit dem Untertitel: *Kampfblatt für die Verteidigung Groß-Berlins.* Vier kümmerliche Seiten, Buchformat, vollgepfropft mit Aufrufen und sensationellen Meldungen von Kämpfen in der Berliner Untergrundbahn, in den Vorstädten, Beschwörungen an die Bevölkerung, bis zum Letzten durchzuhalten, usw. Alles das in ärmlicher und dilettantischer Aufmachung. Diese Nummern des *Panzerbär* sind noch primitiver als die ersten Nummern des *Angriff.* Man kann sich gut vorstellen, mit welchen Gefühlen Goebbels diese letzten journalistischen Erzeugnisse des Nationalsozialismus betrachtet. Auch auf diesem Gebiet schließt sich der Kreis, auch hier ist Goebbels wieder da angelangt, wo er angefangen hat.

Und wer in Berlin liest den *Panzerbär?* Wer kümmert sich noch um die letzten krampfhaften Versuche des zusammensackenden Propagandaapparates, Einfluß zu nehmen? Irgendwer kommt auf die Idee, Flugblätter drucken zu lassen für die herannahende Entsatzarmee, von der die Propaganda ja unaufhörlich spricht, Flugblätter, die zur Eile mahnen. Sie werden „versehentlich" über Berlin abgeworfen, sollen der Bevölkerung die Überzeugung vermitteln, daß die Entsatzarmee wirklich schon in Potsdam stehe. Glaubt das noch jemand?

Und immer noch und immer wieder versuchen Bormann, Ribbentrop und andere, Hitler dazu zu bewegen, nach Berchtesgaden zu fliegen. Erst am 25. April fügen sie sich in das Unvermeidliche. Denn nun haben die Russen Berlin umzingelt. Von jetzt an wäre jede Flucht, auch die auf dem Luftwege, mit äußerstem Risiko verbunden.

## 5

Einen kleinen Triumph hat Goebbels noch, freilich er kommt zu spät, um ihm Freude zu machen. Göring fällt in Ungnade.

Der Schöpfer der Luftwaffe ist nach Berchtesgaden geflogen und hat von dort ein Telegramm an Hitler geschickt und vorgeschlagen, für den Führer, der eingeschlossen in Berlin sitzt, die Geschäfte zu übernehmen. Dies Telegramm ist das Ergebnis von Mißverständnissen, an denen Hitler, der sich in den letzten Tagen mit unüberbietbarer Undeutlichkeit ausgedrückt hat, zweifellos schuld hat. Aber Bormann, der seit langem gegen Göring intrigiert, nützt die Situation aus und überredet den Führer, daß Göring ihn verraten wolle. Hitler schäumt, erzählt allen, die im Bunker leben oder einmal auf Besuch hinunterkommen, wie tief getroffen er durch Görings Verrat sei.

Goebbels macht mit. Das ist nicht weiter verwunderlich, da er seit Jahren den Führer hat überzeugen wollen, daß man Göring absetzen müsse. Aber mit rechter Begeisterung ist er nicht bei der Sache. Der so aktive Hasser muß sich geradezu einen Ruck geben, um die Tiraden, die ihm einst so leicht vom Munde gingen, hervorzubringen. Vieles kommt so unecht, daß Zeugen, die ihn in diesen letzten Tagen sehen, ihn für „theatralisch" halten, ein Vorwurf, den ihm wohl bisher der schärfste Kritiker nicht hat machen können.[5] Aber Goebbels beschränkt seine Ausbrüche auf das absolute Mindestmaß. Er erhebt nur dann die Stimme, wenn er glaubt, daß dies notwendig sei, um den Führer bei rechter Stimmung, das heißt beim Entschluß zum Selbstmord zu halten. Im übrigen bleibt Goebbels eigentlich der Ruhigste im Bunker, wo die Atmosphäre immer hysterischer wird. Er macht auch weiterhin einen gepflegten Eindruck, trägt immer saubere Wäsche, ist peinlich gut rasiert, und seine Hände sind bis zuletzt aufs sorgfältigste manikürt.

Manchmal liest er den Kindern vor oder singt Volkslieder mit ihnen. Sie spielen ihre Kinderspiele, aber es ist ja viel zuwenig Platz für sie da. Ihre Räume sind kaum viel größer als Schlafwagenabteile. Manchmal, wenn gerade nicht geschossen wird, dürfen sie in den Garten der Reichskanzlei gehen. Bei einer solchen Gelegenheit sehen sie ein Flugzeug über Berlin kreisen. *Warum fliegen wir nicht fort?* rufen sie aus. Die Mutter antwortet: *Ist es nicht schön, beim Onkel Führer zu wohnen?* Die Kinder geben zu, es sei nett, beim Onkel Führer zu wohnen.

Ziemlich plötzlich erscheint der Chef des Deutschen Roten Kreuzes, Professor Karl Franz Gebhardt, im Bunker. Am Abend des 26. April wird er mit einigen Rot-Kreuz-Autos Berlin verlassen. Ob Frauen und Kinder evakuiert werden sollen? Er besucht Magda in ihrem Zimmerchen. Magda schüttelt nur den Kopf. Sie und die Kinder werden bleiben.

Magda hat viel Arbeit mit den sechs lebhaften Kindern. Sie muß ständig ihre Kleider waschen und plätten, man hat ja nichts mitgebracht. Sie verbringt viele Stunden damit, Spiele mit ihren Kindern zu spielen. Einmal kommt die Älteste, Helga, die ja frühreif ist, zu ihr und fragt: *Müssen wir bald sterben?*

Magda bekommt es fertig, zu lächeln und den Kopf zu schütteln. Aber sobald Helga fort ist, fängt sie an zu weinen. Es graut ihr vor dem, was vor ihr liegt. Wird sie die Stärke aufbringen können, ihre eigenen Kinder sterben zu sehen?[6]

Die andere Frau im Bunker, Eva Braun, scheint völlig damit ausgesöhnt zu sein, sterben zu müssen. In der Tat, sie ist die einzige Bundesgenossin von Goebbels, die einzige, die mit ihm darin übereinstimmt, daß der Führer den Heldentod sterben muß. Die junge Frau, die immer im Hintergrund stand, solange Hitler eine welthistorische Persönlichkeit war, die nur Stunden seines Lebens ihr eigen nennen durfte, ist jetzt erst, in diesem allerletzten Stadium, in ihre eigentlichen Rechte getreten. Jetzt, da Hitler von allen verlassen ist, gehört er ihr fast ganz. Ganz wird er ihr eigentlich erst gehören, wenn er mit ihr zusammen in den Tod geht. Eva Braun hat die Romantik eines verliebten Dienstmädchens.

Vielleicht ist es Goebbels, der Hitler schließlich überzeugt, vielleicht ist es Eva Braun. Denn am 28. April hat er die Notwendigkeit zu sterben so klar erkannt, daß er eine Sitzung einberuft, an der alle Bewohner des Bunkers teilzunehmen haben. Das Thema der Sitzung ist Selbstmord. Hitler macht allen klar, daß sie sich umbringen müssen, und zwar alle möglichst so, daß ihre Leichen nicht gefunden werden können. Gift haben sie ja alle. Der Massenselbstmord soll beginnen, sobald die Russen die Reichskanzlei erreicht haben. Die anderen nicken, jeder übertrifft den anderen mit Beteuerungen, wie sehr er sich danach sehne zu sterben. Jeder hat irgendeinen Plan. Sie alle kommen sich wie Helden vor. Dabei hofft selbst Hitler noch insgeheim auf das große Wunder. Und was die anderen angeht, so denkt überhaupt niemand daran, Selbstmord zu begehen, und niemand – mit Ausnahme der Familie Goebbels und Eva Braun – wird sich umbringen.

Die deutsche Niederlage nimmt in der modernen Geschichte bisher unbekannte Ausmaße an. Der Korridor des vom Feinde noch unbesetzten Deutschland wird ständig schmaler. Die Stellen, an denen noch Widerstand geleistet wird, sind wie Inseln in einem Riesenmeer. Schon haben sich die Russen und die Amerikaner an der Elbe getroffen. Deutschland ist in zwei Teile gespalten.

Berlin ist jetzt mehr als zur Hälfte in russischen Händen. An hundert verschiedenen Stellen wird gekämpft. auch in der Stadt selbst ist es nicht mehr möglich, Verbindung zwischen den kämpfenden Truppenteilen zu halten. Wo eben noch geschossen wurde, herrscht plötzlich völlige Ruhe. Die Soldaten sowie die Volkssturmmänner benutzen jede Gelegenheit, um ins nächste Haus zu verschwinden, ihre Uniform abzureißen und sich als Zivilisten zu verkleiden.

Die Verwirrung ist unbeschreiblich. Das Schlimmste, was einem Berliner jetzt passieren kann, ist, daß in seiner Straße deutsche Truppen auftauchen, um sie zu verteidigen. Alte Männer und Frauen werden heruntergeschickt, um die Offiziere zu beschwören, doch lieber in der nächsten Straße Widerstand zu leisten. Es gibt jetzt schon sehr viele Laternenpfähle, an denen Deserteure hängen. Nur mit solchen terroristischen Mitteln können sich die Nazioffiziere noch einigen Respekt verschaffen. Manche werden von meuternden Truppen hinterrücks niedergeknallt. Aber das passiert eigentlich selten. Deutsche haben nun einmal kein Talent zur Revolution.

Die Nächte sind jetzt hell in Berlin. Denn die Stadt brennt, sie brennt an tausend Stellen zu gleicher Zeit, niemand versucht mehr zu löschen. Es ist ein Meer von Flammen. Piloten der wenigen Flugzeuge, die noch nach Berlin durchkommen, haben den Eindruck, als ginge die Welt unter.

Im Bunker des Führers geht die Welt täglich und stündlich unter. Die Atmosphäre dort ist gespenstisch und irreal. Die deutschen Helden, die mit so grandiosen Gesten Millionen Unschuldiger in den Tod geschickt haben – Juden, Polen, Tschechen, Jugoslawen und auch Deutsche –, sie sind keineswegs gewillt zu sterben. Sie reden zwar viel davon, aber sie hoffen doch noch, daß etwas geschieht. Auch der Mann, den Goebbels für die Nachwelt zum großen Helden aufbauen will, kann nun einmal die Hoffnung nicht aufgeben.

Er hat Angst. Mühsam schleppt er sich durch den Bunker, seine Arme zittern, seine Beine zittern, seine Hände sind so schweißig, daß die Landkarten, die er betastet, aufweichen. Unausgesetzt hat er neue Pläne, neue Ideen, operiert mit Entsatzarmeen, die es gar nicht mehr gibt.

Dann wieder erzählt er denen, die dort unten mit ihm sitzen, wie ihr Ende vor sich zu gehen habe. Noch im Tode ein Diktator, der den anderen sagt, wie sie sterben müssen. Auf eines legt er besonderen Wert: *Ich muß darauf bestehen, daß meine Leiche und die Leiche von Eva Braun vor den anderen zerstört werden.* Er hat eine panische Angst davor, seine Leiche könne in russische Hand fallen, könne von den Russen nach Moskau gebracht und dort zur Schau gestellt werden.

Es kann nicht bewiesen werden, daß Goebbels ihm dies suggeriert hat. Aber es ist mehr als nur wahrscheinlich. Goebbels will, daß Hitler stirbt, damit die Nachwelt aus Hitler einen Gott machen kann. Sollten die Russen in den Besitz seiner Leiche kommen, so könnten sie diesen Fund benützen, um die Hitlerlegende im Keime zu ersticken. Je mysteriöser der Tod Hitlers bleibt – und ein Tod, ohne daß die Leiche gefunden wird, ist besonders mysteriös –, um so mehr Chancen bietet er der späteren Hitlerlegende. Ja, Goebbels dürfte wohl mit der Möglichkeit spekulieren, daß man sich in ein, zwei Jahren fragen würde, ob Hitler wirklich gestorben sei, ob er sich nicht vielleicht nur irgendwo verborgen halte, um späterhin wieder in Erscheinung zu treten.[7]

Goebbels' Verbündete in Fragen des Heldentodes, Eva Braun, erhält ihre Belohnung. Hitler heiratet sie. Als Goebbels Magda heiratete, war Hitler Trauzeuge. Nun ist Goebbels Trauzeuge. Diese Zeremonie, die in der Nacht vom 28. zum 29. April stattfindet, nimmt nur wenige Minuten in Anspruch.

Dann gibt es einen kleinen Empfang, an dem auch Magda teilnimmt, sowie Bormann und die Sekretärinnen. Da sitzen sie in einem der winzigen Räume im Bunker, trinken Champagner und machen Konversation. Das heißt, die Konversation macht Goebbels. Er erzählt Erlebnisse aus der Kampfzeit. Die anderen öffnen kaum den Mund. Offenbar haben sie Angst, irgend etwas Taktloses zu sagen. Denn was wäre nicht taktlos in diesem Augenblick? Sie dürfen ja nicht einmal auf eine glückliche Zukunft des jungen Paares trinken. In vierundzwanzig Stunden kann schon alles vorbei sein.

Während des Empfanges verschwindet Hitler mit seiner Sekretärin, um seine beiden Testamente zu diktieren, das private sowie das offizielle, politische. Beide unterschreibt Goebbels als Zeuge. Für ihn dürfte nur das politische Testament von Interesse gewesen sein; dies allerdings in hohem Maße. Denn hier handelte es sich um das letzte Wort Hitlers an die Nachwelt, es konnte die zukünftige Hitlerlegende zerstören oder aufbauen.

Hat Goebbels mit der Abfassung dieses Testamentes irgend etwas zu tun? Diese Frage wird mit absoluter Sicherheit nie beantwortet werden können. Aber es ist mehr als eine Vermutung, es ist außerordentlich wahrscheinlich, daß er Hitler in bezug auf das Testament zumindest entscheidend beeinflußt hat. Denn hier finden sich noch einmal alle Hauptargumente der Goebbels-Propaganda. Hier wird noch einmal festgestellt, daß Deutschland den Weltkrieg nicht gewollt oder begonnen habe, sondern daß die Juden die Alleinschuldigen sind. Hier wird festgestellt, daß der Krieg trotz aller Rückschläge *als ruhmvollste und tapferste Bekundung des Lebenswillens eines Volkes* in die Geschichte eingehen wird. Vor zwanzig Jahren hat Goebbels in seinem Roman *Michael* geschrieben: *Der Krieg war die größte Manifestation unseres Lebenswillens.* Hier wird Göring noch einmal ausdrücklich ein Fußtritt versetzt, sowie Himmler, der inzwischen versucht hat, mit den Alliierten zu verhandeln. Schließlich und endlich ernennt Hitler die neue Regierung.

Reichspräsident – einen Führer soll es nicht mehr geben – wird Admiral Karl Dönitz.[8] Reichskanzler, also wirklicher Chef der Regierung, soll Goebbels werden, während Bormann als Parteiminister die Leitung der Partei übernehmen soll. Zum Schluß noch eine Bemerkung: *Obwohl sich eine Anzahl dieser Männer, wie Martin Bormann, Dr. Goebbels und so weiter, einschließlich ihrer Frauen aus freiem Willen zu mir gefunden haben und unter keinen Umständen die Hauptstadt des Reiches verlassen wollen, sondern bereit waren, mit mir hier unterzugehen, muß ich sie doch bitten, meiner Aufforderung zu gehorchen und in diesem Falle das Interesse der Nation über ihre eigenen Gefühle zu stellen.*

Hier wäre also ein Alibi für Goebbels, sich vom Selbstmord zu drücken. Jetzt könnte er, wenn er wollte, weiterleben, und niemand dürfte einen Stein auf ihn werfen. Hier ist eine Gelegenheit.

Nein, hier ist sie nicht. Goebbels hat ja keinerlei Entschlüsse mehr zu fassen. Sein Entschluß ist längst gefaßt. Er würde sich ja auch auslöschen, wenn Hitler weiterleben würde. Es war ja seine Idee, nicht die Hitlers, daß der Führer verschwinden müsse. Er begeht kein Plagiat, wenn er dem Führer folgt. Im Gegenteil, Hitler folgt Goebbels in den Tod, obwohl er es gar nicht weiß. Der Führer ist zuletzt der Geführte.

## 6

Nachdem er beide Testamente als Zeuge unterschrieben hat, zieht sich Goebbels zurück und verfaßt einen Nachtrag zu dem politischen Testament Adolf Hitlers.

*Der Führer hat mir den Befehl gegeben,* schreibt er, *im Falle des Zusammenbruchs der Verteidigung der Reichshauptstadt Berlin zu verlassen und als führendes Mitglied an einer von ihm ernannten Regierung teilzunehmen.*

*Zum erstenmal in meinem Leben muß ich mich kategorisch weigern, einem Befehl des Führers Folge zu leisten. Meine Frau und meine Kinder schließen sich dieser Weigerung an. Im anderen Falle würde ich mir selbst – abgesehen davon, daß wir es aus menschlichen Gründen und solchen der persönlichen Treue niemals über das Herz bringen könnten, den Führer in seiner schwersten Stunde allein zu lassen – für mein ganzes ferneres Leben als ein ehrloser Abtrünnling und gemeiner Schuft vorkommen, der mit der Achtung vor sich selbst auch die Achtung seines Volkes verlöre, die die Voraussetzung eines weiteren Dienstes meiner Person an der Zukunftsgestaltung der deutschen Nation und des Deutschen Reiches bilden müßte.*

*In dem Delirium von Verrat, das in diesen kritischen Tagen des Krieges den Führer umgibt, muß es wenigstens einige geben, die bedingungslos und bis zum Tode zu ihm halten, auch wenn das einem formalen, sachlich noch so begründeten Befehl, den er in seinem politischen Testament zum Ausdruck bringt, widerspricht.*

*Ich glaube, damit dem deutschen Volk für seine Zukunft den besten Dienst zu erweisen, denn für die kommenden schweren Zeiten sind Vorbilder noch wichtiger als Männer. Männer werden sich immer finden, die der Nation den Weg ins Freie zeigen. Aber eine Neubildung unseres völkisch-nationalen Lebens wäre unmöglich, wenn sie sich nicht auf der Grundlage klarer und jedem verständlicher Vorbilder entwickelte. Aus diesem Grunde bringe ich mit meiner Frau und im Namen meiner Kinder, die zu jung sind, um sich selbst äußern zu können, die sich aber, wenn sie das nötige Alter dazu besäßen, vorbehaltlos dieser Entscheidung anschließen würden, meinen unverrückbaren Entschluß zum Ausdruck, die Reichshauptstadt, auch wenn sie fällt, nicht zu verlassen und eher an der Seite des Führers ein Leben zu beenden, das für mich persönlich keinen Wert mehr besitzt, wenn ich es nicht im Dienst für den Führer und an seiner Seite zum Einsatz bringen kann.*

*Gegeben zu Berlin, den 29. April 1945, 5.30 Uhr.*

*Dr. Goebbels*

Vor Jahren, im Mai 1926, hat Goebbels geschrieben: *Ein Tag kann kommen, an dem alles zusammenbricht, an dem der Mob sich um Sie schart und schäumt und anklagt und schreit: „Kreuziget ihn!“ Dann werden wir dastehen, eisern und unbezwingbar, und unser Hosianna herausschreien und heraussingen.*

Jetzt ist die Stunde gekommen, dies Wort einzulösen, Goebbels löst es ein. Auch dieser Kreis schließt sich.

## 7

Ungefähr vierundzwanzig Stunden später, also noch bevor der Morgen des 30. April graut (aber im Bunker weiß man ja kaum, ob es Tag oder Nacht ist), gibt Hitler einen Abschiedsempfang. Etwa zwanzig Männer und Frauen, die Bewohner der Bunker, sind geladen. Hitler und Eva gehen von einem zum andern, murmeln ein paar liebenswürdige Worte, schütteln ihnen die Hand. Dies dauert ungefähr eine Stunde. Dann ziehen sich die Neuvermählten zurück, rufen Hitlers Adjutanten, SS-Sturmbannführer Günsche. Hitler macht noch einmal klar: *Dies ist mein letzter Befehl. Meine Leiche und die meiner Frau müssen sofort, nachdem wir gestorben sind, verbrannt werden. Es darf nichts dazwischenkommen.* Günsche geht, die beiden bleiben allein. Überall im Bunker wartet man nunmehr auf das Ende Hitlers.

Stunden vergehen, seltsame, unglaubhafte Stunden. Da saßen sie in ihren Zimmern, Goebbels und Magda und alle die andern – und warteten. Da saßen sie oder gingen nervös auf und ab, wissend oder doch hoffend, daß nun alles bald vorüber sein würde.

Es ist schwer, sich solche Stunden auszumalen, es ist unmöglich, sich auszudenken, was unterdessen in Goebbels' Kopf vorging. War er zufrieden, daß er nun erreicht hatte, was er hatte erreichen wollen, daß der Führer den Tod starb, in den er, Goebbels, ihn getrieben hatte? Ist Goebbels zufrieden oder ist er verzweifelt, ist er glücklich oder unglücklich, ruhig oder nervös?

Er weiß: Er hat alles getan, damit dieser Krieg gewonnen werde. Er hat mehr für den Sieg getan als sonst irgendeiner, er hat weniger Fehler gemacht. Er hat die deutsche Moral hochgehalten trotz der furchtbarsten Niederlagen. Hätte man ihm gefolgt, hätte man den totalen Krieg früher erklärt, vielleicht wäre der Krieg wirklich gewonnen worden. Darüber nachzugrübeln hatte jetzt keinen Sinn mehr. Jetzt hatte es nur noch Sinn zu sterben. Einmal würde die ganze Welt einsehen, wie wichtig dieser Krieg war, wie bedeutungsvoll der deutsche Widerstand …

Er wartet. Hat er recht getan, hierher zu kommen? Wäre es nicht besser gewesen, Berlin zu verlassen, wie Göring und Himmler, Jodl und Keitel? Ach, das hieße die Entscheidung ja nur um ein paar Tage, vielleicht nur um ein paar Stunden hinauszuzögern. „Wenn ich noch einmal dreißig Jahre alt wäre ...“ Was würde er dann anders machen? Würde er nicht Mitglied der Partei werden? Würde er Hitler nicht folgen?

Stunden vergehen. Gespenstische, unwirkliche Stunden. Was wohl Hitler jetzt tat? Sprach er auch jetzt noch über deutsche Ehre und deutsche Zukunft? Verfluchte er noch immer die Juden? Oder dachte er vielleicht in diesen letzten Stunden über seine eigenen Fehler nach? Fragte er sich vielleicht, ob er, noch einmal dreißig Jahre alt, noch einmal das gleiche tun würde?

Goebbels wartet. Alle im Bunker warten. Stunden vergehen. Hitler stirbt schwerer, als Helden sterben.

Schon sind mehr als zehn Stunden vergangen, seit er sich zurückgezogen hat. Und plötzlich ist er wieder da. Es ist schon zwei Uhr nachmittags, er will sein Mittagessen haben. Und nach dem Mittagessen kommt er noch einmal zum Vorschein, zusammen mit seiner Frau, geht durch den Bunker, schüttelt Hände, die Augen starr ins Leere gerichtet, wortlos, verschwindet wieder.

Gleich darauf ertönt ein Schuß. Bormann und Günsche eilen in Eva Brauns Wohnzimmer. Sie selbst sitzt leblos auf dem Sofa. Sie hat Gift genommen. Adolf Hitler liegt auf dem Fußboden. Sein Kopf ist eine blutige Masse. Er hat sich in den Mund geschossen.

## 8

Um drei Uhr findet die Beerdigung statt. Die Leichen werden nach oben geschafft und ungefähr fünfzehn Meter vom Eingang des Bunkers an einer sandigen Stelle des Hofes niedergelegt. Goebbels, Bormann, Sturmbannführer Günsche, der Chauffeur Kempka sind da. Man gießt Benzin über die Leichen, ist gerade dabei, sie in Brand zu stecken, als russische Granaten in nächster Nähe einschlagen, so daß es zu gefährlich wird, im Hof der Reichskanzlei zu verweilen. Die Anwesenden ziehen sich also zum Eingang des Bunkers zurück. Von dort aus wirft Bormann einen mit Benzin getränkten Lappen, den er angesteckt hat, auf die Leichen. Der Lappen verfehlt sein Ziel. Ein zweiter Wurf gelingt. Die Leichen fangen an zu brennen. Alle Anwesenden heben den rechten Arm zum deutschen Gruß.

Da steht Goebbels. In unmittelbarer Nähe prasseln russische Granaten nieder, ein paar Schritte entfernt brennt Hitlers Leiche, im weiten Umkreis brennt Berlin, Berlin, ein Meer von Ruinen, ein Meer von Trostlosigkeit und Jammer. Ein anderes Berlin als das Berlin, das er vor weniger als zwanzig Jahren betreten hat. Berlin, in dem es kein Licht mehr gibt und keine Farben, keine Musik und keine anderen Geräusche als diejenigen der fallenden Bomben und der fallenden Granaten, der zusammenbrechenden Häuser und das Bellen der Flak.

Es dauert lange, bis Leichen verbrennen, so vollständig, daß nichts mehr von ihnen übrigbleibt. Es dauert den Anwesenden ein wenig zu lange. Sie begeben sich wieder hinunter in den Bunker. Denkt Goebbels zurück an die Zeit, als er zum erstenmal nach Berlin kam? Damals hatte die Partei nur ein winziges Büro, in einem Hinterhaus, beinahe im Keller. Goebbels nannte es ironisch die „Opiumhöhle". Nun schließt sich noch ein Kreis. Die Partei ist wieder da, wo sie begonnen hat. Sie beherrscht nichts mehr als ein paar Quadratmeter, eine Opiumhöhle, wohin kein Sonnenstrahl dringt.

Eine Reihe von Konferenzen findet statt. In der letzten, die in den frühen Morgenstunden des 1. Mai endet und an der unter anderem Goebbels, Bormann und General Krebs teilnehmen, wird beschlossen, am Abend einen Ausbruchsversuch aus der Reichskanzlei zu unternehmen, um den Russen zu entgehen, die bereits fast bis zum Potsdamer Platz vorgestoßen sind. Bormann will versuchen, zu Dönitz, der bereits telegraphisch verständigt ist, durchzukommen.

General Krebs bietet Goebbels und seiner Familie einen mit Panzerplatten versehenen Wagen an. Goebbels schüttelt den Kopf. *Ich danke Ihnen,* sagt er. *Ich bin nicht mehr am Leben interessiert.*

Kurz darauf hat er eine Unterhaltung mit Günsche. Er befiehlt ihm, Hitlers Bunker anzuzünden, sobald der Ausbruchsversuch beginnt. Günsche protestiert. Der Führer habe ausdrücklich gesagt, man solle den Bunker so lassen, wie er jetzt sei. Die Russen sollten sehen, daß der Führer bis zuletzt hier ausgehalten habe.

Goebbels schüttelt den Kopf. *Tun Sie, was ich Ihnen befohlen habe.* Er weiß sehr wohl von Hitlers Wunsch. Aber er glaubt, Feuer mache die stärkere Wirkung. *Feuer anzulegen ... das ist so populär, so volklich ... Es regt die Phantasie des Volkes an ...* Er bleibt eben Propagandist bis zuletzt.

Der 1. Mai vergeht mit den Vorbereitungen zum letzten Ausbruch. Goebbels und Magda, die nichts zu tun haben, spielen mit ihren Kindern, lesen ihnen vor; von Zeit zu Zeit gibt es Unterbrechungen, wenn andere Bewohner des Bunkers hereinkommen, um die Chancen der Flucht zu diskutieren. Keiner denkt noch daran, daß er geschworen hat, mit Hitler in den Tod zu gehen. Keiner kommt auf den Gedanken, daß Goebbels den Schwur ernst gemeint habe.

Goebbels' Adjutant, Günther Schwägermann, kommt, um ihn zu verständigen, daß der Abmarsch auf neun Uhr abends festgesetzt sei. Auch er weiß noch nichts davon, daß sein Herr nicht mitkommen wird. Es ist ungefähr sieben Uhr abends. Er sieht, daß Frau Goebbels in das Zimmer geht, in dem die Kinder sich befinden. Wenige Minuten darauf tritt sie wieder heraus, grau im Gesicht. Als sie Schwägermann sieht, fällt sie ihm schluchzend um den Hals. Nur mit Mühe kann sie sprechen. Langsam wird Schwägermann klar, was sie stammelt. Sie hat soeben ihre sechs Kinder umgebracht.[9] Genauer: ein Arzt hat sie durch Todesspritzen im Schlaf getötet. Magda bricht völlig zusammen. Schwägermann bringt sie in das Konferenzzimmer, wo Goebbels wartet. Er ist sehr bleich, weiß, was geschehen ist, auch ohne daß ein Wort gesprochen wird. Lange Zeit sagt er nichts. Sie gehen alle in Goebbels' kleines Zimmer. Dann spricht Goebbels: *Alles ist vorüber. Meine Frau und ich gehen in den Tod. Sie werden unsere Leichen verbrennen. Können Sie das tun?*

*Ja.*

Goebbels: *Dies schenke ich Ihnen.* Er gibt ihm ein Bild Hitlers, das auf seinem Schreibtisch steht.

Magda: *Schwägermann, Sie sehen, wir gehen anständig in den Tod. Wenn Sie Harald*[10] *nochmals wiedersehen, dann grüßen Sie ihn von uns und sagen Sie ihm, daß wir anständig in den Tod gegangen sind.*

Schwägermann geht.

Anständig in den Tod ... Bis zuletzt ist Goebbels sehr daran interessiert, wie sein Tod einmal auf die Nachwelt wirken wird. Er hat sich ja nie darum gekümmert, wie sein Leben auf seine Mitmenschen wirkte; er hat ein volles und wildes Leben gelebt, und es war kein gutes Leben. Von jedem moralischen Gesichtspunkt aus ist er ein Verbrecher, direkt oder indirekt verantwortlich für den Tod von Tausenden, ja von Millionen. Jetzt also will er anständig in den Tod gehen. Subjektiv, von ihm aus gesehen, ist sein Tod wohl auch anständig, von ihm, dem prominentesten Vertreter des amoralischen Nihilismus unserer Zeit, dem Propagandisten per se, dem Hohepriester eines magischen Zauberkultes, der die Gehirne der Menschen behexte und ihre Seelen versklavte, der ihnen eine Realität vortäuschte, die es gar nicht gibt – von ihm, für den es niemals Gut oder Böse gab, sondern nur gute oder schlechte Propaganda. Wie könnte er verstehen, daß einer, der so böse gelebt hat, nicht anständig in den Tod gehen kann?

Es ist acht Uhr dreißig. Goebbels und Magda haben ihr Zimmer verlassen, sind zum Garten heraufgestiegen. Sie kommen an Schwägermann und dem Chauffeur Rach vorbei, die bereits das Benzin herbeigeschafft haben, mit dem ihre Leichen verbrannt werden sollen. Wortlos steigen die beiden hinauf, treten in den Garten.

Schwägermann hört einen Schuß. Er läuft hinauf. Die beiden liegen am Boden. Goebbels hat sich erschossen, Magda hat Gift genommen. Der SS-Mann, der bei den Leichen steht, sagt, er habe zwei Schüsse abgefeuert, um sicher zu sein, daß die beiden tot sind. Sie gießen vier Kannen Benzin über die Leichen und zünden sie an.

Es ist neun Uhr. Der Garten der Reichskanzlei ist von den zahlreichen Feuern, die überall in der Stadt brennen, taghell erleuchtet. Der Ausbruchsversuch aus der Reichskanzlei beginnt. Diejenigen, die durch den Garten laufen, sehen die Leichen so deutlich, als sei es Tag.

## 9

Die Ausbrechenden kommen nicht weit. Die meisten fallen. Einige geraten in Gefangenschaft. Das russische Kommuniqué am nächsten Abend lautet: *Truppen der Ersten Weißrussischen Armee, unter Marschall Schukow, unterstützt von den von Marschall Koniev befehligten Truppen der Ersten Ukrainischen Armee brachen nach hartnäckigem Kampf den Widerstand der letzten deutschen Streitkräfte und nahmen am 2. Mai die Stadt Berlin ein.*

An diesem 2. Mai arbeiten noch immer einige Männer im Keller des zerstörten Propagandaministeriums. Hans Fritzsche ist auch noch dort. Als er auf Umwegen von Goebbels' Tod hört (der weniger als hundert Meter entfernt stattgefunden hat), entschließt er sich, den Russen ein „Friedensangebot" zu machen. Er ist gerade im Begriff, einen Dolmetscher zu instruieren, als die Russen in den Keller des Propagandaministeriums eindringen.

Ungefähr zu der gleichen Zeit haben sie Goebbels' Leiche im Garten der Reichskanzlei entdeckt, denn niemand hat sich Zeit genommen, dafür zu sorgen, daß die Leiche so lange brennt, bis sie unkenntlich geworden wäre.

Unter den Berlinern verbreitet sich die Nachricht von dem Tod ihres Gauleiters, des Verteidigers von Berlin, recht langsam. Es gibt ja keine Zeitungen, es gibt keinen Rundfunk. Viele, die hören, daß Goebbels tot ist, glauben es nicht, sie halten es für ein Gerücht, eines der vielen Gerüchte, die seine Propagandamaschine so trefflich in Umlauf zu setzen vermochte.

Im übrigen zeigen die Berliner wenig Interesse dafür, ob Goebbels tot ist oder nicht. Sie sind zu sehr mit ihren eigenen Nöten beschäftigt. Die Russen sind über sie gekommen, die Russen, vor denen Goebbels sie so oft und so eindringlich gewarnt hat. Die Berliner kauern in ihren Kellern und zittern vor dem, was mit ihnen geschehen wird. Die Russenangst erfüllt sie so vollständig, daß ihnen daneben kein Platz im Gehirn bleibt, und keine Zeit, über Hitler oder Goebbels nachzudenken. Der Propagandist hat mit seiner eigenen Waffe sich selbst besiegt.

Und auch später noch, als Goebbels' Tod hundert- und tausendmal bestätigt worden ist, als die Russen in Berlin einen Film von der Eroberung Berlins vorführen, in dem die Leiche Goebbels' gezeigt wird, so lebensähnlich, daß niemand an der Wahrheit zweifeln kann – auch dann noch zweifeln die Berliner. Man munkelt im Volk, er sei in Bayern oder Spanien oder habe sich in einem speziell für seine Flucht konstruierten Unterseeboot nach Argentinien begeben. Viele glauben, die Leiche sei die eines unterschobenen Doppelgängers. Es gibt Leute, die sogar behaupten, daß der ehemalige Katholik in einem Kloster lebe, in Abgeschlossenheit von den Menschen.

Man hält ihn für zu klug, als daß er nichts unternommen hätte, um sich zu retten. Man hat sich so sehr daran gewöhnt, ihn für einen Lügner zu halten, daß man ihm nicht einmal den eigenen Tod glaubt.

So stirbt er, in doppeltem Sinne sein eigenes Opfer.

## Anmerkungen

1 Daß Goebbels sich mit diesen Gedanken beschäftigt, geht aus Dr. Semmlers Tagebuch klar hervor.

2 Wie außerordentlich diese Entwicklung ist, geht daraus hervor, daß der Autor, der sie mit Fritzsche und Jacobs diskutierte, von beiden, und zwar völlig unabhängig voneinander, die Antwort erhielt, es sei völlig undenkbar, daß Goebbels jemals eine Arbeit von Hitler redigiert haben würde. Dazu hätte er viel zuviel Respekt gehabt. Ein Beweis, daß aber dieser letzte Aufruf von Goebbels geschrieben war, ist sein Artikel vom 19. Juli 1942 mit zum Teil identischen Formulierungen.

3 Da er immer das Tagebuch des vorhergehenden Tages diktiert, bedeutet das also den Sonntag.

4 Fritzsche in Nürnberg.

5 Siehe das Zeugnis der deutschen Fliegerin Hanna Reitsch. Die Schilderung dieser letzten Tage im Bunker basiert im wesentlichen auf Aussagen derjenigen, die dort lebten und später in alliierte Kriegsgefangenschaft gerieten. Auch H. R. Trevor-Ropers ausgezeichnetes Buch „The Last Days of Hitler" wurde als Unterlage herangezogen.

6 Sie spricht darüber mit Hanna Reitsch.

7 Es handelt sich hier keineswegs um eine Ausdeutung a posteriori. Der Verfasser hat bereits 1943 die Vermutung in einem Artikel ausgesprochen, Hitler würde sich in einer Weise töten, daß die Leiche unauffindbar bleibe; allerdings glaubte er, daß der Schauplatz des letzten Aktes Berchtesgaden sein würde.

8 Wiederum ist es mehr als wahrscheinlich, daß hier Goebbels' Einfluß am Werk ist, denn Dönitz ist der einzige Offizier, dem Goebbels im letzten halben Jahr in irgendeiner Weise getraut hat und der in seinem Tagebuch immer wieder lobend erwähnt worden ist, berichtet Jacobs.

9 Nach Bericht der Rot-Kreuz-Schwester Erna Flegel gab ein Dr. Kunz die Spritzen, während andere Zeugen berichten, daß Dr. Ludwig Stumpfegger, einer von Hitlers Ärzten, den Kindern Blausäureinjektionen machte.

10 Magdas Sohn aus erster Ehe, damals in amerikanischer Kriegsgefangenschaft in Afrika.

# LITERATURNACHWEIS


Bade, Wilfried, *Joseph Goebbels*. Lübeck, 1933.
Blau, Albrecht, *Geistige Kriegführung*. Potsdam, 1937.
Bouhler, Philipp, *Kampf um Deutschland,* München, 1938.
Brandt, Rolf, *Albert Schlageter. Leben und Sterben*. Hamburg, 1926.
Brauer, Erwin, *Der Ruhraufstand von 1920*. Berlin, 1930.
*British War Blue Book,* London, 1939.
Caro, Kurt, und Oehme, Walther, *Schleichers Aufstieg*. Berlin, 1933.
Churchill, Winston S., *Blood, Sweat and Tears*. New York, 1941.
Ciano, Count G., *Diaries*. New York, 1946.
Commager, Henry Steele, *The Pocket History of the Second World War*. New York, 1945.
Daluege, Kurt, *Nationalsozialistischer Kampf gegen das Verbrechertum*. München, 1936.
Deuel, Walter R., *People under Hitler*. New York, 1942.
*Dichter und Kriegsberichter*. München, 1936.
Dietrich, Otto, *Die geistigen Grundlagen des Neuen Europa*. Berlin, 1941.
– *Mit Hitler in die Macht*. München, 1934.
Dodd, William E., *Ambassador Dodd's Diary*. New York, 1941.
Dostojewski, F. M., *Die Dämonen*. München, 1922.
Dulles, Allen Welsh, *Germany's Underground*. New York, 1947.
Dutch, Oswald, *Hitler's 12 Apostles*. New York, 1940.
Eckart, Dietrich, *Der Bolschewismus von Moses bis Lenin*. München, 1925.
Farago, Ladislas, *German Psychological Warfare*. New York, 1941.
– *The Axis Grand Strategy*. New York, 1942.
Feder, Gottfried, *Das Programm der NSDAP*. München, 1933.
German Library of Information, *Documents on the Events Preceding the Outbreak of the War*. New York, 1941.
Gisevius, Hans Bernd, *Bis zum bitteren Ende* (2 Bände). Zürich, 1946.
Goebbels, Dr. Joseph, *Das Buch Isidor*. München, 1928.
– *Das eherne Herz*. München, 1943.
– *Das erwachende Berlin*. München, 1933.
– *Das kleine ABC des Nationalsozialismus*. Elberfeld, 1925.
– *Das Nationalsozialistische Deutschland als Faktor des europäischen Friedens*. Berlin, 1934.
– *Der Angriff*. München, 1937.
– *Der Bolschewismus in Theorie und Praxis*. Berlin, 1935.
– *Der Faschismus und seine praktischen Ergebnisse*. Berlin, 1934.
– *Der steile Aufstieg*. München, 1944.

– *Die verfluchten Hakenkreuzler.* München, 1929.
– *Die Zeit ohne Beispiel.* München, 1941
– *Die zweite Revolution.* Zwickau, 1926.
– *„Goebbels spricht“.* Reden aus *„Kampf und Sieg“.* Oldenburg, 1933.
– *Goebbels spricht zur Welt.* Berlin, 1935.
– *Kampf um Berlin.* München, 1943.
– *Knorke. Ein Buch Isidor für Zeitgenossen.* München, 1929.
– *Kommunismus ohne Maske.* München, 1935.
– *Lenin oder Hitler?* Zwickau, 1926.
– *Michael.* München, 1929.
– *Preußen muß wieder preußisch werden.* München, 1932.
– *Rassenfrage und Weltpropaganda.* Langensalza, 1934.
– *Rede bei der Eröffnung der Reichskulturkammer.* Frankfurt a. M., 1933.
– *Revolution der Deutschen.* Oldenburg, 1933.
– *Signale der neuen Zeit.* München, 1933.
– *Vom Kaiserhof zur Reichskanzlei.* München, 1944.
– *Wesen und Gestalt des Nationalsozialismus.* Berlin, 1933.
– *Wetterleuchten.* München, 1938.
Gumbel, E. I., *Verräter verfallen der Feme.* Berlin, 1929.
Hadamovsky, Eugen, *Dein Rundfunk.* München, 1934.
– *Hitler kämpft um den Frieden.* München, 1936.
Halfeld, August, *Ich erlebe U.S. im Krieg.* Berlin, 1942.
Heiden, Konrad, *Adolf Hitler, das Zeitalter der Verantwortungslosigkeit.* Zürich, 1936.
– *Adolf Hitler, Ein Mann gegen Europa.* Zürich, 1937.
– *Der Führer, Hitler's Rise to Power.* Boston, 1944.
Hermel, Hans Peter, *Jagdgeschwader Horst Wessel.* München, 1938.
Hitler, Adolf, *Mein Kampf.* München, 1933.
– *My New Order, Speeches.* New York, 1941.
Homburger, René, Goebbels, *Chef de Publicité du III$^{e}$ Reich.* Paris, 1939.
Huss, Pierre S., *The Foe We Face.* New York, 1942.
Ingersoll, Ralph, *Top Secret.* New York, 1946.
Iwo, Jack, *Goebbels erobert die Welt.* Paris, 1936.
Jakob, Berthold, *Die deutsche Armee.* Paris, 1936.
Jungnickel, Max, *Goebbels.* Leipzig, 1933.
Kienast, E., *Der Großdeutsche Reichstag.* Berlin, 1938.
Krause, Wilhelm, *Reichsminister Dr. Goebbels.* Berlin, 1933.
Kriegk, Dr. Otto, *Die Geburt Europas.* Berlin, 1943.
Kris, Ernst, and Speier, Hans, *German Radio Propaganda.* London, 1944.
Leers, Johann von, *Kräfte hinter Roosevelt.* Berlin 1941.
Ley, Dr. Robert, *Der Weg zum deutschen Sieg.* München, 1942.
– *Die große Stunde.* München, 1944.
Lochner, Louis, P., *What About Germany?* New York, 1943.
Ludecke, K. G. W., *I Knew Hitler.* New York, 1937.
Ludendorff, General Erich, *Der totale Krieg.* München, 1935.

– *Der Bürgerkrieg in Frankreich.* Berlin, 1919.
Millis, Walter, *The Last Phase.* Boston, 1946.
Moeller van den Bruck, Arthur, *Das dritte Reich.* Hamburg, 1931.
Münzenberg, Willi, *Propaganda als Waffe.* Paris, 1937.
Neumann, Carl, *Film-Kunst, Film-Kohn, Film-Korruption.* Berlin, 1937.
*Occupation des Ports de la Ruhr, L'.* Paris, 1921.
Oechsner, Frederick, *This Is the Enemy.* Boston, 1942.
Olden, Rudolf, *Hindenburg.* Paris, 1935.
– *Hitler.* Amsterdam, 1935.
*Organisation der NSDAP, Die.* München, 1936.
Pick, Dr. F. W., *The Art of Dr. Goebbels.* London, 1942.
Poechinger, Joseph, *Das Buch vom Westwall.* Berlin, 1940.
Radek, Karl, *Leo Schlageter, the Wanderer into the Void.* London, 1923.
Rahm, Hans Georg, *Der Angriff 1927–1930.* Berlin, 1939.
Rathenau, Walther, *Der Kaiser.* Berlin, 1919.
– *Kritik der dreifachen Revolution.* Berlin, 1919.
– *Von kommenden Dingen.* Berlin, 1918.
Rauschning, Hermann, *Die Revolution des Nihilismus.* Zürich, 1938.
– *Men of Chaos.* New York, 1942.
– *The Voice of the Destruction.* New York, 1940.
Rolo, Charles I., *Radio Goes to War.* New York, 1940.
Rosenberg, Alfred, *Blut und Ehre.* München, 1934.
– *Der Mythos des zwanzigsten Jahrhunderts.* München, 1941.
– *Der Sumpf.* München, 1939.
– *Dolchstoß-Dokumente.* München, 1926.
– *Gestaltung der Idee.* München, 1943.
– *Unmoral im Talmud.* München, 1943.
Schultz, Sigrid, *Germany Will Try It Again.* New York, 1944.
Schwarz, Dr. Paul, *This Man Ribbentrop.* New York, 1943.
Schwarzenberg, Erich, *Die jüdische Kriegshetze in den USA.* Frankfurt a.M., 1944.
Schwarzschild, Leopold, *World in Trance.* New York, 1942.
Seeler, Hans D., *Goebbels.* Berlin, 1933.
Shirer, William L., *Berlin Diary.* New York, 1941.
Sington, Derrick, and Weidenfeld, Arthur, *The Goebbels Experiment.* New Haven, 1943.
Spengler, Oswald, *Der Untergang des Abendlandes* (2 Bände). München, 1920–22.
Spengler, Oswald, *Jahre der Entscheidung.* München, 1933.
– *Neubau des deutschen Reiches.* München, 1924.
Steel, Johannes, *Men behind the Wall.* New York, 1943.
Stoddard, Lothrop, *Into the Darkness.* New York, 1940.
Strasser, Otto, *Die deutsche Bartholomäusnacht.* Zürich, 1935.
– *Hitler and I.* Boston, 1940.
– The Gangsters around Hitler. London, 1942.

Suendermann, Helmuth, *Der Weg zum deutschen Journalismus.* Berlin, 1938.
– Die Grenzen fallen. München, 1939.
Taylor, Edmond, *The Strategy of Terror.* New York, 1940.
U.S. Government Printing Office, *Nazi Conspiracy and Aggression* (8 Bände). Washington, 1946.
Vermeil, Edmond, *La propagande allemande. Notre Combat.* Paris, 1939.
Viator, *Dr. Goebbels – wer ist das?* Berlin, 1932.
Wavell, Sir Archibald, *Generals and Generalship.* London, 1928.
Wessel, Ingeborg, *Horst Wessels Lebensweg.* München, 1933.